21世紀
プロ野球
戦術大全

ゴジキ（@godziki_55）

21ST CENTURY
PROFESSIONAL BASEBALL
TACTICS ENCYCLOPEDIA

イースト・プレス

2023年 WBC 決勝 日本が 14 年ぶりに優勝
写真：AP／アフロ

はじめに

本書は、これまでの野球関係の書籍にはなかったような膨大な情報量でかつ読み応えが満載な内容にした。具体的には、21世紀のプロ野球と国際大会の戦術から見た歴史を、打順から守備陣形まで細かく記載した。そのため、単行本としては異例の800ページを超えるボリュームの著書で一番の大作になった。内容は2000年から2022年のプロ野球の優勝・日本一に輝いた球団の戦いぶりを書かせていただいた。

さらに、初めてオールプロで参加した国際大会のアテネ五輪から3度目の世界一に輝き、日本中を感動の渦に巻き込んだ2023年WBCまで各大会ごとの戦いぶり、年代ごとの分析も書かせていただいた。国際大会に関しては、日本代表だけではなく、他国の選手やデータなどを記載した。データに関しても、野球に関する単行本としては日本一と言っても過言ではないボリュームなので、傾向なども見ながら読むと深みが増すだろう。ただ、データだけに偏りすぎず、場面ごとの心情や状況による感性的な部分にも着目し、バランスを考えて書いた。本書を読んだ上で、21世紀の優勝した球団の強さはどこから来ているのか？　連覇した球団のメンバーは入れ替わるのか？　歴史から読み解くトレンドや移り変わりはあるのか？　国際大会で勝ち抜く傾向はあるのか？　など、野球を見る上で尽きない疑問への「答え」にまではたどり着かないかもしれないが、各シーズンを振り返りながら、「考えるヒント」を提供できれば幸いだ。

本書を執筆する上で心掛けたのは、これまでにない「21世紀におけるプロ野球の戦術バイブル」にすることだ。各シーズンの優勝や日本一のチームはもちろんのこと、多くの試合やプレーを見て、今持っている全ての知識と感覚を注ぎ込んだ。多くの野球ファンの方に楽しんで読んでもらえたら嬉しい。今後の野球観戦のお供として読んでいただきたい。

これまでの書籍で一番時間を費やしたが、「野球」というスポーツが好きだからこそ、疲れを感じるよりも、あっという間に時間が過ぎていたように感じた。そのこともあり、本来の書籍の約4冊分のボリュームとして完成した。

なお本文にある情報や選手の成績、所属先などは２０２３年4月28日現在のものである。

そして、本書の内容はすべて自分の個人的な見解である

第2章　２０１０年以降　21世紀のプロ野球における戦略・戦術変化

第3章 21世紀　国際大会の傾向

第4章 21世紀のプロ野球戦術とは何なのか

序章

20世紀最後の年はONが沸かせたプロ野球

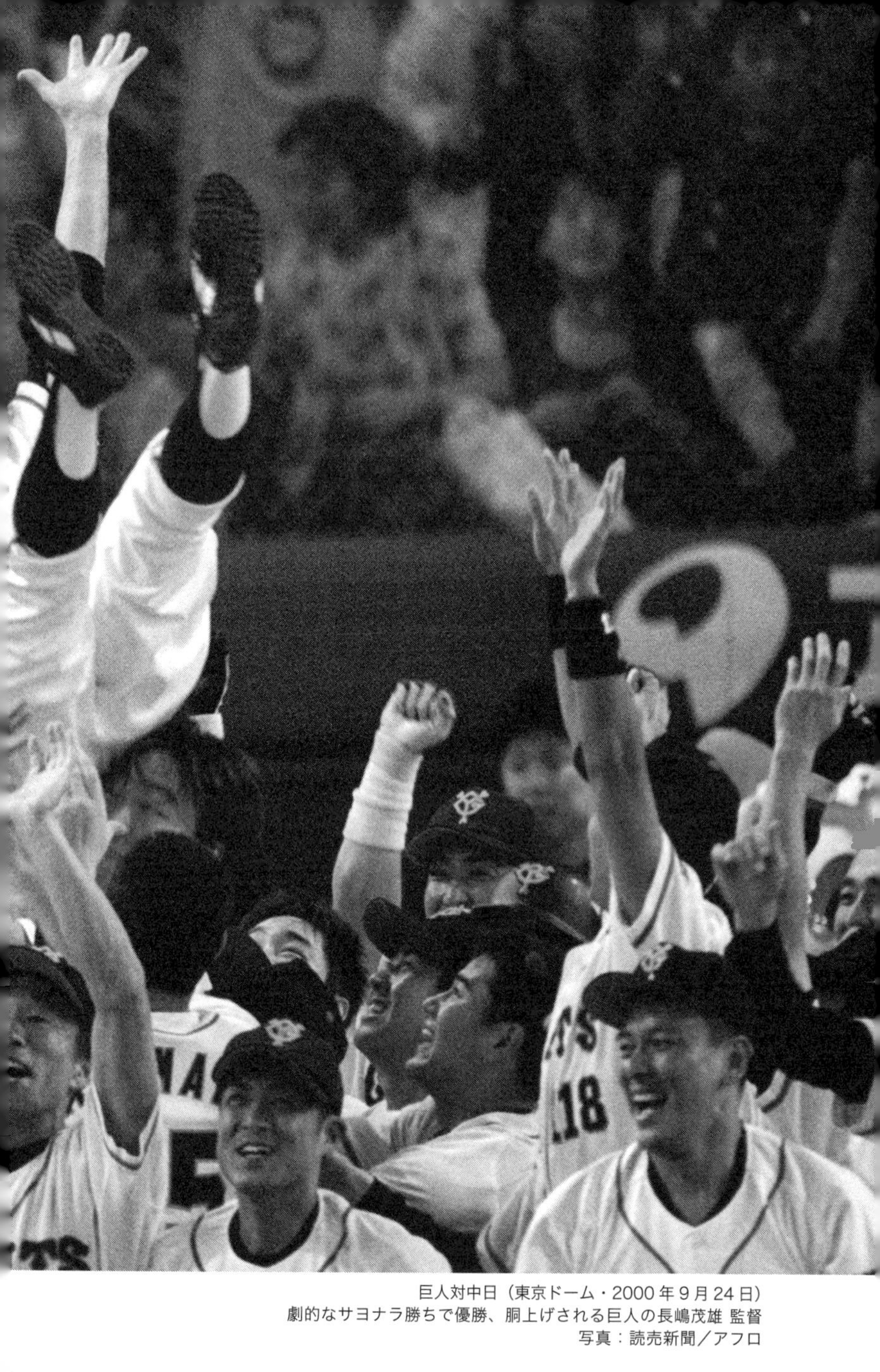

巨人対中日（東京ドーム・2000 年 9 月 24 日）
劇的なサヨナラ勝ちで優勝、胴上げされる巨人の長嶋茂雄 監督
写真：読売新聞／アフロ

日本一を決め、胴上げされるダイエー・王監督
提供：朝日新聞社

Pacific League 2000

▶チーム勝敗表

チーム	試合	勝利	敗北	引分	勝率	ゲーム差
ダイエー	135	73	60	2	.549	- -
西武	135	69	61	5	.531	2.5
日本ハム	135	69	65	1	.515	4.5
オリックス	135	64	67	4	.489	8
ロッテ	135	62	67	6	.481	9
近鉄	135	58	75	2	.436	15

▶チーム投手成績

チーム	防御率	試合	勝利	敗北	セーブ	完投	完封	投球回	奪三振	失点
西武	3.68	135	69	61	27	14	16	1215.2	909	572
ダイエー	4.03	135	73	60	38	12	11	1199	792	584
オリックス	4.64	135	64	67	20	23	8	1192.2	806	672
近鉄	4.66	135	58	75	26	20	8	1190.1	808	687
日本ハム	4.70	135	69	65	24	26	5	1193.1	793	664
ロッテ	4.73	135	62	67	30	12	6	1200.2	797	708

▶チーム打撃成績

チーム	打率	試合	打数	得点	安打	二塁打	三塁打	本塁打	打点	盗塁
日本ハム	.278	135	4627	771	1285	225	31	177	735	107
ダイエー	.268	135	4525	630	1212	217	27	129	610	57
近鉄	.262	135	4496	612	1176	200	34	125	583	68
オリックス	.260	135	4517	638	1176	212	18	116	610	72
ロッテ	.259	135	4528	622	1175	220	24	109	587	88
西武	.255	135	4504	614	1148	214	26	97	584	85

Central League 2000

▶チーム勝敗表

チーム	試合	勝利	敗北	引分	勝率	ゲーム差
巨人	135	78	57	0	.578	--
中日	135	70	65	0	.519	8
横浜	136	69	66	1	.511	9
ヤクルト	136	66	69	1	.489	12
広島	136	65	70	1	.481	13
阪神	136	57	78	1	.422	21

▶チーム投手成績

チーム	防御率	試合	勝利	敗北	セーブ	完投	完封	投球回	奪三振	失点
巨人	3.34	135	78	57	27	17	14	1207.2	1039	497
ヤクルト	3.62	136	66	69	32	7	12	1213.1	978	515
阪神	3.90	136	57	78	31	9	13	1217	883	591
横浜	3.92	136	69	66	33	11	10	1215.2	897	559
中日	4.19	135	70	65	37	12	14	1212.2	932	617
広島	4.48	136	65	70	30	17	4	1215.1	844	675

▶チーム打撃成績

チーム	打率	試合	打数	得点	安打	二塁打	三塁打	本塁打	打点	盗塁
横浜	.277	136	4751	576	1316	213	19	103	557	65
中日	.266	135	4515	544	1201	220	20	111	521	57
ヤクルト	.264	136	4612	581	1217	216	24	137	551	71
巨人	.263	135	4552	689	1199	208	7	203	659	50
広島	.256	136	4600	591	1178	182	11	150	562	114
阪神	.244	136	4534	473	1107	147	24	114	447	53

「ミスタープロ野球」長嶋巨人が王者を奪還

20世紀、最後のシーズンとなったプロ野球の日本シリーズは、ON対決となった。この年は、セ・リーグは巨人がリーグ優勝を奪還し、パ・リーグはダイエーが連覇した形になった。

日本シリーズを制したのは、「ミスタープロ野球」こと長嶋茂雄が率いた巨人だ。巨人は1994年以来、優勝から遠ざかっていた。そのため、1999年のオフシーズンには補強面を強化して広島の4番打者であった江藤智、ダイエーのエース工藤公康、阪神のダレル・メイらを獲得して、盤石な体制でシーズンに臨んだ。さらに、強力な戦力にはならなかったものの、ロッテの守護神を務めた河本育之を、石井浩郎とのトレードで獲得した。

長嶋政権最終年にヤクルトに優勝を明け渡した巨人からすると、4番打者として独り立ちさせた松井秀喜を中心に、ミレニアム打線を形成した。松井秀は、前年は清原和博やドミンゴ・マルティネスがいたため4番を譲っていたが、このシーズンは巨人の4番として、文句なしの成績を残した。シーズンを通してみると、三冠王に近い成績（打率・316（3位）・42本塁打（1位）・108打点（1位））を残した。日本シリーズでも打率・381・3本塁打・8打点でMVPに輝き、長嶋が手塩にかけた最後の超大作「4番・松井秀喜」が完成された。松井秀の周りも充実していた。江藤や高橋由伸がいたことにより、相手チームの投手は息を抜ける場面が少なかったのではないだろうか。そのため、試合終盤になると先発投手が疲弊したところで一発が出る場面が多々あった。さらに、この重量打線に、アイディアマンでありながら、スタメンと途中出場で結果を残していた元木大介が、いいアクセントになっていたのは間違いない。

投手陣も工藤とメイ、ルーキーの高橋尚成といった新戦力を中心に、シーズン終盤では斎藤雅樹が復活を遂げた。さらに、ブルペン陣はシーズン序盤こそは不安定だったが、前年からブレイクの兆候があった岡島秀樹を中心に形成して立て直した。優勝と日本一までの経過と結果を見ても、このチームが長嶋政権の集大成だったと言っても過言ではない。

このシーズンは、補強した選手で穴を埋め、最終的には他球団を寄せ付けない層の厚さとした、まさに巨人らしい戦いだった。

ただ、日本一に輝いたとはいえ、2000年の長嶋巨人は順風満帆なシーズンとは言い難かった。1999年に新人ながらも20勝を挙げた上原浩治が、疲労の影響から怪我のため不調で、開幕当初はシュート回転を痛打される場面が目立った。

特に、開幕戦は広島の前田智徳にシュート回転のボールを狙われて敗戦を喫し、思うような活躍ができずにいた。上原と同い年の高橋由も、前年の骨折の影響からか3年目にして初のスランプに陥った。さらに、当初は4番候補として名前が挙がっていた清原は、キャンプで怪我のため離脱して出遅れ、二岡智宏も怪我で調子があまり上がらずにいた。

オーダーと守備陣形の布陣を見ても、前半戦は清原よりもマルティネスが出場しており、二岡に関しては出場試合こそは多かったものの、元木のリカバリが効いたシーズンでもあった。マルティネスは5番打者として活躍しており、清原としのぎを削り、プレッシャーを与えていた存在だ。元木に関しては、ユーティリティプレイヤーとして、遊撃手として54試合、三塁手として34試合、外野手として28試合に出場して、成績の数字以上に各選手の不調や怪我をカバーする活躍を見せた。さらに、マルティネスの怪我も重なり、怪我から復帰した清原を4番ではないものの5番打者として、モチベーションを下げずに稼働させた長嶋の手腕も光った。そんな中で、仁志敏久はキャリアハイを記録し、主砲の松井秀と江藤も活躍を見せた。

開幕時は、工藤・メイ・高橋尚を中心にローテーションを回した。特に、開幕直後、中日との3連戦は、この3投手を当てて3タテを食らわせた。新加入の選手で、前年優勝した中日にやり返す意味では、巨人らしさが出た3連戦だった。特に、メイに関しては阪神時代の成績を見ても、予想を大きく超える活躍だった。こイがチームトップの投球回数を投げられたことにより、当時37歳の工藤をはじめ、他の投手の負担も軽減されたと見ている。

シーズン序盤こそは主力の怪我に苦しんだものの夏場以降には投打が噛み合い、巨人はオールスター前には首位に立っていた。ただ、ヤクルトには唯一負け越しを喫しており、これが翌年の予兆になっていた可能性は高い。

夏場以降、首位独走であった巨人がこの年、優勝を決めた試合は、後世にも語り継がれる名試合になった。巨人はこの試合が本拠地最終戦だったため、優勝を逃せば本拠地で胴上げをすることはできない状況だった。

先発の上原があまりいい状態ではなく、6回表までに4点を奪われる。7回以降は無失点に抑えるものの、8回まで前田幸長が好投し、巨人は無失点に抑えられる。誰しもが「胴上げは無理だ」と思っていた9回、劇的なドラマが起きた。

中日の抑え投手、当時防御率2点台を誇ったエディ・ギャラードから、元木、高橋由、松井秀が3連打でチャンスを広げる。5番を打つマルティネスが三振後、なんと江藤が同点満塁ホームランを放った。さらに、二岡がライト方向に優勝を決めるサヨナラホームランを放った。まさにドラマだ。20世紀最後のプロ野球史に残る名シーンと言っても過言ではないだろう。

2000

ORDER ▶Central League

▶野手

打順	守備位置	選手	試合	打席	打率	本塁打	打点	出塁率	長打率	OPS	盗塁
1	二	仁志敏久	135	611	.298	20	58	.318	.425	.810	11
2	左	清水崇行	115	431	.271	11	46	.310	.425	.735	11
3	三	江藤智	127	528	.256	32	91	.340	.508	.847	7
4	中	松井秀喜	135	590	.316	42	108	.438	.654	1.092	5
5	一	清原和博	75	252	.296	16	54	.385	.565	.950	0
6	右	高橋由伸	135	577	.289	27	74	.352	.505	.857	5
7	遊	二岡智宏	119	335	.265	10	32	.399	.325	.724	9
8	捕	村田真一	101	252	.204	7	34	.259	.329	.588	0
主な控え	遊	元木大介	114	353	.274	5	29	.347	.377	.725	0
	一	マルティネス	111	348	.288	17	64	.333	.503	.836	0
	捕	村田善則	76	169	.268	3	13	.366	.317	.683	0

▶先発投手陣

選手	防御率	登板	勝利	敗戦	完投数	セーブ	ホールド	投球回	勝率	奪三振	WHIP
メイ	2.95	24	12	7	3	0	-	155.1	.632	165	1.05
高橋尚成	3.18	24	9	6	3	0	-	135.2	.600	102	1.25
工藤公康	3.11	21	12	5	1	0	-	136	.706	148	1.05
上原浩治	3.57	20	9	7	6	0	-	131	.563	126	1.02
桑田真澄	4.50	30	3	3	0	5	-	86	.385	49	1.52
河原純一	1.42	7	4	0	3	0	-	44.1	1.000	30	0.86
ガルベス	3.26	6	0	6	0	0	-	30.1	.000	22	1.32
斎藤雅樹	2.10	5	3	1	0	0	-	34.1	.750	20	0.70

▶救援投手陣

選手	防御率	登板	勝利	敗戦	セーブ	ホールド	投球回	勝率	奪三振	WHIP
岡島秀樹	3.11	56	5	4	7	-	72.1	.556	102	1.16
木村龍治	2.83	54	4	1	0	-	47.2	.800	38	1.28
柏田貴史	2.89	50	2	0	0	-	53	1.000	36	1.04
三沢興一	2.33	41	1	1	1	-	65.2	.500	38	1.19
南真一郎	2.08	26	2	0	2	-	26	1.000	17	1.12
河本育之	4.18	21	0	1	2	-	23.2	.000	20	1.35
槙原寛己	4.12	21	0	1	9	-	19.2	.000	20	1.09

※ホールドは2005年に新規定が定められ、セ・パの両リーグが採用されたためなし。

三つ巴対決を制し二連覇を果たしたダイエー

王貞治が率いるダイエーは、連覇をしたものの巨人よりも苦しいシーズンだった。シーズン序盤は、西武とオリックスにリードを許しながら立て直していき、夏前に首位争いに加わった。シーズン序盤に苦しんだ要因は、前年優勝に貢献したエース工藤公康が移籍して、城島健司や遊撃手の井口資仁が、シーズン中の怪我により離脱したことが大きい。

前年の投手陣は、4人（工藤・若田部健一・永井智浩・星野順治）の二桁勝利を挙げた先発陣を揃えていたが、この年は全体的に好不調が激しく、二桁勝利投手はおらず、先発投手陣の防御率が全体的に高かった。そのため、不安定な試合運びが続くこともあった。投手陣に関しては、前年から活躍していた篠原貴行や吉田修司、ロドニー・ペドラザを中心としたリリーフ陣がフル回転するなどで、先発陣の不安定さを埋めた形になった。

打撃陣に関しては、城島と井口が離脱したものの、柴原洋がキャリアハイの成績を残し、前年に打撃が開眼した松中信彦が・312・33本塁打・106打点を記録して、小久保裕紀も負けじと31本塁打・105打点を記録した。

さらに、サブのメンバーも大道典嘉や坊西浩嗣が序盤は捕手として城島の穴を埋め、シーズン終盤は代打の切り札として活躍を見せた。離脱者が多かったものの、城島や井口の復帰をきっかけにチームの調子が上向いていき、夏場にはAクラスに入る形になった。夏場はライバル西武とビックバン打線を誇る日本ハムとの白熱した優勝争いとなった。西武に関しては、1999年から2001年までは優勝争いをしていたことから、ライバル関係だったのは間違いない。

連覇を狙うダイエーは、西武との直接対決を負け越していたものの、9月8日からの天王山とも言われる直接対決3連戦で、3タテをした。このカードでは西口文也と豊田清、松坂大輔が先発したこともあり、西武は一気に形勢逆転を狙っていたのは間違いない。ただ、この3連戦前の状態は、ダイエーが5連勝、西武5連敗と全く異なっていた。その点も顕著に現れた3連戦だったといえる。

この3連戦では、初戦から接戦になり、手に汗握る展開になった。初戦は、2回からいきなり若田部がピンチを背負う。トニー・フェルナンデスが長打を放ち、村松有人がクッションボールの処理にもたつく間に三塁まで進む。その後、和田一浩が三遊間に打球を放つと、鳥越裕介が好守備を見せて、無得点に抑えた。この大事な初戦で、先制点を与えなかったのは非常に大きかったのは間違いない。

ダイエーは、4回に城島のショートゴロで先制したものの、西口が好投して追加点を与えなかった。5回になると、西武は再び若田部を攻め立てる。和田一が二塁打を放ち、四球でランナーを溜めた後に、代打のコーリー・ポールが逆転3ランを放った。逆転優勝に望みをつなげたい西武にとって、非常に大きな得点となった。

しかし、ダイエーはここから西口に対して、城島と松中のホームランで追いつく。さらに、リリーフでマウンドに上がった橋本武広から村松が三塁打を放ち、代打の坊西がデニー友利からしぶとく勝ち越しタイムリーを放った。その後、小久保がツーランを放ち、一気に突き放して劇的な逆転勝利を収めたのだ。この試合は、まさに打つべき主役と脇役が、役割を理解して結果に結びつけた試合だった。

2戦目は西武・豊田が登板。ダイエーは先制をするも終盤までリードを許す展開となった。8回に、初戦で勝ち越しタイムリーを放った坊西が同点に追いつくホームランを放つと、続いて柴原が勝ち越しとなるホームランを放ち、この試合も逆転勝ちをした。

3戦目は、西武が先制。しかし、この3連戦のダイエー打線は、一度相手投手を捕まえると畳み掛ける。5回にヒットとエラーが絡み満塁のチャンスをつくると、小久保がタイムリーを放ち、続く松中がバックスクリーンに飛び込むホームランで逆転に成功する。最後は守護神ペドラザが締めた。この3タテが、ダイエーの連覇を決定づけたと言っても過言ではない。

なお、この年のパ・リーグのビッグニュースとして、イチローがキャリアにおけるNPB最後のシーズンとなったことが挙げられる。イチローはシーズン打率・387を記録し、歴代2位となる成績を叩き出して、史上初の7年連続首位打者を獲得して、メジャーに挑戦した。

2000

ORDER ▶ Pacific League

▶ 野手

打順	守備位置	選手	試合	打席	打率	本塁打	打点	出塁率	長打率	OPS	盗塁
1	中	柴原洋	135	597	.310	7	52	.382	.435	.816	10
2	左	村松有人	128	365	.259	1	24	.318	.330	.648	11
3	指	大道典良	95	279	.330	1	36	.434	.429	.862	0
4	三	小久保裕紀	125	520	.288	31	105	.340	.552	.892	5
5	一	松中信彦	130	540	.312	33	106	.387	.582	.969	0
6	捕	城島健司	84	342	.310	9	50	.377	.485	.862	10
7	右	秋山幸二	124	488	.262	5	48	.338	.356	.694	2
8	二	本間満	87	277	.261	0	20	.313	.322	.636	3
9	遊	鳥越裕介	115	340	.243	4	25	.293	.318	.611	3
主な控え		ニエベス	91	287	.216	15	38	.366	.444	.810	1
		吉永幸一郎	104	275	.256	9	33	.361	.419	.780	0
		井口資仁	54	185	.247	7	23	.317	.457	.773	5
		坊西浩嗣	74	178	.258	2	26	.291	.344	.634	0

▶ 先発投手陣

選手	防御率	登板	勝利	敗戦	完投数	セーブ	ホールド	投球回	勝率	奪三振	WHIP
永井智浩	5.20	26	9	7	3	0	-	143.2	.563	117	1.51
若田部健一	4.43	31	9	11	3	0	-	168.2	.450	103	1.29
ラジオ	4.20	25	8	6	1	0	-	135	.571	61	1.44
斉藤和巳	4.13	22	5	2	0	0	-	89.1	.714	77	1.54
田之上慶三郎	3.86	24	8	4	0	0	-	88.2	.667	56	1.44
土井雅弘	4.30	14	3	4	2	0	-	69	.429	42	1.61
星野順治	4.14	18	3	6	3	0	-	58.2	.333	32	1.18
松本輝	6.67	11	0	3	0	0	-	29.2	.000	17	1.55

▶ 救援投手陣

選手	防御率	登板	勝利	敗戦	セーブ	ホールド	投球回	勝率	奪三振	WHIP
ペドラザ	2.15	51	3	4	35	-	50.1	.429	40	0.77
吉田修司	3.01	69	9	3	1	-	95.2	.750	72	1.22
渡辺正和	2.54	60	6	1	0	-	85	.857	54	1.08
篠原貴行	3.18	57	9	3	2	-	76.1	.750	43	1.07
長冨浩志	2.00	38	1	1	0	-	27	.500	17	1.00
渡辺秀一	5.73	16	0	2	0	-	22	.000	18	1.50
水田章雄	2.76	14	0	0	0	-	29.1	.000	27	1.19

※ホールドは2005年に新規定が定められ、セ・パの両リーグが採用されためなし。

長嶋巨人・王ダイエーの華やかなスター対決

20世紀最後の日本シリーズは、人気・実力ともに、この上ない対決となった。松井秀喜・高橋由伸・清原和博・工藤公康・上原浩治などがいる巨人と、小久保裕紀・松中信彦・城島健司・秋山幸二・井口資仁などがいるダイエーとの戦いは、まさにスター軍団の対決だった。

第1戦から見どころが満載なシリーズ。松井秀が先制ホームランを放った直後の2回、城島が工藤に成長した姿を見せる形で追い上げムードを高めるホームランを放つ。工藤に疲れが見え始めた7回には、こちらも主砲の松中が特大の一発で振り出しに戻した。最終9回には、槙原寛己からメルビン・ニエベスが勝ち越し弾を放ち勝利した。ただ、この試合のダイエーは、その後も勝利に対する執念が見られた。ニエベスが勝ち越し弾を放った9回、小久保に送りバントをさせて、城島にスクイズをさせるなど、1点へのこだわりが強い初戦といえよう。

2戦目も、巨人が先制したがダイエーが5回表にダレル・メイをとらえ、一気に6点を奪い取る。メイがマウンドを降りた後も、巨人の平松一宏・三澤興一の中継ぎ陣を攻略して逆転し、得点を積み重ねた。巨人はホームで連敗し、福岡に向かうこととなった。

第3戦から巨人は、短期決戦に強い清原を3番にするなどテコ入れをした。福岡ドームに移ってからも巨人は先制。しかし、先発・上原が踏ん張れず、すぐさまダイエーが井口のタイムリーで追いつく。ダイエーに流れが傾きかけた場面で、村松有人の一、二塁間の抜けそうな打球を、仁志敏久がファインプレーでタッチアウトとし、逆転を許さなかった。この場面が、シリーズの勝敗を分ける大きなプレーになったといえよう。ピンチを切り抜けた巨人は、二岡智宏と村田真一の連続タイムリーで勝ち越して突き放した。上原は3回以降立ち直って8回を投げ切り、最後は岡島秀樹が締めて巨人はこのシリーズ初勝利を挙げた。

第4戦は初回からお互いに得点する展開になったが、その中で2回、第3戦でスタメン落ちした江藤智が勝ち越しホームランを放つ。それ以降は巨人の先発、斎藤雅樹が踏ん張った。7回に井口からスリーベースを浴びてピンチを招くと、岡島にスイッチ。粘って6回2/3を1失点に抑えた。その後、岡島が大道典嘉を打ち取り、2回1/3のロングリリーフで締めてタイに持ち込んだ。第3戦までの打ち合いから一転ロースコアの試合となったが、この試合の斎藤雅の粘りと、岡島を回跨ぎさせた長嶋茂雄の思い切りのいい采配が巨人をさらに勢いづけた。

第5戦は、高橋尚成がルーキーとは思えないピッチングで、ダイエー打線を翻弄した。打線も、高橋由と江藤のホームランなどで高橋尚を援護。また、第4戦まで13打数4安打と当たっている村田が、7回にダメ押しとなるツーランホームランを放った。その後、高橋尚は史上初のルーキー初登板初完封勝利を挙げて、優勝に王手をかけた。

第6戦は、鳥越裕介のタイムリーで初めてダイエーが先制。しかしすぐさま仁志のタイムリーで巨人が追いつく。そして、このシリーズで苦しめられたリリーフ・渡辺正和から、松井秀のホームランなどで得点を積み重ねていく。さらに、巨人打線は松井秀を中心に吉田修司も攻略して点差を広げた。守備でも、高橋由がフェンス際の難しい打球を見事に処理をするファインプレーでダブルプレーにするなど、試合の流れを作った。最終回、岡島が三者三振で締めて、巨人が20世紀最後のシーズンを日本一で飾った。

巨人は、第6戦以外は先制を許し、全体的に先発投手が厳しい立ち上がりになったが、選手の成績を見ても、MVPの松井秀は打率・381・3本塁打・8打点と他を圧倒した。不調だった江藤は、復調して最終的にチームトップの打率・438を記録。チーム単位で見ても、巨人のチーム打率が・285だったのに対し、ダイエーは打率・202と第3戦以降は抑えられた結果となった。

両チームの成績を見ても、昨年の2022年シーズンと比較すると、投低打高なのがわかる。投手の防御率2点台が優秀な時代である。投手のレベルが上がっていった点が大きいが、このような時代背景も念頭に置いた戦略が必要なこともわかる。

2000

Nippon Series ▶戦績

第一戦
東京ドーム

ダイエー	0	1	0	0	0	0	2	0	2	5
巨人	2	1	0	0	0	0	0	0	0	3

勝 吉田　負 槙原　S ペドラザ
本 [ダ] 城島 1 号（2 回 1 点工藤）、
松中 1 号（7 回 2 点工藤）、
ニエベス 1 号（9 回 1 点槙原）
[巨] 松井 1 号（1 回 2 点若田部）

第二戦
東京ドーム

ダイエー	0	0	0	6	0	2	0	0	0	8
巨人	0	2	1	0	0	0	0	0	0	3

勝 渡辺正　負 メイ
本 [ダ] 城島 2 号（7 回 2 点三沢）

第三戦
福岡ドーム

巨人	0	3	4	0	0	0	2	0	0	9
ダイエー	0	3	0	0	0	0	0	0	0	3

勝 上原　負 ラジオ
本 [巨] 高橋由 1 号（2 回 2 点ラジオ）、
松井 2 号（7 回 2 点星野）
[ダ] 城島 3 号（2 回 1 点上原）

第四戦
福岡ドーム

巨人	1	1	0	0	0	0	0	0	0	2
ダイエー	1	0	0	0	0	0	0	0	0	1

勝 齋藤雅　負 田之上　S 岡島
本 [巨] 江藤 1 号（2 回 1 点田之上）
[ダ] ニエベス 2 号（1 回 1 点斎藤雅）

第五戦
福岡ドーム

巨人	0	1	0	0	1	0	2	2	0	6
ダイエー	0	0	0	0	0	0	0	0	0	0

勝 高橋尚　負 若田部
本 [巨] 高橋由 2 号（2 回 1 点若田部）、
江藤 2 号（5 回 1 点若田部）、
村田真 1 号（7 回 2 点若田部）

第六戦
東京ドーム

ダイエー	0	0	1	1	0	1	0	0	0	3
巨人	0	0	4	0	5	0	0	0	X	9

勝 メイ　負 永井
本 [ダ] 城島 4 号（4 回 1 点メイ）
[巨] 松井 3 号（3 回 2 点渡辺正）

巨人

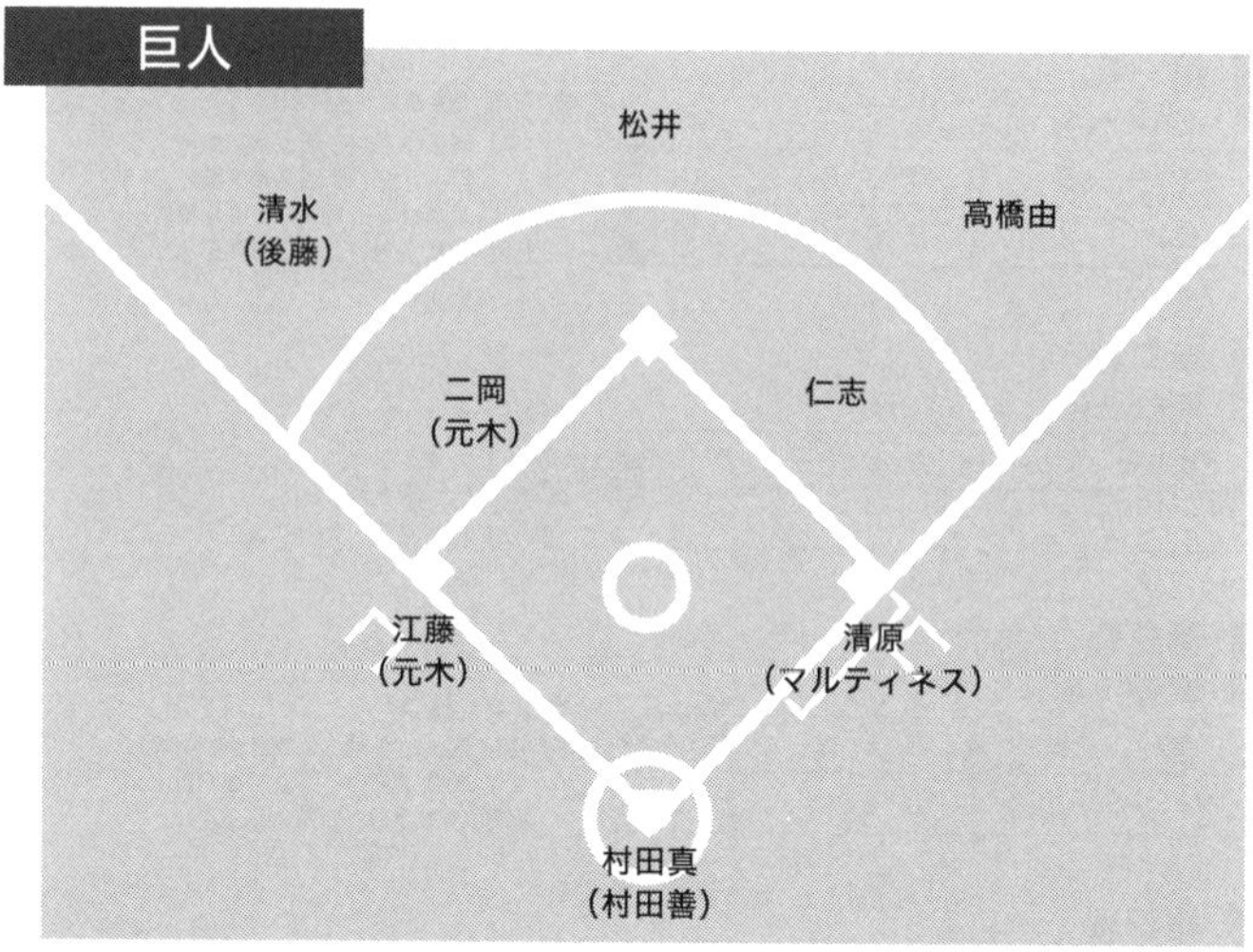

ダイエー

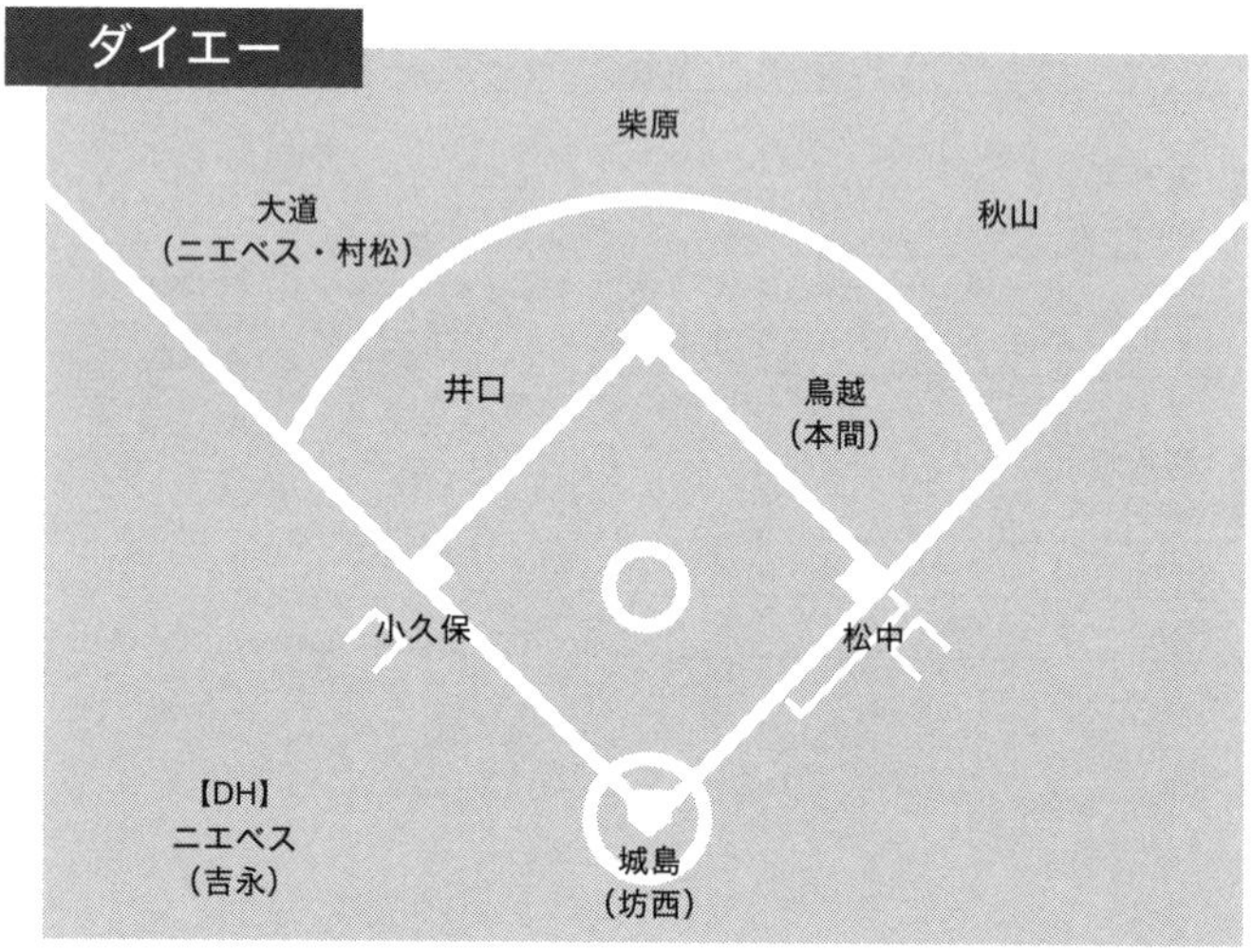

注：オーダーは各ホーム球場の初戦先発に基づく

Awards ▶タイトル受賞者

▶ Central League

タイトル	選手名	所属チーム	受賞回数	成績
最優秀選手	松井秀喜	巨人	2	
最優秀新人	金城龍彦	横浜		
首位打者	金城龍彦	横浜	初	.346
最多本塁打	松井秀喜	巨人	2	42
最多打点	松井秀喜	巨人	2	108
最多盗塁	石井琢朗	横浜	4	35
最優秀防御率	石井一久	ヤクルト	初	2.61
最多勝利	バンチ	中日	初	14
最高勝率	工藤公康	巨人	4	.706
最多奪三振	石井一久	ヤクルト	2	210

▶ Pacific League

タイトル	選手名	所属チーム	受賞回数	成績
最優秀選手	松中信彦	ダイエー	初	
最優秀新人	該当なし			
首位打者	イチロー	オリックス	7	.387
最多本塁打	中村紀洋	近鉄	初	39
最多打点	中村紀洋	近鉄	初	110
最多盗塁	小坂誠	ロッテ	2	33
最優秀防御率	戎信行	オリックス	初	3.27
最多勝利	松坂大輔	西武	2	14
最高勝率	小野晋吾	ロッテ	初	.722
最多奪三振	松坂大輔	西武	初	144

▶ Nippon Series

タイトル	選手名	所属チーム
最高殊勲選手賞(MVP)	松井秀喜	巨人
敢闘選手賞	城島健司	ダイエー
優秀選手賞	仁志敏久	巨人
	村田真一	巨人
	高橋尚成	巨人

第1章

2000年代
21世紀のプロ野球における
戦略・戦術変化

2000年代のプロ野球全体の傾向

2000年代のプロ野球は、本書執筆時と比較すると打高投低だった。

特に、2000年代中盤は、テレビの画面越しからでも長打が出やすかったことがわかるほどだった。そのため、投手全体の防御率が高い傾向だった。規定投球回を投げた先発投手の防御率1点台は、2006年の斉藤和巳（ソフトバンク）と黒田博樹（広島）を皮切りに、2007年には成瀬善久（ロッテ）、2007年から2011年のダルビッシュ有（日本ハム）や2008年の岩隈久志（楽天）、2009年のチェン・ウェイン（中日）など増えている。

それ以前の成績を見ると、セ・リーグは1989年の斎藤雅樹（巨人）以来となり、パ・リーグは1992年の赤堀元之（近鉄）・石井丈裕（西武）以来となった。それほど、防御率1点台を叩き出すことが困難だった時代とも言える。

ただ、トレーニング方法から指導法、フォームの研究などが発達したこともあり、2000年代後半から急速に投手のレベルが上がった。さらにこの時代、中継ぎや抑えの価値も上がっていき、勝ちパターンを作る球団が増えた。そのため、徐々に先発完投型の投手が減っていく予兆を感じられる時期だったといえる。

そんな状況ではあったものの、セ・パ両リーグともに各球団のエースに華がある時代でもあった。2000年代を見るとセ・リーグは、巨人の上原浩治・内海哲也、中日の川上憲伸・吉見一起、阪神の井川慶・能見篤史、横浜の三浦大輔、広島の黒田博樹、ヤクルトの石井一久・石川雅規という風に、各チームに確立されたエースがいた。パ・リーグは、ソフトバンクの斉藤和・杉内俊哉・和田毅、西武の松坂大輔・涌井秀章、日本ハムのダルビッシュ有、楽天の岩隈久志・田中将大、オリックスの金子千尋、ロッテの清水直行・成瀬善久とエースが確立された。

その後2007年にセ・パ両リーグともに開始されたクライマックスシリーズのような短期決戦の導入により、シーズンの戦い方も変わっていった。そのため、「巨人包囲網」のような形で、巨人相手にあからさまにエース級をぶつけるような先発ローテーション戦略はなくなり、シーズン中盤からは優勝争いよりもクライマックスシリーズ出場を目標にシフトチェンジする球団が増えたように見受けられる。

投低打高の時代だったため、本塁打数が40本台と50本台が1人の選手が複数回や複数人出る年もあった。2010年代はネフタリ・ソトと山川穂高のみだが、2000年代はタフィー・ローズやアレックス・カブレラ、松井秀喜、中村紀洋、松中信彦、小久保裕紀、タイロン・

ウッズ、アレックス・ラミレス、中村剛也が複数回40本塁打以上を記録した。40本塁打に1度到達した打者では、岩村明憲や多村仁、山﨑武司、村田修一、新井貴浩、グレッグ・ラロッカ、フレオ・ズレータ、金本知憲、李承燁がいた。

各シーズンの合計ホームラン数はこちらである。この結果を見ても、2001年、2003〜2005年は非常にホームランが多いことがわかる。このような環境では投手は力がある選手が残った。

例えば、打高の時代にも関わらず、防御率2点台を記録した松坂や上原、杉内は国際大会でも活躍を見せた。さらに斉藤和に関しては、2度の沢村賞に輝く活躍を見せた。このように、打高の時代でも相対的に見て、トップクラスのパフォーマンスを残せる投手は、どの時代でも活躍できるポテンシャルなのがわかる。

逆に打者は、打高の時代だとスケールが大きくなり、伸びやすい環境であることがわかる。打高のシーズンは長打を狙うことも増え、大振りになるデメリットもあるが、小細工に頼らず強いスイングをする。さらに無駄な動作が無くてもボールが飛ぶため、テイクバックが深くならず、ボールに差し込まれることも少なくなる。そのため、この時代は最後まで振り切る選手が多かったのも事実だ。

▶ 2000年～2009年の本塁打数

年	本塁打数
2000年	1571
2001年	1802
2002年	1695
2003年	1987
2004年	1994
2005年	1747
2006年	1453
2007年	1460
2008年	1480
2009年	1534

２００６年から打高の傾向は落ち着き始めており、２０１０年から２０２２年現在に至るまでに進んだ極端な投高打低傾向を鑑みても、２００６年から２００９年ぐらいのバランスが良かったと見ている。

Pacific League 2001

▶チーム勝敗表

チーム	試合	勝利	敗北	引分	勝率	ゲーム差
近鉄	140	78	60	2	.565	- -
ダイエー	140	76	63	1	.547	2.5
西武	140	73	67	0	.521	6
オリックス	140	70	66	4	.515	7
ロッテ	140	64	74	2	.464	14
日本ハム	140	53	84	3	.387	24.5

▶チーム投手成績

チーム	防御率	試合	勝利	敗北	セーブ	完投	完封	投球回	奪三振	失点
西武	3.88	140	73	67	30	16	13	1245.2	1011	584
ロッテ	3.93	140	64	74	33	17	7	1241.2	816	608
オリックス	4.11	140	70	66	27	11	9	1260	980	634
ダイエー	4.49	140	76	63	36	15	7	1252.1	760	684
日本ハム	4.79	140	53	84	24	15	8	1252	923	713
近鉄	4.98	140	78	60	38	12	3	1249	860	745

▶チーム打撃成績

チーム	打率	試合	打数	得点	安打	二塁打	三塁打	本塁打	打点	盗塁
近鉄	.280	140	4765	770	1332	235	16	211	748	35
ダイエー	.273	140	4861	741	1329	222	18	203	719	98
オリックス	.263	140	4768	651	1252	229	21	143	619	60
ロッテ	.258	140	4610	593	1190	237	23	133	569	55
西武	.2559	140	4645	620	1189	202	21	184	594	111
日本ハム	.2557	140	4774	593	1221	209	21	147	570	95

Central League 2001

▶チーム勝敗表

チーム	試合	勝利	敗北	引分	勝率	ゲーム差
ヤクルト	140	76	58	6	.567	--
巨人	140	75	63	2	.543	3
横浜	140	69	67	4	.507	8
広島	140	68	65	7	.511	7.5
中日	140	62	74	4	.456	15
阪神	140	57	80	3	.416	20.5

▶チーム投手成績

チーム	防御率	試合	勝利	敗北	セーブ	完投	完封	投球回	奪三振	失点
ヤクルト	3.41	140	76	58	40	6	13	1257.1	896	531
中日	3.48	140	62	74	32	18	14	1245.2	1012	513
横浜	3.747	140	69	67	30	13	13	1241.2	814	565
阪神	3.749	140	57	80	23	7	12	1241	866	598
広島	3.82	140	68	65	29	28	7	1252	968	596
巨人	4.45	140	75	63	36	14	6	1239.1	981	659

▶チーム打撃成績

チーム	打率	試合	打数	得点	安打	二塁打	三塁打	本塁打	打点	盗塁
ヤクルト	.274	140	4747	645	1300	215	10	148	605	63
巨人	.271	140	4706	688	1274	201	10	196	663	64
広島	.269	140	4664	619	1254	197	18	155	594	99
横浜	.267	140	4645	560	1240	203	16	94	538	80
中日	.253	140	4609	483	1167	200	14	98	464	53
阪神	.243	140	4603	467	1118	164	18	90	446	78

王者巨人の追い上げを振り切ったヤクルト

21世紀最初のセ・リーグ優勝、そして日本一に輝いたのは、ヤクルトスワローズだ。前述したように、この頃は既に打高の傾向が強く、ヤクルトは二桁ホームランを記録した選手が5選手（稲葉篤紀25本・ロベルト・ペタジーニ39本・古田敦也15本・アレックス・ラミレス29本・岩村明憲18本）いた。この年のヤクルトの優勝メンバーは、のちに6人が監督経験者となり、名球会入りが5人という点を見ても、いかに豪華なメンバーだったかがわかる。

この年は、前年日本一の巨人とシーズン終盤までデッドヒートの優勝争いをした。巨人は、強力打線に阿部慎之助が加入して連覇を確実視されていたが、投手陣がリーグ唯一のチーム防御率4点台と崩壊。逆に、ヤクルトは、チーム防御率リーグ1位と投手陣の立て直しが効いた。さらに、チーム打率も1位に輝いて、投打でリーグを圧倒していた。

チームの中心は、1990年代から球界屈指の捕手として君臨していた古田。彼の存在が大きかった。古田は「球界の頭脳」と当時から言われるほど、捕手としてのリード能力が優れていた。そのため、若松勉監督の前に指揮を執った野村克也監督政権の時は、古田の怪我や不調、離脱がなければ優勝をしていたと言っても過言ではない（例外として92年に森祇晶監督が率いた西武との対決がある)。チームにとって大きな存在だったのは間違いない。

古田のリードによって、藤井秀悟や入来智、前田浩継はキャリアハイとなる活躍をした。一番のウィークポイントであった先発陣に関しては、開幕前時点で石井一久以外は計算できない状態だった。しかし、古田のリードによって、シーズン通してローテーションを守れるレベルにまで、底上げができたと言っても過言ではない。

投手陣は、先発の立て直しの他にブルペン陣の枚数が豊富だった。リリーフの高津臣吾を中心に、五十嵐亮太や石井弘寿、河端龍、山本樹、松田慎司、移籍後復活の島田直也と7人揃えた。ブルペン陣が崩壊していた前年度王者・巨人との差を広げられた要因は、大いにあったと考えられる。

打撃に関しては、5番の古田、最多本塁打と最多打点の二冠王に輝いた4番のペタジーニ、90打点を記録した3番稲葉の3人でクリーンアップを固め、6番・7番には岩村とラミレスがいた。岩村は81打点、ラミレスは88打点と下位打線とは思えない打撃成績を記録しており、どこからでも得点ができることから、相手チームからすると、当時の巨人打線並に息を抜けない打線でもあった。さらに、サブメンバーにはヤクルト黄金期を知る飯田哲也が控えていた。その飯田も守備はもちろんのこと、打率・294を記録して打撃でも貢献した。

ライバルの巨人はチーム防御率が最下位だったものの、優勝争いはシーズン終盤までもつれた。特に、マジック9で迎えた9月22〜24日の神宮球場での天王山3連戦は、接戦となった。初戦は、1点リードの8回表に島田が江藤智にツーランホームランを打たれて逆転負け。2戦目も先発の鄭珉哲、その後、河原純一を打ち崩し3回までに4得点と序盤からリードする展開だったが、7回、山本が松井秀喜に逆転ホームランを打たれてまたも逆転負けを喫した。3戦目もヤクルトが序盤からリードするものの、魔の8回に入来が巨人打線に捕まり2失点。その後ヤクルトは得点できず3試合連続となる逆転負けとなり、意地を見せた巨人に追い上げられた。しかし、巨人はその後の残り試合で4連敗を喫し、ヤクルトに優勝を譲る形となった。

2001年のヤクルトに関しては、先発陣・ブルペン陣ともに防御率が安定したこともあって、シーズンを通して安定した試合運びが可能となり、勝ち続けた結果リーグ優勝という形になった。

ORDER ▶ Central League

▶ 野手

打順	守備位置	選手	試合	打席	打率	本塁打	打点	出塁率	長打率	OPS	盗塁
1	中	真中満	123	498	.312	7	36	.369	.421	.790	7
2	遊	宮本慎也	125	578	.270	1	17	.317	.308	.625	11
3	右	稲葉篤紀	138	601	.311	25	90	.379	.533	.912	5
4	一	ペタジーニ	138	592	.322	39	127	.466	.633	1.099	4
5	捕	古田敦也	121	503	.324	15	66	.390	.478	.868	1
6	三	岩村明憲	136	564	.287	18	81	.329	.452	.781	15
7	左	ラミレス	138	547	.280	29	88	.320	.496	.816	1
8	二	土橋勝征	137	502	.249	2	31	.315	.299	.614	1
主な控え		飯田哲也	105	212	.294	1	9	.354	.364	.718	6
		小野公誠	35	98	.213	2	6	.247	.292	.539	0
		池山隆寛	65	85	.192	4	12	.271	.411	.682	0
		副島孔太	69	76	.212	2	10	.316	.333	.649	1
		度会博文	53	52	.306	1	8	.306	.469	.776	1
		三木肇	79	87	.127	1	3	.184	.183	.367	8

▶ 先発投手陣

選手	防御率	登板	勝利	敗戦	完投数	セーブ	ホールド	投球回	勝率	奪三振	WHIP
石井一久	3.39	27	12	6	0	0	-	175	.667	173	1.24
藤井秀悟	3.17	27	14	8	2	0	-	173.1	.636	124	1.21
前田浩継	3.93	28	7	10	2	0	-	146.2	.412	85	1.41
入来智	2.85	21	10	3	1	0	-	129.1	.769	80	1.15
ホッジス	3.80	12	5	3	0	0	-	66.1	.625	30	1.61
山部太	3.76	12	4	2	0	0	-	52.2	.667	36	1.29
ニューマン	4.18	17	3	4	1	0	-	60.1	.429	38	1.21
寺村友和	4.32	19	2	1	0	0	-	33.1	.667	15	1.41

▶ 救援投手陣

選手	防御率	登板	勝利	敗戦	セーブ	ホールド	投球回	勝率	奪三振	WHIP
高津臣吾	2.61	52	0	4	37	-	51.2	.000	39	1.20
山本樹	2.93	61	6	3	1	-	58.1	.667	42	1.01
島田直也	2.91	53	0	2	0	-	46.1	.000	26	1.36
松田慎司	3.21	48	2	0	1	-	42	1.000	33	1.29
河端龍	3.20	41	3	2	0	-	45	.600	35	1.11
五十嵐亮太	2.59	41	2	3	0	-	41.2	.400	51	1.27
石井弘寿	3.40	39	2	3	1	-	39.2	.400	40	1.36
ハースト	5.97	22	1	1	0	-	34.2	.500	13	1.56

※ホールドは2005年に新規定が定められ、セ・パの両リーグが採用されたためなし。

前年最下位から優勝を成し遂げた21世紀初期の覇者近鉄

21世紀最初にパ・リーグの頂点に立ったのは、大阪近鉄バファローズだ。リーグ連覇を狙ったダイエーと、雪辱に燃えていた西武との三つ巴の優勝争いは、シーズン終盤までもつれた。

前年は当時の監督である梨田昌孝が、現役時代、捕手としての経験から確立されたセオリーでもある機動力野球や守り勝つ野球を目指したが、最下位という散々な結果に終わった。梨田は「機動力を使った野球をしようと思ったんだけど、走れる選手がいなかった。ヒットエンドランのサインを出したら、バッターが空振りしてランナーがタッチアウト。そういうことが多かった。自分で『近鉄の野球の原点は何か』と考えて、打ち勝つ野球をしようということになった」と振り返り、この年、大きな飛躍を遂げた。

この要因としては、主力の野手陣に走れる選手がほとんどいなかったこと、対照的に吉岡雄二や礒部公一、憲史といった打撃のポテンシャルが高い選手が揃っていたからとされる。2001年は、投手陣の整備が上手くいかず、チーム防御率が4・98と1試合あたり5失点に近い成績で最下位。しかしそれをカバーするかのように、前年から方針を大きく変えた野手陣は、「いてまえ打線」として水を得た魚のように打棒を活かした。

その結果、前年まで中村紀洋やタフィー・ローズと並んで主力だったフィル・クラークが抜けたものの、チーム打率・280・211本塁打・748打点を記録して、いずれもリーグ1位を記録して優勝した。昨年力を入れていた機動力に関連する盗塁数は35とリーグワーストの記録となり、昨年目指していた野球から一新した結果が数字として目に見える形で表れた。

この中で特に注目をしたいのは、シーズン200本以上を記録したチーム本塁打数だ。ローズ（55本）と中村紀（46本）の2人合計101本塁打は、プロ野球史上初である。さらに、この年二桁ホームランを記録した選手は6人（大村直之16本・ローズ55本・中村紀46本・礒部17本・吉岡雄二26本・憲史21本）と、元々の主力と台頭した選手が上手くかみ合って驚異的な長打力を誇った。

打率・長打力を伸ばし「いてまえ打線」を形成した、前年からの起用の変化に関して特筆するべき点もある。打撃力のある捕手のコンバートである。礒部に関しては、前年は規定打席未到達ながらも打率3割を記録していた。その打力を活かすため、当時の西武ライオンズの和田一浩や日本ハムファイターズの小笠原道大のように、捕手よりも守備の負担がないポジションにコンバートさせると、打撃が開眼した。その結果、ローズ・中村紀の後となる5番に座る形となり、打率・320とキャリアハイの成績を残した。

磯部と同様に元々捕手だったが、打撃を買われた男がいた。阪神からトレードで移籍をしてきた北川博敏だ。この年はレギュラー定着まではいかないものの、ブレイクしたシーズンだったと言って良い。4月にはプロ初ホームラン、5月にはプロ初サヨナラ安打など、開幕から随所に活躍を見せていた。そして、9月26日。優勝を決定づけたオリックス戦での打撃は、ファンの間で何年も語り継がれる伝説となった。

この試合、近鉄は9回表終了時点で3点のリードを許す展開。しかし、2001年の近鉄は78勝のうち41試合が逆転勝ちで、この試合も逆転ムードがあった。6番・7番の吉岡・憲史が連打、その後8番の益田大介が四球を選び、満塁のチャンスで北川が代打として打席に向かった。

4球目を振り抜いた当たりは、優勝を決める代打逆転満塁サヨナラホームランとなった。前年からの巻き返しを図り、取られたら取り返して逆転するチームスタイルの集大成と言っても過言ではない。20年以上経った今でもこの場面は、野球ファンの脳裏に焼き付いているのではないだろうか。

2001

ORDER ▶ Pacific League

▶ 野手

打順	守備位置	選手	試合	打席	打率	本塁打	打点	出塁率	長打率	OPS	盗塁
1	中	大村直之	136	651	.271	16	53	.318	.417	.735	5
2	二	水口栄二	110	502	.290	3	30	.384	.337	.721	1
3	左	ローズ	140	643	.327	55	131	.421	.662	1.083	9
4	三	中村紀洋	140	637	.320	46	132	.434	.630	1.064	3
5	右	礒部公一	140	604	.320	17	95	.381	.508	.890	7
6	一	吉岡雄二	127	538	.265	26	85	.358	.489	.847	2
7	指	川口憲史	124	421	.316	21	72	.412	.567	.979	0
8	遊	ギルバート	76	292	.267	6	24	.347	.416	.763	3
9	捕	的山哲也	101	269	.177	5	25	.237	.280	.517	1
主な控え		北川博敏	81	229	.270	6	35	.355	.440	.795	2
		前田忠節	113	204	.182	1	8	.236	.259	.495	0
		鷹野史寿	68	135	.306	6	20	.440	.509	.950	0
		古久保健二	53	121	.140	8	0	.193	.190	.383	0
		阿部真宏	44	103	.194	0	11	.240	.226	.466	1

▶ 先発投手陣

選手	防御率	登板	勝利	敗戦	完投数	セーブ	ホールド	投球回	勝率	奪三振	WHIP
前川勝彦	5.89	28	12	9	5	0	-	140.2	.571	84	1.60
門倉健	6.49	32	8	5	0	0	-	123.1	.615	122	1.52
高村祐	4.92	21	5	9	2	0	-	93.1	.357	68	1.68
バーグマン	4.18	18	10	4	2	0	-	107.2	.714	59	1.35
山村宏樹	5.83	23	7	6	2	0	-	92.2	.538	42	1.58
パウエル	4.95	14	4	5	0	0	-	80	.444	52	1.55
赤堀元之	5.36	9	1	3	0	0	-	48.2	.250	27	1.62
岩隈久志	4.53	9	4	2	1	0	-	43.2	.667	25	1.35

▶ 救援投手陣

選手	防御率	登板	勝利	敗戦	セーブ	ホールド	投球回	勝率	奪三振	WHIP
大塚晶文	4.02	48	2	5	26	-	56	.286	82	1.02
岡本晃	2.73	61	4	4	8	-	102.1	.500	73	1.16
関口伊織	4.33	53	0	1	0	-	35.1	.000	29	1.75
柴田佳主也	4.35	42	0	0	1	-	20.2	.000	11	1.31
香田勲男	3.97	36	2	3	1	-	47.2	.400	24	1.01
盛田幸妃	7.06	34	2	0	0	-	21.2	1.000	14	1.66
湯舟敏郎	5.35	37	1	0	0	-	33.2	1.000	14	1.78
愛敬尚史	1.67	30	2	0	0	-	32.1	1.000	15	1.18

※ホールドは2005年に新規定が定められ、セ・パの両リーグが採用されためなし。

球界の頭脳・古田のリードがいてまえ打線を上回る

この年の日本シリーズはなんと言っても、古田敦也を中心としたヤクルトが「いてまえ打線」をどう抑えるかが注目された。投低打高、21世紀最初の日本シリーズだったが、現在と同様に短期決戦は、投手の力が重要であるとわかるシリーズでもあった。

「球界の頭脳」と称されていたNo・1捕手の古田を擁するヤクルトは、勢いに乗ると怖いタフィー・ローズや中村紀洋はもちろんのこと、得点圏打率が1位の礒部公一やペナントレースでは4割超の長打力を誇る吉岡雄二を徹底的にマークした。この古田の徹底したリードが、日本シリーズの勝敗を大きく左右することになった。

初戦は石井一久が先発。初回こそコントロールが荒れていたが、尻上がりに調子を上げていき、8回無失点と完璧に近いピッチングを見せた。ヒットは北川博敏のライト前の1安打のみで、12奪三振の快投を見せる。古田のリードも冴え渡ったが、「ローズの対応力の高さは脅威だった」とシリーズ後にコメントしている。打線は、初回からジェレミー・パウエルを攻め立てる。2回表にはシーズン終盤から足を痛めている古田がライトフェンス直撃の二塁打を打ち、気迫のヘッドスライディングを見せるなど、チームを勢いづけていった。次打席、岩村明憲のタイムリーで先制点を挙げる。6回にはアレックス・ラミレスのスリーランホームラン、8回には古田のソロホームランで点差を広げた。完璧な試合運びを見せたヤクルトは、7対0で初戦を勝利。いてまえ打線は古田のリードの前に、出鼻を挫かれた形になった。

そんな中で2戦目は、いてまえ打線が意地を見せる。4回まで4点リードでヤクルトが試合を優勢に進めるものの、近鉄も黙ってはいなかった。4回裏に中村紀のホームランで1点を返すと、5回にタフィー・ローズのタイムリー、6回には大村直之のタイムリーと水口栄二のスリーランホームランで追いついた。そして8回、ローズの対応力が光った。ストレートの速球が持ち味の五十嵐亮太に、古田は1・2球目にフォークを要求。ストレートを待っていたローズはタイミングを外された。しかし、カウント1ストライク2ボールで五十嵐の浮いたフォークを見逃さず、打った。それがスリーランホームランとなり勝ち越し、大塚晶則が締めてタイに持ち込んだ。4点差以上を日本シリーズで逆転したのは23年ぶりで、シーズン同様、打力の強さを見せつけた形となった。

3戦目より決戦の舞台は神宮へ。本拠地に帰ってきたヤクルトはここで一気に息を吹き返して、近鉄の勢いを止める。初回からショーン・バーグマンを攻め立て2点をリードし、入来智は古巣に対して気迫のピッチングを見せた。それに応えるように、1点差に迫られた5回に真中満が追加点となるツーランホームランを放ち、ロベルト・ペタジーニと岩村明憲がタイムリーツーベースを放って試合を決めた。近鉄は、5回の同点のチャンスで流れを引き寄せきれなかったのが敗因だ。また、3戦目から指名打者が使えないという課題が露呈した。投手陣も打ち込まれてしまい、3試合で合計22失点を記録。日本シリーズ開幕から3試合連続の6失点以上はシリーズ史上初となり、投手陣の脆さが露呈した結果となった。

続く4戦目はこれまでとは打って変わり、投手戦となった。近鉄は一矢報いるために、一塁に北川、三塁に吉岡、遊撃に中村紀を起用する超攻撃的布陣で挑んだ。さらに、このシリーズでは投手陣の不安定さが出ていたが、先発の前川勝彦が6回途中まで4四球を出しながらも1失点の好投を見せた。このシリーズ、近鉄の先発投手では、唯一相手に先制点を与えなかった。しかし、ヤクルトの先発・前田浩継の前に、ローズの本塁打による1点のみに抑えられてしまう。逆にヤクルトは、6回まで好投をした前田に応えるかのように、7回に代打・副島孔太のホームランで勝ち越し。その後は、アラン・ニューマン、河端龍、山本樹と盤石のリリーフ陣がつないで、最後は高津臣吾が締めて日本一に王手をかけた。

ヤクルトは、5戦目にケビン・ホッジスを先発起用。近鉄は、初戦で先発をしたパウエルを起用した。勢いに乗るヤクルトは、初回から稲葉篤紀のタイムリーヒットで先制。さらに、ペタジーニ、古田の連続四球で満塁にして、岩村の2点タイムリーで初回から3点を入れた。近鉄も5回にこのシリーズで孤軍奮闘をしていたローズが2点タイムリーを放つ。しかし4戦目と同様に、小刻みな継投でつないだヤクルトの投手陣の前に抑え込まれる。最後は高津が危なげなく締めて、21世紀初代の日本一に輝いた。

日本シリーズのMVPに輝いたのは古田だ。打撃面では、チームトップの打率・500・1本塁打・3打点を記録。守備面でも、投手陣の力を最大化するためのリードが冴え渡った。足の故障もありながら、文句なしの活躍を見せた。

古田がリードをするヤクルト投手陣は、日本シリーズを通してローズにこそ打率・333・2本塁打・7打点と打たれたものの、中村紀を18打数2安打、礒部を16打数0安打、吉岡を15打数1安打に抑え込んだ。対する近鉄は、ペナントレースは長丁場のため中心選手の調子が上がる猶予期間があったが、短期決戦では打線が復調する前に敗れてしまった。シリーズチーム打率・171はワースト記録ともなった。

投手陣の力量の差も顕著に現れた。チーム防御率で見てもヤクルトは2・66を記録しており、対する近鉄は5・73。ヤクルトは石井一以外の先発投手に長いイニングを投げさせず、小刻みな継投策をとってリリーフ陣に試合を任せる形で勝利した。フルシーズンの活躍はなかったものの、ホッジスやニューマンといった外国人先発投手を上手く起用した点も非常に大きかった。

攻守にわたりチームを牽引した古田の活躍はもちろんのこと、短期決戦における投手陣の厚さと強さの重要さがわかるシリーズだったのではないだろうか。

Nippon Series ▶戦績

第一戦
大阪ドーム

ヤクルト	0	1	0	0	0	3	0	1	2	7
大阪近鉄	0	0	0	0	0	0	0	0	0	0

勝 石井一　負 パウエル
本 [ヤ] ラミレス 1号(6回3点パウエル)、
古田 1号 (8回1点柴田)

第二戦
大阪ドーム

ヤクルト	0	1	2	1	1	1	0	0	0	6
大阪近鉄	0	0	0	1	1	4	0	3	x	9

勝 岡本　負 五十嵐　S 大塚
本 [ヤ] 真中 1号 (4回1点山村)
[近] 中村 1号 (4回1点藤井)、
水口 1号 (6回3点島田)、
ローズ 1号 (8回3点五十嵐)

第三戦
神宮球場

大阪近鉄	0	0	0	0	1	0	1	0	0	2
ヤクルト	2	0	0	0	4	3	1	0	x	9

勝 入来　負 バーグマン
本 [ヤ] 真中 2号 (5回2点香田)

第四戦
神宮球場

大阪近鉄	0	0	0	1	0	0	0	0	0	1
ヤクルト	0	0	0	0	1	0	1	0	x	2

勝 ニューマン　負 岡本　S 高津
本 [近] ローズ 2号 (4回1点前田)
[ヤ] 副島 1号 (7回1点岡本)

第五戦
神宮球場

大阪近鉄	0	0	0	1	2	0	0	0	0	2
ヤクルト	3	0	0	1	0	0	0	0	x	4

勝 山本　負 パウエル　S 高津

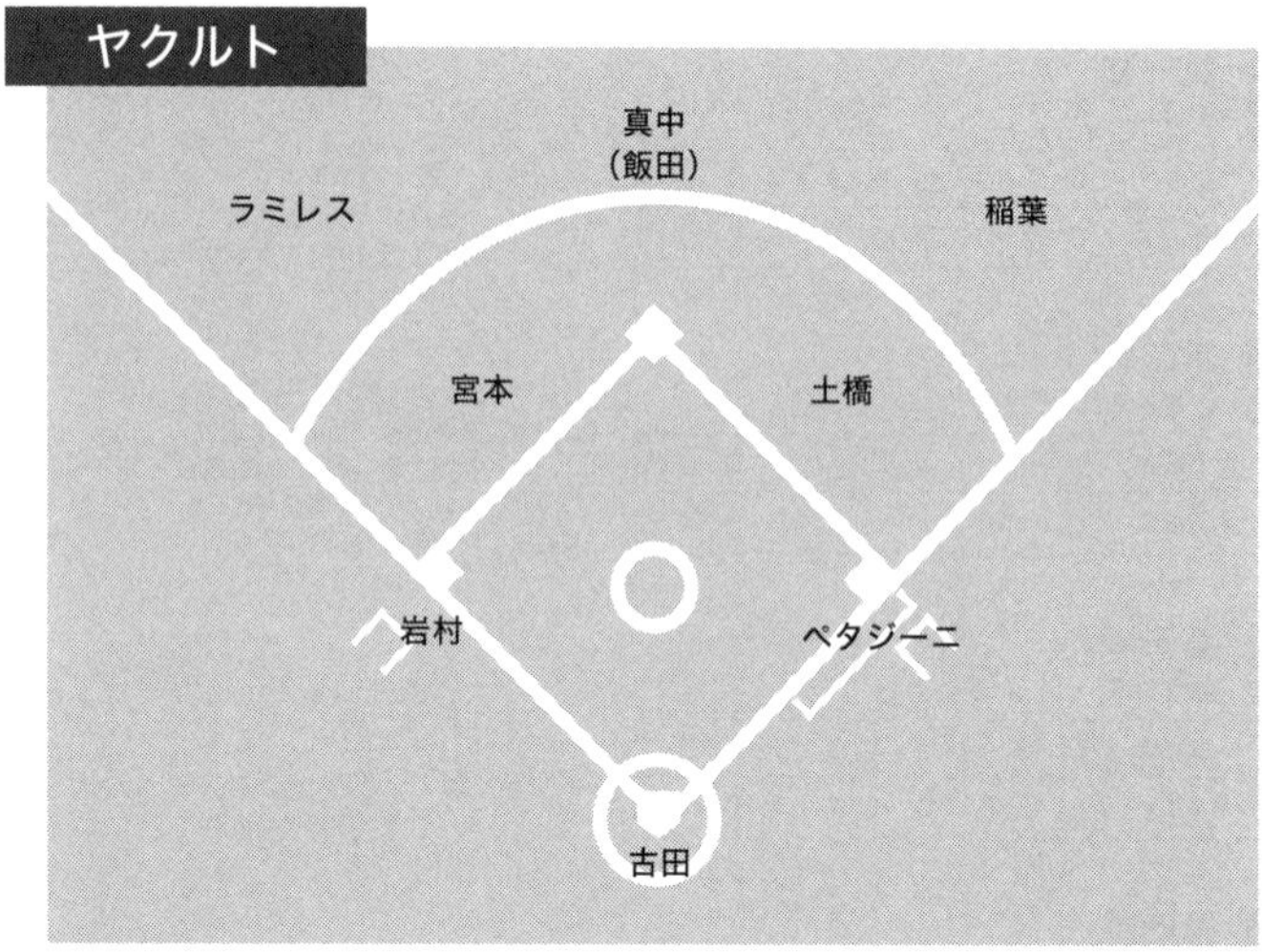

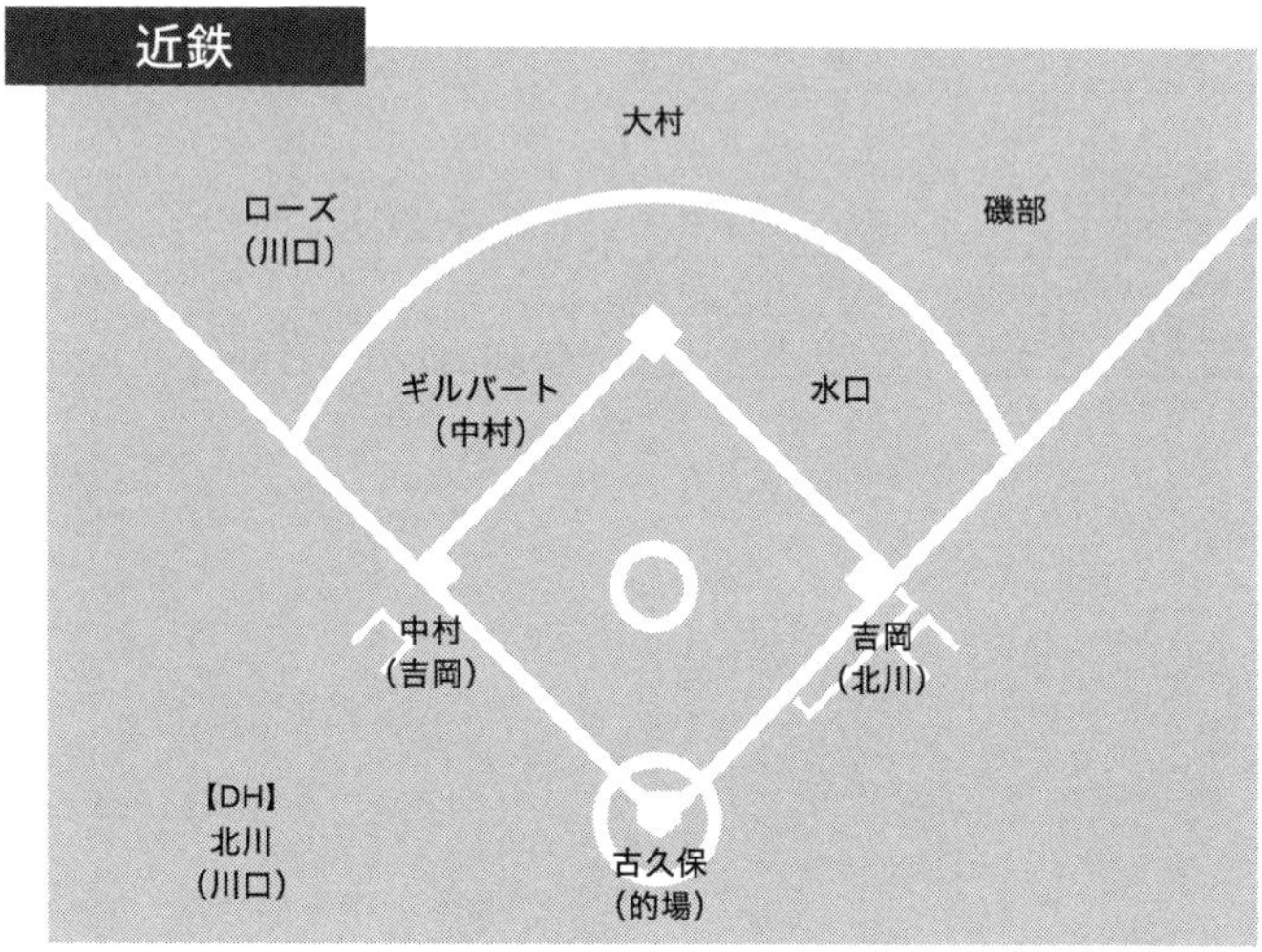

注：オーダーは各ホーム球場の初戦先発に基づく

Awards ▶ タイトル受賞者

▶ Central League

タイトル	選手名	所属チーム	受賞回数	成績
最優秀選手	ペタジーニ	ヤクルト	初	
最優秀新人	赤星憲広	阪神		
首位打者	松井秀喜	巨人	初	.333
最多本塁打	ペタジーニ	ヤクルト	2	39
最多打点	ペタジーニ	ヤクルト	初	127
最多盗塁	赤星憲広	阪神	初	39
最優秀防御率	野口茂樹	中日	2	2.46
最多勝利	藤井秀悟	ヤクルト	初	14
最高勝率	入来祐作	巨人	初	.765
最多奪三振	野口茂樹	中日	初	187

▶ Pacific League

タイトル	選手名	所属チーム	受賞回数	成績
最優秀選手	ローズ	近鉄	初	
最優秀新人	大久保勝信	オリックス		
首位打者	福浦和也	ロッテ	初	.346
最多本塁打	ローズ	近鉄	2	55
最多打点	中村紀洋	近鉄	2	132
最多盗塁	井口資仁	ダイエー	初	44
最優秀防御率	ミンチー	ロッテ	初	3.26
最多勝利	松坂大輔	西武	3	15
最高勝率	田之上慶三郎	ダイエー	初	.650
最多奪三振	松坂大輔	西武	2	214

▶ Nippon Series

タイトル	選手名	所属チーム
最高殊勲選手賞(MVP)	古田敦也	ヤクルト
敢闘選手賞	ローズ	近鉄
優秀選手賞	真中満	ヤクルト
	石井一久	ヤクルト
	岩村明憲	ヤクルト

Pacific League 2002

▶チーム勝敗表

チーム	試合	勝利	敗北	引分	勝率	ゲーム差
西武	140	90	49	1	.647	--
近鉄	140	73	65	2	.529	16.5
ダイエー	140	73	65	2	.529	16.5
ロッテ	140	67	72	1	.482	23
日本ハム	140	61	76	3	.445	28
オリックス	140	50	87	3	.365	39

▶チーム投手成績

チーム	防御率	試合	勝利	敗北	セーブ	完投	完封	投球回	奪三振	失点
西武	3.20	140	90	49	40	14	16	1255.2	1074	492
オリックス	3.58	140	50	87	29	10	18	1249	929	547
ロッテ	3.72	140	67	72	39	13	12	1231.1	930	565
日本ハム	3.856105	140	61	76	28	18	9	1239.1	921	570
ダイエー	3.856107	140	73	65	35	17	6	1241.2	902	578
近鉄	3.93	140	73	65	41	9	9	1255.2	1004	592

▶チーム打撃成績

チーム	打率	試合	打数	得点	安打	二塁打	三塁打	本塁打	打点	盗塁
西武	.278	140	4737	672	1315	237	22	183	644	107
ダイエー	.267	140	4708	630	1258	227	18	160	606	72
近鉄	.258	140	4735	598	1223	249	20	177	579	32
日本ハム	.2469	140	4653	506	1149	213	24	146	486	72
ロッテ	.2466	140	4602	500	1135	250	20	101	478	57
オリックス	.235	140	4615	438	1083	201	13	102	416	86

Central League 2002

▶チーム勝敗表

チーム	試合	勝利	敗北	引分	勝率	ゲーム差
巨人	140	86	52	2	.623	--
ヤクルト	140	74	62	4	.544	11
中日	140	69	66	5	.511	15.5
阪神	140	66	70	4	.485	19
広島	140	64	72	4	.471	21
横浜	140	49	86	5	.363	35.5

▶チーム投手成績

チーム	防御率	試合	勝利	敗北	セーブ	完投	完封	投球回	奪三振	失点
巨人	3.04	140	86	52	31	15	9	1270.1	1087	485
中日	3.19	140	69	66	35	13	14	1269.2	1002	502
ヤクルト	3.39	140	74	62	41	8	6	1267.1	1035	528
阪神	3.41	140	66	70	24	21	15	1260.1	964	524
横浜	4.09	140	49	86	25	19	10	1249.2	973	620
広島	4.36	140	64	72	32	22	8	1253.2	1056	674

▶チーム打撃成績

チーム	打率	試合	打数	得点	安打	二塁打	三塁打	本塁打	打点	盗塁
巨人	.272	140	4826	691	1313	207	17	186	660	69
ヤクルト	.263	140	4826	554	1271	208	12	142	534	36
広島	.259	140	4725	543	1222	185	11	154	516	59
中日	.257	140	4781	546	1230	238	16	125	519	54
阪神	.253	140	4753	527	1203	222	16	122	492	73
横浜	.240	140	4685	472	1124	196	10	97	444	65

松井秀喜移籍前の有終の美を飾った原巨人

2002年、セ・リーグの優勝、そして日本一を決めたのは巨人だ。このシーズンの巨人には、圧倒的な実力に加え、次年度よりMLBで活躍することとなる松井秀喜を軸にタレント性が兼ね備えられていた。平成の30年間でセ・リーグトップの得失点差を記録して優勝。さらにこの成績で、唯一得失点差が200点を超えたこともあり、投打がともに充実していたことがわかる。さらに、当時「若大将」と呼ばれていた原辰徳が監督として初めてのシーズンでもあり、注目を集めた。

その象徴と呼べるのが、NPB最終年だった松井秀の成績である。キャリアハイかつ3冠王に迫る、12球団トップクラスの成績を残した。その松井秀を柱として、二桁本塁打・打率・306と及第点の活躍を見せた高橋由伸や、2番に抜擢されさらに打撃が開花した二岡智宏をはじめ、この年よりトップバッターに抜擢され打率・出塁率ともに・350付近をキープした清水崇行、後述のように2年目にして圧倒的成績を残し、正捕手として独り立ちできた阿部慎之助といった若手〜中堅の選手たちが結果を出した。

このように、圧倒的な野手のコアメンバーがいる中で、サブメンバーには清原和博が離脱した時にカバーをした斉藤宜之をはじめ、井川慶に相性が良く「井川キラー」と称されていた福井敬治、宮﨑崎一彰、鈴木尚広といった選手も見出された。

斉藤宜に関しては、このシーズンが始まるまでは、キャリアハイでもシーズン100試合以下の出場だったが、原監督の抜擢によりブレイク。打率・310・本塁打5本・37打点・OPS・774の活躍で、後半戦はチームを引っ張る存在にもなった。

主力野手を見ると、松井秀は2000年から2002年までの3シーズンは打撃3部門の中でTOP3に必ず入り、タイトルも獲得していた。さらに、複数年にわたり、これほどまでに圧倒的な成績を残した日本人の野手は、村上や岡本和真が出てくるまで、セ・リーグでは松井秀や金本知憲、パ・リーグでは松中信彦以来出てきていなかったのも事実だ。

21世紀最初の巨人軍4番打者は松井秀だ。ヤンキース移籍前は、「パ・リーグのイチロー、セ・リーグの松井」と呼ばれるほど図抜けた存在だった。この頃三冠王に近かった選手でもあり、速球派にも強く、オールスターでは松坂大輔から本塁打を放っている。日本人選手、かつ生え抜きであるというスター性も含め、巨人の4番らしい打者だったといえよう。

生え抜きスターといえば、阿部慎も挙げられる。2年目のシーズンであるこの年は、正捕手として127試合に出場した。巨人の捕手としては山倉和博以来の、捕手による規定打席到達であった。シーズン中に高橋由が離脱したこともあり、3番を任されるなどで打率・298・本塁打18本・73打点・OPS・854と捕手としては、驚異的な打撃成績を記録。さらに、ベストナインとゴールデングラブ賞、最優秀バッテリー賞を獲得し、投打にわたりリーグ優勝と日本一に大きく貢献した。

投手陣は、エース上原浩治が1999年以来、2度目の沢村賞に輝く活躍を見せた。上原はこのシーズンで、従来からさらに捻りを効かせたフォームに改良し、キャリア初の200イニングを達成。チームのリーグ優勝と日本一に大きく貢献した。余談だがシーズン後の日米野球では、当時メジャーリーグでトップクラスの打者だったバリー・ボンズから3打席連続三振を奪う活躍を見せた。

ベテランの桑田真澄も、自慢の制球力で新ストライクゾーンを上手く活用して、この年に復活を遂げて二桁勝利を記録し、さらには最優秀防御率に輝くなどローテーションの一角を担った。また高橋尚成は、ルーキーイヤーや2年目よりも成績を向上させてキャリア初の二桁勝利。工藤公康も、勝ち星には恵まれなかったものの、先発ローテーションの一角を担った。左右2枚ずつ揃った投手陣が規定投球回数を投げたこともあり、盤石な体制を整えていた。

さらに、前年勝ち頭だった入来祐作や1年目の真田裕貴も先発ローテーションの一角に食い込み、いずれも貯金を作る活躍を見せた。クローザーには、昨年まで先発として芽が出なかった河原純一が開花。49登板28セーブと活躍し、防御率も昨年の5・94から2・70へと格段に上がった。さらに移籍してきた前田幸長、條辺剛、岡島秀樹を中心とした中継ぎ陣がフル回転し、前年の不安定なブルペン陣の課題を解消した。

ORDER ▶Central League

▶野手

打順	守備位置	選手	試合	打席	打率	本塁打	打点	出塁率	長打率	OPS	盗塁
1	左	清水隆行	139	646	.314	14	58	.346	.442	.788	12
2	遊	二岡智宏	112	444	.281	24	67	.329	.520	.850	3
3	右	高橋由伸	105	454	.306	17	53	.365	.474	.839	1
4	中	松井秀喜	140	623	.334	50	107	.461	.692	1.153	3
5	一	清原和博	55	174	.318	12	33	.414	.568	.981	0
6	三	江藤智	125	471	.242	18	56	.322	.406	.728	5
7	二	仁志敏久	103	399	.244	8	42	.285	.371	.656	22
8	捕	阿部慎之助	127	511	.298	18	73	.377	.478	.854	4
主な控え		斉藤宜之	109	252	.310	5	37	.339	.435	.774	5
		元木大介	121	381	.257	6	52	.299	.350	.649	1
		後藤孝志	86	132	.233	1	8	.283	.292	.576	1
		川相昌弘	88	132	.219	1	8	.289	.246	.535	0
		川中基嗣	74	119	.277	1	7	.357	.302	.659	6

▶先発投手陣

選手	防御率	登板	勝利	敗戦	完投数	セーブ	ホールド	投球回	勝率	奪三振	WHIP
上原浩治	2.60	26	17	5	8	0	-	204	.773	182	0.96
工藤公康	2.91	24	9	8	1	0	-	170.1	.529	151	1.07
高橋尚成	3.09	24	10	4	2	0	-	163.1	.714	145	1.11
桑田真澄	2.22	23	12	6	3	0	-	158.1	.667	108	1.11
入来祐作	3.05	21	5	4	1	0	-	133	.556	115	1.10
真田裕貴	3.73	12	6	3	0	0	-	70	.667	42	1.21
ワズディン	4.54	10	1	4	0	0	-	37.2	.200	31	1.70
武田一浩	4.22	7	2	1	0	0	-	21.1	.667	16	1.36

▶救援投手陣

選手	防御率	登板	勝利	敗戦	セーブ	ホールド	投球回	勝率	奪三振	WHIP
河原純一	2.70	49	5	3	28	-	50	.625	61	1.00
岡島秀樹	3.40	52	6	3	0	-	55.2	.667	58	1.15
前田幸長	2.74	53	4	4	1	-	46	.500	43	1.15
條辺剛	3.16	47	2	3	0	-	37	.400	40	1.46
アルモンテ	1.50	27	0	0	1	-	24	.000	18	1.04
河本育之	4.70	25	3	1	0	-	23	.750	21	1.57
鄭珉台	6.41	17	0	1	0	-	19.2	.000	14	1.58
酒井順也	4.24	13	1	2	0	-	23.1	.333	17	1.50

※ホールドは2005年に新規定が定められ、セ・パの両リーグが採用されたためなし。

エース松坂が怪我で離脱ながらも脅威の90勝で優勝を飾った西武

2002年のパ・リーグを制したのは西武ライオンズだ。1999年から2001年までは優勝争いするものの、2000年には8月下旬からの8敗。2001年にも9月には首位に躍り出たものの、その直後の4連敗、5連敗が響き、終盤に力尽きて優勝を逃していた。この年は、チーム打率・本塁打・盗塁・防御率においてリーグ1位を記録。過去に、この4部門ともリーグ1位であったチームは、1940年巨人、1973年の阪急、1978年の阪急、1992年の西武しかなく、球史に残るバランスのとれたチームだったといえよう。

前年までは貧打と言われ、課題の一つとされていた（2000年は打率.255でリーグ最下位、2001年は打率・256でリーグ5位）。チーム打率は、一気にリーグトップの打率・278を記録。さらに、この年はチャンスにも強くなった。

前年はチームの得点圏打率がリーグ最低の・235。200打席以上で得点圏打率が3割を超えた選手が1人もいなかった。しかしこの年、チームの得点圏打率はリーグ1位の・279に向上した。

しかしこの年の西武は、決して順風満帆ではなかった。エース松坂大輔が開幕6連勝したものの、右肘を痛めて離脱。前年まで主軸だった鈴木健は、不振のため出場機会が減るなどがあった。そんな中で、トリプルスリーを達成した松井稼頭央や当時シーズン最多本塁打記録を持っていた55本のアレックス・カブレラが打線の中心だった。

カブレラは勝利打点をリーグ最多の21度記録し、1発が出た試合は36勝9敗、打点を挙げた試合は45勝14敗と、勝利への貢献度は大きかった。その結果、シーズン90勝を記録するなど、圧倒的な強さを見せたシーズンだった。松井稼に関しては、このシーズンでキャリア初の36本塁打を記録しており、このシーズンを境目に、長打を狙うスタイルに変わった。

1番松井稼、4番カブレラという絶対的主軸がいる中で、さらに初の規定打席に到達した和田一浩や、この年キャリアハイを記録した小関竜也がいた打線は脅威だった。和田一に関しては、遅咲きながらもこのシーズンから本格的に捕手から外野手に転向をして、5番レギュラーとして出場。その結果、打率・319・33本塁打を記録した。小関も打率・314を記録しており、3割打者4人は1997年に並ぶ球団タイ記録となった。

他の選手を見ても、対左投手打率・368を記録した左キラー・犬伏稔昌に宮地克彦、後半戦には貝塚政秀が加わった日替わり3番打者の起用法が、見事に的中した。下位打線には、べテランの高木浩之や伊東勤といったいぶし銀な選手の活躍もあった。野手陣は全体的に左右のバランスが取れており、キャリアハイの選手も多かったため、得点が安定して積み重ねやすい状態だったといえる。

投手陣は、大黒柱である松坂のまさかの故障・離脱がありながらも、1998年から連続してリーグトップの防御率を誇る投手陣がカバーした。特に、15勝を挙げた西口文也、二桁勝利を記録した新先発外国人の張誌家の2人が松坂離脱の穴を埋めた。新守護神の豊田清と森慎二の勝ちパターンが確立されたことも大きかった。豊田に関しては、01年シーズンの4月からクローザーに転向。転向後は、先発時とは打って変わり、ストレートの出力が劇的に向上した。その結果、防御率0・78とキャリアハイの成績を残して、当時では歴代最高のシーズンセーブ数38を記録した。

投打ともに充実していた西武が、パ・リーグを圧倒した年と言っても過言ではないシーズンだった。

2002

ORDER ▶ Pacific League

▶ 野手

打順	守備位置	選手	試合	打席	打率	本塁打	打点	出塁率	長打率	OPS	盗塁
1	遊	松井稼頭央	140	651	.332	36	87	.389	.617	1.006	33
2	右	小関竜也	135	569	.314	4	50	.357	.415	.772	15
3	中	宮地克彦	100	285	.267	3	29	.311	.348	.659	8
4	一	カブレラ	128	559	.336	55	115	.467	.756	1.223	4
5	左	和田一浩	115	472	.319	33	81	.357	.610	.968	5
6	指	鈴木健	65	190	.238	5	27	.295	.390	.684	0
7	三	エバンス	78	294	.252	15	45	.378	.504	.882	0
8	捕	伊東勤	118	383	.255	8	50	.310	.367	.677	3
9	二	高木浩之	130	446	.272	1	37	.324	.314	.638	11
主な控え		大友進	64	169	.235	1	10	.278	.320	.598	2
		垣内哲也	80	153	.224	4	15	.316	.343	.659	0
		犬伏稔昌	74	151	.307	3	24	.351	.457	.808	0
		貝塚政秀	33	93	.302	1	8	.384	.330	.713	0
		平尾博嗣	54	146	.277	3	14	.313	.431	.743	4

▶ 先発投手陣

選手	防御率	登板	勝利	敗戦	完投数	セーブ	ホールド	投球回	勝率	奪三振	WHIP
西口文也	3.51	29	15	10	3	0	-	182	.600	180	1.19
許銘傑	3.65	20	9	7	2	0	-	118.1	.563	88	1.30
石井貴	3.11	22	8	3	2	0	-	130.1	.727	73	1.30
張誌家	2.71	19	10	4	3	1	-	116.1	.714	121	1.02
後藤光貴	3.38	16	7	2	1	0	-	82.2	.778	66	0.99
松坂大輔	3.68	14	6	2	2	0	-	73.1	.750	78	1.02

▶ 救援投手陣

選手	防御率	登板	勝利	敗戦	セーブ	ホールド	投球回	勝率	奪三振	WHIP
豊田清	0.78	57	6	1	38	-	57.1	.857	66	0.61
森慎二	2.07	71	6	7	1	-	78.1	.462	102	1.15
土肥義弘	2.68	50	1	4	0	-	43.2	.200	41	1.01
青木勇人	4.66	36	4	1	0	-	36.2	.800	25	1.45
水尾嘉孝	1.80	35	0	0	0	-	40	.000	26	1.38
三井浩二	3.15	41	10	2	0	-	140	.833	94	1.16
内薗直樹	3.33	17	0	0	0	-	24.1	.000	19	1.19
潮崎哲也	3.89	28	6	5	0	-	81	.545	59	0.91

※ホールドは2005年に新規定が定められ、セ・パの両リーグが採用されたためなし。

原巨人の圧倒的な強さで4タテ　2年ぶりの日本一に輝く

この年の日本シリーズは、巨人が圧倒的な強さを見せ、ストレートで日本一を決めた。また原辰徳監督・伊原春樹監督ともに監督1年目同士の対決になった。

現役時代に「若大将」と称された原は、シーズン中と同様に若さあふれるアグレッシブな采配をふるった。ダブルスチールを仕掛けるなど初戦から勢いがあった。このシーズンでハマり2番に座った二岡智宏や、大黒柱の松井秀樹がシリーズを通して大活躍を見せた。守備面では仁志敏久が2000年の日本シリーズと同様に初戦と2戦目のピンチの場面で、大仕事を成し遂げシリーズ全体の流れを変えるなど、巨人は攻守ともに役者が揃っていた。

西武は、シーズン中に離脱していた松坂大輔と初戦から心中した点が裏目に出た。さらに、5番の和田一浩がノーヒットに終わり、いわゆる「逆シリーズ男」になったのが痛手だった。逆に巨人の5番に座っていた清原和博が、2本塁打4打点を記録したこともあり、5番打者の働きの差が勝敗に結びついたシリーズになった。

初戦はエース同士の対決となった。巨人は上原浩治、西武は松坂を先発に起用した。初回の西武の攻撃が、このシリーズに大きく影響したと言っても過言ではないだろう。西武はトリプルスリーを達成した松井稼頭央が、初球をとらえてセンター前ヒットで出塁。しかし、小関竜也のバントを阿部慎之助が阻み、俊足の松井稼は二塁で刺された形となる。3番・宮地克彦は空振り三振になり、4番のアレックス・カブレラが四球で出塁。再度チャンスを広げた形で、和田一はセンター前に抜けるかと思われた打球を放ったが、仁志がいいポジショニングをしていたため、結果的に二塁ゴロに倒れた。仁志は、和田一の引っ張った打球はセンター方向に飛ぶことをインプットしており、ちょうど打球の真正面で捕球することができたのだ。西武は立ち上がりに不安があった上原から、先制点を取れないまま初回を終えた。上原と和田一も、「この回の仁志の守備が大きかった」と後にコメントしている。巨人は3回に上原自身がヒットで出塁すると、清水崇行が弾丸ライナーの先制ホームランを放つ。さらに、清原にも看板直撃となる特大のツーランホームランが出て、松坂から一気に4点を奪う。援護を貰った上原は、テンポ良く9回を12奪三振1失点の完投。初戦を勝利した。

2戦目は桑田真澄と石井貴のベテラン同士の先発。この試合も西武が初回、一死満塁の先制チャンスを作る。しかし、桑田が二塁に牽制をした際に、仁志がボールを失ったように見せたトリックプレーで、小関がホームを狙うが刺されてしまい無得点に終わる。またも西武は、仁志の守備に先制点を阻まれる形になった。その裏に松井秀がタイムリーを放ち先制。さらに、3回に桑田から松井秀まで5連打と打線がつながり、打者10人を送り込む猛攻で一挙に6点を追加した。桑田がベテランらしい粘りのピッチングで7回を1失点に抑えて、岡島秀樹と前田幸長につなぎ、ホームで2連勝を果たした。

3戦目より戦いの場は西武ドームへ。先発はベテラン工藤公康と張誌家。ホームでなんとか先制をしたい西武は、初回にチャンスを作り、孤軍奮闘しているカブレラがレフト線へのタイムリーツーベースを放つ。その後も追加点のチャンスが続いたが、大ブレーキの和田一と佐藤友亮が凡退に終わった。2回に清原のホームランで、すぐさま巨人が追いつくと、3回には清水崇のタイムリーで勝ち越し、さらに松井秀がライトへのタイムリーツーベースで追加点を挙げた。そして4回には二岡が満塁ホームランを放ち、点差を一気に広げる形になった。二岡は初戦から3試合連続3安打を記録し、シリーズ新記録となった。その後も、高橋由伸のホームランなどで点差を広げた。工藤は大量援護に恵まれながら、8回を8奪三振2失点。この試合で、シリーズ通算102奪三振として、自身の記録をさらに伸ばした。投打が噛み合った巨人は3連勝で日本一に王手をかけた。

4戦目は、高橋尚成と西口文也の先発となった。巨人は2回に斉藤宜之のツーランホームランで先制。西武も意地を見せて、5回にトム・エバンスのツーランホームランで追いつく。このシリーズで、西武が先制されながら追いついたのは、この試合が初めてだった。しかし、西武は6回から2番手で登板した松坂が誤算だった。2つのデッドボールでピンチを招くと、続く斉藤宜にタイムリーを浴び勝ち越しを許した。この時に高橋由伸代走で出場した鈴木尚広が、すぐさま盗塁を決めて、斉藤宜のレフト前ヒットでホームに生還するなど、大舞台で好走塁を連発した。さらに、代打の後藤孝志も2点タイムリースリーベースを放って点差を広げた。7回にも清原がダメ押しとなるタイムリーを放ち、9回は、このシリーズ出番がなかった河原純一が最後を締めて巨人が2年ぶり20度目の日本一に輝いた。

この日本シリーズは、巨人が圧倒的な強さを見せた形になった。西武は1戦目と2戦目のチャンスで先制できなかったことや、3戦目の初回に追加点を取れなかったことがシリーズ全体の行方に響いた。カブレラが孤軍奮闘する中で、和田一は先述の通り逆シリーズ男となり、トップバッターの松井稼も16打数3安打と苦しんだ。

一方巨人はレギュラーメンバーに固執することなく、調子が悪い江藤智の打順を下げて、当たっていた斉藤宜の打順を上げるなどの采配の柔軟さも見られた。監督である原は「一人ひとりが自分の判断で動いてくれるチームになった」と話し、3戦目まではサインを出したのは盗塁とバントだけだったという。このマネジメント力で、選手は緊迫感が溢れる大舞台でも、生き生きとプレーした結果日本一に結びついたのではないだろうか。

Nippon Series ▶戦績

第一戦
東京ドーム

西武	0	0	0	0	0	0	0	0	1	1
巨人	0	0	4	0	0	0	0	0	x	4

勝 上原　負 松坂
本 [西] カブレラ 1号 (9回1点上原)
[巨] 清水 1号 (3回2点松坂)、
清原 1号 (3回2点松坂)

第二戦
東京ドーム

西武	0	0	0	0	0	1	0	2	1	4
巨人	1	0	6	0	0	0	2	0	x	9

勝 桑田　負 石井
本 [西] カブレラ 2号 (8回2点岡島)

第三戦
西武ドーム

巨人	0	1	2	4	0	0	1	2	0	10
西武	1	0	0	0	0	0	0	1	0	2

勝 工藤　負 張
本 [西] 松井 1号 (8回1点工藤)
[巨] 城清原 2号 (2回1点張)、
二岡 1号 (4回4点三井)、
高橋由 1号 (8回2点土肥)

第四戦
西武ドーム

巨人	0	2	0	0	0	3	1	0	0	6
西武	0	0	0	0	2	0	0	0	0	2

勝 高橋尚　負 松坂
本 [巨] 斉藤 1号 (2回2点西口)
[西] エバンス 1号 (5回2点高橋尚)

Nippon Series ▶守備陣形

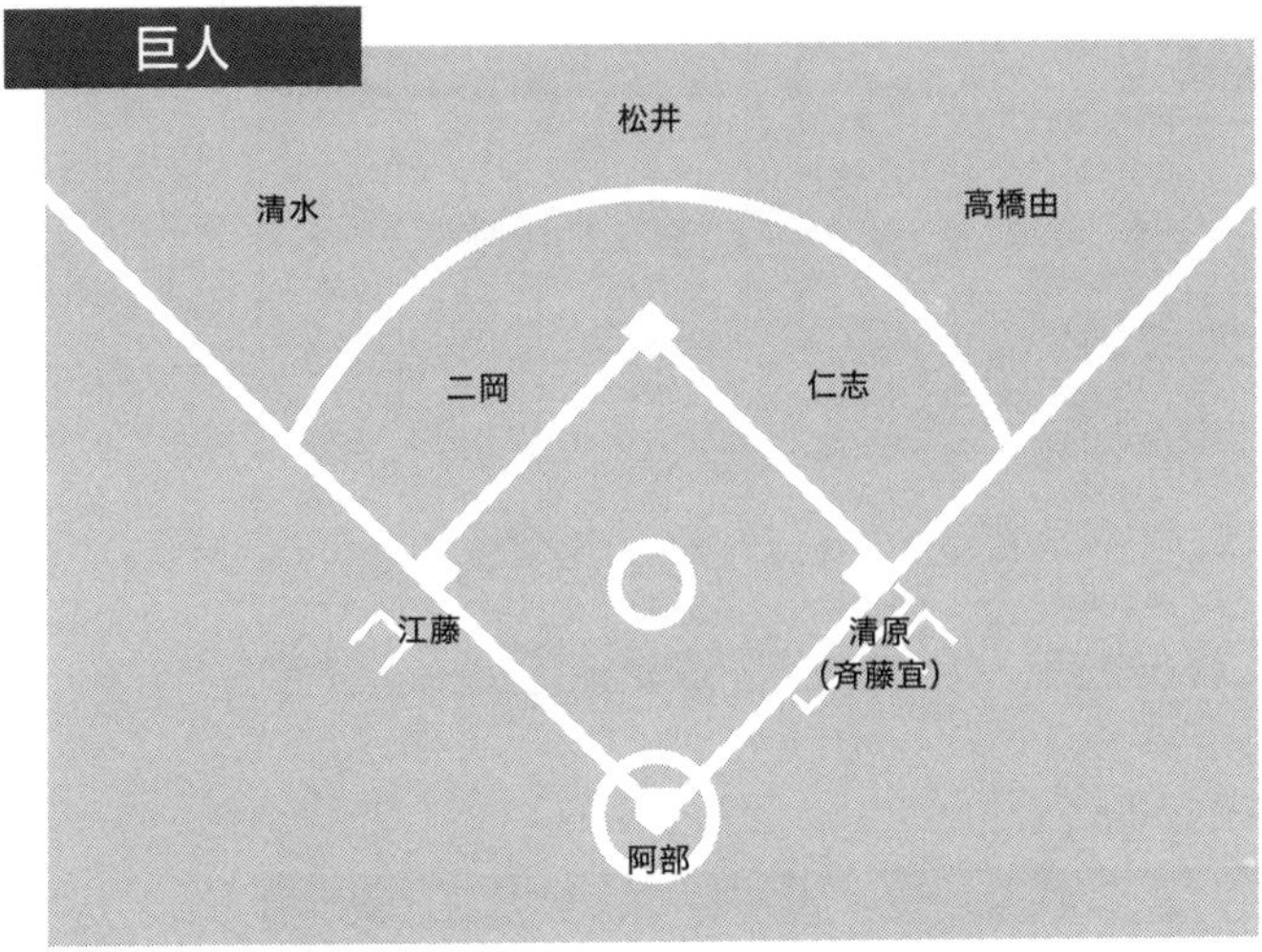

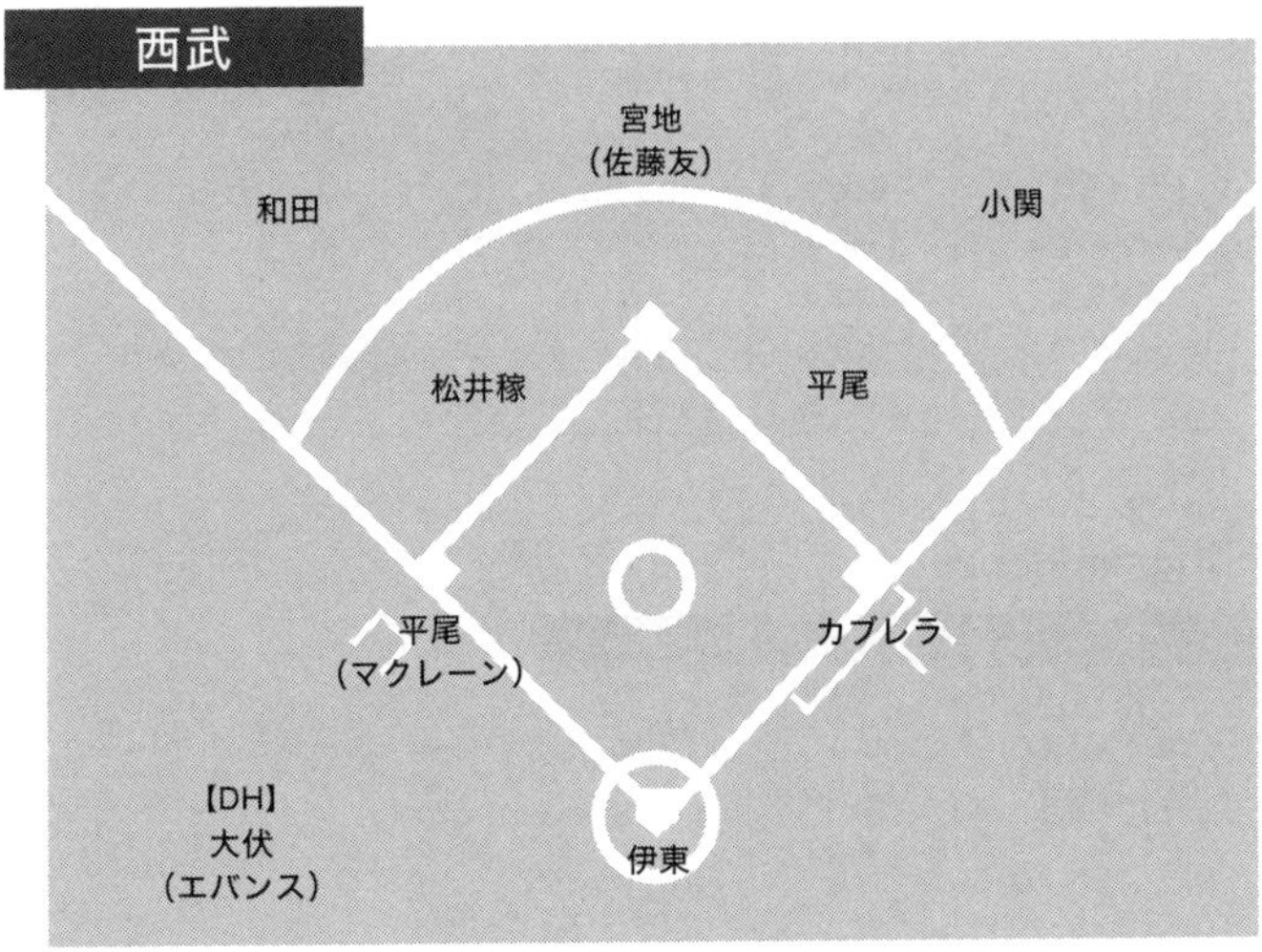

注：オーダーは各ホーム球場の初戦先発に基づく

Awards ▶ タイトル受賞者

▶ Central League

タイトル	選手名	所属チーム	受賞回数	成績
最優秀選手	松井秀喜	巨人	3	
最優秀新人	石川雅規	ヤクルト		
首位打者	福留孝介	中日	初	.343
最多本塁打	松井秀喜	巨人	3	50
最多打点	松井秀喜	巨人	3	107
最多盗塁	赤星憲広	阪神	2	26
最優秀防御率	桑田真澄	巨人	2	2.22
最多勝利	上原浩治	巨人	2	17
	ホッジス	ヤクルト	初	17
最高勝率	上原浩治	巨人	2	.773
最多奪三振	井川慶	阪神	初	206

▶ Pacific League

タイトル	選手名	所属チーム	受賞回数	成績
最優秀選手	カブレラ	西武	初	
最優秀新人	正田樹	日本ハム		
首位打者	小笠原道大	日本ハム	初	.340
最多本塁打	カブレラ	西武	初	55
最多打点	ローズ	近鉄	2	117
最多盗塁	谷佳知	オリックス	初	41
最優秀防御率	金田政彦	オリックス	初	2.50
最多勝利	パウエル	近鉄	初	17
最高勝率	パウエル	近鉄	初	.630
最多奪三振	パウエル	近鉄	初	182

▶ Nippon Series

タイトル	選手名	所属チーム
最高殊勲選手賞(MVP)	二岡智弘	巨人
敢闘選手賞	カブレラ	西武
優秀選手賞	清原和博	巨人
	上原浩治	巨人
	斉藤宜之	巨人

Pacific League 2003

▶チーム勝敗表

チーム	試合	勝利	敗北	引分	勝率	ゲーム差
ダイエー	140	82	55	3	.599	- -
西武	140	77	61	2	.558	5.5
近鉄	140	74	64	2	.536	8.5
ロッテ	140	68	69	3	.496	14
日本ハム	140	62	74	4	.456	19.5
オリックス	140	48	88	4	.353	33.5

▶チーム投手成績

チーム	防御率	試合	勝利	敗北	セーブ	完投	完封	投球回	奪三振	失点
ダイエー	3.94	140	82	55	27	26	9	1265	1126	588
近鉄	4.30	140	74	64	20	18	3	1244	965	632
ロッテ	4.37	140	68	69	35	19	7	1249.1	849	665
西武	4.43	140	77	61	42	13	10	1256.2	1026	660
日本ハム	4.88	140	62	74	24	6	5	1249.1	734	738
オリックス	5.95	140	48	88	22	5	5	1239.2	892	927

▶チーム打撃成績

チーム	打率	試合	打数	得点	安打	二塁打	三塁打	本塁打	打点	盗塁
ダイエー	.297	140	4926	822	1461	276	33	154	794	147
オリックス	.276	140	4837	652	1333	257	18	174	622	74
近鉄	.274	140	4748	718	1302	247	23	187	695	83
西武	.2714	140	4770	692	1295	247	29	191	656	84
ロッテ	.2713	140	4761	651	1292	283	30	145	628	68
日本ハム	.269	140	4875	675	1310	245	20	149	645	90

Central League 2003

▶チーム勝敗表

チーム	試合	勝利	敗北	引分	勝率	ゲーム差
阪神	140	87	51	2	.630	--
中日	140	73	66	1	.525	14.5
巨人	140	71	66	3	.518	15.5
ヤクルト	140	71	66	3	.518	15.5
広島	140	67	71	2	.486	20
横浜	140	45	94	1	.324	42.5

▶チーム投手成績

チーム	防御率	試合	勝利	敗北	セーブ	完投	完封	投球回	奪三振	失点
阪神	3.53	140	87	51	31	15	12	1252	1108	538
中日	3.80	140	73	66	38	6	11	1244.2	1035	578
ヤクルト	4.12	140	71	66	35	5	5	1251	918	627
広島	4.23	140	67	71	33	18	4	1247.1	908	653
巨人	4.43	140	71	66	18	26	8	1248.1	1123	681
横浜	4.80	140	45	94	23	8	3	1221	909	725

▶チーム打撃成績

チーム	打率	試合	打数	得点	安打	二塁打	三塁打	本塁打	打点	盗塁
阪神	.287	140	4830	728	1384	242	32	141	695	115
ヤクルト	.283	140	4840	683	1369	236	18	159	649	54
中日	.268	140	4733	616	1267	215	24	137	586	57
巨人	.262	140	4764	654	1246	182	18	205	624	71
広島	.259	140	4701	558	1219	200	12	153	539	80
横浜	.258	140	4708	563	1215	192	5	192	541	68

圧倒的な打力を誇るダイハード打線で優勝を飾ったダイエー

この年のダイエーは、豊富な先発陣、そして2023年時点も破られていないプロ野球記録であるチーム打率・297を記録した「ダイハード打線」でパ・リーグを制した。

優勝までの道のりは、平坦ではなかった。チームの中心である小久保裕紀が、オープン戦で右膝の前十字靭帯断裂・内側靭帯損傷・外側半月板損傷・脛骨と大腿骨挫傷という重傷を負った。しかし、その状況で彗星の如く現れたのが川崎宗則だ。初のフルシーズン出場となったこの年、強力打線の2番に座り3割近い打率を残して、小久保の離脱を見事にカバーし、一気に台頭した。

この強力打線の中核には、歴史的圧倒感があった。井口資仁、松中信彦、城島健司、ペドロ・バルデスの4選手が100打点以上を挙げ、打率3割以上の選手はこの4人に、柴原洋、村松有人を加えた6選手いた。さらに、新加入のフリオ・ズレータに大道典嘉も控えるなど、まさにどこからでも得点が入るチームだった。ただ、この年のパ・リーグは打高のシーズンだったこともあり、打率TOP10全員が3割を超えていたことも忘れてはならない。さらに井口、村松、川﨑が30盗塁以上を記録するなど、要所での機動力も光った。

そんな中で、他のチームを圧倒した点はやはり、3・4・5番打者の総合成績である。3番に座る井口は、トリプルスリーまであと一歩となるキャリアハイの成績。4番に座る松中は、前年こそ打率3割と30本塁打に到達せず不調だったが、このシーズンは見事に主砲として復活し、初のタイトル（最多打点）を獲得。5番に座る城島は、パ・リーグの捕手としては野村克也以来30年ぶりとなるシーズンMVPを獲得して、脅威のクリーンアップを築き上げた。

その他の選手を見ても、バルデスは2002年と同様、2番打者を務められるほどのバランス感覚と対応力で、どの打順にも対応しながら3年目で見事にキャリアハイ。主に下位打線に座る柴原もシーズン打率・333で、トップバッターの村松もキャリアハイと、どの打順からでも満遍なく打て、得点が入る打線だった。この打線のキーとなる選手は、主軸の3人ではなく、やはりバルデスだ。当時はタフィー・ローズやアレックス・カブレラ、ロベルト・ペタジーニ、アレックス・ラミレスなどスラッガータイプの外国人が活躍していた中で、相対的に見ると中距離打者として打順に対する適応力とチャンスへの強さ、バランス感覚が図抜けていた。

投手陣は、リリーフこそ課題だったものの、先発陣は揃っていた。前年からブレイクの兆しを見せていて、この年ついに沢村賞に輝いた斉藤和巳と新人王の和田毅、一気に台頭した2年目の杉内俊哉を中心に先発ローテーションが上手く回った。その他に、即戦力として期待されていたルーキーの新垣渚がいた。さらに、防御率は高かったものの、寺原隼人やブランドン・ナイトもシーズンを通して貯金を作るピッチングを見せた。

先発陣に関しては、1999年・2000年の連覇に貢献した主力投手陣の高齢化もあり、この年を境目に世代が大きく入れ替わったと言っても過言ではない。特に、斉藤和・和田毅・杉内俊哉に関しては、長年チームの先発ローテーションの核として活躍しており、キャリアを通してみても全投手タイトルホルダーである。

ブルペン陣に関しては、40登板以上の投手は岡本克道や吉田修司、渡辺正和、吉武真太郎の4投手がいたが、総じて防御率4点から5点台と課題を残していたこともあったため、クローザーを固定できないシーズンだった。しかし、当時はテラスがない本拠地でも全体的に防御率が高いことから、現在と比較してもボールが飛びやすく非常に打者が有利な傾向なのがわかる。このような状況だったことから、先発陣の防御率の低さ、またイニングイーターが多かったことでカバーできていただろう。

全体を通して見ると、投打ともにタレント性があり非常に派手さがあった中で、課題となるブルペン陣の不安定さという弱点も大きかったように見えた。ただ、イニングを消化でき勝ち星が確実に期待できる先発と、ダイハード打線と呼ばれた強力な打撃陣という物量でカバーできていたことで、リーグ優勝までたどり着けたのだろう。

ORDER ▶ Pacific League

▶ 野手

打順	守備位置	選手	試合	打席	打率	本塁打	打点	出塁率	長打率	OPS	盗塁
1	中	村松有人	109	510	.324	6	57	.372	.482	.854	32
2	三	川﨑宗則	133	568	.294	2	51	.352	.377	.729	30
3	二	井口資仁	135	617	.340	27	109	.438	.573	1.011	42
4	一	松中信彦	135	590	.324	30	123	.429	.573	1.002	2
5	捕	城島健司	140	628	.330	34	119	.399	.593	.993	9
6	左	バルデス	124	534	.311	26	104	.397	.545	.942	1
7	指	大道典嘉	117	403	.281	4	51	.317	.379	.696	0
8	右	柴原洋	112	479	.333	4	53	.386	.423	.808	11
9	遊	鳥越裕介	115	316	.212	1	25	.299	.250	.549	5
主な控え		ズレータ	67	250	.266	13	43	.364	.514	.878	0
		ネルソン	54	176	.228	3	17	.256	.323	.579	2
		本間満	88	143	.227	0	12	.338	.269	.607	3
		出口雄大	60	142	.256	3	14	.321	.432	.753	3

▶ 先発投手陣

選手	防御率	登板	勝利	敗戦	完投数	セーブ	ホールド	投球回	勝率	奪三振	WHIP
斉藤和巳	2.83	26	20	3	5	0	-	194	.870	160	1.24
和田毅	3.38	26	14	5	8	0	-	189	.737	195	1.20
杉内俊哉	3.38	27	10	8	3	0	-	162.2	.556	169	1.25
新垣渚	3.34	18	8	7	8	0	-	121.1	.533	132	1.15
寺原隼人	5.48	18	7	5	1	0	-	92	.583	60	1.54
ナイト	4.86	16	6	4	0	0	-	87	.600	77	1.72
永井智浩	5.74	6	3	1	0	0	-	26.2	.750	24	1.69
水田章雄	6.91	15	1	3	0	0	-	43	.250	29	1.84

▶ 救援投手陣

選手	防御率	登板	勝利	敗戦	セーブ	ホールド	投球回	勝率	奪三振	WHIP
篠原貴行	2.32	30	1	4	10	-	42.2	.200	40	0.82
岡本克道	4.05	54	2	3	2	-	53.1	.400	59	1.18
吉田修司	5.03	53	2	1	3	-	48.1	.667	41	1.47
渡辺正和	4.95	46	0	1	0	-	36.1	.000	19	1.51
吉武真太郎	4.43	42	1	3	1	-	44.2	.250	34	1.30
佐藤誠	2.98	31	3	3	0	-	45.1	.500	32	1.39
山田秋親	4.15	24	2	1	0	-	26	.667	20	1.62
スクルメタ	3.86	18	1	1	11	-	16.1	.500	12	1.65

※ホールドは2005年に新規定が定められ、セ・パの両リーグが採用されためなし。

闘将・星野仙一が甲子園で宙に舞った阪神

前年、好調なスタートを切ったものの、優勝を逃し4位に終わった阪神。阪神の監督として2年目のシーズンを迎えた星野仙一監督は「血の入れ替え」をオフに行い、1／3以上の24人の選手を大きく入れ替えた。

星野が指揮を執った2年間で、阪神は巨人戦に対する意識が大きく変わったのではないだろうか。1986年から2002年のシーズンまでは直接対決で負け越していたが、2003年から2007年の5シーズンは、2006年の五分を除くと4シーズン勝ち越しをしている。さらに、広島から移籍をした金本知憲の存在は、この年以降も阪神にとって非常に大きな存在だったに違いない。

打線は、パ・リーグを制覇したダイエー打線のように、個人成績から見る派手さはなかったものの、首位打者を獲得した今岡誠をはじめとした4選手（その他3選手は赤星憲広・矢野輝弘・藤本敦士）が規定打席以上でのシーズン打率3割を記録した。打率3割を切ったものの、2番・赤星の後ろを打っていた3番の金本は、状況に応じた打撃をしていき、数字やデータには表れにくい活躍を見せたのではないだろうか。

1番の今岡誠が出塁すれば、赤星が打つか送るか、最低限進塁打でクリーンアップにつなげてチャンスを拡大していき、今岡と金本が出塁できなければ赤星が盗塁で得点圏に進むパターンは、まさにチーム打撃の様式美だったといえよう。前年不振だった片岡篤史や、一発があるジョージ・アリアスを5・6番に置くことができ、下位打線に矢野と藤本を並べたことにより、前年よりも打線に厚みが増した。そのこともあり、チーム本塁打は5位だったものの、チーム打率・得点・盗塁数はリーグトップを記録した。

投手陣に関しては、エース井川慶を中心に前年から戦力だったトレイ・ムーアや新加入の伊良部秀輝、下柳剛が二桁勝利を記録。ムーアに関しては、打撃面でも活躍を見せ、その打撃の良さからオールスターのファン投票で一塁手部門の3位に入ったことも話題になった。谷間には長年チームの先発陣を支えた藪恵壹が8勝と、申し分のない先発ローテーションを確立させた。

特に、井川は20勝を挙げて沢村賞・最多勝利・最優秀防御率・最高勝率を獲得する活躍を見せた。成績ではこのシーズンがキャリアハイと言っても良かったが、投げているボール自体は、前年がキャリアで一番安定していたと見ている。これは、データからも一目瞭然であり、前年の方が奪三振率は高く、防御率や被安打数も数字的には上だからだ。

ブルペン陣は、クローザーのジェフ・ウィリアムスを中心に2年目の安藤優也に吉野誠、金澤健人、ジェロッド・リガンの5投手で強力なリリーフ陣を形成した。そのため、イニングイーターとして計算ができる井川以外が投げた試合でも、先発から中継ぎ、抑えまで盤石な投手陣のリレーを作り上げ、試合を安定させることができた。阪神のブルペン陣は、2005年から2008年のJFKのイメージが強いが、この年も非常に層の厚いブルペン陣を形成できたことがわかる。

打撃力に偏っていたダイエーに対して、阪神は投手力も兼ね備えており、派手さはなかったものの総合力の高さを見せた。

2003

ORDER ▶Central League

▶野手

打順	守備位置	選手	試合	打席	打率	本塁打	打点	出塁率	長打率	OPS	盗塁
1	二	今岡誠	120	526	.340	12	72	.374	.491	.865	1
2	中	赤星憲広	140	635	.312	1	35	.378	.374	.752	61
3	左	金本知憲	140	632	.289	19	77	.399	.449	.848	18
4	右	桧山進次郎	111	456	.278	16	63	.338	.459	.797	1
5	一	アリアス	124	518	.265	38	107	.334	.565	.899	2
6	三	片岡篤史	110	373	.296	12	55	.366	.497	.863	1
7	捕	矢野輝弘	126	484	.328	14	79	.392	.506	.897	1
8	遊	藤本敦士	127	451	.301	0	36	.343	.376	.719	9
主な控え		濱中おさむ	55	201	.273	11	48	.350	.523	.873	3
		沖原佳典	64	137	.341	1	17	.379	.431	.810	3
		八木裕	64	119	.286	0	21	.336	.343	.679	0
		野口寿浩	59	116	.271	1	5	.313	.393	.706	1

▶先発投手陣

選手	防御率	登板	勝利	敗戦	完投数	セーブ	ホールド	投球回	勝率	奪三振	WHIP
井川慶	2.80	29	20	5	8	0	-	206	.800	179	1.17
伊良部秀輝	3.85	27	13	8	3	0	-	173	.619	164	1.35
下柳剛	3.73	26	10	5	3	0	-	137.2	.667	135	1.18
ムーア	4.35	21	10	6	1	0	-	111.2	.625	94	1.44
藪恵壹	3.96	23	8	3	0	0	-	97.2	.727	67	1.27
久保田智之	3.12	26	5	5	0	0	-	89.1	.500	100	1.30
藤田太陽	3.09	5	1	2	0	0	-	23.1	.333	14	1.37
福原忍	2.86	5	2	2	0	0	-	22	.500	27	1.36

▶救援投手陣

選手	防御率	登板	勝利	敗戦	セーブ	ホールド	投球回	勝率	奪三振	WHIP
ウィリアムス	1.54	52	1	1	25	-	52.2	.500	57	0.93
吉野誠	3.27	56	1	1	0	-	41.1	.500	31	0.97
安藤優也	1.62	51	5	2	5	-	61	.714	60	1.03
金澤健人	2.75	36	0	1	0	-	55.2	.000	44	1.04
リガン	1.51	29	3	0	0	-	35.2	1.000	30	1.12
谷中真二	5.88	29	3	3	0	-	33.2	.500	17	1.87
石毛博史	3.26	17	1	1	0	-	19.1	.500	19	0.93

※ホールドは2005年に新規定が定められ、セ・パの両リーグが採用されたためなし。

内弁慶シリーズで最終戦までもつれた虎鷹対決

この年の日本シリーズは、両チームが本拠地で連勝する「内弁慶シリーズ」となり、最終戦までもつれる形となった。さらに記録尽くめのシリーズにもなった。終盤に動く展開の試合が多かったことから、最後まで非常に盛り上がった日本シリーズと言ってもいいだろう。

ダイエーに関しては、小久保裕紀が長期離脱をした中で、松中信彦を筆頭とする「100打点カルテット」と呼ばれたダイハード打線が脅威だった。阪神に関しても、金本知憲が加入して打線に厚みが増して、投手陣についても防御率の高いリリーフの枚数については、ダイエーよりも分があるように思えた。

1戦目はともにリーグで20勝を挙げた、エース同士の対決となった。日本シリーズで「20勝投手対決」となったのは、1972年の日本シリーズ第1戦で登板した阪急の山田久志と巨人の堀内恒夫以来31年ぶりだった。しかし、斉藤和巳と井川慶ともに調子はイマイチ。途中降板したため、勝ちはつかなかった。

1回に阪神は斉藤和から先頭の今岡誠がいきなりセンター前にヒットを放つ。桧山進次郎が四球で続いて不安定な立ち上がりを見せる斉藤和を攻めたが、広澤克実が三振に倒れた。逆にダイエーは、2回にペドロ・バルデスの四球とフリオ・ズレータのヒットで先制のチャンスを作って、村松有人のタイムリーで1点を先制。しかし、3回には川﨑宗則の内野安打と井口資仁のツーベースで追加点のチャンスを作るも、松中のサードライナーで川﨑が飛び出してしまい併殺、無得点に終わる。阪神は4回にジョージ・アリアスと片岡篤史が四球を選び、チャンスで矢野輝弘が2点タイムリースリーベースを放ち、逆転に成功した。ただダイエーも、その裏、城島健司のソロホームランですかさず同点に追いつく。さらに、バルデスと村松の連打から鳥越裕介の犠牲フライで勝ち越した。6回の阪神は矢野の併殺打の間に同点に追いつく。阪神は5回3失点とふるわない井川から、シーズンを通して安定していたジェロッド・リガンに継投するがこれが裏目に出てしまう。柴原洋のヒットと川﨑の四球から井口がライトへのタイムリーツーベースで1点を奪い、再びリード。7回にダイエーは斉藤和から吉田修司につないだが、これも裏目に出てしまい、藤本敦士と金本の四球から、桧山にセンター前にタイムリーを打たれて同点になる。同点に追いつかれたダイエーは吉田を早々に諦め、3番手に岡本劼能を送ってピンチをしのいだ。後に、岡本はこのシリーズでフル回転の活躍を見せる。9回、ダイエーは篠原貴行が登板するが、今岡にヒットを許し、赤星の送りバントで得点圏に進められるも金本を抑え、切り抜ける。その裏に、8回から回跨ぎをしている安藤優也から、松中が四球で出塁する。その後、ズレータが左中間へサヨナラタイムリーツーベースを放って、ダイエーが初戦を勝利。このズレータの打球にダイビングキャッチをした赤星のプレー及ばず、阪神は黒星スタートを切り、赤星はこのプレーで怪我を負いながらプレーすることになる。

2戦目は序盤からダイエーペースで試合が進んだ。2回に阪神先発の伊良部秀輝からバルデス、ズレータ、村松、鳥越、柴原、川﨑のシリーズ新記録となる6連打で一挙4点を積み上げる。さらに、3回には城島が2試合連続となるホームランを放つ。その後も、得点を積み重ねていき、ダイハード打線が本領を発揮した試合になった。大量援護に恵まれた杉内俊哉は、8回を無失点に抑える好投を見せて、阪神打線を寄せ付けなかった。

3戦目は甲子園に戦いの場を移しながらも勢いに乗るダイエーは、初回から阪神先発のトレイ・ムーアを川﨑、井口の連打で攻め立てると、松中のタイムリーで先制。しかし2回よりムーアは立ち直り、4回に金本がダイエー先発の和田毅からバックスクリーンにホームランを放ち追いつく。それ以降は、互いにピンチを凌ぎ合う展開に。短期決戦の投手運用が難しい中で、両チームは信頼度が高い投手を回跨ぎさせた。その影響もあり10回、9回から回跨ぎをしていた篠原が、アリアスへの四球と桧山のヒットでピンチになる。ここでダイエーはチャンスに強い矢野を歩かせて、藤本との勝負に出た。藤本が意地を見せて、犠牲フライを放ち阪神が本拠地でサヨナラ勝ちを果たした。

4戦目もホームで阪神が勢いに乗る。赤星が四球で出塁すると、すかさず盗塁を決める。微妙なタイミングであったため抗議も入ったが、盗塁成功となりその後、4番に復帰した桧山が右中間への2点タイムリーツーベースを放ち、このシリーズで初めて阪神が先制。片岡も続いて、初回からダイエー先発のブランドン・ナイトから3点を奪う。さらに、6回には金本が2試合連続となるホームランで追加点を挙げる。しかし、阪神は中4日で先発の井川のピッチングに締まりが見えなかった。2回に松中にホームランを打たれ、疲れが見え始めた7回には松中のツーベースから畳み掛けるように、城島、柴原、鳥越に3連打を浴びると、村松に死球を与えて1点差になる。阪神は7回途中で安藤優也にスイッチするものの、出口雄大に押し出しの四球を与えて同点になってしまった。その後、両チームが1点ずつ追加して、接戦の展開に。阪神は安藤以降、前日3イニングを投げた吉野誠をはじめジェロッド・リガンやジェフ・ウィリアムスを小刻みに継投して、ダイエー打線を抑え込む。対するダイエーは新垣渚が回跨ぎをしていたが、裏目に出る形になった。守備からリズムを作った阪神は、10回裏に金本が新垣からサヨナラホームランを放ち、タイに持ち込んだ。

5戦目はロースコアゲームになったが、阪神の小刻みな継投策が光った。初回に阪神・金本が斉藤和から先制ホームランを放つ。対するダイエーも2回にバルデスが逆転ツーランホームランを放ち、シーソーゲームになるかと思われた。しかし下柳剛はのらりくらりと抑え、斉藤和も気迫が溢れるピッチングで、中盤まで硬直状態が続いた。6回に阪神は二死から今岡と赤星が連打でチャンスを広げ、金本が四球を選ぶ。二死満塁とし桧山が斉藤和からタイムリーを放ち、2点を奪って阪神が逆転に成功。その後はこのシリーズで大活躍の吉野が登板し、リガン、安藤、ウィリアムスの小刻みな継投策で逃げ切って、本拠地で3連勝を飾り、阪神が日本一に王手をかけた。

6戦目からは再度、福岡ドームでの戦いとなった。ダイエーは本拠地で息を吹き返すかのように、初回から阪神・先発の伊良部を攻め立てた。このシリーズでラッキーボーイ的な存在になった川﨑が、絶妙なセーフティバントで出塁。続く井口が、伊良部の制球が甘くなったところをライトスタンドに飛び込むホームランで先制した。3回にも川﨑が伊良部の調子を狂わせるように、機動力でかき乱していく。その結果、死球を受けたのち盗塁、さらに藤本のエラーで追加を挙げた。その後もダイエーペースで試合が続いていき、先発の杉内も7回を1失点に抑える好投を見せた。最後はこのシリーズでチームトップとなる、5試合目の登板となった岡本が締めて王手を決めた。

運命の7戦目も、序盤からダイエーペースで試合が進んだ。後がない阪神は、初回にダイエー先発の和田毅を攻めた。トップバッターの今岡がヒットで出塁。投手前に落ちた赤星のバントを、焦った和田毅が一塁へ悪送球。エラーで阪神はチャンスを広げた。しかしこの無死一・二塁と絶好のチャンスで、このシリーズ4本塁打を記録していた金本はライトフライ。続く桧山は併殺打でチャンスを逸した。

逆にダイエーは、阪神・先発のムーアから村松が内野安打で出塁。川崎の四球でチャンスを広げて、主砲・松中が意地の2点タイムリーツーベースで先制した。ダイエーは3回にも、川﨑が二塁打で出塁すると、井口が右中間へのツーランホームランを放ち、城島もソロホームランでリードを広げた。先発の和田毅は2本のソロホームランを許したものの、ルーキー離れしたピッチングを披露。最終的には完投勝利という形でダイエーが日本一に輝いた。

このシリーズでは、内容の濃さはもちろんのこと、「ダイエーのシリーズ最多得点零封試合」「阪神の2試合連続サヨナラ勝利」「勝利投手が全試合において左投手」「全試合ホームチームの勝利」「広澤のシリーズ最年長ホームラン記録」など多くの新記録が生まれたシリーズになった。

ダイエーはシーズンと同様に、持ち前の打線を活かしたシリーズになったのではないだろうか。松中や城島、井口、バルデス、ズレータにホームランが出る中で、ラッキーボーイ的な存在になった川崎が、チームトップとなる打率・391と3盗塁を記録。その川崎が足で掻き回して、阪神投手陣の集中力が切れた時に、長打やタイムリーが出る場面が多々見られた。

投手陣に関しても、斉藤和は調子が上がらなかったものの、杉内と和田毅の両左腕が好投を見せたことや、岡本が5試合を投げて自責点0の完璧なピッチングを見せたことが日本一を引き寄せた。リリーフ陣の調子の見極めが早い段階でできたため、序盤から岡本を中心に回せたことが大きかった。

阪神は温情采配が勝敗を分けた形になった。伊良部は明らかに不調だったにも関わらず、早い段階で降ろさないなど、星野仙一の悪いところが顕著に現れた。さらに、初戦で怪我をした赤星が本調子から程遠かったため、足をほとんど活かせなかった点も痛かった。

Nippon Series ▶戦績

第一戦
福岡ドーム

阪神	0	0	0	2	0	1	1	0	0	4
ダイエー	0	1	0	2	0	1	0	0	1x	5

勝 篠原　負 安藤
本 [ダ] 城島１号（4回１点井川）

第二戦
福岡ドーム

阪神	0	0	0	0	0	0	0	0	0	0
ダイエー	0	4	1	0	0	0	5	3	X	13

勝 杉内　負 伊良部
本 [ダ] 城島２号（3回１点伊良部）、
ズレータ１号（7回３点金澤）、
バルデス１号（8回３点金澤）

第三戦
甲子園

ダイエー	1	0	0	0	0	0	0	0	0	0	1
阪神	0	0	0	1	0	0	0	0	0	1x	2

勝 吉野　負 篠原
本 [神] 金本１号（4回１点和田）

第四戦
甲子園

ダイエー	0	1	0	0	0	0	3	1	0	0	5
阪神	3	0	0	0	0	1	0	1	0	1x	6

勝 ウィリアムス　負 篠原
本 [ダ] 松中１号（2回１点井川）
[神] 金本２号（6回１点渡辺）、
３号（10回１点新垣）

第五戦
甲子園

ダイエー	0	2	0	0	0	0	0	0	0	2
阪神	1	0	0	0	0	2	0	0	X	3

勝 下柳　負 斉藤　S ウィリアムス
本 [ダ]バルデス２号(2回２点下柳)
[神] 金本４号（1回１点斉藤）

第六戦
福岡ドーム

阪神	0	0	0	1	0	0	0	0	0	1
ダイエー	2	0	1	0	0	1	0	1	X	5

勝 杉内　負 伊良部　S 岡本
本 [神] 桧山１号（4回１点杉内）
[ダ] 井口１号(1回２点伊良部)、
バルデス３号(8回1点石毛)

第七戦
福岡ドーム

阪神	0	0	0	0	1	0	0	0	1	2
ダイエー	2	0	3	0	0	1	0	0	X	6

勝 和田　負 ムーア
本 [神] 関本１号（5回１点和田）、
広澤１号（9回１点和田）
[ダ] 井口２号(3回２点ムーア)、
城島３号(3回１点ムーア)、
４号（6回１点リガン）

Nippon Series ▶守備陣形

阪神

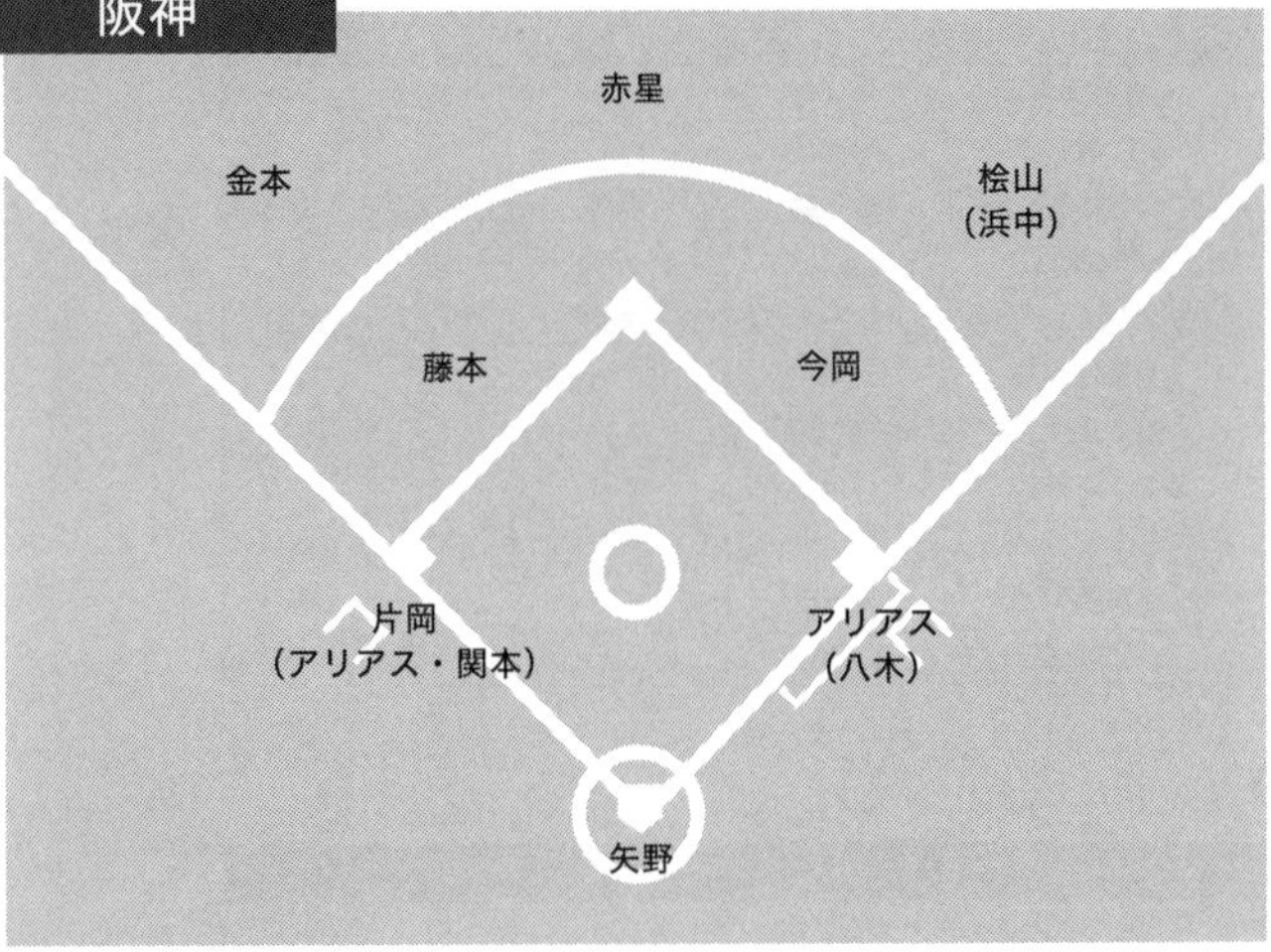

ダイエー

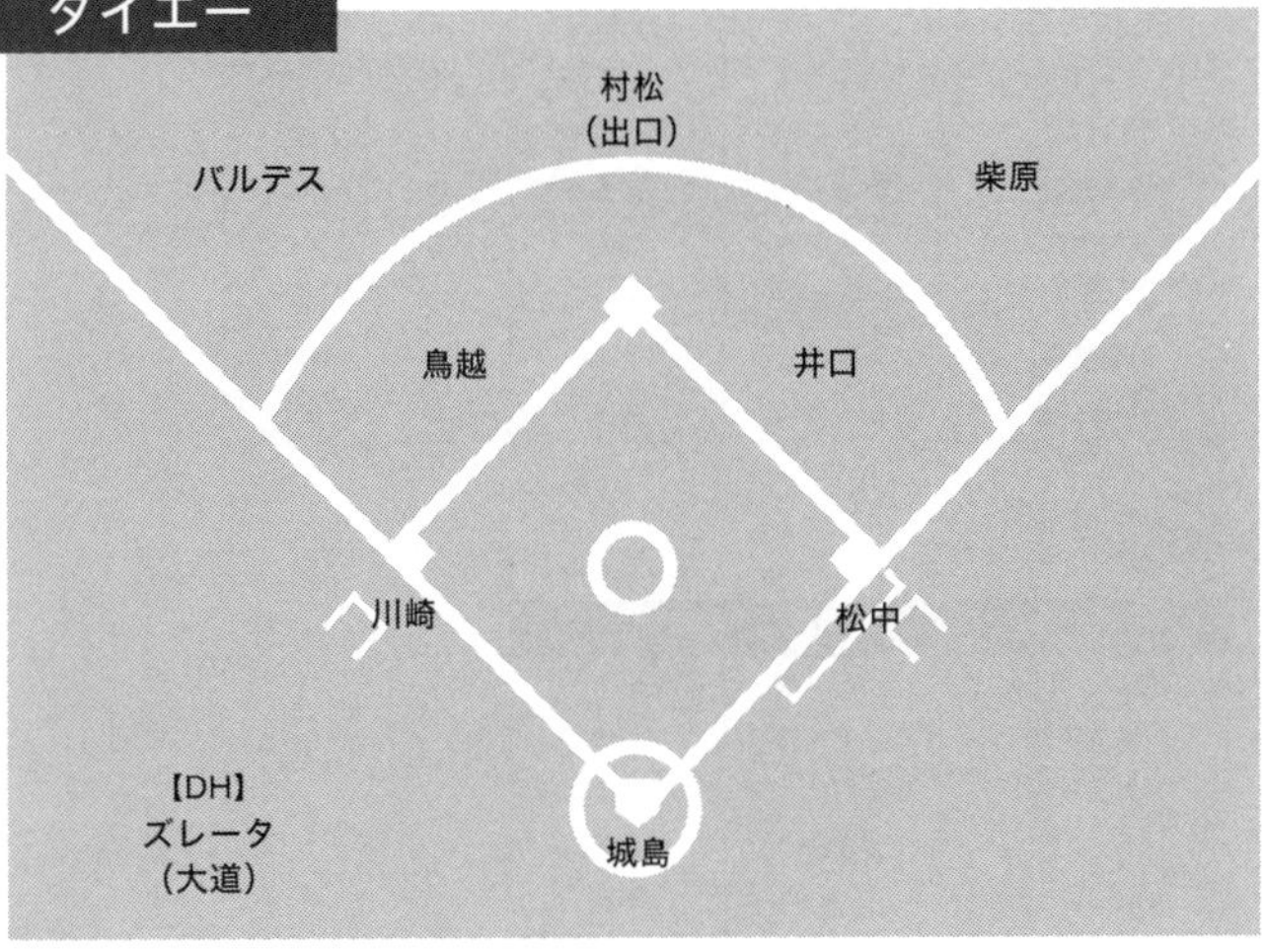

注：オーダーは各ホーム球場の初戦先発に基づく

Awards ▶ タイトル受賞者

▶ Central League

タイトル	選手名	所属チーム	受賞回数	成績
最優秀選手	井川慶	阪神	初	
最優秀新人	木佐貫洋	巨人		
首位打者	今岡誠	阪神	初	.340
最多本塁打	ラミレス	ヤクルト	初	40
	タイロン・ウッズ	横浜	初	40
最多打点	ラミレス	ヤクルト	初	124
最多盗塁	赤星憲広	阪神	3	61
最優秀防御率	井川慶	阪神	初	2.80
最多勝利	井川慶	阪神	初	20
最高勝率	井川慶	阪神	初	.800
最多奪三振	上原浩治	巨人	2	194

▶ Pacific League

タイトル	選手名	所属チーム	受賞回数	成績
最優秀選手	城島健司	ダイエー	初	
最優秀新人	和田毅	ダイエー		
首位打者	小笠原道大	日本ハム	2	.360
最多本塁打	ローズ	近鉄	3	51
	松中信彦	ダイエー	初	123
最多打点	井口資仁	ダイエー	2	42
最多盗塁	斉藤和巳	ダイエー	初	2.83
最優秀防御率	松坂大輔	西武	初	2.83
最多勝利	斉藤和巳	ダイエー	初	20
最高勝率	斉藤和巳	ダイエー	初	.870
最多奪三振	松坂大輔	西武	3	215

▶ Nippon Series

タイトル	選手名	所属チーム
最高殊勲選手賞(MVP)	杉内俊哉	ダイエー
敢闘選手賞	金本知憲	阪神
優秀選手賞	井口資仁	ダイエー
	城島健司	ダイエー
	桧山進次郎	阪神

Pacific League 2004

▶チーム勝敗表

チーム	試合	勝利	敗北	引分	勝率	ゲーム差
西武	133	74	58	1	.561	- -
ダイエー	133	77	52	4	.597	-4.5
日本ハム	133	66	65	2	.504	7.5
ロッテ	133	65	65	3	.500	8
近鉄	133	61	70	2	.466	12.5
オリックス	133	49	82	2	.374	24.5

▶チーム投手成績

チーム	防御率	試合	勝利	敗北	セーブ	完投	完封	投球回	奪三振	失点
西武	4.29	133	74	58	19	15	11	1203	965	656
ロッテ	4.40	133	65	65	22	11	6	1205.2	878	642
近鉄	4.46	133	61	70	19	18	6	1196	832	636
ダイエー	4.58	133	77	52	35	19	7	1196	923	651
日本ハム	4.72	133	66	65	33	3	2	1183.1	843	697
オリックス	5.66	133	49	82	19	9	1	1177	805	807

▶チーム打撃成績

チーム	打率	試合	打数	得点	安打	二塁打	三塁打	本塁打	打点	盗塁
ダイエー	.292	133	4654	739	1359	244	28	183	706	84
オリックス	.283	133	4596	622	1300	254	25	112	587	90
日本ハム	.281	133	4681	731	1315	237	21	178	702	45
西武	.276	133	4604	718	1271	220	25	183	691	97
近鉄	.269	133	4544	630	1221	221	15	121	601	59
ロッテ	.264	133	4605	649	1218	278	29	143	626	49

Central League 2004

▶チーム勝敗表

チーム	試合	勝利	敗北	引分	勝率	ゲーム差
中日	138	79	56	3	.585	- -
ヤクルト	138	72	64	2	.529	7.5
巨人	138	71	64	3	.526	8
阪神	138	66	70	2	.485	13.5
広島	138	60	77	1	.438	20
横浜	138	59	76	3	.437	20

▶チーム投手成績

チーム	防御率	試合	勝利	敗北	セーブ	完投	完封	投球回	奪三振	失点
中日	3.86	138	79	56	38	8	14	1241.2	1019	558
阪神	4.08	138	66	70	30	10	8	1232.1	1112	610
横浜	4.47	138	59	76	31	3	5	1215	951	666
巨人	4.50	138	71	64	28	10	5	1235.1	1105	677
ヤクルト	4.70	138	72	64	42	4	3	1224.1	973	691
広島	4.75	138	60	77	26	13	5	1233.1	1086	716

▶チーム打撃成績

チーム	打率	試合	打数	得点	安打	二塁打	三塁打	本塁打	打点	盗塁
横浜	.279	138	4749	640	1324	193	19	194	619	46
広島	.276	138	4840	662	1335	219	21	187	635	50
ヤクルト	.2754	138	4770	618	1314	181	14	181	599	42
巨人	.2749	138	4845	738	1332	219	6	259	719	25
中日	.274	138	4738	623	1299	201	15	111	589	95
阪神	.273	138	4794	637	1307	210	21	142	607	96

限られた戦力を最大化しながら勝ち抜いた西武

2004年の西武は、前年オフに松井稼頭央がMLBに移籍、開幕前に主砲のアレックス・カブレラが離脱、伊東勤は引退と野手陣が揃わない状況だった。戦力だけで見れば、2002年のような充実度はなかったといえるだろう。この状況で、この年、監督1年目だった伊東は、「松井稼頭央が抜けて、カブレラも故障で復帰が遅れている。そういった中で、2、3年後を見据えたチーム作りをするつもりなんかない。今季から勝負をしていきたい」とコメント。

そんな中で、松井稼の後釜として期待されていた中島裕之が、遊撃手として一気に台頭した。主に7番打者として全試合出場し、打率・287・27本塁打・90打点・OPS・853と申し分のない成績を残した。さらに、開幕直後はなかなか固定ができなかったトップバッターも、佐藤友亮が6月から固定され、打率・317を記録。2番に座っていた赤田将吾と1・2番を組む形になり、打線が一気に機能し始めた。その他にも、2002年の優勝メンバーでもある貝塚政秀がキャリアハイの打率・307を記録。そのこともあり、離脱していたカブレラが6月末に復帰した頃には、打線の巡り合わせが機能し始めていた。

投手陣は、エース・松坂大輔を中心に西口文也や帆足和幸、張誌家がローテーションを回した。救援陣では故障離脱はあったものの豊田清を中心に、星野智樹や長田秀一郎、森慎二、小野寺力、大沼幸二といったあたりがブルペン陣を支えた。ポストシーズンでは、石井貴の活躍が目立った。


なお、2004年よりパ・リーグでは正式にプレーオフ制度が導入された。これは現在のクライマックスシリーズと同様に、レギュラーシーズン（ペナント・交流戦）全試合を終了した後の上位3チームがトーナメント方式で争い、上位1チームが日本シリーズに進出するシステムである。つまり、シーズン1位だった場合にもプレーオフで2位だった場合には、全体成績が2位となる。

このプレーオフで西武は、日本ハムとダイエーに僅差で勝利した。第1ステージの相手・日本ハムには、1勝1敗で迎えた最終戦で、豊田が最終回に木元邦之に同点ホームランを打たれたが、和田一浩のサヨナラ弾で第1ステージを突破。

第2ステージ・ダイエー戦では、初戦こそ一発攻勢の前に敗れたものの、2戦目で打線が和田毅を攻略し10安打の猛攻11点を挙げた。投げては松坂が6回無失点の完璧なピッチングでタイに。3戦目は、中島のエラーで勝ち越しを許したものの、6回表すぐに汚名返上の一発で追いつき、ネクストバッター野田浩輔が勝ち越し弾を放ち勝利。4戦目は、帆足が4回に攻略され打ち込まれて3失点、再度タイになった。

最終戦は、中3日で松坂が先発、リリーフも5人使う総力戦に。この日も豊田が最終回に追い付かれ、終盤まで1点を争う展開になった。しかし、延長10回表にこの年、ルーキーながらもリリーフとしてはトップクラスの活躍を見せた三瀬幸司を攻略して勝ち越す。最後は、先発・石井貴をリリーフに回して勝利した。

この年の西武はチームカラーを一新。松井稼の移籍やカブレラの離脱、アテネ五輪の影響をものともせずリーグ優勝、日本一に輝いた。その要因として、中島がスムーズに遊撃手に定着し、フル出場したことが大きかった。さらにカブレラの離脱を和田一やホセ・フェルナンデス、キャリアハイを残した貝塚を中心に埋めることができたのもある。さらに佐藤友、赤田、石井義人といったフレッシュな選手の活躍も大きかった。投手陣も、先発陣は松坂と西口が軸となり、豊田の離脱や森慎二の不調があったものの、星野や長田が踏ん張った。伊東は1年目ながら選手の適材適所を見極め、現有戦力を最大化させてパ・リーグを制した。

ORDER ▶ Pacific League

▶ 野手

打順	守備位置	選手	試合	打席	打率	本塁打	打点	出塁率	長打率	OPS	盗塁
1	右	佐藤友亮	105	348	.317	2	27	.375	.379	.754	11
2	中	赤田将吾	122	436	.259	9	41	.335	.390	.725	16
3	三	フェルナンデス	131	580	.285	33	94	.357	.526	.883	5
4	一	カブレラ	64	290	.280	25	62	.369	.644	1.013	1
5	左	和田一浩	109	473	.320	30	89	.425	.607	1.032	6
6	指	貝塚政秀	112	420	.307	14	75	.360	.497	.858	8
7	遊	中島裕之	133	559	.287	27	90	.349	.504	.853	18
8	捕	細川亨	116	366	.217	11	39	.281	.396	.677	2
9	二	高木浩之	103	324	.254	2	28	.316	.328	.644	1
主な控え		小関竜也	90	328	.269	3	32	.334	.360	.695	1
		柴田博之	90	222	.279	1	9	.393	.352	.744	22
		大島裕行	68	191	.246	8	27	.288	.430	.718	1
		石井義人	58	169	.304	2	16	.429	.413	.842	1

▶ 先発投手陣

選手	防御率	登板	勝利	敗戦	完投数	セーブ	ホールド	投球回	勝率	奪三振	WHIP
張誌家	3.70	22	9	8	3	0	-	146	.529	119	1.33
西口文也	3.22	21	10	5	0	0	-	117.1	.667	112	1.30
松坂大輔	2.90	23	10	6	10	0	-	146	.625	127	1.16
帆足和幸	4.30	24	10	3	1	0	-	104.2	.769	80	1.57
石井貴	4.65	14	1	5	0	0	-	69.2	.167	35	1.58
大沼幸二	4.42	36	4	6	1	3	-	95.2	.400	74	1.55
三井浩二	7.69	9	2	3	0	0	-	45.2	.400	27	1.80
許銘傑	4.36	27	4	3	0	0	-	64	.571	26	1.56

▶ 救援投手陣

選手	防御率	登板	勝利	敗戦	セーブ	ホールド	投球回	勝率	奪三振	WHIP
豊田清	0.98	34	5	1	11	-	36.2	.833	39	0.85
星野智樹	2.15	56	4	3	0	-	46	.571	59	1.24
長田秀一郎	3.18	34	2	3	0	-	45.1	.400	37	1.21
森慎二	4.59	34	0	4	4	-	49	.000	49	1.80
小野寺力	3.38	27	2	1	0	-	32	.667	24	1.41
芝崎和広	8.15	12	2	1	0	-	17.2	.667	6	1.47

※ホールドは2005年に新規定が定められ、セ・パの両リーグが採用されたためなし。

Play Off ▶戦績

▶Pacific League

第1ステージ

西武(2勝) VS 日本ハム(1勝)

第1戦　西○ 10-7 ●日

第2戦　西● 4-5 ○日

第3戦　西○ 6-5 ●日

第2ステージ

ダイエー(2勝) VS 西武(3勝)

第1戦　ダ○ 9-3 ●西

第2戦　ダ● 1-11 ○西

第3戦　ダ● 5-6 ○西

第4戦　ダ○ 4-1 ●西

第5戦　ダ● 3-4 ○西

「オレ竜」で就任1年目にして優勝を成し遂げた落合中日

このシーズンから指揮を執った落合博満監督により、中日は大きく変わったと言っても過言ではない。中日は前年、山田久志監督のもとでAクラスだったものの、優勝した阪神からは14・5ゲーム差をつけられており、補強は必須と見られていた。しかし落合は、前年のオフに新たな補強をほとんど行わず「現有戦力の10％底上げ」を掲げた。キャンプでも初日から紅白戦を行い、開幕投手は長年の故障でほとんど投げられていなかった川崎憲次郎を任命した。このような異例とも言える状況で、「オレ竜」落合政権の中日はシーズンを迎えた。

布陣を見ると、内外野ともに守備の名手揃いで、チームの中心となる根幹は守り勝つ野球なのがわかる。しかし、2000年代のプロ野球は全体的に投低打高の傾向にあることや、巨人をはじめとして多くは強力な打線を中心にチームビルディングを行っていたため、ただ守るだけの野球では勝てないのはわかりきっていたことだろう。

そこで打線を見ると、「アライバ」こと荒木雅博と井端弘和の1・2番コンビがこの年から確立され、さらにクリーンアップに3番・立浪和義、4番・福留孝介、5番にアレックス・オチョアが固定されて、打線の軸と流れが完成されていたことがわかる。その主軸の選手に、渡邉博幸、英智といった守備型の選手や、ベテランの井上一樹などが下位打線で上手く機能した。さらに、代打の切り札の高橋光信やテスト入団をした川相昌弘といった選手たちが、一芸に秀でた活躍を見せた。守り勝つ野球に隠れてはいたが、チーム打率5位ながらも1位の横浜とは5厘差を記録する最低限の打力も持ち合わせていたことがわかる。

守備の面で見ても、当時は1991年の西武に次ぐ最少失策数の45を記録（西武は38）。ゴールデングラブ賞は6人選出された（川上憲伸・渡邉・荒木雅博・井端・アレックス・英智）。選ばれなかった谷繁元信、立浪、福留も票数が次点だったため、全ポジション獲得もあり得ただろう。捕手・谷繁、荒木と井端の二遊間、中堅手・アレックスのセンターラインは固く（荒木失策6、井端失策4、アレックス失策3）、外野陣は控えに守備のスペシャリスト英智もいたことから、非常にディフェンス力のあるチームだったことがわかる。

投手陣に関しては、このシーズンから盤石な体制で臨んだ。打高のシーズンでありながらも、チーム防御率12球団唯一の3点台（3・86）と失点500点台（558失点）を記録した。この数字を見ても、12球団トップクラスの投手陣と言っても過言ではないだろう。名手が野手陣に集まっていることに加えて、トップクラスの投手を中心とし、さらなる守備力の強化が図られていた。エースの川上は、初の最多勝利と沢村賞、MVPを獲得。その川上を中心に、ベテランの山本昌と、横浜を戦力外になって獲得したドミンゴ・グスマンが二桁勝利を記録した。

ブルペン陣は、最優秀中継ぎ投手を獲得した岡本真也がキャリアハイを記録。岩瀬仁紀と落合英二は、開幕当初は両投手の怪我や不調もありダブルストッパーだったが、終盤は岩瀬が抑えを務めた。さらに、先発と中継ぎ、アテネオリンピックで岩瀬が抜けた際には抑えまで任された平井正史は、防御率だけ見ると3点台後半だったが、フル回転の活躍を見せた。その他にもブルペンには、久本祐一やマーク・バルデスなどもいたことから、先発投手が早い段階でマウンドを降りても、リカバリが十分にできる体制だった。

シーズンを全体的に見ると、「史上最強打線」で話題になった巨人はチーム本塁打259本を記録して、プロ野球記録になったが優勝を逃した。優勝を果たした中日は本塁打111本でありながらも得失点差は65点で、巨人は61点だった。まさに守りの野球である。

この点から見ても、派手さはなかったものの、投手を中心とした試合運びの上手さや、それを活かせる最低限の打力があったという点でリーグ制覇ができたことがわかる。

全体を通してみると中日は、打高の時代にも関わらず、沢村賞に輝いた川上を中心とする投手陣を含めた守備のチームを作り上げた。守備のイメージが強い中で、打撃陣もアライバこと荒木と井端の1・2番は嫌らしさがあり、立浪はシーズン途中まで首位打者争いをする活躍を見せた。後半戦は福留の離脱があったものの、チーム全体でカバーした。監督就任時の補強は、引退を撤回した川相と横浜を戦力外となったドミンゴ・グスマンのみ。現有戦力を10％上げる育成と采配を見せたオレ竜がリーグ制覇を果たした。

ORDER ▶Central League

▶野手

打順	守備位置	選手	試合	打席	打率	本塁打	打点	出塁率	長打率	OPS	盗塁
1	二	荒木雅博	138	640	.292	3	44	.322	.349	.671	39
2	遊	井端弘和	138	642	.302	6	57	.367	.395	.762	21
3	三	立浪和義	134	580	.308	5	70	.364	.384	.749	5
4	右	福留孝介	92	404	.277	23	81	.367	.569	.936	8
5	中	アレックス	138	590	.294	21	89	.369	.469	.839	3
6	左	井上一樹	113	319	.276	11	30	.354	.442	.796	0
7	一	渡邉博幸	124	320	.286	2	22	.334	.334	.669	1
8	捕	谷繁元信	121	472	.260	18	68	.332	.419	.751	1
主な控え		英智	107	221	.269	0	19	.323	.338	.661	11
		リナレス	60	182	.283	4	28	.363	.403	.765	0
		森野将彦	80	180	.272	4	21	.326	.407	.733	0
		大西崇之	80	146	.242	4	15	.294	.394	.688	1

▶先発投手陣

選手	防御率	登板	勝利	敗戦	完投数	セーブ	ホールド	投球回	勝率	奪三振	WHIP
川上憲伸	3.32	27	17	7	5	0	-	192.1	.708	176	1.10
山本昌	3.15	27	13	6	1	0	-	157	.684	120	1.25
ドミンゴ	3.76	23	10	5	0	0	-	146	.667	128	1.23
野口茂樹	5.65	17	4	8	1	0	-	78	.333	61	1.71
朝倉健太	4.08	14	3	3	0	0	-	53	.500	38	1.60
小笠原孝	3.45	22	2	2	0	0	-	57.1	.500	52	1.34
バルガス	4.06	6	2	3	0	0	-	31	.400	28	1.26

▶救援投手陣

選手	防御率	登板	勝利	敗戦	セーブ	ホールド	投球回	勝率	奪三振	WHIP
岩瀬仁紀	2.80	60	2	3	22	-	64.1	.400	53	1.04
岡本真也	2.03	63	9	4	0	-	75.1	.692	85	1.14
落合英二	2.45	42	4	3	10	-	44	.571	17	1.27
久本祐一	3.83	38	1	0	0	-	42.1	1.000	32	1.51
バルデス	3.51	30	1	1	1	-	25.2	.500	17	1.40
平井正史	3.93	38	5	6	5	-	87	.455	58	1.25
高橋聡文	2.86	24	0	1	0	-	22	.000	21	1.32
遠藤政隆	7.01	22	1	0	0	-	25.2	1.000	30	1.36

※ホールドは2005年に新規定が定められ、セ・パの両リーグが採用されたためなし。

プレーオフ制度に泣いたペナントレース1位のダイエー

プレーオフ制度初年度のパ・リーグは、ダイエーがペナントレースを1位で通過した。前年オフに小久保裕紀が無償トレードで巨人に、日本一に貢献した村松有人がFAでオリックスに移籍をしたものの、強さは衰えなかった。3割打者を5人（松中信彦・城島健司・井口資仁・川﨑宗則・宮地克彦）・30本塁打以上3人（松中・城島・フリオ・ズレータ）を揃えた打線は前年よりは多少成績が下がったもののチーム打率・292を記録し、チーム本塁打と打点もリーグトップを記録するなど、ダイハード打線の健在ぶりを発揮したシーズンだった。個人成績を見ても、打率TOP5に3選手がランクインし、本塁打TOP5にも3選手、打点TOP3に2選手が占める結果となった。

特に、松中は平成で唯一の三冠王を記録。キャリアハイを記録しており、2度目のシーズンMVPを獲得した。前年ブレイクした川﨑は遊撃手として定着し、打率・303を記録して最多安打や盗塁王、ベストナイン、ゴールデングラブ賞を獲得。一気にチームの顔になったシーズンだった。城島や井口も、打率・本塁打ともに前年に近い成績を残した。城島はアテネ五輪の関係で離脱をしていたものの、本塁打数はキャリアハイの数字を記録した。前年新加入したズレータは、37本塁打・100打点を記録した。

その中で一番注目をしたいのは、平成唯一の三冠王を達成した松中だ。打率・358・44本塁打・120打点と圧巻の数字を残した。さらに、長打率に関しては、キャリア最高の・715を記録しており、2000年代中盤において間違いなく最高の打者だったに違いない。しかし、この年に開催されたアテネ五輪には選出されなかった。各球団2名ずつ選出されるシステムだったため、ダイエーからは城島と和田毅が選ばれたからだった。

ただ、そのアテネ五輪未出場が松中にとって追い風となり、ペナント終了時には2位に12打点差をつけて打点王のタイトルを獲得した。本塁打に関しては、五輪に出場しなかったフェルナンド・セギノールとシーズン終盤まで争い、同率でタイトルを獲得。首位打者に関しては、前年同タイトルを獲得した小笠原道大と争った。この年、城島や和田毅と同様にアテネ五輪に選出されたため、本塁打と打点は例年よりも低い状況であり、シーズン終盤に小笠原を突き放して見事に三冠王を達成した。

このように松中の三冠王の場合は、五輪の影響が大きいことは確かだ。しかし、2003年から2005年は間違いなく全盛期だったといえる成績でもあり、ちょうどその期間と五輪未出場が重なった上での獲得だといえるだろう。

また、2004年は21世紀において、最高レベルでプロ野球自体が打高のシーズンだったのではないだろうか。パリーグの平均打率は・278を記録しており、本塁打は15本、打点は62、OPS・791だった。防御率を見ても4・69と投手が不利だった時代なのがわかる。ラビットボールと呼ばれる、いわゆる「飛ぶボール」の時代だったため、本塁打も多く、投手も非常に高いレベルが求められていた。


しかし、松中はプレーオフで大ブレーキ。第1戦ではホームランを放ちながらも、最終的には19打数・2安打・1本塁打・1打点に終わった。チームは初戦こそ豪快な一発攻勢で勝利したものの、2戦目は松坂大輔に抑えられ、3戦目は5回9安打・6失点と斉藤和巳が崩れて落とした。しかし、4戦目は、打線が帆足和幸を4回に攻略し、あと1人で打者一巡のところまで打ち込み、先発・倉野信次が6回無失点の好投を見せて息を吹き返すように勝利。

運命の最終戦は、リードを許した9回に柴原洋のタイムリーで追いついた。だがしかし、二死二・三塁のサヨナラのチャンスで、4番松中がセカンドゴロに終わってしまった。10回表に勝ち越されたダイエーは、その裏にズレータが四球を選ぶも無得点に終わった。

ダイエーはこのシーズンのプレーオフで敗れてから、長きにわたって短期決戦に苦しむことになる。

ペナントレースを1位通過したダイエーは、1982年以来に導入されたプレーオフで敗退することとなった。ペナントレースでは、前年と同様に松中や井口、城島を中心とした強力な打線が、チーム打率・292でリーグ1位を記録。本塁打数も西武と並んで183本塁打は、リーグ1位だった。そのため、野手陣は申し分のない働きをした。しかし、プレーオフでは三冠王に輝いた松中が徹底的に抑えられ、自慢の打線が機能せず、短期決戦で重要視される投手力は、リーグ1位の防御率を誇る西武が上回ったため敗れた。

2004

ORDER ▶ Pacific League

▶野手

打順	守備位置	選手	試合	打席	打率	本塁打	打点	出塁率	長打率	OPS	盗塁
1	二	井口資仁	124	574	.333	24	89	.394	.549	.943	18
2	遊	川崎宗則	133	633	.303	4	45	.359	.387	.746	42
3	左	バルデス	115	503	.279	18	74	.388	.456	.844	1
4	一	松中信彦	130	577	.358	44	120	.464	.715	1.179	2
5	捕	城島健司	116	498	.338	36	91	.432	.655	1.087	6
6	指	ズレータ	130	542	.284	37	100	.389	.567	.956	1
7	中	柴原洋	99	398	.271	7	39	.316	.411	.727	1
8	右	宮地克彦	93	276	.310	3	24	.349	.385	.734	1
9	三	本間満	88	280	.290	2	24	.332	.389	.721	4
主な控え		荒金久雄	74	192	.213	3	15	.306	.348	.654	1
		出口雄大	61	179	.218	2	17	.331	.347	.678	1

▶先発投手陣

選手	防御率	登板	勝利	敗戦	完投数	セーブ	ホールド	投球回	勝率	奪三振	WHIP
新垣渚	3.28	25	11	8	9	0	-	192.1	.579	177	1.28
斉藤和巳	6.26	22	10	7	3	0	-	138	.588	120	1.43
和田毅	4.35	19	10	6	7	0	-	128.1	.625	115	1.16
星野順治	4.64	21	7	8	0	0	-	120.1	.467	66	1.19
グーリン	4.24	17	8	3	0	0	-	99.2	.727	69	1.63
杉内俊哉	6.90	10	2	3	0	0	-	45.2	.400	51	1.82
馬原孝浩	6.30	11	3	3	0	0	-	50	.500	37	1.76

▶救援投手陣

選手	防御率	登板	勝利	敗戦	セーブ	ホールド	投球回	勝率	奪三振	WHIP
三瀬幸司	3.06	55	4	3	28	0	67.2	.571	71	0.98
佐藤誠	3.74	40	2	1	0	0	43.1	.667	19	1.48
松修康	4.82	40	0	1	0	0	28	.000	18	1.61
山田秋親	3.90	35	6	2	1	0	57.2	.750	53	1.34
倉野信次	2.55	37	9	1	0	0	88.1	.900	37	1.30
水田章雄	4.82	14	3	3	3	0	18.2	.500	10	2.09
吉武真太郎	1.84	13	0	0	2	0	14.2	.000	10	1.02
竹岡和宏	6.11	13	2	0	0	0	28	1.000	10	1.75

プレーオフから頂点を狙う伊東・西武とオレ竜・中日の新人監督対決

この年の日本シリーズは、新人監督同士の対決となった。西武はプレーオフの勢いもあり、最終戦で10回クローザーとして登板し最後を締めた石井貴が1戦目の先発に起用され、エース・松坂大輔は2戦目に回された。なおセ・リーグはプレーオフがないため、中日はリーグ優勝が決まった後の消化試合が続いた中で日本シリーズに臨んだ。中日にとっては、怪我で離脱中の福留孝介を欠いたことが痛手となるシリーズとなった。

1戦目は石井貴・川上憲伸の両先発が、素晴らしい立ち上がりを見せた。特に石井貴は、防御率4・65に終わったシーズンとは打って変わり、完璧に近いピッチングを披露。その石井貴を援護したい打線は、4回にこの試合で唯一のヒットを記録していた和田一浩が、川上の内角に寄ったシュートを上手く捌いて、レフトスタンドに先制ホームランを放つ。さらに5回表には、二死までは川上が簡単に打ち取るものの、佐藤友亮と赤田将吾に連打を浴び、一・三塁のピンチで平凡なライトフライを名手の英智がまさかの落球。このエラーで2点差に広がった。

その裏、中日の攻撃で波乱が起きる。谷繁元信の併殺打の場面で、主審の橘髙淳は、打者・谷繁の捕手ゴロを野田浩輔が掴み、そのまま谷繁にタッチしたとしてアウトを宣告していた。これに対し落合博満は「野球規則では、二塁はタッチプレーになるんじゃないの。併殺は成立しない」と主張し、判定が覆った。さらに伊東勤がこれに対して異議を唱え、異例となる49分の試合中断。落合は日頃より公認野球規則、日本プロフェッショナル野球協約を暗記するほどに読み込んでおり、「ルールがすべて」という自身の哲学を、冷徹なまでに貫き通した。一方の伊東は、これまでも頑固なまでに「筋」を通す戦い方で勝ち上がってきた。どんなに強い権力を持った相手に対しても、同じだった。そんな2人の姿勢が、シリーズ初戦の誤審をきっかけに早くもぶつかり合った。

台風での試合中止も含めた「荒れ模様」のシリーズ展開を象徴するかのような、そんな出来事ともいえるシーンだった。しかし、石井貴はこの雰囲気にも動じないピッチングを披露。7回を2安打無失点と完璧に近いピッチングで小野寺力と豊田清につなげた。小野寺と豊田も危なげなく抑えて、西武が完封勝利で初戦を制した。

2戦目はエース松坂とベテラン山本昌の対決となった。投手戦となった初戦とは異なり、初回からホセ・フェルナンデスのツーランホームランで西武が先制点を挙げ、ゲームが動いた。しかし、松坂も3回は不安定なピッチングとなり、荒木雅博への死球が絡んだアレックス・オチョアのタイムリーや、その後の悪送球もあり、谷繁への押し出し四球で逆転を許す。しかし西武は5回に佐藤友、赤田、和田一のタイムリーで再び逆転。さらに、7回には和田一の2試合連続となるソロホームランで3点差に突き放す。しかしその裏、中日は先頭打者の大西崇之が一塁内野安打で出塁すると、井端弘和もつないで、チャンスで立浪和義が同点スリーランホームランを放つ。さらに谷繁のタイムリーツーベースなどで5点を取って逆転に成功。8回も、英智と谷繁の2本のタイムリーで点差を広げた。最後はクローザーの岩瀬仁紀が抑えてタイに持ち込んだ。

西武は松坂が7回に一気に崩れたのが誤算だったが、ナゴヤドームとの相性が悪いことも顕著に現れた。レギュラーシーズンでは、2001年の6月24日の試合では2回6失点で敗戦し、2004年の4月29日も4回2/3を投げて10失点を喫していた。

3戦目より決戦の舞台は西武ドームに移った。4回、西武が佐藤友のヒットから、制球難に苦しむ中日先発のドミンゴ・グスマンを攻め立て、フェルナンデスのタイムリーとアレックス・カブレラのツーランホームランで3点を先制。さらに5回に中島裕之のソロホームランで4点差にする。

しかし中日も6回に西武・先発の帆足和幸からアレックスのタイムリーで1点を返し、その後2番手の長田秀一郎から谷繁が満塁ホームランを放って逆転に成功。その後も7回表にアレックスのこの試合2度目のタイムリーで1点を追加する。突き放された西武はその裏、一死二塁の好機で代打に石井義人を起用。ここで中日は岡本真也を続投させるが、四球と死球で一死満塁と好機を拡大させた西武が、佐藤友の2点タイムリーツーベースで同点に追いついた。さらに、二死満塁からカブレラの場外への満塁ホームランで西武が再び逆転。司令塔の谷繁は「僕のミスです」と試合後、自分を責めた。その後、中日が追い上げを見せるものの最後は豊田が締めて西武が勝利した。

4戦目はこれまでとは打って変わり、一方的な試合展開になった。中日は2回、西武・先発の張誌家からオマール・リナレスのホームランで先制。4回にはアレックスのソロホームランと井上一樹のスリーランホームランで点差を広げ、張を打ち崩した。西武は7回にフェルナンデスのタイムリー、8回の中島のホームランで2点を返すが、中日が逃げ切って勝利。中日・先発の山井大介も6回無失点と好投し、再びタイに持ち込んだ。

5戦目も中日ペースで試合が進む。立ち上がりから不安定だった西武・先発の西口文也を3回に攻め立て、荒木のスリーベースヒットでチャンスを広げた。荒木はレフトを守っていた和田一の一瞬の隙を見逃さず三塁を陥れた。この荒木の走塁は、落合中日の強さを象徴するプレーだったに違いない。続く井端のゴロを西武・中島がジャンピングスローする送球がワンバウントとなり、フィルダースチョイスの間に1点を先制。さらに4回には、四球でチャンスを作り井上の2点タイムリーで追加点を挙げた。

西武打線は、5回まで中日の先発・川上の速球と変化球に対応できず、パーフェクトに抑えられた。中日はここで3勝2敗の王手とした。

再び名古屋に舞台を移した6戦目は、2戦目と同じ両先発投手。背水の陣で挑んだ西武は、初回にカブレラのタイムリーで先制。しかしすぐさま2回に井上の内野安打で追いつかれ、4回にまたも井上がタイムリーを放ち、中日が逆転した。しかし、松坂が意地のピッチングを見せて追加点を許さず、1点を争う展開になる。

その後6回に和田一が逆転ツーランホームラン、8回にも和田一がホームランを放ち松坂を援護。松坂は134球の熱投で8回を投げきり、西武が王手をかける。松坂は、この試合でキャリア初の日本シリーズ勝利投手になった。

運命の7戦目。西武は初戦で最高のピッチングを見せた石井貴を先発に起用。対する中日の先発は前回も不安定だったドミンゴ。西武は3回に、二死三塁からドミンゴのボークも絡み、佐藤友の内野安打で先制点を挙げる。さらに次打席、フェルナンデスがタイムリーを放って追加点。さらにフェルナンデスが一、二塁間に挟まれるも、井端の送球がフェルナンデスに当たってしまい、その間に赤田が生還して3点目を挙げた。

ドミンゴから代わった山井からもカブレラがツーランホームランを放って5点差とし、さらに、6回にはフェルナンデスのタイムリー、7回には平尾博嗣のホームランで西武は7点差にする。先発の石井貴は、6回まで3安打無失点と完璧に近いピッチングを見せた。8回には前日134球を投げた松坂が連投で登板。9回に豊田が2点取られるものの、最後は渡邉博幸を打ち取って、西武が12年ぶりの日本一を達成した。

このシリーズではペナントレースでわずか1勝の石井貴が、日本シリーズで13イニング無失点、2勝を挙げてMVPを獲得。シーズン1勝の投手が日本シリーズMVPを獲得したのは史上初。また、西武・和田一と中日・井上が前回の日本シリーズの雪辱を果たす活躍を見せた。和田一に関しては、2002年の日本シリーズで15打数0安打だったが、このシリーズでは29打数9安打4本塁打6打点の活躍。8長打は日本シリーズ記録となり、優秀選手に選ばれた。井上に関しても、1999年の日本シリーズでは3打数0安打だったが、このシリーズでは17

打数7安打1本塁打8打点の活躍を見せて敢闘選手に選ばれた。

中日は5戦目で王手をかけたが、山本昌やドミンゴの不安定なピッチングが痛手となった。さらに怪我で福留を欠いたため、6戦目と7戦目で打線が機能しなかったことが響き、50年ぶりの日本一を逃した。

Nippon Series ▶ 戦績

第一戦
ナゴヤドーム

西武	0	0	0	1	1	0	0	0	0	2
中日	0	0	0	0	0	0	0	0	0	0

[勝] 石井貴 [負] 川上 [S] 豊田
[本] [西] 和田 1 号 (4 回 1 点川上)

第二戦
ナゴヤドーム

西武	2	0	0	0	3	0	1	0	0	6
中日	0	0	3	0	0	0	5	3	x	11

[勝] バルデス [負] 松坂
[本] [西] フェルナンデス 1 号 (1 回 2 点山本昌)、
和田 2 号 (7 回 1 点バルデス)
[中] 立浪 1 号 (7 回 3 点松坂)

第三戦
西武ドーム

中日	0	0	0	0	0	5	1	2	0	10
西武	0	0	0	3	1	0	6	0	X	8

[勝] 大沼 [負] 岡本 [S] 豊田
[本] [中] 谷繁 1 号 (6 回 4 点長田)、
リナレス 1 号 (8 回 1 点大沼)
[西] カブレラ 1 号 (4 回 2 点ドミンゴ)、
2 号 (7 回 4 点岡本)、
中島 1 号 (5 回 1 点ドミンゴ)

第四戦
西武ドーム

中日	0	1	0	4	2	1	0	0	0	8
西武	0	0	0	0	0	0	1	1	0	2

[勝] 山井 [負] 張
[本] [西] 中島 2 号 (8 回 1 点平井)、
[中] リナレス 2 号 (2 回 1 点張)、
アレックス 1 号 (4 回 1 点張)、
井上 1 号 (4 回 3 点張)

第五戦
西武ドーム

中日	0	0	1	2	0	0	0	0	3	6
西武	0	0	0	0	0	1	0	0	0	1

[勝] 川上 [負] 西口
[本] [中] 立浪 2 号 (9 回 2 点小野寺)、
アレックス 2 号 (9 回 1 点小野寺)

第六戦
ナゴヤドーム

西武	1	0	0	0	0	2	0	1	0	4
中日	0	1	0	1	0	0	0	0	0	2

[勝] 松坂 [負] 山本昌 [S] 豊田
[本] [西] 和田 3 号 (6 回 2 点山本昌)、
4 号 (8 回 1 点落合)

第七戦
ナゴヤドーム

西武	0	0	5	0	0	1	1	0	0	7
中日	0	0	0	0	0	0	0	0	2	2

[勝] 石井貴 [負] ドミンゴ
[本] [西] カブレラ 3 号 (3 回 2 点山井)、
平尾 1 号 (7 回 1 点平井)

Nippon Series ▶守備陣形

中日

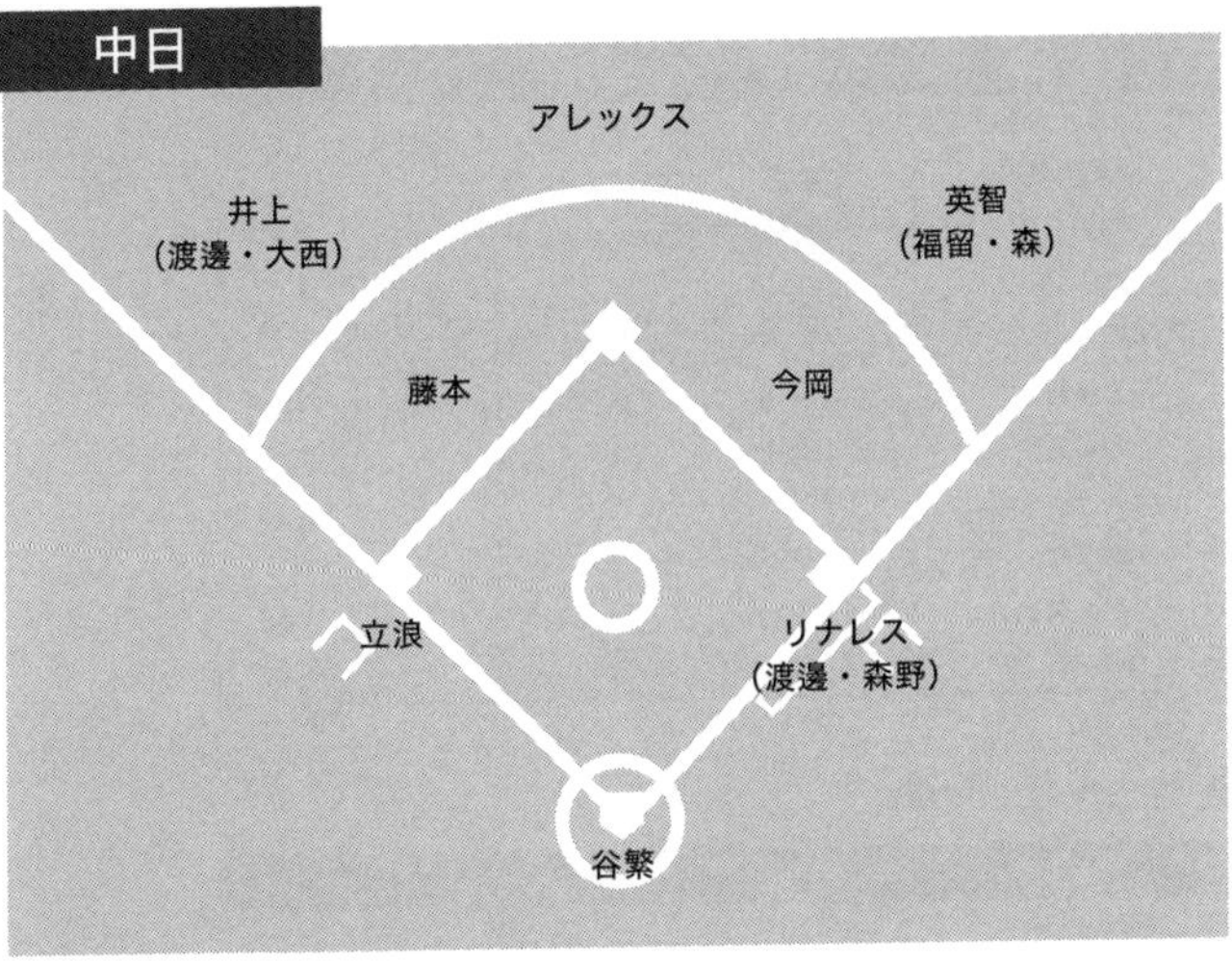

西武

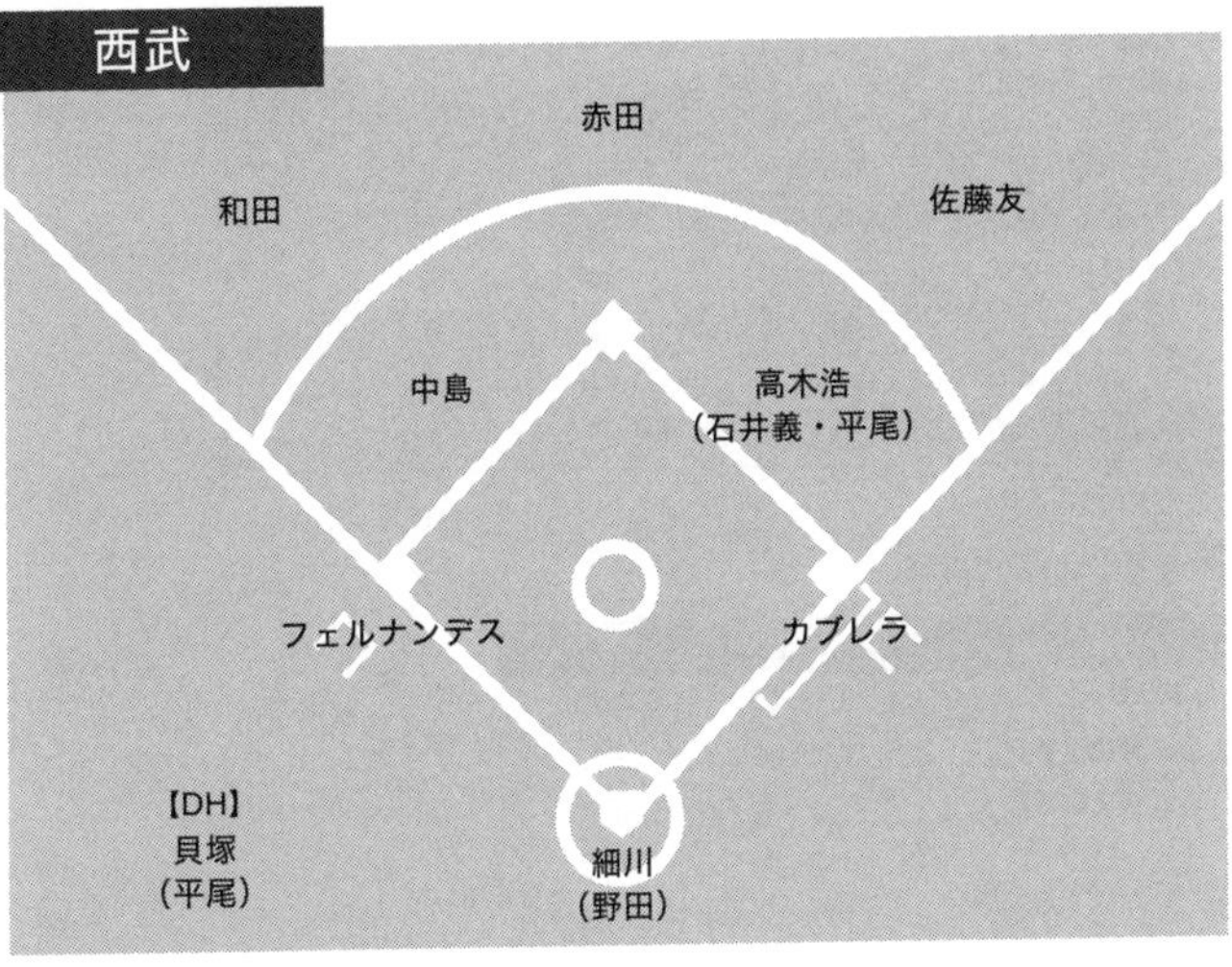

注：オーダーは各ホーム球場の初戦先発に基づく

Awards ▶ タイトル受賞者

▶ Central League

タイトル	選手名	所属チーム	受賞回数	成績
最優秀選手	川上憲伸	中日	初	
最優秀新人	川島亮	ヤクルト		
首位打者	嶋重宣	広島	初	.337
最多本塁打	ローズ	巨人	4	45
	ウッズ	横浜	2	45
最多打点	金本知憲	阪神	初	113
最多盗塁	赤星憲広	阪神	4	64
最優秀防御率	上原浩治	巨人	2	2.60
最多勝利	川上憲伸	中日	初	17
最高勝率	上原浩治	巨人	3	.722
最多奪三振	井川慶	阪神	2	228

▶ Pacific League

タイトル	選手名	所属チーム	受賞回数	成績
最優秀選手	松中信彦	ダイエー	2	
最優秀新人	三瀬幸司	ダイエー		
首位打者	松中信彦	ダイエー	初	.358
最多本塁打	松中信彦	ダイエー	初	44
	セギノール	日本ハム	初	44
最多打点	松中信彦	ダイエー	2	120
最多盗塁	川崎宗則	ダイエー	初	42
最優秀防御率	松坂大輔	西武	2	2.90
最多勝利	岩隈久志	近鉄	初	15
最高勝率	岩隈久志	近鉄	初	.882
最多奪三振	新垣渚	ダイエー	初	177

▶ Nippon Series

タイトル	選手名	所属チーム
最高殊勲選手賞(MVP)	石井貴	西武
敢闘選手賞	井上一樹	中日
優秀選手賞	カブレラ	西武
	和田一浩	西武
	谷繁元信	中日

Pacific League 2005

▶チーム勝敗表

チーム	試合	勝利	敗北	引分	勝率	ゲーム差
ロッテ	136	84	49	3	.632	- -
ソフトバンク	136	89	45	2	.664	-4.5
西武	136	67	69	0	.493	18.5
オリックス	136	62	70	4	.470	21.5
日本ハム	136	62	71	3	.466	22
楽天	136	38	97	1	.281	47

▶チーム投手成績

チーム	防御率	試合	勝利	敗北	セーブ	完投	完封	投球回	奪三振	失点
ロッテ	3.21	136	84	49	33	28	12	1231	826	479
ソフトバンク	3.46	136	89	45	42	22	14	1222.1	1062	504
オリックス	3.84	136	62	70	31	9	11	1213.2	855	587
日本ハム	3.98	136	62	71	18	9	10	1222	787	606
西武	4.27	136	67	69	26	22	12	1202.1	1020	636
楽天	5.67	136	38	97	13	18	2	1190.1	771	812

▶チーム打撃成績

チーム	打率	試合	打数	得点	安打	二塁打	三塁打	本塁打	打点	盗塁
ロッテ	.282	136	4730	740	1336	278	34	143	713	101
ソフトバンク	.281	136	4624	658	1300	225	23	172	636	72
西武	.269	136	4611	604	1240	234	18	162	572	70
オリックス	.260	136	4616	527	1202	202	17	97	509	44
楽天	.255	136	4577	504	1166	209	16	88	474	41
日本ハム	.254	136	4734	605	1203	202	22	165	585	53

Central League 2005

▶チーム勝敗表

チーム	試合	勝利	敗北	引分	勝率	ゲーム差
阪神	146	87	54	5	.617	
中日	146	79	66	1	.545	10
横浜	146	69	70	7	.496	17
ヤクルト	146	71	73	2	.493	17.5
巨人	146	62	80	4	.437	25.5
広島	146	58	84	4	.408	29.5

▶チーム投手成績

チーム	防御率	試合	勝利	敗北	セーブ	完投	完封	投球回	奪三振	失点
阪神	3.24	146	87	54	29	11	13	1326.1	1208	533
横浜	3.68	146	69	70	30	20	8	1317.1	1043	596
ヤクルト	4.00	146	71	73	41	3	10	1293	974	596
中日	4.13	146	79	66	50	6	9	1298	1028	628
広島	4.79844	146	58	84	27	18	6	1286.2	1041	779
巨人	4.79846	146	62	80	30	13	12	1301.2	1106	737

▶チーム打撃成績

チーム	打率	試合	打数	得点	安打	二塁打	三塁打	本塁打	打点	盗塁
ヤクルト	.276	146	5033	591	1389	221	15	128	565	65
広島	.275	146	5004	615	1374	218	8	184	586	51
阪神	.274	146	5113	731	1401	242	21	140	703	78
中日	.269	146	4923	680	1323	232	20	139	655	101
横浜	.265	146	4999	621	1324	227	13	143	601	37
巨人	.260	146	4991	617	1300	178	6	186	587	38

6人の二桁投手と強力なブルペン陣で日本シリーズ出場を果たしたロッテ

2005年のロッテのチーム成績は、84勝とペナントレースを1位通過してもおかしくない成績だった。チーム全体を見ても完成度が高いため、年が違えばスムーズにリーグ優勝ができる強さだっただろう。

投手陣は、二桁勝利を収めた先発（渡辺俊介15勝・小林宏之12勝・ダン・セラフィニ11勝・清水直行10勝・久保康友10勝・小野晋吾10勝）が6人揃っていた。さらに藪田安彦・藤田宗一・小林雅英の勝ちパターンを確立。三人の頭文字を取って「ＹＦＫ」と呼ばれた。先発ローテーションの6投手が、ほとんどイニングを投げられたため、勝ちパターンの3投手は55登板未満に収まり、負担も軽減できた。野手陣に派手さはなかったものの、「マリンガン打線」と呼ばれていた打線は、チーム打率・282・713打点・101盗塁。リーグトップの成績となった。打ち出すと止まらない打線に対し、主に3番を任されていた福浦和也が「全員がつなぐ意識が強い。どこからでも点が入る」と口にすれば、サブローも「誰かが突破口を開くと皆が立て続けに打ちまくるので、止まらないんですよ」と当時語っている。日替わりで打線を組み替えたため、ポストシーズンを含めた147試合中135通りのパターンがあり、攻撃のバリエーションが複数あった。

監督であるボビー・バレンタインの期待に応えるように、西岡剛と今江敏晃、里崎智也が台頭した。レギュラー陣は日替わりではあったものの、荒削りながら長打力がある李承燁を7番あたりに置くことが多く、中軸は福浦やサブロー、マット・フランコと3打率が割以上を記録したコンタクト力のある打者を並べた。また、中堅・ベテラン勢も奮起して、堀幸一は9年ぶりの打率3割台を記録。小坂誠は西岡のリザーブであったにもかかわらず、自己最高となる本塁打数を記録した。さらに、大塚明は守備固め要員ながらも、打率・293・8本塁打を記録した。レギュラー陣からサブの選手までバランスが良かったチームである。

プレーオフでは、第1ステージ初戦に西武の松坂大輔、第2ステージではこの年沢村賞に輝いた杉内俊哉をはじめとしたソフトバンクの四本柱（斉藤和巳、和田毅、新垣渚）が先発していた中で勝ち進み、日本シリーズに進んだ。

西武戦に関しては、初戦は初回からビハインドの展開を物ともせずに勝利して、2戦目も勢いで押し切った。

ソフトバンクとのプレーオフはまさに死闘だった。初戦と2戦目で、杉内と斉藤和を攻略。

しかし、とんとん拍子とは行かず、ソフトバンクも3戦目、川崎宗則のヒットで逆転サヨナラ勝ち。その勢いに乗り、4戦目もロッテの先発小林宏を打ち崩し逆転勝ちを果たした。王手をかけられたロッテだが5戦目、苦しい展開の中で意地を見せた。ソフトバンクが2回・3回に得点しリードする展開だったが、8回表に初芝清の平凡な打球を、トニー・バティスタと川崎がまさかの交錯。これがヒットとなり福浦がつないで、塁に2人出た時点で5番の里崎が走者一掃のタイムリーツーベースを放ち逆転した。8回・9回はソフトバンクがチャンスを作るも、藪田と小林雅がピンチを切り抜けて日本シリーズ出場を決めた。

この年のチームは、満遍なく長短打を打てる打線と、6人の二桁勝利の先発と、さらにYFKが揃っていた。そのため、セ・パ問わず12球団で見ても、ロッテとソフトバンクの2強状態だったのは、自明である。両チームに高い実力があったこともあり、プレーオフは非常に盛り上がりを見せた。打線に関しては、長打を見込める李承燁、フランコ、ベニー・アグバヤニ、里崎と打率を残せる今江、福浦、サブローと、要所で小技を使って試合をかき回せる西岡、ベテラン堀といった個性が融合されたシーズンだった。投手陣も先発6人とリリーフ3人が固定されており、調子の波に狂わされない試合運びができた。投打から見て優勝チームに相応しいチームビルディングだった。

ORDER ▶ Pacific League

▶ 野手

打順	守備位置	選手	試合	打席	打率	本塁打	打点	出塁率	長打率	OPS	盗塁
1	遊	西岡剛	122	493	.268	4	48	.320	.394	.714	41
2	二	堀幸一	104	421	.305	7	46	.357	.403	.760	2
3	一	福浦和也	114	491	.300	6	72	.363	.403	.766	0
4	中	ベニー	98	389	.271	13	71	.334	.444	.779	1
5	左	フランコ	129	520	.300	21	78	.372	.496	.868	2
6	捕	里崎智也	94	333	.303	10	52	.361	.481	.842	1
7	指	李承燁	117	445	.260	30	82	.315	.551	.866	5
8	右	サブロー	107	394	.313	14	50	.380	.521	.901	6
9	三	今江敏晃	132	509	.310	8	71	.353	.451	.804	4
主な控え		小坂誠	118	367	.283	4	31	.353	.402	.755	26
		大塚明	96	256	.293	8	32	.355	.502	.857	7
		橋本将	72	255	.257	7	31	.398	.426	.823	1
		パクスチ	33	120	.284	8	20	.392	.549	.941	1

▶ 先発投手陣

選手	防御率	登板	勝利	敗戦	完投数	セーブ	ホールド	投球回	勝率	奪三振	WHIP
渡辺俊介	2.17	23	15	4	8	0	-	187	.789	101	0.96
清水直行	3.83	23	10	11	7	0	-	164.1	.476	99	1.26
小林宏之	3.30	23	12	6	4	0	-	160.2	.667	129	1.15
セラフィニ	2.91	27	11	4	2	0	1	151.1	.733	117	1.28
久保康友	3.40	19	10	3	5	0	-	121.2	.769	84	1.20
小野晋吾	2.81	24	10	4	2	0	2	112	.714	55	1.11
加藤康介	3.76	9	2	3	0	0	-	40.2	.400	30	1.16
黒木知宏	4.58	3	2	1	0	0	-	17.2	.667	9	1.36

▶ 救援投手陣

選手	防御率	登板	勝利	敗戦	セーブ	ホールド	投球回	勝率	奪三振	WHIP
小林雅英	2.58	46	2	2	29	0	45.1	.500	33	1.28
薮田安彦	3.07	51	7	4	2	19	55.2	.636	54	0.99
藤田宗一	2.56	45	1	4	0	24	38.2	.200	31	1.03
山崎健	3.35	40	1	2	1	6	40.1	.333	30	1.14
小宮山悟	3.79	23	0	0	1	1	40.1	.000	22	1.41
高木晃次	3.20	20	1	0	0	1	25.1	1.000	14	1.07
川井貴志	8.10	11	0	0	0	1	13.1	.000	3	2.03

Play Off ▶戦績

▶Pacific League

第1ステージ

ロッテ(2勝)　VS　西武(0勝)

第1戦　ロ○ 2-1 ●西

第2戦　ロ○ 3-1 ●西

第2ステージ

ソフトバンク(2勝)　VS　ロッテ(3勝)

第1戦　ソ● 2-4 ○ロ

第2戦　ソ● 2-3 ○ロ

第3戦　ソ○ 5-4 ●ロ

第4戦　ソ○ 3-2 ●ロ

第5戦　ソ● 2-3 ○ロ

金本・今岡の強力なコンビとＪＦＫ確立でリーグ制覇をした阪神

阪神はこの年、2年ぶりのリーグ制覇を果たした。開幕当初は勝ちきれない試合が続き、前年覇者の中日に首位を譲っていたが、この年から開催された交流戦で12球団中3位、セ・リーグでは1位の勝ち星をつけ一気に巻き返した。なお岡田彰布監督は、２０２２年までに阪神で4年、オリックスで3年指揮を執った中で行われた交流戦7シーズン中、５シーズンで勝ち越しを果たしている。

独走ムードの中、夏場からライバル中日が追い上げていた。9月7日の天王山では、2点リードの9回裏、無死二・三塁で谷繁が元信二ゴロを放ちアレックス・オチョアがホームへ。しかし微妙な判定でセーフ。この判定に激高した岡田監督は選手をベンチに引き揚げさせ、18分間試合が中断されるなど、力が入る熱戦だった。最後は11回に中村豊が決勝ホームランを放ち勝利。ここから6連勝を飾り、最後は中日を振り払って10ゲーム差とし、リーグ優勝を決めた。

この年で特筆すべきはなんと言っても、金本知憲・今岡誠の4番・5番のコンビだろう。4

番の金本が125打点、今岡が147打点と2人合わせて272打点を記録した。MVPを獲得した金本はキャリアハイを記録したことはもちろんのこと、リーグトップとなる98四球を選んでおり、後ろを打つ今岡は得点圏打率・370を記録。特に、三塁走者がいる場面では・643を記録し、49打点を積み上げた。つまり、4番の金本を歩かせても5番の今岡が打点を挙げるパターンが多々見受けられたということだ。その他の選手を見ると、2年目の鳥谷敬がシーズン中盤で正遊撃手として独り立ち。そのため、新加入のアンディー・シーツを一塁手として起用をしたが、遊撃手時代と同様に守備の上手さと対応力を見せて、ゴールデングラブ賞を獲得。赤星憲広に関しては、キャリアハイの成績を残した。投手陣は、エース・井川慶や最多勝利を獲得した下柳剛を軸に、安藤優也、福原忍、杉山直久が先発ローテーションを担った。井川はシーズン通して好不調の波が激しかったが、下柳や安藤が二桁勝利を挙げるなど、先発ローテーションは上手く回っていた。

また、井川以外の先発陣がイニングを稼げない弱点を、リリーフ陣がカバーした。勝利の方程式として有名なジェフ・ウィリアムス・藤川球児・久保田智之の「JFK」だ。さらに、江草仁貴や橋本健太郎、桟原将司らも控えていたことから、少なくとも6人体制のブルペン陣を用意することができた。JFKが揃って登板した試合数は48。成績は38勝6敗4分けで、勝率は8割5分を超えていた。相手チームから「阪神戦は6回までが勝負」という声が聞かれたのも当然だ。9イニング制の野球を事実上、6回までの競技にしてしまったと言っても過言ではない。彼らの活躍によってクローザーやセットアッパーは、チームのエースと遜色のないポジションに引き上げられたと言っていいだろう。このことは投手分業制を加速させ、現代野球の戦術や新たな価値観の形成に多大な影響を与えた。JFKが有名になった時期から、プロ野球の投手起用が変わったと言ってもいい。彼らのうち藤川は80登板46ホールドを記録し、この年から間違いなく球界屈指のリリーバーになったのではないだろうか。この勝ちパターンの確立により、岡田阪神は2008年まで優勝争いに毎年加わることになる。

この年の阪神を見ると、岡田の野手への目利きの良さや試合を逆算したリリーフ陣の形成は、他球団からすると脅威だった。打線に関しては、チーム得点数は731と打点数は703を記録し、リーグ1位を記録。金本と今岡を中心とする打線が、高い得点力を誇った。さらに、投手陣はチーム防御率3・24でリーグ1位を記録。こちらはリリーフ陣、とりわけJFKが強力過ぎたこともあり、このシーズンあたりから、勝ちパターンを2~3枚用意する球団が増え始めた。

2005

ORDER ▶ Central League

▶ 野手

打順	守備位置	選手	試合	打席	打率	本塁打	打点	出塁率	長打率	OPS	盗塁
1	中	赤星憲広	145	689	.316	1	38	.392	.376	.768	60
2	遊	鳥谷敬	146	646	.278	9	52	.343	.376	.719	5
3	一	シーツ	137	614	.289	19	85	.344	.463	.807	1
4	左	金本知憲	146	662	.327	40	125	.429	.615	1.044	3
5	三	今岡誠	146	630	.279	29	147	.346	.488	.834	1
6	右	桧山進次郎	119	342	.278	8	40	.352	.421	.772	1
7	捕	矢野輝弘	138	550	.271	19	71	.323	.437	.760	1
8	二	藤本敦士	119	400	.249	1	36	.313	.308	.621	3
主な控え		スペンサー	108	313	.243	9	33	.326	.399	.724	0
		関本健太郎	97	266	.297	0	24	.361	.362	.723	1
		濱中おさむ	78	125	.284	1	20	.360	.376	.736	0

▶ 先発投手陣

選手	防御率	登板	勝利	敗戦	完投数	セーブ	ホールド	投球回	勝率	奪三振	WHIP
福原忍	3.51	28	8	14	3	0	0	171.2	.364	124	1.26
井川慶	3.86	27	13	9	2	0	0	172.1	.591	145	1.50
安藤優也	3.39	24	11	5	3	0	0	146	.688	119	1.14
杉山直久	2.94	23	9	6	1	0	0	134.2	.600	103	1.26
下柳剛	2.99	24	15	3	1	0	0	132.1	.833	90	1.13
能見篤史	5.57	16	4	1	1	0	1	64.2	.800	64	1.62
ブラウン	5.18	11	4	1	0	0	0	33	.800	24	1.67
太陽	6.00	4	1	1	0	0	0	12	.500	4	1.58

▶ 救援投手陣

選手	防御率	登板	勝利	敗戦	セーブ	ホールド	投球回	勝率	奪三振	WHIP
藤川球児	1.36	80	7	1	1	46	92.1	.875	139	0.83
久保田智之	2.12	68	5	4	27	3	80.2	.556	97	1.09
ウィリアムス	2.11	75	3	3	0	37	76.2	.500	90	1.07
江草仁貴	2.67	51	4	3	0	6	70.2	.571	74	1.32
橋本健太郎	2.30	51	2	2	1	9	66.2	.500	67	1.11
桟原将司	3.66	26	1	0	0	1	39.1	1.000	35	1.32
吉野誠	3.60	12	0	0	0	1	10	.000	9	1.30

2年連続プレーオフで涙を飲んだソフトバンク

この年のソフトバンクは、シーズン89勝を記録するなど、文句なしの強さを見せた。

投手陣は、斉藤和巳・杉内俊哉・和田毅・新垣渚の4大エースが二桁勝利を挙げて、先発陣は盤石な体制だった。盤石な先発陣の中で、杉内は沢村賞・MVPに選ばれ、最多勝利・最優秀防御率を記録。斉藤和は開幕15連勝を記録した。この2人を中心に和田と新垣が続くような形だった。さらに、その他の先発陣や馬原孝浩がクローザーとして定着し、吉武真太郎が復活したものの、以前からの課題ともいえるリリーフ陣が不安定であり、短期決戦は気がかりだった。

打撃陣は、前年三冠王の4番・松中信彦が、最多本塁打と打点王の二冠王に輝く活躍を見せた。それを上乗せするように、メジャーでも活躍していた3番、新加入のトニー・バティスタが27本塁打・90打点を記録。5番に城島健司が入り、シリーズ半ばまではクリーンアップが完璧な機能を果たしていた。同じく新加入だったホルベルト・カブレラは、本塁打数は8本と少なかったものの、3割近い打率（．297）を記録した。さらに、前年と同様にフリオ・ズレータがキャリアハイの活躍を見せた。

外国人選手以外は、宮地克彦が初の規定打席に到達し、打率・311を記録するなど打線がさらに厚くなった。しかし、シーズン終盤に城島が自打球で左スネを骨折して離脱したことが、勝敗に大きく響いた。

シーズンは、序盤で作った貯金があったこともあり、1位で通過した。しかし、プレーオフでは、城島の離脱とブルペン陣の弱さが露呈した。そのため、斉藤和や杉内の疲れが見え始めたところを痛打され、ロッテに日本シリーズの出場を譲る形となった

ロッテとの差は、投手の枚数と勝ちパターンの確立だった。ロッテの場合は、二桁勝利を挙げた先発陣6人にプラスして、勝利の方程式であるYFKが揃っていたが、ソフトバンクは斉藤和・杉内・和田毅・新垣をどれだけ引っ張れるかにかかっていた。そのため、短期決戦ではここ一番で、火消しなどを任せられる投手がいなかった。勝ちにいくのであれば、怪我のリスクはあるが、総力戦に持ち込む展開で斉藤和や和田毅をブルペンに待機させて、ここ一番の場面で投げさせても良かったと見ている。

この年のホークスはペナントレースで脅威の89勝を挙げた。前年は打撃に特化していたが投

手力も強化され、ウィークポイントだったリリーフ陣は三瀬幸司の不調をカバーした馬原孝浩をはじめ、吉武、神内靖がいたことにより改善された。先発陣は、沢村賞の杉内や、開幕15連勝を記録した斉藤和をはじめ、和田、新垣と二桁勝利を挙げたエース級の投手が4人、さらに星野順治もいたことにより、ロッテと対等のレベルにまで持っていけたと言える。野手に関しては、井口資仁がメジャーに移籍したものの、松中や城島、ズレータ、川﨑宗則を中心とする打線に、バティスタやカブレラが加入。さらに宮地も下位打線で3割を超える活躍を見せた。しかし、城島の離脱がプレーオフに響いたこともあり、ロッテの勢いの前に2年連続でペナントレース1位通過にしてプレーオフで敗れることとなった。

2005

ORDER ▶ Pacific League

▶ 野手

打順	守備位置	選手	試合	打席	打率	本塁打	打点	出塁率	長打率	OPS	盗塁
1	中	大村直之	133	584	.270	8	48	.312	.367	.679	31
2	遊	川崎宗則	102	458	.271	4	36	.326	.346	.672	21
3	三	バティスタ	135	591	.263	27	90	.294	.463	.757	3
4	指	松中信彦	132	575	.315	46	121	.412	.663	1.075	2
5	捕	城島健司	116	463	.309	24	57	.381	.557	.938	3
6	一	ズレータ	131	526	.319	43	99	.392	.646	1.038	0
7	左	カブレラ	131	505	.297	8	58	.358	.405	.763	3
8	右	宮地克彦	125	451	.311	3	36	.361	.391	.752	1
9	二	本間満	102	227	.262	2	21	.284	.386	.670	0
主な控え		柴原洋	59	210	.266	1	15	.329	.319	.648	0
		鳥越裕介	110	158	.237	0	17	.289	.288	.576	2

▶ 先発投手陣

選手	防御率	登板	勝利	敗戦	完投数	セーブ	ホールド	投球回	勝率	奪三振	WHIP
杉内俊哉	2.11	26	18	4	8	0	0	196.2	.818	218	0.98
和田毅	3.27	25	12	8	4	0	0	181.2	.600	167	1.16
斉藤和巳	2.92	22	16	1	4	0	0	157	.941	129	1.12
新垣渚	4.61	22	10	6	3	0	0	136.2	.625	130	1.46
星野順治	4.30	19	8	5	2	0	0	96.1	.615	64	1.21
田之上慶三郎	4.13	9	3	3	0	0	0	48	.500	27	1.33
倉野信次	6.23	15	1	1	0	0	2	30.1	.500	11	1.52

▶ 救援投手陣

選手	防御率	登板	勝利	敗戦	セーブ	ホールド	投球回	勝率	奪三振	WHIP
馬原孝浩	3.08	42	6	6	22	2	76	.500	68	1.36
吉武真太郎	3.12	61	2	4	1	32	66.1	.333	49	1.34
三瀬幸司	4.73	54	2	2	18	11	45.2	.500	45	1.09
神内靖	3.26	46	3	1	0	14	49.2	.750	48	1.43
フェリシアーノ	3.89	37	3	2	0	11	37	.600	36	1.16
佐藤誠	3.46	27	2	0	1	4	26	1.000	13	1.58
竹岡和宏	2.31	16	1	2	0	1	23.1	.333	12	1.33
岡本劼能	4.80	14	1	0	0	5	15	1.000	16	1.13

歴代屈指の強さで阪神を下し日本一に輝いたロッテ

この年の日本シリーズは、ロッテが圧倒的な強さを見せて日本一に輝いた。シリーズ開幕前は、プレーオフの疲れなどが懸念材料として挙げられていたが、投手陣は阪神打線を徹底的に抑えて、チーム防御率1・06という驚異的な数字を記録。打線からはシーズン最多の9本塁打が飛び出すなど、好調を維持して圧倒した。阪神は、シーズン最終戦となった10月5日から日本シリーズまでの2週間以上となる期間の調整が大きく影響し、チーム防御率8・63、打率・190に終わった。

千葉マリンスタジアムで行われた初戦、ロッテの先発は清水直行、阪神は交流戦で完封勝利を収めた井川慶。1回、今江年晶のソロホームランでロッテが先制。その後4回までは先発両投手の我慢比べとなったが、5回に試合が動いた。5回の表、阪神は藤本敦士の犠飛で同点にする。しかしその裏、渡辺正人のヒットから、続く西岡剛の技ありプッシュバントが井川の横を抜け無死一・二塁となる。さらにその後今江とサブローが変化球をさばいてタイムリーツーベースを放ち、3点差とした。

6回には、シーズン中、左打者を苦手としていた李承燁のソロホームランでリードを広げ、井川をマウンドから降ろした。7回にも2番手の橋本健太郎を攻め、里崎智也がスリーランホームランを放ち、さらに安打によるランナーを置いてベニー・アグバヤニがツーランホームランを放って10得点に。しかし、千葉県の北西部に濃霧注意報が発表されるほどの霧が球場全体を覆ってしまい、7回裏に試合が一時中断した。その後、天候回復の兆しが見えないため、日本シリーズでは初のコールドゲームが宣告されて、ロッテが先勝した。

続く2戦目の先発は、ロッテがサブマリンの渡辺俊介、阪神は安藤優也。初回にいきなり今岡誠の失策でロッテが1点を先制。6回にはサブロー、マット・フランコ、さらに2試合連続となる李承燁の本塁打で一気に5点を積み重ねた。さらに8回には今江、橋本将にもタイムリーが出て2試合連続の10得点を記録し、大勝。

渡辺俊は9回を被安打4無四球と好投し史上11人目となる日本シリーズ初登板初完封を達成。2試合連続の2ケタ得点は日本シリーズ史上初だった。さらにシリーズ男の今江が、初戦の4安打に続き2戦目も4打数4安打を記録。2試合を通して連続打席安打8の日本シリーズ新記録を達成した。逆に阪神は、シーズンで打線の軸となっていた金本知憲や今岡が無安打。また、シーズンを7連勝で終えた安藤も6回途中で6失点降板と、全くいいところがないまま甲子園に戻る形になった。

甲子園に移動した3戦目、先発は阪神が下柳剛、ロッテが小林宏之。2回表、サブローが放った二塁打の後、阪神バッテリーの暴投で三塁に進んだサブローをベニーが犠飛で帰し、ロッテが3試合連続の先制となった。しかし阪神も、ここで意地を見せる。2回裏、苦しんでいた今岡がシリーズ初安打を放ってチャンスメイク。その後の矢野輝弘・関本健太郎の内野ゴロの間に生還し同点とする。しかし4回、一死満塁から里崎の内野ゴロが併殺崩れとなり、下柳はジャッジに抗議をするもセーフとなり、ロッテが1点を勝ち越す。さらにその回、今江の当たり損ないの打球が三塁への内野安打となり、追加点を挙げた。

5回3失点となった下柳を降ろし、阪神はその後、藤川球児を起用。2点ビハインドでの起用は、シーズン中に2度しかない強行策だった。6回こそ福浦和也とベニーから三振を奪うなど完璧に抑えたが、回跨ぎとなる7回に先頭打者の里崎が遊撃手の鳥谷敬のエラーで出塁。続く今江がツーベースを放ち、代打フランコは四球を選び無死満塁。ここで代打の橋本将が9球粘ったのち2点タイムリーを放ち、阪神にとって頼みの綱であった藤川さえも攻略された。

その後、栈原将司から西岡剛のタイムリーや福浦の満塁ホームランがあり、ロッテは一挙7得点を挙げた。小林宏は6回を投げ1失点の好投を見せて、7回からは小野晋吾・藤田宗一・

藪田安彦の投手リレーで危なげなく阪神打線を抑えた。ロッテは前の試合で達成した連続試合二桁得点記録を3試合に伸ばす形になった。

4戦目は阪神先発が杉山直久、ロッテ先発がダン・セラフィニで始まった。阪神は、初回に赤星憲広・鳥谷が無死一・二塁の絶好のチャンスを作るものの、クリーンアップが機能せず無得点に終わる。対するロッテは、2回に5番フランコのツーベースからチャンスを広げて、7番・李承燁がツーランホームランを放ち、ロッテが本シリーズ全試合先制する。後がない阪神は先発の杉山を早々に諦め、4回に2番手として能見篤史を投入するが、またも李がタイムリーツーベースを放って追加点を挙げる。阪神は6回にようやくロッテのセラフィニを攻め立て一死一・二塁のチャンスを作ると、2番手の小野から今岡がチーム初のタイムリーを放ち、さらに次打席・代打の桧山進次郎がタイムリーを放ち1点差とする。しかし、続く矢野が併殺打に倒れた。

その後、ロッテは7回に藤田、8回に藪田をマウンドに上げ、対する阪神はJFKリレーでつなぎ、両チーム1点も許さない。1点差のまま迎えた9回、抑えの小林雅英がシリーズ初登板。先頭の片岡篤史がストレートの四球で出塁するが、続く矢野の送りバントは三塁・今江への小飛球となり、一塁走者の代走・久慈照嘉が飛び出してしまい戻れず、この試合4つ目の併殺打となった。最後は藤本敦士を空振り三振に抑え、ロッテが4連勝で31年ぶりの日本一に輝いた。

このシリーズは、ロッテの圧勝というほかない展開となった。ロッテにとっては、山場がプレーオフのソフトバンク戦だったことは否めないだろう。プレーオフで、斉藤和巳や杉内俊哉を打ち崩しており、エース井川もペナント中3・86とあまり振るわず、下柳も最多勝利ではあるものの斉藤和、杉内に比べると打ちやすさがあった阪神の先発陣を打ち崩すことは難しくなかったはずだ。そもそもビハインドの展開となれば、阪神は強みとするJFKを出す場面も難しくなる。序盤からの猛攻が阪神の勢いをとめる一因となっただろう。

シリーズ男となった今江は、個人打率で歴代最高記録となる・667、さらにチーム最多となる33得点と9本塁打を記録した。チーム防御率1・06も最高防御率となり、日本シリーズの歴史を塗り替えた。

Nippon Series ▶戦績

第一戦
千葉マリン

阪神	0	0	0	0	1	0	0	-	-	1
ロッテ	1	0	0	0	3	1	5x	-	-	10

勝 清水　負 井川
本 [ロ] 今江 1 号（1 回 1 点井川）、
李承燁 1 号（6 回 1 点井川）、
里崎 1 号（7 回 3 点橋本）、
ベニー 1 号（7 回 2 点橋本）

第二戦
千葉マリン

阪神	0	0	0	0	0	0	0	0	0	0
ロッテ	1	1	0	0	0	5	0	3	X	10

勝 渡辺俊　負 安藤
本 [ロ] サブロー 1 号（6 回 2 点安藤）、
フランコ 1 号（6 回 1 点安藤）、
李承燁 2 号（6 回 2 点江草）

第三戦
甲子園

ロッテ	0	1	0	2	0	0	7	0	0	10
阪神	0	1	0	0	0	0	0	0	0	1

勝 小林宏　負 下柳
本 [ロ] 福浦 1 号（7 回 4 点桟原）

第四戦
甲子園

ロッテ	0	2	0	1	0	0	0	0	0	3
阪神	0	0	0	0	0	2	0	0	0	2

勝 セラフィニ　負 杉山　S 小林雅
本 [ロ] 李承燁 3 号（2 回 2 点杉山）

Nippon Series ▶守備陣形

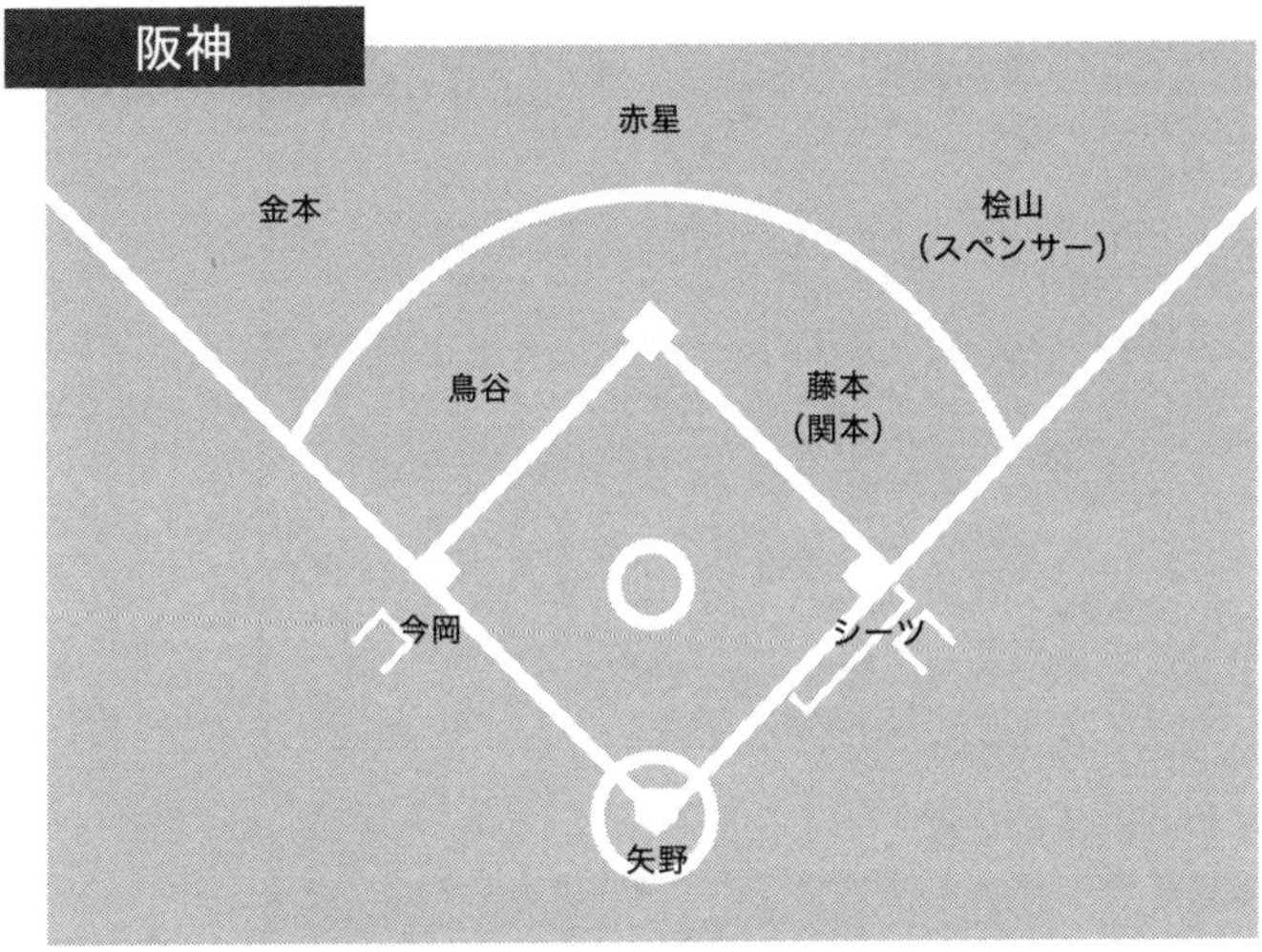

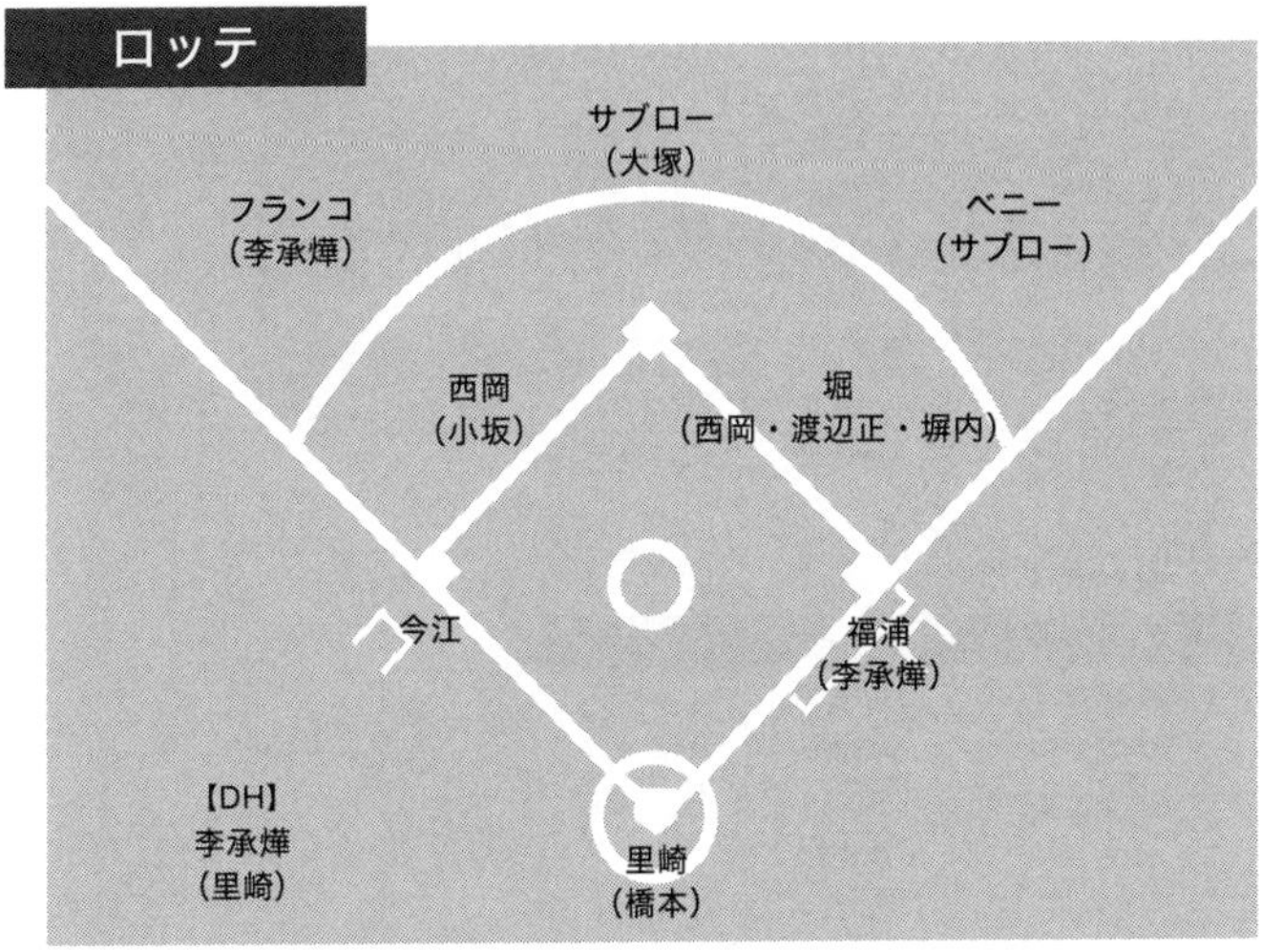

注：オーダーは各ホーム球場の初戦先発に基づく

Awards ▶ タイトル受賞者

▶ Central League

タイトル	選手名	所属チーム	受賞回数	成績
最優秀選手	金本知憲	阪神	初	
最優秀新人	青木宣親	ヤクルト		
首位打者	青木宣親	ヤクルト	初	.344
最多本塁打	新井貴浩	広島	初	43
最多打点	今岡誠	阪神	初	147
最多盗塁	赤星憲広	阪神	5	60
最優秀防御率	三浦大輔	横浜	初	2.52
最多勝利	下柳剛	阪神	初	15
	黒田博樹	広島	初	15
最高勝率	安藤優也	阪神	初	.688
最多奪三振	門倉健	横浜	初	177
	三浦大輔	横浜	初	177

▶ Pacific League

タイトル	選手名	所属チーム	受賞回数	成績
最優秀選手	杉内俊哉	ソフトバンク	初	
最優秀新人	久保康友	ロッテ		
首位打者	和田一浩	西武	初	.322
最多本塁打	松中信彦	ソフトバンク	2	46
最多打点	松中信彦	ソフトバンク	3	121
最多盗塁	西岡剛	ロッテ	初	41
最優秀防御率	杉内俊哉	ソフトバンク	初	2.11
最多勝利	杉内俊哉	ソフトバンク	初	18
最高勝率	斉藤和巳	ソフトバンク	2	.941
最多奪三振	松坂大輔	西武	4	226

▶ Nippon Series

タイトル	選手名	所属チーム
最高殊勲選手賞(MVP)	今江敏晃	ロッテ
敢闘選手賞	矢野輝弘	阪神
優秀選手賞	渡辺俊介	ロッテ
	李承燁	ロッテ
	サブロー	ロッテ

Pacific League 2006

▶チーム勝敗表

チーム	試合	勝利	敗北	引分	勝率	ゲーム差
日本ハム	136	82	54	0	.603	- -
西武	136	80	54	2	.597	1
ソフトバンク	136	75	56	5	.573	4.5
ロッテ	136	65	70	1	.481	16.5
オリックス	136	52	81	3	.391	28.5
楽天	136	47	85	4	.356	33

▶チーム投手成績

チーム	防御率	試合	勝利	敗北	セーブ	完投	完封	投球回	奪三振	失点
日本ハム	3.05	136	82	54	48	12	16	1220.1	818	452
ソフトバンク	3.13	136	75	56	31	21	15	1220.2	1029	472
西武	3.64	136	80	54	31	27	5	1223	1004	556
ロッテ	3.78	136	65	70	37	19	10	1208.1	929	562
オリックス	3.84	136	52	81	24	18	12	1206	723	570
楽天	4.30	136	47	85	26	12	7	1213.2	862	651

▶チーム打撃成績

チーム	打率	試合	打数	得点	安打	二塁打	三塁打	本塁打	打点	盗塁
西武	.275	136	4652	645	1277	231	28	131	607	111
日本ハム	.269	136	4567	567	1227	230	24	135	551	69
ソフトバンク	.259	136	4543	553	1178	211	30	82	523	71
楽天	.258	136	4577	452	1183	209	16	67	422	75
オリックス	.253	136	4587	481	1162	195	12	106	453	51
ロッテ	.252	136	4548	502	1147	209	24	111	486	71

Central League 2006

▶チーム勝敗表

チーム	試合	勝利	敗北	引分	勝率	ゲーム差
中日	146	87	54	5	.617	－－
阪神	146	84	58	4	.592	3.5
ヤクルト	146	70	73	3	.490	18
巨人	146	65	79	2	.451	23.5
広島	146	62	79	5	.440	25
横浜	146	58	84	4	.408	29.5

▶チーム投手成績

チーム	防御率	試合	勝利	敗北	セーブ	完投	完封	投球回	奪三振	失点
中日	3.10	146	87	54	45	19	16	1317	1052	496
阪神	3.13	146	84	58	39	18	12	1301.1	1109	508
巨人	3.65	146	65	79	29	15	12	1288	1027	592
ヤクルト	3.91	146	70	73	33	5	5	1297	1020	642
広島	3.96	146	62	79	36	10	11	1284.2	957	648
横浜	4.25	146	58	84	31	13	5	1286.2	976	662

▶チーム打撃成績

チーム	打率	試合	打数	得点	安打	二塁打	三塁打	本塁打	打点	盗塁
中日	.270	146	4951	669	1338	245	12	139	642	73
ヤクルト	.269	146	5005	669	1346	221	13	161	638	83
阪神	.267	146	4934	597	1316	201	20	133	563	52
広島	.266	146	4947	549	1318	173	19	127	526	54
横浜	.257	146	4895	575	1256	226	16	127	534	51
巨人	.251	146	4878	552	1226	198	14	134	525	73

新庄劇場最終年、北の国・日本ハムが日本一に

この年は話題性とタイトルともに、日本ハムが持っていった形になった。日本ハムの人気を高めていったＳＨＩＮＪＯが、４月18日オリックス戦のヒーローインタビューで引退宣言。シーズン序盤は同一カードを３連敗するなど調子が上がらなかったチームは、ＳＨＩＮＪＯの引退宣言後に調子を上げていく。

調子が上向き始めたと同時に森本稀哲や田中賢介がレギュラーに定着して５月下旬には１・２番コンビを形成。チームの軸となる小笠原道大の前にどちらかが出塁できる形になった。さらに、プロ入り後なかなか安定した活躍ができなかった稲葉篤紀も、このシーズンから地に足がつく形になり、広い札幌ドームを本拠地とする中で自己最多の26本塁打を記録。長打力があるフェルナンド・セギノールを含めて、３・４・５番が塁上に人を残さずに得点を積み重ねるというベストな攻撃の体制ができたことがリーグ優勝を近づけたのではないだろうか。

札幌ドームを本拠地としながら、チーム打率はリーグ２位（．２６９）、本塁打数は１位（１３５本）、得点２位（５６７得点）を記録した。その中で、ＳＨＩＮＪＯ・稲葉・森本の外野守備陣は３選手全員がゴールデングラブ賞を獲得。打撃ばかりが注目される中で、まさに鉄

壁の外野守備陣を形成したシーズンだった。投手陣では、2年目のダルビッシュ有とルーキー八木智哉を中心に、押本健彦らが先発ローテーションを回した。中盤からは1年目左腕の武田勝も先発を任されるようになったが、NPB入り間もない若い選手が大半を占めており、実績のある先発は金村曉のみの状態だった。抜擢のリスクは高かっただろうと思われる。ブルペン陣も守護神のMICHEALや武田久も含めてこのシーズンから定着した選手が多かった中、リーグトップのチーム防御率（3・05）を記録。この年以降も上位に食い込む土壌ができたシーズンだった。若手ばかりが注目されたが、金村曉はもちろんのこと、岡島秀樹や建山義紀といった実績のあるリリーフの存在も大きかった。

シーズン全体を見ると、終盤まで西武・ソフトバンクとの三つ巴となり、9月に入った時点では3位だった。しかしその後、14勝5敗という素晴らしい成績を残し一気に首位に立ち、その勢いのままリーグ優勝を果たした。

プレーオフではソフトバンクと戦い、前年沢村賞を受賞した杉内俊哉と、このシーズン沢村賞に輝いた斉藤和巳を攻略。その攻略の裏には、ダルビッシュと八木の好投があった。与えた得点は、かたさがあった初戦の初回のみだ。ただ、初戦はリードを許していた展開の中で、3回裏にセギノールが詰まりながら同点のタイムリーを放った。さらに、SHINJOが勝ち越しタイムリーを放ち、球場内は一気に日本ハムを後押しする雰囲気になった。

2戦目に関しては、斉藤和巳の気迫あふれるピッチングの前に凡打の山。苦しい展開の中で、9回裏にドラマが生まれた。1番・森本稀哲が四球で出塁。その後、犠打と3番小笠原への敬遠で、一死一・二塁とサヨナラのチャンスを作った。セギノールが三振に倒れた後、続く稲葉がセンター前に打球を放つ。ソフトバンクは仲澤忠厚が好捕するも、二塁はセーフとなった。この隙に、俊足の森本が本塁を陥れて日本ハムがサヨナラ勝ち。斉藤和がマウンド上で崩れ落ちる姿は、このプレーオフの試合を象徴するシーンだった。

まさにSHINJO劇場の1年だった。SHINJOが引退を発表してからは、チームが一気に躍動した。開幕時にスタメンではなかった森本と田中賢が1・2番として台頭した。投手陣も、交流戦前には、ダルビッシュと八木が先発の中心となり、武田久からMICHEALの勝ちパターンも確立。若手から中堅まで一気に成績を上げて台頭した選手が数多くいた。その中で中心メンバーの小笠原やセギノール、稲葉、SHINJOは例年通りの安定した活躍を見せた。主軸と台頭した新しい風の融合で、西武・ソフトバンクとの優勝争いを制した。

ORDER ▶ Pacific League

▶ 野手

打順	守備位置	選手	試合	打席	打率	本塁打	打点	出塁率	長打率	OPS	盗塁
1	左	森本稀哲	134	595	.285	9	42	.343	.413	.757	13
2	二	田中賢介	125	450	.301	7	42	.358	.415	.773	21
3	一	小笠原道大	135	579	.313	32	100	.397	.573	.970	4
4	指	セギノール	132	540	.295	26	77	.356	.532	.888	0
5	右	稲葉篤紀	128	518	.307	26	75	.355	.522	.878	5
6	中	SHINJO	126	477	.258	16	62	.298	.416	.713	2
7	捕	高橋信二	78	242	.251	6	19	.289	.363	.652	2
8	三	マシーアス	73	249	.229	3	21	.264	.344	.608	3
9	遊	金子誠	126	439	.254	6	40	.300	.382	.681	7
主な控え		木元邦之	69	244	.239	1	21	.294	.294	.587	4
		鶴岡慎也	76	218	.241	3	21	.251	.340	.591	2
		飯山裕志	86	107	.141	0	3	.218	.152	.370	2
		田中幸雄	58	96	.174	0	4	.242	.198	.440	1
		小田智之	67	89	.272	0	10	.337	.333	.670	0

▶ 先発投手陣

選手	防御率	登板	勝利	敗戦	完投数	セーブ	ホールド	投球回	勝率	奪三振	WHIP
八木智哉	2.48	26	12	8	5	0	0	170.2	.600	108	1.08
ダルビッシュ有	2.89	25	12	5	3	0	1	149.2	.706	115	1.28
金村曉	4.48	23	9	6	1	0	0	134.2	.600	57	1.49
武田勝	2.04	29	5	2	0	1	5	84	.714	54	0.99
橋本義隆	3.33	17	4	2	1	0	1	73	.667	30	1.38
リー	3.43	11	5	3	0	0	0	63	.625	41	1.43
江尻慎太郎	4.47	10	4	4	2	0	0	56.1	.500	30	1.33
立石尚行	2.72	11	3	2	0	0	0	49.2	.600	26	1.41

▶ 救援投手陣

選手	防御率	登板	勝利	敗戦	セーブ	ホールド	投球回	勝率	奪三振	WHIP
武田久	2.09	75	5	3	3	40	81.2	.625	61	0.97
MICHEAL	2.19	64	5	1	39	4	65.2	.833	67	1.14
岡島秀樹	2.14	55	2	2	4	20	54.2	.500	63	1.10
建山義紀	3.06	46	3	3	0	8	47	.500	30	1.11
トーマス	3.74	40	4	1	1	4	45.2	.800	43	1.60
清水章夫	3.26	29	1	3	0	3	30.1	.250	22	1.48
押本健彦	1.50	25	5	0	0	6	36	1.000	30	1.22
鎌倉健	4.22	7	0	2	0	1	10.2	.000	4	1.03

Play Off ▶戦績

▶Pacific League

第1ステージ

西武(1勝　VS　) ソフトバンク(2勝)

第1戦	西○ 1-0 ●ソ
第2戦	西● 3-11 ○ソ
第3戦	西● 1-6 ○ソ

第2ステージ

日本ハム(2勝)　VS　ソフトバンク(0勝)

第1戦	日○ 3-1 ●ソ
第2戦	日○ 1-0 ●ソ

優勝決定試合で涙した落合(中日)

この年の中日は、完成度の高さをいかんなく発揮。落合政権のなかで最高の勝率を記録し、チーム打率・防御率・得点・失点はリーグ最高の成績を残した。

シーズン序盤は巨人に首位を明け渡していたが、前年防御率4・74と打ち込まれ15勝21敗と低迷した交流戦で20勝15敗1分と勝ち越して、リーグ首位に浮上。シーズン終盤は、阪神が大型連勝を複数回するなどで怒涛の追い上げをしていたものの、交流戦後は一度も首位を明け渡すことなくリーグ優勝を果たした。投打ともにリーグトップクラスだったのは、この年だけである。投打の軸である川上憲伸と福留孝介がフルシーズン活躍し、他の選手も高いパフォーマンスを残した。

投手陣に関しては、開幕時にドミンゴ・グスマンとルイス・マルティネスの調子が上がらずにいた。そんな中で、最多勝利に輝いたエース・川上をはじめとして、ノーヒットノーランを達成し二桁勝利を上げた山本昌や、同じく二桁勝利を記録した朝倉健太を軸に先発ローテーションを回した。さらに、3年目の佐藤充がキャリアハイの活躍で9勝をマーク。特に、交流戦だけで5勝0敗、防御率0・91を記録するなど、前半戦はチームに勢いをつけた。また、中田賢一が7勝を挙げて、谷間の投手も貯金を作れる体制になっていた。

ブルペン陣は、クローザーの岩瀬仁紀が最多セーブを記録。さらに2004年と同様、平井正史と岡本真也がフル回転の活躍を見せた。さらに、鈴木義広や久本祐一、デニー友利もいたことにより厚みが増し、リーグ最優秀防御率3・10をたたき出した。

野手陣は、アライバコンビや谷繁元信と言ったセンターラインの選手が、健在ぶりを見せた。さらに、立浪和義のレギュラーを脅かした森野将彦の台頭があり、立浪と井上一樹もベテランの意地を見せるように結果を残した。

なんと言っても打線の中心だった福留とタイロン・ウッズが打撃3部門のタイトルを2人で独占したことが大きい。ウッズは47本塁打・144打点の成績でこの年の最多本塁打と最多打点を獲得し、チーム記録を更新した。福留に関しても、打率・351・117得点とキャリアハイを記録して首位打者とMVPに。チームとしての総合力の高さは、この2人がいてこそだった。

象徴的なのは、優勝決定試合となった10月10日の巨人戦だ。同点で迎えた延長12回、福留が勝ち越しタイムリーを放ち、ウッズがダメ押しの満塁ホームランで試合を決めた。ウッズのホームランで、普段感情を表に出さない落合博満は大興奮。ベンチ前で熱い抱擁を交わしたその目には、涙が光っていた。冷徹に見える落合が、ここまで熱くなった場面はあっただろうか……？　優勝がなかなか決まらない焦りや、シーズン終盤の阪神の追い上げがあった中、宿敵・巨人との試合で、福留とウッズが優勝を決定づけて感極まったのだろう。中日の球団史上最高の強さと、感動があったシーズンだったのは間違いない。

この年は、落合政権の中でも中日として投打にわたりトップクラスのチームだったといえるだろう。87勝は球団史上2位の記録。２００４年と同様に、投手では川上と岩瀬、野手では福留とウッズを中心としたチームづくりを見せた。投手陣は川上や朝倉健太、山本昌が二桁勝利を記録。その他にも中田や佐藤充の活躍があり、リリーフ陣も岩瀬、岡本、鈴木義、平井がいたため、盤石な体制だった。野手陣は、ウッズがナゴヤドームを本拠地としながら47本塁打という驚異的な記録を残し、福留とウッズの2人で打撃3部門を独占した。落合中日は手堅い野球のイメージが強い中で、この年は彼らの長打力が上手く融合した。

2006

ORDER ▶ Central League

▶ 野手

打順	守備位置	選手	試合	打席	打率	本塁打	打点	出塁率	長打率	OPS	盗塁
1	二	荒木雅博	112	506	.300	2	31	.338	.358	.696	30
2	遊	井端弘和	146	666	.283	8	48	.355	.365	.720	17
3	右	福留孝介	130	578	.351	31	104	.438	.653	1.091	11
4	一	ウッズ	144	614	.310	47	144	.402	.635	1.037	1
5	左	アレックス	138	578	.273	15	77	.341	.421	.761	2
6	三	森野将彦	110	469	.280	10	52	.321	.395	.716	0
7	中	英智	124	288	.215	1	27	.237	.266	.502	4
8	捕	谷繁元信	141	520	.234	9	38	.347	.353	.700	0
主な控え		井上一樹	108	288	.311	11	39	.340	.476	.817	2
		立浪和義	113	284	.263	1	31	.310	.320	.630	3
		渡邉博幸	103	122	.252	1	16	.288	.333	.621	0
		高橋光信	67	90	.244	3	12	.267	.419	.685	0
		上田佳範	59	89	.222	0	8	.264	.296	.561	0

▶ 先発投手陣

選手	防御率	登板	勝利	敗戦	完投数	セーブ	ホールド	投球回	勝率	奪三振	WHIP
川上憲伸	2.51	29	17	7	6	0	0	215	.708	194	0.95
山本昌	3.32	27	11	7	3	1	0	170.2	.611	124	1.07
朝倉健太	2.79	25	13	6	2	0	0	154.2	.684	107	1.22
佐藤充	2.65	19	9	4	6	0	0	129	.692	83	1.22
中田賢一	3.91	20	7	4	1	1	0	112.2	.636	111	1.26
マルティネス	4.25	23	6	9	0	0	0	112.1	.400	75	1.49
小笠原孝	3.72	9	2	2	1	0	0	38.2	.500	34	1.16
石井裕也	4.01	11	2	1	0	0	0	24.2	.667	24	1.22

▶ 救援投手陣

選手	防御率	登板	勝利	敗戦	セーブ	ホールド	投球回	勝率	奪三振	WHIP
平井正史	2.29	57	5	3	0	22	63	.625	44	1.06
岩瀬仁紀	1.30	56	2	2	40	5	55.1	.500	44	0.87
岡本真也	3.40	56	4	1	1	18	53	.800	56	1.36
鈴木義広	1.70	46	1	0	1	8	53	1.000	54	1.13
デニー友利	3.10	31	0	1	0	8	20.1	.000	11	1.43
久本祐一	1.76	27	2	2	1	3	30.2	.500	19	1.34
高橋聡文	10.29	26	1	3	0	8	14	.250	10	2.00
小林正人	5.25	23	1	0	0	3	12	1.000	12	1.25

最後の新庄劇場を魅せる日本ハム vs 球団史上屈指の完成度を誇る中日

この年の日本シリーズは、引退を表明していたSHINJOの有終の美を飾りたい日本ハムと、21世紀プロ野球チームの中でも歴代屈指の完成度を誇る中日の対戦となった。引退が決まり、勢いに乗った日本ハムと、成績上は有利な中日のカードで、当時も注目された。

ナゴヤドームで行われた初戦は、ダルビッシュ有と川上憲伸の両エースが先発。中日は2回、先頭打者タイロン・ウッズへの四球で始まり一死満塁から、谷繁元信のタイムリーで2点を先制する。日本ハムは3回にフェルナンド・セギノールのタイムリーとSHINJOの犠牲フライで同点に追いつく。しかしその裏、一死一塁で森野将彦の打球がバウンドした際、捕球したダルビッシュが送球ミスしてしまう。ここで中日は二死二・三塁となり、井上一樹のタイムリーで勝ち越した。中日は8回にも、アレックス・オチョアのタイムリーツーベースで追加点を挙げ、最後はクローザーの岩瀬仁紀が締めて中日が初戦を勝利した。中日の先発・川上は、最終的に8回2失点の好投を見せた。若きエース・ダルビッシュを、落合中日のミスのない野球が抑え込んだ。

2戦目は八木智哉と山本昌の両左腕の先発となった。日本ハムは初回、セギノールのショート強襲のタイムリー内野安打で先制。対する中日は井端弘和がホームランを放ち追いつき、両チームともに初回から先発が失点した。その後4回に中日は、八木のカーブをとらえた福留孝介のホームランで勝ち越す。その後両先発ともに踏ん張り、山本昌の日本シリーズ初勝利が見えてきた7回に試合が動いた。谷繁が打球処理をミスして、一塁への悪送球の間に稲葉篤紀が出塁。SHINJOが流し打ちでつないでチャンスを広げる。さらに、鶴岡慎也の三振の際にSHINJOが盗塁を決め、日本ハムファンは一気に沸き立った。そのムードに後押しされるかのように、金子誠が逆転の2点タイムリーを放ち、逆転。さらに8回、セギノールがツーランホームランを放って試合を決め、日本ハムがタイに持ち込んだ。

初めての北海道（札幌ドーム）での日本シリーズとなった3戦目の先発は、武田勝と朝倉健太。中日は1回に荒木雅博がヒットを放った後、一死の間に二塁へ盗塁を成功させ、福留がタイムリーヒットを放ち中日が先制。しかし日本ハムもその裏、森本がヒットで出塁。田中賢介の犠打を谷繁が二塁へ送球するもセーフ、無死一・二塁の場面で小笠原道大が逆転2点タイムリーを放つ。さらにその後、稲葉の犠牲フライで合計3点を挙げて逆転した。初回以降試合は膠着したが、8回に二死一・二塁から、中里篤史から稲葉がスリーランホームランをたたき込み日本ハムが点差を広げた。中日は4回に森野が、5回に荒木が、7回に井上が内野ゴロ併殺打と運もなく、得点できず。最終回にはMICHEALが中日の攻撃を三者凡退に抑え、日本ハムが連勝し対戦成績を2勝1敗とした。

4戦目の先発は、監督批判でプレーオフに参加できなかった日本ハム・金村暁と中田賢一の投げ合いとなった。両投手ともヒットや四球は出しつつも立ち上がりを無失点に抑える中、3回に試合が動いた。日本ハム・森本稀哲がスリーベースで出塁し、田中賢がタイムリーツーベースを放って先制した。さらに5回には、小笠原がツーベースで出塁すると、セギノールは四球で出塁。稲葉が追加点となるタイムリーツーベースを放ち、点差を広げた。先発・金村は4回以外すべてヒットを浴びながらも5回を無失点に抑え、ブラッド・トーマス、建山義紀、岡島秀樹、MICHEALの小刻みな継投策で中日打線を完封。日本一に王手をかけた。

5戦目の先発は、初戦と同様にダルビッシュと川上のエース対決となった。後がない中日は4回、二死満塁から荒木の打球が小笠原のグラブをはじくタイムリーを放って先制。日本ハムは5回に、稲田直人のツーベースと鶴岡の犠打で一死三塁とすると、金子誠が1ボール1ストライクから意表をつくスクイズを成功させ、追い付く。さらに6回には田中賢が安打で出塁後すぐに盗塁を決め、中日バッテリーを翻弄。その後、一死三塁からセギノールのツーランホームランで勝ち越した。8回には一死から稲葉が久本祐一からダメ押しとなるホームランを放つ。ダルビッシュは8回一死まで1失点の好投。岡島、マイケルの継投策で抑えて日本一に輝いた。現役最後の試合となったSHINJOは、最終打席で涙を流しながら、フルスイングの三球三振。日本一決定後、センターの守備位置で胴上げされ、有終の美を飾った。

日本一に輝いた日本ハムは、トップバッターの森本がチーム最高打率である・368を記録。中軸では主に5番を担った稲葉が、打率・353・2本塁打・7打点の活躍でMVPを獲得した。4番セギノールは、2本塁打・6打点・長打率・647と自慢のパワーを見せつけた。引退を表明していたSHINJOに関しても、打率・353・1打点・1盗塁を記録しており、この活躍がチームを勢いづけた部分はあるだろう。投手陣を見ても、初戦こそ敗戦したダルビッシュは5戦目でエースに相応しいピッチングを見せた。先発陣は八木や金村、武田勝なども5~6回までを好投。その後に続くリリーフ陣も勝ちパターンの武田久や岡島、MICHEALを中心に運用をした結果、中日打線の勢いを止めた。

対する中日は、自慢の投手陣が勝負どころで打たれたのが大きい。日本ハムのチーム防御率が1・64に対して、中日は3・86と2点以上差がついた。2戦目に岡本真也が打たれてから起用法を含めて歯車が狂いだし、3戦目は継投ミスが出て、4戦目は先発の中田が試合を作れなかった。投手を中心とするチームだったため、このミスが致命傷となった。

Nippon Series ▶戦績

第一戦
ナゴヤドーム

日本ハム	0	0	2	0	0	0	0	0	0	2
中日	0	2	1	0	0	0	0	1	x	4

勝 川上　負 ダルビッシュ　S 岩瀬

第二戦
ナゴヤドーム

日本ハム	1	0	0	0	0	0	2	2	0	5
中日	1	0	0	1	0	0	0	0	0	2

勝 八木　負 山本昌　S MICHEAL
本 [日] セギノール 1 号（8 回 2 点岡本）
[中] 井端 1 号（1 回 1 点八木）、
福留 1 号（4 回 1 点八木）

第三戦
札幌ドーム

中日	1	0	0	0	0	0	0	0	0	1
日本ハム	3	0	0	0	0	0	0	3	x	6

勝 武田勝　負 朝倉
本 [日] 稲葉 1 号（8 回 3 点中里）

第四戦
札幌ドーム

中日	0	0	0	0	0	0	0	0	0	0
日本ハム	0	0	1	0	2	0	0	0	x	3

勝 金村　負 中田　S MICHEAL

第五戦
札幌ドーム

中日	0	0	0	1	0	0	0	0	0	1
日本ハム	0	0	0	0	1	2	0	1	x	4

勝 ダルビッシュ　負 川上　S MICHEAL
本 [日] セギノール 2 号（6 回 2 点川上）、
稲葉 2 号（8 回 1 点久本）

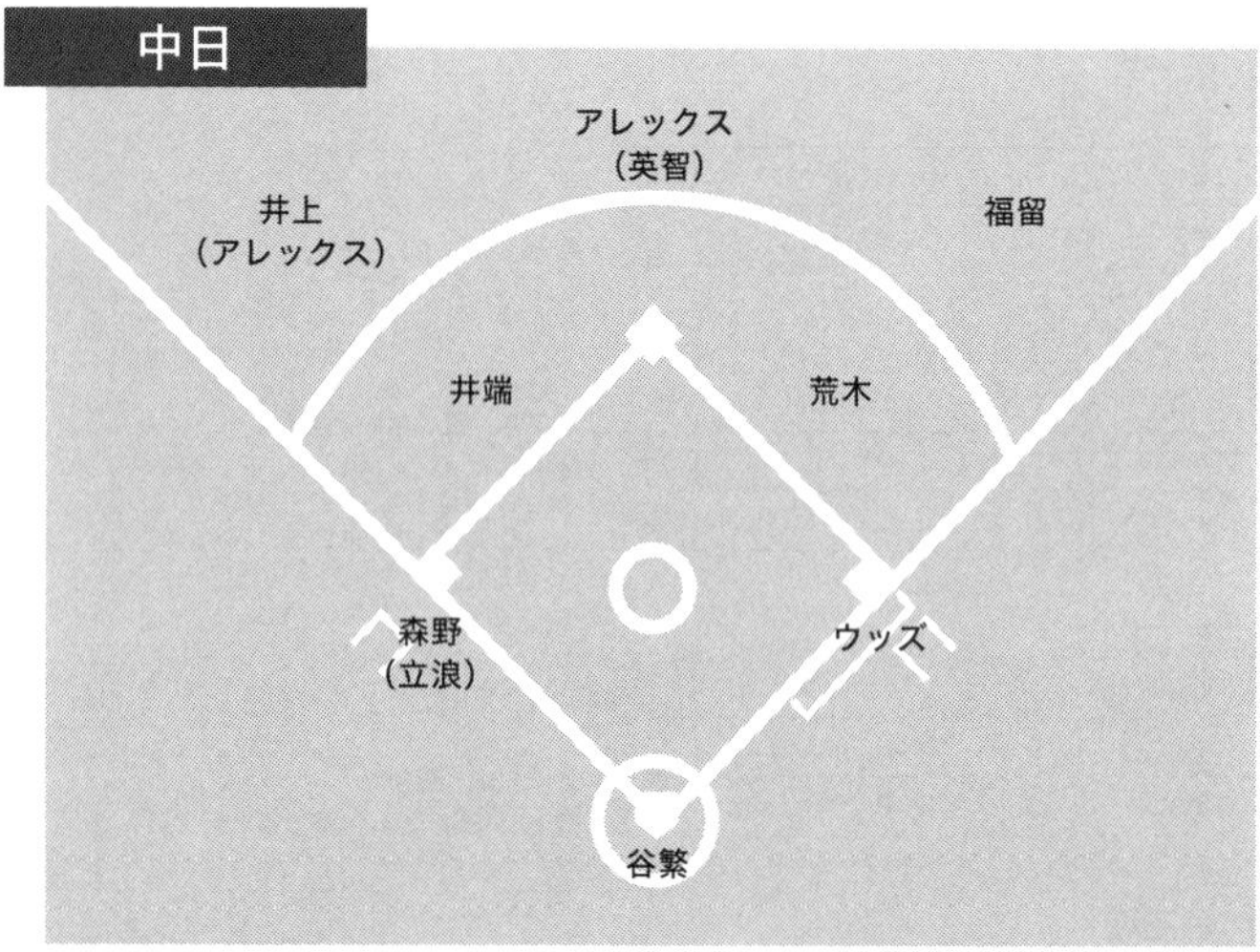

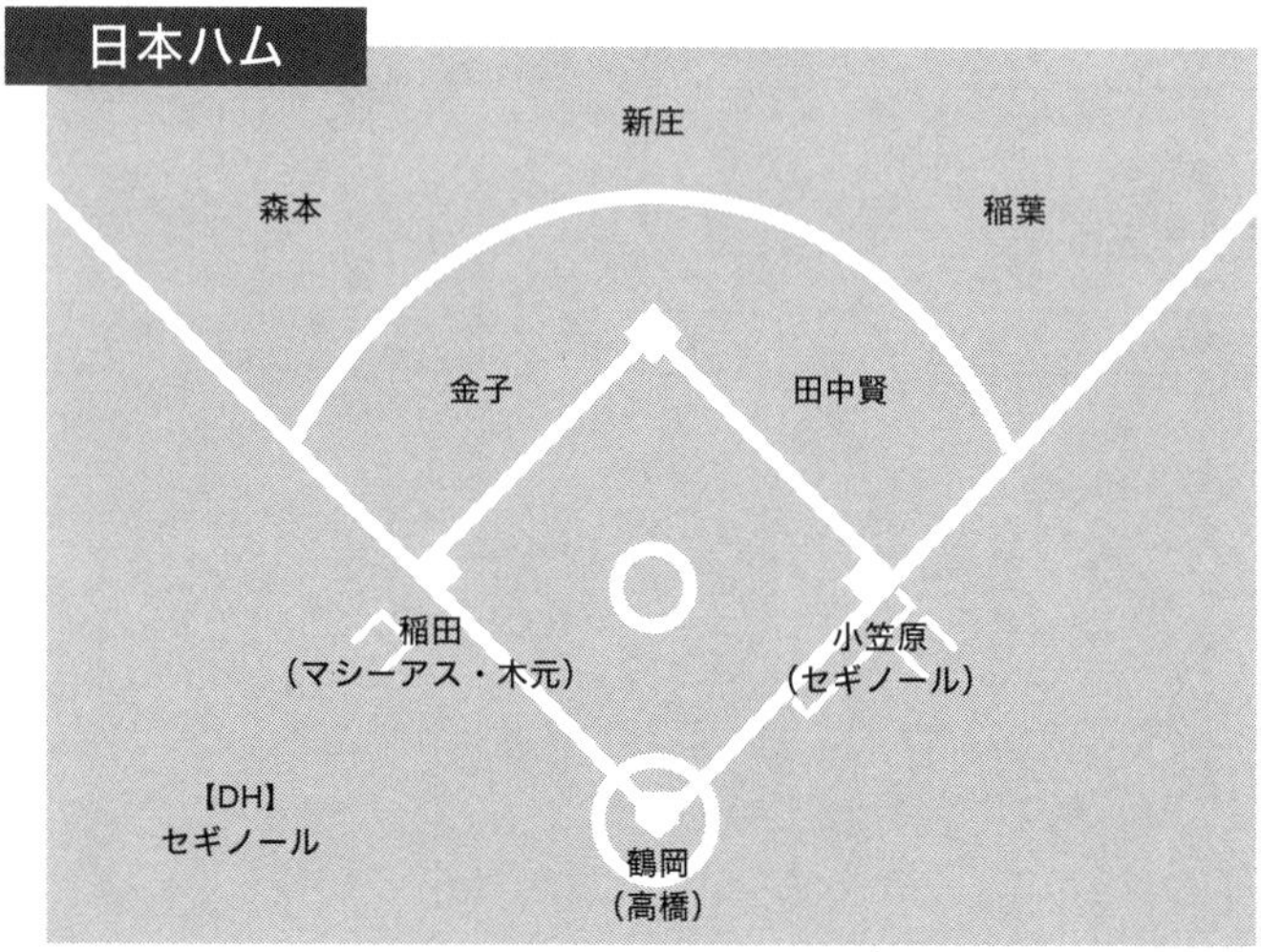

注：オーダーは各ホーム球場の初戦先発に基づく

Awards ▶ タイトル受賞者

▶ Central League

タイトル	選手名	所属チーム	受賞回数	成績
最優秀選手	福留孝介	中日	初	
最優秀新人	梵英心	広島		
首位打者	福留孝介	中日	2	.351
最多本塁打	タイロン・ウッズ	中日	3	47
最多打点	タイロン・ウッズ	中日	初	144
最多盗塁	青木宣親	ヤクルト	初	41
最優秀防御率	黒田博樹	広島	初	1.85
最多勝利	川上憲伸	中日	2	17
最高勝率	川上憲伸	中日	初	.708
最多奪三振	川上憲伸	中日	初	194
	井川慶	阪神	3	194

▶ Pacific League

タイトル	選手名	所属チーム	受賞回数	成績
最優秀選手	小笠原道大	日本ハム	初	
最優秀新人	八木智哉	日本ハム		
首位打者	松中信彦	ソフトバンク	2	.324
最多本塁打	小笠原道大	日本ハム	初	32
最多打点	小笠原道大	日本ハム	初	100
	カブレラ	西武	初	100
最多盗塁	西岡剛	ロッテ	2	33
最優秀防御率	斉藤和巳	ソフトバンク	2	1.75
最多勝利	斉藤和巳	ソフトバンク	2	18
最高勝率	斉藤和巳	ソフトバンク	3	.783
最多奪三振	斉藤和巳	ソフトバンク	初	205

▶ Nippon Series

タイトル	選手名	所属チーム
最高殊勲選手賞(MVP)	稲葉篤紀	日本ハム
敢闘選手賞	川上憲伸	中日
優秀選手賞	セギノール	日本ハム
	森本稀哲	日本ハム
	ダルビッシュ有	日本ハム

Pacific League 2007

▶チーム勝敗表

チーム	試合	勝利	敗北	引分	勝率	ゲーム差
日本ハム	144	79	60	5	.568	- -
ロッテ	144	76	61	7	.555	2
ソフトバンク	144	73	66	5	.525	6
楽天	144	67	75	2	.472	13.5
西武	144	66	76	2	.465	14.5
オリックス	144	62	77	5	.446	17

▶チーム投手成績

チーム	防御率	試合	勝利	敗北	セーブ	完投	完封	投球回	奪三振	失点
ソフトバンク	3.18	144	73	66	42	10	13	1292.1	1066	508
日本ハム	3.22	144	79	60	37	19	16	1287.2	889	489
ロッテ	3.26	144	76	61	33	25	12	1297.2	872	525
オリックス	3.67	144	62	77	36	7	7	1285.2	916	585
西武	3.82	144	66	76	33	14	7	1266.2	889	585
楽天	4.31	144	67	75	35	7	6	1272.1	1019	676

▶チーム打撃成績

チーム	打率	試合	打数	得点	安打	二塁打	三塁打	本塁打	打点	盗塁
ソフトバンク	.267	144	4936	575	1317	248	24	106	539	84
西武	.264	144	4797	564	1265	231	18	126	539	118
楽天	.2624	144	4762	575	1250	214	16	111	544	89
ロッテ	.2623	144	4906	629	1287	253	28	107	603	90
日本ハム	.25871	144	4820	526	1247	213	27	73	498	112
オリックス	.25870	144	4855	536	1256	208	16	119	512	41

Central League 2007

▶チーム勝敗表

チーム	試合	勝利	敗北	引分	勝率	ゲーム差
巨人	144	80	63	1	.559	−−
中日	144	78	64	2	.549	1.5
阪神	144	74	66	4	.529	4.5
横浜	144	71	72	1	.497	9
広島	144	60	82	2	.423	19.5
ヤクルト	144	60	84	0	.417	20.5

▶チーム投手成績

チーム	防御率	試合	勝利	敗北	セーブ	完投	完封	投球回	奪三振	失点
阪神	3.56	144	74	66	46	3	12	1287.2	1068	561
巨人	3.58	144	80	63	40	7	11	1288.2	1018	556
中日	3.59	144	78	64	43	8	9	1280.1	1012	556
横浜	4.01	144	71	72	35	9	13	1264.2	1014	623
ヤクルト	4.07	144	60	84	26	10	8	1257.2	960	623
広島	4.22	144	60	82	31	10	8	1280.1	868	673

▶チーム打撃成績

チーム	打率	試合	打数	得点	安打	二塁打	三塁打	本塁打	打点	盗塁
巨人	.276	144	4933	692	1361	245	17	191	672	63
ヤクルト	.269	144	4796	596	1289	206	25	139	575	66
横浜	.265	144	4784	569	1268	233	20	124	536	42
広島	.263	144	4897	557	1287	209	7	132	528	65
中日	.261	144	4771	623	1245	208	16	121	601	83
阪神	.255	144	4838	518	1233	173	20	111	503	46

CSから悲願の日本一になった落合中日

この年の中日は、リーグ優勝こそ逃したものの、クライマックスシリーズで巨人に勝利。日本シリーズでは、2年連続で日本ハムと対戦して、前年のリベンジを果たす形で日本一に輝いた。

このシーズンから、落合中日は開幕や前半戦から負荷をかけてまでスタートダッシュを求めず外国人や若手選手をシーズン序盤は我慢強く起用して、戦い方を熟知するベテランを後半に向けて徐々に仕上げさせ、中盤から終盤にかけて、主力とベテラン勢を中心に追い上げていく戦い方が見られるようになった。

この年は、中軸の福留孝介が長期離脱となったため、シーズン中盤より新加入した中村紀洋をはじめ、森野将彦、井端弘和、井上一樹が3番に座り、彼らの活躍によって巨人・阪神との優勝争いに参戦することができた。シーズン中は、落合中日らしい洗練された野球で、チーム防御率はリーグ3位ながらも最少失点を記録。チーム打率と得点も、1位の巨人が打率・276と692得点を記録していた中で、中日はリーグ5位のチーム打率・261ながらも、リーグ2位となる623得点を記録した。このような点で見ても、現有戦力の中で効率的に得点を積み重ねたことは明白だ。例えば、アライバコンビの盗塁数が挙げられる。井端弘和は23盗塁、荒木雅博は31盗塁を記録し、阿吽の呼吸でわざと空振りするなど記録に残らないコンビプレーも見られた。クリーンアップにチャンスで回すなど効率的に得点を積み重ねていたことがわかる。また打線に関しては、ほとんどの選手が前年よりも成績を下げた中で、森野の独り立ちや移籍初年度の中村紀の復活が大きな原動力になったのではないだろうか。

先発投手陣は、山本昌が2勝10敗と不振に終わったが、エース・川上憲伸を中心に、朝倉や中田賢一、小笠原孝、山井大介といった、ローテーション級から1・5軍までの選手を多様な起用で回していった。ブルペン陣は、岩瀬仁紀を中心に平井正史、岡本真也、鈴木義広、久本祐一といった選手を起用。さらに、若手の起用も目立ち、落合政権晩年で投手陣を引っ張る存在になる吉見一起や浅尾拓也、髙橋聡文、小林正人といったあたりにも登板機会を与えた。

クライマックスシリーズでは怒涛の5連勝を決める。直近では、中日の方が巨人・阪神よりも短期決戦に慣れていたのも事実だった。

中日は、阪神に2連勝して東京ドームに乗り込む。対巨人、初戦の中日の先発は左腕の小笠原。当時は予告先発制度がなく、巨人サイドは中日の先発を第1ステージに登板のなかった山井、もしくは朝倉と予想していた。そのため、谷佳知と二岡智宏以外をすべて左打者でスタメン起用するなど、裏をかかれた形になり、得点を奪えない展開になった。先制された直後のチャンスで下位打線に回った場面で、序盤にも関わらず右打者への代打策で勝負をかけるも、すべて裏目に出た。結果的には、この試合がシリーズ全体に尾を引くことになる。

第二戦、第三戦は巨人が先制するものの、木佐貫洋と高橋尚成はあっさり攻略されて逆転され、3タテで中日がこのシリーズに勝利して、日本シリーズ進出を決めた。特に4番打者という点では、中日のタイロン・ウッズはこのシリーズで2本塁打を放つ活躍。一方で巨人の李承燁は1本もホームランが出ないという、真逆の結果になった。ウッズに打点がない試合でも荒木雅博や井端弘和が打点を生み出すなど、試合運びの巧さは雲泥の差。巨人側は、クライマックスシリーズが進むごとに余裕がなくなっていたことが見受けられ、3戦目では李承燁とウッズが一触即発の場面もあった。

さらに、中日は3試合すべての試合で、守護神の岩瀬を8回から登板させた。回跨ぎのため、リスクもあったが、巨人打線が乗る前に息の根を止めたのも大きかった。シリーズ前の試合勘も影響を与えていたが、落合監督の戦略が勝ったシリーズだった。

前年は投打ともに各球団を圧倒したものの、この年は福留の離脱の影響もあり、チーム打率はリーグ5位と貧打に苦しんだ。その中で荒木と井端が2人で44盗塁を記録。さらに、森野の成長と中村紀の活躍で貧打をカバーした。また、投手陣はエース川上と守護神の岩瀬が期待通りの活躍を見せた。さらに朝倉と中田賢一が二桁勝利を記録。中田に関しては、ポストシーズンでも3勝を挙げる活躍を見せた。

ORDER ▶Central League

▶野手

打順	守備位置	選手	試合	打席	打率	本塁打	打点	出塁率	長打率	OPS	盗塁
1	遊	井端弘和	144	665	.296	5	45	.368	.393	.761	23
2	二	荒木雅博	113	510	.263	1	25	.296	.302	.598	31
3	右	福留孝介	81	348	.294	13	48	.443	.520	.963	5
4	一	ウッズ	139	593	.270	35	102	.418	.530	.948	3
5	左	森野将彦	142	607	.294	18	97	.366	.458	.824	1
6	三	中村紀洋	130	521	.293	20	79	.359	.477	.836	2
7	中	李炳圭	132	508	.262	9	46	.295	.370	.665	0
8	捕	谷繁元信	134	474	.236	6	44	.347	.322	.669	0
主な控え	投	立浪和義	101	129	.275	2	31	.364	.367	.731	0
		英智	99	219	.278	4	19	.321	.389	.710	8
		井上一樹	71	200	.292	3	28	.352	.427	.779	1
		堂上剛裕	37	82	.286	2	11	.416	.329	.745	0

▶先発投手陣

選手	防御率	登板	勝利	敗戦	完投数	セーブ	ホールド	投球回	勝率	奪三振	WHIP
中田賢一	3.66	28	14	8	3	0	0	170.1	.636	177	1.40
川上憲伸	3.55	26	12	8	0	0	0	167.1	.714	145	1.18
朝倉健太	3.36	29	12	7	3	0	0	171.2	.632	105	1.30
小笠原孝	2.99	21	6	6	0	0	0	120.1	.500	97	1.19
山本昌	5.07	19	2	10	1	0	0	108.1	.167	71	1.39
山井大介	3.36	14	6	4	1	0	0	83	.600	56	1.29
浅尾拓也	3.53	19	4	1	0	0	0	51	.800	40	1.39
吉見一起	7.36	5	0	1	0	0	0	14.2	.000	14	2.18

▶救援投手陣

選手	防御率	登板	勝利	敗戦	セーブ	ホールド	投球回	勝率	奪三振	WHIP
岩瀬仁紀	2.44	61	2	4	43	3	59	.333	50	1.05
岡本真也	2.89	62	5	2	0	33	56	.714	44	1.14
平井正史	3.29	45	4	2	0	19	41	.667	30	1.10
久本祐一	3.38	36	2	1	0	4	45.1	.667	31	1.26
鈴木義広	3.52	30	1	1	0	6	30.2	.500	31	1.08
ラミレス	5.47	27	1	0	0	3	26.1	1.000	11	1.48
高橋聡文	4.23	25	1	0	0	4	27.2	1.000	27	1.41
小林正人	2.38	18	0	1	0	3	11.1	.000	9	1.32

エース・ダルビッシュの一本立ちで連覇を叶えた日本ハム

このシーズン、リーグ連覇を果たした日本ハムだが、前年よりも厳しいシーズンではあった。主力だった小笠原道大は巨人に移籍し、SHINJOが引退と、大幅に戦力がダウンした状態での開幕。投手陣はダルビッシュ有に依存する形だったが、MICHEALと武田久の勝ちパターンは、昨年から引き続いて安定感があった。そのため、本拠地である広い札幌ドームを活かし「守り勝つ野球」で連覇を果たしたといって良いだろう。

この年の野手陣は前年とは打って変わり、チーム打率はリーグ5位、本塁打数・得点・長打力はリーグワーストを記録した。特に本塁打数は、リーグで唯一の二桁（73本塁打）に終わるなど、長打力不足が露呈したシーズンだった。しかしその中で、稲葉篤紀が首位打者を獲得。1番を打つ森本も3割31盗塁を記録したことで、機動力を活かし、少ないながらもチャンスを作ることができていた。チームの盗塁数に関してはリーグ2位を記録した。

トップバッターの森本が盗塁し、58犠打の田中賢介が送り、稲葉やフェルナンド・セギノールに返すという、攻撃パターンも見られた。さらに、稲葉以外の打撃陣の成績が厳しかった中で、4番を打つセギノールの長打などもいい場面で出ていた。

投手陣は、ダルビッシュが15勝5敗、防御率1・82と、21歳ながら文句なしの沢村賞を獲得。このシーズンから、圧倒的な実力を備えチームからの絶対的な信頼を得ていた。その他の先発投手については、ライアン・グリンが交流戦で負けなしの5勝と、12球団1位の防御率1・01でMVPに選ばれる活躍を見せた。グリンの好調の波に乗って、チームは14連勝。交流戦前には3位だったが、6月25日には今季初の首位に立った。ダルビッシュ以外の先発陣が苦しむ中で、グリンの活躍により交流戦を優勝したことでチームは勢いに乗った。

このグリンに関しては、シーズンはもちろんのこと、クライマックスシリーズも貴重な存在だった。その後も「少ない得点をいかに守り切れるか」の野球をしていき、ペナントレース2連覇を飾った。

ロッテとのクライマックスシリーズは第5戦までもつれた。シーズンと同様に爆発的な打撃力がないため、先発が捕まると敗戦してしまう。勝利した試合はダルビッシュが先発した初戦と第5戦、その他では第3戦にグリンが勝利したのみ。つまり、ダルビッシュの試合は確実に勝利して、他の先発でいかに勝利を拾えるかにかかっていた。

第5戦、日本ハムはダルビッシュを、ロッテもファーストステージで完封した成瀬善久を中7日の万全の状態で先発として登板させた。なお成瀬は、交流戦で横浜に敗れた1敗のみでパ・リーグ相手には無敗、ダルビッシュを抑えて最優秀防御率と最高勝率を記録するほどの活躍を見せていた。その成瀬相手にチャンスの場面で、セギノールがスリーランホームランを放ち先制。先制点を貰ったダルビッシュは、6回2/3を1失点に抑え、3戦目に勝利したグリンから守護神MICHEALにつないで、日本シリーズ進出を決めた。

連覇を果たしたこの年の日本ハムは、SHINJOの引退や小笠原の移籍で前年ほどの打力はなかった。開幕時は低調だった中で、交流戦開幕前のソフトバンク戦から交流戦のヤクルト戦まで14連勝を記録。交流戦で優勝してからは一気に勢いに乗ってリーグ2連覇を果たした。打線はリーグ最低の73本塁打、526得点だったが、首位打者と最多安打の稲葉や森本、田中賢、セギノールを中心にカバーした。また、ダルビッシュが15勝、防御率1・82の圧巻な成績を残して沢村賞を獲得した。

ORDER ▶ Pacific League

▶ 野手

打順	守備位置	選手	試合	打席	打率	本塁打	打点	出塁率	長打率	OPS	盗塁
1	中	森本稀哲	144	660	.300	3	44	.355	.372	.726	31
2	二	田中賢介	144	638	.255	3	31	.321	.344	.665	27
3	右	稲葉篤紀	137	579	.334	17	87	.387	.505	.892	6
4	指	セギノール	134	546	.249	21	68	.350	.428	.777	0
5	捕	高橋信二	112	422	.255	10	43	.306	.392	.698	2
6	三	小谷野栄一	113	398	.253	5	37	.289	.332	.621	5
7	左	坪井智哉	100	309	.283	0	23	.334	.322	.657	6
8	一	稲田直人	83	175	.275	0	14	.293	.300	.593	0
9	遊	金子誠	132	470	.243	4	53	.296	.327	.623	9
主な控え		工藤隆人	72	231	.288	0	17	.329	.353	.682	9
		鶴岡慎也	57	146	.203	0	13	.230	.233	.463	0
		田中幸雄	65	141	.222	5	19	.250	.363	.613	0
		陽仲壽	55	116	.239	0	10	.259	.349	.608	3
		ジョーンズ	30	102	.160	1	7	.208	.277	.485	1

▶ 先発投手陣

選手	防御率	登板	勝利	敗戦	完投数	セーブ	ホールド	投球回	勝率	奪三振	WHIP
ダルビッシュ有	1.82	26	15	5	12	0	0	207.2	.750	210	0.83
グリン	2.21	24	9	8	0	0	0	155	.529	111	1.05
武田勝	2.54	35	9	4	1	0	8	149	.692	101	0.87
スウィーニー	3.70	21	6	8	0	0	0	109.1	.429	56	1.33
吉川光夫	3.66	19	4	3	1	0	0	93.1	.571	52	1.38
八木智哉	4.54	15	4	6	0	0	0	85.1	.400	36	1.39
金村曉	4.73	13	5	6	3	0	0	78	.455	33	1.51
建山義紀	4.17	7	2	4	1	0	0	41	.333	31	1.02

▶ 救援投手陣

選手	防御率	登板	勝利	敗戦	セーブ	ホールド	投球回	勝率	奪三振	WHIP
武田久	2.42	64	7	6	2	28	74.1	.538	53	1.13
MICHEAL	2.16	56	1	1	34	2	58.1	.500	49	0.96
江尻慎太郎	3.33	42	7	4	1	4	48.2	.636	38	1.27
押本健彦	4.60	36	2	1	0	4	47	.667	49	1.51
金森敬之	2.35	15	4	1	0	0	23	.800	9	1.00
山本一徳	6.75	12	0	1	0	0	21.1	.000	15	1.50
伊藤剛	6.60	11	0	0	0	0	15	.000	8	1.53
歌藤達夫	1.86	11	0	0	0	0	9.2	.000	6	1.24

原巨人第二次政権　連覇への序章

2007年のセ・リーグは、シーズン終盤まで巨人・中日・阪神がデットヒートを繰り広げた。そんな中、5年ぶりに巨人がリーグ優勝を果たした。

巨人は、チームリーダーだった小久保裕紀がソフトバンクに復帰したが、日本ハムの小笠原道大がFAで加入した。しかし、巨人軍への移籍は華やかなパターンだけではない。ベテランの域に達しながらも、戦力外からあるいはトレードで入団した選手もいる。この年入団し、2番打者として復活を遂げた谷佳知は、まさにその代表例だろう。

巨人に移籍してくる直前、オリックスでの2年間、谷は怪我や故障の影響もありキャリアの低迷期を迎えていた。原辰徳はその谷を2番打者としてシーズン序盤から積極的に起用した。すると移籍初年度から見事に復活し、チームトップの打率・318を記録。前の打者や塁にいるランナーの状況、柔軟に対応ができる右打ちであることはもちろんのこと、試合中の状況判断も踏まえた嫌らしい打撃もできる谷だからこそ、2番打者としての役割を果たすことができた。

また、谷の復活による相乗効果で、この年から1番打者を任されるようになった高橋由伸も復活を遂げたのではないだろうか。特に開幕戦では、高橋由が先頭打者ホームランを放ち、「このシーズンはひと味違う」という意気込みも感じられた。慢性的な怪我や故障に悩まされながらもチームを牽引し、規定打席内でキャリア最高の出塁率・404を記録した上に長打率とOPSはリーグトップ。鮮烈な復活劇を披露した。小笠原にシーズンMVPを譲ったものの、高橋由が獲得してもおかしくないレベルの活躍だった。

投手陣は、内海哲也や高橋尚成、木佐貫洋を中心に先発投手陣が好調であったことから開幕よりチーム状態が良く、4月から6月まで貯金を5つずつ重ね、6月終了時点には貯金15と、2位と4・0ゲーム差の首位に立っていた。しかしながら、クローザーの候補だった豊田清の不振などから中継ぎ・抑えに不安があり、故障で出遅れていたエースの上原浩治を抑えに回す策で、不安定だった救援陣の立て直しに成功した。その結果、上原は5月から抑えとして登板したものの、当時の球団記録を塗り替える32セーブを記録した。

シーズン全体では、夏場から投手が打ち込まれる場面が増え、それが小笠原が一時的に調子を落として得点力が低下した時期と重なったため7月を大きく負け越し、中日・阪神との三つ巴の戦いに巻き込まれていった。8月、9月は3チームが譲らず、各チーム首位に立った。

特に9月7日からの東京ドームでの対阪神戦では、桧山進次郎が巨人の守護神・上原から勝ち越しホームランを放って勝利し、翌日は久保田智之・藤川球児の勝ちパターンで9連勝。さらに次の試合では、アンディー・シーツがサードゴロを打った際、李承燁の足を踏んだことで原監督が激怒し、一触即発のムードに。阪神はこの激闘でまたも上原を打ち崩し、3タテで10連勝を飾った。その後の甲子園での試合でも負け越し、一時は3位に転落。しかし、ここで食い下がらないのがこの年の巨人だった。9月19日の試合で内海が好投して阪神の勢いを止めると、逆に阪神はここから大型連敗して優勝争いから脱落した。

ペナントレースは、最終的に巨人と中日の一騎打ちになったが、直接対決の天王山1戦目は、タイロン・ウッズの意表をつく盗塁や井端弘和の気迫の内野安打などで中日が勝利し、マジック7が点灯。次の試合も4回ウッズが同点ホームランを放つが、巨人はその直後、阿部慎之助の満塁ホームラン、5回の高橋由のホームランで突き放して勝利し、再度首位に入れ替わった。3戦目は初回に4点を許すが、李承燁が同点ホームランを放ち、8回裏、脇谷亮太が決勝ホームランで勝利。その勢いのまま2002年以来のリーグ優勝を決めた。

しかし、クライマックスシリーズでは、短期決戦への慣れの差もあって中日に敗退してしまう。3位の阪神を下してきた中日は、2004年、2006年と日本シリーズを通して直近3

年間で2年の短期決戦の経験があっただけでなく、ファーストステージを通じて各選手のコンディションのピークを上手く持ってくることができた。一方で巨人は、2002年以来となる短期決戦で経験不足。優勝を境目に、緊張感のある実戦から離れただけでなく、主力の高橋由は満身創痍であり、4番を打つ李承燁も一発が出ず調子のピークを過ぎていた。

谷と二岡智宏は調子が良かったものの、肝心の彼らの打順が離れているため、ホームランが出てもソロにしかならなかった。3戦目の最終回には、デーモン・ホリンズのなんの変哲もないレフトフライで、代走として一塁ランナーにいた古城茂幸が飛び出してしまうといった、致命的なミスも目立った。しかし、この敗戦が巨人軍をさらに強くする大補強への起爆剤となる。

この年を機に巨人は暗黒時代を抜け出した。要因は小笠原の加入と1・2番の高橋由と谷の安定感だ。これまで補強していた選手は、年齢的な問題もあり、一時的な爆発力はあったものの、長期間安定した活躍する選手が少なかった。しかし、小笠原はこの年から2010年まで3割30本塁打を記録。チームに多大なる影響を与えた。投手陣は内海と高橋尚がリーグトップクラスの成績を残し、出遅れていた上原をクローザーに回してリリーフ陣の整備もできた。しかし、クライマックスシリーズでは敗退したため翌年に向けて大補強した。

2007

ORDER ▶ Central League

▶野手

打順	守備位置	選手	試合	打席	打率	本塁打	打点	出塁率	長打率	OPS	盗塁
1	右	高橋由伸	133	590	.308	35	88	.404	.579	.982	1
2	左	谷佳知	141	595	.318	10	53	.357	.431	.787	10
3	三	小笠原道大	142	617	.313	31	88	.363	.539	.902	4
4	一	李承ヨプ	137	583	.274	30	74	.322	.501	.823	4
5	遊	二岡智宏	139	562	.295	20	83	.346	.457	.803	1
6	捕	阿部慎之助	140	580	.275	33	101	.355	.513	.868	1
7	二	木村拓也	113	338	.264	2	29	.306	.344	.650	4
8	中	ホリンズ	124	407	.257	12	45	.318	.422	.739	2
主な控え		脇谷亮太	91	188	.282	1	14	.314	.390	.703	8
		矢野謙次	103	178	.291	7	29	.354	.538	.892	1
		清水隆行	66	129	.339	3	14	.417	.446	.864	0
		鈴木尚広	96	124	.297	0	10	.347	.360	.707	18
		古城茂幸	71	80	.191	0	5	.267	.235	.502	5

▶先発投手陣

選手	防御率	登板	勝利	敗戦	完投数	セーブ	ホールド	投球回	勝率	奪三振	WHIP
内海哲也	3.02	28	14	7	2	0	0	187.2	.667	180	1.23
高橋尚成	2.75	28	14	4	2	0	0	186.2	.778	141	1.17
木佐貫洋	3.09	26	12	9	0	0	0	148.2	.571	131	1.20
金刃憲人	3.55	22	7	6	1	0	1	121.2	.538	76	1.22
福田聡志	5.28	15	5	5	0	0	0	59.2	.500	46	1.71
久保裕也	4.33	13	3	5	1	0	1	60.1	.375	46	1.31
姜建銘	5.18	17	2	4	0	0	0	41.2	.333	30	1.39
パウエル	5.80	7	0	2	0	0	0	40.1	.000	20	1.59

▶救援投手陣

選手	防御率	登板	勝利	敗戦	セーブ	ホールド	投球回	勝率	奪三振	WHIP
西村健太朗	4.36	57	1	0	1	10	66	1.000	28	1.39
上原浩治	1.74	55	4	3	32	4	62	.571	66	0.82
豊田清	3.38	47	2	5	4	20	48	.286	56	1.13
林昌範	3.29	41	2	1	3	13	38.1	.667	42	1.12
会田有志	3.03	34	3	2	0	7	35.2	.600	16	1.18
山口鉄也	3.91	32	2	0	0	2	25.1	1.000	21	1.54
野口茂樹	4.30	31	1	1	0	4	29.1	.500	28	1.84
真田裕貴	4.58	17	0	0	0	0	19.2	.000	8	1.27

Climax Series ▶戦績

▶Central League

ファーストステージ

中日(2勝)　VS　阪神(0勝)

第1戦　中○ 7-0 ●神
第2戦　中○ 5-3 ●神

ファイナルステージ

読売(0勝)　VS　中日(3勝)

第1戦　巨● 2-5 ○中
第2戦　巨● 4-7 ○中
第3戦　巨● 2-4 ○中

▶Pacific League

ファーストステージ

ロッテ(2勝)　VS　ソフトバンク(1勝)

第1戦　ロ○ 8-4 ●ソ
第2戦　ロ● 3-8 ○ソ
第3戦　ロ○ 4-0 ●ソ

ファイナルステージ

日本ハム(3勝)　VS　ロッテ(2勝)

第1戦　日○ 5-2 ●ロ
第2戦　日● 1-8 ○ロ
第3戦　日○ 7-0 ●ロ
第4戦　日● 1-5 ○ロ
第5戦　日○ 6-2 ●ロ

シーズン2位から悲願の日本一に輝いた落合中日

この年のシリーズは前年とまったく同様のカード、そして中日がクライマックス・シリーズで2位より勝ち上がり、史上初のリーグ優勝を果たしていないチームが出場した日本シリーズとなった。昨年のリベンジを果たしたい中日が、前年度の日本シリーズの課題となった「投手力」をさらに磨き、優勝を果たした。

札幌ドームで幕を開けた1戦目は、前年と同様に川上憲伸とダルビッシュ有の両エース先発となった。川上は初回に制球を乱し、1番森本・3番稲葉篤紀に死球を与え、フェルナンド・セギノールのスリーランホームランで先制。この初回の3点が、ダルビッシュには十分な援護となった。ダルビッシュは日本シリーズタイ記録となる1試合13奪三振と見事なピッチングを見せ、完投してその3点を最後まで守り切った。対する川上も初回のセギノールのホームランと8回の単打のみ、わずか2安打のピッチング。その結果1回二死から8回一死まで21人の打者を連続で無安打に抑えて追加点を許さなかった。それ故に初回のホームランが悔やまれた。中日打線はダルビッシュの前に4安打するものの、森野翔彦の犠牲フライによる1得点のみに終わった。

2戦目は中田賢一とライアン・グリンの先発となった。昨日の13三振の屈辱を晴らすかのように、中日が初回からグリンを攻め立て、荒木雅博の盗塁をはさんで2安打と森野の犠牲フライで1点を先制。4回もグリンが3連続四球となり満塁のチャンスで中村紀洋のタイムリーツーベース。審判の判定にいら立って制球の定まらないグリンを降ろし、ルーキー吉川光夫を登板させるものの、その後も押し出し四球などで中日が3点を追加した。その裏日本ハムは、セギノールのソロホームランで一点を返す。しかし中日は、試合序盤の勢いのままに攻撃の手を緩めずに6回に李炳圭の、7回にも森野のツーランホームランで点差を広げた。中田は8回まで日本ハム打線をわずか3安打に抑えて、失点は前日の川上と同様にセギノールのホームランのみに抑え、2連勝を挙げた。

戦いの舞台を名古屋に移した3戦目の先発は、朝倉健太と武田勝。日本ハム・武田勝は先頭打者に初球を死球にしてしまい、動揺があったのか完全に浮き足立ってしまう。1回に中日がタイロン・ウッズのタイムリーヒットを皮切りに、7本のタイムリーヒットを集中させて一挙7点を奪い、早くも武田勝、さらに2番手のブライアン・スウィーニーまでを降板させる。2回にも谷繁元信のタイムリーツーベースで2点を追加し、中日が序盤で試合の大勢を決めた。

朝倉は走者を出しながらも粘りのピッチングで7回を投げて1失点にまとめた。中日が1回に記録した1イニング7打数連続安打は日本シリーズ新記録となった。

4戦目は左腕・小笠原孝と日本ハムルーキー・吉川が先発。1回に中日は日本ハムをじわじわと攻め立て、死球を含めて無死二・三塁の状態にした後、ウッズの打球を小谷野栄一がエラー。これがタイムリーとなり、併殺崩れなどもあって2点を先制。対する日本ハムは4回、金子誠のタイムリーツーベースで1点を返す。続く5回にはセギノールのツーベースヒットから始まり、その後、押し出し四球で同点に追いついた。しかしその裏、中日は一死満塁とし、ウッズの打席で吉川の暴投により勝ち越しに成功。7回には3番手の武田久から中村紀がタイムリー安打を放ってダメ押しの得点を奪って、中日が53年ぶりの日本一に王手をかけた。

5戦目は山井大介とダルビッシュが先発。中日は2回にダルビッシュから平田良介の犠牲フライで1点を先制。対する山井は立ち上がりから完璧なピッチングを見せる。得意球のスライダーを中心に投げ、日本ハム打線は全くタイミングが合わないまま、8回まで走者を誰一人出さないピッチング。完全試合も夢ではない内容だった。しかし9回前、監督の落合博満が守護神・岩瀬仁紀に交代させたのだ。

この山井から岩瀬への継投に関する采配については、スポーツマスコミや野球評論家などを中心に、野球ファンの間でも賛否両論となった。後年、明らかになった交代の真相はこうである。9回の前に投手コーチの森繁和が、山井に指の状態と続投意思を確認しており、それに対して。「マメをつぶしました。いっぱいです」と山井は返して、投手の交代を決意したのである。山井自身は「自分に完全試合達成目前という投球をさせてくれているのは味方の力、特に守備のおかげでした。セギノールのショートへのヒット性のあたりを井端（弘和）さんが難なくさばいたのは偶然ではなく、事前にセギノールの打球の傾向を研究し尽くして、可能性の高い場所に守っていたからなんです。ほかの守りにしてもみんなそう。（中略）だからこそ、最後は、シーズンを通して抑えの役目を果たしてきた岩瀬さんで終わるべきだと」とコメントを残している。結果的に2回の1点を守り切った中日が勝利。53年ぶりの日本一を達成した。

日本一に輝いた中日は、クライマックスシリーズから徐々に調子を上げていき、投打が噛み合った形になった。MVPに輝いた中村紀は打率・444・4打点を記録。その他を見ても荒木が・350、森野は・308を記録した。さらに荒木はシリーズ個人最多盗塁数（タイ）となる記録を残した。投手陣もチーム防御率1・43と驚異的な記録を残した。初戦こそ落としたものの、4戦目以外は先発陣が7回以上投げて試合を作った。リリーフ陣も登板過多などはなく、2番手以降で投げた投手はシリーズを通して無失点を記録した。

対する日本ハムは、初戦こそ勝利したものの、得点パターンがほとんどなかった。その要因は前年シリーズMVPで、ペナントシーズン首位打者の稲葉が打率・059と抑え込まれたことだ。前年優秀選手に輝いた森本も打率・158と不振に陥り、打線のつながりが中日よりも圧倒的に劣る結果となった。さらに投手陣に関しても、ダルビッシュ以外の先発陣が試合を作れないまま、一方的にシリーズが終わった。

Nippon Series ▶戦績

第一戦
札幌ドーム

中日	0	0	0	0	0	1	0	0	0	1
日ハム	3	0	0	0	0	0	0	0	X	3

[勝] ダルビッシュ　[負] 川上
[本] [日] セギノール 1 号（1 回 3 点川上）

第二戦
札幌ドーム

中日	1	0	0	3	0	2	2	0	0	8
日ハム	0	0	0	1	0	0	0	0	0	1

[勝] 中田　[負] グリン
[本] [中] 李炳圭 1 号（6 回 2 点押本）、森野 1 号（7 回 2 点菊地）
[日] セギノール 2 号（4 回 1 点中田）

第三戦
ナゴヤドーム

日ハム	0	1	0	0	0	0	0	0	0	0	1
中日	7	2	0	0	0	0	0	0	0	X	9

[勝] 朝倉　[負] 武田勝

第四戦
ナゴヤドーム

日ハム	0	0	0	1	1	0	0	0	0	0	2
中日	2	0	0	0	1	0	0	1	0	X	4

[勝] 鈴木　[負] 吉川　[S] 岩瀬

第五戦
ナゴヤドーム

日ハム	0	0	0	0	0	0	0	0	0	0
中日	0	1	0	0	0	0	0	0	X	1

[勝] 山井　[負] ダルビッシュ　[S] 岩瀬

Nippon Series ▶守備陣形

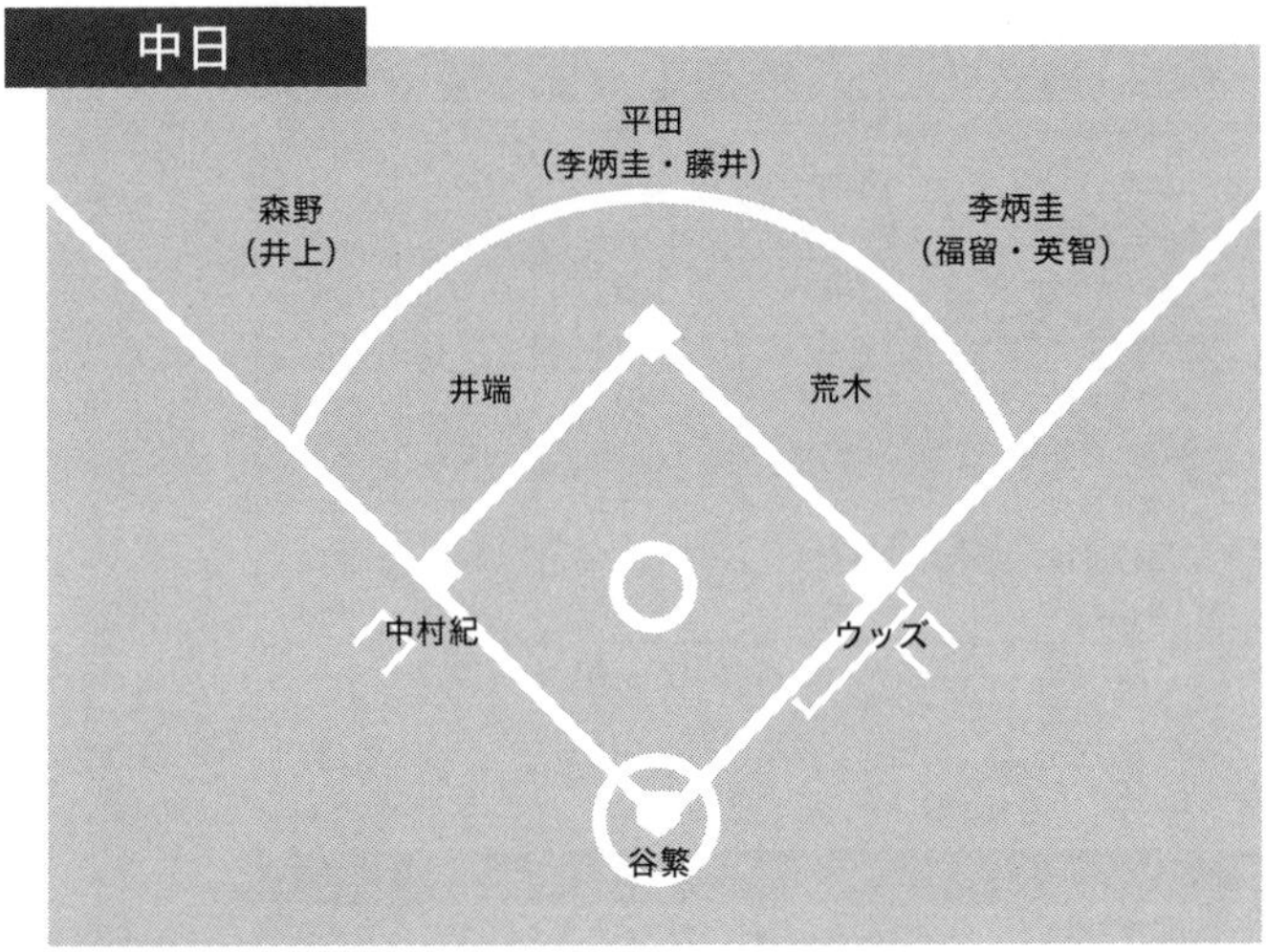

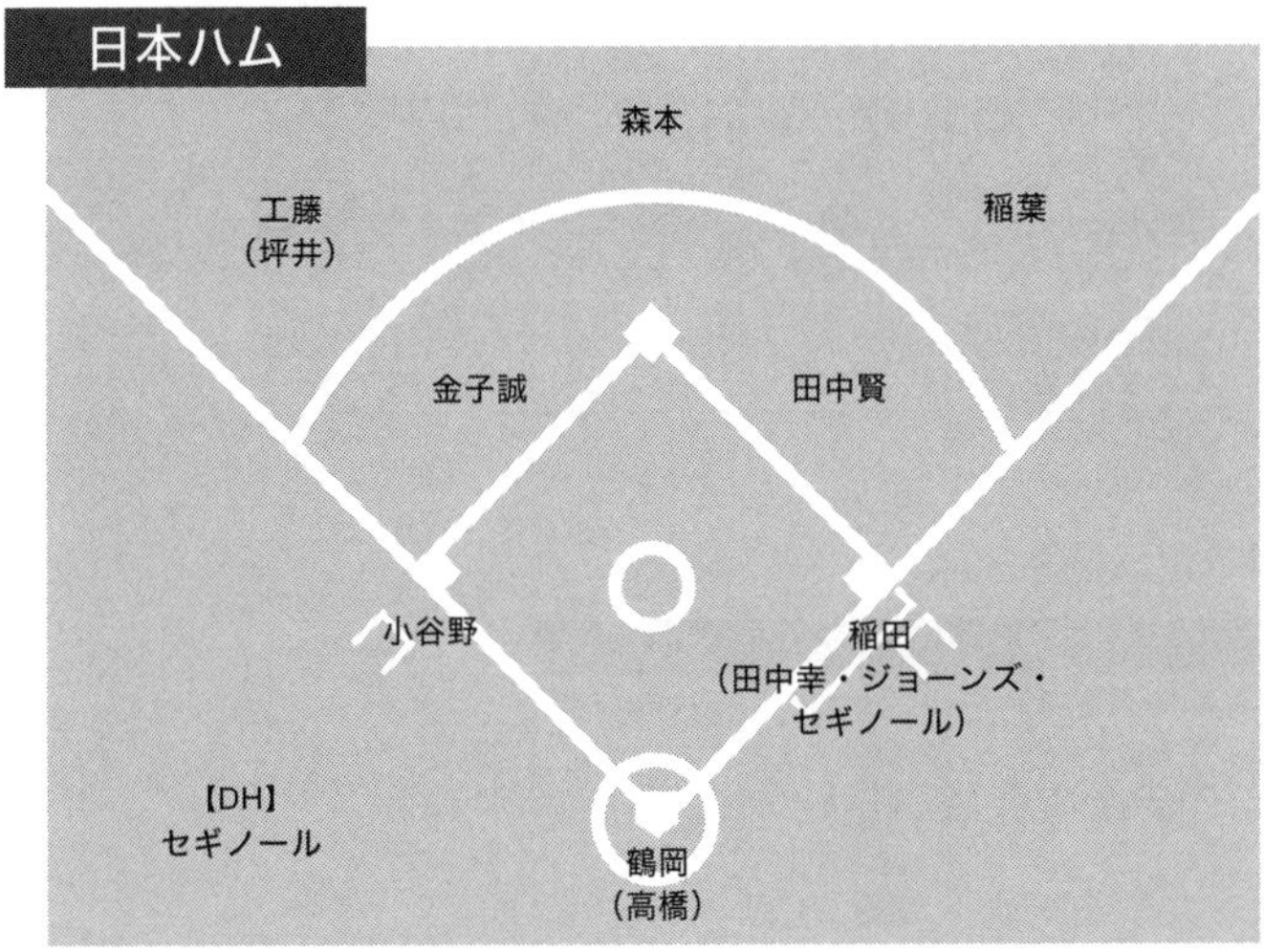

注：オーダーは各ホーム球場の初戦先発に基づく

Awards ▶ タイトル受賞者

▶ Central League

タイトル	選手名	所属チーム	受賞回数	成績
最優秀選手	小笠原道大	巨人	2	
最優秀新人	上園啓史	阪神		
首位打者	青木宣親	ヤクルト	2	.346
最多本塁打	村田修一	横浜	初	36
最多打点	ラミレス	ヤクルト	2	122
最多盗塁	荒木雅博	中日	初	31
最優秀防御率	高橋尚成	巨人	初	2.75
最多勝利	グライシンガー	ヤクルト	初	16
最高勝率	高橋尚成	巨人	初	.778
最多奪三振	内海哲也	巨人	初	180

▶ Pacific League

タイトル	選手名	所属チーム	受賞回数	成績
最優秀選手	ダルビッシュ有	日本ハム	初	
最優秀新人	田中将大	楽天		
首位打者	稲葉篤紀	日本ハム	初	.334
最多本塁打	山崎武司	楽天	2	43
最多打点	山崎武司	楽天	初	108
最多盗塁	片岡易之	西武	初	38
最優秀防御率	成瀬善久	ロッテ	初	1.82
最多勝利	涌井秀章	西武	初	17
最高勝率	成瀬善久	ロッテ	初	.941
最多奪三振	ダルビッシュ有	日本ハム	初	210

▶ Nippon Series

タイトル	選手名	所属チーム
最高殊勲選手賞(MVP)	中村紀洋	中日
敢闘選手賞	ダルビッシュ有	日本ハム
優秀選手賞	山井大介	中日
	荒木雅博	中日
	森野将彦	中日

Pacific League 2008

▶チーム勝敗表

チーム	試合	勝利	敗北	引分	勝率	ゲーム差
西武	144	76	64	4	.543	- -
オリックス	144	75	68	1	.524	2.5
日本ハム	144	73	69	2	.514	4
ロッテ	144	73	70	1	.510	4.5
楽天	144	65	76	3	.461	11.5
ソフトバンク	144	64	77	3	.454	12.5

▶チーム投手成績

チーム	防御率	試合	勝利	敗北	セーブ	完投	完封	投球回	奪三振	失点
日本ハム	3.54	144	73	69	36	14	13	1277.1	882	541
西武	3.86	144	76	64	33	13	9	1297	944	626
楽天	3.89	144	65	76	18	16	11	1281	1064	607
オリックス	3.93	144	75	68	34	7	3	1281.1	923	605
ソフトバンク	4.05	144	64	77	27	21	6	1295.2	1087	641
ロッテ	4.14	144	73	70	33	17	6	1277	915	648

▶チーム打撃成績

チーム	打率	試合	打数	得点	安打	二塁打	三塁打	本塁打	打点	盗塁
楽天	.272	144	4880	627	1329	232	18	94	604	101
西武	.270	144	4952	715	1339	270	21	198	693	107
ロッテ	.268	144	4890	662	1309	280	32	127	640	76
ソフトバンク	.265	144	5016	556	1330	239	32	99	535	92
オリックス	.262	144	4817	637	1261	258	25	152	613	63
日本ハム	.255	144	4726	533	1206	224	27	82	516	79

Central League 2008

▶チーム勝敗表

チーム	試合	勝利	敗北	引分	勝率	ゲーム差
巨人	144	84	57	3	.596	--
阪神	144	82	59	3	.582	2
中日	144	71	68	5	.511	12
広島	144	69	70	5	.496	14
ヤクルト	144	66	74	4	.471	17.5
横浜	144	48	94	2	.338	36.5

▶チーム投手成績

チーム	防御率	試合	勝利	敗北	セーブ	完投	完封	投球回	奪三振	失点
阪神	3.29	144	82	59	43	6	10	1283.1	994	521
巨人	3.37	144	84	57	44	6	13	1279.2	1115	532
中日	3.53	144	71	68	39	10	11	1276.1	989	556
ヤクルト	3.75	144	66	74	37	4	11	1273.1	880	569
広島	3.78	144	69	70	44	8	10	1281.2	897	594
横浜	4.74	144	48	94	27	7	3	1253	858	706

▶チーム打撃成績

チーム	打率	試合	打数	得点	安打	二塁打	三塁打	本塁打	打点	盗塁
広島	.271	144	4904	537	1330	193	9	100	506	69
阪神	.268	144	4802	578	1285	199	29	83	550	62
巨人	.26577	144	4850	631	1289	234	12	177	610	78
ヤクルト	.26576	144	4756	583	1264	201	32	83	542	148
横浜	.2655	144	4839	552	1285	213	16	145	529	37
中日	.253	144	4767	535	1207	215	13	140	514	51

打線の主力が抜けたなか中堅の成長がみられた西武

前年5位・Bクラスに終わった西武は、2004年以来のリーグ優勝を果たした。前年オフにアレックス・カブレラや和田一浩といった打線の中心選手が移籍したため、この年よりスタメンが大きく変わった。しかし、通算チーム本塁打数は200本近い198本を記録。得点もリーグで圧倒的な数字、715得点を記録した。盗塁数も107を記録し、リーグ1位を記録した。投手陣も課題はあったものの、4人の二桁勝利の先発投手を中心に回していき、リーグ2位の防御率（3・86）を記録した。

野手陣は、「パワーとスピード」双方の再現性が高かった。4月後半から定着した片岡易之と栗山巧の1・2番が2人とも167安打と、最多安打を獲得している。片岡に関しては、前任の背番号「7」をつけていた1997年松井稼頭央以来、パ・リーグの選手で50盗塁を達成した。栗山も17盗塁を記録。中島裕之は北京五輪での離脱があった中で、当時キャリアハイの25盗塁を記録している。新外国人の4番クレイグ・ブラゼルは、開幕時は不調で夏場に離脱があったものの、シーズン終了までには30本近い本塁打数を記録して及第点の活躍をした。さらに、その後ろを打つG・G・佐藤は北京五輪や怪我の離脱があった中で、打率・302・21本塁打を記録。5番の役割をしっかりと果たした。中村剛也に関しては、ホームランアーティストとしての才能が開花。当時球団最多の46本塁打を記録して、本塁打王に輝いた。

ブラゼルが不振や怪我で離脱した時期から3番に座り、このシーズンから栗山とともに長年チームを支えることになるヒラム・ボカチカに関しては、「恐怖の9番打者」と言われたように、9番で打つことが多かったながらも20本塁打を記録した。また正捕手の細川亨やサブの後藤武敏も二桁本塁打を記録しており、8選手が二桁本塁打という、まさに「パワー」の野球のシーズンだったといえよう。

上位から下位まで、自分のスタイルと役割を理解していた打線だったこともあり、移籍したカブレラと和田一が抜けた穴を見事に埋めた。栗山は、「やっていてあの年は楽しかった。みんな若かったし優勝したこともなかったから、とにかく懸命だったんじゃないかな。1試合ずつしっかりやることはやっていた。結果が出たのもあったけど、チームの雰囲気も本当に良かったと思う」とコメントを残すほどのチームだった。

先発投手陣に関しては、エース・涌井秀章を中心に岸孝之、帆足和幸、石井一久が二桁勝利を記録。全体的にイニングも稼げていたことから、脆弱なブルペン陣をカバーした。涌井は10

勝11敗と苦しんだシーズンだったが、他の投手に助けられた部分もあり、要所ではエースらしいピッチングを見せた。そんな中、前年からリリーフで安定しており、後半戦はクローザーの役割も果たしていたアレックス・グラマンが球団史上初の外国人として30セーブ以上となる31セーブを記録した。

クライマックスシリーズに関しては、クレイグ・ブラゼルとG・G・佐藤不在の影響があった。2戦目先発のダルビッシュ有に完全に抑え込まれ、3戦目には帆足が打ち込まれてタイに持ち込まれた。しかし4戦目5・戦目は、先発のブライアン・スウィーニーとライアン・グリンを打線が攻略。大量得点で勝利した。5戦目に関しては涌井が6回までノーヒットで抑え、エースらしいピッチングを見せて、日本シリーズ進出を決めた。

この年の西武はチーム全体の打撃力が高く、カブレラや和田一が移籍した状況で、12球団トップクラスの成績を残した。上位の打者には走れる選手がいた中で、中軸から下位打線まで長打力がある選手が多かったのも大きい。まさに「パワーとスピード」が融合できたシーズンだった。投手陣は1999年以来、涌井、岸、帆足、石井一の4投手が二桁勝利を記録。さらにグラマンのクローザーの起用が当たった。2004年と同様に前年までの主力が抜けた中でリーグ優勝を果たした。

2008

ORDER ▶ Pacific League

▶ 野手

打順	守備位置	選手	試合	打席	打率	本塁打	打点	出塁率	長打率	OPS	盗塁
1	二	片岡易之	139	634	.287	4	46	.322	.371	.693	50
2	左	栗山巧	138	612	.317	11	72	.376	.450	.826	17
3	遊	中島裕之	124	556	.331	21	81	.410	.527	.937	25
4	一	ブラゼル	130	521	.234	27	87	.294	.446	.740	0
5	右	G.G. 佐藤	105	432	.302	21	62	.368	.546	.914	1
6	三	中村剛也	143	590	.244	46	101	.320	.569	.889	2
7	指	石井義人	108	335	.278	4	29	.328	.392	.721	0
8	捕	細川亨	133	446	.238	16	58	.263	.411	.674	0
9	中	ボカチカ	78	279	.251	20	47	.344	.556	.901	3
主な控え		後藤武敏	49	184	.301	12	27	.370	.602	.972	0
		赤田将吾	68	180	.244	2	13	.305	.338	.643	2
		佐藤友亮	59	144	.302	1	11	.341	.405	.746	4
		江藤智	42	111	.206	7	17	.297	.433	.730	0
		平尾博嗣	55	103	.258	2	9	.293	.366	.659	1
		松坂健太	55	100	.264	1	12	.316	.429	.745	2

▶ 先発投手陣

選手	防御率	登板	勝利	敗戦	完投数	セーブ	ホールド	投球回	勝率	奪三振	WHIP
帆足和幸	2.63	27	11	6	3	0	0	174.2	.647	115	1.19
涌井秀章	3.90	25	10	11	5	0	0	173	.476	122	1.29
岸孝之	3.42	26	12	4	4	0	0	168.1	.750	138	1.18
石井一久	4.32	25	11	10	1	0	0	135.1	.524	108	1.40
西口文也	5.03	22	8	6	0	0	0	116.1	.571	92	1.49
キニー	4.48	17	2	4	0	0	0	80.1	.333	64	1.52
平野将光	8.28	11	1	2	0	0	0	25	.333	21	2.08

▶ 救援投手陣

選手	防御率	登板	勝利	敗戦	セーブ	ホールド	投球回	勝率	奪三振	WHIP
グラマン	1.42	55	3	3	31	4	57	.500	42	1.05
星野智樹	2.38	63	4	1	0	25	34	.800	23	1.09
小野寺力	3.56	50	5	5	1	9	55.2	.500	38	1.37
岡本真也	3.83	47	0	2	0	18	42.1	.000	42	1.39
正津英志	2.35	32	3	0	0	9	30.2	1.000	16	1.27
三井浩二	7.50	23	1	1	0	3	24	.500	12	1.79
岩崎哲也	5.57	20	2	0	0	0	21	1.000	10	1.71
許銘傑	5.12	17	1	3	0	3	31.2	.250	11	1.86

最大13ゲーム差を逆転「メークレジェンド」を達成した巨人

2008年の巨人は、首位を走っていた阪神に最大13ゲーム差をつけられ、7月22日時点でマジック点灯も許していた中での逆転優勝を成し遂げた。かつて長嶋茂雄監督が1996年に言った「メークドラマ」以上の逆転劇から、「メークレジェンド」と称されたシーズンだ。戦略的な部分で見ると、優勝争いの際に内海哲也（対阪神：8試合・4勝1敗・防御率1・49）と新加入のセス・グライシンガー（対阪神：5試合・4勝1敗・防御率1・80）を得意の阪神戦に当てたことが、逆転優勝した要因だったのは間違いない。

シーズンの始まりは、脇腹を痛めた内海が出遅れ、先発に復帰した上原浩治は開幕4連敗となかなか調子が上がらないことなどがあり、開幕カード3連敗を含む球団ワーストの開幕5連敗。開幕10試合時点で2勝7敗1分という最悪のスタートで、単独最下位の時期もあった。さらに前年MVPに輝いた小笠原道大、4番に座っていた李承燁、高橋由伸、谷佳知らチームを前年優勝に導いた主軸が軒並み不調や怪我の状況に。原辰徳監督は二軍の若手や中堅選手にもチャンスを与える施策を繰り返し、5～7月で一軍に上がった選手は34人にもなった。

その結果、当時は2連戦形式だった原政権お得意の交流戦の時期から、徐々に本来の調子を取り戻しはじめた。その間に、「風神雷神」と呼ばれた山口鉄也や越智大祐をはじめとした若手中継ぎ陣の台頭があり、抑えのマーク・クルーンまでのつなぎ役も確立されていった。山口に関しては中継ぎながらも11勝を挙げて新人王を獲得。越智は中継ぎながらもイニング数を大きく超える奪三振（71回⅓に対して奪三振は101）を記録した。

野手陣は、開幕当初とは打って変わり交流戦明け7月頃から1番鈴木尚広、2番木村拓也のコンビとなり、3番に座る小笠原も夏場から復活を遂げ、4番・アレックス・ラミレスとの「オガラミ」も再び確立された。この打順の並びが得点力を上げた大きな要因であった。

その後、北京五輪が開催された8月を分岐点に阪神との勢いか逆転し始める。巨人からは上原と阿部慎之助、李承燁（韓国代表）が、阪神からは藤川球児、矢野輝弘、新井貴浩が選出された。五輪期間中に巨人は五分で乗り切ったが、阪神は勢いが落ち始めていった。

さらに、ここまで不調だった上原と李承燁が北京五輪を機に復調、シーズン後半は大車輪の活躍を見せた。逆に阪神は新井が怪我で離脱し、藤川が不在の間に酷使されていた久保田智之やジェフ・ウィリアムスの勤続疲労が顕著に見られていた。そして、141試合目の直接対決で巨人が勝利してついに首位の座を奪取。そのまま逆転優勝を成し遂げた。

この２００８年から翌年の２００９年が、原采配の真骨頂だったかもしれない。「育てながら勝つ」という、他球団にはなかなかできない領域を巨人で成し遂げた。このシーズンに台頭した坂本勇人と山口は、その後も長期間に渡って巨人を支え続けていくことになる。

特に坂本は、初ホームランを満塁ホームランで決めるなど、当時からスター性が感じられる活躍を見せていた。シーズン全体で見ても、二岡智宏と入れ替わる形でレギュラーを勝ち取り、守備の要である遊撃手として、オープン戦15試合から、ペナント１４４試合、オールスター2試合、クライマックスシリーズ４試合、日本シリーズ７試合まで戦い切ったのだ。総試合数はなんと「１７２試合」に出場。2年目ながらもタフに試合に出続けたことがわかる。

野手は小笠原、ラミレス、阿部慎を軸とする中で坂本を育て上げ、投手は先発の内海、グライシンガー、リリーフは守護神クルーンが軸となり、山口、越智といった若手を中心とした勝ちパターンを確立させたことで、今後数年間にわたる長期的なリターンが得られたと言える。

クライマックスシリーズでは、落合中日を下した。初戦こそ敗れたものの、前年の鬱憤を晴らすかのように2戦目は大勝。3戦目は苦しみながらも延長12回、引き分けに持ち込んだ。4戦目は8回まで同点と接戦の展開だったが、このクライマックスシリーズで当たっていたラミレスが試合を決める一発を放ち勝利した。

逆転優勝を果たしたこの年は、4月に12勝15敗1分と開幕当初は不調だったものの、新加入のラミレスをはじめグライシンガー、クルーンが機能した。特にラミレスは、開幕から安定感抜群の活躍を見せた。シーズン序盤は苦しんだ小笠原は、7月以降は打率・365・24本塁打と復調し、「オガラミ」が軸となった。前年の主軸だった高橋由や二岡は怪我の影響で1年通した活躍がなかった。その状況で、坂本が台頭して、外野手は亀井や鈴木尚が活躍を見せた。北京五輪後には、上原や李承燁が復調してさらに勢いづき、最後の最後でリーグ2連覇を果たした。

2008

ORDER ▶ Central League

▶ 野手

打順	守備位置	選手	試合	打席	打率	本塁打	打点	出塁率	長打率	OPS	盗塁
1	中	鈴木尚広	105	270	.304	3	17	.354	.409	.763	30
2	二	木村拓也	124	432	.293	7	31	.347	.406	.753	1
3	一	小笠原道大	144	589	.310	36	96	.381	.573	.954	0
4	左	ラミレス	144	600	.319	45	125	.373	.617	.990	1
5	右	谷佳知	120	373	.295	10	45	.330	.430	.759	5
6	捕	阿部慎之助	125	484	.271	24	67	.350	.502	.852	1
7	三	古城茂幸	83	182	.214	3	16	.270	.321	.591	6
8	遊	坂本勇人	144	567	.257	8	43	.297	.353	.650	10
主な控え		高橋由伸	91	311	.236	17	41	.322	.462	.783	1
		亀井義行	96	298	.268	5	23	.311	.420	.731	7
		李承ヨプ	45	170	.248	8	27	.324	.431	.755	1
		脇谷亮太	56	130	.208	1	8	.252	.308	.560	4
		ゴンザレス	32	128	.307	2	17	.357	.421	.778	0

▶ 先発投手陣

選手	防御率	登板	勝利	敗戦	完投数	セーブ	ホールド	投球回	勝率	奪三振	WHIP
グライシンガー	3.06	31	17	9	0	0	0	206	.654	167	1.13
内海哲也	2.73	29	12	8	2	0	0	184.1	.600	154	1.27
高橋尚成	4.13	23	8	5	0	0	0	122	.615	94	1.29
上原浩治	3.81	26	6	5	2	1	5	89.2	.545	72	1.18
バーンサイド	3.48	15	5	3	0	0	0	75	.625	47	1.13
木佐貫洋	4.14	14	6	5	1	0	0	74	.545	53	1.43
東野峻	2.83	28	2	0	1	0	2	54	1.000	53	0.94
野間口貴彦	4.96	17	2	3	0	0	0	52.2	.400	39	1.31

▶ 救援投手陣

選手	防御率	登板	勝利	敗戦	セーブ	ホールド	投球回	勝率	奪三振	WHIP
クルーン	2.21	61	1	4	41	3	61	.200	91	1.00
山口鉄也	2.32	67	11	2	2	23	73.2	.846	69	0.99
越智大祐	2.40	68	3	3	0	10	71.1	.500	101	1.16
豊田清	3.30	50	3	2	0	26	46.1	.600	49	1.08
西村健太朗	3.00	43	6	2	0	12	45	.750	26	1.27
藤田宗一	3.10	39	0	0	0	13	29	.000	21	1.31
栂野雅史	4.64	13	0	1	0	0	21.1	.000	11	1.36
門倉健	3.55	11	0	2	0	2	12.2	.000	16	1.50

Climax Series ▶戦績

▶Central League

ファーストステージ

阪神(1勝)　VS　中日(2勝)

第1戦　神● 0-2 ○中
第2戦　神○ 7-3 ●中
第3戦　神● 0-2 ○中

ファイナルステージ

巨人(3勝)　VS　中日(1勝)　1分け

第1戦　巨● 3-4 ○中
第2戦　巨○ 11-2 ●中
第3戦　巨△ 5-5 △中
第4戦　巨○ 6-2 ●中

▶Pacific League

ファーストステージ

オリックス(0勝)　VS　日本ハム(2勝)

第1戦　オ● 1-4 ○日
第2戦　オ● 2-7 ○日

ファイナルステージ

西武(4勝)　VS　日本ハム(2勝)

第1戦　西○ 10-3 ●日
第2戦　西● 0-5 ○日
第3戦　西● 4-7 ○日
第4戦　西○ 9-4 ●日
第5戦　西○ 9-0 ●日

総力戦となったシリーズ！　スピード＆パワーの西武vs大逆転優勝の巨人

　この年の日本シリーズは最終戦までもつれ、ファンも非常に盛り上がった。日本一になった西武は、不安定なリリーフ陣をカバーするかのように先発投手をリリーフに回す采配を見せた。野手陣も、シリーズ前時点でG・G・佐藤やクレイグ・ブラゼルを欠き、シリーズ中に細川亨が離脱、中島裕之が故障という状態の中で耐え抜いて、見事、日本一に輝いた。

　東京ドームで行われた初戦は、涌井秀章対上原浩治のエース対決となった。序盤の3イニングは両投手が抑えるが、巨人が4回にアレックス・ラミレスのタイムリーツーベースで先制。しかし西武も、直後の5回に6番・後藤武敏のソロホームランで同点に追いつく。さらに6回には、頼れるチームリーダーの中島が、二死走者なしから勝ち越しホームランを放った。軽くミートした打球が伸びる、中島らしいライトスタンドに入る打球だった。援護を貰った涌井は8回を投げて、被安打と失点が1というほぼ完璧なピッチングを見せた。最後はアレックス・グラマンが1点差を守り抜き、日本シリーズ初戦を勝利で飾った。

　2戦目は帆足和幸と高橋尚成の両左腕が先発。巨人は2回に二つの四死球で無死一・二塁とチャンスを作り、バントを絡め鶴岡一成の犠牲フライで粘りの先制を見せた。しかし西武は4回に、中島の2試合連続となるツーランホームランであっさり逆転。帆足は走者を出すものの、粘り強いピッチングで5回1失点に抑えた。しかし、巨人も意地を見せる。6回、坂本勇人がライト前ヒットで出塁、その後途中出場亀井善行のタイムリーツーベースで同点に追いついた。巨人は高橋尚を6回途中で降ろし、初戦と同様に西村健太朗と越智大祐をマウンドに上げた。リリーフ陣がしっかりと抑え、9回には、巨人を何度も助けた男でもあるラミレスが、サヨナラホームランでタイにした。

1勝1敗で、舞台を西武ドームに移した3戦目。先発は西武・石井一久と巨人・内海哲也の、2戦目と同様左腕対決となった。巨人は1回、一死三塁に石井一のワイルドピッチで先制。2回にシーズン後半からトップバッターとしてチームを引っ張っていた鈴木尚広が、立ち上がり不安定な石井一からスリーランホームランを放って追加点を挙げる。さらに6回には、ラミレスのホームランでさらに1点を追加し、石井一は降板。西武打線は内海のピッチングに苦戦していたが、6回に片岡易之、栗山巧、中島の連打で1点を返すと、シリーズ無安打だった中村剛也が西村からスリーランホームランを放ち、1点差に迫る。しかし8回、小笠原道大が小野寺力からホームランを放ち巨人が1点突き放した。西村と同様に初戦から登板している越智は、7回から回跨ぎで抑え、最後は守護神・マーク・クルーンが締めて巨人がこのシリーズ2勝目を挙げた。このシリーズの2・3戦目では、西村健太朗・越智を中心として巨人がリリーフ陣の力で上回る場面が見られた。

4戦目は岸孝之とセス・グライシンガーが先発。西武は初回に片岡がヒットで出塁するとすかさず盗塁を決める。その勢いで直後、栗山がタイムリーツーベースを放ち先制。4回には、初戦より厳しい内角攻めを受けていた中島が、デッドボールで激昂。両軍が険悪な雰囲気になる中、次打席中村剛のツーランホームランで追加点を挙げる。さらに6回にも中村剛の2打席連続となるツーランホームランで試合を決めた。先発の岸は、毎回奪三振の完璧なピッチングで完封勝利を挙げた。日本シリーズ初登板での毎回奪三振、完封勝利は史上初となった。この岸のピッチングがシリーズ後半の布石になる。

続く5戦目は初戦と同様に涌井と上原の先発となった。試合は序盤から動いた。西武は1回に3連打で無死満塁のチャンスを作ると、石井義人のセカンドゴロの間に片岡が生還し、1点を先制。しかしその直後の2回、不振の李承燁に変わって5番に入った阿部慎之助のホームランで同点に追いつく。しかし西武も3回に、石井義のタイムリーで勝ち越し、巨人は上原を降ろして継投策に出る。7回に、疲れが見え始めた涌井からラミレスから坂本までの5連打で4

点を取り逆転に成功。9回には谷佳知のタイムリーと鈴木尚のスクイズでとどめを刺した。その裏、西武は、平尾博嗣のホームランで意地を見せるものの敗戦。しかしこの平尾のホームランも、シリーズ優勝の布石となる。西武は中盤までリードをしていたが3回に細川、5回には中島と主軸2人を欠くアクシデントがあったのも影響した。巨人は3勝2敗とし、6年ぶりの日本一に王手をかけた。

東京ドームに戻っての6戦目は、2戦目と同様に帆足と高橋尚が先発。後がない西武は初回から四球を絡め満塁のチャンスを作ると、前の試合でホームランを放った平尾が走者一掃のタイムリーツーベースを放って一挙3点を先制。巨人は2回に亀井のタイムリーツーベースで1点を返す。4回にも一死一・三塁のチャンスを作るが、西武はここで岸を中2日でリリーフとしてマウンドに上げた。巨人打線は岸に対してタイミングが合わず、この回無失点に終わる。その後5回にはシリーズ男の平尾が、ホームランで追加点を挙げた。その後も岸が最後まで投げきり、巨人を4安打6奪三振に抑え込み西武が逆王手をかけた。

7戦目は西口文也と内海の先発となった。西武は初回から内海を攻め立て、一死二・三塁のチャンスを作るものの、中島と中村剛が抑えられる。巨人は、その裏一死満塁から西口のワイルドピッチで先制。さらに2回には坂本のホームランで追加点を挙げる。ここで西武は西口を降ろして、3戦目に先発した石井一をマウンドに上げ、積極的な継投策に出た。その石井一の代打として出場したボカチカが、5回にホームランを放ち1点を返す。3・4回を三者凡退に抑え、流れを作った石井一の後はエース涌井をマウンドに上げ、総力戦の展開に。巨人も内海を6回途中で降板させ、セットアッパー西村と越智を起用して日本一に向けて盤石な体制にする。お互いに凌ぎ合いながら後半戦を迎えた。

8回に先頭打者の片岡が死球で出塁。その後すかさず盗塁を決めて、栗山が送り三塁に進む。次打席、中島の初球はサードゴロだったが片岡がギャンブルスタートを切っており、小笠原の本塁への送球よりも先に生還し同点に追いついた。ここから一気に西武に流れが傾き2連続四球でチャンスを作ると、シリーズ男の平尾のタイムリーで勝ち越した。8回裏からは、グラマンが回跨ぎをしながら2イニングを完璧に抑えて、西武が4年ぶり13回目の日本一に輝いた。

西武は野手に多くの怪我人が出たことや、序盤のリリーフ陣の不安定さが懸念材料だったが、シリーズの終盤より調子がいい平尾を積極的に起用した。打率・571を記録し、7戦目に決勝タイムリーを放って優秀選手賞を獲得。投手陣に関しては、巨人打線を完璧に抑えた岸やエース涌井、石井一などの先発陣をシリーズ終盤からリリーフに回して弱点を解消した。

逆に巨人は、阿部慎がシーズン終盤に怪我をしたことにより、片岡を出塁させた場面ではフリーパス状態に。シリーズだけで片岡に5盗塁（成功率は100％）を許して、鈴木尚は盗塁死2という結果に終わり、リードオフマンの差も顕著に現れた。さらに西武打線に右打者が多いことから、西村や越智への負担が大きくなり、成績以上に大事な場面で打たれた。起用法を柔軟に変えられた西武に分があった日本シリーズだった。

Nippon Series ▶戦績

第一戦
東京ドーム

西武	0	0	0	0	1	1	0	0	0	2
巨人	0	0	0	1	0	0	0	0	0	1

勝 涌井 負 上原 S グラマン
本 [西] 後藤 1 号（5 回 1 点上原)、
中島 1 号（6 回 1 点上原)

第二戦
東京ドーム

西武	0	0	0	2	0	0	0	0	0	2
巨人	0	1	0	0	0	1	0	0	1x	3

勝 越智 負 岡本真
本 [西] 中島 2 号（4 回 2 点高橋尚)
[巨] ラミレス 1 号（9 回 1 点岡本真)

第三戦
西武ドーム

巨人	1	3	0	0	0	1	0	1	0	6
西武	0	0	0	0	0	4	0	0	0	4

勝 内海 負 石井一 S クルーン
本 [巨] 鈴木尚 1 号（2 回 3 点石井一)、
ラミレス 2 号（6 回 1 点石井一)、
小笠原 1 号（8 回 1 点小野寺)
[西] 中村 1 号（6 回 3 点西村健)

第四戦
西武ドーム

巨人	0	0	0	0	0	0	0	0	0	0
西武	1	0	0	2	0	2	0	0	x	5

勝 岸 負 グライシンガー
本 [西] 中村 2 号(4 回 2 点グライシンガー)、
3 号（6 回 2 点グライシンガー)

第五戦
西武ドーム

巨人	0	1	0	0	0	0	4	0	2	7
西武	1	0	1	0	0	0	0	0	1	3

勝 西村健 負 涌井
本 [巨] 阿部 1 号（2 回 1 点涌井)
[西] 平尾 1 号（9 回 1 点クルーン)

第六戦
東京ドーム

西武	3	0	0	0	1	0	0	0	0	4
巨人	0	1	0	0	0	0	0	0	0	1

勝 岸 負 高橋尚
本 [西] 平尾 2 号（5 回 1 点西村健)

第七戦
東京ドーム

西武	0	0	0	0	1	0	0	2	0	3
巨人	1	1	0	0	0	0	0	0	0	2

勝 星野 負 越智 S グラマン
本 [西]ボカチカ 1 号(5回1点内海)、
[巨] 坂本 1 号（2 回 1 点西口)

Nippon Series ▶守備陣形

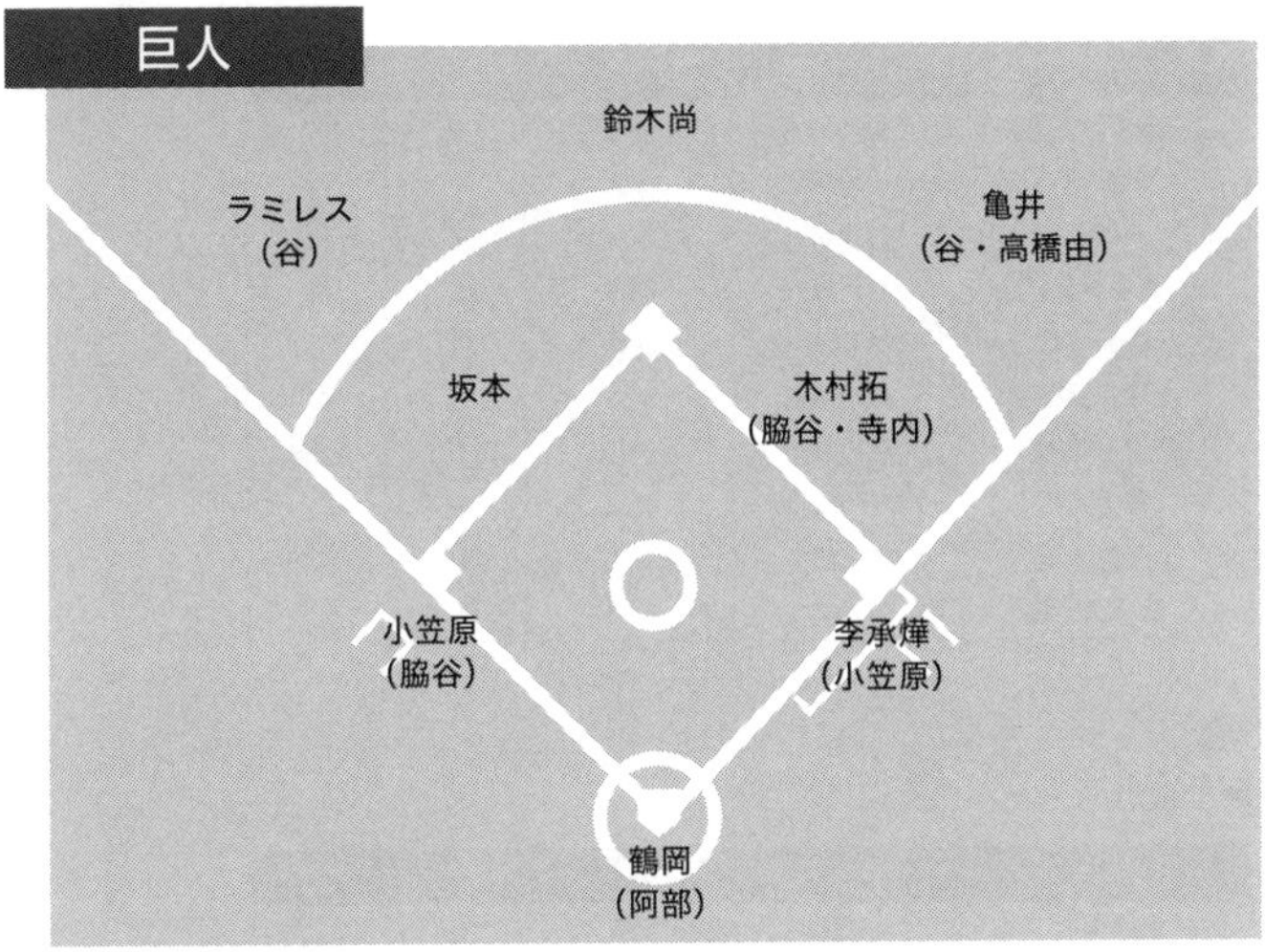

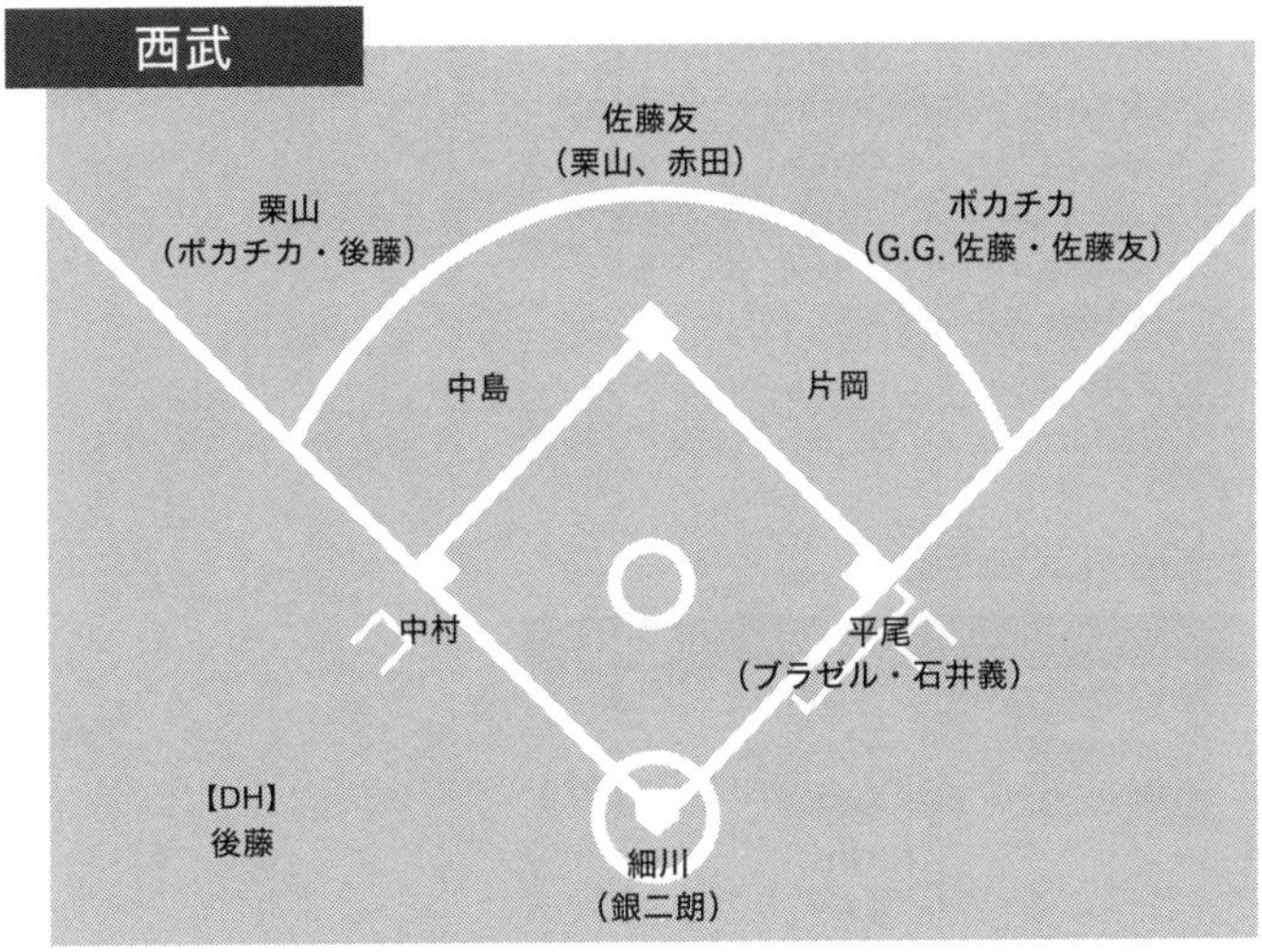

注：オーダーは各ホーム球場の初戦先発に基づく

Awards ▶ タイトル受賞者

▶ Central League

タイトル	選手名	所属チーム	受賞回数	成績
最優秀選手	ラミレス	巨人	初	
最優秀新人	山口鉄也	巨人		
首位打者	内川聖一	横浜	初	.378
最多本塁打	村田修一	横浜	2	46
最多打点	ラミレス	巨人	3	125
最多盗塁	福地寿樹	ヤクルト	初	42
最優秀防御率	石川雅規	ヤクルト	初	2.68
最多勝利	グライシンガー	巨人	2	17
最高勝率	館山昌平	ヤクルト	初	.800
最多奪三振	ルイス	広島	初	183

▶ Pacific League

タイトル	選手名	所属チーム	受賞回数	成績
最優秀選手	岩隈久志	楽天	初	
最優秀新人	小松聖	オリックス		
首位打者	リック	楽天	初	.332
最多本塁打	中村剛也	西武	初	46
最多打点	ローズ	オリックス	3	118
最多盗塁	片岡易之	西武	2	50
最優秀防御率	岩隈久志	楽天	初	1.87
最多勝利	岩隈久志	楽天	2	21
最高勝率	岩隈久志	楽天	2	.840
最多奪三振	杉内俊哉	ソフトバンク	初	213

▶ Nippon Series

タイトル	選手名	所属チーム
最高殊勲選手賞(MVP)	岸孝之	西武
敢闘選手賞	ラミレス	巨人
優秀選手賞	平尾博嗣	西武
	中島裕之	西武
	鈴木尚広	巨人

Pacific League 2009

▶チーム勝敗表

チーム	試合	勝利	敗北	引分	勝率	ゲーム差
日本ハム	144	82	60	2	.577	- -
楽天	144	77	66	1	.538	5.5
ソフトバンク	144	74	65	5	.532	6.5
西武	144	70	70	4	.500	11
ロッテ	144	62	77	5	.446	18.5
オリックス	144	56	86	2	.394	26

▶チーム投手成績

チーム	防御率	試合	勝利	敗北	セーブ	完投	完封	投球回	奪三振	失点
日本ハム	3.65	144	82	60	34	17	9	1288.1	928	550
ソフトバンク	3.69	144	74	65	30	11	8	1288	1174	591
西武	4.007	144	70	70	28	19	9	1307	987	627
楽天	4.012	144	77	66	30	19	12	1289.2	980	609
ロッテ	4.23	144	62	77	26	22	3	1286	976	639
オリックス	4.58	144	56	86	18	18	9	1278	979	715

▶チーム打撃成績

チーム	打率	試合	打数	得点	安打	二塁打	三塁打	本塁打	打点	盗塁
日本ハム	.278	144	4920	689	1370	290	27	112	656	105
オリックス	.274	144	4915	585	1348	257	12	118	559	67
楽天	.267	144	4846	598	1295	233	21	108	568	103
ソフトバンク	.263	144	4811	600	1263	239	30	129	581	126
西武	.261	144	4933	664	1287	256	25	163	640	115
ロッテ	.256	144	4885	620	1249	245	26	135	600	64

Central League 2009

▶チーム勝敗表

チーム	試合	勝利	敗北	引分	勝率	ゲーム差
巨人	144	89	46	9	.659	--
中日	144	81	62	1	.566	12
ヤクルト	144	71	72	1	.497	22
阪神	144	67	73	4	.479	24.5
広島	144	65	75	4	.464	26.5
横浜	144	51	93	0	.354	42.5

▶チーム投手成績

チーム	防御率	試合	勝利	敗北	セーブ	完投	完封	投球回	奪三振	失点
巨人	2.94	144	89	46	47	11	9	1308	1015	493
中日	3.17	144	81	62	51	12	14	1289.2	994	508
阪神	3.28	144	67	73	25	10	12	1280.1	1037	534
広島	3.59	144	65	75	37	12	15	1280	961	575
ヤクルト	3.97	144	71	72	33	10	7	1275.2	870	606
横浜	4.36	144	51	93	26	11	5	1264.2	963	685

▶チーム打撃成績

チーム	打率	試合	打数	得点	安打	二塁打	三塁打	本塁打	打点	盗塁
巨人	.275	144	4991	650	1375	228	17	182	626	84
ヤクルト	.259	144	4771	548	1238	200	18	116	526	106
中日	.258	144	4814	605	1243	215	17	136	579	81
阪神	.255	144	4826	548	1233	215	25	106	526	79
広島	.245	144	4747	528	1163	196	32	101	499	77
横浜	.239	144	4720	497	1130	193	19	128	472	51

原巨人リーグ3連覇と悲願の日本一

　2008年に引き続き、2009年も巨人と原辰徳監督の年だったと言って良いだろう。WBCの代表監督を務め日本代表を優勝に導いた原監督は、さらに肝が座るように。原監督第二次政権での2007〜2009年のセ・リーグ3連覇を成し遂げ、年を重ねるにつれてチームを強くしていった。2007年はクライマックスシリーズで中日に敗れ、2008年は劇的な逆転優勝。クライマックスシリーズも勝ち上がったが、日本シリーズでは最終戦で総力戦になるものの力尽きて敗退。その翌年である2009年は、悲願の日本一はもちろんのこと、アジアシリーズも制した。補強と育成の両輪を機能させ、圧倒的な強さを見せつけるのが巨人軍の本来あるべき姿といえよう。

　このシーズンの「オガラミ」は成熟の域にあり、加えて5月ころからトップバッターに任命された坂本勇人の打撃が一気に開眼した。オープン戦では、5位に入る打率・345を含む、2本塁打、8打点、OPS・859を記録した。オープン戦の成績は参考記録に過ぎないが、若手でありながらここまでの成績を残した坂本が、このシーズンの個人目標で、「3割20本塁打」を目標に掲げている。「やってやる」という非常に強い気迫があったのだろう。その結果、高卒3年目の遊撃手ながら規定打席で打率・306を記録。

さらに、2番打者には育成出身の松本哲也が台頭し、広い守備範囲を活かして何度もチームのピンチを凌ぎ、ゴールデングラブ賞と新人王を獲得した。この年の1・2番はほとんどの試合で坂本と松本が組む形となり、共に成長しながら、ポイントゲッターのオガラミの打点やチームの得点力に大きく貢献した。

WBCに代表選出された亀井善行はそのオガラミの後を打つ5番に座り、当時キャリアハイとなる25本塁打を含む好成績を残した。亀井の台頭により、実力的に本来はクリーンアップを任せられる打力があり、このシーズンのOPSがリーグ1位だった阿部慎之助を7番に置く余裕ができるほど、非常に水準の高い打線だった。さらに、亀井と阿部慎に挟まれていた6番の谷佳知も、8~9月に調子を一気に上げていき、優勝へのラストスパートに大きく貢献した。

投手陣は、開幕時はM・中村が不調、さらに勝ち頭であり過去の実績から見ても絶対的なイニングイーターのセス・グライシンガーが夏場に怪我で離脱したものの、入れ替わる形でディッキー・ゴンザレスが先発の軸となり、内海哲也や高橋尚成、東野峻とともにローテーションを守った。

さらに、ウィルフィン・オビスポが谷間の先発から中継ぎまでフル回転の活躍。ゴンザレスや内海、オビスポと投手陣のフィールディングの上手さも巨人の強さの要因でもあった。

シーズン終盤の中日との天王山では久保裕也を先発させて、最多勝利に輝いた吉見一起に勝利した試合が非常に大きかった。このように不利な状況の試合は年に何度かはある。試合開始から負けようと思って戦うわけではないし、シーズンを通して不利に近い状況の中でなんとか勝つための戦略のバリエーションを増やすことも必要だ。このような不利に近い状況での1勝の価値は今後にも活かされるため、2勝・3勝にも値することがわかる。

ブルペン陣は、前年から活躍をしていた越智と山口を中心に、7回・越智、8回・山口、9回・クルーンの盤石な勝ちパターンを確立。豊田清も＋αで彼らを支えた。クルーンが怪我で離脱していた時期は、越智や山口が抑えを務める起用法で埋めた。その結果、チーム防御率はリーグトップの2・94を記録。このように誰しもが認める圧倒的な力の差で、ペナントレースとクライマックスシリーズを制した。

クライマックスシリーズの第二戦では初回からビハインドの中で、7番阿部慎の先頭打者ホームランや大道典嘉のタイムリーでチェン・ウェインを攻略。第三戦も初回よりビハインドの展開であったが、6回にエース吉見からアレックス・ラミレスと亀井が連続ホームランを放ち追いつく。さらに8回には、脇谷亮太が浅尾拓也から逆転タイムリーツーベースを放ち劇的な勝利を収めた。

このシーズンに関しては、チェンは対巨人の成績が1勝3敗防御率2・91。吉見は1勝2敗防御率3・86と、打線はタイトルホルダー2人に苦手意識がなかったように感じた。最終戦となった第5戦は、谷の満塁ホームランなどで快勝した。

巨人が連覇した2007〜2009年の3シーズンは、小笠原道大、ラミレス、阿部慎といった主軸の安定した活躍、代打の切り札・大道や代走の切り札・鈴木尚広の力でチャンスと勝利を掴み取り、一方で坂本と山口をはじめとした若手の育成を行なった。その結果、投打ともに勝利と育成のバランスが上手く噛み合い、リーグ3連覇と日本一を成し遂げた。

この年で原巨人は3連覇を果たした。WBCの影響が懸念材料として挙げられていた中で、開幕8戦目から首位を譲らないままリーグ優勝した。野手は小笠原やラミレス、阿部慎が中心となり安定の活躍。若手の松本と亀井がキャリアハイを記録し、坂本が高卒3年目ながら打率・306を記録。さらに投手陣は、6月からゴンザレスが先発の軸として活躍。前年最多勝利のグライシンガーや高橋尚も二桁勝利を記録した。リリーフは新加入のM・中村の不調やクローザーのクルーンの離脱があった中で、山口や越智が前年と同様の活躍をし、豊田も復活を遂げた。投打で盤石な体制で3連覇を飾った。

ORDER ▶ Central League

▶ 野手

打順	守備位置	選手	試合	打席	打率	本塁打	打点	出塁率	長打率	OPS	盗塁
1	遊	坂本勇人	141	640	.306	18	62	.357	.466	.823	5
2	中	松本哲也	129	424	.293	0	15	.338	.328	.665	16
3	三	小笠原道大	139	580	.309	31	107	.384	.543	.927	2
4	左	ラミレス	144	608	.322	31	103	.347	.544	.891	4
5	一	亀井義行	134	547	.290	25	71	.354	.510	.864	12
6	右	谷佳知	101	316	.331	11	48	.383	.533	.916	3
7	捕	阿部慎之助	123	462	.293	32	76	.357	.587	.943	1
8	二	脇谷亮太	89	245	.268	2	16	.307	.342	.649	5
主な控え		李承ヨプ	77	257	.229	16	36	.327	.484	.811	1
		鈴木尚広	122	220	.262	1	8	.317	.312	.628	25
		木村拓也	86	210	.231	2	16	.282	.306	.589	1
		古城茂幸	77	204	.251	2	18	.323	.324	.647	3
		鶴岡一成	59	160	.261	5	18	.303	.437	.739	1

▶ 先発投手陣

選手	防御率	登板	勝利	敗戦	完投数	セーブ	ホールド	投球回	勝率	奪三振	WHIP
内海哲也	2.96	27	9	11	5	0	0	179.2	.450	115	1.10
ゴンザレス	2.11	23	15	2	2	0	0	162	.882	113	0.98
グライシンガー	3.47	25	13	6	1	0	0	161	.684	91	1.24
東野峻	3.17	27	8	8	1	0	0	153.1	.500	133	1.24
高橋尚成	2.94	25	10	6	1	0	0	144	.625	126	1.27
オビスポ	2.45	14	6	1	1	0	1	58.2	.857	48	0.94
福田聡志	3.48	9	2	0	0	0	0	44	1.000	31	1.32
久保裕也	3.29	7	1	0	0	0	0	27.1	1.000	25	1.24

▶ 救援投手陣

選手	防御率	登板	勝利	敗戦	セーブ	ホールド	投球回	勝率	奪三振	WHIP
山口鉄也	1.27	73	9	1	4	35	78	.900	62	0.86
越智大祐	3.30	66	8	3	10	24	71	.727	70	1.20
クルーン	1.26	46	1	3	27	1	50	.250	57	1.10
豊田清	1.99	46	2	2	5	15	40.2	.500	32	1.23
M. 中村	6.18	29	1	2	0	5	27.2	.333	28	1.55
木村正太	3.38	25	0	0	0	3	29.1	.000	23	1.19
野間口貴彦	4.97	25	0	1	1	3	29	.000	28	1.72
藤田宗一	2.08	19	1	0	0	2	17.1	1.000	10	1.21

投打の選手の覚醒もあってリーグ制覇した日本ハム

2009年、2年ぶりにパ・リーグを制したのは日本ハムだ。打線は2006年並みの水準に戻り、チーム打率・打点・得点の3部門でリーグ1位を記録。ダルビッシュ有以外の先発や、頭数が揃ったブルペン陣が躍動し、チーム防御率と失点数もリーグ1位となった。

野手陣には規定打席到達の3割打者が4選手いた。チームの精神的支柱の稲葉篤紀、ブレイクした糸井嘉男、キャリアハイを記録した髙橋信二、そして金子誠だ。さらに、ターメル・スレッジも札幌ドームを本拠地とする中で27本塁打と、長打力不足と言われていた打線で貴重な存在だった。小谷野栄一もレギュラーに定着して3割近い打率(・296)を残し、巨人から移籍した二岡智宏は代打の切り札として活躍。左の代打には坪井智哉がいた。派手さは感じられないものの、各々の役割を理解していたためつながりが良く、長短打が上手く絡み合う打線だった。守備に関しても7選手(鶴岡慎也・髙橋信・田中賢介・小谷野・金子誠・糸井・稲葉)がゴールデングラブ賞を獲得。打線と守備、いずれもバランスが取れたチームであり、隙のない野球でパ・リーグを制した。

投手陣はダルビッシュが例年通りの活躍。さらに、武田勝が初の二桁勝利を記録した。それに続くように、八木智哉や藤井秀悟が貯金を作り、シーズン中盤からは糸数敬作が台頭して先発の枚数が揃った。ダルビッシュ以外はイニングイーターとして計算ができなかったため、ブルペン陣で40登板以上の投手が6人（武田久・宮西尚生・林昌範・建山義紀・菊地和正・江尻慎太郎）いた。しかし、シーズン終盤から金森敬之が出てきたため、実質7投手をブルペンに用意することができた。

先発の枚数が揃わない中でブルペンを強化するというのは、ペナントレースを制する意味では非常に効果的な戦略だ。このような投手運用ができたことから、インフルエンザで多数の離脱者がいた時期や、シーズン後半、怪我によりダルビッシュが長期離脱した中でも優勝できたのだろう。

クライマックスシリーズになっても故障が完治していなかったダルビッシュは、あまりイニングを投げられない状態の中で、勢いに乗る楽天と対戦した。9回裏までリードを許す展開だったが、打線がリリーフの福盛和男を攻略し、最後はスレッジが逆転サヨナラ満塁ホームランを放ち勝利。ここで楽天の勢いを止められたのが大きかった。

2戦目は疲れが見え始めた終盤に岩隈久志を攻略して勝利。3戦目は田中将大に抑えられて敗れたものの、4戦目で勝利して日本シリーズ出場を決めた。このクライマックスシリーズでは、厚いブルペン陣を活かした投手リレーの真骨頂が見られた。先発投手が7回まで投げたのは、7戦目の糸数のみ。武田勝は6回1/3を投げて、八木と藤井は5回までだった。ブルペン陣を積極起用し、調子がいい投手を優先的に投げさせることで楽天の勢いを止めていたのだ。ダルビッシュの登板がなかった中で、日本シリーズ出場を決められたことは大きなポイントと言ってもいいだろう。

この年は打撃陣の奮起が目立った。稲葉や髙橋信、金子、糸井が打率3割を記録。糸井の台頭により、攻守に厚みが増した。さらに田中賢や小谷野、スレッジも成績以上の貢献度を見せた。投手陣はダルビッシュと武田勝が二桁勝利を記録。八木は9勝、藤井は7勝を記録しているた。リリーフ陣は、クローザーの武田久を中心に、宮西や菊地和正、建山、林、江尻、金森といった投手がイニングイーターとして計算できるダルビッシュ以外の先発陣を支えた。投打ともに軸がいた中で、さらに確変や台頭があってリーグ優勝を果たした。

2009

ORDER ▶ Pacific League

▶ 野手

打順	守備位置	選手	試合	打席	打率	本塁打	打点	出塁率	長打率	OPS	盗塁
1	二	田中賢介	144	680	.283	3	49	.373	.372	.745	31
2	左	森本稀哲	107	404	.247	1	29	.341	.326	.667	9
3	右	稲葉篤紀	135	587	.300	17	85	.391	.492	.883	5
4	一	高橋信二	134	558	.309	8	75	.358	.404	.762	7
5	指	スレッジ	117	487	.266	27	88	.359	.529	.888	1
6	三	小谷野栄一	138	581	.296	11	82	.336	.436	.772	7
7	中	糸井嘉男	131	496	.306	15	58	.381	.520	.901	24
8	捕	鶴岡慎也	122	304	.221	1	29	.279	.293	.572	1
9	遊	金子誠	136	510	.304	14	66	.344	.474	.818	6
主な控え		二岡智宏	69	187	.253	4	25	.303	.353	.656	0
		大野奨太	77	169	.208	3	15	.256	.325	.581	0
		坪井智哉	84	156	.267	0	15	.292	.322	.614	0
		ヒメネス	39	127	.231	5	14	.268	.397	.664	0

▶ 先発投手陣

選手	防御率	登板	勝利	敗戦	完投数	セーブ	ホールド	投球回	勝率	奪三振	WHIP
ダルビッシュ有	1.73	23	15	5	8	0	0	182	.750	167	0.90
武田勝	3.55	24	10	9	2	0	0	144.1	.526	99	1.18
八木智哉	2.88	20	9	3	3	0	0	122	.750	76	1.27
スウィーニー	5.32	21	5	8	1	0	0	118.1	.385	58	1.66
藤井秀悟	3.53	22	7	5	0	0	0	114.2	.583	63	1.47
糸数敬作	4.56	13	4	5	2	0	0	71	.444	43	1.13
多田野数人	5.76	13	5	5	1	0	0	70.1	.500	46	1.39
榊原諒	6.08	10	0	1	0	0	1	26.2	.000	23	1.69

▶ 救援投手陣

選手	防御率	登板	勝利	敗戦	セーブ	ホールド	投球回	勝率	奪三振	WHIP
武田久	1.20	55	3	0	34	4	60	1.000	38	1.13
菊地和正	3.67	58	5	2	0	21	61.1	.714	62	1.14
宮西尚生	2.89	58	7	2	0	13	46.2	.778	55	1.16
建山義紀	3.78	46	5	7	0	19	47.2	.417	43	1.43
林昌範	3.33	46	3	2	0	9	46	.600	42	1.30
江尻慎太郎	3.20	45	2	1	0	12	45	.667	39	1.44
谷元圭介	5.53	24	2	0	0	3	27.2	1.000	20	1.63
坂元弥太郎	5.97	19	0	2	0	2	28.2	.000	11	1.74
金森敬之	0.84	18	0	0	0	2	21.1	.000	9	1.17

Climax Series ▶戦績

▶Central League

ファーストステージ

中日(2勝)　VS　ヤクルト(1勝)

第1戦　中●2-3○ヤ
第2戦　中○3-2●ヤ
第3戦　中○7-4●ヤ

ファイナルステージ

巨人(4勝)　VS　中日(1勝)

第1戦　巨●2-7○中
第2戦　巨○6-4●中
第3戦　巨○5-4●中
第4戦　巨○8-2●中

▶Pacific League

ファーストステージ

楽天(2勝)　VS　ソフトバンク(0勝)

第1戦　楽○11-4●ソ
第2戦　楽○4-1●ソ

ファイナルステージ

日本ハム(4勝)　VS　楽天(1勝)

第1戦　日○9-8●楽
第2戦　日○3-1●楽
第3戦　日●2-3○楽
第4戦　日○9-4●楽

投打ともに盤石な体制で日本一に輝いた巨人

この年の日本シリーズは、巨人がバリエーション豊かな試合運びと勝ち方で日本ハムを圧倒した。勝ち頭のセス・グライシンガーが不在だったものの、前年怪我でマスクを被れず、悔しい思いをした攻守の要の阿部慎之助がＭＶＰに輝く活躍を見せた。

初戦はディッキー・ゴンザレスと武田勝の先発で始まった。巨人は2回に谷佳知のソロホームランで先制。しかし日本ハムもその裏に、ターメル・スレッジのソロホームランで追いつく。その後、巨人は5回に、谷と阿部慎が二死二・三塁のチャンスを作ると、坂本勇人がレフトフェンス直撃のタイムリーツーベースで勝ち越した。6回、二岡智宏がタイムリーを放ちまた1点差に詰められると、7回に巨人は動いた。無死一・三塁の初球に木村拓也がスクイズを空振り。しかし、三塁走者の谷はスタートしていない。バッテリーが混乱している間に、一塁走者の阿部慎はまんまと二塁を陥れ、チャンスは無死二・三塁へと広がった。わざと空振りさせ一塁走者を進める「偽装スクイズ」が見事に成功したのだ。その後、代打・李承燁がタイムリーを放ち追加点を挙げて、試合を決定づけた。日本ハムは、5安打の巨人を大きく上回る12

安打を放ち再三得点圏にランナーを進めながら、チャンスを逃したことが敗因となった。

2戦目は内海哲也と、左臀部痛に苦しむダルビッシュ有が先発。日本ハムは3回、9球粘った稲葉篤紀の先制ホームランを皮切りに、内海に5者連続ヒットを浴びせて4点を先制。しかし巨人も4回、亀井善行のツーランホームランで反撃。5回にもチャンスを作ったが、ダルビッシュは小笠原道大をスライダーで空振り三振に打ち取った。万全な状態ではない中、腰を使わず手だけで投げる「立ち投げ」のようなフォームで巨人打線を6回2失点に抑えた。捕手の鶴岡一成はダルビッシュについて「彼は剛球のイメージがありますが、曲がり球を凄く上手に操れるピッチャー。カーブにしろ、スライダーにしろ、それを軸にいけるピッチャーなので。それで組み立てにはなるな、と。真っ直ぐは140キロぐらいしか出ないので、その分をスローカーブで緩急つけていけば、変化球を主体にしてなんとかなるという感じはありましたね」とコメントを残した。普段は見られないピッチングスタイルでも巨人打線を翻弄し、当時NPB最高峰の投手に相応しい結果を残した。

3戦目から、戦いの舞台は東京ドームとなった。先発はウィルフィン・オビスポと糸数敬作。2戦目の勢いのまま初回に日本ハムは、稲葉の2試合連続となるホームランで先制。2回にも小谷野栄一のソロホームランで追加点を挙げた。しかし巨人はその裏、李承燁・阿部慎の

2者連続ホームランで追いつき、3回には小笠原のホームランで勝ち越した。日本ハムも5回、田中賢介のソロホームランで追いついたが、その裏、巨人は二死二・三塁から小笠原の2点タイムリーツーベースで再び勝ち越し、最後はマーク・クルーンが締めた。5回表までにソロホームランが6本飛び出すという空中戦を、巨人が8回・日本ハム糸数の四球や、普段はDHを務めるスレッジの守備のほころびを見逃さず、粘り強く制した。

4戦目は高橋尚成と八木智哉の両左腕の先発で始まった。日本ハムは3回に髙橋信二の2点タイムリーと小谷野の2点タイムリーツーベースで4点を先制。その後も11安打8得点を挙げた。対する巨人は、13安打を打ちながらも3併殺打などで4得点に終わった。8回にアレックス・ラミレスのホームランで反撃するが、日本ハムはそのまま逃げ切り、タイにした。

5戦目はゴンザレスと藤井秀悟が先発。2回に藤井のサードゴロを小笠原が弾いてしまい、エラーから日本ハムが4試合連続の先制。その後は藤井、ゴンザレスが好投を見せ、7回まで試合が動かない投手戦に。8回に巨人は、2番手の建山義紀から李承燁がデッドボールで出塁。代走の鈴木尚広が盗塁を決めて、チャンスを作る。その後、3番手の林昌範が二塁へのけん制悪送球で、二塁ランナーが三塁に進んだ。次打席、代打・大道典嘉がしぶとく7球粘り、ライトへのタイムリーで追いつく。しかし9回に、日本ハム髙橋信が山口鉄也からホームランを放って勝ち越し。山口が打たれたことも含めて、日本ハムが試合を決定づけたかに思えたが、巨人はその裏に日本ハムの守護神・武田久から先頭の亀井が同点ホームランを放つ。谷が倒れた後に、阿部慎がサヨナラホームランを放ち、劇的な勝利で日本一に王手をかけた。

6戦目は再び札幌ドームに舞台を移し、東野峻と武田勝が先発した。東野は初回二死一塁の場面で髙橋信の打球を手に受けて、わずか4球で負傷退場。しかしその後を受けた内海がスレッジを打ち取った。その後の2回、亀井のツーベースを皮切りに、谷の投手ゴロで二死三塁から、前の試合でサヨナラホームランを放っている阿部慎のタイムリーツーベースで先制。さらに6回には、小笠原の打球に対して稲葉が後逸しエラー。巨人は、その間に追加点を挙げた。急遽リリーフ登板した内海は、6回途中まで日本ハム打線を無失点に抑える好投で、豊田清・越智大祐・山口のリリーフ陣につないだ。最後はクローザーのクルーンが締めて7年ぶりの日本一を決めた。

このシリーズ、巨人は劣勢の展開でも落ち着いている場面が多かった。6試合中4試合は先制点を許していたが結果は2勝2敗。中継ぎのエース・山口が終盤に勝ち越しを許しても、その直後に一発を打てる集中力、その上逆転できる雰囲気が出ていたこともあり、日本ハムはリードをしていたものの非常に緊迫していたのではないだろうか。投打のチーム成績を見ても、データ上、特段差はなかったため、1戦目の偽装スクイズや3戦目の小笠原のタイムリーまでの流れなど、なおさら巨人の試合運びの上手さが見受けられた。逆に日本ハムは、残塁が49と巨人よりも16個多かったことや、枚数が豊富なリリーフ陣が巨人打線に打たれたことが誤算だったに違いない。

2009

Nippon Series ▶戦績

第一戦
札幌ドーム

日本ハム	0	1	0	0	2	0	0	0	1	4
巨人	0	1	0	0	0	1	0	0	1	3

[勝] ゴンザレス [負] 武田勝 [S] クルーン
[本] [巨] 谷 1 号（2 回 1 点武田勝）
[日] スレッジ 1 号（2 回 1 点ゴンザレス）

第二戦
札幌ドーム

巨人	0	0	0	2	0	0	0	0	0	2
日本ハム	0	0	4	0	0	0	0	0	X	4

[勝] ダルビッシュ [負] 内海 [S] 武田久
[本] [巨] 亀井 1 号（4 回 2 点ダルビッシュ）
[日] 稲葉 1 号（3 回 1 点内海）

第三戦
東京ドーム

日本ハム	1	1	0	0	1	0	0	1	0	4
巨人	0	2	1	0	2	0	0	2	X	7

[勝] オビスポ [負] 糸数 [S] クルーン
[本] [日] 稲葉 2 号（1 回 1 点オビスポ）、小谷野 1 号（2 回 1 点オビスポ）、田中 1 号（5 回 1 点オビスポ）
[巨] 李承燁 1 号（2 回 1 点糸数）、阿部 1 号（2 回 1 点糸数）、小笠原 1 号（3 回 1 点糸数）

第四戦
東京ドーム

日本ハム	0	0	4	0	1	0	1	2	0	8
巨人	0	0	1	0	0	0	0	3	0	4

[勝] 八木 [負] 高橋尚
[本] [日] 高橋 1 号（5 回 1 点高橋尚）
[巨]ラミレス 1 号(8 回 3 点金森)

第五戦
東京ドーム

日本ハム	0	1	0	0	0	0	0	0	1	2
巨人	0	0	0	0	0	0	0	1	2x	3

[勝] 山口 [負] 武田久
[本] [日] 高橋 2 号（9 回 1 点山口）
[巨] 亀井 2 号（9 回 1 点武田久）、阿部 2 号（9 回 1 点武田久）

第六戦
札幌ドーム

巨人	0	1	0	0	0	1	0	0	0	2
日本ハム	0	0	0	0	0	0	0	0	0	0

[勝] 内海 [負] 武田勝 [S] クルーン

Nippon Series ▶守備陣形

巨人

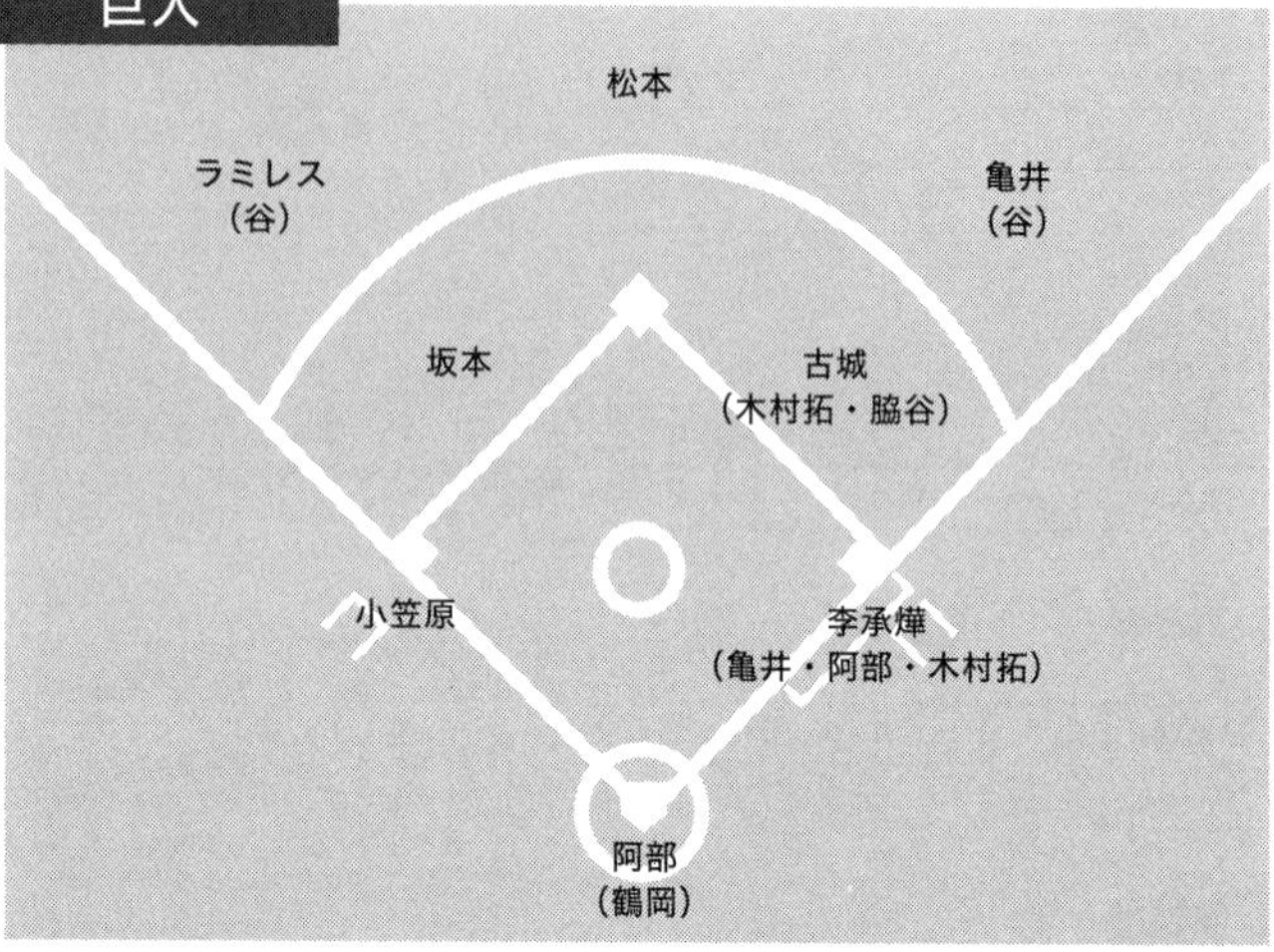

日本ハム

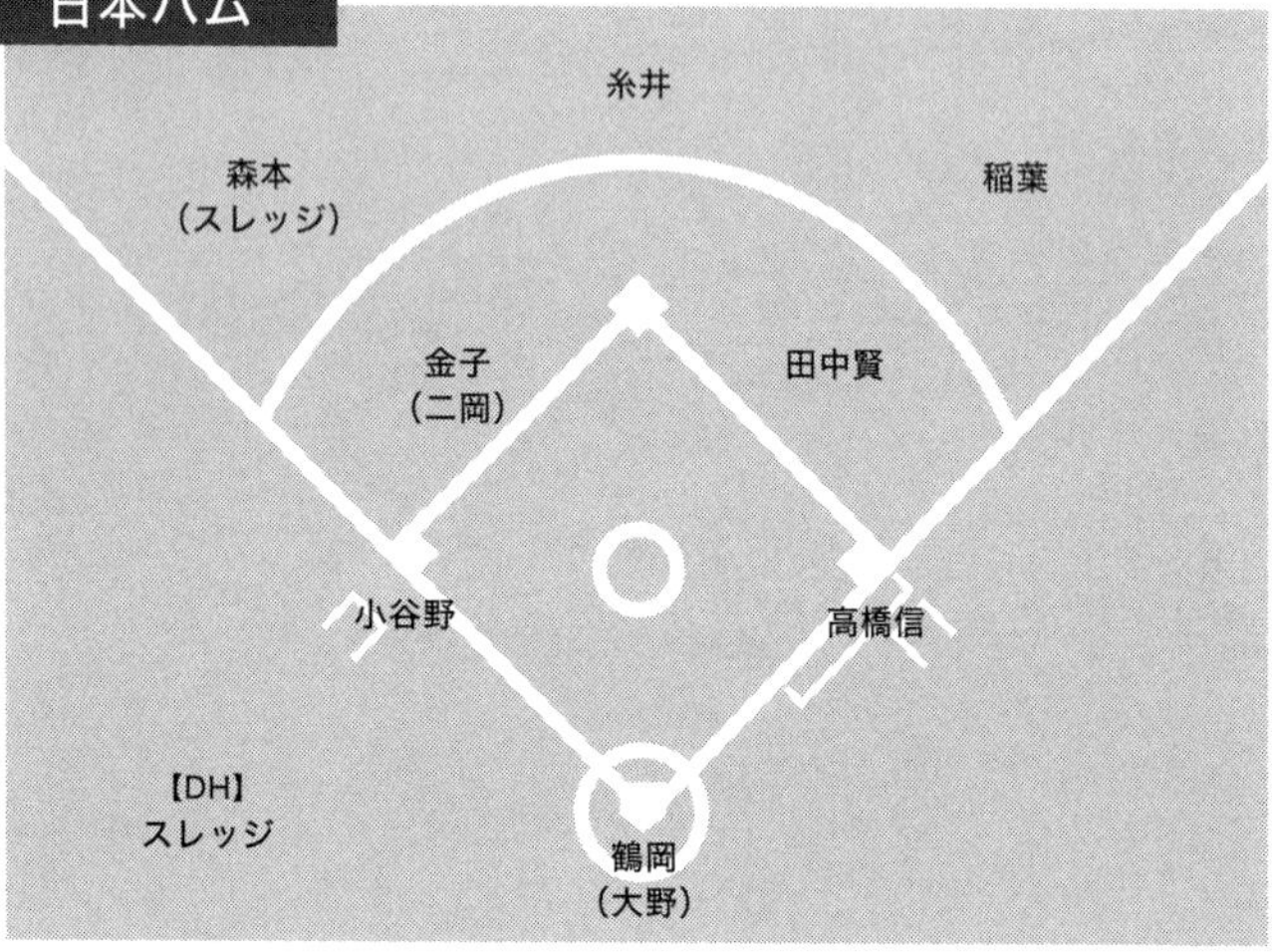

注：オーダーは各ホーム球場の初戦先発に基づく

Awards ▶ タイトル受賞者

▶ Central League

タイトル	選手名	所属チーム	受賞回数	成績
最優秀選手	ラミレス	巨人	2	
最優秀新人	松本哲也	巨人		
首位打者	ラミレス	巨人	初	.322
最多本塁打	ブランコ	中日	初	39
最多打点	ブランコ	中日	初	110
最多盗塁	福地寿樹	ヤクルト	2	42
最優秀防御率	チェン	中日	初	1.54
最多勝利	吉見一起	中日	初	16
	館山昌平	ヤクルト	初	16
最高勝率	ゴンザレス	巨人	初	.882
最多奪三振	ルイス	広島	2	186

▶ Pacific League

タイトル	選手名	所属チーム	受賞回数	成績
最優秀選手	ダルビッシュ有	日本ハム	2	
最優秀新人	攝津正	ソフトバンク		
首位打者	鉄平	楽天	初	.327
最多本塁打	中村剛也	西武	2	48
最多打点	中村剛也	西武	初	122
最多盗塁	片岡易之	西武	3	51
最優秀防御率	ダルビッシュ有	日本ハム	初	1.73
最多勝利	涌井秀章	西武	2	16
最高勝率	ダルビッシュ有	日本ハム	初	.750
	杉内俊哉	ソフトバンク	初	.750
最多奪三振	杉内俊哉	ソフトバンク	2	204

▶ Nippon Series

タイトル	選手名	所属チーム
最高殊勲選手賞(MVP)	阿部慎之助	巨人
敢闘選手賞	高橋信二	日本ハム
優秀選手賞	亀井義行	巨人
	ゴンザレス	巨人
	小谷野栄一	日本ハム

2000年代の強い球団の傾向

2000年代が勝てるチームの傾向の大枠は、下記の3点のどれかに当てはまるチームだ。

・リーグトップの打撃力
・リーグトップの投手力（ディフェンス力）
・交流戦で勝ち越せる

この3点に関しては、時代に関係なくペナントレースで優勝する鉄則になっているだろう。リーグトップの打率・得点、又は防御率・失点ではない成績で優勝をした球団はゼロである。そのため、優勝した球団はどれかしらリーグトップの成績を残していることが多い。この打率や防御率を満たしていない球団は、2007年の日本ハムや2008年の西武・巨人の3球団のみだ。それほど、基本的な数字であると言えるだろう。

中でもチーム防御率は特に重要である。2000年代は、投低打高のシーズンが多かった中で、特に打高の傾向が強かった2004年に、防御率を12球団で唯一3点台にした中日は、非常に効果的なチームビルディングをしていたといえる。

逆に巨人が「史上最強打線」と主張し超攻撃的なチームビルディングを行うも優勝を逃したことから、長打力中心のチームビルディングを行う球団は一時的に少なくなっていった。

なぜ、防御率が効果的か。2000年~2009年のセ・パ優勝チームを見ると、12チームがリーグトップの防御率を記録している。逆にチーム防御率が1位ではなくて優勝できたのは、2000年ダイエー(2位)・2001年近鉄(6位)・2007年日本ハム(2位)と巨人(2位)・2008年西武(2位)と巨人(2位)だ。ただ、2001年近鉄以外はチーム防御率2位を記録しており、優勝できるだけの力を持った投手陣であることがわかる。

その投手陣を活かした戦い方も変わっていった。2000年代中盤からは、JFKやYFK、風神雷神などの強力なリリーフ陣を活かした勝ちパターンが増えた。さらに、先発の枚数があまり見込めない場合は、2009年の日本ハムのように、ブルペン陣を厚くするチームもあった。2000年代終盤にかけて、よりいっそう分業制が進んでいき、リリーフの価値が上がっていったことがわかる。そのこともあり、中継ぎ・抑えの登板数が増えていった時期でもあった。

特に、勝てば勝つほど、セーフティーリードでも勝ちパターンの投手は投げることが多かっため、2〜3年で潰れてしまうリスクもあった。2008年の阪神が逆転優勝された要因は、まさにJFKの連投や登板過多が影響したためだと言っても過言ではない。このことから勝ちパターン以外にも任せられる投手の必要性も感じられた。

2005年から開催されている交流戦に関しては、他のリーグと対戦するため、優勝へのターニングポイントとなりやすい時期になった。その結果、リーグ優勝して交流戦で勝ち越していない球団は、2006年の日本ハムと2008年の西武のみである。

開催初年度の2005年は、ロッテやペナントレース1位通過のソフトバンク、阪神が1〜3位を占め、2006年の中日、2007年の日本ハムと巨人、2008年の巨人、2009年の巨人と日本ハムは勝ち越しを記録している。

また、2000年代の交流戦は、すべてパ・リーグの球団が優勝（2005年・2006年のロッテ、2007年の日本ハム、2008年・2009年のソフトバンク）をしており、さらに交流戦が始まった年から2009年までの沢村賞はすべてパ・リーグの投手が獲得（2005年の杉内俊哉、2006年の斉藤和巳、2007年のダルビッシュ有、2008年の岩隈久志、2009年涌井秀章）している。この頃からパ・リーグの実力が、セ・リーグを上回っていたことがわかるだろう。

第2章

2010年以降
21世紀のプロ野球における
戦略・戦術変化

握手を交わす工藤監督と辻監督
写真提供：共同通信社

ファイト!
九州
80
H 300001020 6
L 000021011 5

２０１０年以降のプロ野球全体の傾向

２０１０年以降のプロ野球は、２０００年代の名残りがあった２０１０年をはじめ、２０１８年、２０１９年が打高のシーズンとなった。しかし２０１１～２０１２年は統一球導入の影響で、歴史的な投高打低の傾向が見られた。具体的な数字を上げると、２０１０年の総本塁打数が１６０５本だったのに対し、２０１１年は９３９本、２０１２年は８８１本へと激減したのだ。この結果を見ても、「飛ばないボール」が打者を苦しめていたことがわかる。

ただ、内川聖一や長野久義、糸井嘉男をはじめとした一流打者は、この状況でも3割以上を記録。さらに阿部慎之助に関してはキャリアハイの成績を残した。逆に投手の成績はインフレの傾向になったため、統一球廃止後の２０１３年以降は成績を落とす選手も見受けられた。

２０１０年代中盤になるにつれて、野球自体が変わっていく。データが可視化され始め、守備から走塁までの指標が活用されるようになった。その影響もあり、打率や防御率などの主要データ以外で選手を判断する球団も出てきたのである。さらに、体の使い方や打球角度などがデータ化された影響で、練習環境も併せて改善され、選手のレベルも向上していった。

数値的な視点で見ると、ダルビッシュ有や大谷翔平、山本由伸、佐々木朗希をはじめとした

▶ 2010年〜2022年の本塁打数

年	本塁打数
2010年	1605
2011年	939
2012年	881
2013年	1311
2014年	1361
2015年	1218
2016年	1341
2017年	1500
2018年	1681
2019年	1688
2020年	1288
2021年	1449
2022年	1304

▶ NPBストレート平均球速

年度	球速（km/h）
2014年	141.5
2015年	141.9
2016年	142.0
2017年	143.2
2018年	143.6
2019年	144.1
2020年	144.9
2021年	145.5
2022年	146.0

投手の高速化は外せないキーワードである。この影響もあり、平均球速は年々上昇しており、投高打低のシーズンが増えていった。さらに投手の高速化と同時に変化球も高速、鋭利化となっていった。逆説的に、ローテーションやリリーフの中にソフトバンクの嘉弥真新也や高橋礼、オリックスの宮城大弥、ヤクルトの石川雅規といった技巧派・軟投派・変則を1人入れることがいいアクセントになる場面も見受けられた。

さらに前述のデータ化に合わせて、選手の起用も変わっていった。投手に関しては完投をする投手が減り、ショートイニングでつなぐことや、今では2021年の佐々木や奥川恭伸のように「逸材」と言われる若手投手や、故障・手術から復帰した投手の登板間隔を管理する球団もあらわれた。また、谷間の先発投手を3~4回で降ろして、2番手を第二先発という形で登板させることも出てきた。またリリーフ投手を先発させる「オープナー」の手法はもちろんのこと、ブルペンデーを設ける球団が増えてきた。その結果、規定投球回数到達した投手も一気に減ることになった。

その状況に合わせて、リリーフ投手の運用も変わっていった。2000年代にJFKやYFKが勝ちパターンとして出てきたが、それ以降しばらくは各球団が7回から3投手をつないで勝利する投手運用が目立った。しかし、この投手運用には課題点があった。一部の頑丈な投手以外、勝ちパターンを任された投手は数年で潰れてしまうのだ。そのため、パターンを作っても1人が頑丈に生き残り、他の投手が故障で入れ替わる球団が多かった。たとえば2010年代の常勝軍団と呼ばれたソフトバンクでも、抑えをはじめ勝利の方程式はリーグ連覇中にも変わっている。抑えはデニス・サファテから森唯斗に、リバン・モイネロなど新しい投手が代わりに7・8回を担っていくようになった。

ただ、その価値観は令和の時代に入って変わりつつある。特に、高津ヤクルトと中嶋オリックスが、投手運用の概念を変えたと言っても過言ではないだろう。投手マネジメントが変わりつつある時代で、今後はさらなる変革も見られるのではないだろうか。

また、野手の運用も変わった。2000年代と比較すると正捕手を定めて集中的に起用する球団よりも、複数人の捕手で運用をしている球団が増えた。これは2000年代よりも捕手陣の打力が下がったこともあるが、西武、現オリックスの森友哉以外は中軸に座ることも少なくなった。これは、守備の負担を考慮してのことだろう。

また、内外野や内野のみポジションを固定化する前に、多くのポジションを守るユーティリティーな選手も増えた。投手と野手の起用法は、固定観念にとらわれず選手のポテンシャルを最大化し、効率よく勝利を得る戦術が多くなったと見ている。

Pacific League 2010

▶チーム勝敗表

チーム	試合	勝利	敗北	引分	勝率	ゲーム差
ソフトバンク	144	76	63	5	.547	--
西武	144	78	65	1	.545	0
ロッテ	144	75	67	2	.528	2.5
日本ハム	144	74	67	3	.525	3
オリックス	144	69	71	4	.493	7.5
楽天	144	62	79	3	.440	15

▶チーム投手成績

チーム	防御率	試合	勝利	敗北	セーブ	完投	完封	投球回	奪三振	失点
日本ハム	3.52	144	74	67	27	15	13	1286.1	943	548
ソフトバンク	3.89	144	76	63	34	6	16	1294.1	1244	615
オリックス	3.97	144	69	71	25	17	8	1280.2	1077	628
楽天	3.98	144	62	79	26	18	7	1279	962	635
ロッテ	4.10	144	75	67	31	16	12	1288.2	989	635
西武	4.19	144	78	65	35	13	10	1277.1	927	642

▶チーム打撃成績

チーム	打率	試合	打数	得点	安打	二塁打	三塁打	本塁打	打点	盗塁
ロッテ	.275	144	4916	708	1350	244	17	126	663	88
日本ハム	.274	144	4856	612	1330	229	20	91	585	102
西武	.271	144	4858	680	1317	243	20	150	655	111
オリックス	.2709	144	4935	644	1337	251	27	146	624	34
ソフトバンク	.267	144	4898	638	1308	222	23	134	611	148
楽天	.265	144	4876	576	1290	233	20	95	546	78

Central League 2010

▶チーム勝敗表

チーム	試合	勝利	敗北	引分	勝率	ゲーム差
中日	144	79	62	3	.560	‐ ‐
阪神	144	78	63	3	.553	1
巨人	144	79	64	1	.552	1
ヤクルト	144	72	68	4	.514	6.5
広島	144	58	84	2	.408	21.5
横浜	144	48	95	1	.336	32

▶チーム投手成績

チーム	防御率	試合	勝利	敗北	セーブ	完投	完封	投球回	奪三振	失点
中日	3.29	144	79	62	43	12	19	1285.1	966	521
ヤクルト	3.85	144	72	68	38	10	10	1287	1000	621
巨人	3.89	144	79	64	38	3	10	1279	1027	617
阪神	4.05	144	78	63	28	7	7	1283.1	977	640
広島	4.80	144	58	84	26	11	9	1279.2	884	737
横浜	4.88	144	48	95	30	2	5	1267	908	743

▶チーム打撃成績

チーム	打率	試合	打数	得点	安打	二塁打	三塁打	本塁打	打点	盗塁
阪神	.290	144	5036	740	1458	238	23	173	718	71
ヤクルト	.268	144	4857	617	1304	239	18	124	597	66
巨人	.266	144	4925	711	1311	224	22	226	687	96
広島	.263	144	4867	596	1278	222	27	104	556	119
中日	.259	144	4753	539	1229	217	21	119	514	53
横浜	.255	144	4835	521	1234	217	16	117	501	59

史上最高の下剋上を達成したロッテ

この年のロッテはソフトバンク・西武と優勝争いをして3位に終わったものの、2005年と同様にポストシーズンの強さを見せた。シーズンでもチーム全体で見ると、チーム打率と得点はリーグトップを記録。選手個人成績を見ても西岡剛が206安打（リーグトップ）を達成。エース・成瀬善久もキャリア最高となる203イニングを投げている。ペナントレースでは、なぜ3位に終わったのかがわからないほどの強さだった。

野手陣を振り返ると、前年に加入した井口資仁と、この年から加入した金泰均（キム・テギュン）が持ち前の打力を活かす。井口は得点圏打率・340の勝負強さもあり、キャリア2度目の100打点以上を記録。金はチームトップの21本塁打を記録し後半戦は失速したものの、前半戦だけで18本塁打を記録した。前半戦はルーキーの荻野貴司が開幕46試合で25盗塁を記録する活躍を見せた。しかし、5月の試合で盗塁を試みた際に負傷して右膝外側半月板損傷と診断され、長期離脱を余儀なくされた。その荻野と入れ替わるように出てきたのが、こちらもルーキーの清田育宏だ。5月24日の阪神戦（代走）でプロ初出場と途中から試合に出始めたが、打率・290・2本塁打を記録した。さらに、2005年のように今江年晶は打率3割以上、サブローも打率は・261であったものの71打点と活躍したことにより、打線が一気に機能した。

投手陣は、前回日本一となった2005年ほど安定した先発陣は形成できなかったものの、エース成瀬を中心に序盤はリリーフも務めたビル・マーフィーや、シーズン途中から加入したヘイデン・ペンなどの外国人を活かしながらローテーションを回した。さらに、小林宏之をリリーフに回したことがプラスに働き、ブルペン陣は内竜也や伊藤義弘、薮田安彦、古谷拓哉、小野晋吾などが防御率以上の働きを見せていた。防御率の心もとない先発陣をカバーできるブルペン陣が揃っていたことから、ペナントレースよりも短期決戦型の継投が可能で、クライマックスシリーズ・日本シリーズで進化が発揮された投手陣だったと言えるだろう。

クライマックスシリーズでは、西武とソフトバンクに勝利し、下剋上で日本シリーズへ。ファーストステージ、西武との試合では初戦で劇的な逆転勝利をおさめる。序盤は先発エース成瀬と涌井秀章の投げ合いになったが、2回、先頭打者中村剛也のホームランで先制を許す。8回に西岡のホームランで追いつき振り出しに戻すが、その裏、西武・大島裕行と栗山巧に連続タイムリーを許し、4点を勝ち越され万事休すと思われた。しかし、さらに9回、先発・涌井に代わった守護神ブライアン・シコースキーをロッテ打線が攻略し、福浦和也、今江、金の猛攻で4点を奪い返して同点に追いついた。最後は延長11回、土肥義弘から福浦が勝ち越しホームランを放ち勝利した。

2戦目も延長までもつれる試合に。この試合も西武が先制し、9回までリードする展開。しかし、1点差で迎えた9回表、長田秀一郎が里崎智也に同点ホームランを喫して延長戦に。最後は11回に井口が小野寺力からタイムリーを放ち勝利。2戦連続で逆転勝利して、ファイナルステージに進んだ。

ファイナルステージでは成瀬がフル回転の活躍を見せた。対西武初戦でも8回まで投げた成瀬が、中4日で初日の先発を任される。その成瀬を後押しするように、大松尚逸が杉内俊哉から2回にスリーランを放ち先制。成瀬はその3点を守り切り完投勝利で、アドバンテージを含めてタイに持ち込んだ。

しかし2戦目・3戦目は、和田毅とデニス・ホールトンに抑え込まれて連敗。後がなくなった4戦目は、渡辺俊介が先発した。2回表、ソフトバンクの陽耀勲から今岡誠が先制ホームランを放ち19イニングぶりに得点を挙げると、さらに4回大松のタイムリーなどで追加点を挙げ、コツコツと点を積み重ねていった。その打線の粘りに応えるように渡辺俊は、ソフトバンク打線を8回2失点と完璧に近いピッチングで抑えて勝利した。

5戦目は初回、ソフトバンク小久保裕紀にタイムリーを許し先制され、大隣憲司に抑え込まれていた中で、7回表に井口・サブローの連打などでブライアン・ファルケンボーグと攝津正を攻略。ソフトバンクの盤石なリリーフ陣を攻略して逆大手をかけた。

最終戦は初戦と同様に成瀬と杉内の投げ合いに。5回に杉内を攻め立てて先制し、一気に4点を突き放した。その後も追加点を積み重ね、成瀬を援護。成瀬は4安打無死球の完封勝利を挙げて、日本シリーズ出場を決めた。

この年のロッテは2005年と同様に、勢いと短期決戦の強さで日本シリーズに出場を決めたといえるだろう。優勝を果たしたソフトバンクから3位ロッテまで最終的に2・5ゲーム差だったため、ポストシーズンは短期決戦の強さで差が生まれた。チーム成績を見ると、チーム打率と得点がリーグトップを記録。投手陣に関しては、先発は成瀬とマーフィーを中心にローテーションを回し、リリーフ陣は小林宏をクローザーに転向させ、伊藤や薮田がセットアッパーとしてつないだ。全体的に投手陣は不安があったものの、打力と、中心となる投手を活かして勝ち星を積み重ねた。

2010

ORDER ▶ Pacific League

▶ 野手

打順	守備位置	選手	試合	打席	打率	本塁打	打点	出塁率	長打率	OPS	盗塁
1	遊	西岡剛	144	692	.346	11	59	.423	.482	.904	22
2	中	荻野貴司	46	217	.326	1	17	.383	.417	.800	25
3	二	井口資仁	143	650	.294	17	103	.412	.476	.889	2
4	一	金泰均	141	614	.268	21	92	.357	.429	.786	0
5	左	大松尚逸	142	603	.260	16	68	.339	.403	.741	0
6	右	サブロー	125	513	.261	19	71	.344	.429	.774	2
7	指	福浦和也	116	359	.295	13	61	.354	.475	.829	0
8	捕	里崎智也	78	295	.263	10	29	.375	.425	.801	1
9	三	今江敏晃	140	596	.331	10	77	.364	.461	.825	8
主な控え		清田育宏	64	223	.290	2	18	.373	.382	.754	5
		的場直樹	74	209	.160	1	19	.212	.213	.425	0
		岡田幸文	72	161	.176	0	8	.224	.190	.414	15

▶ 先発投手陣

選手	防御率	登板	勝利	敗戦	完投数	セーブ	ホールド	投球回	勝率	奪三振	WHIP
成瀬善久	3.31	28	13	11	7	0	0	203.2	.542	192	1.02
渡辺俊介	4.49	26	8	8	3	0	0	148.1	.500	63	1.46
マーフィー	3.75	38	12	6	1	0	0	144	.667	125	1.47
吉見祐治	5.18	21	6	7	1	0	0	88.2	.462	76	1.59
大嶺祐太	5.17	13	3	6	2	0	0	71.1	.333	52	1.57
唐川侑己	2.71	11	6	3	2	0	0	73	.667	51	1.22
ペン	3.69	8	1	3	0	0	1	46.1	.250	27	1.32
コーリー	4.89	14	4	3	0	0	0	44.1	.500	30	1.47

▶ 救援投手陣

選手	防御率	登板	勝利	敗戦	セーブ	ホールド	投球回	勝率	奪三振	WHIP
小林宏	2.21	57	3	3	29	5	61	.500	53	1.07
伊藤義弘	3.48	65	1	2	1	30	64.2	.333	65	1.25
藪田安彦	3.15	63	2	5	1	28	65.2	.286	57	1.23
古谷拓哉	2.91	58	3	0	0	11	55.2	1.000	52	1.40
秋親	4.88	28	1	0	0	2	31.1	1.000	29	1.63
小野晋吾	3.97	27	5	4	0	8	25	.556	37	1.42
内竜也	4.50	15	2	0	0	4	20	1.000	20	1.20

巨人の連覇を阻止して制覇した中日

２０１０年のセ・リーグは、各球団がシーズン終盤まで熾烈な優勝争いを繰り広げ、最後まで読めない展開となったが、リーグ優勝を果たしたのは中日だった。落合中日としての真骨頂が示されたのは、監督最終年だった２０１１年はもちろんのこと、この２０１０年シーズンもそうだったのではないか。

シーズン序盤は荒木雅博と井端弘和の二遊間をコンバートした影響もあり、貯金を作るだけでギリギリの状況。6月の時点では、前年まで3連覇していた首位・巨人と8ゲーム差をつけられていた。

ただその中で、和田一浩や森野将彦は打率・安打・本塁打においてキャリアハイの活躍を見せており、夏場からじりじりと追い上げていった。また、荒木と井端は二遊間を入れ替わる形でコンバートをした。落合氏はこのコンバートについて「もともと2年間の限定でコンバートするつもりだった。スローイングがスムーズになった荒木をセカンドに戻せば、プロ野球史に残る二塁手になれると考えていたから。また、井端はサード、森野はファーストという布陣にして、将来のチームを背負えるショートを育てようとした」とコメントしている。さらに、不調の井端のカバーをするかのように堂上直倫がシーズン中盤より活躍。ルーキーの中堅手、大島洋平も定着して、外野の守備が固くなった。チームは驚異の追い上げを見せ、巨人・阪神に並び、9月10日には首位にも浮上。落合中日特有のシーズン終盤の優勝争いの勝負強さも垣間見れた。最終的にホームのナゴヤドームでは51勝17敗1分の勝率7割5分。両翼100メートル、センター122メートルと広い球場の特徴を活かした野球で、ホームでの強さも発揮した。

この年も巨人・阪神の打撃型のチームカラーとは真逆で、従来のように投手力を重視したチームを作り上げた。前年最多勝利の吉見一起と、前年最優秀防御率のチェン・ウェインを中心に中田賢一や山井大介、山本昌などでローテーションを形成。ブルペン陣の勝ちパターンを髙橋聡文、浅尾拓也、岩瀬仁紀で確立させた。その他にも、優勝を経験しているベテランの平井正史や鈴木義広、小林正人らがおり、投手陣の層の厚さを見せた。

また、両リーグ合わせて27人の3割打者が登場した、極端な打高のシーズンだったにもかかわらず、チーム防御率は1位、さらにリーグで唯一の3点台前半を記録した。一方、チーム打率・本塁打・総得点はすべてリーグ5位であり、巨人・阪神ほどの圧倒的な打力はなかったといえる。ただ、この年のシーズンMVPにもなった4番の和田一を中心に、要所で得点を積み重ねていったことが大きい。最終的に2位阪神とは1ゲーム差、3位巨人とは2ゲーム差の僅差となり、10月まで優勝争いが持つれたシーズンだった。

ちなみにこの2010年のシーズンも、2007年と同様に中日・巨人・阪神が壮絶なデッドヒートを繰り広げたシーズンだった。3位の巨人は、長野久義が加入して打線に厚みが増したが、前年チーム防御率2・94を記録した盤石だった投手陣がチーム防御率3・89と崩壊。中日の防御率の変化は前年3・17から3・29だったため、その差が開いた形となった・ブルペン陣では越智大祐の勤続疲労、マーク・クルーンの衰えが顕著に見られた。先発陣では、内海哲也が二桁勝利を挙げたものの防御率4・38と数字で見ると不調に終わった。またセットアッパーだった山口鉄也が先発に転向したものの失敗に終わりシーズン途中から中継ぎに戻って、セス・グライシンガーやディッキー・ゴンザレスも昨年ほどの成績を残せず打ち込まれる場面が多々あった。シーズン通して高いパフォーマンスを残したのは、久保裕也のみだった。

2位の阪神は、新加入のマット・マートンが主に1番打者として214安打・打率・349を記録し、2番の平野恵一もキャリアハイとなる打率・350を記録して驚異の1・2

番を形成した。チームの顔でありながら3番に座っていた鳥谷敬は、リーグトップの得点圏打率・360、満塁打率・500を記録するなど勝負強さを見せて、プロ野球の遊撃手のシーズン最多打点となる104打点を記録した。4番・新井貴浩・5番・クレイグ・ブラゼルも、ともに100打点超を記録した。特にブラゼルは、左中間・右中間が広くホームランが出にくい甲子園が本拠地ながら47本塁打を記録し、西武時代を超える成績を残した。新加入の城島健司も攻守にわたる活躍を見せて、打率・303・28本・91打点を記録して元メジャーリーガーの底力を見せた。ただ、エース能見篤史の4か月にわたる離脱などで、巨人と同様に投手陣を整備しきれずに優勝を逃した。

クライマックスシリーズも、中日が終盤の勢いのままに、ファーストステージから勝ち上がった巨人を、お得意のナゴヤドームで投手力を活かしながら相手を制圧し、危なげなく日本シリーズに勝ち進んだ。

この年の中日は、本拠地ナゴヤドームでの強さを発揮できたことが大きい。6月終了時点では首位を走る巨人に8ゲーム差をつけられていたが、夏場から尻上がりに調子を上げていき、巨人と阪神には直接対決で勝ち越した。吉見とチェンの2枚看板はもちろんのこと、平井や鈴木義、高橋聡、浅尾、岩瀬の盤石な投手陣。井端が不調の中で、荒木や森野、和田一、ブランコを中心とした打線が上手く噛み合い、リーグ優勝を果たした。特に浅尾は、中継ぎながらも12勝をマーク。山口を先発に回して苦しんだ巨人とは対照的に、浅尾の活躍で優勝した中日を見ると、改めてセットアッパーの重要さがわかるシーズンとなった。

ORDER ▶ Central League

▶ 野手

打順	守備位置	選手	試合	打席	打率	本塁打	打点	出塁率	長打率	OPS	盗塁
1	遊	荒木雅博	136	625	.294	3	39	.339	.377	.715	20
2	二	井端弘和	53	212	.261	0	16	.345	.294	.639	0
3	三	森野将彦	144	626	.327	22	84	.399	.537	.937	2
4	左	和田一浩	144	602	.339	37	93	.437	.624	1.061	5
5	一	ブランコ	134	561	.264	32	86	.349	.501	.850	0
6	右	野本圭	118	277	.218	4	27	.295	.315	.610	0
7	中	大島洋平	104	374	.258	0	17	.323	.315	.638	8
8	捕	谷繁元信	110	367	.244	7	32	.343	.360	.703	0
主な控え		藤井淳志	63	184	.235	1	8	.269	.325	.594	3
		堂上直倫	82	301	.263	5	30	.331	.375	.706	0
		小池正晃	54	99	.202	1	5	.280	.286	.565	0
		セサル	51	194	.215	1	10	.244	.269	.512	2
		英智	68	147	.220	1	9	.270	.283	.554	8
		堂上剛裕	58	104	.247	2	17	.275	.361	.635	0

▶ 先発投手陣

選手	防御率	登板	勝利	敗戦	完投数	セーブ	ホールド	投球回	勝率	奪三振	WHIP
チェン	2.87	29	13	10	3	0	1	188	.565	153	1.14
吉見一起	3.50	25	12	9	1	0	0	156.2	.571	115	1.17
中田賢一	2.90	19	7	4	4	0	0	118	.636	105	1.19
山井大介	3.75	19	7	4	1	0	1	110.1	.636	84	1.31
ネルソン	3.16	15	4	3	2	0	0	68.1	.571	38	1.49
山本昌	3.21	8	5	1	1	0	0	47.2	.833	28	1.41
朝倉健太	5.66	9	3	6	0	0	0	41.1	.333	31	1.67
山内壮馬	2.06	6	2	1	0	0	0	35	.667	18	1.20

▶ 救援投手陣

選手	防御率	登板	勝利	敗戦	セーブ	ホールド	投球回	勝率	奪三振	WHIP
岩瀬仁紀	2.25	54	1	3	42	3	48	.250	41	1.25
浅尾拓也	1.68	72	12	3	1	47	80.1	.800	75	0.87
高橋聡文	1.61	63	4	1	0	31	61.1	.800	62	1.11
平井正史	2.20	46	2	1	0	5	49	.667	29	1.14
清水昭信	4.55	44	1	1	0	8	63.1	.500	56	1.31
鈴木義広	3.19	41	1	0	0	7	36.2	1.000	21	1.17
小林正人	2.14	36	0	0	0	6	21	.000	16	0.90
長峰昌司	4.08	11	0	1	0	1	17.2	.000	19	1.53

3度ポストシーズンに泣いたソフトバンク

この年のソフトバンクはチーム防御率2位を記録。和田毅・杉内俊哉の2枚の左腕を軸とした先発陣に、前年から安定していたセットアッパーの攝津正とブライアン・ファルケンボーグ、守護神・馬原孝浩を軸としたブルペン陣を確立した。野手陣は、チーム打率がリーグ5位と高齢化による影響（小久保裕紀39歳・松中信彦37歳など）が顕著になっていたが、その中で多村仁志が復活を遂げた。

シーズン全体の戦いぶりを見ると、開幕から好調をキープしつつ、夏場以降は西武・ロッテとの優勝争いが繰り広げられた。その優勝争いも、最終的には西武と一騎打ちに。西武にマジック4を点灯された中で迎えた直接対決で3タテをして、一気に逆転優勝を成し遂げた。

投手陣に関しては、和田毅・杉内を軸に大隣憲司やデニス・ホールトンなどを含めて先発ローテーションを回した。しかし和田毅と杉内以外はほとんど安定して試合を作れずにいたため、不安定な先発陣をブルペン陣がカバーした。摂津・ファルケンボーグ・馬原の勝ちパターンを中心に甲藤啓介が加わり、頭文字と背番号を並べた「ＳＢＭ４８」を形成。変速左腕の森福允彦や金澤健人も含め、ブルペン陣は充実していたと言って良い。そのため、和田毅や杉内以外の先発投手を、長いイニング投げさせる必要がなかった。

野手陣に関しては、川﨑宗則・本多雄一の1・2番が機能し、2人合わせて89盗塁を記録。打撃に関しても川﨑は打率・316、本多は打率・296を記録した。さらに二遊間でありながら川﨑は・977で遊撃手としてはリーグ3位の守備率、本多も・987(リーグ5位)と、オフェンス面でも強力な1・2番だった。復活を遂げた多村は、キャリア最高打率となる打率・324を記録し、広い本拠地ながらも27本の本塁打を放った。ホセ・オーティズは後半戦に失速をしたものの、チーム2位の24本塁打を記録した。また、この年113試合に出場し三塁手に定着し始めていた松田宣浩は、当時自己最高の成績を残している。2000年代後半と比較すると、若手から中堅まで充実した布陣だった。

松中の怪我・離脱などがあり、左打者の長打力不足が露呈していた中で、ロベルト・ペタジーニは、途中加入ながらも二桁本塁打を記録。ホークスの一時代を築いた小久保と松中に関しては、怪我や故障で離脱はあったものの、後半戦は大活躍。小久保は8月・9月の全試合に出場し、打率・304を記録して背中でチームを引っ張る活躍を見せた。松中も負けじと、9月18日からの西武との直接対決で10号・11号を放ち、逆転優勝に貢献した。

しかしクライマックスシリーズでは、打線が一気に不調に陥る。二枚看板の一人だった杉内がまさかの乱調。杉内が投げた初戦・最終戦ともに負け投手となり、アドバンテージを含めて3勝に終わった。2005年と同様にロッテの勢いの前に敗れる形となり、プレーオフ時代からポストシーズンは6回連続で敗退という形になった。

ペナントレースは優勝を果たしたソフトバンクだが、シーズン終盤まで西武とロッテとの優勝争いが繰り広げられた。杉内と和田毅の先発陣は2人で33勝を記録。野手陣は川﨑と本多が2人で89盗塁を記録し、多村が復活を遂げた。終盤にはホークスを支えていた小久保と松中の活躍もあり、チーム全体で逆転優勝を果たした1年だった。

ORDER ▶ Pacific League

▶ 野手

打順	守備位置	選手	試合	打席	打率	本塁打	打点	出塁率	長打率	OPS	盗塁
1	遊	川崎宗則	144	662	.316	4	53	.368	.397	.765	30
2	二	本多雄一	144	651	.296	3	39	.334	.385	.719	59
3	左	オーティズ	117	457	.270	24	81	.329	.489	.818	1
4	一	小久保裕紀	112	469	.279	15	68	.335	.436	.771	1
5	右	多村仁志	140	559	.324	27	89	.374	.550	.924	2
6	指	ペタジーニ	81	307	.261	10	41	.352	.420	.772	0
7	三	松田宣浩	113	458	.255	19	71	.284	.450	.735	17
8	中	長谷川勇也	134	519	.255	3	32	.346	.314	.660	14
9	捕	田上秀則	84	255	.203	7	25	.238	.341	.578	0
主な控え		松中信彦	79	267	.235	11	35	.311	.403	.714	3
		山崎勝己	77	236	.210	2	18	.256	.283	.539	0
		柴原洋	69	146	.216	4	20	.261	.366	.626	1
		李ボム浩	48	139	.226	4	8	.294	.355	.649	1
		森本学	71	119	.229	1	12	.293	.276	.569	2

▶ 先発投手陣

選手	防御率	登板	勝利	敗戦	完投数	セーブ	ホールド	投球回	勝率	奪三振	WHIP
杉内俊哉	3.55	27	16	7	5	0	0	182.2	.696	218	1.25
和田毅	3.14	26	17	8	1	0	0	169.1	.680	169	1.18
大隣憲司	4.31	20	4	9	0	0	0	110.2	.308	91	1.44
小椋真介	5.29	24	4	8	0	0	0	102	.333	113	1.62
ホールトン	5.70	16	8	6	0	0	0	79	.571	69	1.54
山田大樹	4.60	13	4	4	0	0	0	58.2	.500	44	1.57
藤岡好明	4.50	32	1	2	0	0	1	54	.333	57	1.43

▶ 救援投手陣

選手	防御率	登板	勝利	敗戦	セーブ	ホールド	投球回	勝率	奪三振	WHIP
馬原孝浩	1.63	53	5	2	32	2	60.2	.714	49	1.09
甲藤啓介	2.96	65	2	0	0	15	76	1.000	74	1.17
ファルケンボーグ	1.02	60	3	2	1	39	62	.600	83	0.76
攝津正	2.30	71	4	3	1	38	82.1	.571	89	0.89
金澤健人	2.89	38	1	1	0	1	46.2	.500	30	1.24
森福允彦	2.59	36	3	1	0	5	48.2	.750	45	0.90
藤岡好明	4.50	32	1	2	0	1	54	.333	57	1.43
陽耀勳	2.20	14	2	0	0	0	32.2	1.000	28	1.56

Climax Series ▶戦績

▶Central League

ファーストステージ

阪神(0勝) VS 巨人(2勝)

第1戦 神● 1-3 ○巨
第2戦 神● 6-7 ○巨

ファイナルステージ

中日(4勝) VS 巨人(1勝)

第1戦 中○ 5-0 ●巨
第2戦 中○ 2-0 ●巨
第3戦 中● 2-3 ○巨
第4戦 中○ 4-3 ●巨

▶Pacific League

ファーストステージ

西武(0勝) VS ロッテ(2勝)

第1戦 西● 5-6 ○ロ
第2戦 西● 4-5 ○ロ

ファイナルステージ

ソフトバンク(3勝) VS ロッテ(4勝)

第1戦 ソ● 1-3 ○ロ
第2戦 ソ○ 3-1 ●ロ
第3戦 ソ○ 1-0 ●ロ
第4戦 ソ● 2-4 ○ロ
第5戦 ソ● 2-5 ○ロ
第6戦 ソ● 0-7 ○ロ

3度の延長戦を制し日本一を果たしたロッテ

この年の日本シリーズは、3度の延長戦が発生し、まさに死闘と呼べただろう。特に6戦目は、延長15回、5時間43分にわたる両チームの意地と意地のぶつかり合いとなった。ロッテは2005年と同様にこの日本シリーズでも、ポストシーズンの勢いそのままに短期決戦の強さを見せた。対する中日は、シリーズを通してエース吉見一起の調子が上がらない中、上手く投手をやりくりしながら最後まで戦った。

ナゴヤドームで始まった初戦は、成瀬善久と吉見のエース対決。ロッテは2回に、二死二塁から大松尚逸のタイムリーツーベースで先制。その裏に中日は、すかさず和田一浩と谷繁元信のソロホームラン2本で逆転する。しかしロッテも3回、ルーキーの清田育宏がソロホームランを放ち、サブローへの四球も絡んで日本シリーズに強い今江年晶のタイムリーで再び逆転。さらに6回には西岡剛のタイムリー、7回には井口資仁のソロホームランで追加点を挙げた。ロッテは成瀬が5回88球2失点と省エネのピッチングを披露。その後薮田・内竜也・伊藤義弘のリリーフ陣が無安打0点に抑えて勝利した。中日はエース吉見が3回でマウンドを降りる大誤算。シーズンでは勝率・750を記録したものの、シリーズでのホーム初戦を落とす形となった。

2戦目はビル・マーフィーとチェン・ウェインが先発。中日は、2回までにロッテの先発マーフィーをマウンドから引きずり下ろす猛攻だった。初回、荒木雅博の初球攻撃から和田一のタイムリー、谷繁の押し出し四球、その後、大島洋平の2点タイムリーツーベースで早くも4点を先制。さらに2回には、和田一の連続2点タイムリーツーベースと野本圭のタイムリーで7点差に。3回にも、回跨ぎをした小野晋吾から荒木がタイムリーを放ち、トニ・ブランコの右安打2点タイムリーで10点差となった。ロッテも4回に今江のタイムリーで1点を返すが及ばず、中日が圧勝し、タイに持ち込んだ。

千葉マリンスタジアムに舞台を移した3戦目は、渡辺俊介と山井大介の先発となった。中日は3回に、一死一・三塁から荒木の犠牲フライで先制。その裏ロッテは、サブローのタイムリーですぐさま追いつく。さらに4回には、清田の走者一掃となるタイムリースリーベースと井口のタイムリーツーベースで逆転。7回にも追加点を挙げて7対1とした。渡辺俊はホームである千葉マリンスタジアムの風を活かし、緩急をつけたピッチングでわずか97球、日本シリーズ2試合連続2度目の無四球完投勝利。日本シリーズで2試合連続の無四球完投勝利は史上初となった。

4戦目は唐川侑己と山本昌が先発、延長11回にわたる試合となった。ロッテは3回に西岡のタイムリーツーベースと井口のツーランホームランで3点を先制。しかし中日も4回、山井の浮いたスライダーを上手くさばいた和田一のタイムリーツーベースと、野本の犠牲フライで2点を返す。ビッグイニングを作ってしまった両先発は4回持たずでKO。5回には、井端弘和の併殺打の間に三塁走者大島が帰って試合を振り出しに戻した。6回からは、両チームともリリーフ陣が踏ん張り、得点圏に走者を進めても決定打が出ないイニングが続く。9回を終わって3対3の同点で、今シリーズ初の延長戦に突入。ロッテは10回裏、一死満塁のサヨナラのチャンスを作ったが、福浦和也が併殺打に倒れて無得点。中日は11回、二死二塁から大島が前進守備を破り、センターオーバーのタイムリースリーベースを放って勝ち越す。その裏を高橋聡文と岩瀬仁紀が抑えて長時間の試合に決着をつけた。試合時間4時間41分は、日本シリーズ史上3番目となる長時間試合となった。

5戦目はヘイデン・ペンと中田賢一が先発。中日は初回に、大島の四球と森野翔彦の二塁打を絡め一死二・三塁から和田一の犠牲フライで先制。しかしその直後、ロッテが一死満塁から今江の2点タイムリーツーベースを皮切りに3連続タイムリー、5連打で4点を奪って逆転した。これは2005年の日本シリーズ第2戦、同じくロッテが6連打して以来の記録だった。さらに4回には、不振にあえぐ4番・サブローのツーランホームランで追加点を挙げる。ロッテ打線は、その後も5回までに5点の追加点を重ねて先発全員安打の15安打10得点を記録して試合を決めた。中日はシーズンから約1ヵ月ぶりの先発となった中田が、5回113球、被安打13の9失点と大誤算の結果に。中日打線も先制しながら攻めあぐね、ロッテは5年ぶりの日本一に王手をかけた。

ナゴヤドームに戻った6戦目は、成瀬とチェンが先発。ロッテは1回に二死二塁からサブローのタイムリーで先制するが、中日はその裏、一死二塁から森野のタイムリーツーベースで追いついた。2回以降は両チーム先発の素晴らしい投球でチャンスを作れないままイニングが進むが、中日が6回、一死一・二塁からブランコのタイムリーツーベースで勝ち越した。7回4安打1失点と好投したチェンを降ろし、8回から盤石な勝利の方程式に入った中日だったが、セットアッパー浅尾拓也が8回サブローに同点タイムリーを許し、第4戦に次いで今シリーズ2度目の延長戦に突入。中日は10回から14回まで5イニング連続で得点圏に走者を進めたが、ロッテのリリーフ陣の粘りの前に無得点に終わった。対するロッテも、11回の勝ち越しのチャンスを活かせず、試合は均衡状態のまま結局延長15回引き分けに終わった。

7戦目は渡辺俊と吉見の先発。初回から試合が動いた。ロッテは初回、先頭の西岡がヒットで出塁すると、清田の内野安打の間に一気に三塁へ。1・2番が機能し好機を作り、その後井口のタイムリーとサブローの犠牲フライで2点を先制した。しかし、先発・渡辺俊の制球が定まらず、四死球も絡んで中日はその裏に森野・野本のタイムリーと谷繁の犠牲フライで3点を挙げて逆転、さらに2回には大島がタイムリーを放つ。渡辺俊は2回でマウンドを降りて3回から藪田が上がったが、荒木の犠牲フライと大島のタイムリーで4点リードした。しかし、ロッテも4回二死二塁から岡田幸文のタイムリーで1点を返す。不調の吉見は4回で、本シリーズ全くいいところがないままマウンドを降りた。5回にはリリーフ河原から今江のタイムリー、次打席の金泰均への死球を含めて里崎智也の2点タイムリーで追いついた。ロッテは、9回に守護神・小林宏之を投入するが、後のない中日は先頭の和田一がスリーベースヒットを放つと、ブランコが同点犠牲フライを放ち試合を振り出しに戻した。

2試合連続となるシリーズ3度目の延長戦に突入し、両チーム総力戦となった。中日は9回から登板していた浅尾が回跨ぎをして踏ん張っていたが、12回、ロッテは先頭の今江が四球で出塁すると、投手・伊藤の犠打で二塁に進めてチャンスメイク。二死後、岡田のタイムリースリーベースで勝ち越した。ロッテはこの裏に伊藤を起用。最後は藤井秀悟を遊ゴロに打ち取り、5年ぶり4度目の日本一になる。これでシーズン3位から勝ち上がり、史上最大の下剋上が完成した。

日本一を決めたロッテの打線には勢いがあった。MVPの今江は打率・444を記録し、その他を見ても井口、サブロー、金、清田、岡田の5名がシリーズで3割を超える打率を残した。ペナントレースと同様上位から下位まで得点が取れる打線となっており、中日投手陣からすると、息をつく暇がなくプレッシャーにもなっていただろう。投手陣を見ても、エースの成瀬がしっかり試合を作り、渡辺俊は2戦目で完投勝利、ペンも試合を作るなど奮起した。リリーフ陣も内と薮田、伊藤、小林宏が好リリーフをした。チーム打率はロッテが・281で中日は・257を記録。チーム防御率もロッテは3・45で中日は4・25。データを見てもロッテが押していたことがわかる。

逆に中日はエースの吉見が不調だったことが誤算だった。その他の先発、山本昌や山井、中田も試合を作ることができず、安定したピッチングを見せていたのはチェンのみだった。最後は、セットアッパーとして頼みの綱だった浅尾が岡田に決勝打を打たれ、中日が力尽きたという象徴的なシーンで幕が引かれた。

Nippon Series ▶ 戦績

第一戦
ナゴヤドーム

	1	2	3	4	5	6	7	8	9	計
ロッテ	0	1	2	0	0	1	1	0	0	5
中日	0	2	0	0	0	0	0	0	0	2

[勝] 成瀬　[負] 吉見　[S] 小林宏
[本] [ロ] 清田 1 号（3 回 1 点吉見）、
井口 1 号（7 回 1 点平井）、
中島 1 号（6 回 1 点上原）
[中] 和田 1 号（2 回 1 点成瀬）、
谷繁 1 号（2 回 1 点成瀬）

第二戦
ナゴヤドーム

	1	2	3	4	5	6	7	8	9	計
ロッテ	0	0	0	1	0	0	0	0	0	1
中日	4	3	3	0	0	2	0	0	X	12

[勝] チェン　[負] マーフィー
[本] [中] ブランコ 1 号（6 回 2 点古谷）

第三戦
千葉マリン

	1	2	3	4	5	6	7	8	9	計
中日	0	0	1	0	0	0	0	0	0	1
ロッテ	0	0	1	4	0	0	2	0	X	7

[勝] 渡辺俊　[負] 山井

第四戦
千葉マリン

	1	2	3	4	5	6	7	8	9	計
中日	0	0	0	2	1	0	0	0	1	4
ロッテ	0	0	3	0	0	0	0	0	0	3

[勝] 髙橋　[負] 伊藤　[S] 岩瀬
[本] [ロ] 井口 2 号（3 回 2 点山本昌）

第五戦
千葉マリン

	1	2	3	4	5	6	7	8	9	計
中日	1	0	0	0	0	1	0	2	0	4
ロッテ	4	0	0	2	3	0	1	0	X	10

[勝] ペン　[負] 中田賢
[本] [中] ブランコ 2 号（8 回 2 点吉見）
[ロ] サブロー 1 号（4 回 2 点中田賢）

第六戦
ナゴヤドーム

	1	2	3	4	5	6	7	8	9	10	11	12	13	14	15	計
ロッテ	1	0	0	0	0	0	0	1	0	0	0	0	0	0	0	2
中日	1	0	0	0	0	1	0	0	0	0	0	0	0	0	0	2

第七戦
ナゴヤドーム

	1	2	3	4	5	6	7	8	9	10	11	12	計
ロッテ	2	0	0	1	3	0	1	0	0	0	0	1	8
中日	3	1	2	0	0	0	0	0	1	0	0	0	7

[勝] 伊藤　[負] 浅尾

Nippon Series ▶守備陣形

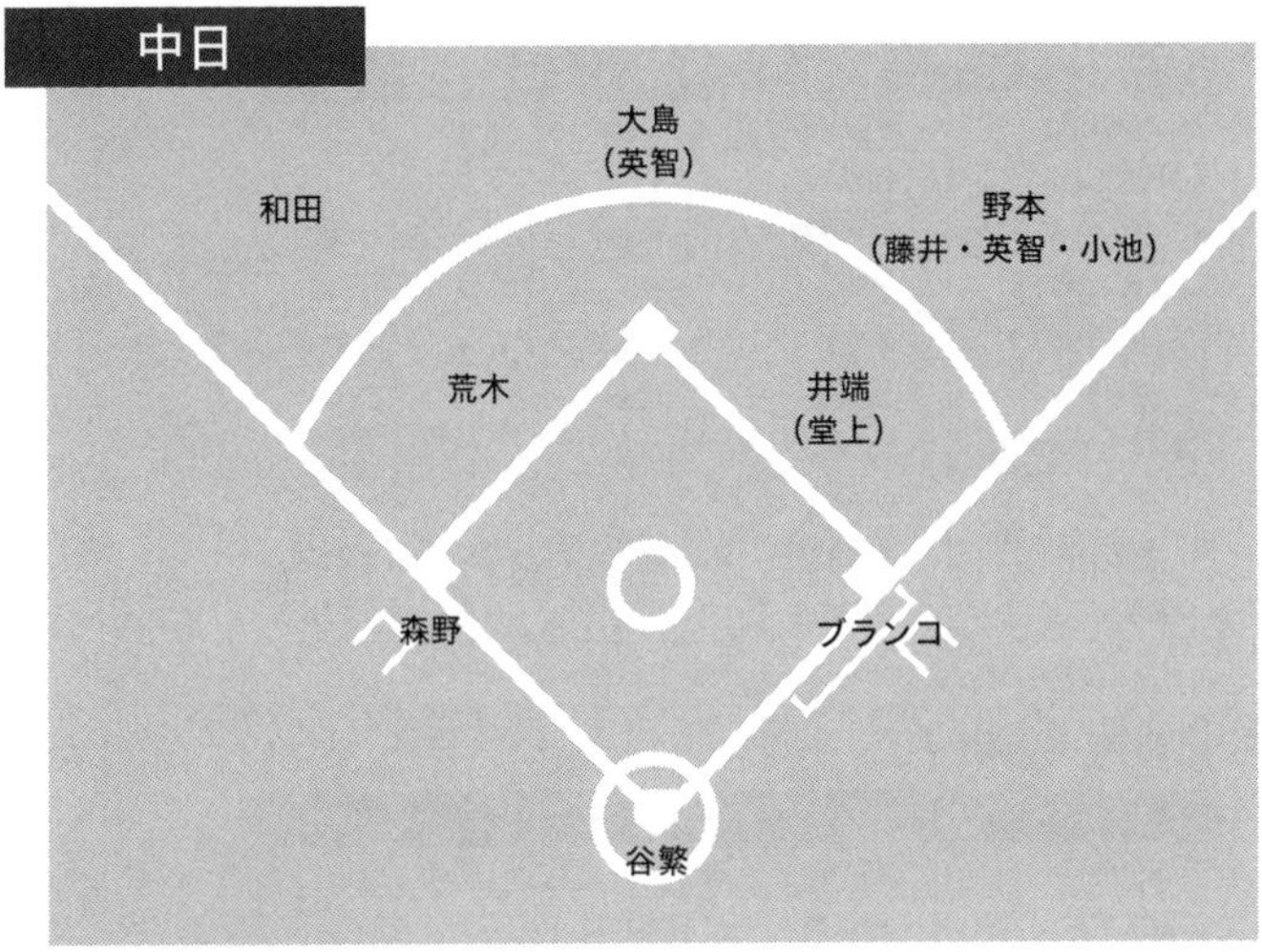

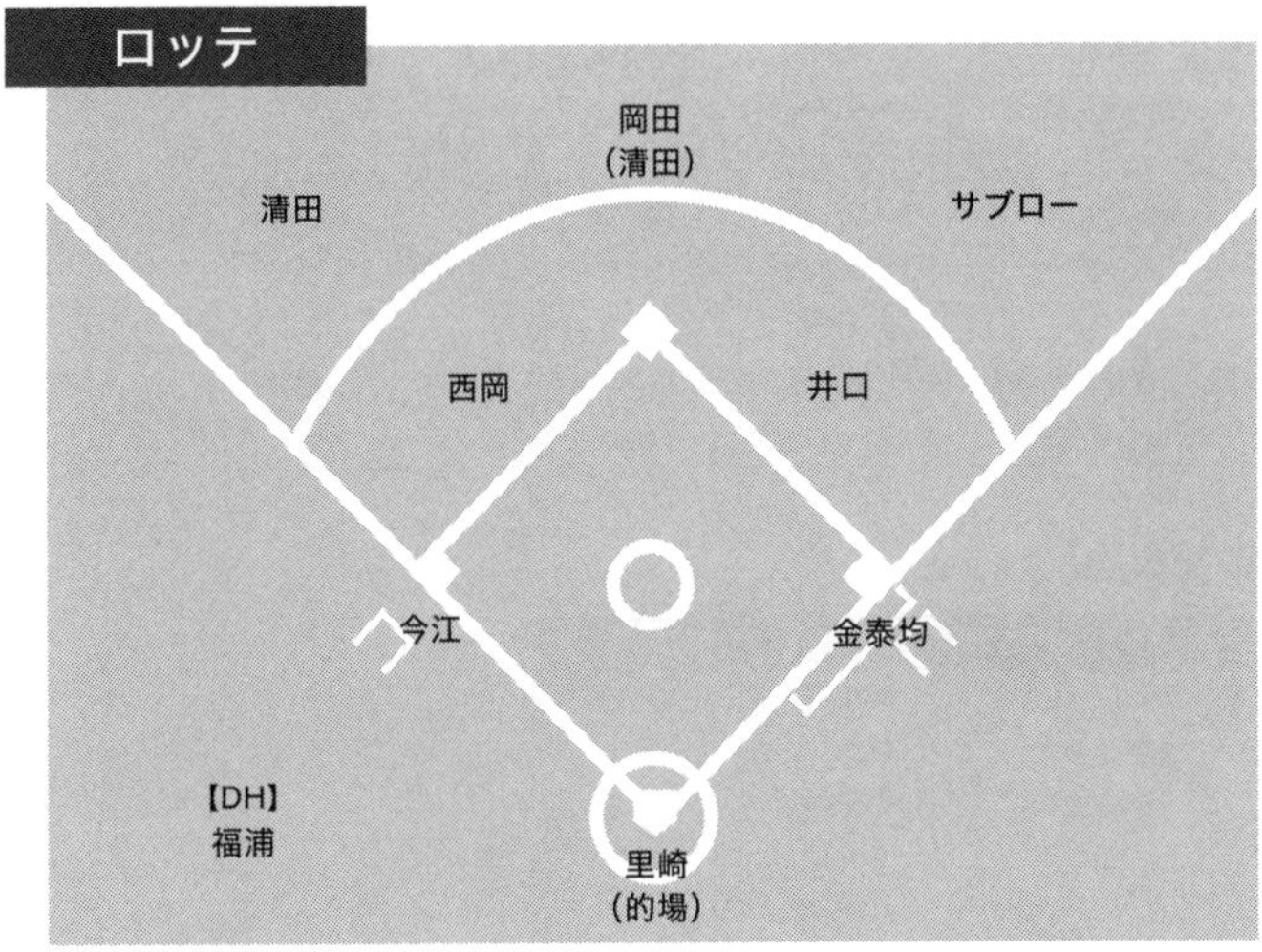

注：オーダーは各ホーム球場の初戦先発に基づく

Awards ▶ タイトル受賞者

▶ Central League

タイトル	選手名	所属チーム	受賞回数	成績
最優秀選手	和田一浩	中日	初	
最優秀新人	長野久義	巨人		
首位打者	青木宣親	ヤクルト	3	.358
最多本塁打	ラミレス	巨人	2	49
最多打点	ラミレス	巨人	4	129
最多盗塁	梵英心	広島	初	43
最優秀防御率	前田健太	広島	初	2.21
最多勝利	前田健太	広島	初	15
最高勝率	久保康友	阪神	初	.737
最多奪三振	前田健太	広島	初	174

▶ Pacific League

タイトル	選手名	所属チーム	受賞回数	成績
最優秀選手	和田毅	ソフトバンク	初	
最優秀新人	榊原諒	日本ハム		
首位打者	西岡剛	ロッテ	初	.346
最多本塁打	T－岡田	オリックス	初	33
最多打点	小谷野栄一	日本ハム	初	109
最多盗塁	本多雄一	ソフトバンク	初	59
	片岡易之	西武	4	59
最優秀防御率	ダルビッシュ有	日本ハム	2	1.78
最多勝利	和田毅	ソフトバンク	初	17
	金子千尋	オリックス	初	17
最高勝率	杉内俊哉	ソフトバンク	2	.696
最多奪三振	ダルビッシュ有	日本ハム	2	222

▶ Nippon Series

タイトル	選手名	所属チーム
最高殊勲選手賞(MVP)	今江敏晃	ロッテ
敢闘選手賞	和田一浩	中日
優秀選手賞	清田育宏	ロッテ
	内竜也	ロッテ
	大島洋平	中日

Pacific League 2011

▶チーム勝敗表

チーム	試合	勝利	敗北	引分	勝率	ゲーム差
ソフトバンク	144	88	46	10	.657	- -
日本ハム	144	72	65	7	.526	17.5
西武	144	68	67	9	.537	20.5
オリックス	144	69	68	7	.536	20.5
楽天	144	66	71	7	.482	23.5
ロッテ	144	54	79	11	.406	33.5

▶チーム投手成績

チーム	防御率	試合	勝利	敗北	セーブ	完投	完封	投球回	奪三振	失点
ソフトバンク	2.32	144	88	46	43	21	29	1286.2	1067	351
日本ハム	2.68	144	72	65	37	16	24	1273.2	918	418
楽天	2.85	144	66	71	28	23	16	1273.1	982	464
西武	3.15	144	68	67	31	18	10	1281.1	860	522
オリックス	3.33	144	69	68	37	16	16	1277	1018	518
ロッテ	3.40	144	54	79	32	13	13	1272.1	832	533

▶チーム打撃成績

チーム	打率	試合	打数	得点	安打	二塁打	三塁打	本塁打	打点	盗塁
ソフトバンク	.267	144	4752	550	1271	216	34	90	528	180
西武	.253	144	4751	571	1204	191	18	103	551	88
日本ハム	.251	144	4736	482	1189	202	18	86	457	88
オリックス	.248	144	4727	478	1172	186	15	76	459	49
楽天	.245	144	4648	432	1140	175	13	53	408	130
ロッテ	.241	144	4760	432	1146	178	22	46	415	101

Central League 2011

▶チーム勝敗表

チーム	試合	勝利	敗北	引分	勝率	ゲーム差
中日	144	75	59	10	.560	--
ヤクルト	144	70	59	15	.543	2.5
巨人	144	71	62	11	.534	3.5
阪神	144	68	70	6	.493	9
広島	144	60	76	8	.441	16
横浜	144	47	86	11	.353	27.5

▶チーム投手成績

チーム	防御率	試合	勝利	敗北	セーブ	完投	完封	投球回	奪三振	失点
中日	2.46	144	75	59	47	12	18	1282.1	891	410
巨人	2.61	144	71	62	37	12	13	1284.1	999	417
阪神	2.83	144	68	70	42	11	14	1266.1	1119	443
広島	3.22	144	60	76	37	10	14	1270	990	496
ヤクルト	3.36	144	70	59	36	14	16	1267	968	504
横浜	3.87	144	47	86	34	2	13	1255.2	874	587

▶チーム打撃成績

チーム	打率	試合	打数	得点	安打	二塁打	三塁打	本塁打	打点	盗塁
阪神	.255	144	4727	482	1206	176	25	80	451	62
広島	.245	144	4639	439	1136	177	18	52	420	65
ヤクルト	.244	144	4645	484	1132	169	19	85	461	43
巨人	.243	144	4716	471	1145	173	14	108	455	106
横浜	.239	144	4625	423	1106	173	13	78	408	31
中日	.228	144	4583	419	1044	171	25	82	401	41

苦手なポストシーズンを覆したソフトバンク

この年のソフトバンクは圧倒的な強さだった。この年から12球団すべてでミズノ社のボールが使われるようになり（俗にいう統一球）、飛距離を約1メートル抑えたというこの統一球の使用によって他球団の打線が低迷する中で、チーム打率とチーム防御率はリーグ1位を記録。シーズンは全球団に勝ち越し完全優勝で2連覇を飾った。

2000年代後半から野手陣に関しては、小久保裕紀や松中信彦といった選手の高齢化が顕著に現れ打力が落ちていたこともあったため、起爆剤として2010年オフに横浜から内川聖一を獲得。その結果、打線に厚みが増し、前年以上に圧倒的な試合運びが可能となった。

上位打線は川﨑宗則・本多雄一・内川の並び。1・2番の機動力を活かしながら、内川がランナーを返していくパターンが多かった。川﨑の打率は・267と統一球の影響もあって若干下がっていたが、この年の本多は打力も絶好調（リーグ5位）であった。川﨑が塁に出た時にバントの機会となっていたイニングで打たせていればさらに得点は上がっていただろう。いずれにせよ、この2人が塁に出て、内川がストレートを狙い打ちし、得点を積み重ねていた。

さらに、変化球が来れば川崎と本多はすかさず盗塁をした。2人合わせて91盗塁を記録しており、特に本多はこの年60盗塁を果たしてリーグ最多盗塁となっている。目に見えて効率的な攻撃パターンだ。記録としては本多や川崎の機動力が目立つが、3番打者・内川の状況に応じた対応力や打撃センスがあるからこそ、成り立っていたのではないだろうか。

4番の小久保や松中は、前年終盤と同様に好調をキープ。松中に関しては、規定打席未到達ながら、打率・308・12本塁打と最後の輝きを見せた。主に6番に座っていた松田宣浩は、リーグ2位の25本塁打を記録。さらに、27盗塁も記録しており、統一球でなければトリプルスリーを狙える活躍を見せていた。下位打線を担っていた長谷川勇也も統一球のシーズンでは高打率となる打率・293（リーグ8位）を記録しており、上位打線から下位打線までいい巡り合わせとなっていた。さらに、にはアレックス・カブレラやホセ・オーティズがおり統一球ではありながら相手からすると気の抜けない打線だった。

投手陣に関しては、和田毅・杉内俊哉・デニス・ホールトン・攝津正・山田大樹が先発ローテーションとして投げ、和田毅とホールトン、中継ぎから先発に転向した攝津が二桁勝利を記録。その他にも岩嵜翔や大場翔太、大隣憲司まで控えており、隙のない体制を確立させた。ブルペン陣は、抑えの馬原孝浩が不安定だったもののブライアン・ファルケンボーグが圧倒的な成績を残した。さらに、前年と同様に森福や金澤健人などの活躍もあり、鉄壁のリリーフ陣だったといえよう。

投打にわたり、盤石な体制のソフトバンクは難なくリーグ優勝を決めた。鬼門となったクライマックスシリーズでは、シリーズMVPにもなる内川の活躍もあり、ストレートで西武に勝利して念願の日本シリーズ出場を決めた。

ペナントレース2連覇を果たしたソフトバンクは、投打ともに盤石な対戦で優勝した。投手陣は、和田毅や杉内、ホールトン、攝津正、山田大、岩嵜、大場と豊富に先発陣が揃っており、さらにリリーフ陣も金沢や森福允彦、ブライアン・ファルケンボーグ、馬原と質・量ともに実力は十分だった。野手陣は内川の加入によって、得点力不足が一気に解消される。統一球元年で野手の成績が軒並み下がった中で、内川と本多は3割を記録し、長谷川は・293を記録。松田宣は25本塁打・27盗塁と、今後の黄金期を作り上げる選手たちの活躍が見られた。日本ハムとの優勝争いも3連勝。シーズンにおける要所で一気に突き放す強さも見受けられた。

ORDER ▶ Pacific League

▶ 野手

打順	守備位置	選手	試合	打席	打率	本塁打	打点	出塁率	長打率	OPS	盗塁
1	遊	川﨑宗則	144	655	.267	1	37	.310	.327	.636	31
2	二	本多雄一	144	633	.305	0	43	.367	.368	.735	60
3	左	内川聖一	114	463	.338	12	74	.371	.485	.856	4
4	一	小久保裕紀	98	372	.269	10	48	.323	.418	.741	0
5	指	松中信彦	88	304	.308	12	36	.383	.504	.887	0
6	三	松田宣浩	144	582	.282	25	83	.344	.510	.854	27
7	右	多村仁志	100	356	.241	4	36	.309	.328	.637	1
8	中	長谷川勇也	125	455	.293	4	34	.379	.388	.766	13
9	捕	細川亨	97	264	.201	1	20	.230	.256	.486	1
主な控え		カブレラ	89	340	.225	10	35	.285	.363	.649	0
		福田秀平	97	244	.252	1	22	.281	.326	.606	22
		オーティズ	80	205	.215	7	15	.278	.376	.654	0
		山崎勝己	86	168	.189	0	13	.214	.236	.451	0
		明石健志	58	105	.278	1	15	.347	.433	.780	5

▶ 先発投手陣

選手	防御率	登板	勝利	敗戦	完投数	セーブ	ホールド	投球回	勝率	奪三振	WHIP
和田毅	1.51	26	16	5	4	0	0	184.2	.762	168	1.00
攝津正	2.79	26	14	8	3	0	0	177.2	.636	150	1.01
ホールトン	2.19	26	19	6	3	0	0	172.1	.760	121	0.97
杉内俊哉	1.94	23	8	7	7	0	0	171.1	.533	177	1.00
山田大樹	2.85	17	7	7	1	0	0	110.2	.500	67	1.09
岩嵜翔	2.72	13	6	2	2	0	0	79.1	.750	33	1.16
大場翔太	2.55	23	7	2	1	0	0	70.2	.778	51	1.09
大隣憲司	2.34	9	3	0	0	0	0	34.2	1.000	33	0.75

▶ 救援投手陣

選手	防御率	登板	勝利	敗戦	セーブ	ホールド	投球回	勝率	奪三振	WHIP
馬原孝浩	3.06	33	1	2	19	2	32.1	.333	33	1.14
森福允彦	1.13	60	4	2	1	34	55.2	.667	45	0.86
ファルケンボーグ	1.42	53	1	2	19	20	50.2	.333	79	0.85
金澤健人	1.66	53	1	1	3	16	43.1	.500	30	0.99
吉川輝昭	2.41	40	0	0	0	6	37.1	.000	23	0.83
藤田宗一	9.64	19	0	1	0	5	9.1	.000	8	1.61
ブラゾバン	0.56	15	0	0	1	2	16	.000	12	0.81
金無英	2.35	9	0	0	0	0	15.1	.000	17	0.78

落合中日の集大成　守備的な野球で連覇

落合中日のラストシーズンとなったこのシーズンは、歴史的にボールが飛ばないシーズンでもあった。その影響もあり、チーム打率はリーグ最下位を記録。ただ、自慢の投手陣は、リーグトップのチーム防御率（2・46）を誇った。

シーズン序盤から首位を走っていたヤクルトには、8月3日時点で10ゲーム差の大差をつけられていた。そこからジリジリと追い上げるが、9月15日の時点でヤクルトの9月成績は12勝1敗、中日も勝ち越しているものの、8月終了時点の2・5ゲーム差から6・0ゲーム差まで開いてしまった。しかし、そこから1週間でゲーム差を1・5縮め、迎えたナゴヤドームでのヤクルト4連戦。初戦の9月22日の試合前に事件が起きた。落合の退任が発表されたのである。

優勝を狙うチームへの影響が懸念されたが、チームは逆に結束を固めていった。22日は鮮やかな逆転勝利、23日は終盤に追いつかれるもその裏すぐに荒木雅博、井端弘和、森野翔彦、トニ・ブランコの連打で突き放し、24日は谷繁元信のサヨナラ打。4連戦を3勝1敗とし首位にゲーム差2・5まで迫った。10月に入ると打線も好調となり、1日からの5連勝で一気に首位奪取に成功。この終盤にかけた追い上げ方はまさに、落合中日の真骨頂だった。どんな状況であっても上手くチームカラーに合わせた落合中日が連覇を成し遂げ、有終の美を飾った。

投手陣は、吉見一起とチェン・ウェインのお馴染み二枚看板に、マキシモ・ネルソンが200イニング越えを記録する活躍を見せた。さらに、川井雄太や山内壮馬、エンジェルベルト・ソトが規定投球回数未到達ながらも3人合わせて13勝と、先発ローテーションの谷間として申し分ない成績を残した。

ブルペン陣も充実していた。髙橋聡文は怪我で離脱したものの、シーズンを通して浅尾拓也と岩瀬仁紀の勝ちパターンが機能した。特に浅尾は、中継ぎながらもシーズンMVPを獲得する活躍を見せた。さらに、ゴールデングラブ賞も獲得。シーズンを通して先発登板が一度もない投手としては、両リーグ通じて初の受賞となった。

浅尾に関しては、髙橋聡の不在や岩瀬の衰えの影響もあり、回跨ぎも複数回していた。その中で、いまだ破られていない球団記録の79試合（87回1／3）に登板して7勝2敗10S、防御率0・41、52ホールドポイント、WHIP0・83で被本塁打0、100奪三振という驚異の成績を残した。もはや、中継ぎという立ち位置から逸脱した活躍だった。その他にも、小林正人や鈴木義広、河原純一などのリリーフ陣も機能しており、投手を中心とした中日らしい守りの野球を展開できていたのではないだろうか。

打撃陣に関しては、統一球の影響と前年MVPの和田一浩の衰えもあり、なかなか打つことができない試合が多かった。そのため、チーム打率は・228に終わっている。ただ、勝負どころで一発やタイムリーなどは出ており、勝負勘は間違いなくセ・リーグの中で頭一つ抜けていたのではないかと思われる。

クライマックスシリーズは、シーズン終盤まで優勝争いを繰り広げたヤクルトとの対決となった。初戦は吉見で勝利したものの、チェンと山井大介で敗戦してタイに。しかし第5戦、先発川井から続く中継ぎリレーで意地を見せ、運命の第6戦は吉見と館山昌平の投げ合いに。手負いのエース館山は限界に近づいており、6回表、一死一塁から井端の2点本塁打で中日が均衡を破った。吉見は中3日ながらも、8回を被安打3、無四球、無失点を記録。得点圏に走者を置いたのもわずか一度と、完璧なピッチングを見せた。文句なしのクライマックスシリーズMVPに輝き、落合中日を日本シリーズに導いた。

落合中日のラストシーズンは、見事2連覇という形に終わった。チーム打率・228、チーム得点419はリーグ最下位を記録。統一球元年に苦しんだ野手陣をカバーするかのように、盤石な投手陣を形成した。先発は前年と同様に吉見とチェンが中心となり、ネルソン、ソト、川井が続く形となった。リリーフ陣は、髙橋聡の怪我があった中で浅尾が脅威の防御率0・41を記録。小林正も防御率0・87、鈴木義は防御率1・08、クローザーの岩瀬も防御率1・48を記録した。投手陣は文句なしのリーグトップの防御率を記録し、原点である守り勝つ野球で有終の美を飾った。

ORDER ▶ Central League

▶ 野手

打順	守備位置	選手	試合	打席	打率	本塁打	打点	出塁率	長打率	OPS	盗塁
1	遊	荒木雅博	135	593	.263	2	24	.312	.319	.631	18
2	二	井端弘和	104	434	.234	1	29	.280	.271	.552	3
3	三	森野将彦	142	595	.232	10	45	.321	.329	.650	0
4	左	和田一浩	131	522	.232	12	54	.339	.385	.724	6
5	一	ブランコ	78	318	.248	16	48	.327	.475	.802	0
6	右	平田良介	113	376	.255	11	38	.333	.436	.770	1
7	中	大島洋平	96	355	.243	3	18	.318	.320	.638	8
8	捕	谷繁元信	102	330	.256	6	31	.349	.357	.706	0
主な控え		グスマン	73	251	.181	7	15	.219	.298	.517	0
		野本圭	78	174	.226	2	15	.279	.340	.619	0
		小池正晃	73	150	.268	5	21	.345	.465	.810	0
		堂上直倫	62	123	.209	2	10	.242	.296	.537	0
		佐伯貴弘	64	118	.202	1	6	.243	.284	.528	0
		堂上剛裕	64	117	.287	1	15	.342	.426	.768	0
		小山桂司	51	102	.280	1	10	.394	.390	.784	1

▶ 先発投手陣

選手	防御率	登板	勝利	敗戦	完投数	セーブ	ホールド	投球回	勝率	奪三振	WHIP
ネルソン	2.54	31	10	14	2	0	0	209.1	.417	149	1.05
吉見一起	1.65	26	18	3	5	0	0	190.2	.857	120	0.87
チェン	2.68	25	8	10	4	0	0	164.2	.444	94	1.03
川井雄太	2.39	16	5	3	0	0	0	83	.625	46	1.19
ソト	1.73	22	5	1	0	0	0	78	.833	59	1.08
山内壮馬	1.73	11	3	2	1	0	1	62.1	.600	31	1.06
山井大介	4.34	10	3	3	0	0	1	45.2	.500	35	1.51
伊藤準規	3.59	9	2	4	0	0	0	42.2	.333	27	1.52

▶ 救援投手陣

選手	防御率	登板	勝利	敗戦	セーブ	ホールド	投球回	勝率	奪三振	WHIP
浅尾拓也	0.41	79	7	2	10	45	87.1	.778	100	0.82
小林正人	0.87	58	5	0	0	18	31	1.000	26	0.55
岩瀬仁紀	1.48	56	0	1	37	7	48.2	.000	45	1.23
鈴木義広	1.08	55	2	1	0	12	41.2	.667	20	1.27
三瀬幸司	4.08	44	1	1	0	7	35.1	.500	25	1.27
平井正史	3.90	33	1	1	0	5	27.2	.500	12	1.45
河原純一	2.66	30	1	4	0	10	20.1	.200	12	1.33

Climax Series ▶戦績

▶Central League

ファーストステージ

ヤクルト(2勝) VS 巨人(1勝)

第1戦	ヤ○ 3-2 ●巨
第2戦	ヤ● 2-6 ○巨
第3戦	ヤ○ 3-1 ●巨

ファイナルステージ

中日(3勝) VS ヤクルト(2勝)

第1戦	中○ 2-1 ●ヤ
第2戦	中● 1-3 ○ヤ
第3戦	中● 1-2 ○ヤ
第4戦	中○ 5-1 ●ヤ
第5戦	中○ 2-1 ●ヤ

▶Pacific League

ファーストステージ

日本ハム(0勝) VS 西武(2勝)

第1戦	日● 2-5 ○西
第2戦	日● 1-8 ○西

ファイナルステージ

ソフトバンク(4勝) VS 西武(0勝)

第1戦	ソ○ 4-2 ●西
第2戦	ソ○ 7-2 ●西
第3戦	ソ○ 2-1 ●西

黄金期の予兆ソフトバンク・落合中日ラストダンスの外弁慶シリーズ

この年の日本シリーズは、両チームが敵地で連勝するという外弁慶シリーズとなり、最終戦までもつれた。日本一に輝いたソフトバンクは、初めてポストシーズンを勝ち上がりシリーズに出場。中日は、2004年から指揮を執っていた監督の落合博満が退任することが、すでに発表されていた。戦力面では投打ともにソフトバンクが圧倒的に有利と思われる中、ピンチの場面で内川聖一に回ると落合が抗議をするなど、采配面だけでなく試合の「間」の作り方という面でも試合巧者ぶりを発揮し、最後までソフトバンクを苦しめた。

福岡ドームから始まった初戦は、ソフトバンクが和田毅、中日はチェン・ウェインの先発となった。ソフトバンクは4回に、自慢の機動力を絡めた攻撃でチェンを攻め立て、一死一・二塁から長谷川勇也のタイムリーで先制。中日は6回まで和田毅の前に無安打であったが、7回表一死からチーム初安打となる和田一浩のソロホームランで追いつく。その後、1対1の同点のままシリーズ初戦から延長戦に。10回にソフトバンクは馬原孝浩を投入するも、二死から小池正晃のソロホームランで中日が勝ち越す。小池は、追い込まれる前の空振りした球と同じフォークを完璧にとらえたのである。見逃し三振を最も嫌ったという落合流の教えが、配球を読む力を選手たちに与えたのだった。その裏、回跨ぎで中継ぎのエース浅尾拓也が抑え、最後は岩瀬仁紀が締めて中日が勝利した。

2戦目の先発は杉内俊哉と吉見一起となった。ソフトバンクは3回に一死一・二塁の先制のチャンスを作り、リーグMVPと首位打者はもちろんのこと、クライマックスシリーズMVPにもこの年輝いた内川を迎えた。初戦を落としたソフトバンクは、ここで一気に流れを引き寄せようとしていたが、ここで落合が「内川のバットのグリップの形がおかしい」「グリップに何か入っている」と球審に指摘し、試合を中断してバットの確認が行われる事態が起きた。結果、スポンジ状のものが入っていたのは確かだったが、問題なしとの判断。しかし、それに動揺したのか内川はセンターフライに倒れ、この打席から9打席連続で凡退、第3試合に限っては無安打となった。この打席前から内川のバットに関して気づいていただろう落合は、シリーズ全体を通してこの場面がキーポイントとなる、とみたからこそ球審に抗議をしたのだろう。

このようなハプニングがあったものの、両投手は好投を見せた。7回、中日の攻撃では二死一・二塁から平田良介がタイムリーツーベースで先制し、試合の均衡を破る。しかしその直後ソフトバンクは、一死満塁から川﨑宗則のタイムリーで追いつく。試合は、2試合連続の延長戦に突入した。初戦から連続で延長戦になったのは、このシリーズが初めて。ソフトバンクは10回、前日に続いてクローザー馬原を投入するも、二死から荒木雅博のヒットと井端弘和の四球で一・二塁とされ、森野のタイムリーで勝ち越しを許す。中日の守護神・岩瀬が締めて中日が連勝した。

戦いの舞台をナゴヤドームに移しての第3戦は、攝津とマキシモ・ネルソンの先発となった。ソフトバンクは初回から、四球と中日・森野翔彦のエラーで二死一・二塁のチャンスを作ると、松田宣浩のタイムリーで先制。4回には多村のツーランホームランでリードを広げた。6回、荒木のツーベースから井端のゴロの間に1点が追加されたが、ソフトバンク先発の摂津は7回までこの1失点に抑え、好投を見せた。さらに8回には細川亨のソロホームランで、1点をさらに突き放し快勝した。

続く4戦目はデニス・ホールトンと川井雄太が先発。初回にソフトバンクが小久保裕紀のタイムリー、続く松田宣のゴロを中日・荒木が悪送球し、その間にで2点を先制。その後は両投手無失点に抑えた。ホールトンは無失点に抑えていたものの、コントロールに苦しみ、5四死球を記録。6回にマウンドに上がったが、森野とトニ・ブランコに連打、和田一を歩かせて無死満塁の場面で降板し、2番手の森福允彦がマウンドに上がった。小池を三振に打ち取り、平田はレフトへの浅いフライ。二死の場面、谷繁には外角ぎりぎりのシュートで攻め力ないゴロに抑えて、無死満塁を無失点で切り抜けた。森福はその後も回跨ぎをし、鷹打線を無安打無失点に抑えた。不調の馬原に代わり、クローザーに回ったブライアン・ファルケンボーグも完璧なピッチングで、最後を締めてタイにした。

ナゴヤドーム最終戦となった5戦目は、山田大樹とチェンの両左腕の先発となった。ソフトバンクは初回一死一・三塁から小久保のタイムリーで先制。終盤の7回には一死一・二塁から細川のタイムリー、8回には松田宣の押し出し死球と多村の2点タイムリーで試合を決めた。投げては山田が6回を被安打3・無失点の好投。4連投のファルケンボーグがベンチから外れた救援陣も3戦目の先発から中1日の攝津、3戦から3連投の森福、馬原が無失点でまとめた。中日・チェンは7回118球の熱投を見せたが、9安打5失点。打線も5安打と貧打に泣き、勝利を呼び寄せることはできなかった。ソフトバンクは敵地3連勝で日本一に王手をかけて、中日は得意の本拠地で1勝もできずに終わった。

戦いの舞台を福岡に戻した6戦目。ソフトバンクは和田毅、後がない中日はエース・吉見が先発。中日は1番の荒木から初回に和田毅の立ち上がりを攻め、二死一・二塁のチャンスを作ると、和田一の2点タイムリースリーベースで先制。ソフトバンクは4回に無死三塁から内川のタイムリーで1点を返す。しかし吉見はこれ以上得点を与えず、7回2/3を投げて失点1で守り、その後普段の継投とは逆になる、7回途中から岩瀬を回跨ぎさせ、9回二死の場面で浅尾につないで勝利した。ソフトバンクは8回に無死一塁の場面で、長谷川がバントを失敗。小飛球で併殺に倒れ、得点を稼げなかったことが大きく響いた。中日は、この勝利でタイに戻した。

運命の最終決戦となる7戦目は、杉内と山井大介の先発となった。ソフトバンクは3回に無死満塁のチャンスを作り、中日の2番手の小林正人から川崎が押し出し四球を選んで先制。さらに4回二死一・二塁から山崎勝己のタイムリーでリードを広げて、7回には、二死二塁から押さえ込まれていた内川が、本多雄一のバント処理で足を痛めていた中継ぎエース・浅尾からタイムリーを放って試合を決めた。ソフトバンク先発の杉内は7回、113球を投げて被安打3、無失点と完璧なピッチングを見せた。続くファルケンボーグも安定したピッチングを見せていたが、9回に井端の打球が右腕を直撃して降板。このシリーズ大活躍の森福が緊急登板し、森野とブランコを打ち取った。最後は攝津正が和田一を三振に抑えて日本一を決めた。中日はこの試合4安打に抑えられ、またも貧打に泣く結果となった。

日本一に輝いたソフトバンクは、不調の馬原を3戦目以降クローザーから外したことや、先発だった攝津をシリーズ終盤リリーフに回すなど、ペナントの結果にこだわりすぎない、シリーズ内で機転が利く投手運用を行った。先発の杉内と和田毅はイニングイーターとして活躍し、優秀選手にも選ばれたファルケンボーグと、ここぞの働きを見せた森福に関しては、ペナント同様、安定したピッチングを見せ馬原の代わりを果たした。さらに打線も、内川が徹底的にマークされる中、小久保が40歳1カ月にして打率・320の活躍を見せ、ＭＶＰに輝いた。

対する中日は、幸先いいスタートを切ったが、守備力が大きな役割を果たす得意の本拠地・ナゴヤドームで1勝もできなかったことがシリーズ全体に響いた。7戦目に浅尾が内川に打たれたシーンは、中日が力尽きた象徴的な場面でもあった。

Nippon Series ▶ 戦績

第一戦
ヤフードーム

中日	0	0	0	0	0	0	1	0	0	1	2
ソフトバンク	0	0	0	1	0	0	0	0	0	0	1

勝 浅尾　負 馬原　S 岩瀬

本 [中] 和田 1 号（7 回 1 点和田）
小池 1 号（10 回 1 点馬原）

第二戦
ヤフードーム

中日	0	0	0	0	0	0	1	0	0	1	2
ソフトバンク	0	0	0	0	0	0	1	0	0	0	1

勝 平井　負 馬原　S 岩瀬

第三戦
ナゴヤドーム

ソフトバンク	1	0	0	2	0	0	0	1	0	4
中日	0	0	0	0	0	1	0	1	0	2

勝 攝津　負 ネルソン　S ファルケンボーグ

本 [ソ] 多村 1 号（4 回 2 点ネルソン）、
細川 1 号（8 回 1 点鈴木）

第四戦
ナゴヤドーム

ソフトバンク	2	0	0	0	0	0	0	0	0	2
中日	0	0	0	0	1	0	0	0	0	1

勝 ホールトン　負 川井　S ファルケンボーグ

第五戦
ナゴヤドーム

ソフトバンク	1	0	0	0	0	0	3	1	0	5
中日	0	0	0	0	0	0	0	0	0	0

勝 山田　負 チェン

第六戦
ヤフードーム

中日	2	0	0	0	0	0	0	0	0	2
ソフトバンク	0	0	0	1	0	0	0	0	0	1

勝 吉見　負 和田　S 浅尾

第七戦
ヤフードーム

中日	0	0	0	0	0	0	0	0	0	0
ソフトバンク	0	0	1	1	0	0	1	0	x	3

勝 杉内　負 山井　S 攝津

Nippon Series ▶守備陣形

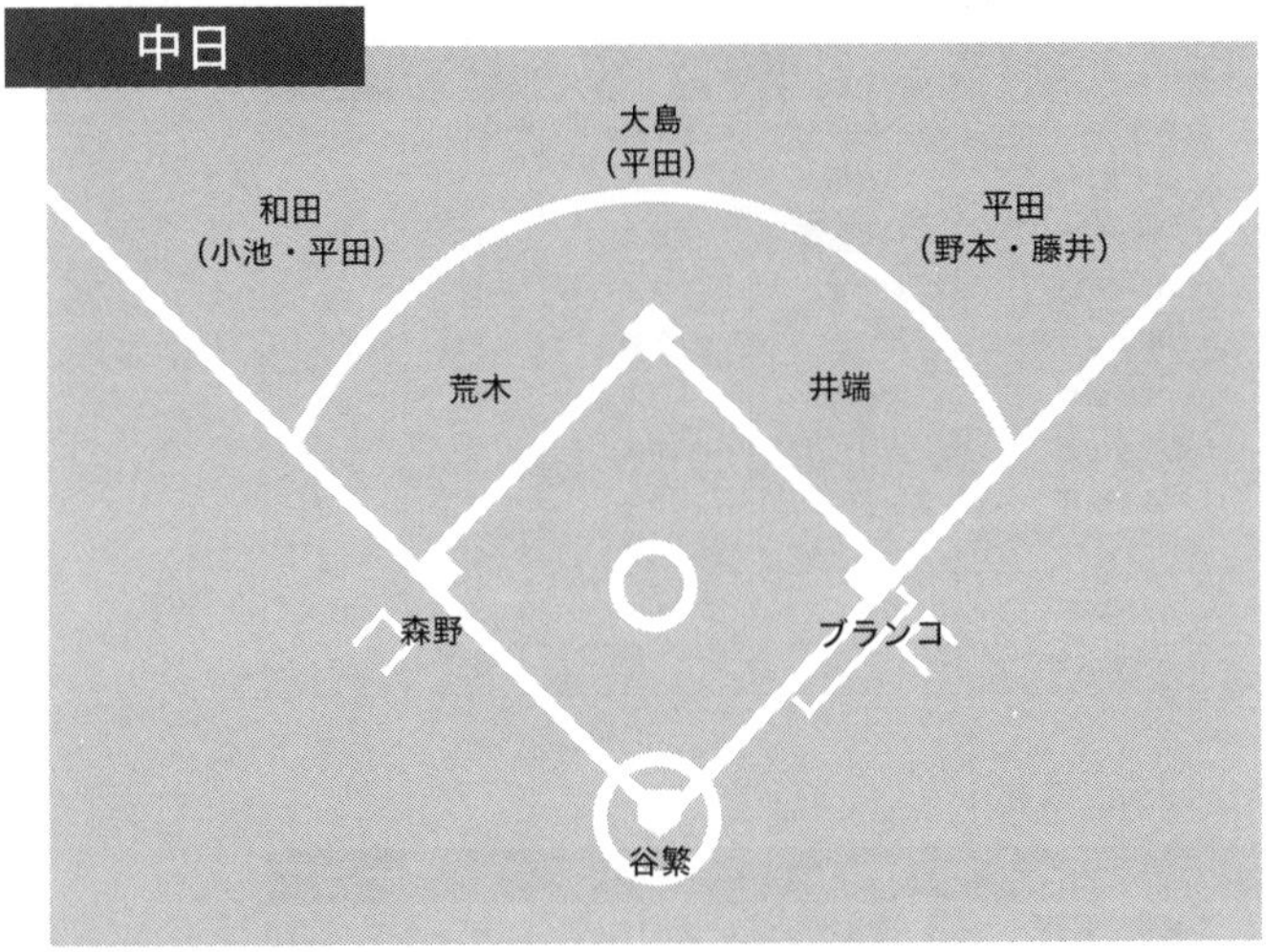

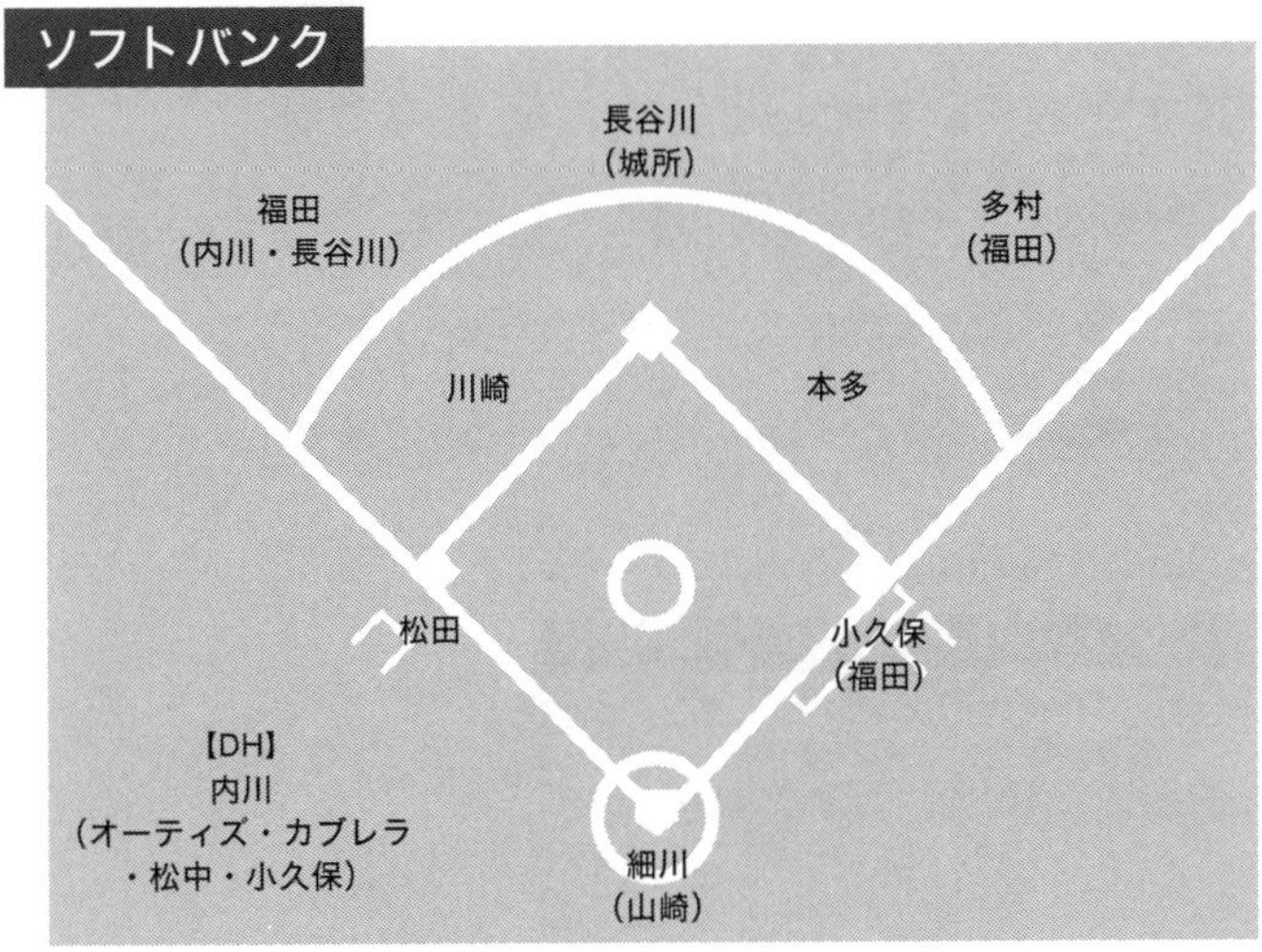

注：オーダーは各ホーム球場の初戦先発に基づく

Awards ▶ タイトル受賞者

▶ Central League

タイトル	選手名	所属チーム	受賞回数	成績
最優秀選手	浅尾拓也	中日	初	
最優秀新人	澤村拓一	巨人		
首位打者	長野久義	巨人	初	.316
最多本塁打	バレンティン	ヤクルト	初	31
最多打点	新井貴浩	阪神	初	93
最多盗塁	藤村大介	巨人	初	28
最優秀防御率	吉見一起	中日	初	1.65
最多勝利	吉見一起	中日	2	18
	内海哲也	巨人	初	18
最高勝率	吉見一起	中日	初	.857
最多奪三振	前田健太	広島	2	192

▶ Pacific League

タイトル	選手名	所属チーム	受賞回数	成績
最優秀選手	内川聖一	ソフトバンク	初	
最優秀新人	牧田和久	西武		
首位打者	内川聖一	ソフトバンク	2	.338
最多本塁打	中村剛也	西武	3	48
最多打点	中村剛也	西武	2	116
最多盗塁	本多雄一	ソフトバンク	2	60
最優秀防御率	田中将大	楽天	初	1.27
最多勝利	ホールトン	ソフトバンク	初	19
	田中将大	楽天	初	19
最高勝率	田中将大	楽天	初	.792
最多奪三振	ダルビッシュ有	日本ハム	3	276

▶ Nippon Series

タイトル	選手名	所属チーム
最高殊勲選手賞(MVP)	小久保裕紀	ソフトバンク
敢闘選手賞	吉見一起	中日
優秀選手賞	杉内俊哉	ソフトバンク
	ファルケンボーグ	ソフトバンク
	和田一浩	中日

Pacific League 2012

▶チーム勝敗表

チーム	試合	勝利	敗北	引分	勝率	ゲーム差
日本ハム	144	74	59	11	.556	- -
西武	144	72	63	9	.533	3
ソフトバンク	144	67	65	12	.508	6.5
楽天	144	67	67	10	.500	7.5
ロッテ	144	62	67	15	.481	10
オリックス	144	57	77	10	.425	17.5

▶チーム投手成績

チーム	防御率	試合	勝利	敗北	セーブ	完投	完封	投球回	奪三振	失点
ソフトバンク	2.56	144	67	65	41	16	19	1275.1	983	429
日本ハム	2.89	144	74	59	40	13	16	1279.2	868	450
楽天	2.99	144	67	67	29	15	14	1278	915	467
ロッテ	3.13	144	62	67	31	13	7	1272.2	762	502
西武	3.24	144	72	63	42	9	10	1274.2	816	518
オリックス	3.34	144	57	77	28	11	12	1278	887	525

▶チーム打撃成績

チーム	打率	試合	打数	得点	安打	二塁打	三塁打	本塁打	打点	盗塁
ロッテ	.257	144	4732	499	1215	208	20	64	477	64
日本ハム	.256	144	4758	510	1220	195	20	90	485	82
ソフトバンク	.2524	144	4734	452	1195	185	32	70	439	144
楽天	.2515	144	4739	491	1192	175	24	52	463	119
西武	.251	144	4648	516	1168	186	27	78	483	94
オリックス	.241	144	4740	443	1142	199	19	73	424	49

Central League 2012

▶チーム勝敗表

チーム	試合	勝利	敗北	引分	勝率	ゲーム差
巨人	144	86	43	15	.667	- -
中日	144	75	53	16	.586	10.5
ヤクルト	144	68	65	11	.511	20
広島	144	61	71	12	.462	26.5
阪神	144	55	75	14	.423	31.5
横浜	144	46	85	13	.351	41

▶チーム投手成績

チーム	防御率	試合	勝利	敗北	セーブ	完投	完封	投球回	奪三振	失点
巨人	2.16	144	86	43	48	9	19	1285.2	1021	354
中日	2.58	144	75	53	53	8	29	1285.1	877	405
阪神	2.65	144	55	75	29	8	17	1272.1	985	438
広島	2.72	144	61	71	35	6	21	1272.1	955	454
ヤクルト	3.35	144	68	65	35	12	15	1269.2	843	514
横浜	3.76	144	46	85	24	11	6	1258	863	571

▶チーム打撃成績

チーム	打率	試合	打数	得点	安打	二塁打	三塁打	本塁打	打点	盗塁
ヤクルト	.260	144	4693	499	1218	168	18	90	471	63
巨人	.256	144	4742	534	1216	207	18	94	505	102
中日	.245	144	4714	423	1156	185	11	70	400	59
阪神	.236	144	4717	411	1115	169	17	58	392	65
広島	.23342	144	4614	427	1077	192	13	76	402	79
横浜	.23340	144	4640	422	1083	164	21	66	400	61

阿部慎之助の年となった巨人とプロ野球

２０１２年、リーグ優勝を果たした巨人は交流戦優勝をはじめ、リーグ優勝と日本一、クライマックスシリーズ制覇、アジアシリーズ制覇の5冠に輝いた。２０１０年代以降のセ・リーグ球団で、日本一まで成し遂げた球団は巨人のみである。

野手陣を見ると、チーム打率はリーグ2位を記録。坂本勇人とリーグトップタイで最多安打を獲得した長野久義は、主に1番として打率・３０１・本塁打14本・60打点・ＯＰＳ・８１５の成績を残した。ただ、この年の長野こそ、流し打ちができて、判断力もあったことから、理想的な2番打者だったのではないだろうか。同じく最多安打を獲得した坂本勇人も、主に3番として打率・３１１・14本・69打点・ＯＰＳ・８１５の成績を残した。

チームの大黒柱であった阿部慎之助は、一時期は三冠王が視野に入るほどの好成績で、最終的には打率・３４０・27本・１０４打点・ＯＰＳ・９９４の成績を残し、歴代捕手シーズン最高レベルの打率記録と共に、首位打者と打点王を獲得した上でＯＰＳもリーグ1位になり、ＭＶＰはもちろんのことキャリアハイのシーズンとなった。村田修一は、この年から巨人に加入した重圧がありながらもフル出場を果たし、中軸を務めて衰えが見え始めた小笠原道大の穴を埋める活躍を見せた。

ここぞという場面での右左の代打が揃っていたことも大きかった。右の代打・矢野謙次は、代打打率チーム内2位の・313、シーズン最終戦の本塁打を含む打率・307・1本・4打点・OPS・787の成績を残し、左の代打の切り札石井義人は、圧倒的な代打打率・405と得点圏打率・444を含む打率・315・0本・14打点・OPS・745という成績を残した。代走の切り札の鈴木尚広も健在だったため、盤石な体制だった。

投手陣は、チーム防御率2・16という驚異的な数値を記録してリーグトップに。エース・内海哲也が15勝6敗、防御率1・98で2年連続の最多勝利と交流戦MVPを獲得。日本シリーズでも2勝0敗、防御率1・20の活躍を見せてMVPを獲得した。

2年目の澤村拓一も、前年日本一のソフトバンク戦で6回まで無安打ピッチングを含む33回2/3の連続イニング無失点記録などの活躍で、ルーキーイヤーから2年連続二桁勝利を記録して先発ローテーションの一角を担った。また、この年から新外国人のスコット・マシソン、長年にわたり中継ぎの柱として活躍していた山口鉄也、この年からはクローザーを任された西村健太朗の3人を並べた勝ちパターンである通称「スコット鉄太朗」が確立された。中でも山口は、1998年の佐々木主浩以来となる開幕24試合連続無失点のセ・リーグ記録に並ぶ活躍で、最優秀中継ぎ投手を獲得した。さらに、高木京介や高木康成、福田聡志といったリリーフは皆防御率2点台以下という活躍もあり、勝ちパターン以外からも勝ち星を拾える状況だった。

ソフトバンクから共に移籍した新戦力の杉内俊哉とデニス・ホールトンの貢献度も高く、杉内は交流戦で史上75人目となるノーヒットノーランを達成。シーズンで12勝4敗・防御率2・04の記録を残し、ソフトバンク時代と同様に奪三振を取っていく投球スタイルで最多奪三振のタイトルを獲得。勝率、WHIPもリーグ1位という成績を残した。ホールトンも12勝8敗・防御率2・45という成績で、ローテーションの一角を担った。

中日とのクライマックスシリーズでは、最初の2戦はシーズン終了からシリーズ開始までのブランクが影響し、主に打撃面で試合勘のなさが露呈し、競り負けた。3戦目は、クローザーの西村が最後に打たれたものの、村田・高橋由伸に本塁打が出て、打撃面は調子が上がる兆しは見えていた。3連敗で迎えた4戦目は3回裏、坂本と阿部慎のタイムリーで先制し、先発の澤村も6回無失点と好投し、意地を見せて踏み止まった。5戦目は、中3日でエース内海を先発に回し、福田のロングリリーフやマシソンが回跨ぎでつなぎ2点に抑えた。9回に代打の切り札・石井義のタイムリーでタフな試合を制し、3勝3敗のタイに。そして6戦目、4対2のスコアで勝利し、日本シリーズ進出を決めた。

この年の巨人は、「ある種、慎之助のチーム」と原辰徳がコメントをするように、阿部慎を中心としたチームビルディングをおこなった。阿部慎は、打っては打率と打点の二冠に輝き、守っては前年の中日を上回るチーム防御率2・16の投手陣をまとめ上げた。投手陣の先発は内海や杉内、ホールトン、澤村が二桁勝利を記録。リリーフ陣もセットアッパーの山口を中心に、マシソンや高木京、高木康、福田、クローザーの西村が活躍を見せた。

野手陣は阿部慎の他に坂本や長野が最多安打を分け合う活躍を見せ、村田も派手さはなかったものの、打撃と守備で貢献。新戦力の上乗せもあり、完全優勝を果たした。

ORDER ▶ Central League

▶ 野手

打順	守備位置	選手	試合	打席	打率	本塁打	打点	出塁率	長打率	OPS	盗塁
1	右	長野久義	144	653	.301	14	60	.382	.432	.815	20
2	中	松本哲也	83	229	.258	0	11	.313	.313	.626	12
3	遊	坂本勇人	144	619	.311	14	69	.359	.456	.815	16
4	捕	阿部慎之助	138	556	.340	27	104	.429	.565	.994	0
5	三	村田修一	144	575	.252	12	58	.316	.374	.690	1
6	左	高橋由伸	130	442	.239	8	56	.356	.351	.707	2
7	一	エドガー	57	190	.236	4	19	.291	.374	.665	0
8	二	藤村大介	109	279	.252	0	10	.296	.298	.595	14
主な控え		谷佳知	89	255	.258	3	22	.299	.319	.618	1
		寺内崇幸	103	225	.241	1	5	.307	.293	.600	11
		ボウカー	69	204	.196	3	10	.267	.310	.577	2
		古城茂幸	65	149	.209	0	8	.273	.256	.529	2
		矢野謙次	62	119	.307	1	4	.391	.396	.787	0
		亀井義行	60	117	.236	2	11	.270	.409	.679	0

▶ 先発投手陣

選手	防御率	登板	勝利	敗戦	完投数	セーブ	ホールド	投球回	勝率	奪三振	WHIP
内海哲也	1.98	28	15	6	3	0	0	186	.714	121	1.15
澤村拓一	2.86	27	10	10	2	0	0	169.2	.500	138	1.33
杉内俊哉	2.04	24	12	4	3	0	0	163	.750	172	0.98
ホールトン	2.45	25	12	8	0	0	0	158	.600	132	1.01
宮國椋丞	1.86	17	6	2	1	0	0	97	.750	54	1.07
ゴンザレス	3.20	11	4	1	0	0	0	45	.800	26	1.76
小山雄輝	1.87	10	2	2	0	0	1	43.1	.500	28	0.92
笠原将生	5.54	4	1	0	0	0	0	13	1.000	14	1.77

▶ 救援投手陣

選手	防御率	登板	勝利	敗戦	セーブ	ホールド	投球回	勝率	奪三振	WHIP
西村健太朗	1.14	69	3	2	32	12	71.1	.600	58	0.88
山口鉄也	0.84	72	3	2	5	44	75.1	.600	68	0.72
福田聡志	1.61	50	8	1	0	17	61.2	.889	51	0.94
高木康成	1.44	40	3	1	0	6	43.2	.750	25	0.96
マシソン	1.71	40	2	0	10	8	42	1.000	48	0.98
高木京介	0.57	34	2	0	1	10	31.1	1.000	28	0.83
田原誠次	3.26	32	2	0	0	7	30.1	1.000	23	1.25

ダルビッシュ有が抜けた穴を埋めてリーグ優勝を果たした日本ハム

この年の日本ハムは、前年オフにダルビッシュ有がメジャー移籍のため抜けた穴が課題となった。その中で吉川光夫が覚醒。シーズンMVPと最優秀防御率に輝く活躍を見せたこともあり、リーグ優勝を果たした。

野手陣を見ると、2011年から引き続いて統一球が導入されていたシーズンだったが、田中賢介と糸井嘉男が3割を記録。その他規定打席以上の打者では稲葉篤紀が・290、陽岱鋼は・287と3割近い打率を記録しており、比較的ハイアベレージの打者が多かったチームだった。

さらに、前年にはじめて規定打席に到達した中田翔の打撃が開眼。開幕から24打席ノーヒットなどもあり打率は低かったものの、全試合フル出場しリーグ2位タイとなる24本塁打、リーグ3位となる77打点を記録して4番に定着した。先制打、同点打、勝ち越し打、逆転の殊勲安打30本、17勝利打点はリーグ最多を記録しており、このシーズンから勝負どころのクラッチ力は健在だった。

投手陣は、シーズンMVPの吉川や武田勝、ブライアン・ウルフが二桁勝利。八木智哉や斎藤佑樹、多田野数人がその谷間を埋めた形となった。また、前年1勝以下の投手が合計29勝する底上げを見せた。リリーフ陣は武田久や増井浩俊、宮西尚生が防御率2点台と安定した働きを見せていた。この勝ちパターンを確立したことにより、先発投手陣は6回まで試合を作れば、勝算が立つ形になった。しかし、この3投手と他の投手陣の力の差がはっきりしていた点が課題だった。

クライマックスシリーズに関しては、先発の吉川・武田勝・ウルフがしっかり試合を作り、ソフトバンクにストレート勝ちで日本シリーズ進出を決めた。チーム打率・防御率がリーグ2位と派手さはなかったものの、無難な試合運びでリーグ優勝を果たした。

この年の日本ハムは、前年の悔しさを晴らすかのように投打ともに大きな成長を見せ、優勝した。大黒柱のダルビッシュがメジャーに移籍した中で、吉川が一気に球界トップクラスの成績を残すまでに成長。中田も統一球でありながら24本塁打、陽岱鋼もレギュラーに定着して成長を遂げる。稲葉や糸井、田中賢、武田勝、武田久、宮西といった投打の中心選手がそろう中で、成長が著しい若手選手との融合を果たし、リーグ優勝を果たした。

ORDER ▶ Pacific League

▶ 野手

打順	守備位置	選手	試合	打席	打率	本塁打	打点	出塁率	長打率	OPS	盗塁
1	二	田中賢介	114	505	.300	3	32	.350	.363	.713	13
2	三	小谷野栄一	134	550	.228	3	39	.275	.293	.567	6
3	右	糸井嘉男	134	597	.304	9	48	.404	.410	.813	22
4	左	中田翔	144	606	.239	24	77	.307	.420	.727	5
5	一	稲葉篤紀	127	497	.290	10	61	.342	.421	.762	0
6	中	陽岱鋼	144	599	.287	7	55	.337	.398	.735	17
7	指	ホフパワー	109	325	.247	14	37	.311	.432	.743	1
8	捕	鶴岡慎也	116	328	.266	0	25	.302	.308	.610	3
9	遊	金子誠	103	311	.227	0	22	.265	.292	.558	1
主な控え		大野奨太	70	159	.171	2	11	.227	.243	.470	0
		西川遥輝	71	155	.239	2	13	.311	.343	.654	7
		スレッジ	47	152	.232	5	23	.303	.406	.708	0
		杉谷拳士	58	133	.235	2	12	.280	.330	.610	4

▶ 先発投手陣

選手	防御率	登板	勝利	敗戦	完投数	セーブ	ホールド	投球回	勝率	奪三振	WHIP
武田勝	2.36	28	11	7	4	0	0	182.2	.611	90	1.03
吉川光夫	1.71	25	14	5	5	0	0	173.2	.737	158	0.88
ウルフ	2.66	26	10	9	1	0	0	149	.526	83	1.31
斎藤佑樹	3.98	19	5	8	2	0	0	104	.385	59	1.67
多田野数人	3.70	18	6	5	0	0	1	90	.545	48	1.21
八木智哉	3.38	13	6	3	1	0	0	66.2	.667	37	1.25
中村勝	1.79	8	2	2	0	0	0	45.1	.500	29	1.15

▶ 救援投手陣

選手	防御率	登板	勝利	敗戦	セーブ	ホールド	投球回	勝率	奪三振	WHIP
増井浩俊	2.76	73	5	5	7	45	71.2	.500	69	1.26
宮西尚生	2.25	66	2	2	0	39	60	.500	56	1.08
森内壽春	4.01	56	0	1	0	16	60.2	.000	37	1.20
武田久	2.32	56	4	4	32	3	54.1	.500	34	1.38
乾真大	5.51	36	1	2	0	2	32.2	.333	32	1.35
モルケン	3.27	23	2	1	0	9	22	.667	18	1.27
矢貫俊之	3.24	22	1	0	1	1	33.1	1.000	23	1.47
谷元圭介	3.52	28	2	2	0	7	61.1	0.5	39	1.26

Climax Series ▶戦績

▶Central League

ファーストステージ

中日(2勝)　VS　ヤクルト(1勝)

第1戦	中○ 6-1 ●ヤ
第2戦	中● 0-1 ○ヤ
第3戦	中○ 4-1 ●ヤ

ファイナルステージ

巨人(4勝)　VS　中日(3勝)

第1戦	巨● 1-3 ○中
第2戦	巨● 2-5 ○中
第3戦	巨● 4-5 ○中
第4戦	巨○ 3-1 ●中
第5戦	巨○ 3-2 ●中
第6戦	巨○ 4-2 ●中

▶Pacific League

ファーストステージ

西武(1勝)　VS　ソフトバンク(2勝)

第1戦	西● 1-2 ○ソ
第2戦	西○ 8-0 ●ソ
第3戦	西● 2-3 ○ソ

ファイナルステージ

日本ハム(4勝)　VS　ソフトバンク(0勝)

第1戦	日○ 3-2 ●ソ
第2戦	日○ 3-0 ●ソ
第3戦	日○ 4-2 ●ソ

投打の軸が機能して盤石な体制で日本一に輝いた巨人

この年の日本シリーズは2009年と同じカードとなった。交流戦でも初優勝を果たし、投打ともに充実していた巨人が圧倒的に有利な中でシリーズが進んだ。この年ペナントでキャリアハイ、シーズンMVPを獲得した阿部慎之助が3戦目で負傷し、2試合スタメンから外れていた中で、長野久義や坂本勇人がシーズンと同様にチームを引っ張った。投手陣も8月より左肩違和感による登録抹消から杉内俊哉が不在の中で、内海哲也と澤村拓一がしっかり試合を作り、4勝を挙げて日本一に輝いた。

東京ドームから始まった初戦の先発は、内海と吉川光夫の両左腕となった。巨人はペナントシーズンのパ・リーグ防御率トップだった吉川を序盤から攻め立て、4回に阿部慎のタイムリー、その後クライマックスシリーズで5割を記録していた好調のジョン・ボウカーが高めに抜けた初球のスライダーを難なく運び、スリーランホームランで4点を先制した。さらに阿部慎は5回にもタイムリーを放ち、ボウカーは7回にタイムリーを放った。結果的に、先発野手全員安打の14安打8得点で初戦に勝利。シーズンでは対左投手の打率が・163だったボウカーの起用が当たった。監督である原辰徳は「このところ非常に調子がいい」とコメントしていた通りの活躍を見せた。投げては内海が7回を2安打無失点と、完璧に近いピッチングを見せ日本ハム打線を寄せ付けなかった。

続く2戦目は澤村と武田勝の先発。澤村は初回から陽岱鋼と中田翔に死球を与えるという、不安定な立ち上がりに。さらに、この後のピンチの場面でまわりが見えなくなり牽制球のサインを見落とし、マウンド上で捕手の阿部慎に頭をはたかれる、というシーンもあったが、これに奮起して8回を無失点に抑えた。その裏、巨人は長野の先頭打者ホームランで先制。その後は立ち直った澤村と武田勝の投手戦に。特に澤村は、8回まで素晴らしいピッチングを見せて、9回は山口鉄也・スコット・マシソンの継投で締めて2連勝した。日本ハム・武田勝も6回1失点と抑えたが、打線がつながらず援護を得ることができなかった。

戦いの舞台を札幌に移動した3戦目は、デニス・ホールトンとブライアン・ウルフの両外国人選手の先発となった。本拠地の後押しがある日本ハムは、自分たちのペースで試合を進める。2回にはベテラン稲葉篤紀のソロホームランを含め2点を先制。3回にも稲葉は三塁適時打を放ち、勢いづくかのように小谷野栄一、ホフパワーの連続タイムリーで3点を追加した。中盤以降も得点を積み重ね、12安打7得点。対する巨人は、阿部慎が5回にセカンドゴロを打った際の走塁時に右膝を痛め、守備から退いた後、2暴投2失点となったことが響いた。日本ハムは本拠地でシリーズ1勝を挙げて、4戦目に向けて勢いをつけた。

続く4戦目は宮國椋丞と中村勝が先発。日本シリーズ史上初となる平成生まれの投手の投げ合いになった。第3戦で右ひざ裏に違和感を覚えた阿部慎は欠場となった。両先発投手が7回まで投げて得点を許さないピッチングを見せ、その後もゼロ行進が続き、試合は日本シリーズ47年ぶりに、0対0で延長戦に入った。12回、日本ハムが一死一塁の場面で大野奨太が犠打を試みると、処理した西村健太朗の一塁への送球をベースカバーに入った藤村が落球する失策で、一死一・二塁というチャンスを作った。打席は飯山裕志。次打席が当たっている陽であっただけにバントのサインかと思われたが、栗山英樹はヒッティングのサインを送った。巨人・矢野謙次の頭上を越えるタイムリーツーベースを放ち、日本ハムのサヨナラ勝ちとなった。

5戦目の先発投手は、両チームとも第1戦と同様に内海と吉川。この日も阿部慎は欠場となった。2回に巨人は、1戦目で吉川からホームランを放っているボウカーがまたもやホームランを放ち、2点を先制。さらに3回に坂本やエドガー・ゴンザレスの適時打で3点を追加し、日本ハムの吉川を1戦目と同様試合前半での降板に追い込んだ。内海は1戦目ほどのできとはいえないものの好投を見せ、8回を2失点に抑えて勝利投手に。最終的に巨人は先発全員安打、10得点で圧勝し、王手をかけた。

ただこの試合では、疑惑の判定があった。4回に送りバントの構えをしている打者加藤健に対して、多田野数人が内角高めの初球を投じたところ、加藤が大きくのけぞり、そのまま打席に倒れ込んだ。柳田昌夫球審は原監督のアピールを受け、死球に判定し日本シリーズ初となる危険球による退場処分を下した。この判定に対し、栗山監督が数分間にわたって柳田球審に強く抗議したものの、判定が覆ることはなかった。

東京ドームに戻っての6戦目も2戦目と同様、澤村と武田勝の先発となった。巨人は1回、ポストシーズン絶好調の矢野が、フェンス直撃のタイムリーを放ち2点を先制。さらに2回には、長野が第2戦同様に日本ハムの武田勝からソロホームランを放って追加点を挙げた。対する日本ハムは疲れが見え始めた澤村を攻め立て、6回に中田がスリーランホームランを放って同点に追いつく。意地を見せたい巨人は7回に二死二塁のチャンスを作り、痛みを押して出場していた満身創痍の阿部慎のタイムリーで勝ち越した。9回、巨人の抑えには「スコット鉄太郎」のベテラン、山口が上がった。日本ハムは一死から二岡智宏が四球で出塁し、二死一塁から代打・鶴岡一成が右前安打で二死一・二塁と一打同点のチャンスを作るが、山口が糸井嘉男を抑えて巨人が勝利。3年ぶり22度目の日本一となった。一方の日本ハムは同点に追いついた

7回、二死満塁のチャンスを巨人のリリーフ高木京介に抑えられ、無得点に終わったことが響いた。

シリーズ全体を見ても、巨人が総合力で勝った対戦カードだったといえよう。特に先発投手陣については杉内が離脱していた中でも、内海と澤村が先発した試合では序盤に流れを作り、必ず勝利を挙げられたことが強みとなった。また打線では、ペナントレースでは10打点に終わっていたボウカーの起用が大当たり。チームトップとなる2本塁打を記録する活躍もあり、交流戦で苦戦を強いられた吉川相手に2戦2勝となった。さらに1・2番も後続につなぐチャンスを確実に作り、1番・長野はチームトップの打率・375と2本塁打を記録。3番・坂本も打率・360とシリーズを通して好調を維持した。ペナントシーズンをフルに活躍し、日本シリーズで負傷した満身創痍の阿部慎を上手くカバーした形になった。しかしその阿部慎も日本一を決めるタイムリーを放っており、投打の軸が及第点の活躍を見せ、伏兵も活躍した危なげない試合運びで日本一に輝いた。

逆に日本ハムは、初戦で稲葉と糸井を徹底的に抑えられ、吉川が攻略されたことで、出鼻を挫かれた形になった。

2012

Nippon Series

第一戦
東京ドーム

										計
日本ハム	0	0	0	0	0	0	0	0	1	1
巨人	0	0	0	4	2	0	2	0	X	8

勝 内海　負 吉川
本 [日] 陽 1 号（9 回 1 点ゴンザレス）
[巨] ボウカー 1 号（4 回 3 点吉川）

第二戦
東京ドーム

										計
日本ハム	0	0	0	0	0	0	0	0	0	0
巨人	1	0	0	0	0	0	0	0	X	1

勝 澤村　負 武田勝　S マシソン
本 [巨] 長野 1 号（1 回 1 点武田勝）

第三戦
札幌ドーム

										計
巨人	0	0	0	0	2	0	0	1	0	3
日本ハム	0	2	3	0	0	1	0	1	X	7

勝 ウルフ　負 ホールトン
本 [日] 稲葉 1 号（2 回 1 点ホールトン）

第四戦
札幌ドーム

													計
巨人	0	0	0	0	0	0	0	0	0	0	0	0	0
日本ハム	0	0	0	0	0	0	0	0	0	0	0	1x	1

勝 宮西　負 西村

第五戦
札幌ドーム

										計
巨人	0	2	3	1	2	0	0	0	2	10
日本ハム	0	1	1	0	0	0	0	0	0	2

勝 内海　負 吉川
本 [巨] ボウカー 2 号（2 回 2 点吉川）

第六戦
東京ドーム

										計
日本ハム	0	0	0	0	0	3	0	0	0	3
巨人	2	1	0	0	0	0	1	0	X	4

勝 高木京　負 石井　S 山口
本 [日] 中田 1 号（6 回 3 点澤村）
[巨] 長野 2 号（2 回 1 点武田勝）

巨人

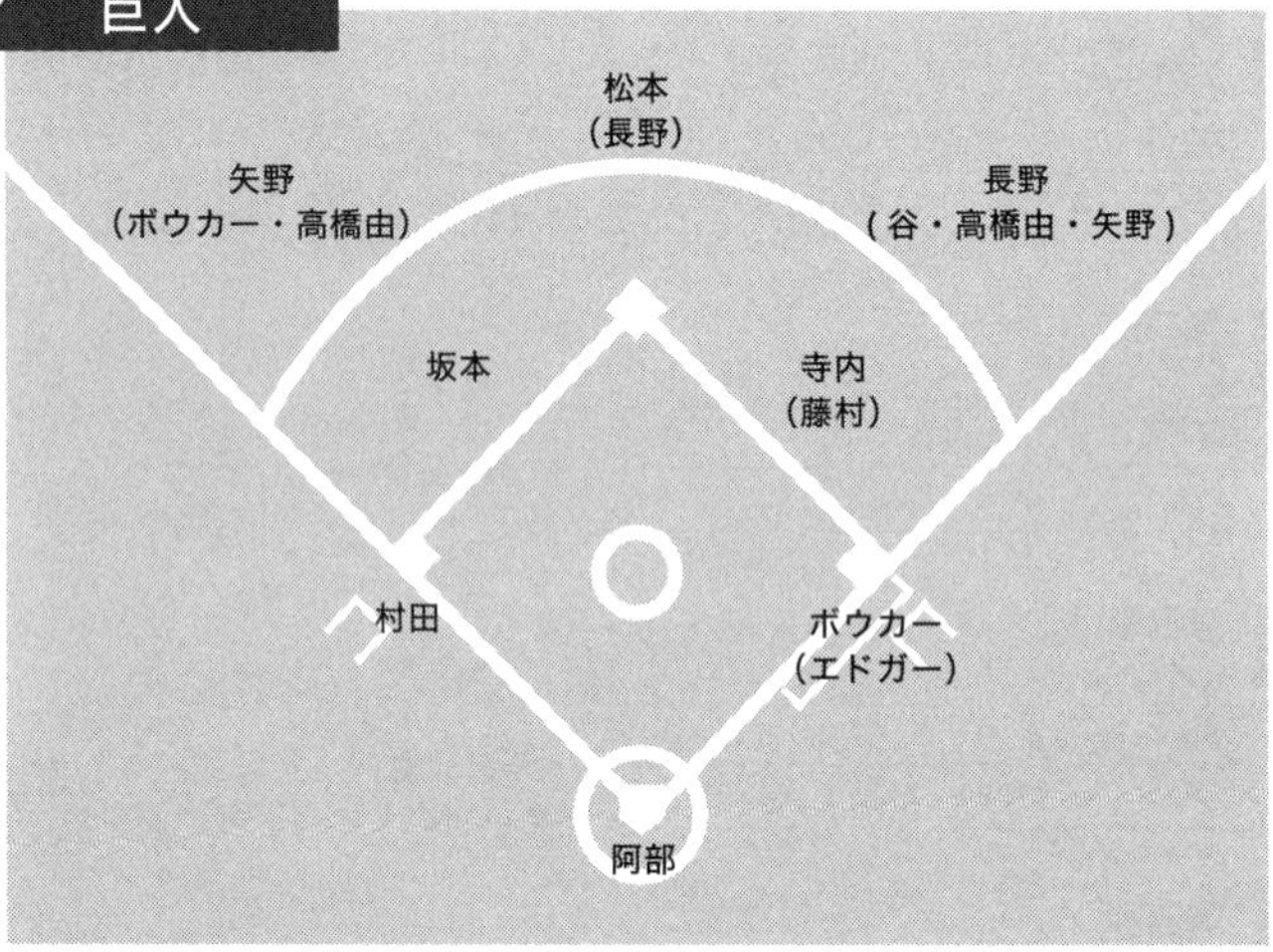

日本ハム

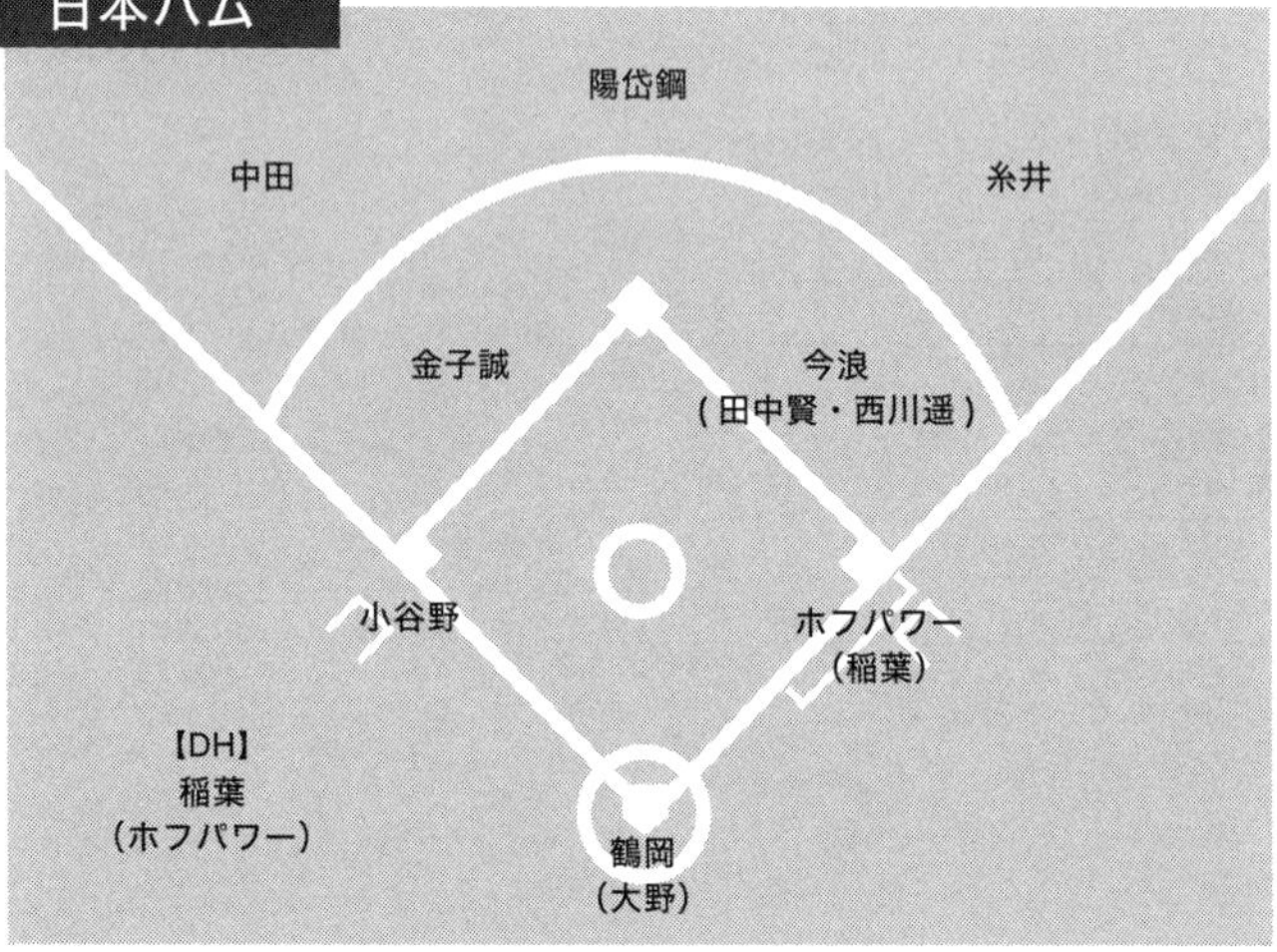

注：オーダーは各ホーム球場の初戦先発に基づく

Awards ▶ タイトル受賞者

▶ Central League

タイトル	選手名	所属チーム	受賞回数	成績
最優秀選手	阿部慎之助	巨人	初	
最優秀新人	野村祐輔	広島		
首位打者	阿部慎之助	巨人	初	.340
最多本塁打	バレンティン	ヤクルト	2	31
最多打点	阿部慎之助	巨人	初	104
最多盗塁	大島洋平	中日	初	32
最優秀防御率	前田健太	広島	2	1.53
最多勝利	内海哲也	巨人	2	15
最高勝率	杉内俊哉	巨人	3	.750
最多奪三振	杉内俊哉	巨人	3	172
	能見篤史	阪神	初	172

▶ Pacific League

タイトル	選手名	所属チーム	受賞回数	成績
最優秀選手	吉川光夫	日本ハム	初	
最優秀新人	益田直也	ロッテ		
首位打者	角中勝也	ロッテ	初	.312
最多本塁打	中村剛也	西武	4	27
最多打点	李大浩	オリックス	初	91
最多盗塁	聖澤諒	楽天	初	54
最優秀防御率	吉川光夫	日本ハム	初	1.71
最多勝利	攝津正	ソフトバンク	初	17
最高勝率	攝津正	ソフトバンク	初	.773
最多奪三振	田中将大	楽天	初	169

▶ Nippon Series

タイトル	選手名	所属チーム
最高殊勲選手賞(MVP)	内海哲也	巨人
敢闘選手賞	稲葉篤紀	日本ハム
優秀選手賞	長野久義	巨人
	ボウカー	巨人
	阿部慎之助	巨人

Pacific League 2013

▶チーム勝敗表

チーム	試合	勝利	敗北	引分	勝率	ゲーム差
楽天	144	82	59	3	.582	- -
西武	144	74	66	4	.529	7.5
ロッテ	144	74	68	2	.521	8.5
ソフトバンク	144	73	69	2	.514	9.5
オリックス	144	66	73	5	.475	15
日本ハム	144	64	78	2	.451	18.5

▶チーム投手成績

チーム	防御率	試合	勝利	敗北	セーブ	完投	完封	投球回	奪三振	失点
オリックス	3.31	144	66	73	31	13	12	1292.1	1064	529
楽天	3.51	144	82	59	36	13	16	1281	958	537
西武	3.54	144	74	66	29	17	12	1290.2	984	562
ソフトバンク	3.56	144	73	69	26	6	12	1286.1	985	562
日本ハム	3.74	144	64	78	37	6	6	1276.1	824	604
ロッテ	3.77	144	74	68	36	3	13	1283	899	584

▶チーム打撃成績

チーム	打率	試合	打数	得点	安打	二塁打	三塁打	本塁打	打点	盗塁
ソフトバンク	.274	144	4915	660	1348	225	31	125	635	87
楽天	.267	144	4819	628	1287	208	20	97	593	62
ロッテ	.262	144	4798	572	1257	206	29	91	532	91
西武	.257	144	4775	570	1226	185	31	86	540	113
日本ハム	.2563	144	4787	534	1227	200	9	105	514	120
オリックス	.2559	144	4825	513	1235	216	18	93	485	84

Central League 2013

▶チーム勝敗表

チーム	試合	勝利	敗北	引分	勝率	ゲーム差
巨人	144	84	53	7	.613	--
阪神	144	73	67	4	.521	12.5
広島	144	69	72	3	.489	17
中日	144	64	77	3	.454	22
横浜	144	64	79	1	.448	23
ヤクルト	144	57	83	4	.407	28.5

▶チーム投手成績

チーム	防御率	試合	勝利	敗北	セーブ	完投	完封	投球回	奪三振	失点
阪神	3.07	144	73	67	23	14	18	1296	1038	488
巨人	3.21	144	84	53	48	8	16	1300.2	1094	508
広島	3.46	144	69	72	31	6	15	1290.2	916	554
中日	3.81	144	64	77	39	2	8	1298	916	599
ヤクルト	4.26	144	57	83	31	8	10	1285.1	965	682
横浜	4.50	144	64	79	28	9	9	1279.1	931	686

▶チーム打撃成績

チーム	打率	試合	打数	得点	安打	二塁打	三塁打	本塁打	打点	盗塁
巨人	.2619	144	4906	597	1285	215	14	145	575	90
横浜	.2617	144	4856	630	1271	191	19	132	595	54
阪神	.255	144	4842	531	1236	216	18	82	503	81
ヤクルト	.253	144	4826	577	1220	163	16	134	558	70
広島	.248	144	4739	557	1174	203	16	110	528	112
中日	.245	144	4844	526	1187	190	15	111	501	57

悲願のリーグ優勝を果たした星野楽天

2013年、楽天はついに悲願のリーグ初優勝を果たした。長年チームの成長を支えた岩隈久志がメジャーへ移籍し山﨑武司も構想外で中日へ移籍するなど、主力が抜けた2012年は勝率・500をマークするもリーグ4位に終わった。そのオフにメジャーリーグからアンドリュー・ジョーンズ、ケーシー・マギー、そして斎藤隆を獲得し、大型補強に成功。大躍進の大きな要因はやはり田中将大と、新外国人のジョーンズとマギーの活躍だ。この投打の軸が確立されて、リーグ制覇を果たした。

投手陣はリーグ2位の防御率を記録。ルーキーイヤーからチームを支えた田中将が伝説を作った。24勝0敗1セーブといった、前人未踏の記録を残す。シーズンを通して負けがないままシーズンを終えた、ということだ。さらに田中将の場合は、自らが投げた試合で勝利することはもちろんのこと、シーズン終盤の8月23日には5連敗をストップさせるなど、投げた試合からチームを勢いづける意味でも大きな存在だった。

タイトルとしても、2度目の沢村賞と最多勝利、最高勝率、最優秀防御率を獲得。リーグ優勝決定試合では、最終回にリリーフとしてマウンドに上がり、胴上げ投手にもなった。月間MVPに関しては、5月から9月まで連続して獲得。通算獲得数は歴代最多である。レジェンド級の成績を残した田中が投げる試合は、リードをされていても逆転勝ちすることが多かった。例えば、7月26日のロッテ戦では、1対1の6回に井口資仁の勝ち越し弾を許す。そのまま最終回まで1点ビハインドになったが、ロッテの守護神・益田直也から先頭の銀次がツーベースを放ちチャンスを広げると、一死満塁から松井稼頭央が四球で同点。その後、嶋基宏がサヨナラとなるタイムリーを放ち、田中将はこの試合の勝利で14連勝となった。試合をする前から相手チームからも諦めているのはあっただろう。

則本昂大はルーキーながら開幕投手を務め、対戦相手はほとんどエース級ながらも15勝を記録して新人王を獲得。先発陣に関してはこの2人が軸になった。ブルペン陣も、若干は不安定さがあったものの、青山浩二や斎藤隆、長谷部康平、金刃憲人、ダレル・ラズナーなどが投げた。

野手陣も、チーム打率2位を記録。経験豊富なジョーンズやマギーを中軸として、シーズン後半では岡島豪郎、藤田一也、銀次の1番から3番を確立。若手から中堅の台頭もあり、足がある聖澤諒やベテランの松井稼を下位打線に置くこともできた。

入団以後、長らく二軍生活を送っていた枡田慎太郎や、２０１１年のドラフトで6位入団した島内宏明の台頭が目覚ましく、交互に試合に起用していた。ジョーンズとマギーにランナーを出した形で回るような打順を組んだ結果、ジョーンズは94打点、マギーは93打点を記録した。守備の面でも派手さはなかったが、二塁手の名手として知られる藤田の守備は１２８試合で・９９１とリーグ2位、随所でチームを救っていた。

投打の軸が確立された楽天は、リーグ優勝とともにクライマックスシリーズも、美馬学の完封勝利などもあり、順当に日本シリーズを決めた。

この年は、なんと言っても田中将だ。24個の貯金を作る活躍は今でも語り継がれている。さらにルーキーの則本も二桁勝利を記録。野手陣はジョーンズとマギーを中心とし、得点を積み重ねる戦い方が見られた。4月終了時は5位だった中で、5月には2位に浮上し、7月には首位に立った。投打の軸がチームの基盤となり、リーグ優勝を果たす。球団の歴史に残るシーズンになったのではないだろうか。

ORDER ▶Pacific League

▶野手

打順	守備位置	選手	試合	打席	打率	本塁打	打点	出塁率	長打率	OPS	盗塁
1	右	岡島豪郎	79	264	.323	1	13	.405	.385	.790	3
2	二	藤田一也	128	536	.275	1	48	.320	.326	.646	3
3	一	銀次	131	525	.317	4	54	.365	.405	.769	3
4	指	ジョーンズ	143	604	.243	26	94	.391	.454	.845	4
5	三	マギー	144	590	.292	28	93	.376	.515	.891	2
6	左	枡田慎太郎	86	311	.272	8	47	.352	.425	.777	1
7	遊	松井稼頭央	125	497	.248	11	58	.311	.388	.700	1
8	捕	嶋基宏	134	507	.257	4	48	.318	.318	.635	3
9	中	聖澤諒	120	491	.284	2	40	.357	.356	.713	21
主な控え		島内宏明	97	329	.284	6	38	.326	.391	.717	6
		鉄平	54	168	.240	1	10	.311	.322	.632	2
		岩崎達郎	74	112	.218	0	12	.252	.267	.519	0

▶先発投手陣

選手	防御率	登板	勝利	敗戦	完投数	セーブ	ホールド	投球回	勝率	奪三振	WHIP
田中将大	1.27	28	24	0	8	1	0	212	1.000	183	0.94
則本昂大	3.34	27	15	8	3	0	0	170	.652	134	1.14
美馬学	4.12	18	6	5	0	0	0	98.1	.545	63	1.52
ダックワース	4.31	18	5	5	0	0	0	87.2	.500	64	1.46
戸村健次	3.33	12	4	2	0	0	0	67.2	.667	22	1.34
辛島航	4.42	11	3	4	1	0	1	59	.429	45	1.39
永井怜	3.46	10	2	4	1	0	0	54.2	.333	31	1.13
宮川将	2.45	17	2	0	0	0	0	40.1	1.000	33	1.54

▶救援投手陣

選手	防御率	登板	勝利	敗戦	セーブ	ホールド	投球回	勝率	奪三振	WHIP
青山浩二	3.43	60	3	5	11	17	60.1	.375	60	1.34
小山伸一郎	3.94	45	1	4	0	16	45.2	.200	42	1.31
金刃憲人	1.85	39	1	0	0	9	34	1.000	25	1.06
ラズナー	3.35	37	1	2	17	3	37.2	.333	40	1.12
片山博視	3.03	31	3	1	0	2	35.2	.750	22	1.51
斎藤隆	2.36	30	3	0	4	4	26.2	1.000	25	1.31
長谷部康平	1.83	24	1	1	3	10	34.1	.500	31	0.99
福山博之	4.41	22	0	0	0	1	34.2	.000	20	1.29

投打の層の厚さと進化した「スコット鉄太朗」で優勝した巨人

2013年のセ・リーグも、巨人が圧倒的な強さを見せつけた。このシーズンの開幕前に開催されたWBCでは巨人から12球団中最多の7人（内海哲也・杉内俊哉・澤村拓一・山口鉄也・阿部慎之助・坂本勇人・長野久義）が日本代表に選出されており、WBCの疲れは間違いなくあっただろうが、チームは開幕から隙のない野球で勝ち星を重ねていった。

打撃陣は、チーム打率と本塁打数でリーグトップを記録。夏場までは、坂本や阿部慎といった中心選手の活躍もあり選手層の厚さはトップクラスだった。一時は9番打者を経験した村田修一も交流戦の後半あたりから復活を遂げ、7月はキャリア初の月間打率4割を超える活躍を見せた。さらに8月はセ・リーグ記録となる月間46安打を記録し、2カ月連続の月間MVPに。シーズン終盤は4番に座るまでに信頼を取り戻した。

しかし先述のWBCの影響は確実にあった。長野は開幕当初調子を落とし、坂本は苦手の夏場に調子が下降し、阿部慎はシーズン後半に帯状疱疹になるなど満身創痍。さらにジョン・ボウカーの不振、ホセ・ロペスの故障と一軍離脱期間があった中で、シーズン終盤の村田の活躍は著しいものであり、もしヤクルトのウラディミール・バレンティンが本塁打記録を更新していなかったら貢献度や投票数を見てもMVPを受賞できるほどだった。

また、交流戦から活躍を見せたのが中井大介だ。優勝争いの中で阪神との対戦カードでも能見篤史から値千金のホームランを放つなどの活躍を見せた。この年の巨人軍は、主力が不調や怪我があった状況でも、それを一時的に埋める選手が活躍する場面が多々見られた。

投手陣はリーグ2位のチーム防御率3・21を記録。先発ローテーションを見ると、エース内海と杉内の先発ローテーションに、ルーキーの菅野智之が加入し、3人が二桁勝利を挙げている。その隙間を埋めるように澤村やデニス・ホールトンなどもいたことにより、前年と同様に安定していた。

さらに、昨年からブルペン陣を支えていたスコット・マシソン、山口、西村健太朗の「スコット鉄太朗」が更に堅固なものへ。9月からは澤村もリリーフとして勝ちパターンに加わり、6回からは盤石な救援陣の体制が整備された。さらに、青木高広もキャリアハイの活躍を見せた。この年の巨人は6回までリードした際の勝率はなんと・952（60勝3敗）。投打の圧倒的なバランスで2位阪神に12・5ゲーム差をつけて優勝した。

クライマックスシリーズでは、16年ぶりにAクラス入りして勢いに乗る広島に3連勝。この上ないぐらい順調に日本シリーズ進出を決めた。

この年の巨人は、前年と同様に圧倒的な投打のバランスでリーグ2連覇を飾った。投手は内海や菅野、杉内が二桁勝利を記録。リリーフ陣も磐石で、青木や澤村、マシソン、山口、西村の投手陣がいたことにより、先発を早い段階で降ろす試合運びもできた。打線は前年MVPの阿部慎はもちろんのこと、月間安打記録を残した村田や新外国人のロペスが活躍を見せた。そのため、春先は長野、夏場以降は坂本の調子が上がらなかったが上手くカバーできた。

ORDER ▶Central League

▶野手

打順	守備位置	選手	試合	打席	打率	本塁打	打点	出塁率	長打率	OPS	盗塁
1	中	長野久義	144	642	.281	19	65	.336	.424	.760	14
2	右	亀井善行	86	324	.257	3	25	.298	.345	.643	3
3	遊	坂本勇人	144	620	.265	12	54	.334	.394	.728	24
4	捕	阿部慎之助	135	529	.296	32	91	.427	.564	.991	0
5	三	村田修一	144	595	.316	25	87	.385	.511	.896	1
6	左	ボウカー	105	295	.262	14	46	.315	.502	.817	0
7	一	ロペス	121	467	.303	18	55	.346	.490	.836	1
8	二	寺内崇幸	114	274	.225	2	12	.265	.279	.544	6
主な控え		松本哲也	91	222	.237	0	5	.315	.258	.572	11
		高橋由伸	68	197	.303	10	34	.416	.533	.950	0
		矢野謙次	90	166	.289	2	22	.302	.409	.711	2
		中井大介	48	149	.324	4	17	.361	.453	.814	2
		脇谷亮太	49	135	.244	0	8	.306	.285	.591	3
		橋本到	35	111	.239	1	8	.297	.326	.623	3

▶先発投手陣

選手	防御率	登板	勝利	敗戦	完投数	セーブ	ホールド	投球回	勝率	奪三振	WHIP
菅野智之	3.12	27	13	6	1	0	0	176	.684	155	1.15
内海哲也	3.31	25	13	6	1	0	0	160.1	.684	107	1.27
澤村拓一	3.13	34	5	10	3	0	6	158.1	.333	148	1.14
杉内俊哉	3.35	24	11	6	2	0	0	153	.647	149	1.12
ホールトン	3.73	18	9	4	1	0	0	103.2	.692	67	1.13
宮國椋丞	4.93	17	6	7	0	0	0	87.2	.462	50	1.69
笠原将生	3.33	30	4	1	0	0	1	46	.800	51	1.48
小山雄輝	3.86	10	0	2	0	0	1	35	.000	31	1.40

▶救援投手陣

選手	防御率	登板	勝利	敗戦	セーブ	ホールド	投球回	勝率	奪三振	WHIP
西村健太朗	1.13	71	4	3	42	10	71.2	.571	71	1.09
山口鉄也	1.22	64	4	3	6	38	66.2	.571	55	0.96
マシソン	1.03	63	2	2	0	40	61	.500	77	0.89
高木京介	4.34	46	3	0	0	6	47.2	1.000	40	1.34
青木高広	2.87	34	5	1	0	0	31.1	.833	19	0.83
香月良太	6.16	19	0	0	0	3	19	.000	8	1.53

Climax Series ▶戦績

▶Central League

ファーストステージ

阪神(0勝) VS 広島(2勝)

第1戦 神● 1-8 ○広
第2戦 神● 4-7 ○広

ファイナルステージ

巨人(4勝) VS 広島(0勝)

第1戦 巨○ 3-2 ●広
第2戦 巨○ 3-0 ●広
第3戦 巨○ 3-1 ●広

▶Pacific League

ファーストステージ

西武(1勝) VS ロッテ(2勝)

第1戦 西● 1-11 ○ロ
第2戦 西○ 15-0 ●ロ
第3戦 西● 1-4 ○ロ

ファイナルステージ

楽天(4勝) VS ロッテ(1勝)

第1戦 楽○ 2-0 ●ロ
第2戦 楽● 2-4 ○ロ
第3戦 楽○ 2-0 ●ロ
第4戦 楽○ 8-5 ●ロ

悲願の日本一を目指す楽天 vs 連覇を狙う王者巨人

この年の日本シリーズは、シーズン24勝無敗だった田中将大を中心とした楽天と、日本シリーズ連覇を狙う巨人の対戦となった。楽天は田中将のピッチングが注目されていた中で、二番手エースの則本昂大や美馬学がフル回転の活躍。最終戦までもつれたシリーズだったが、楽天投手陣に打線が抑え込まれていたため、打撃成績には少なからず差があったといえよう。しかしその中で、無敗の田中将に勝利するという巨人の意地も見られた戦いだった。

コボスタ宮城で始まった1戦目は則本と内海哲也の先発。ペナント中速球ストレートとスライダーを中心に組み立てることが多かった則本は、この日シーズン終盤から使い始めたフォークを多投。その効果もあり、両先発ともに序盤から好投を見せ、試合は投手戦になる。試合は5回に動いた。先頭打者・坂本勇人を楽天・銀次が悪送球で出塁させると、その直後、長野久義が外角のボールを上手く合わせてライトへ運び、タイムリーで先制。その裏の楽天は、ランナー一塁の場面で嶋基宏がエンドランを仕掛けたが、一塁走者の松井稼頭央がホセ・ロペスの好送球もあり三塁で刺される。8回にも二死一・二塁で松井稼がレフトへ大飛球を放つがその打球を亀井善行がファインプレーで捕球するなど得点することができなかった。その後、8回に、村田修一のソロホームランで点差を広げ、試合を決めた。巨人は内海が、6回までランナーを出しながらも粘りのピッチングを見せ、その後も、勝ちパターンのスコット・マシソン、山口鉄也、西村健太朗の盤石の継投で勝利。両チームともチャンスの機会は少なかったが、少ない機会をものにした巨人が接戦を勝利した。

2戦目は絶対的エース田中将とルーキー菅野智之の先発。この試合も投手戦となり、5回まで静かに試合が進む。6回表、田中将が二死の場面から阿部慎之助・高橋由伸への四球を絡め、満塁のピンチを招いた場面。ロペスに対してこの日最速の152キロのストレートで勝負し、空振り三振に抑えた。この力投が実り楽天は6回裏、一死二塁の場面で、銀次がタイムリーを放ち先制、試合が動いた。7回の二死一・三塁の場面で藤田一也のセカンドゴロが微妙な判定で内野安打となり、巨人の原辰徳監督が猛抗議するものの覆らないまま2点目が入った。巨人は8回に寺内崇幸のソロホームランで1点を返すものの敗戦。無敗のエースが重量打線を12奪三振、3安打1失点に抑えタイに持ち込んだ。

戦いの舞台を東京ドームに移した3戦目は、美馬と杉内俊哉の先発となった。楽天はファーストストライクから積極的に打ちに行く作戦で、2回二死満塁から藤田、銀次の連続ツーベースで4点を先制し、杉内を早々に降板させる。8回にも追加点を挙げて試合を決めた。巨人は美馬に対し6回途中まで無四球、4安打に抑えられる。6回に美馬のアクシデントによる降板があったものの、緊急登板したレイが2回1/3を投げ、8回の矢野謙次のソロホームランによる1失点に抑えた。巨人は先発杉内の不調が誤算となり、高橋由とロペスが無安打、阿部慎も1安打に終わり、打線も低調だった。

4戦目はハウザーとデニス・ホールトンの外国人同士の先発となった。楽天は初回ホールトンの立ち上がりを攻めて、アンドリュー・ジョーンズのスリーランホームランなどで4点を先制。しかしこの日は巨人も大きく打線を変え、不調の高橋由を外し打線を組み替えたことが功を奏し、村田や長野のタイムリーなどで4回までに3点を返した。さらに5回には、長野の2点タイムリーツーベースで逆転に成功。その後6回に楽天は聖澤諒が同点タイムリーツーベースで追いつくが、その直後巨人が7回一死一・二塁で、寺内が決勝点となるライト線へのタイムリーを放ち勝ち越した。この後は、鉄壁のリリーフ陣マシソンと山口の継投で、乱打戦を勝利した。

5戦目は、辛島と内海航の両左腕の先発となった。楽天は3回に2本のタイムリーで4試合連続先制点を挙げる。先発の辛島は5回を1安打無失点に抑え、6回からは「リードしていたら出すと決めていた」と星野仙一が語った則本がリリーフとして登板。巨人は7回に村田が則本からこのシリーズ2本目となるホームランで1点を返し、ビハインドながらも山口・西村を投入し、8・9回を無失点に抑える。土壇場の9回にも、村田が一死一・三塁から同点となるタイムリーを放った。しかしその後得点できず、ここで勝負を決められなかったことが勝敗に響くことになる。延長戦に入り10回、巨人の守護神・西村が先頭打者の則本に四球を与えてしまう。その後死球を絡め一死一・二塁から銀次がタイムリーを放ち勝ち越し、さらにジョーンズのタイムリーで1点を加え試合が決まった。このシリーズ初の延長戦は楽天が勝利し、3勝2敗として日本一に王手をかけた。巨人はこの日も4安打2点に終わり、3番坂本と4番阿部慎は無安打に抑えられ、大ブレーキとなってしまった。

勝負を仙台に戻しての6戦目は田中将と菅野の先発。先制したのはこの試合も楽天。2回に一死二・三塁から嶋の内野ゴロの間に1点、さらに直後、聖澤の打球をロペスが失策し、この回2点を挙げた。巨人は5回、このシリーズ2安打と不調だった坂本のツーベースで無死二塁とし、この試合開始時までポストシーズン無安打と大不調だったロペスが、高めに抜けたスプリットをツーランホームランにして、同点に追いつく。高橋由のタイムリーもあり、この回3点を挙げて一気に逆転。その後も6回にロペスの内野ゴロで1点を追加点を挙げた。この場面ではロペスがホームランを放った後、田中将を挑発。2戦目で三振に抑えた際、田中将がガッツポーズしたことを「挑発行為」ととらえたのだ。田中将もこれに怒りをあらわにし、球場には険悪なムードが漂った。冷静さを失った田中将は、四球を挟んで3連打を浴び、〝無敗神話〟は「26勝」でストップ。7回からは山口、マシソンの「勝利の方程式」につないで勝利。先発の菅野は楽天打線を6番まで無安打に抑えるなど、7回3安打2失点と先発に役割を果たした。巨人が前年日本一の意地を見せ、田中将を討ってタイにした。

最終戦の先発は3戦目と同じ、美馬と杉内。楽天は1回に坂本のエラーで先制。第2試合から6試合連続で先制点となった。2回には岡島豪郎のタイムリーツーベースで追加点を挙げる。この時点で巨人は杉内から澤村拓一につなぐが、4回裏に牧田明久にソロホームランを許し3点突き放す。しかし巨人も5回から澤村に代えて内海を、8回裏からは西村をマウンドに送り、追加点を与えない。楽天は美馬が6回無失点と第3戦に続いて好投を見せた。7・8回は5戦目と同様に則本が登板し、無失点に抑える好リリーフ。9回には前日に9回160球と熱投した田中将が本人の志願によりリリーフ登板。2安打され、二死一・三塁と一発出れば同点の場面で代打矢野を空振り三振に抑えて勝利。楽天が悲願の日本一を決めた。

日本一になった楽天は、美馬がクライマックスシリーズの好調をこのシリーズでも発揮した。6戦目で無敗だった田中将が敗れたことは大きかったものの、MVPの働きで、日本一をたぐり寄せた。さらに楽天はリリーフ陣に不安があった中で、則本をシリーズの途中からリリーフに回すなど投手起用の柔軟さが見られた。打線に関しては、左が続いていた上位打線が好調を維持し、チーム打率.267を記録。前年ノーヒットノーランされた杉内を2戦ともに攻略した。ベテランの松井稼は、チームトップの打率.333を記録。4番のジョーンズも.292・1本塁打・5打点と4番に相応しい活躍を見せた。対する巨人は、日本シリーズに強かった杉内(2003年、2011年合計で3勝0敗)が2戦2敗と大誤算の結果に。守備面でもミスが目立った。打線に関してはチーム打率が.182と低迷。特に阿部慎は.091で高橋由が.150、ロペスは.174と大ブレーキ、打線が全く機能しないままシリーズが終わった。このシリーズは定性的な部分で見ると、メディアや球場の雰囲気が、楽天を後押しする部分があり、巨人からするとアウェイの状況だったことは否めない。その中でシーズン無敗だった田中将に土をつけて最終戦まで演出できたという、巨人の粘り強さも見られたシリーズだった。

Nippon Series ▶戦績

第一戦
Kスタ宮城

巨人	0	0	0	0	1	0	0	1	0	2
楽天	0	0	0	0	0	0	0	0	0	0

勝 内海　負 則本　S 西村
本 [巨] 村田1号（8回1点則本）

第二戦
Kスタ宮城

巨人	0	0	0	0	0	0	0	1	0	1
楽天	0	0	0	0	0	1	1	0	X	2

勝 田中　負 菅野
本 [巨] 寺内1号（8回1点田中）

第三戦
東京ドーム

楽天	0	4	0	0	0	0	0	1	0	5
巨人	0	0	0	0	0	0	0	1	0	1

勝 美馬　負 杉内
本 [楽] 矢野1号（8回1点レイ）

第四戦
東京ドーム

楽天	3	1	0	0	0	1	0	0	0	5
巨人	1	0	0	2	2	0	0	1	0	6

勝 マシソン　負 長谷部　S 山口
本 [巨] ジョーンズ1号（1回3点ホールトン）

第五戦
東京ドーム

楽天	0	0	2	0	0	0	0	0	0	2	4
巨人	0	0	0	0	0	0	1	0	1	0	2

勝 則本　負 西村
本 [巨] 村田2号（7回1点則本）

第六戦
Kスタ宮城

巨人	0	0	0	0	3	1	0	0	0	4
楽天	0	2	0	0	0	0	0	0	0	2

勝 菅野　負 田中　S マシソン
本 [巨] ロペス1号（5回2点田中）

第七戦
Kスタ宮城

巨人	0	0	0	0	0	0	0	0	0	0
楽天	1	1	0	1	0	0	0	0	X	3

勝 美馬　負 杉内　S 田中
本 [楽] 牧田1号（4回1点澤村）

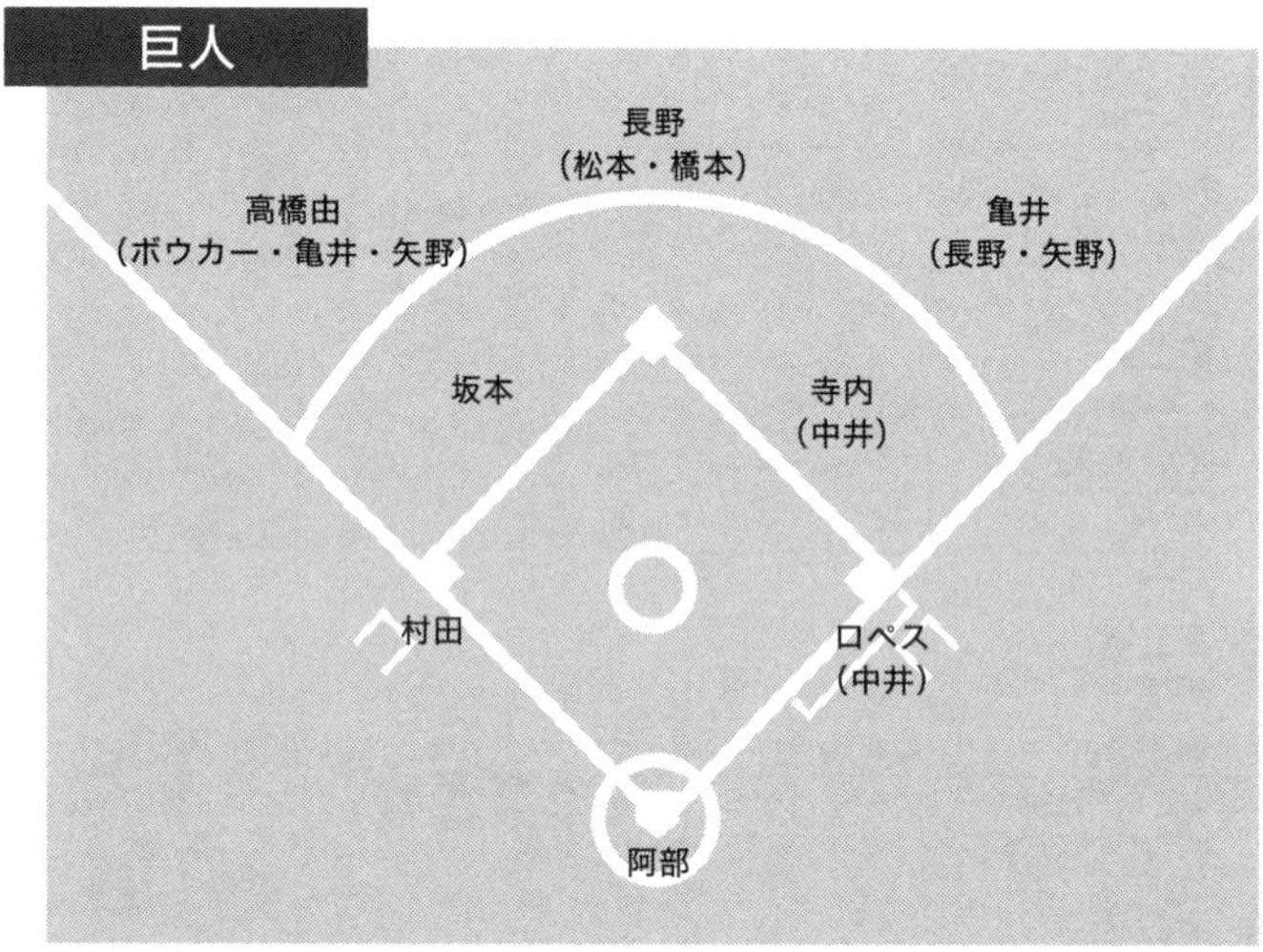

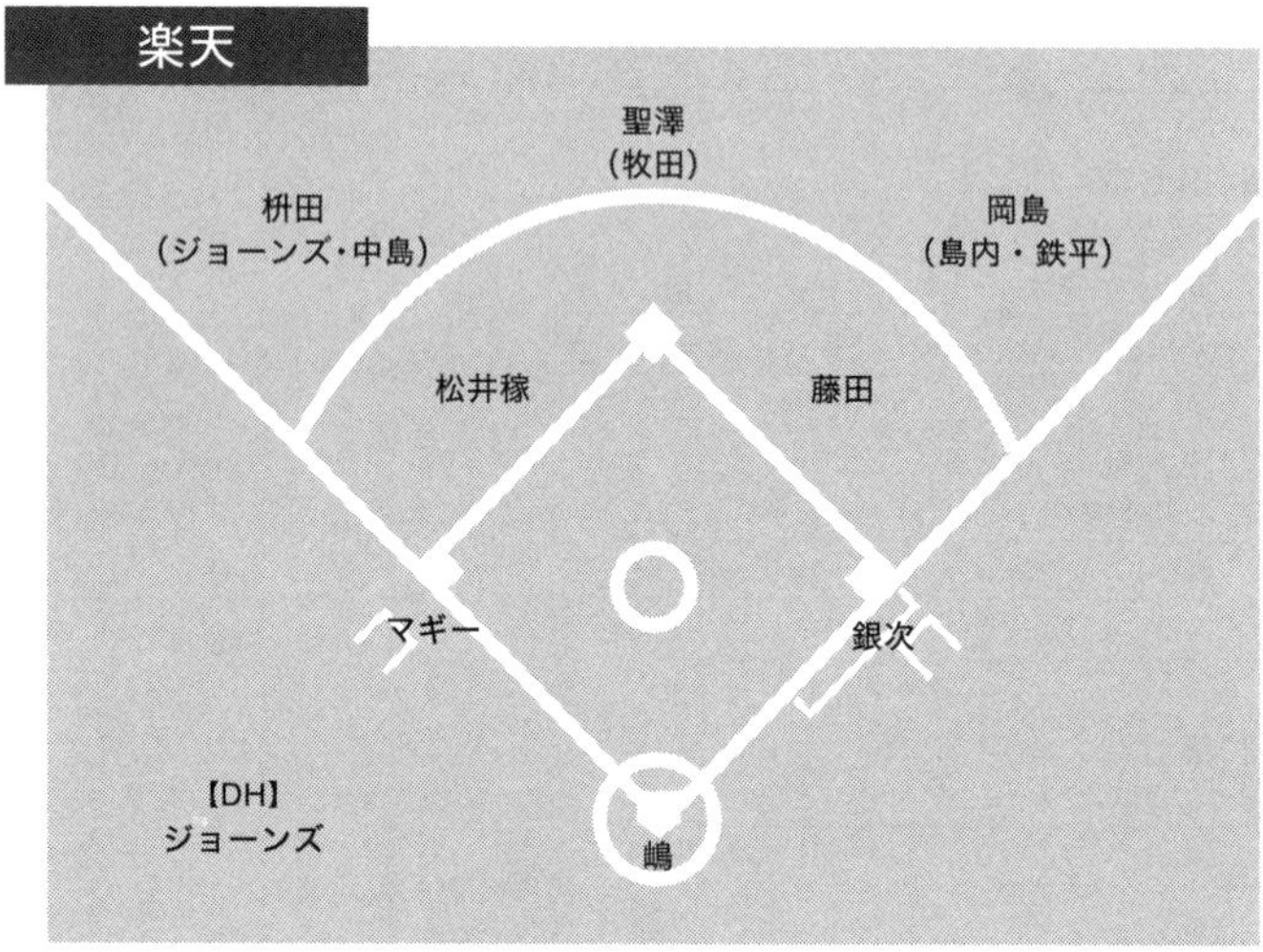

注:オーダーは各ホーム球場の初戦先発に基づく

Awards ▶ タイトル受賞者

▶ Central League

タイトル	選手名	所属チーム	受賞回数	成績
最優秀選手	バレンティン	ヤクルト	初	
最優秀新人	小川泰弘	ヤクルト		
首位打者	ブランコ	横浜	初	.333
最多本塁打	バレンティン	ヤクルト	3	60
最多打点	ブランコ	横浜	2	136
最多盗塁	丸佳浩	広島	初	29
最優秀防御率	前田健太	広島	3	2.10
最多勝利	小川泰弘	ヤクルト	初	16
最高勝率	小川泰弘	ヤクルト	初	.800
最多奪三振	メッセンジャー	阪神	初	183

▶ Pacific League

タイトル	選手名	所属チーム	受賞回数	成績
最優秀選手	田中将大	楽天	初	
最優秀新人	則本昂大	楽天		
首位打者	長谷川勇也	ソフトバンク	初	.341
最多本塁打	アブレイユ	日本ハム	初	31
最多打点	浅村栄斗	西武	初	110
最多盗塁	陽岱鋼	日本ハム	初	47
最優秀防御率	田中将大	楽天	2	1.27
最多勝利	田中将大	楽天	2	24
最高勝率	田中将大	楽天	2	1.000
最多奪三振	金子千尋	オリックス	初	200

▶ Nippon Series

タイトル	選手名	所属チーム
最高殊勲選手賞(MVP)	美馬学	楽天
敢闘選手賞	長野久義	巨人
優秀選手賞	田中将大	楽天
	銀次	楽天
	内海哲也	巨人

Pacific League 2014

▶チーム勝敗表

チーム	試合	勝利	敗北	引分	勝率	ゲーム差
ソフトバンク	144	78	60	6	.565	--
オリックス	144	80	62	2	.563	0
日本ハム	144	73	68	3	.518	6.5
ロッテ	144	66	76	2	.465	14
西武	144	63	77	4	.450	16
楽天	144	64	80	0	.444	17

▶チーム投手成績

チーム	防御率	試合	勝利	敗北	セーブ	完投	完封	投球回	奪三振	失点
オリックス	2.89	144	80	62	41	10	16	1294	1127	468
ソフトバンク	3.25	144	78	60	39	7	9	1303	1077	522
日本ハム	3.61	144	73	68	33	8	10	1288.1	1000	569
西武	3.77	144	63	77	32	9	9	1288.1	914	600
楽天	3.97	144	64	80	24	11	14	1271	1005	604
ロッテ	4.14	144	66	76	32	8	8	1277	874	642

▶チーム打撃成績

チーム	打率	試合	打数	得点	安打	二塁打	三塁打	本塁打	打点	盗塁
ソフトバンク	.280	144	4935	607	1383	227	30	95	574	124
オリックス	.258	144	4710	584	1215	211	22	110	559	126
楽天	.255	144	4768	549	1214	215	18	78	518	64
日本ハム	.2511	144	4731	593	1188	188	29	119	564	134
ロッテ	.2508	144	4836	556	1213	260	33	96	519	64
西武	.248	144	4782	574	1187	221	26	125	549	74

Central League 2014

▶チーム勝敗表

チーム	試合	勝利	敗北	引分	勝率	ゲーム差
巨人	144	82	61	1	.573	- -
阪神	144	75	68	1	.524	7
広島	144	74	68	2	.521	7.5
中日	144	67	73	4	.479	13.5
横浜	144	67	75	2	.472	14.5
ヤクルト	144	60	81	3	.426	21

▶チーム投手成績

チーム	防御率	試合	勝利	敗北	セーブ	完投	完封	投球回	奪三振	失点
巨人	3.58	144	82	61	41	10	13	1306.1	998	552
中日	3.69	144	67	73	35	6	11	1293.1	970	590
横浜	3.76	144	67	75	30	11	10	1289.1	939	624
広島	3.79	144	74	68	29	6	10	1283.2	933	610
阪神	3.88	144	75	68	39	9	14	1282	1174	614
ヤクルト	4.62	144	60	81	31	5	4	1283	940	717

▶チーム打撃成績

チーム	打率	試合	打数	得点	安打	二塁打	三塁打	本塁打	打点	盗塁
ヤクルト	.279	144	5023	667	1401	223	15	139	647	62
広島	.272	144	4878	649	1326	219	23	153	612	96
阪神	.264	144	4823	599	1274	226	15	94	563	55
中日	.258	144	4854	570	1250	215	21	87	537	75
巨人	.257	144	4862	596	1248	207	7	144	570	102
横浜	.253	144	4833	568	1224	211	27	121	540	76

ソフトバンク黄金時代の予兆を感じるシーズン

2014年のソフトバンクを語る前に、まず優勝を逃した2年（2012～2013年）の戦力を確認しておきたい。川﨑宗則は2011年オフにメジャーに移籍、2013年に小久保裕紀が引退しているため、野手陣を見ると、内川聖一と松田宣浩、長谷川勇也、そして外国人がメインの戦力だった。

しかしこの2年の期間に、2軍で柳田悠岐や中村晃などの選手が伸びてきた。彼らのような「蒔いた種」が開花し始めた2014年からは、投打にわたり、NPB全体がしばらくソフトバンク一色となった、と言っても過言ではないだろう。

このシーズンに関しては、規定打席に到達した3割打者が5選手（柳田・内川・李大浩・長谷川・中村晃）並び、その中でも中村晃は最多安打を獲得。松田宣も規定打席未到達ながら打率・301を記録し、本多雄一も打率・291を記録した。20本塁打以上の選手はいなかったものの、切れ目のない打線を確立してリーグトップのチーム打率・280を記録した。

投手陣はチーム防御率2位を記録。先発ではジェイソン・スタンリッジ、中田賢一、攝津正が二桁勝利を記録。エースを担っていた攝津には衰えが見え始めたものの、ローテーションの軸として他にもスタンリッジと中田がおり、武田翔太や大隣憲司といった若手や中堅どころも機能して、勝利を積み重ねた。

ブルペン陣は、セットアッパーを担った五十嵐亮太や岡島秀樹、後に絶対的な守護神となるデニス・サファテ、その他にも森唯斗、柳瀬明宏、森福允彦など枚数は揃っていた。ただ、シーズン終盤は投手陣が崩れる場面が多々あり、安定感はなかったため、ペナントレースでは投手力が高かったオリックスとの優勝争いとなり、最終戦までもつれた。10月2日、最終戦となるオリックス戦で延長10回、松田宣がタイムリーを放ちサヨナラ勝ち。リーグ優勝と日本一に輝いた。

クライマックスシリーズは、ファーストステージを勝ち上がった日本ハムとの戦いになった。初戦は9回、吉村裕基の逆転サヨナラタイムリーがあり、先手勝利。2戦目3戦目は投手が先発・中継ぎともに攻略され落としたものの、4戦目で柳田が先頭打者ホームランを放ち勢いに乗り、その後も得点を積み重ね、ソフトバンクの先発・中田も5回まで好投し勝利。5戦目も敗れ勝負は最終戦にもつれ込んだが、内川のタイムリーで先制。初戦サヨナラ打の吉村にもタイムリーが出て、追加点を挙げた。1点を争う緊迫していた展開の中でベテランの大隣が7回を無失点の好投を見せた。

この年のソフトバンクは、レギュラーシーズンからクライマックスシリーズまで最終戦までもつれたが、最後の最後まで耐え切る力をつけたことで、これまでとは違うところを見せられたのではないだろうか。

この年のソフトバンクは、野手陣に爆発的な派手さはなかったものの、選手たちが70～80点の安定感あるパフォーマンスを残した。投手陣は先発投手がシーズン終盤の9月から崩れる場面が見られたが最終戦でなんとか逃げ切る形で優勝マジックを一度も点灯させることなくリーグ優勝を果たした。ペナントリーグ最終戦でサヨナラ勝ちにより優勝を決めたのは、日本プロ野球史上初となった。

2014

ORDER ▶ Pacific League

▶ 野手

打順	守備位置	選手	試合	打席	打率	本塁打	打点	出塁率	長打率	OPS	盗塁
1	左	中村晃	143	638	.308	4	61	.375	.382	.757	10
2	遊	今宮健太	144	662	.240	3	42	.295	.307	.602	10
3	指	内川聖一	122	534	.307	18	74	.354	.475	.829	0
4	一	李大浩	144	625	.300	19	68	.362	.454	.816	0
5	右	長谷川勇也	135	541	.300	6	55	.375	.414	.790	7
6	三	松田宣浩	101	423	.301	18	56	.341	.505	.846	12
7	中	柳田悠岐	144	615	.317	15	70	.413	.452	.865	33
8	捕	細川亨	112	294	.190	5	32	.234	.287	.521	0
9	二	本多雄一	94	398	.291	0	21	.353	.360	.714	23
主な控え		明石健志	93	273	.252	1	21	.293	.336	.629	17
		吉村裕基	64	192	.296	5	29	.384	.457	.841	1
		鶴岡慎也	98	190	.216	0	25	.243	.278	.521	0

▶ 先発投手陣

選手	防御率	登板	勝利	敗戦	完投数	セーブ	ホールド	投球回	勝率	奪三振	WHIP
スタンリッジ	3.30	26	11	8	2	0	0	172	.579	129	1.24
中田賢一	4.34	25	11	7	1	0	0	145	.611	116	1.41
攝津正	3.90	22	10	8	1	0	0	134	.556	85	1.28
帆足和幸	4.54	13	6	1	1	0	0	71.1	.857	40	1.43
岩嵜翔	4.06	18	4	1	0	0	3	62	.800	37	1.27
飯田優也	3.24	12	2	5	0	0	0	58.1	.286	59	1.30
大隣憲司	1.64	9	3	1	1	0	0	55	.750	45	0.87
ウルフ	3.04	8	4	2	0	0	0	47.1	.667	32	1.23

▶ 救援投手陣

選手	防御率	登板	勝利	敗戦	セーブ	ホールド	投球回	勝率	奪三振	WHIP
サファテ	1.05	64	7	1	37	7	68.1	.875	96	1.05
五十嵐亮太	1.52	63	1	3	2	44	59.1	.250	71	0.86
森唯斗	2.33	58	4	1	0	20	65.2	.800	54	0.94
森福允彦	3.02	58	2	1	0	15	47.2	.667	47	0.97
岡島秀樹	2.11	44	4	4	0	27	42.2	.500	36	1.08
柳瀬明宏	2.67	40	1	1	0	8	33.2	.500	27	1.13
嘉弥真新也	3.19	32	0	2	0	1	36.2	.000	40	1.45
金無英	3.41	25	1	0	0	2	31.2	1.000	23	1.14

3割打者不在ながらも試合運びの巧さで優勝した巨人

2014年のセ・リーグも巨人がリーグ優勝を果たし、華々しく3連覇を飾った。しかし、2012～2013年と戦い方はうって変わり、貧打の中で勝ち星を積み重ねていく野球となっていた。

なんと、チーム打率はリーグ5位（.257）。打率ランキングTOP10に巨人の選手は一人もおらず、規定打席に達した阿部慎之助、坂本勇人、村田修一ら主軸は成績を落とした。チームトップの打率は長野久義の.297で、3割到達打者が不在のシーズンとなった。

しかし最優秀防御率とシーズンMVPに輝いた2年目の菅野智之を中心に、防御率、失策数、与四死球、失点数はいずれもリーグ1位。さらに野手では守備範囲が広い新加入の片岡治大と坂本の二遊間のセンターラインや、一塁ホセ・ロペス、三塁村田を中心としてトップクラスのディフェンス力を誇った。

さらに、ポイントとなる試合においては、試合巧者ぶりをいかんなく発揮した。その象徴がリーグトップの盗塁数と得点圏打率である。チーム打率、犠飛数、四死球数は5位、併殺打数と犠打数はリーグワーストとなった中で、得点圏打率の高さから要所で得点し、僅差で逃げ切る試合が多いシーズンだった。試合終盤や勝負所では、代打の切り札である高橋由伸や新加入の井端弘和を起用したり、二死からでもランナーが出た際は高確率でホームへ帰ってこられる代走の切り札・鈴木尚広を出して1点をもぎ取りにいった。

投手陣に関してより詳しく見ていくと、先発・内海哲也が開幕からなかなか勝ち星がつかないことや、澤村拓一がキャンプで右肩に違和感を覚え夏場まで離脱していた中で、菅野は防御率2・33、12勝とエースに相応しいピッチングを見せた。さらに杉内俊哉もなんとか二桁勝利と及第点の成績を残し、新加入の大竹寛は9勝を挙げた。交流戦では小山雄輝が覚醒。苦しみながらも頭数は揃うようになった。

しかし、勝ちパターンのスコット鉄太朗が軒並み成績を下げた結果になり、ブルペン陣は不安定なシーズンを送った。

ただ、接戦の強さはどの球団よりも頭一つ抜けていた。2014年の接戦試合の成績は次の通りである。

1点差の勝敗 23勝18敗　勝率・560

2点差の勝敗 19勝8敗　勝率・704
3点差の勝敗 13勝8敗　勝率・619

3点差以内の接戦を55回勝ち越しており、最終的な貯金は21。接戦に競り勝ったことが最終的な順位に大きく影響したとわかる。また、延長戦でも13勝を挙げており、競り合いに非常に強かったシーズンだったと言える。

付け加えるなら、交流戦で投手は小山、野手は亀井善行が活躍して優勝を果たし、最下位に終わった広島と11位の阪神に差をつけられたことも非常に大きかった。亀井は打率・356・3本塁打・10打点、小山は交流戦優勝を決めたソフトバンク戦を含む3勝0敗防御率1・33の成績をそれぞれ交流戦で残し、大きく貢献した。

2012～2013年のような選手個々の力だけでなく、原辰徳監督の長年培ってきた試合運びの巧さや運用力、要所で勝ち切る「勝者のメンタリティ」が顕著に現れたシーズンだったと言える。

長丁場のシーズンでは上手くやりくりできていたが、クライマックスシリーズでは優勝争いの疲れやシーズン中に露呈していた打線の火力不足が顕著に現れた。さらに、菅野がシーズン終盤の怪我で欠場した影響もあり、阪神にストレートで敗れて日本シリーズ進出を譲る形となった。

2度目の3連覇を飾った原巨人は、前年とは打って変わり、3割打者が不在の中で守り勝つチームとなった。さらに他球団と比較すると、勝負勘が冴えわたっており、接戦試合を取りこぼさない強さも見られた。その要因は、鈴木尚の足を活かしたプレッシャーにより、相手チームがミスするなどで得点を挙げたからである。しかし原巨人を長年支えた阿部慎や山口鉄也の衰えが顕著に現れたシーズンになり、そのため、この年から数年間は苦しむことになる。

ORDER ▶ Central League

▶ 野手

打順	守備位置	選手	試合	打席	打率	本塁打	打点	出塁率	長打率	OPS	盗塁
1	右	長野久義	130	523	.297	13	62	.356	.445	.801	8
2	二	片岡治大	126	484	.252	6	32	.304	.340	.644	24
3	遊	坂本勇人	144	616	.279	16	61	.344	.420	.764	23
4	捕	阿部慎之助	131	526	.248	19	57	.340	.425	.765	1
5	左	アンダーソン	87	325	.319	15	50	.382	.515	.897	1
6	三	村田修一	143	575	.256	21	68	.322	.410	.732	2
7	一	ロペス	134	407	.243	22	57	.285	.464	.749	1
8	中	橋本到	103	402	.256	4	35	.322	.330	.653	11
主な控え		亀井善行	69	268	.296	8	26	.352	.475	.827	3
		井端弘和	87	187	.256	3	16	.328	.329	.657	0
		セペダ	52	132	.194	6	18	.333	.389	.722	0
		高橋由伸	72	130	.286	6	29	.369	.482	.851	0
		小林誠司	63	121	.255	2	14	.305	.373	.678	0

▶ 先発投手陣

選手	防御率	登板	勝利	敗戦	完投数	セーブ	ホールド	投球回	勝率	奪三振	WHIP
杉内俊哉	3.16	26	10	6	1	0	0	159.1	.625	145	1.16
菅野智之	2.33	23	12	5	3	0	0	158.2	.706	122	1.10
内海哲也	3.17	22	7	9	2	0	0	144.2	.438	105	1.21
大竹寛	3.98	22	9	6	1	0	0	129	.600	79	1.25
小山雄輝	2.41	16	6	2	1	0	0	93.1	.750	71	1.21
澤村拓一	3.72	12	5	3	2	0	0	72.2	.625	66	1.14
セドン	4.67	10	4	5	0	0	0	52	.444	37	1.50
今村信貴	6.19	13	2	1	0	0	1	36.1	.667	19	1.68

▶ 救援投手陣

選手	防御率	登板	勝利	敗戦	セーブ	ホールド	投球回	勝率	奪三振	WHIP
マシソン	3.58	64	6	6	30	8	65.1	.500	75	1.26
山口鉄也	3.04	60	4	3	2	35	56.1	.571	42	1.44
西村健太朗	2.98	49	4	4	6	16	51.1	.500	39	1.58
久保裕也	4.73	48	4	4	0	11	59	.500	51	1.34
香月良太	4.21	41	3	0	2	6	36.1	1.000	19	1.27
青木高広	2.45	38	2	2	0	9	33	.500	15	1.15
笠原将生	4.26	26	2	0	1	1	38	1.000	33	1.53
高木京介	4.76	26	0	0	0	4	28.1	.000	26	1.16

外国人選手の躍動で日本シリーズに進出した阪神

この年の阪神は、外国人が新加入から既存まで大当たりのシーズンだった。新加入のマウロ・ゴメス、呉昇桓は期待通りの活躍を見せた。また、マット・マートン、ランディ・メッセンジャーは例年通りの活躍でチームを引っ張りAクラス入り、クライマックスシリーズでは巨人にストレートで勝利して日本シリーズ進出を決めた。

野手陣の要は、やはりマートンとゴメスだ。主に5番を打ったマートンは首位打者を獲得し、不動の4番・ゴメスは打点王。この2選手を軸に、鳥谷敏は3番として申し分ない成績を残し、2012年より阪神に移籍してきた福留孝介が復活の兆しを見せた。開幕カードで胸部打撲のアクシデントがあったものの、9月に入ると打撃の状態が急上昇し、9・10月は打率.357、4本塁打、13打点をマークした。シーズン終盤は、サヨナラ安打など試合を決める一打が多かった。

西岡剛に代わって入った上本博紀もフルシーズンの活躍を見せ、大和は中堅手としてゴールデングラブ賞を獲得した。若手が躍動したというよりかは中堅からベテラン、外国人が機能したシーズンと言っても良いだろう。
投手陣も、外国人2人が躍動した。メッセンジャーは最多勝利（トップタイ）と最多奪三振の二冠。呉昇桓もセーブ王を獲得した。先発とリリーフともに軸がいたことより、逆算がしやすい投手陣だったに違いない。能見篤史が衰えを見せていた中で、昨年入団した藤浪晋太郎が2年連続の二桁勝利を記録。岩田稔も先発ローテーションを守った。ブルペン陣は、呉昇桓の他に安藤優也や福原忍、加藤康介、金田和之を中心に組み立てられていた。呉昇桓と安藤以外はいずれも防御率3・50以上と、大きな安定感はなかったが、回跨ぎからビハインドの時に試合を作ったのも大きかった。

クライマックスシリーズ、ファーストステージでは阪神投手陣が広島打線を21イニング無失点に抑え、1勝1分でファイナルステージに勝ち進んだ。そのファイナルステージは、初戦で藤浪が好投を見せた。特に、7回に無死満塁でフレデリク・セペダを併殺打に打ち取るなど、巨人に付け入る隙を与えなかった。勢いの波に乗るかのように2戦目も阪神が先制。巨人は打線がなかなかつながらず、得点は井端弘和俊哉のツーランホームランのみに終わり、阪神が2連勝。3戦目でようやく巨人が先制するが、阪神は杉内を攻め立てて阪神ペースになる。同点で迎えた7回に山口鉄也を攻略して勝ち越し。
ピンチでも、最後まで巨人に流れを渡さなかった阪神がストレートで日本シリーズ進出を決めた。

この年の阪神は、優勝を逃しながらもクライマックスシリーズで巨人に4タテをして、日本シリーズ出場を決めた。シーズンでタイトルホルダーになった外国人カルテットが活躍。その結果、呉昇桓がクライマックスシリーズでMVPを獲得した。さらに開幕カードで西岡剛が長期離脱を余儀なくされた中で、上本がフルシーズンで活躍したことも大きく、大和も非凡なる守備のセンスを見せて、チームの躍進に貢献した。

ORDER ▶ Central League

▶ 野手

打順	守備位置	選手	試合	打席	打率	本塁打	打点	出塁率	長打率	OPS	盗塁
1	二	上本博紀	131	600	.276	7	38	.368	.390	.758	20
2	中	大和	121	481	.264	1	24	.318	.319	.637	11
3	遊	鳥谷敬	144	644	.313	8	73	.406	.415	.820	10
4	一	ゴメス	143	616	.283	26	109	.369	.492	.860	1
5	左	マートン	142	591	.338	14	84	.394	.477	.872	2
6	右	福留孝介	104	367	.253	9	34	.349	.365	.714	1
7	三	今成亮太	115	362	.259	4	24	.303	.340	.643	2
8	捕	梅野隆太郎	92	265	.197	7	21	.232	.349	.581	0
主な控え		新井良太	78	196	.295	7	34	.364	.468	.832	0
		新井貴浩	94	194	.244	3	31	.309	.330	.639	0
		鶴岡一成	77	163	.221	0	12	.239	.266	.505	0

▶ 先発投手陣

選手	防御率	登板	勝利	敗戦	完投数	セーブ	ホールド	投球回	勝率	奪三振	WHIP
メッセンジャー	3.20	31	13	10	3	0	0	208.1	.565	226	1.23
能見篤史	3.99	26	9	13	3	0	0	169.1	.409	151	1.27
藤浪晋太郎	3.53	25	11	8	2	0	0	163	.579	172	1.31
岩田稔	2.54	22	9	8	1	0	0	148.2	.529	116	1.12
岩崎優	3.50	17	5	4	0	0	0	90	.556	76	1.23
榎田大樹	7.05	24	2	1	0	0	2	44.2	.667	42	1.81
岩貞祐太	4.60	6	1	4	0	0	0	29.1	.200	21	1.33
歳内宏明	6.75	13	1	3	0	0	0	24	.250	25	1.38

▶ 救援投手陣

選手	防御率	登板	勝利	敗戦	セーブ	ホールド	投球回	勝率	奪三振	WHIP
呉昇桓	1.76	64	2	4	39	5	66.2	.333	81	0.81
福原忍	4.05	60	4	6	0	38	53.1	.400	47	1.27
安藤優也	3.80	53	6	2	0	23	47.1	.750	41	1.46
金田和之	3.61	40	5	1	0	0	62.1	.833	41	1.36
加藤康介	4.56	32	3	0	0	10	23.2	1.000	15	1.73
筒井和也	5.03	28	0	0	0	2	34	.000	33	1.32
高宮和也	2.89	22	1	0	0	2	18.2	1.000	14	1.13

Climax Series ▶戦績

▶Central League

ファーストステージ

阪神(1勝)　VS　広島(0勝)　1分け

第1戦　神○ 1-0 ●広

第2戦　神△ 0-0 △広

ファイナルステージ

巨人(1勝)　VS　阪神(4勝)

第1戦　巨● 1-4 ○神

第2戦　巨● 2-5 ○神

第3戦　巨● 2-4 ○神

第4戦　巨● 4-8 ○神

▶Pacific League

ファーストステージ

オリックス(1勝)　VS　日本ハム(2勝)

第1戦　オ● 3-6 ○日

第2戦　オ○ 6-4 ●日

第3戦　オ● 1-2 ○日

ファイナルステージ

ソフトバンク(4勝)　VS　日本ハム(3勝)

第1戦　ソ○ 3-2 ○日

第2戦　ソ● 1-5 ○日

第3戦　ソ● 4-12 ○日

第4戦　ソ○ 5-2 ●日

第5戦　ソ● 4-6 ○日

第6戦　ソ○ 4-1 ●日

退任・秋山監督に捧げる勝利をつかんだソフトバンク

この年の日本シリーズは、2003年以来の阪神対ソフトバンクというカードとなった。ソフトバンクは監督の秋山幸二がクライマックスシーズン直前に退任の意向を表明しており、最後の指揮を執る公式戦となった。阪神はセ・リーグでは、2007年の中日以来となる、クライマックスシリーズを勝ち上がった2位のチームがシリーズに出場することとなった。

90周年を迎えた甲子園球場から始まったシリーズ、初戦の先発は前年まで阪神で先発を務めていたジェイソン・スタンリッジとランディ・メッセンジャーの外国人投手の投げ合いとなった。両先発投手とも序盤の3回まで無失点に抑えた。4回に阪神の先頭打者上本博紀が初球から出塁、その後一死二塁からマウロ・ゴメスのタイムリーツーベースで先制。5回も西岡・鳥谷が四球を選びチャンスを作ると、2死満塁からゴメスの2点タイムリーで追加点を挙げ、その後もマット・マートンのタイムリーツーベースで2点を追加。猛攻は続き、二死二塁から2番手の森福允彦から福留孝介がタイムリーツーベースで1点を追加し、この回一挙5点を追加した。6回にソフトバンクは一死満塁から李大浩の犠飛で1点、7回には柳田悠岐の夕イムリーで1点を返し4点差としたが、阪神は8回から福原忍から呉昇桓につないでそのまま逃げ切り、阪神が先勝した。スタンリッジはペナントシーズン中、5回まで持たなかった試合が2度しかなかっただけに、ソフトバンクにとっては先発が誤算となった。

続く2戦目は武田翔太と能見篤史の先発となった。ソフトバンクは1回、1番・柳田の中前打で出塁すると、3番内川聖一のタイムリーで素早く1点を先制。4回には李大浩が両チーム通じてシリーズ初となるソロホームランを放ちリードを2点に広げる。ソフトバンクの武田は、長身から繰り出される最速150キロの速球ストレートと、120キロ台の独特のカーブを武器に、6回二死までパーフェクトピッチングを見せた。しかし阪神も負けじと、6回二死、狩野が初ヒットを放ち、直後、西岡のタイムリーツーベースで1点を返す。しかしそれ以降は武田が意地を見せ、計3安打、7回1失点に抑えた。阪神は見慣れない軌道である武田のカーブの前に、全くタイミングが合わないまま試合が進んだ。日本シリーズ初登板、さらに甲子園初登板とは思えないマウンドさばきに阪神の4番ゴメスも「速球も独特のカーブもすごくてやられた。いい投手だ」とコメントを残すほどだった。その後、リリーフの五十嵐亮太とデニス・サファテが1イニングずつ抑えてゲームセット。ソフトバンクがシリーズの成績をタイに持ち込んだ。武田のカーブに翻弄されたこの試合が、尾を引くような形で阪神打線は狂い始める。

戦いの舞台を福岡に移した3戦目の先発は、大隣憲司と藤浪晋太郎の日本シリーズ初登板対決。ソフトバンクは1回、2戦目同様、柳田のヒットを皮切りに、一死三塁から内川のタイムリーツーベースで先制。内川はこのシリーズで、2戦連続で先制打を放った。2回には二死2塁から、藤浪の暴投で、空振りに仕留めたと思われた細川亨が振り逃げとなり、その間に二塁走者吉村祐基が生還し、1点を追加。6回には二死満塁とチャンスを作り、阪神も二番手の高宮和也から三番手の安藤優也に継投したものの、内川の打球を処理した西岡のフィルダースチョイスでソフトバンクが1点追加。さらにチャンスが続き、李大浩の2点タイムリーでリードを5点に広げた。大隣は7回無失点2安打と好投を見せその後は勝ちパターンで逃げ切りを図った。8回まで無得点の阪神は9回、二死二塁で、守護神サファテから鳥谷がタイムリーを放って意地を見せるが、後が続かず。ソフトバンクが連勝し、2勝1敗とリードした。

4戦目の先発は中田賢一と岩田稔。ソフトバンクは1回から岩田のボール処理ミス、四球を含めてチャンスを作り、松田宣浩の2点タイムリーで2点を先制。しかし阪神も3回、連続四球でチャンスとなり、一死満塁からマートンが犠牲フライで1点を返す。さらにチャンスが続き、福留のタイムリーでこの回に追いつく。初回途中から安定しなかった中田は3回で降板。しかしその後は、東浜巨が第二先発としてロングリリーフ、森唯斗や五十嵐、サファテといったリリーフ陣が奮闘し、得点を与えなかった。阪神の先発岩田は7回2失点の好投、両チーム一歩も譲らずこのシリーズ初の延長戦に入った。10回にソフトバンクが一死一・二塁とサヨナラのチャンスを作ると、阪神は呉昇桓を登板させる。一死を取ったがなおも二死一・二塁の状況で、中村晃がサヨナラスリーランホームランを放った。中村晃は、ポストシーズンではクライマックスシリーズで打率・077、日本シリーズでも前日までの3試合11打数1安打で、打率・091とまさかの大不振にあえぐ中、試合を決めた。ソフトバンクは3連勝で日本一に王手をかけた。

5戦目の先発は、攝津正とメッセンジャーが先発。両先発投手が好投して無得点の緊迫した試合が続いた。シーズン終盤に大量失点を繰り返した摂津だったが、大舞台で本領を発揮し6回無失点。後がない阪神のメッセンジャーも、エースの意地を見せるかのように7回まで無失点に抑えた。しかし8回に、二死一・三塁のチャンスで松田宣がタイムリーを放ちついに均衡を破る。ソフトバンクは7回から、シリーズでフル回転していた森唯斗と五十嵐でつないだ。そして9回のマウンドにはクローザーのサファテが上がるが、制球が定まらず3四球を与えてまさかの一死満塁となる。阪神・西岡が一塁へゴロを放つと、まず一塁手がバックホームで二死を取り、捕手の細川が再び一塁へ投げたところ、走者の西岡が内野のライン内側を走り捕手から一塁への送球を妨害してしまった。そのため、細川は西岡の背中めがけて送球することとなってボールが当たり、一塁手はボールを取れずファールグラウンドに転がった。これで二塁走者はホームインのジェスチャーをしたが、当然ながら認められず。併殺プレーの守備妨害でスリーアウトとなり、ソフトバンクの3年ぶりの日本一が決まった。

日本一に輝いたソフトバンクは投打ともに磐石の布石。トップバッターの柳田は打率・400を記録。さらにMVPに輝いた内川は2戦目・3戦目で初回にタイムリーを放って勝利に貢献。日本一を決めた5戦目でも8回の得点を演出する安打を含めたマルチ安打をマークした。李大浩に関しても打率・333でチームトップの4打点を挙げた。投手陣は、ペナントではは3勝以下となった武田と大隣が阪神打線の勢いを止めたことが大きかった。ペナント3勝以下の先発が白星となるのはシリーズ初となる。さらに武田の、シリーズ初マウンドで6回二死完全投球もシリーズ初となった。さらにペナント同様、森唯斗と五十嵐、サファテのリリーフ陣がフル回転の活躍を見せた。対する阪神は初戦に勝利したものの、武田のカーブに翻弄された2戦目以降は、1試合あたり多くて4戦目の2点に終わる。チーム打率は2割を切る結果に終わり、チーム防御率もソフトバンクが2・00に対して3・09と1点以上の差がついた。

Nippon Series ▶戦績

第一戦
甲子園

ソフトバンク	0	0	0	0	0	1	1	0	0	2
阪神	0	0	0	1	5	0	0	0	X	6

勝 メッセンジャー　負 スタンリッジ

第二戦
甲子園

ソフトバンク	1	0	0	1	0	0	0	0	0	2
阪神	0	0	0	0	0	1	0	0	0	1

勝 武田　負 能見　S サファテ
本 [ソ] 李大浩 1 号（4 回 1 点能見）

第三戦
ヤフオクドーム

阪神	0	0	0	0	0	0	0	0	1	1
ソフトバンク	1	0	0	1	0	3	0	0	X	5

勝 大隣　負 藤浪

第四戦
ヤフオクドーム

阪神	0	0	2	0	0	0	0	0	0	0	2
ソフトバンク	2	0	0	0	0	0	0	0	0	3	5

勝 サファテ　負 安藤
本 [ソ] 中村 1 号（10 回 3 点呉昇桓）

第五戦
ヤフオクドーム

阪神	0	0	0	0	0	0	0	0	0	0
ソフトバンク	0	0	0	0	0	0	0	1	X	1

勝 五十嵐　負 メッセンジャー　S サファテ

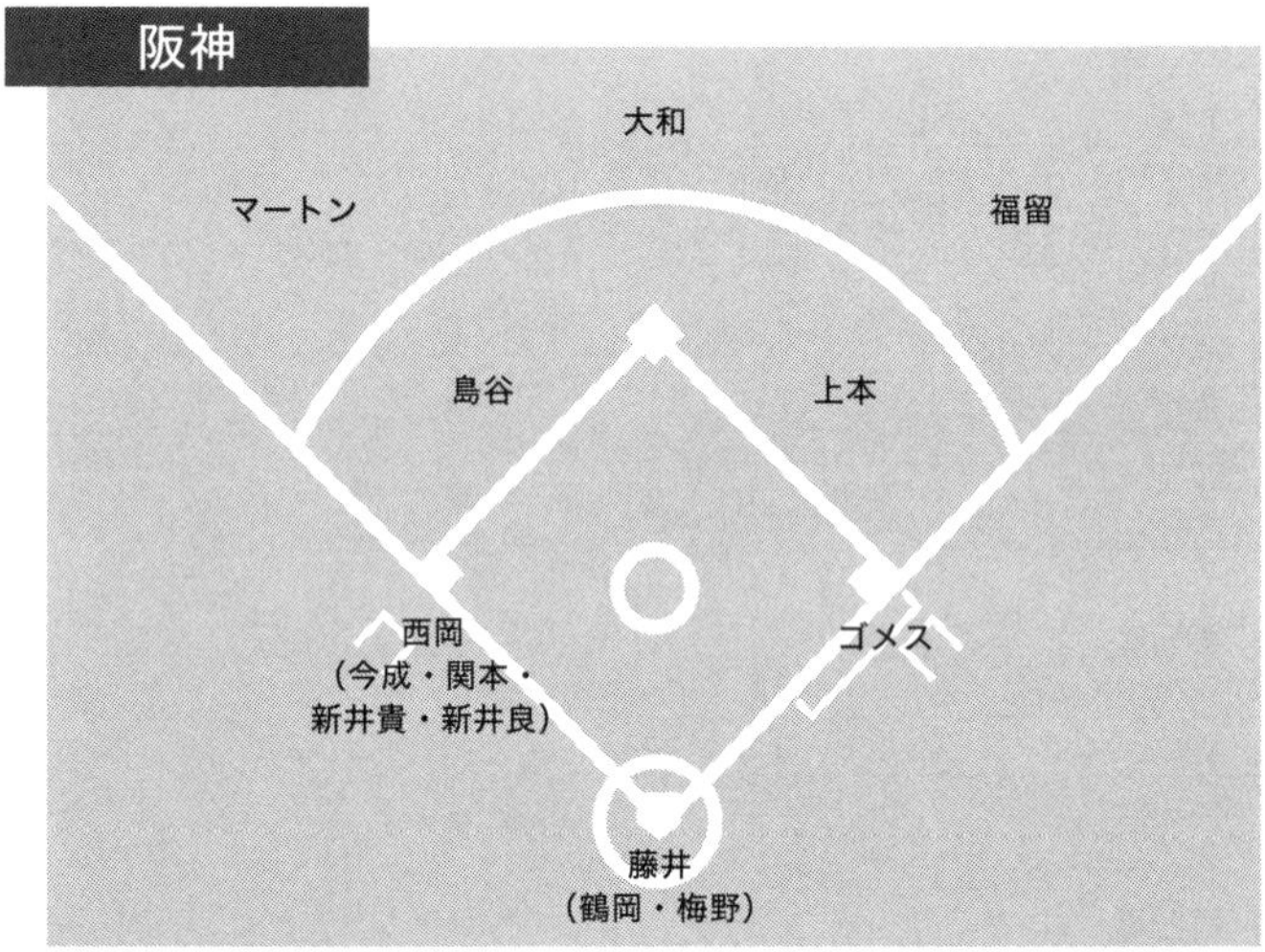

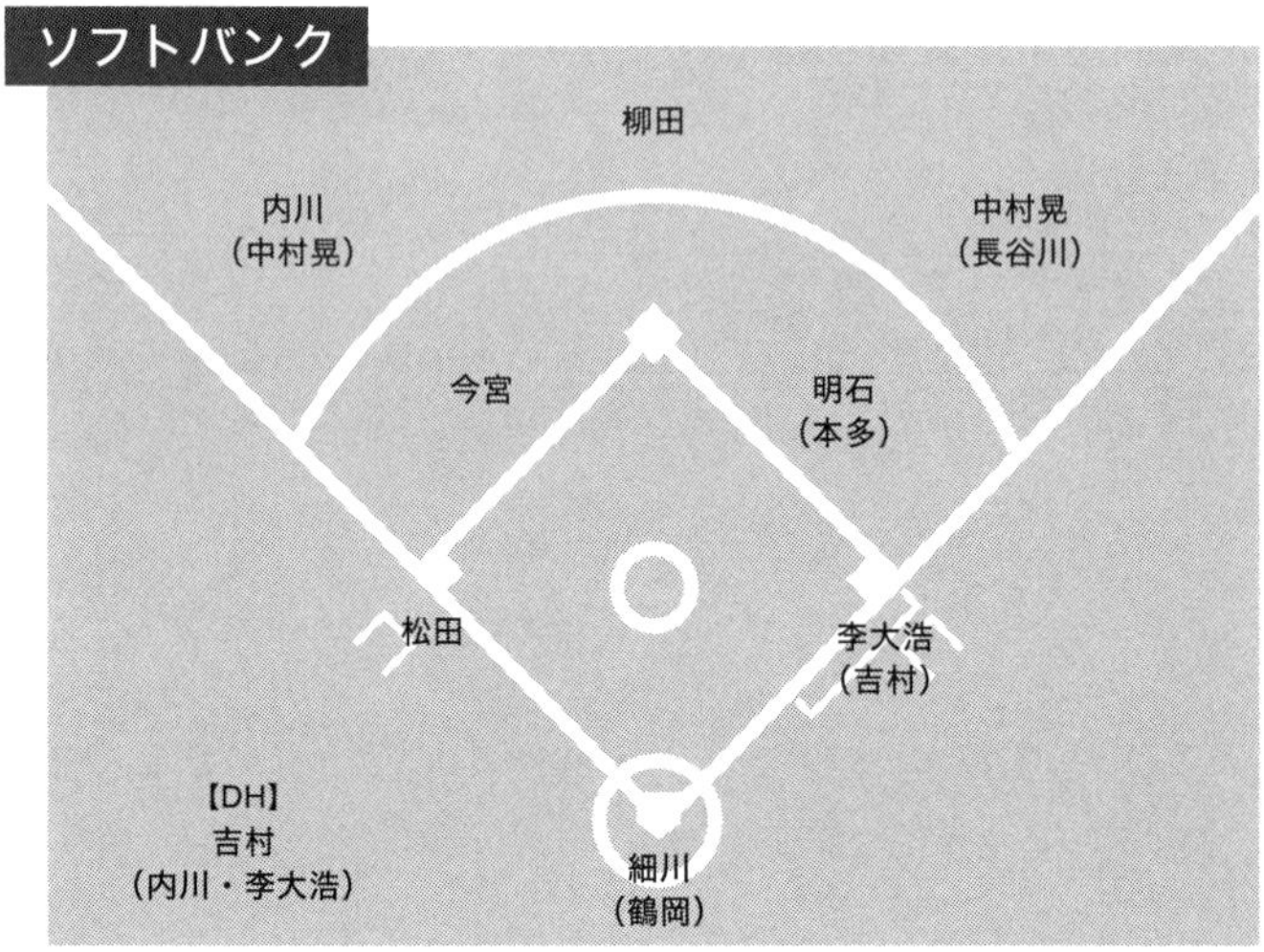

注：オーダーは各ホーム球場の初戦先発に基づく

Awards ▶ タイトル受賞者

▶ Central League

タイトル	選手名	所属チーム	受賞回数	成績
最優秀選手	菅野智之	巨人	初	
最優秀新人	大瀬良大地	広島		
首位打者	マートン	阪神	初	.338
最多本塁打	エルドレッド	広島	初	37
最多打点	ゴメス	阪神	初	109
最多盗塁	梶谷隆幸	横浜	初	39
最優秀防御率	菅野智之	巨人	初	2.33
最多勝利	メッセンジャー	阪神	初	13
	山井大介	中日	初	13
最高勝率	山井大介	中日	初	.722
最多奪三振	メッセンジャー	阪神	2	226

▶ Pacific League

タイトル	選手名	所属チーム	受賞回数	成績
最優秀選手	金子千尋	オリックス	初	
最優秀新人	石川歩	ロッテ		
首位打者	糸井嘉男	オリックス	初	.331
最多本塁打	中村剛也	西武	5	34
	メヒア	西武	初	34
最多打点	中田翔	日本ハム	初	100
最多盗塁	西川遥輝	日本ハム	初	43
最優秀防御率	金子千尋	オリックス	初	1.98
最多勝利	金子千尋	オリックス	2	16
最高勝率	岸孝之	西武	初	.765
最多奪三振	則本昂大	楽天	初	204

▶ Nippon Series

タイトル	選手名	所属チーム
最高殊勲選手賞(MVP)	内川聖一	ソフトバンク
敢闘選手賞	メッセンジャー	阪神
優秀選手賞	柳田悠岐	ソフトバンク
	サファテ	ソフトバンク
	武田翔太	ソフトバンク

Pacific League 2015

▶チーム勝敗表

チーム	試合	勝利	敗北	引分	勝率	ゲーム差
ソフトバンク	143	90	49	4	.647	- -
日本ハム	143	79	62	2	.560	12
ロッテ	143	73	69	1	.514	18.5
西武	143	69	69	5	.500	20.5
オリックス	143	61	80	2	.433	30
楽天	143	57	83	3	.407	33.5

▶チーム投手成績

チーム	防御率	試合	勝利	敗北	セーブ	完投	完封	投球回	奪三振	失点
ソフトバンク	3.16	143	90	49	44	10	13	1299.1	1129	491
オリックス	3.59	143	61	80	30	7	12	1263.1	955	548
日本ハム	3.62	143	79	62	39	11	15	1276.2	993	581
西武	3.685	143	69	69	30	9	14	1265	873	573
ロッテ	3.693	143	73	69	41	5	10	1264.2	926	563
楽天	3.82	143	57	83	36	4	8	1287.2	1023	612

▶チーム打撃成績

チーム	打率	試合	打数	得点	安打	二塁打	三塁打	本塁打	打点	盗塁
ソフトバンク	.267	143	4852	651	1294	217	22	141	619	94
西武	.263	143	4818	631	1265	243	21	136	602	66
日本ハム	.258	143	4802	615	1238	205	27	106	578	134
ロッテ	.257	143	4767	561	1227	203	34	85	531	71
オリックス	.249	143	4725	519	1175	184	16	94	508	88
楽天	.241	143	4777	463	1150	180	16	85	440	118

Central League 2015

▶チーム勝敗表

チーム	試合	勝利	敗北	引分	勝率	ゲーム差
ヤクルト	143	76	65	2	.539	--
巨人	143	75	67	1	.528	1.5
阪神	143	70	71	2	.496	6
広島	143	69	71	3	.493	6.5
中日	143	62	77	4	.446	13
横浜	143	62	80	1	.437	14.5

▶チーム投手成績

チーム	防御率	試合	勝利	敗北	セーブ	完投	完封	投球回	奪三振	失点
巨人	2.78	143	75	67	43	11	16	1271	992	443
広島	2.92	143	69	71	36	9	17	1286.1	1010	474
中日	3.19	143	62	77	34	9	15	1279	966	504
ヤクルト	3.31	143	76	65	42	3	12	1272.2	935	518
阪神	3.47	143	70	71	42	10	15	1272.1	1090	550
横浜	3.80	143	62	80	40	7	5	1267.2	1003	598

▶チーム打撃成績

チーム	打率	試合	打数	得点	安打	二塁打	三塁打	本塁打	打点	盗塁
ヤクルト	.257	143	4817	574	1240	223	16	107	547	83
中日	.253	143	4835	473	1222	188	19	71	434	88
横浜	.249	143	4763	508	1186	219	18	112	488	57
阪神	.247	143	4705	465	1160	192	15	78	446	48
広島	.246	143	4752	506	1170	201	32	105	473	80
読売	.243	143	4672	489	1137	190	16	98	467	99

チームの軸の確立で圧倒的な優勝を成し遂げたソフトバンク

この年のソフトバンクは90勝を記録し、独走状態でリーグ優勝、チームの顔となった柳田悠岐がさらに長打力を磨いてトリプルスリーを達成した。シーズン出塁率は歴代6位となり、歴史に名を残す形となった。

野手陣は、3番の柳田を中心に、前年と同様厚みのある打線を形成。昨年のレギュラーメンバーであり優勝に大きく貢献した本多雄一と長谷川勇也が、シーズンの大半において故障離脱、さらに内川聖一がパフォーマンスを下げている状況だったことを考えると、選手を一人や二人欠いた状況は、穴とはならない選手層を物語っているようにも感じられた。

内川に関してはホームランバッターではないにもかかわらず、シーズンの大半4は番に座ることとなり、そのことがプレッシャーになっていたようにも見受けられた。3番・柳田と5番・李大浩に挟まれていたが、長打や得点を意識しすぎない従来の打撃をしていれば、さらに強力な打線になっていたに違いない。内川を4番に置く、という発想自体がある意味では間違いだったといえる。

この年から本拠地・福岡ヤフオクドームにホームランテラスができたことで、李大浩と松田宣浩が柳田に続いて30本塁打以上を記録。離脱の本多の穴を埋めるかのように、明石健志や川島慶三の併用が上手く機能した。派手さはないものの、中村晃も前年と同様に3割を記録。結果的にシーズンのチーム打率はリーグ1位の・267、本塁打数もリーグ1位となり、全体的にバランスがいい打線だったといえよう。長谷川が復調をしていれば、左右のバランスも含めてさらに強力な打線になっていただろう。

投手陣に関しては、武田翔太がこの年はエースとして自身初の二桁勝利を記録。前年ほどの目立った活躍ではなかったが、ジェイソン・スタンリッジや攝津正も続いて10勝を挙げた。中田賢一も9勝を記録しており、途中加入のリック・バンデンハークや寺原隼人、大隣憲司、千賀滉大を含めて、先発陣は第二先発ができる投手まで揃っていた。特にバンデンハークは、規定投球回数未到達ながらも、9勝0敗と無敗のままシーズンを終える活躍を見せた。

ブルペン陣は、守護神デニス・サファテとセットアッパー五十嵐亮太、森唯斗を中心に、前半戦フル回転したエディソン・バリオスや二保旭、飯田優也といった投手を回していき、足りない部分は先発陣から中継ぎを回して回跨ぎさせる展開もあった。

クライマックスシリーズでは3度目のロッテとの対戦となった。過去2回はいずれもロッテが勝利しており、5年周期であったことからメディアは「下剋上」「ゴールデンイヤー」と銘打った。

しかしソフトバンクはその状況をものともせず、初戦は2回に柳田のホームラン、その後延長10回に内川のサヨナラタイムリーで勝利。その後も、李大浩が2試合連続ホームランで先制点を決め、2戦目と3戦目は順当に勝利した。シーズン中の圧倒的な強さをそのままに、ポストシーズンでも反撃を寄せ付けず、2年連続の日本シリーズ進出を決めた。

2連覇を飾ったソフトバンクは圧巻のシーズンだった。トリプルスリーを達成した柳田を中心とした打線は、内川が不振だった中で李大浩や松田宣が30本塁打を記録。この年から設けられたホームランテラスを活かすかのように、長打力があるチームだった。その結果、チーム本塁打は前年の95から141に上昇した。また、投手陣も武田やスタンリッジ、攝津正が二桁勝利を記録し、バンデンハークは負けなしの9勝だった。リリーフ陣もサファテを中心に、五十嵐や森唯斗、二保なども揃っており、投打を物量で圧倒した。

ORDER ▶ Pacific League

▶野手

打順	守備位置	選手	試合	打席	打率	本塁打	打点	出塁率	長打率	OPS	盗塁
1	一	明石健志	115	394	.263	3	30	.330	.342	.672	11
2	二	川島慶三	77	194	.274	2	20	.368	.401	.769	7
3	中	柳田悠岐	138	605	.363	34	99	.469	.631	1.101	32
4	左	内川聖一	136	585	.284	11	82	.340	.395	.735	1
5	指	李大浩	141	584	.282	31	98	.368	.524	.892	0
6	三	松田宣浩	143	603	.287	35	94	.357	.533	.889	8
7	右	中村晃	135	590	.300	1	39	.386	.350	.735	7
8	遊	今宮健太	142	530	.228	7	45	.279	.326	.605	3
9	捕	高谷裕亮	93	192	.175	1	16	.234	.240	.474	0
主な控え		福田秀平	84	183	.232	1	14	.283	.339	.623	10
		高田知季	81	175	.237	1	11	.292	.288	.580	4
		本多雄一	61	174	.228	0	4	.274	.278	.552	5
		吉村裕基	73	151	.217	3	15	.325	.357	.681	0
		鶴岡慎也	56	142	.195	1	9	.234	.258	.491	1
		細川亨	59	114	.116	0	5	.190	.168	.359	0

▶先発投手陣

選手	防御率	登板	勝利	敗戦	完投数	セーブ	ホールド	投球回	勝率	奪三振	WHIP
武田翔太	3.17	25	13	6	1	0	0	164.2	.684	163	1.22
中田賢一	3.24	24	9	7	3	0	0	155.1	.563	130	1.26
スタンリッジ	3.74	23	10	7	1	0	0	144.1	.588	81	1.34
攝津正	3.22	20	10	7	2	0	0	134	.588	92	1.31
バンデンハーク	2.52	15	9	0	0	0	0	93	1.000	120	0.98
寺原隼人	3.44	21	8	3	0	0	2	83.2	.727	58	1.08
大隣憲司	2.54	11	5	4	3	0	0	74.1	.556	35	1.04
東浜巨	4.82	6	1	2	0	0	0	28	.333	23	1.82

▶救援投手陣

選手	防御率	登板	勝利	敗戦	セーブ	ホールド	投球回	勝率	奪三振	WHIP
サファテ	1.11	65	5	1	41	9	64.2	.833	102	0.63
森唯斗	2.69	55	5	2	0	16	60.1	.714	66	0.93
五十嵐亮太	1.38	54	3	1	2	31	52	.750	59	0.88
二保旭	3.25	44	6	1	0	5	52.2	.857	28	1.41
飯田優也	3.48	35	0	1	0	4	41.1	.000	44	1.26
森福允彦	5.82	32	0	2	0	14	17	.000	16	1.65
バリオス	3.18	30	0	2	1	20	34	.000	34	1.56
嘉弥真新也	4.20	16	0	0	0	1	15	.000	14	1.27

タイトルホルダーが並ぶ強力打線でヤクルト優勝

2015年のセ・リーグは、前年覇者・巨人との優勝争いの末、ヤクルトが制した。この年は、ウラディミール・バレンティンが怪我でシーズンの大半を欠場。ラスティングス・ミレッジも計算ができない状況だった。主砲が欠けるような状況のなか、機転を利かせて強力な打線を形成した。

野手陣はチーム打率1位を記録。前年最多安打の山田哲人が本塁打王と盗塁王を獲得してトリプルスリーを達成。さらに川端慎吾が首位打者を獲得して、畠山和洋が打点王を獲得した。この3選手がシーズン中盤より、2・3・4番（川端・山田哲・畠山）に並ぶ打線を確立。当時の一般的な考え方なら、2番打者に小回りが効きそうな貧打の比屋根渉や上田剛史を挟んだだろう。そのため、当時は非常に珍しい組み方だったが、これは合理的な打順の組み方で相手チームからすると脅威だったに違いない。

川端は左打者で、引っ張れば一・二塁間に打てたことはもちろんだが、四球も選べ、状況に応じた打撃もできたため、2番打者として適任だった。山田哲に関しては全盛期を迎えており、この頃のパフォーマンスは間違いなく二塁手歴代トップクラスだったと言っても過言ではない。しかし、両翼の打力は他球団と比較すると物足りなさが露呈した。バレンティンと雄平がどちらかでも復調していれば、さらに強力な打線を組めていただろう。

投手陣は、チーム防御率が4位。防御率（3・31）を見ればわかるように先発陣は薄かったものの、ブルペン陣は分厚さを感じた。先発は、ともに二桁勝利を挙げた小川泰弘と復活を遂げた石川雅規を軸に、夏場から復帰した館山昌平や、石山泰稚、成瀬善久、杉浦稔大、新垣渚などが務めた。

この中で、通年で計算ができたのは小川と石川雅のみ。しかしながら、それをカバーするかのように、守護神のトニー・バーネットや、セットアッパーを務めたローガン・オンドルセク、オーランド・ロマンの外国人投手陣でブルペンを強化。さらに、投手コーチの高津臣吾の手腕もあり、リリーフ陣が整備された。秋吉亮や久古健太郎といった左右の変則投手に、ベテランの松岡健一、キャリアハイを残した徳山武陽がいた。そのため、ウィークポイントだった先発陣を、リリーフ陣で埋めるマネジメントも見られたシーズンだった。

クライマックスシリーズは、リーグ2位の巨人との対戦。初戦こそ落としたものの、2戦目に小川が8回まで好投を見せて、バーネットにつなぎ完封。リリーフ陣に休養を与えて、3戦目は館山が6回まで、4戦目は杉浦が5回まで試合を作り、残りのイニングはペナントレース同様小刻みな投手リレーで勝利して、日本シリーズ進出を決めた。

この年のヤクルトは、真中満監督が現有戦力の最大化を果たした。打力が高い水準でありながら、柔軟性や視野の広さを持つ川端を2番に起用。トリプルスリーの山田哲は前年以上の活躍を見せ、畠山はキャリアハイの活躍を見せた。7月20日からは本格的に山田哲・畠山を並べて打線の効率化を図った。その結果、ホームへの生還率はリーグ1位を記録。投手陣は高津の手腕でリリーフ陣の防御率は、リーグ1位を記録。投打の戦術がシーズン終盤の優勝争いにも活きて、巨人の4連覇を阻止してリーグ優勝を果たした。

ORDER ▶ Central League

▶ 野手

打順	守備位置	選手	試合	打席	打率	本塁打	打点	出塁率	長打率	OPS	盗塁
1	中	比屋根渉	84	240	.230	3	9	.300	.301	.601	6
2	三	川端慎吾	143	632	.336	8	57	.383	.439	.822	4
3	二	山田哲人	143	646	.329	38	100	.416	.610	1.027	34
4	一	畠山和洋	137	584	.268	26	105	.344	.471	.815	0
5	右	雄平	141	585	.270	8	60	.307	.388	.695	7
6	遊	大引啓次	96	347	.225	5	41	.287	.338	.625	6
7	左	デニング	64	227	.222	4	22	.326	.345	.671	0
8	捕	中村悠平	136	502	.231	2	33	.299	.276	.575	3
主な控え		上田剛史	82	238	.263	1	19	.313	.306	.619	8
		荒木貴裕	73	196	.253	2	12	.319	.335	.654	5
		田中浩康	82	151	.201	1	11	.272	.261	.533	3
		今浪隆博	68	139	.317	2	13	.375	.431	.806	1
		森岡良介	75	125	.188	1	9	.246	.250	.496	1
		三輪正義	87	102	.233	0	7	.302	.291	.593	4

▶ 先発投手陣

選手	防御率	登板	勝利	敗戦	完投数	セーブ	ホールド	投球回	勝率	奪三振	WHIP
小川泰弘	3.11	27	11	8	1	0	0	168	.579	128	1.19
石川雅規	3.31	25	13	9	1	0	0	146.2	.591	90	1.21
石山泰稚	3.64	21	5	5	0	0	0	111.1	.500	78	1.40
新垣渚	4.64	15	3	10	0	0	0	83.1	.231	70	1.50
成瀬善久	4.76	14	3	8	0	0	0	79.1	.273	46	1.31
古野正人	4.78	27	4	3	0	0	1	69.2	.571	39	1.56
館山昌平	2.89	11	6	3	0	0	0	62.1	.667	36	1.28
山中浩史	3.24	9	6	2	1	0	0	50	.750	20	1.22

▶ 救援投手陣

選手	防御率	登板	勝利	敗戦	セーブ	ホールド	投球回	勝率	奪三振	WHIP
秋吉亮	2.36	74	6	1	0	22	76.1	.857	81	1.03
オンドルセク	2.05	72	5	2	0	33	70.1	.714	62	1.05
ロマン	2.40	61	5	5	0	23	78.2	.500	58	1.28
バーネット	1.29	59	3	1	41	6	62.2	.750	56	0.89
徳山武陽	3.58	39	2	1	0	3	50.1	.667	50	1.39
松岡健一	3.44	38	2	0	1	4	36.2	1.000	31	1.25
久古健太郎	2.55	38	0	0	0	8	24.2	.000	23	1.30
中澤雅人	3.03	35	1	2	0	3	29.2	.333	21	1.58

Climax Series ▶戦績

▶Central League

ファーストステージ

巨人(2勝)　VS　阪神(1勝)

第1戦　巨○ 3-2 ●神
第2戦　巨● 2-4 ○神
第3戦　巨○ 3-1 ●神

ファイナルステージ

ヤクルト(4勝)　VS　巨人(1勝)

第1戦　ヤ● 1-4 ○巨
第2戦　ヤ○ 4-0 ●巨
第3戦　ヤ○ 2-0 ●巨
第4戦　ヤ○ 3-2 ●巨

▶Pacific League

ファーストステージ

日本ハム(1勝)　VS　ロッテ(2勝)

第1戦　日● 3-9 ○ロ
第2戦　日○ 4-2 ●ロ
第3戦　日● 1-2 ○ロ

ファイナルステージ

ソフトバンク(4勝)　VS　ロッテ(0勝)

第1戦　ソ○ 3-2 ●ロ
第2戦　ソ○ 6-1 ●ロ
第3戦　ソ○ 3-1 ●ロ

日本シリーズも投打で圧倒　黄金期ソフトバンクの輝き

　この年の日本シリーズは、4番・内川聖一がクライマックスシリーズで肋骨を骨折し出場が絶望的となるも、対戦前の下馬評からソフトバンクが圧倒的に有利とみられていた。対するヤクルトも最多安打の川端慎吾、トリプルスリーの山田哲人、最多打点の畠山和洋とタイトルホルダーが並んでいたが、対等に戦えた選手は、トリプルスリーを達成した山田哲のみだった。

　福岡ヤフオク!ドームで始まった1戦目は、武田翔太と石川雅規の両先発。先発投手の好投で3回までは両チーム無得点だったが、4回にソフトバンク・松田宣浩がヤクルト石川雅の外角シンカーをすくい上げ、シリーズ初ホームランで先制。その後二死一・三塁となってから髙谷裕亮のタイムリー内野安打、川島慶三のタイムリーで2点を追加してこの回3点を挙げる。ヤクルトは石川雅を4回で諦め、早々にリリーフ陣を投入。しかし6回裏にもソフトバンクは明石健志のタイムリーツーベースで4点目を挙げる。先発の武田は前年と同様に、セ・リーグの野手には見慣れない軌道のカーブを活かしながら、緩急を使い分け得点を許さないピッチングを見せた。最後は畠山にツーランホームランを許したが、完投勝利。前年のシリーズと同様、この初戦の武田のピッチングがその後のヤクルト打線を狂わせることとなる。阪神とのシリーズと同様に、データや結果で見える以上に武田の貢献度は高かった。

2戦目はリック・バンデンハークとヤクルトエース・小川泰弘が先発。この試合も先発投手の好投があり、両チームともに序盤は点が入らなかったが、4回にソフトバンク柳田悠岐が四球を選びチャンスメイク、無死一塁から李大浩がレフトスタンドへのツーランホームランで先制する。5回途中からヤクルトは継投を始めたが6回、ソフトバンクは2番手の秋吉亮から中村晃の1号ソロホームランで1点追加すると、さらに一死一・二塁から福田秀平のタイムリーで1点追加点を挙げて4点に広げた。バンデンハークは8回を無四球に抑える好投、ストレート中心の配球だったが、前日の武田のカーブの残像があったためヤクルト打線は差し込まれていた。初回には上田剛史が盗塁死、6回には中村悠平が大飛球を飛ばすも柳田の好捕があり、ソフトバンクの堅守にも反撃を阻まれた。ソフトバンクがこれで2連勝となった。

舞台を神宮に移しての3戦目は、中田と杉浦の先発となった。試合は初回から動き、ヤクルトが山田哲のツーランホームランで先制。ソフトバンクは2回表に二死二・三塁から杉浦の暴投で1点を返すと、直後に福田がタイムリーを放ち同点に追いつく。しかしヤクルトは3回、二死から山田哲の2打席連続となる2号ソロ本塁打で勝ち越した。シーソーゲームとなったこの試合、4回にソフトバンクは今宮健太のホームランで同点に追いつき、5回に明石のホームランで勝ち越す。その裏ヤクルトに走者を出すとソフトバンクは先発の中田から千賀滉大にスイッチするが、二死1塁からなんと、山田哲の3打席連続となるツーランホームランで逆転。これで勢いづいたヤクルトは8回に畠山がソロホームランを放つと、二死一・三塁となってから中村悠のタイムリーツーベースで計3点を追加して試合を決めた。ヤクルト先発の杉浦は4回で降板するも、シリーズフル回転のリリーフ陣がここでも活躍し、4回以降を1点で抑えた。史上初となる1試合3打席連発の山田哲を中心にソフトバンク投手陣を打ち崩し、ヤクルトがシリーズ初勝利を挙げた。

4戦目の先発は攝津正と館山昌平で始まった。初回、館山から2四球を選んだあと、李大浩が一死一・二塁からレフトへのタイムリーヒットを放ちソフトバンクが先制する。3回にはまたもや李大浩が、無死満塁からセンターへ走者一掃となるタイムリーツーベースで3点を追加。さらに、摂津と長年のバッテリーを組む本シリーズ初先発の細川亨が、ランナー一・二塁からタイムリー二塁打で1点を追加しリードを広げ、さらに6回ソロホームランを放ち6点に。4回にヤクルトは中村悠の二塁ゴロの間に1点を返すが、後が続かず。6回裏にも無死満塁のチャンスを作る。ここでソフトバンクは攝津から2番手の森唯斗にスイッチすると、上田がレフトへ2点タイムリーツーベースを放つも、続く川端のショートゴロの間に1点を返し、3点を追加。だがこの攻撃も後が続かなかった。その後のソフトバンクは千賀からデニス・サファテとつないでヤクルト打線に得点を許さず、このまま逃げ切った。ソフトバンクは2年連続日本一に王手をかけた。

5戦目の先発はジェイソン・スタンリッジと石川雅。ヤクルトはスタンリッジの立ち上がりを攻め、2回はウラディミール・バレンティンと雄平のヒットで二死一・三塁、3回は四球を絡めて一死一・二塁のチャンスを作るが、得点にはならず。試合序盤は両チームともに無得点となったが、ヤクルト優勢のムードで進んでいた。しかしソフトバンクが4回、一死三塁から李大浩がレフトスタンドへのツーランホームランで先制。5回には、明石が一死満塁から左翼へのタイムリーヒット、さらに柳田のファーストゴロの間にランナーが帰り、4点を追加した。先発の石川雅はこの回途中でマウンドを降り、5回まで投げ切ることができなかった。スタンリッジは6回までを投げて無失点に抑え、盤石のリリーフ陣に後を託す。森唯、エディソン・バリオスが無失点に抑えて、最後は守護神・サファテを投入、3者凡退に抑えゲームセット。ソフトバンクが2年連続日本一を成し遂げた。

日本一に輝いたソフトバンクは投打ともにヤクルトを圧倒。チーム防御率はソフトバンクが2・45。それに対してヤクルトは4・40と約2点の差があった。チーム打率を見てもソフトバンクは・283で、ヤクルトが・182と1割以上の差が出た結果となった。ソフトバンクは前年同様初戦に武田を先発させる作戦に出て、カーブで翻弄してヤクルト打線を狂わせた。さらにペナントシーズン無敗のバンデンハーク、スタンリッジもしっかりと機能し、先発として流れを引き寄せる得点を与えないピッチングを見せた。リリーフ陣も第二先発の千賀や回跨ぎまでできるバリオス、前年フル回転の活躍を見せた森唯斗、クローザーのサファテと盤石。野手は、短期決戦に強い内川が欠場、柳田が怪我の影響で不調の中、4番に入った李大浩は打率・500・2本塁打・8打点の活躍でMVPに。伏兵の明石や福田が打率4割を超える活躍もあり、第1戦では日本シリーズでも2番目に多い1イニング6連打も達成している。なお、この年より監督が工藤公康に代わっているが、別監督で日本シリーズを連覇した球団はソフトバンクが初めてとなる。対するヤクルトは、全試合で先発が5回を持たずにKOされる事態に。ペナントでは小刻みな継投策で勝ち抜いてきたが、そのリリーフ陣も打たれる場面も見られたため、力の差がはっきりと見られた。ただ3戦目、山田哲の孤軍奮闘で勝利した試合があったためストレート優勝は免れた結果となった。

Nippon Series ▶戦績

第一戦
ヤフオクドーム

ヤクルト	0	0	0	0	0	0	0	0	2	2
ソフトバンク	0	0	0	3	0	1	0	0	X	4

勝 武田　負 石川
本 [ヤ] 畠山1号（9回2点武田）
[ソ] 松田1号（4回1点石川）

第二戦
ヤフオクドーム

ヤクルト	0	0	0	0	0	0	0	0	0	0
ソフトバンク	0	0	0	2	0	2	0	0	X	4

勝 バンデンハーク　負 小川
本 [ソ] 李大浩1号（4回2点小川）、
中村晃1号（6回1点秋吉）

第三戦
神宮球場

ソフトバンク	0	2	0	1	1	0	0	0	0	4
ヤクルト	2	0	1	0	2	0	0	3	X	8

勝 ロマン　負 千賀
本 [ソ] 今宮1号（4回1点杉浦）、
明石1号（5回1点杉浦）
[ヤ] 山田1号（1回2点中田）
2号（3回1点中田）3号（5回2点千賀）、
畠山2号（8回1点五十嵐）

第四戦
神宮球場

ソフトバンク	1	0	4	0	0	1	0	0	0	6
ヤクルト	0	0	0	1	0	3	0	0	0	4

勝 攝津　負 館山　S サファテ
本 [ソ] 細川1号（6回1点松岡）

第五戦
神宮球場

ソフトバンク	0	0	0	2	2	0	0	0	1	5
ヤクルト	0	0	0	0	0	0	0	0	0	0

勝 スタンリッジ　負 石川
本 [ソ] 李大浩2号（4回2点石川）

Nippon Series ▶守備陣形

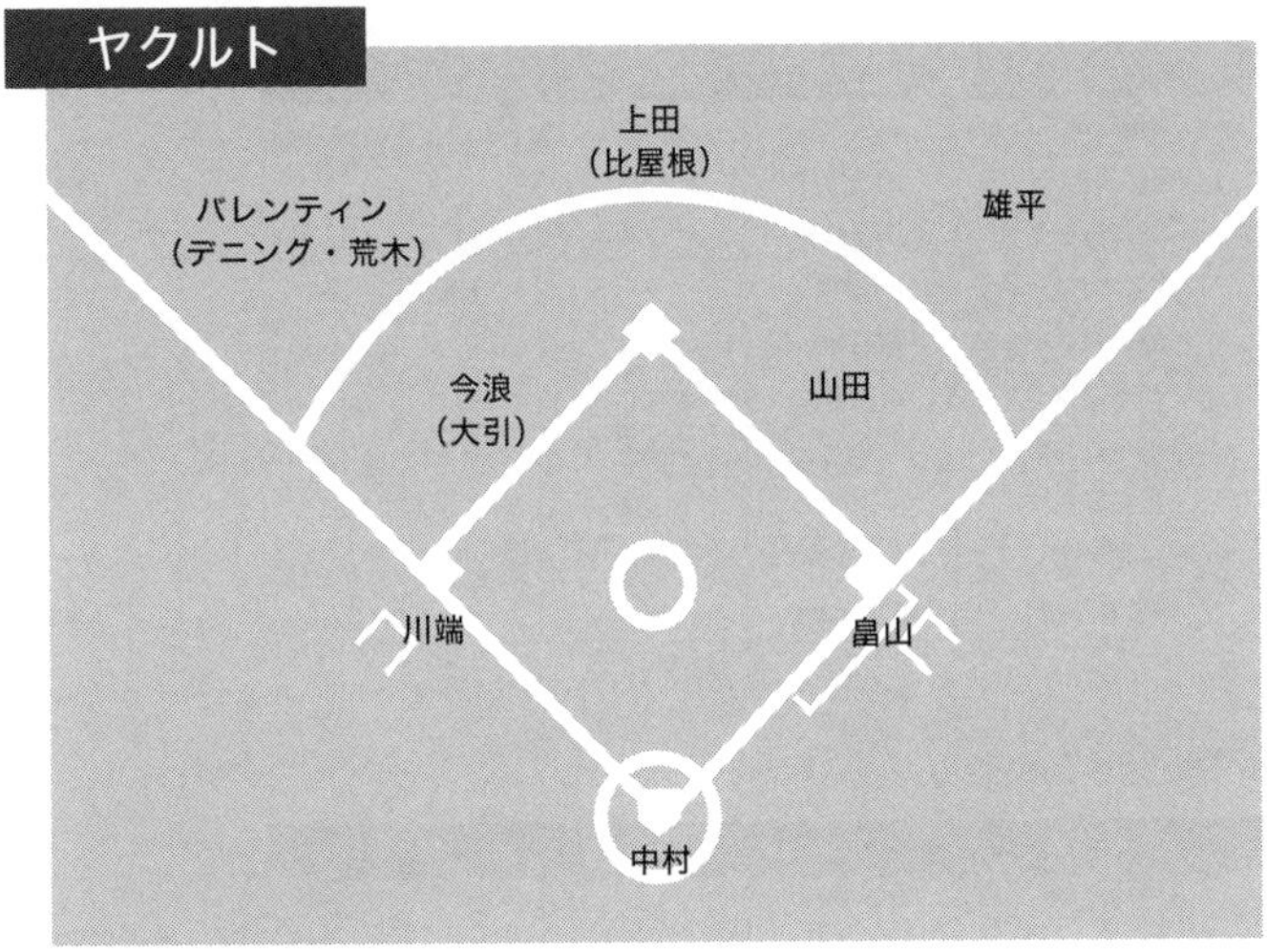

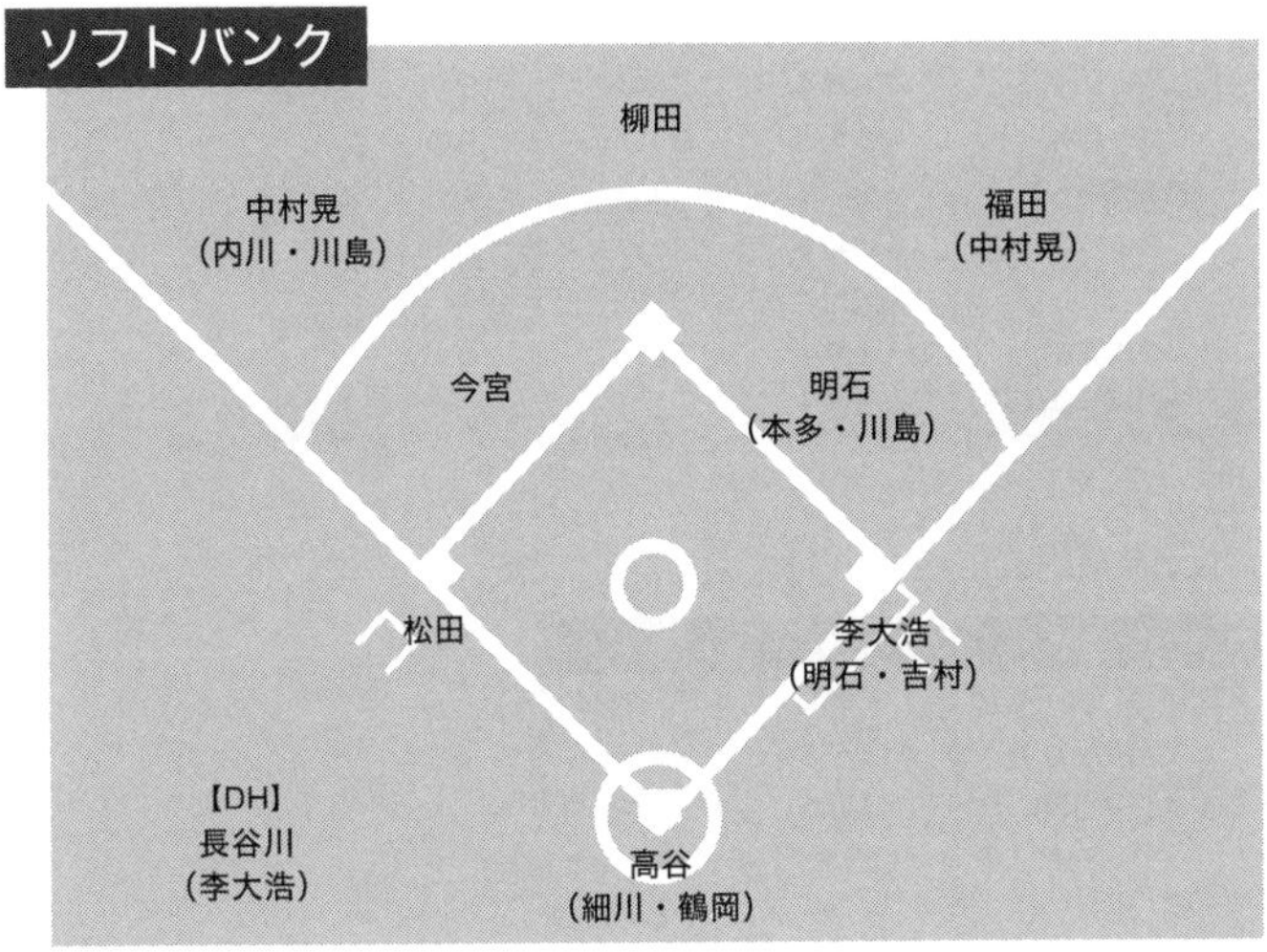

注：オーダーは各ホーム球場の初戦先発に基づく

Awards ▶ タイトル受賞者

▶ Central League

タイトル	選手名	所属チーム	受賞回数	成績
最優秀選手	山田哲人	ヤクルト	初	
最優秀新人	山崎康晃	横浜		
首位打者	川端慎吾	ヤクルト	初	.336
最多本塁打	山田哲人	ヤクルト	初	38
最多打点	畠山和洋	ヤクルト	初	105
最多盗塁	山田哲人	ヤクルト	初	34
最優秀防御率	ジョンソン	広島	初	1.85
最多勝利	前田健太	広島	2	15
最高勝率	マイコラス	巨人	初	.813
最多奪三振	藤浪晋太郎	阪神	初	221

▶ Pacific League

タイトル	選手名	所属チーム	受賞回数	成績
最優秀選手	柳田悠岐	ソフトバンク	初	
最優秀新人	有原航平	日本ハム		
首位打者	柳田悠岐	ソフトバンク	初	.363
最多本塁打	中村剛也	西武	6	37
最多打点	中村剛也	西武	3	124
最多盗塁	中島卓也	日本ハム	初	34
最優秀防御率	大谷翔平	日本ハム	初	2.24
最多勝利	大谷翔平	日本ハム	初	15
	涌井秀章	ロッテ	3	15
最高勝率	大谷翔平	日本ハム	初	.750
最多奪三振	則本昂大	楽天	2	215

▶ Nippon Series

タイトル	選手名	所属チーム
最高殊勲選手賞(MVP)	李大浩	ソフトバンク
敢闘選手賞	山田哲人	ヤクルト
優秀選手賞	明石健志	ソフトバンク
	武田翔太	ソフトバンク
	バンデンハーク	ソフトバンク

Pacific League 2016

▶チーム勝敗表

チーム	試合	勝利	敗北	引分	勝率	ゲーム差
日本ハム	143	87	53	3	.621	- -
ソフトバンク	143	83	54	6	.606	2.5
ロッテ	143	72	68	3	.514	15
西武	143	64	76	3	.457	23
楽天	143	62	78	3	.443	25
オリックス	143	57	83	3	.407	30

▶チーム投手成績

チーム	防御率	試合	勝利	敗北	セーブ	完投	完封	投球回	奪三振	失点
日本ハム	3.06	143	87	53	42	9	16	1284	1004	467
ソフトバンク	3.09	143	83	54	46	7	14	1291	1158	479
ロッテ	3.66	143	72	68	36	12	9	1289	855	582
西武	3.85	143	64	76	31	8	8	1270.2	956	618
楽天	4.11	143	62	78	30	3	8	1279	1026	654
オリックス	4.18	143	57	83	34	7	10	1269.1	956	635

▶チーム打撃成績

チーム	打率	試合	打数	得点	安打	二塁打	三塁打	本塁打	打点	盗塁
日本ハム	.266	143	4795	619	1277	179	13	121	585	132
西武	.264	143	4881	619	1287	219	19	128	591	97
ソフトバンク	.261	143	4744	637	1240	188	30	114	609	107
楽天	.257	143	4806	544	1234	170	32	101	518	56
ロッテ	.256	143	4810	583	1230	216	30	80	559	77
オリックス	.253	143	4747	499	1199	208	12	84	475	104

Central League 2016

▶チーム勝敗表

チーム	試合	勝利	敗北	引分	勝率	ゲーム差
広島	143	89	52	2	.631	- -
巨人	143	71	69	3	.507	17.5
横浜	143	69	71	3	.493	19.5
阪神	143	64	76	3	.457	24.5
ヤクルト	143	64	78	1	.451	25.5
中日	143	58	82	3	.414	30.5

▶チーム投手成績

チーム	防御率	試合	勝利	敗北	セーブ	完投	完封	投球回	奪三振	失点
広島	3.20	143	89	52	37	7	19	1284	966	497
阪神	3.38	143	64	76	31	8	15	1274.2	1166	546
巨人	3.45	143	71	69	41	8	12	1282.1	1061	543
中日	3.65	143	58	82	25	8	10	1281	980	573
横浜	3.76	143	69	71	35	9	12	1274	1059	588
ヤクルト	4.73	143	64	78	31	7	3	1260.2	872	694

▶チーム打撃成績

チーム	打率	試合	打数	得点	安打	二塁打	三塁打	本塁打	打点	盗塁
広島	.272	143	4914	684	1338	203	35	153	649	118
ヤクルト	.256	143	4828	594	1234	210	20	113	565	82
巨人	.251	143	4797	519	1203	217	19	128	497	62
横浜	.249	143	4838	572	1205	194	21	140	548	67
中日	.2451	143	4813	500	1180	209	21	89	473	60
阪神	.2445	143	4789	506	1171	204	17	90	475	59

歴史的な大逆転優勝を演出した二刀流・大谷翔平（日本ハム）

2016年、大谷翔平を中心とした日本ハムは、3連覇を狙っていたソフトバンクとの11・5ゲーム差をひっくり返し、大逆転優勝を成し遂げた。チームの成績を見ても、チーム打率と防御率はリーグトップを記録。当時の監督である栗山英樹は、シーズン中に選手の調子や適性を見ながら配置転換などをして、逆転優勝に相応しいチームビルディングができていた。

この優勝に関して、欠かせない人物はなんと言ってもやはり大谷である。NPB史上初となる投手と指名打者の両部門でベストナインを受賞、文句なしのシーズンMVPに選出された。大谷は、エースとして5月中旬から7月上旬にかけて7連勝を記録。7月3日のソフトバンク戦では「1番・投手」として先発出場すると、プレイボール直後の初球を右中間スタンドに叩き込む、初球先頭打者ホームランの離れ業を成し遂げた。

さらに、優勝争いをしていたソフトバンク戦は4戦2勝で防御率1・26を記録。打者としても、打率・411・9本塁打・16打点・OPS1・365を記録した。ソフトバンクからすると、リーグ優勝への道程に「大谷翔平」という選手が大きな壁になっただろう。最終的には、打席・登板数ともに規定未到達ながらも、二刀流として二桁勝利・打率・322・22本塁打を記録して、この年のプロ野球の顔となった。

他の投手陣を見ると、シーズン途中でクローザーとして不調だった増井浩俊や先発の特性を感じられた高梨裕稔を先発に移す。その結果、元々先発ローテーションだった有原航平や高梨、増井が二桁勝利を記録。大谷含め4人の計算できる先発陣がいたことになる。これを見るとわかるように、この年ぐらいから150キロ以上のストレートとフォークを中心とするピッチャーを上手く活かせるかが、ポイントとなっているのがわかる。

先発ローテーションを上手く調整して、大谷をソフトバンク戦先発として当てまくり、打線を狂わせたことも大きい。さらにエース有原も、谷間の北九州市民球場戦も含め6戦ソフトバンクに当てたため、大谷が投げない試合も野手として出場しているため、ソフトバンクからすると対日本ハムは非常に戦いづらかっただろう。ブルペン陣を見ても、クリス・マーティンや最優秀中継ぎ賞の宮西尚生、谷元圭介の防御率1〜2点台投手を中心に、アンソニー・バースや井口和朋などを起用した。

野手陣は西川遥輝の打撃が開眼。打率・314とキャリアハイの記録を残す。ブランドン・レアードは本塁打王の活躍、中田翔も打点王の活躍を見せて、3番・5番・6番打者を主に担っていた大谷の後ろを打つ打者も成績を残した。中島卓也もバント成功率100%を記録し、1番を担う西川まで切れ目ない打線を構築した。さらに、陽岱鋼も復活を遂げて打率・293を記録。岡大海は規定打席未到達ではあるものの打率・374の活躍を見せるなど、レギュラーメンバーからサブメンバーまで、隙のないチームを作り上げた。

クライマックスのファイナルシリーズでも、ソフトバンクと熱戦を繰り広げた。初戦は大谷が7回被安打1、無失点と圧巻のピッチングを見せて完勝。しかし、ソフトバンクも意地を見せる。2戦目もビハインドとなるも、シーズン後半から守護神として活躍していたマーティンを打ち崩し、逆転勝利。3戦目は有原が初回の援護4点を守り切り、日本ハムが大手をかけるが、4戦目はソフトバンクが先発高梨を攻略して勝利し、シーソーゲームとなった。

迎えた5戦目、ソフトバンクが先発・加藤貴之から初回に4点を挙げる猛攻。しかし日本ハムも負けじと、先発・攝津正や、中継ぎとして登場した東浜巨を攻め立てて逆転に成功。最終9回には大谷がマウンドに上がった。

大谷は、この緊迫する場面を楽しむかのように投手としての最高のパフォーマンスを見せて、日本人最速記録となる165キロを記録。この場面に関しては、日本ハムナインはもちろんのこと、相手チームのソフトバンクも驚き、苦笑いすることしかできなかった。最後を三者凡退に締めて、日本ハムが日本シリーズ出場を決めた。

この短期決戦を見ても、監督の栗山の采配が光った。第二先発を上手く活用したことや、2戦目で打ちこまれたマーティンから起用法を切り替えて、調子が良かったバースや谷元（いずれもクライマックスシリーズでは防御率0・00）を中心にブルペン陣を回した点も非常に大きかった。

この年はパ・リーグそのものが、大谷一色の年となった。投打でリーグを圧倒、文句なしのシーズンMVPや史上初の2つのポジションでベストナインを獲得するなどの活躍を見せた。投手陣を見るとシーズン前半にクローザーとして不調だった増井を先発に移し、復活を遂げて二桁勝利を記録。これで、大谷・有原・増井と、一定水準以上のストレートとフォークを投げられる先発3枚を確立した。さらに高梨もシーズン途中から先発に移り、二桁勝利を記録。リリーフ陣もクローザーのマーティンを中心に組み立て、後半戦は磐石な体制だった。野手陣を見ても、各選手が役割を理解し、打線として最大化されたシーズンだった。

ORDER ▶ Pacific League

▶ 野手

打順	守備位置	選手	試合	打席	打率	本塁打	打点	出塁率	長打率	OPS	盗塁
1	左	西川遥輝	138	593	.314	5	43	.405	.398	.802	41
2	右	近藤健介	80	291	.265	2	27	.337	.323	.660	5
3	指	大谷翔平	104	382	.322	22	67	.416	.588	1.004	7
4	一	中田翔	141	624	.250	25	110	.308	.431	.738	2
5	二	田中賢介	143	626	.272	2	53	.361	.312	.674	22
6	三	レアード	143	598	.263	39	97	.319	.516	.835	0
7	中	陽岱鋼	130	555	.293	14	61	.359	.430	.790	5
8	捕	大野奨太	109	351	.245	5	35	.334	.344	.678	1
9	遊	中島卓也	143	600	.243	0	28	.333	.268	.601	23
主な控え		谷口雄也	83	211	.254	1	9	.287	.306	.593	7
		市川友也	71	156	.165	1	12	.226	.203	.429	1
		岡大海	41	154	.374	2	12	.450	.473	.924	9
		杉谷拳士	62	138	.240	0	9	.313	.308	.621	4
		淺間大基	52	115	.191	1	9	.219	.273	.492	2

▶ 先発投手陣

選手	防御率	登板	勝利	敗戦	完投数	セーブ	ホールド	投球回	勝率	奪三振	WHIP
有原航平	2.94	22	11	9	2	0	0	156	.550	103	1.21
大谷翔平	1.86	21	10	4	4	0	1	140	.714	174	0.96
メンドーサ	3.88	23	7	8	0	0	1	132.1	.467	77	1.36
高梨裕稔	2.38	37	10	2	1	0	1	109.2	.833	86	1.05
吉川光夫	4.19	27	7	6	0	3	0	109.2	.538	65	1.61
バース	3.65	37	8	8	0	0	6	103.2	.500	71	1.44
加藤貴之	3.45	30	7	3	0	0	1	91.1	.700	64	1.34
増井浩俊	2.44	30	10	3	2	10	1	81	.769	71	1.20

▶ 救援投手陣

選手	防御率	登板	勝利	敗戦	セーブ	ホールド	投球回	勝率	奪三振	WHIP
谷元圭介	2.32	58	3	2	3	28	50.1	.600	44	1.13
宮西尚生	1.52	58	3	1	2	39	47.1	.750	36	1.06
マーティン	1.07	52	2	0	21	19	50.2	1.000	57	0.63
鍵谷陽平	4.23	48	5	3	3	3	44.2	.625	38	1.30
井口和朋	3.86	37	0	1	0	4	42	.000	27	1.17
白村明弘	2.63	22	3	1	0	1	24	.750	19	1.42
石井裕也	1.65	22	0	0	0	12	16.1	.000	16	0.92
榎下陽大	3.58	16	1	0	0	0	27.2	1.000	21	1.41

黒田博樹最後の年に悲願のリーグ制覇をした広島

2016年の広島は、投打ともに圧倒的な強さを誇った。エースだった前田健太のメジャー移籍という障壁を、軽々と飛び越えた。

打線は1番から6番まで二桁本塁打（田中広輔・菊池涼介・丸佳浩・鈴木誠也・新井貴浩・ブラッド・エルドレッド）を記録するなど、7番までOPSが・700を超えて、チーム打率は・270を超えていた。得点数もずば抜けており、誰もが認めるリーグトップクラスの打撃力であった。さらに投手陣も、前田健のカバーをするかのように各投手がレベルアップ。チーム防御率もリーグトップ（3・20）を記録した。

この年の広島に特徴的であったのは、逆転勝ちが多かったことだ。勝利数の半分以上となる45試合逆転勝利を挙げるなど、「逆転のカープ」が代名詞となった。

それを象徴した試合は、8月7日の巨人戦だ。4連敗の中、巨人との優勝争いで天王山となった試合だが、4回からリードを許す展開に。7回までは激しい点の取り合いとなった。そして迎えた最終回。巨人の守護神であり、この年の最多セーブに輝いた澤村拓から、9回二死の場面で菊池が同点ホームランを放った。次の打席で丸が四球を選び、新井がサヨナラタイムリーツーベースを放ち、広島の逆転勝利。まさにこの年の広島らしい強さを感じた試合で、この試合から独走が始まったと言っても過言ではない。

2015年シーズンに復帰した黒田博樹や新井のベテラン勢と、「キクマル」こと2番3番を打った菊池・丸、さらにはスラッガーとして台頭してきていた鈴木誠、田中広など若手とベテランのバランスが取れ、適材適所で活躍していたといえる。また、「カープ女子」と呼ばれるファン層もこの時期話題となっており、メディアの後押しもあっただろう。

この年から2018年までの広島は、21世紀のプロ野球史を通して見ても「強さ」を感じるチームだった。特に足掛かりとなった2016年は、メジャー帰りのベテラン・黒田を優勝させるために、若手や中堅の主軸が一致団結していた印象だ。

野手陣は、丸や菊池、田中広、鈴木誠という打線の軸となる若い選手の成長があり、そこに4番を打つベテランの新井が復活し、隙のない打線が生まれたシーズンだった。さらに、エルドレッドや安部友裕、松山竜平、エクトル・ルナなど併用されていた選手も、規定打席に満たないものの2割台後半の打率を残し高いパフォーマンスを発揮した。特に新井は、3割・19本・101打点の成績を残してMVPを獲得。また鈴木誠に関しては、怪我などがあったものの、驚異的な長打力・612・打率・335を記録し、すでにこの時点でトップクラスの外野手と言っても過言ではなかった。

投手陣はクリス・ジョンソンや黒田、さらにこの年最多勝利の野村祐輔が先発ローテーションの軸となり二桁勝利を記録。その他は翌年活躍する岡田明丈や薮田和樹と言った若手投手が貯金を作り、福井優也、九里亜蓮が谷間として投げた。ブルペン陣を見ると、クローザーの中﨑翔太を中心にジェイ・ジャクソン、ブレイディン・ヘーゲンズの両外国人、今村猛が40試合以上の登板で防御率1~2点台を記録。さらに、一岡竜司や先発と両立をした九里もブルペン陣を支えて、近年で一番充実した投手陣を形成した。

クライマックスシリーズでは、ジョンソンが初戦で完封したことで黒田から勝利した横浜の勢いを止めて、日本シリーズ出場を決めた。最終戦では横浜に1点差まで追い詰められたが、振り切る形で勝利した。

この年は、広島の黄金期の序章となるシーズンだった。エースだった前田健が移籍した中で、先発からリリーフまで枚数を増やし、リーグトップのチーム防御率を記録した。さらに野手陣は、投手以上にリーグの中で圧倒的な力を見せた。チーム打率、本塁打、得点、盗塁がリーグトップを記録。田中広・菊池・丸はもちろんのこと、台頭した鈴木誠含め、強力な野手陣で黄金期を作ることになる。二桁本塁打は7選手（田中広・菊池・丸・新井・鈴木誠・エルドレッド・松山）いた。チーム防御率、打率、本塁打、盗塁の4部門リーグトップはセ・リーグ史上初となった。

2016

ORDER ▶ Central League

▶ 野手

打順	守備位置	選手	試合	打席	打率	本塁打	打点	出塁率	長打率	OPS	盗塁
1	遊	田中広輔	143	679	.265	13	39	.367	.372	.739	28
2	二	菊池涼介	141	640	.315	13	56	.358	.432	.790	13
3	中	丸佳浩	143	652	.291	20	90	.389	.481	.870	23
4	一	新井貴浩	132	513	.300	19	101	.372	.485	.857	0
5	左	エルドレッド	95	354	.294	21	53	.362	.538	.900	1
6	右	鈴木誠也	129	528	.335	29	95	.404	.612	1.015	16
7	三	安部友裕	115	292	.282	6	33	.327	.429	.756	7
8	捕	石原慶幸	106	289	.202	0	17	.296	.230	.526	4
主な控え		松山竜平	103	275	.291	10	41	.342	.465	.806	0
		ルナ	67	268	.272	5	34	.332	.374	.707	6
		會澤翼	83	220	.239	7	26	.301	.381	.682	1
		下水流昂	48	116	.250	5	18	.328	.452	.780	0
		小窪哲也	69	107	.217	2	10	.321	.402	.723	0

▶ 先発投手陣

選手	防御率	登板	勝利	敗戦	完投数	セーブ	ホールド	投球回	勝率	奪三振	WHIP
ジョンソン	2.15	26	15	7	3	0	0	180.1	.682	141	1.13
野村祐輔	2.71	25	16	3	1	0	0	152.2	.842	91	1.15
黒田博樹	3.09	24	10	8	1	0	0	151.2	.556	98	1.20
岡田明丈	3.02	18	4	3	1	0	1	89.1	.571	60	1.28
九里亜蓮	4.50	27	2	2	0	0	0	80	.500	52	1.45
福井優也	4.34	13	5	4	0	0	0	76.2	.556	63	1.49
戸田隆矢	2.80	17	4	0	1	1	0	54.2	1.000	42	1.23

▶ 救援投手陣

選手	防御率	登板	勝利	敗戦	セーブ	ホールド	投球回	勝率	奪三振	WHIP
今村猛	2.44	67	3	4	2	22	73.2	.429	87	1.11
ジャクソン	1.71	67	5	4	0	37	68.1	.556	89	1.02
中﨑翔太	1.32	61	3	4	34	7	61.1	.429	54	1.13
ヘーゲンズ	2.92	50	7	5	0	19	83.1	.583	33	1.25
一岡竜司	1.82	27	1	1	0	5	24.2	.500	21	1.05
オスカル	6.35	23	2	0	0	1	22.2	1.000	13	1.72
大瀬良大地	3.32	17	3	1	0	4	21.2	.750	24	0.97
薮田和樹	2.61	16	3	1	0	0	31	.750	21	1.39
永川勝浩	6.30	11	2	0	0	1	10	1.000	8	1.60

Climax Series ▶戦績

▶Central League

ファーストステージ

巨人(1勝)　VS　横浜(2勝)

第1戦　巨● 3-5 ○横
第2戦　巨○ 2-1 ●横
第3戦　巨● 3-4 ○横

ファイナルステージ

広島(4勝)　VS　横浜(1勝)

第1戦　広○ 5-0 ●横
第2戦　広○ 3-0 ●横
第3戦　広● 0-3 ○横
第4戦　広○ 8-7 ●横

▶Pacific League

ファーストステージ

ソフトバンク(2勝)　VS　ロッテ(0勝)

第1戦　ソ○ 4-3 ●ロ
第2戦　ソ○ 4-1 ●ロ

ファイナルステージ

日本ハム(4勝)　VS　ソフトバンク(2勝)

第1戦　日○ 6-0 ●ソ
第2戦　日● 4-6 ○ソ
第3戦　日○ 4-1 ●ソ
第4戦　日● 2-5 ○ソ
第5戦　日○ 7-4 ●ソ

二刀流大谷を擁する日本ハム vs 黒田の有終の美を飾りたい広島

この年の日本シリーズは、セ・リーグ広島とパ・リーグ日本ハムともに、話題性が非常あるシリーズだった。日本ハムは二刀流で球史に残る活躍を見せた大谷翔平を擁して、3年ぶりの日本シリーズ出場。対する広島は、引退を表明していた黒田博樹の有終の美を飾るため、チーム一丸となって日本一を狙っていた。

マツダスタジアムから始まった日本シリーズ・1戦目の先発はエース・大谷と、本年沢村賞のクリス・ジョンソンとなった。日本ハムは初回、先頭打者西川遥輝の内野安打、3番・岡のヒットで一死一・三塁とチャンスを作る。しかしジョンソンは冷静だった。4番・5番の強打者中田翔と陽岱鋼をともにカーブで三振に切って取った。対する大谷も走者を出すものの、初回は広島打線を抑える。しかし2回、広島は鈴木誠也の四球、安部友裕のヒットで一死一・三塁とチャンスを作り、石原慶幸は三振に倒れるものの安部がディレードスチールをかけて二盗。ここで捕手・大野は大谷に返球し、三塁走者を誘い出すカットプレーを試みたが、大谷が送球を見送り、ボールは無人の二塁へ。その間に鈴木誠が生還し、守備の乱れの中1点を先制する。4回には速球を得意とする松山とブラッド・エルドレッドの2本のホームランで追加点を挙げ、大技と小技を合わせて大谷から3点を奪う。勢いに乗った広島ペースで試合は進み、日本ハムは4回まで毎回走者を出しながらも決定打を欠いて、計11残塁。7回にブランドン・レアードが放ったホームランの1得点のみとなった。ジョンソンは123球を要して被安打9、与四球2も、6回2/3・1失点の力投で試合の流れを渡さず、そのリードを今村猛、ジャクソン、中﨑翔太の無失点リレーで広島が初戦を勝利した。

2戦目の先発は増井浩俊と野村祐輔。2回に広島は、エルドレッドがヒットで出塁すると、小窪哲也が右中間を破るツーベースを放ちランエンドヒット、1戦目と同様、足を絡めた先制点となった。しかし4回、二死一・二塁かの場面で、日本ハム・大野のゴロのスピンを読み誤り、菊池涼介がまさかのエラーで同点に。しかし、6回に先頭打者田中広輔がツーベースでチャンスメイクすると、菊池がバスターを敢行し、打球は三遊間を抜けレフト前へ。二塁走者・田中広は一瞬スタートをためらったものの、その後一気に本塁を突くが、西川の好返球で一時はアウトの判定となる。リプレイ検証が行われ、協議の末に判定はセーフとなり、勝ち越しに成功。なおも日本ハム側のエラーや鈴木誠の犠牲フライで2点を追加。さらにエルドレッドのソロホームランなどでこの回一挙に4点を挙げた。リードを奪った広島は、7回から勝ちパターンの今村、ジャクソンが3人で切って取る。嬉しいホームでの2連勝のスタートを切った。一方の日本ハムは、先発増井が5回2失点と試合を作るものの、守備のエラーで追加点があったことが響いた。打線も4安打、クリーンナップがなかなか機能せず悔しい連敗となった。

戦いの舞台を札幌に移した3戦目は、有原航平と黒田が先発。1回に日本ハムは、2番近藤健介、3番大谷の連続ヒットでチャンスを作ると、中田のショートゴロの間に1点を先制。対する広島も2回にヒットを放った鈴木誠を一塁に置いて、エルドレッドが3戦連続となるツーランホームランを放って即座に逆転に成功。だが、その後は両先発ともに好投を見せて、試合は落ち着き始めた。しかし6回、黒田をアクシデントが襲う。一死を奪い、この日2安打を打たれていた大谷を左飛に抑えた後に足の痛みを訴えてベンチへ。再びマウンドに上がり、投球練習を再開したが、無念の降板となった。黒田の勝利を渡すまいとその後、ヘーゲンズから今村につないで試合の流れを渡さない広島。しかし、日本ハムが8回に意地を見せた。先頭の中島卓也がファウルで粘り、四球で出塁。その後二死二塁となると、大谷が敬遠気味の四球で歩かされた。この屈辱的な場面で中田が奮起。2ボールから打球がレフトに飛び、ツーベースを放ち、大谷まで一気に生還して日本ハムが逆転。だが、広島も9回に先頭の鈴木誠がスリーベース、二死後に安部がタイムリーを放って振り出しに。試合は3対3で、シーズン初の延長戦へともつれ込んだ。10回、一死、西川が四球で出塁すると、大谷の打席の3球目に西川が盗塁を成功させる。このピンチに広島は「前進守備なし」で勝負をかけた。しかし、大谷が大瀬良大地の直球をとらえると、打球は一、二塁間を抜けて西川が一気に生還。劇的なサヨナラで日本ハムがシリーズ初勝利を収めた。この大谷のサヨナラタイムリーから、日本ハムは一気に勢いに乗る。

4戦目の先発は高梨裕稔と岡田明丈のルーキー対決となった。両投手立ち上がりから好投をみせ、中盤まで緊迫した試合となった。4回二死の場面で広島・エルドレッドの高い内野フライを放つと、絶妙な間に飛びお見合い状態に。結果近藤のエラーとなり、広島がノーヒットで先制する。対する日本ハムは6回、先頭打者の中田が初球のスライダーをとらえるとレフトスタンドに入る同点ホームランを放った。その後は両者譲らず、1対1の同点で試合は終盤へと進んだ。試合を動かしたのは、またしても一発。8回、レアードがツーランホームランを放ち勝ち越しに成功。宮西尚生が二死満塁のピンチを招くも、最後は丸佳浩を空振り三振に斬って、タイに持ち込んだ。広島は8回表、DH解除前提の大勝負に出たが、鈴木誠のサインミスなども絡み凡退したことが響き、勝負を決めることができなかった。

5戦目の先発は、ルーキーの加藤貴之とエース・クリス・ジョンソンとなった。初回から広島は加藤を攻め立て、田中広がヒットで出塁、菊池の送りバントと丸佳浩のヒットで一死一・三塁のチャンスを作り、5番鈴木誠也がタイムリーを放って先制した。2回にも先頭の小窪の四球、下水のツーベース、田中広の四球で一死満塁とし、これ以上の失点は許されない日本ハムは、加藤を下ろしてルイス・メンドーサをマウンドに上げた。この交代が功を奏し、一死満塁から菊池をサードゴロ、丸を空振り三振に斬って取り、無失点に抑えた。ペナント中7勝8敗だったメンドーサはポストシーズンからリリーフに回っており、この後7回まで広島打線を1安打に封じる力投を見せた。ジョンソン相手に抑えられていた日本ハム打線は、7回から登板した今村から、田中賢介が四球で出塁。市川友也の送りバントと中島のヒットでチャンスを広げる。一死一・三塁として、岡大海の犠打の間に田中賢が生還。浅い飛球も迷わず本塁を突き、試合を振り出しに戻した。その後、両者譲らず試合は1対1のまま終盤へ。9回、日本ハムは広島の守護神・中﨑に襲いかかった。二死満塁のチャンスを作ると、西川が中﨑の高めに浮いたストレートを思い切り振り抜いた。これがサヨナラ満塁ホームランとなり、日本ハムが劇的勝利を手にして、このシリーズ王手をかけた。

広島に戻った6戦目、増井と野村の先発となった。日本一を狙う日本ハムは1回に先頭の西川が初球をとらえてスリーベースを放ち、中島が四球を選んで無死一・三塁に。続く岡の、ショートへの内野安打で日本ハムが先制。しかし、広島がすぐに2回に松山竜平のヒットと鈴木誠のツーベースで無死二・三塁とチャンスを作り、石原へのワイルドピッチで同点に。さらにその後一死三塁で、レアードのエラーで逆転に成功。しかし日本ハムも4回、田中賢のタイムリーで同点に。さらに二死二・三塁で西川のタイムリースリーベースで2点を追加して再び逆転。シーソーゲームはまだまだ続き、広島は5回に丸のソロホームラン。6回には二死二・三塁から下水流の内野安打で1点を挙げて再び試合を振り出しに戻す。試合が決まったのは8回。6戦連続登板のジャクソンから簡単に二死を取られるものの、ここから西川、中島、岡の3連打で満塁とすると、中田が押し出し四球を選んで勝ち越しに成功。さらに満塁から投手のアンソニー・バースにタイムリーが飛び出し、続くレアードが満塁ホームランを放って試合を決めた。その後日本ハムはバースから谷元圭介へとつないで、最後は菊池を抑えた。日本ハムが2連敗後、4連勝で日本一を決めた。

日本一に輝いた日本ハムは、3戦目の中田のタイムリーと大谷のサヨナラ打から一気に勢いに乗った。投手陣は、クライマックスシリーズから調子が上がってきたバースや谷元、宮西を中心に回し、第二先発として、ペナント中先発を務めたメンドーサをロングリリーフに起用する、臨機応変な回し方が功を奏した。特にバースは救援陣でありながら、シリーズ最多勝利（3勝）を挙げている。打線は、日本一を知るベテランの田中賢の要所での活躍や、中島が送るべき場面で的確にバントを決める、レアードや中田といった主砲がここぞの場面で打つという役割を果たせていたことが大きかった。

対する広島は2連勝後に黒田が投げた試合で勝ちきれず、流れを渡してしまったのが大きな痛手になった。日本ハムとは逆に、ペナント中もフル回転していたリリーフ・ジャクソンに任せたが結果的に2敗。クライマックスシリーズから調子のいい投手を中心に回していれば、足を使って小技を利かせた得点を積み重ねられていたこともあり、結果は変わっていたかもしれないシーズンでは逆転勝ちが多かった広島だが、このシリーズでの敗戦はすべて逆転負け。大きな差は野手のここ一番の集中力はもちろんのこと、投手運用が大きかったといえる。

Nippon Series ▶ 戦績

第一戦
マツダスタジアム

日本ハム	0	0	0	0	0	0	1	0	0	1
広島	0	1	0	2	0	0	2	0	X	5

勝 ジャクソン　負 大谷
本 [日] レアード 1 号（7 回 1 点ジョンソン）
[広] 松山 1 号（4 回 1 点大谷）、
エルドレッド 1 号（4 回 1 点大谷）

第二戦
マツダスタジアム

日本ハム	0	0	0	1	0	0	0	0	0	1
広島	0	1	0	0	0	4	0	0	X	5

勝 野村　負 増井
本 [広] エルドレッド 2 号（6 回 1 点鍵谷）

第三戦
札幌ドーム

広島	0	2	0	0	0	0	0	0	1	0	3
日本ハム	1	0	0	0	0	0	0	2	0	1x	4

勝 バース　負 石井一
本 [広] エルドレッド 3 号（2 回 2 点有原）

第四戦
札幌ドーム

広島	0	0	0	1	0	0	0	0	0	1
日本ハム	0	0	0	0	0	1	0	2	X	3

勝 谷元　負 ジャクソン　S 宮西
本 [日] 中田 1 号（6 回 1 点岡田）、
レアード 2 号（8 回 2 点ジャクソン）

第五戦
札幌ドーム

広島	1	0	0	0	0	0	0	0	0	1
日本ハム	0	0	0	0	0	0	1	0	4x	5

勝 バース　負 中﨑
本 [日] 西川 1 号（9 回 4 点中﨑）

第六戦
マツダスタジアム

日本ハム	1	0	0	3	0	0	0	6	0	10
広島	0	2	0	0	1	1	0	0	0	4

勝 バース　負 ジャクソン
本 [日] レアード 3 号（8 回 4 点ジャクソン）
[広] 丸 1 号（5 回 1 点鍵谷）

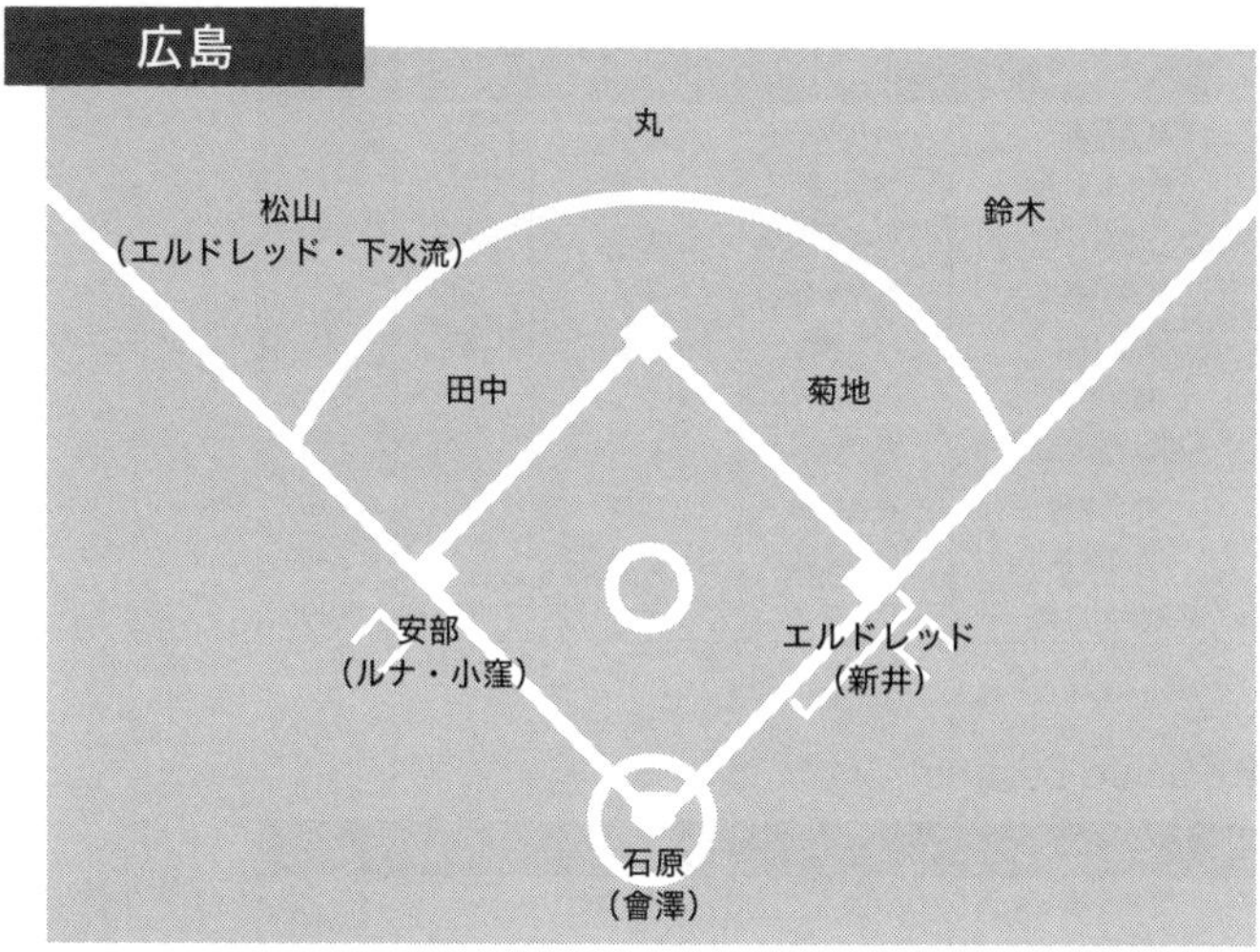

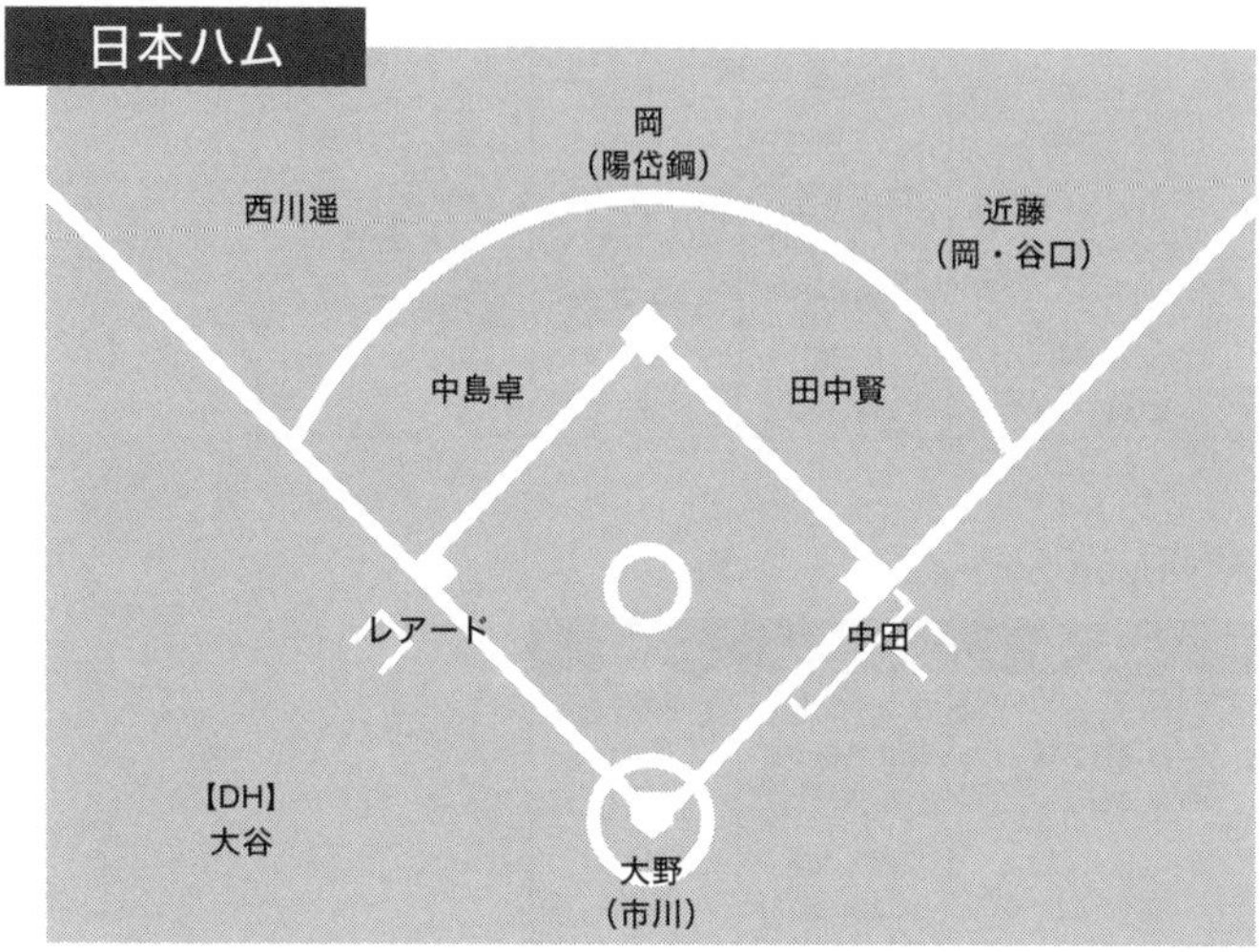

注：オーダーは各ホーム球場の初戦先発に基づく

Awards ▶ タイトル受賞者

▶ Central League

タイトル	選手名	所属チーム	受賞回数	成績
最優秀選手	新井貴浩	広島	初	
最優秀新人	高山俊	阪神		
首位打者	坂本勇人	巨人	初	.344
最多本塁打	筒香嘉智	横浜	初	44
最多打点	筒香嘉智	横浜	初	110
最多盗塁	山田哲人	ヤクルト	2	30
最優秀防御率	菅野智之	巨人	2	2.01
最多勝利	野村祐輔	広島	初	16
最高勝率	野村祐輔	広島	初	.842
最多奪三振	菅野智之	巨人	初	189

▶ Pacific League

タイトル	選手名	所属チーム	受賞回数	成績
最優秀選手	大谷翔平	日本ハム	初	
最優秀新人	高梨裕稔	日本ハム		
首位打者	角中勝也	ロッテ	2	.339
最多本塁打	レアード	日本ハム	初	39
最多打点	中田翔	日本ハム	2	110
最多盗塁	金子侑司	西武	初	53
	糸井嘉男	オリックス	初	53
最優秀防御率	石川歩	ロッテ	初	2.16
最多勝利	和田毅	ソフトバンク	2	15
最高勝率	和田毅	ソフトバンク	初	.750
最多奪三振	則本昂大	楽天	3	216

▶ Nippon Series

タイトル	選手名	所属チーム
最高殊勲選手賞(MVP)	レアード	日本ハム
敢闘選手賞	エルドレッド	広島
優秀選手賞	バース	日本ハム
	西川遥輝	日本ハム
	中田翔	日本ハム

Pacific League 2017

▶チーム勝敗表

チーム	試合	勝利	敗北	引分	勝率	ゲーム差
ソフトバンク	143	94	49	0	.657	--
西武	143	79	61	3	.564	13.5
楽天	143	77	63	3	.550	15.5
オリックス	143	63	79	1	.444	30.5
日本ハム	143	60	83	0	.420	34
ロッテ	143	54	87	2	.383	39

▶チーム投手成績

チーム	防御率	試合	勝利	敗北	セーブ	完投	完封	投球回	奪三振	失点
ソフトバンク	3.22	143	94	49	58	4	21	1276.1	1203	483
楽天	3.33	143	77	63	41	13	13	1280.2	1144	528
西武	3.53	143	79	61	29	10	17	1269.2	967	560
日本ハム	3.82	143	60	83	31	6	6	1266.2	968	596
オリックス	3.83	143	63	79	35	13	8	1275.1	1015	598
ロッテ	4.22	143	54	87	27	11	5	1264.2	939	647

▶チーム打撃成績

チーム	打率	試合	打数	得点	安打	二塁打	三塁打	本塁打	打点	盗塁
西武	.264	143	4792	690	1264	236	28	153	660	129
ソフトバンク	.259	143	4671	638	1208	202	32	164	613	73
楽天	.254	143	4812	585	1221	214	18	135	553	42
オリックス	.251	143	4770	539	1197	190	23	127	519	33
日本ハム	.242	143	4749	509	1147	189	18	108	482	86
ロッテ	.233	143	4718	479	1098	215	29	95	455	78

Central League 2017

▶チーム勝敗表

チーム	試合	勝利	敗北	引分	勝率	ゲーム差
広島	143	88	51	4	.633	--
阪神	143	78	61	4	.561	10
横浜	143	73	65	5	.529	14.5
巨人	143	72	68	3	.514	16.5
中日	143	59	79	5	.428	28.5
ヤクルト	143	45	96	2	.319	44

▶チーム投手成績

チーム	防御率	試合	勝利	敗北	セーブ	完投	完封	投球回	奪三振	失点
阪神	3.29	143	78	61	38	4	9	1285.2	1223	528
巨人	3.31	143	72	68	31	9	18	1276	1083	504
広島	3.39	143	88	51	36	4	9	1290.2	1035	540
横浜	3.81	143	73	65	35	5	13	1286	1117	598
中日	4.05	143	59	79	37	6	13	1281	949	623
ヤクルト	4.21	143	45	96	18	6	6	1261	1011	653

▶チーム打撃成績

チーム	打率	試合	打数	得点	安打	二塁打	三塁打	本塁打	打点	盗塁
広島	.273	143	4872	736	1329	237	23	152	705	112
横浜	.252	143	4872	597	1230	245	14	134	571	39
巨人	.2492	143	4775	536	1190	223	15	113	519	56
阪神	.2485	143	4807	589	1195	213	18	113	559	70
中日	.247	143	4794	487	1183	190	23	111	451	77
ヤクルト	.234	143	4728	473	1108	166	19	95	449	50

固い守備と投手の枚数を活かしたソフトバンクの完全優勝

この年のパ・リーグは、ソフトバンクがリーグ優勝・日本一を見事に奪還した形になった。前年、李大浩が抜けたことによる打線の火力不足や肥大化が露呈した中で、2016年オフにはロッテからアルフレド・デスパイネを獲得。打線に厚みが増した中で、シーズン38失策を記録。これは1991年の西武（130試合制）と並ぶプロ野球最少記録で、チーム守備率・993は同年西武を1厘上回るプロ野球新記録となった。特に、甲斐拓也・松田宣浩・今宮健太・上林誠知は守備率リーグ1位を記録し、チーム記録に大きく貢献した。

野手陣は、中軸である柳田悠岐・デスパイネを中心に得点を積み上げた。柳田は前年を上回る打率・310・31本塁打を記録。デスパイネは本塁打王と打点王の二冠に輝いた。今宮健太も打撃が開眼し、キャリア最高の14本塁打を記録。派手さはなかったものの、中村晃は打率・270・66得点、守備率も・995と攻守にわたり活躍。松田宣に関しては4番を打っていた内川が離脱した時期、柳田の代わりとして3番に座るなど、慣れない打順でも活躍を見せた。

その他の点で見ると、川﨑宗則が復帰して離脱前まで二塁手としてチームを引っ張り、甲斐と上林がほぼフル出場の活躍と台頭した。

投手陣は、前年勝ち頭だった和田毅と武田翔太の離脱があったものの、東浜巨、リック・バンデンハーク、千賀滉大が二桁勝利を挙げて、規定投球回数に到達。強力な先発3本柱を形成した。しかし、続く先発投手を確保できず、谷間の先発ローテーションとは力の差がはっきりと分かれた形になった。石川柊太だけは好投を見せており、後年への期待値が高まるシーズンだった。

ブルペン陣では、フル回転の活躍を見せたデニス・サファテがシーズン歴代最多セーブを記録してMVPに。さらに、最優秀中継ぎ賞を獲得した岩嵜翔に続き、森唯斗、リバン・モイネロ、嘉弥真新也、五十嵐亮太とセットアッパーも揃っていて、盤石な体制だった。

クライマックスシリーズは、ファーストステージを勝ち上がった楽天相手に序盤から苦しむ。初戦から東浜・千賀が2連敗と、不利な状況での戦いとなった。

迎えた3戦目、3回に内川聖一が3試合連続弾となるスリーランを放ちソフトバンクがリードを奪い返すも、5回表にアマダーが試合を振り出しに戻す同点ツーランを決める。点の取り合いとなったシーソーゲームは5対5で迎えた8回裏、中村晃が値千金の決勝ツーランで決めた。

4戦目もリードを許す展開になったが、内川が、なんと4試合連続の同点弾。続く中村晃も2日連続となる勝ち越し弾を叩き込んでソフトバンクがリードを奪い、その後は盤石の継投で楽天の反撃を許さず。リーグ覇者の意地を見せる2連勝で、日本シリーズに王手をかけた。

5戦目にはついに故障から復帰した柳田を1番に起用。その柳田が初回から内野安打で出塁すると、楽天先発・美馬学の暴投ですかさず三塁を陥れる。その巧みな走塁が生き、先制の犠飛に成功。その後も松田宣のツーランホームランや髙谷裕亮のだめ押し打で計7得点を奪い、ソフトバンクが投打で楽天を圧倒して日本シリーズ進出を決めた。

パ・リーグのクライマックスシリーズでは、ファーストステージ、ファイナルステージのいずれも、初戦に敗退したチームが次のシリーズに進出した例はなかった。しかしこのクライマックスシリーズでは、ファーストステージの楽天も、ファイナルステージの福岡ソフトバンクも、その「突破率0」のデータを覆した。歴史を変えたシリーズだったと言うことができるだろう。

前年の長打力不足が影響し逆転優勝を許したが、デスパイネを獲得して強化。さらに球史に残る鉄壁の守備力でリーグ優勝を奪還した。投手陣は千賀、東浜、バンデンハークの先発陣が二桁勝利を記録し、チーム防御率はリーグ1位を記録。しかし、この年から工藤公康の投手運用に陰りが見え始める。優勝の要因でもあったサファテと岩嵜は、チームがピンチになればマウンドに上がり、時には回跨ぎもした。そのため、両投手とも翌年には一気に成績を下げた。また、野手陣は甲斐と上林が台頭。前年怪我の影響で成績を下げた柳田も復活し、リーグ優勝を果たした。

ORDER ▶ Pacific League

▶野手

打順	守備位置	選手	試合	打席	打率	本塁打	打点	出塁率	長打率	OPS	盗塁
1	二	明石健志	103	339	.279	1	23	.346	.345	.691	5
2	遊	今宮健太	141	623	.264	14	64	.317	.422	.739	15
3	中	柳田悠岐	130	551	.310	31	99	.426	.589	1.016	14
4	一	内川聖一	73	300	.297	12	50	.370	.481	.851	0
5	指	デスパイネ	136	545	.262	35	103	.347	.513	.859	3
6	左	中村晃	143	600	.270	6	42	.355	.350	.705	3
7	三	松田宣浩	143	577	.264	24	71	.319	.458	.777	5
8	右	上林誠知	134	453	.260	13	51	.302	.434	.736	12
9	捕	甲斐拓也	103	257	.232	5	18	.323	.372	.695	4
主な控え		髙谷裕亮	92	195	.206	1	20	.258	.246	.504	0
		川﨑宗則	42	156	.241	0	4	.309	.314	.623	0
		本多雄一	62	143	.213	0	8	.284	.262	.546	3
		川島慶三	81	137	.264	5	13	.374	.464	.838	2
		髙田知季	58	130	.228	2	8	.273	.351	.624	2
		福田秀平	104	113	.183	3	16	.227	.308	.535	4

▶先発投手陣

選手	防御率	登板	勝利	敗戦	完投数	セーブ	ホールド	投球回	勝率	奪三振	WHIP
東浜巨	2.64	24	16	5	2	0	0	160	.762	139	1.12
バンデンハーク	3.24	25	13	7	0	0	0	153	.650	162	1.14
千賀滉大	2.64	22	13	4	0	0	0	143	.765	151	1.07
石川柊太	3.29	34	8	3	0	0	1	98.1	.727	99	1.21
中田賢一	4.57	18	7	6	0	0	0	86.2	.538	78	1.41
武田翔太	3.68	13	6	4	1	0	0	71	.600	60	1.42
松本裕樹	4.78	15	2	4	0	0	0	58.1	.333	43	1.54
和田毅	2.49	8	4	0	0	0	0	47	1.000	34	0.89

▶救援投手陣

選手	防御率	登板	勝利	敗戦	セーブ	ホールド	投球回	勝率	奪三振	WHIP
岩嵜翔	1.99	72	6	3	2	40	72.1	.667	66	0.98
サファテ	1.09	66	2	2	54	3	66	.500	102	0.67
森唯斗	3.92	64	2	3	1	33	64.1	.400	60	1.13
嘉弥真新也	2.76	58	2	0	0	14	32.2	1.000	47	1.29
五十嵐亮太	1.73	46	6	0	0	11	41.2	1.000	28	0.98
モイネロ	2.52	34	4	3	1	15	35.2	.571	36	0.98
寺原隼人	4.25	24	1	2	0	3	42.1	.333	28	1.49
飯田優也	2.42	19	0	0	0	2	22.1	.000	17	1.48

リーグ連覇も投手陣の不安定さをカバーできず（広島）

2017年のセ・リーグは、広島が2連覇を飾った。黒田博樹の引退などで前年よりも投手力は落ちたものの、打線に関しては隙がなくリーグ1位の打率を記録。打率の他に本塁打や得点数、盗塁数に関してもずば抜けており、すべてリーグ1位。前年と同様に逆転勝ちが多く、88勝中41試合を記録した。

この年の野手陣は、球団史上最高の打線だったと言っても過言ではないだろう。1試合あたりの得点は5・15点を記録して、平均との差は1・17点だった。これは、前年の1試合あたりの4・78点と平均との差が0・37点を超える数字だ。21世紀以降のプロ野球全体で見ると、2003年のダイエー打線が5・87点でリーグ平均が5・01のため0・86、2005年のロッテ打線が5・44点でリーグ平均が4・46のためとリーグ平均との差が1・30点。時代背景や使用されているボールを考慮すると、歴代最高の打線の見方もできる。

広島打線の強みはセンターラインの打撃力だ。菊池涼介は前年よりもやや打撃成績を落としたが、捕手の會澤翼や遊撃手の田中広輔、中堅手の丸佳浩はポジション別で見ると最高クラスの働きをマーク。鈴木誠也がいる右翼が新たな強みとなったほか、年齢的な衰えが見えていたブラッド・エルドレッド・新井貴浩の併用で一塁手も強みになった。

さらに、近年では弱みとなることが多かった三塁手も、安部友和と西川龍馬の台頭と併用により弱点が解消された。松山竜平やサビエル・バティスタなど、打力のある控え選手もいたことから、相手チームにとっては気の抜けない打線であったことがわかる。

投手陣はリーグ3位の防御率であり、黒田の引退やクリス・ジョンソンの成績低迷が響いた。ただ、大瀬良大地や岡田明丈、薮田が二桁勝利を記録。野村祐輔も9勝を記録しており、枚数は揃っていた。しかし、終盤にかけて岡田の調子が下がり、シーズントータルで投げていない投手の弱点が浮き彫りになった。

ブルペン陣は中﨑翔太が離脱したことを機に、今村猛がクローザーになるという配置転換はあったが、前年と同様に分厚いリリーフ陣を形成。ジャクソンや一岡竜司、中田廉、ライアン・ブレイシアもいたが、実力的に見ると、相手を制圧ができるような圧倒的な投手が少なかった。投手の枚数は揃っていたものの、決め手となる投手がいなかったため、明確に強みとは言えない状況だった。

クライマックスシリーズではシーズン終盤に鈴木誠が怪我で離脱し出場が叶わなかったことや、勝ち頭だった岡田が不調であったため、苦しい戦いとなった。初戦と4戦目、2試合に先発をした野村祐が踏ん張りきれずいずれも負け投手となり、シーズンのように投手陣の粗さを打線でカバーできないまま、横浜に敗退を喫した。

2連覇を飾った広島は、球団史上に残る打力の高さでセ・リーグを制した。この年もチーム打率、本塁打、得点、盗塁数はリーグ1位を記録。さらに打率と得点は前年を超える成績を残した。前年と同様に7選手（田中広・菊池・丸・鈴木誠・エルドレッド・松山・バティスタ）が二桁本塁打を記録し、他球団を圧倒。投手陣は黒田の引退とジョンソンが怪我のため離脱。その中で大瀬良、岡田、薮田和樹が二桁勝利を挙げて先発陣を引っ張った。リリーフ陣も多少前年と顔ぶれは変わったものの、前年よりも枚数が増えて、一岡、中田、今村、ジャクソン、中崎はフル回転の活躍を見せた。

ORDER ▶ Central League

▶ 野手

打順	守備位置	選手	試合	打席	打率	本塁打	打点	出塁率	長打率	OPS	盗塁
1	遊	田中広輔	143	679	.290	8	60	.398	.407	.805	35
2	二	菊池涼介	138	629	.271	14	56	.311	.405	.716	8
3	中	丸佳浩	143	651	.308	23	92	.398	.505	.903	13
4	右	鈴木誠也	115	512	.300	26	90	.389	.547	.936	16
5	左	松山竜平	120	387	.326	14	77	.375	.534	.909	0
6	一	エルドレッド	116	405	.265	27	78	.368	.532	.900	0
7	三	安部友裕	123	455	.310	4	49	.354	.400	.754	17
8	捕	會澤翼	106	329	.275	6	35	.339	.390	.729	0
主な控え		新井貴浩	100	288	.292	9	48	.389	.461	.850	2
		西川龍馬	95	220	.275	5	27	.309	.417	.725	4
		石原慶幸	77	167	.204	1	12	.252	.252	.503	1
		バティスタ	61	143	.256	11	26	.336	.560	.896	0

▶ 先発投手陣

選手	防御率	登板	勝利	敗戦	完投数	セーブ	ホールド	投球回	勝率	奪三振	WHIP
野村祐輔	2.78	25	9	5	0	0	0	155.1	.643	106	1.22
大瀬良大地	3.65	24	10	2	0	0	0	145.2	.833	109	1.28
岡田明丈	4.00	24	12	5	2	0	0	141.2	.706	109	1.39
薮田和樹	2.58	38	15	3	2	0	3	129	.833	115	1.19
九里亜蓮	3.64	35	9	5	0	0	2	116.1	.643	97	1.33
ジョンソン	4.01	13	6	3	0	0	0	76.1	.667	53	1.36
中村祐太	3.74	15	5	4	0	0	0	74.2	.556	54	1.26
加藤拓也	4.30	7	1	3	0	0	0	29.1	.250	28	1.74

▶ 救援投手陣

選手	防御率	登板	勝利	敗戦	セーブ	ホールド	投球回	勝率	奪三振	WHIP
今村猛	2.38	68	3	5	23	17	64.1	.375	69	1.24
ジャクソン	2.03	60	2	2	1	30	62	.500	55	1.00
一岡竜司	1.85	59	6	2	1	19	58.1	.750	58	1.06
中﨑翔太	1.40	59	4	1	10	25	57.2	.800	36	0.92
中田廉	2.70	53	2	4	0	13	46.2	.333	50	1.22
ブレイシア	3.00	26	2	1	1	2	30	.667	19	1.33
ヘーゲンズ	6.60	11	0	0	0	0	15	.000	10	2.07
高橋樹也	6.43	10	0	2	0	0	14	.000	9	1.71

ラミレス采配的中で日本シリーズへ（横浜）

2017年のセ・リーグは、リーグ王者の広島を下して横浜が日本シリーズ出場を決めた。前年の勢いもあり、チーム打率は2位を記録。広島に独走を許したものの、阪神・巨人とのクライマックスシリーズ出場争いは熾烈を極めた。

当時のアレックス・ラミレス監督のマネジメント力は、他球団と比べ、ずば抜けている部分があった。長丁場となるペナントレースでは選手のコンディションを重要視。後半に向けてギアを上げていく巧みなペース配分がなされており、これが日本シリーズへの道を切り開いたといえる。

野手陣を見ると、筒香嘉智が前年と比較し成績を下げたものの、ホセ・ロペスが打点王を獲得。宮﨑敏郎は首位打者を獲得した。この年、前々年度から4番を打ち続けていた筒香をシーズン中旬より3番に置いたことがプラスに働いた。前述のように打撃は前年より低調だったが、出塁率は・396と高かった筒香を3番に置くことにより、長打のあるロペスや、高打率の宮﨑を活かせたからだ。

また、前年まで3番を打っておりこのシーズンの前半は2番を打っていた梶谷隆幸を、長打力（・427）を活かすために下位打線に置くことで僅差の場面での一発などがみられた。このように、野手陣の特性を活かした柔軟なマネジメントは、ラミレス采配の真骨頂だったといえよう。

投手陣に関しては、今永昇太と井納翔一、ジョー・ウィーランド、ルーキーの濵口遥大、石田健大を中心に先発ローテーションを回した。井納は、シーズン全体こそ負け越していたものの、負けてはならない要所要所の試合で勝利をしており、成績以上の貢献をみせた。9月16日、クライマックスシリーズ争い真っ只中の巨人戦で6回安打無失点の好投、マイルズ・マイコラスに1対0で投げ勝った試合は、まさにここ一番の勝負強さを発揮した。ブルペン陣に関しては、守護神・山﨑康晃やセットアッパーのスペンサー・パットンを中心に回した。しかし、三上朋也や砂田毅樹、田中健二朗、平田真吾、加賀繁といった、登板数の多かった中継ぎ陣に不安定さが露呈した。

クライマックスシリーズでは、阪神と広島に対して初戦こそ敗戦したものの、その後は連勝して日本シリーズ出場を決めた。

ファーストステージ・阪神戦の第2戦は、悪天候かつ4時間超となる、13対6の泥仕合となった。黒星スタートした次戦、2回に今永が打たれると、3回で降ろして細かい継投策で勝利。その勢いで、3戦目は初回に阪神の先発・能見篤史を攻略してファイナルステージへ進んだ。

ファイナルステージ初戦も悪天候の中、降雨コールドで敗戦。しかし、2戦目から打線が広島投手陣をとらえた。2戦目は宮﨑が先制タイムリーを放ち、5回・乙坂智のタイムリーで点差を広げた。3戦目は、またも井納がここぞの勝負強さを見せる。2回、自身を援護するタイムリーを放ち、6回途中まで無失点に抑えた。その後も細かい継投策で1点を守り切って勝利。

4戦目も1点を争う展開に。ウィーランドは、初回に丸佳浩のツーランホームランなどで3点を失う。しかし、4回に筒香の一発で一点を返し、5回に逆転に成功。6回以降は、細かい継投策で今永をリリーフに回すなどで逃げ切って王手にした。

5戦目も広島が先制。しかし、2回に宮﨑のソロで追い上げて、3回に桑原将志が逆転ツーランホームランを放つ。それ以降も筒香や梶谷隆幸のホームランなどで得点を積み重ねた。先制された石田を2回で降ろすと、またもや細かい継投策に出る。この試合では濵口遥大をリリーフに回すなどで逃げ切りを図り、日本シリーズ出場を決めた。

この年の横浜は、ペナントレースこそ広島に譲ったものの、3位から日本シリーズ出場を決めた。クライマックスシリーズ争いで想定以上のピッチングをした井納が、ファイナルステージ1勝2敗（アドバンテージ含む）で迎えた3戦目、1点も許さないピッチングで、流れを引き寄せた。また起用法の面では、先発投手を先手で変えていくことが求められる短期決戦で、力のある今永や濵口をリリーフ登板させる大胆な起用が当たる。その結果、クライマックスシリーズの中で広島に流れを持っていかれないポストシーズンとなった。

2017

ORDER ▶Central League

▶野手

打順	守備位置	選手	試合	打席	打率	本塁打	打点	出塁率	長打率	OPS	盗塁
1	中	桑原将志	143	664	.269	13	52	.332	.415	.747	10
2	二	柴田竜拓	88	248	.233	1	11	.295	.284	.579	1
3	左	筒香嘉智	139	601	.284	28	94	.396	.513	.909	1
4	一	ロペス	142	606	.301	30	105	.330	.533	.863	0
5	三	宮﨑敏郎	128	523	.323	15	62	.377	.479	.856	0
6	捕	戸柱恭孝	112	363	.214	9	52	.255	.333	.588	0
7	右	梶谷隆幸	137	578	.243	21	60	.327	.427	.754	21
8	遊	倉本寿彦	143	539	.262	2	50	.292	.331	.624	3
主な控え		石川雄洋	72	192	.246	2	11	.306	.323	.630	1
		田中浩康	63	175	.201	1	20	.263	.253	.517	2
		髙城俊人	29	61	.250	0	4	.357	.288	.645	0
		嶺井博希	52	135	.248	3	12	.364	.305	.669	0

▶先発投手陣

選手	防御率	登板	勝利	敗戦	完投数	セーブ	ホールド	投球回	勝率	奪三振	WHIP
井納翔一	3.84	25	6	10	1	0	0	152.1	.375	93	1.27
今永昇太	2.98	24	11	7	3	0	0	148	.611	140	1.13
濵口遥大	3.57	22	10	6	0	0	0	123.2	.625	136	1.50
ウィーランド	2.98	21	10	2	1	0	0	133	.667	112	1.14
石田健大	3.40	18	6	6	0	0	0	106	.500	103	1.17
飯塚悟史	4.29	9	1	3	0	0	1	40	.250	27	1.48
久保康友	5.35	7	4	2	0	0	0	37	.667	18	1.62
クライン	4.75	7	2	3	0	0	0	36	.400	27	1.58

▶救援投手陣

選手	防御率	登板	勝利	敗戦	セーブ	ホールド	投球回	勝率	奪三振	WHIP
山﨑康晃	1.64	68	4	2	26	15	65.2	.667	84	0.99
パットン	2.70	62	4	3	7	27	60	.571	66	1.15
三上朋也	5.12	61	3	3	0	31	51	.500	29	1.24
砂田毅樹	4.12	62	1	2	0	25	54.2	.333	49	1.23
田中健二朗	4.47	60	1	3	0	11	48.1	.250	36	1.37
平田真吾	4.71	33	0	1	0	1	36.1	.600	29	1.35
加賀繁	4.44	33	2	0	0	10	26.1	1.000	20	1.37
エスコバー	3.44	27	3	7	2	7	34	.250	33	1.29

Climax Series ▶戦績

▶Central League

ファーストステージ

阪神(1勝)　VS　横浜(2勝)

第1戦　神○ 2-0 ●横
第2戦　神● 6-13 ○横
第3戦　神● 1-6 ○横

ファイナルステージ

広島(1勝)　VS　横浜(4勝)

第1戦　広○ 3-0 ●横
第2戦　広● 2-6 ○横
第3戦　広● 0-1 ○横
第4戦　広● 3-4 ○横
第5戦　広● 3-9 ○横

▶Pacific League

ファーストステージ

西武(1勝)　VS　楽天(2勝)

第1戦　西○ 10-0 ●楽
第2戦　西● 1-4 ○楽
第3戦　西● 2-5 ○楽

ファイナルステージ

ソフトバンク(4勝)　VS　楽天(2勝)

第1戦　ソ● 2-3 ○楽
第2戦　ソ● 1-2 ○楽
第3戦　ソ○ 7-5 ●楽
第4戦　ソ○ 4-3 ●楽
第5戦　ソ○ 7-0 ●楽

大勝から逆転勝ちまで　真の強さを見せつけたソフトバンク

ソフトバンクはこの年、ペナントシーズンで94勝という圧倒的な強さを見せた。クライマックスシリーズでは楽天相手に苦しみながらも、2年ぶりとなる日本シリーズ出場。一方の横浜は2010年のロッテ以来、セ・リーグでは初めてリーグ3位からクライマックスシリーズを勝ち上がり、球団として見ると19年ぶりとなる日本シリーズ出場を決めた。

福岡ヤフオク!ドームで始まった1戦目、先発は千賀滉大と井納翔一。初回からにソフトバンクは柳田悠岐のヒットと今宮健太の送りバントで一死二塁とし、4番アルフレッド・デスパイネがタイムリーツーベースを放ち、1～4番がそれぞれの役割を果たす理想的な攻撃で先制する。2回にも先頭の松田宣浩がヒットで出塁して、長谷川勇也のツーランホームランで追加点を挙げ、序盤に3点を挙げた。対する横浜は5回に乙坂智がエラーで出塁すると、倉本寿彦のヒットで無死一・三塁とチャンスメイク、桑原将志の併殺崩れの間に1点を返す。しかしソフトバンクはその裏、打線が爆発。今宮が四球を選ぶと、盗塁、嶺井博希の悪送球で三進。続くデスパイネにタイムリーを浴び、4点を奪われた先発・井納は悔しさのあまり膝をついた。

その後に一死を奪うも、再び四球、安打で満塁のピンチを招き、ここでマウンドに上がった田中健二朗が2つの押し出し四球を献上。さらに柳田に2点タイムリーを浴び、今宮には走者一掃のタイムリースリーベースで一挙に7点を加えて突き放した。先発千賀も7回1失点の好投を見せ、リリーフ陣も無失点。二桁得点で大勝した。ソフトバンクはクライマックスシリーズ時に功を奏した「1番・柳田」策が、ここでも機能した結果となった。

2戦目の先発は東浜巨と今永昇太。この試合も初回に柳田が初球をヒットにすると、今宮が1球で送りバントを決める。一死二塁のチャンスを作るとデスパイネのタイムリーでソフトバンクが先制するという、1戦目と同様の流れとなった。しかし今永は後続を断ち切り、以降は中盤まで投手戦となる。対する横浜は6回に梶谷隆幸のソロホームランで追いつくと、続くホセ・ロペスが内野安打で出塁。ここでソフトバンクは継投に出た。左のワンポイント・嘉弥真が一死を奪うと、すぐに森唯斗にスイッチ。しかし宮﨑敏郎のツーランホームランで横浜に逆転を許す。ソフトバンクは7回裏、横浜のリリーフ陣を攻め立てた。柳田がタイムリーで1点を返し、横浜・倉本の痛恨の落球や四球で二死満塁のチャンスを作ると、中村晃がタイムリーを放ち同点。さらにこの時、逆転を狙った2塁走者の今宮がホームに突っ込み、一度はアウトの判定になった。しかし、ビデオ判定にもつれた末に今宮の生還が認められ再逆転。以降はリバン・モイネロ、デニス・サファテの継投で逃げ切った。横浜は継投後の7回、併殺打と思われた打球が守備のミスで一つのアウトも取れなかったことが響き、このプレーが逆転打につながってしまった。

戦いの舞台を横浜に移した3戦目は武田翔太とジョー・ウィーランドの先発となった。1回に柳田がヒットで出塁して初球に盗塁を成功させる。今宮が送りバントを決め、あわや3戦連続デスパイネのタイムリーと思われたがここは三振に抑える。しかし二死後に内川聖一がタイムリーツーベースを放ち、3戦連続でソフトバンクが先制。4回には四球と安打に盗塁を絡めて一死二・三塁のチャンスを作ると、髙谷裕亮のタイムリーで2点追加点を挙げた。横浜はその裏、ロペスのホームランで1点を返し、筒香嘉智のヒットや嶺井の四球を絡めて1死満塁にするも、ウィーランドが倒れアレックス・ラミレスの思惑が外れる。6回のチャンスでは倉本の内野安打で1点差に詰め寄ったが、反撃もここまでに終わった。ソフトバンクは、4回で武田を下ろしその後は継投。石川柊太をはじめ、7回からモイネロ、岩嵜、サファテの盤石リレーで、7回以降は二塁を踏ませず、リードを守り抜いた。これでソフトバンクが日本一に王手をかけた。ソフトバンクはこのシリーズで3試合続けて育成出身の投手が勝利投手となった。石川柊のシリーズ2勝目は育成出身選手として初の快挙であった。

横浜にとっては後がない4戦目、和田毅と濱口遥大の両左腕の先発となった。この試合はルーキーの濱口が8回一死までノーヒットノーランの快投を見せる。熱投に応えるように、5回には宮﨑が先制となるホームランを放つ。さらに倉本の犠牲フライで追加点。終盤には髙城俊人が3打点を挙げた。ソフトバンクは4連勝での日本一は逃す結果となった。

5戦目は、リック・バンデンハークと石田健大の先発。ソフトバンクは1回に一死から今宮がヒットで出塁して盗塁、二死二塁とすると、内川のタイムリーツーベースで、このゲームも初回から先制。先発のバンデンハークも好調な滑り出しだった。しかし4回横浜が反撃に出て、二死からロペスがツーベースでチーム初安打を放つと、筒香のツーランホームランで逆転。負けじと5回にソフトバンクは、デスパイネの犠飛で1点を追加し、さらに中村晃の逆転スリーランホームランですぐさまリードを取り返す。6回に再び筒香がタイムリーツーベースを放ち、さらに宮﨑のタイムリーで同点になると、嶺井のセカンドゴロをソフトバンクの明石健志がファンブルし、再逆転に成功。シーソーゲームとなったこの試合は、ここで決まった。横浜は8回表二死から抑えの山﨑康晃を投入、ソフトバンク柳田を空振り三振に仕留め、9回も山﨑が続投し抑えた。接戦をものにし、横浜スタジアムでのソフトバンクの胴上げを阻止した。

福岡に戻った6戦目の先発は、千賀が前日に背中の痛みを訴えたこともあり東浜とエース・今永となった。ソフトバンクは2回に松田宣のホームランで先制。横浜も5回にシリーズ初先発の白崎浩之のホームランで追いつく。一死、倉本と桑原ヒットの後、梶谷が送って二死二・三塁と勝ち越しのチャンスを作ると、ロペスのタイムリーで逆転。8回に柳田のゴロで福岡ソフトバンクが1点差にするものの、今永は109球・11奪三振・2失点と熱投を見せた。しかし、9回ソフトバンク・内川が山﨑康から起死回生の同点ホームランを放つ。その後同点の緊迫したゲームが続き、延長11回の二死一・二塁の場面、川島慶三のサヨナラタイムリーで日本一を決めた。ソフトバンクはこれまで小刻みな継投策を行っていたが、9回から上がった守護神・サファテが来日初となる3イニングを投げてチームの勝利に貢献。横浜・今永は再び好投したものの、初戦と同様にリリーフ陣が打たれた。

日本一に輝いたソフトバンクは、圧倒的な力の差を見せつけたかのように見えたが、投打ともに日本シリーズ内の成績に大きな差があったわけではなかった。ただ、クローザーのサファテを中心としたリリーフ陣を満遍なく起用して、4戦目を除いて試合終盤の得点を許さなかったことが大きいだろう。打線を見ると、対左投手に不安があった中だったが、柳田がチームトップの打率・320を記録。クライマックスシリーズ終盤からの一番としての起用がハマり、3試合で初回に出塁して先制点に絡んだ。短期決戦に強い内川も6戦目に起死回生のホームランを放ち、近年のソフトバンクの集中力、強さを感じさせた。対する横浜は、シリーズ中盤からエンジンがかかり始めたが序盤の連敗や今永、濵口以外の先発陣が踏ん張れなかったのが痛手となった。両チームの差は戦力もそうだが、守備力の差は少なからず見受けられた。特にセンターラインの遊撃手、今宮と倉本のプレーの差は歴然だった。

Nippon Series ▶戦績

第一戦
ヤフオクドーム

横浜	0	0	0	0	1	0	0	0	0	1
ソフトバンク	1	2	0	0	7	0	0	0	X	10

勝 千賀　負 井納
本 [ソ] 長谷川勇 1 号（2 回 2 点井納）

第二戦
ヤフオクドーム

横浜	0	0	0	0	0	3	0	0	0	3
ソフトバンク	1	0	0	0	0	0	3	0	X	4

勝 石川　負 パットン　S サファテ
本 [デ] 梶谷 1 号（6 回 1 点東浜）、
宮﨑 1 号（6 回 2 点森）

第三戦
横浜スタジアム

ソフトバンク	0	0	0	1	0	1	0	0	0	3
横浜	1	0	0	2	0	0	0	0	0	2

勝 石川　負 ウィーランド　S サファテ
本 [デ] ロペス 1 号（4 回 1 点武田）

第四戦
横浜スタジアム

ソフトバンク	0	0	0	0	0	0	0	0	0	0
横浜	0	0	0	0	2	0	1	3	X	6

勝 濵口　負 和田
本 [デ] 宮﨑 2 号（5 回 1 点和田）、
髙城 1 号（7 回 1 点五十嵐）

第五戦
横浜スタジアム

ソフトバンク	1	0	0	0	3	0	0	0	0	3
横浜	0	0	0	2	0	3	0	0	X	5

勝 砂田　負 モイネロ　S 山﨑康
本 [ソ] 中村晃 1 号（5 回 2 点石田）
[デ] 筒香 1 号（4 回 2 点バンデンハーク）

第六戦
ヤフオクドーム

横浜	0	0	0	0	3	0	0	0	0	0	0	3
ソフトバンク	0	1	0	0	0	0	0	1	1	0	1x	4

勝 サファテ　負 エスコバー
本 [デ] 白崎 1 号（5 回 1 点東浜）
[ソ] 松田 1 号（2 回 1 点今永）、
内川 1 号（9 回 1 点山﨑康）

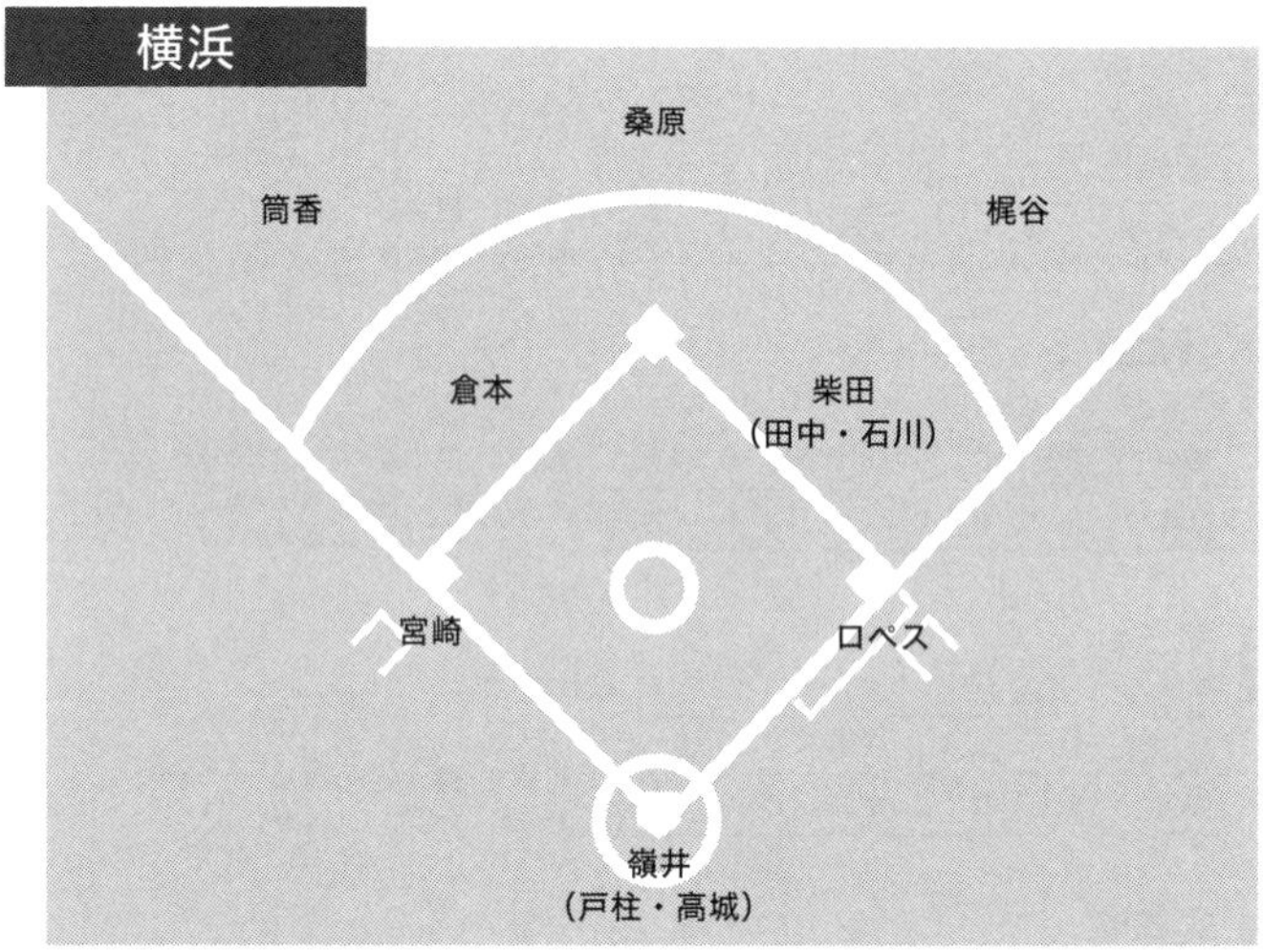

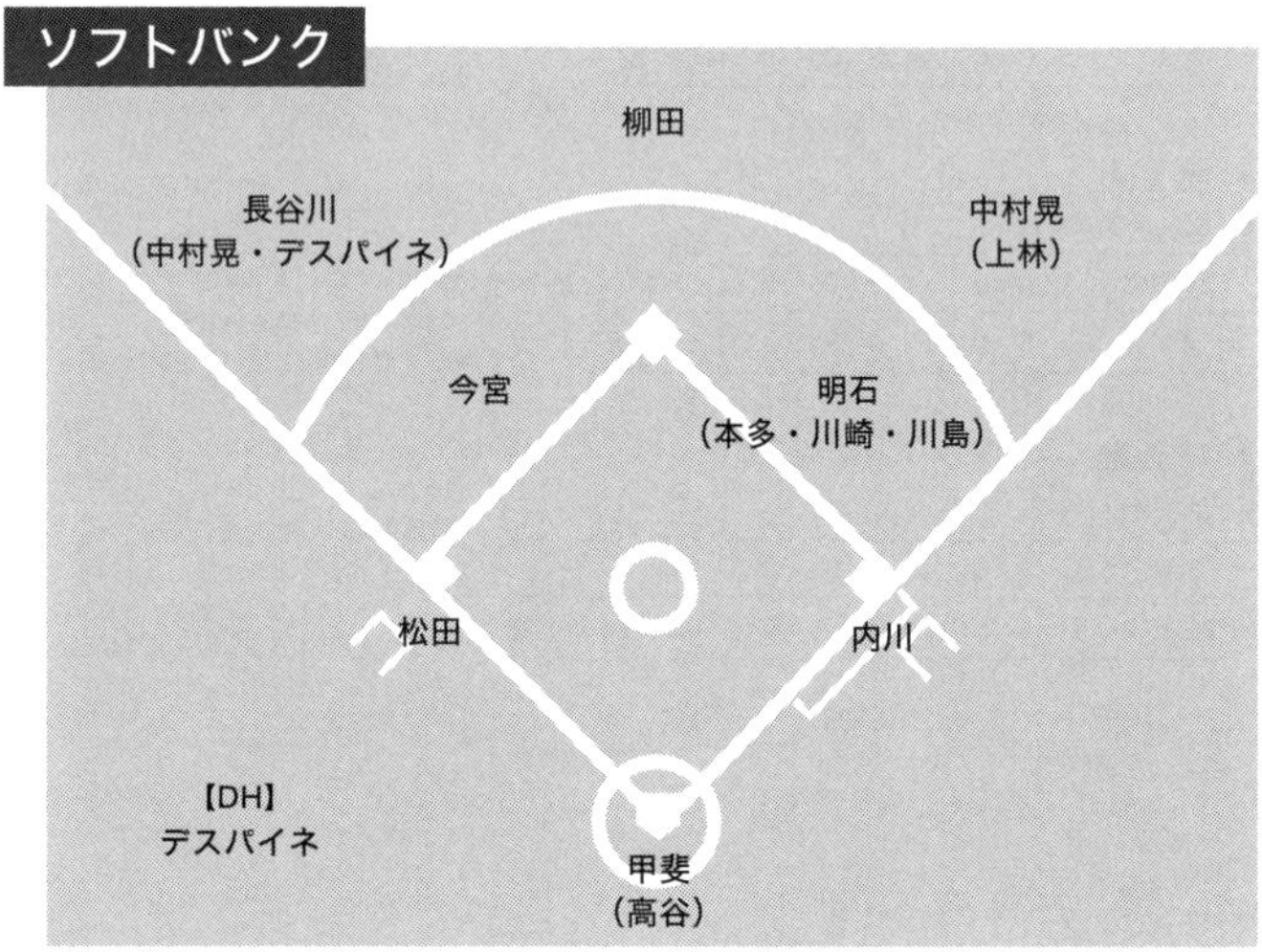

注：オーダーは各ホーム球場の初戦先発に基づく

Awards ▶ タイトル受賞者

▶ Central League

タイトル	選手名	所属チーム	受賞回数	成績
最優秀選手	丸佳浩	広島	初	
最優秀新人	京田陽太	中日		
首位打者	宮﨑敏郎	横浜	初	.323
最多本塁打	ゲレーロ	中日	初	35
最多打点	ロペス	横浜	初	105
最多盗塁	田中広輔	広島	初	35
最優秀防御率	菅野智之	巨人	3	1.59
最多勝利	菅野智之	巨人	初	17
最高勝率	薮田和樹	広島	初	.833
最多奪三振	マイコラス	巨人	初	187

▶ Pacific League

タイトル	選手名	所属チーム	受賞回数	成績
最優秀選手	サファテ	ソフトバンク	初	
最優秀新人	源田壮亮	西武		
首位打者	秋山翔吾	西武	初	.322
最多本塁打	デスパイネ	ソフトバンク	初	35
最多打点	デスパイネ	ソフトバンク	初	103
最多盗塁	西川遥輝	日本ハム	2	39
最優秀防御率	菊池雄星	西武	初	1.97
最多勝利	東浜巨	ソフトバンク	初	16
	菊池雄星	西武	初	16
最高勝率	千賀滉大	ソフトバンク	初	.765
最多奪三振	則本昂大	楽天	4	222

▶ Nippon Series

タイトル	選手名	所属チーム
最高殊勲選手賞(MVP)	サファテ	ソフトバンク
敢闘選手賞	宮﨑敏郎	横浜
優秀選手賞	柳田悠岐	ソフトバンク
	内川聖一	ソフトバンク
	濵口遥大	横浜

Pacific League 2018

▶チーム勝敗表

チーム	試合	勝利	敗北	引分	勝率	ゲーム差
西武	143	88	53	2	.624	- -
ソフトバンク	143	82	60	1	.577	6.5
日本ハム	143	74	66	3	.529	13.5
オリックス	143	65	73	5	.471	21.5
ロッテ	143	59	81	3	.421	28.5
楽天	143	58	82	3	.414	29.5

▶チーム投手成績

チーム	防御率	試合	勝利	敗北	セーブ	完投	完封	投球回	奪三振	失点
オリックス	3.69	143	65	73	37	2	9	1292.2	1029	565
日本ハム	3.77	143	74	66	43	9	9	1275.2	987	586
楽天	3.78	143	58	82	26	10	10	1289.1	1115	583
ソフトバンク	3.90	143	82	60	44	6	19	1277.2	1087	579
ロッテ	4.04	143	59	81	30	8	7	1276.2	908	628
西武	4.24	143	88	53	33	7	9	1277.1	959	653

▶チーム打撃成績

チーム	打率	試合	打数	得点	安打	二塁打	三塁打	本塁打	打点	盗塁
西武	.273	143	4941	792	1351	244	29	196	761	132
ソフトバンク	.266	143	4855	685	1290	217	39	202	667	80
日本ハム	.251	143	4759	589	1195	204	25	140	566	98
ロッテ	.247	143	4700	534	1159	207	35	78	510	124
オリックス	.244	143	4766	538	1162	204	25	108	513	97
楽天	.241	143	4824	520	1163	166	25	132	500	69

Central League 2018

▶チーム勝敗表

チーム	試合	勝利	敗北	引分	勝率	ゲーム差
広島	143	82	59	2	.582	--
ヤクルト	143	75	66	2	.532	7
巨人	143	67	71	5	.486	13.5
横浜	143	67	74	2	.475	15
中日	143	63	78	2	.447	19
阪神	143	62	79	2	.440	20

▶チーム投手成績

チーム	防御率	試合	勝利	敗北	セーブ	完投	完封	投球回	奪三振	失点
巨人	3.79	143	67	71	25	21	16	1279	1040	575
阪神	4.03	143	62	79	35	4	7	1276	1182	628
広島	4.12	143	82	59	38	3	6	1282	1041	651
ヤクルト	4.13	143	75	66	40	4	9	1274.1	1018	665
横浜	4.18	143	67	74	38	2	8	1269	1163	642
中日	4.36	143	63	78	28	9	9	1262.2	941	654

▶チーム打撃成績

チーム	打率	試合	打数	得点	安打	二塁打	三塁打	本塁打	打点	盗塁
ヤクルト	.266	143	4836	658	1287	220	17	135	632	68
中日	.265	143	4858	598	1288	213	28	97	579	61
広島	.262	143	4858	721	1275	227	34	175	697	95
巨人	.257	143	4878	625	1255	223	17	152	606	61
阪神	.253	143	4833	577	1221	225	23	85	551	77
横浜	.250	143	4837	572	1209	227	13	181	554	71

怪我人多数の中で82勝　CSを勝ち上がったソフトバンク

この年のソフトバンクは、シーズン2連覇を逃したもののクライマックスシリーズを勝ち進み、日本シリーズ出場を決めた。

チーム打率は2位、本塁打数は1位を記録。しかし、チーム防御率は4位と前年の無理な運用の疲れが影響したこともあり、今まで高いパフォーマンスを残し続けてきた投手陣は安定さを欠いた。このような状況で西武に優勝を譲ったもののシーズン82勝を挙げており、西武が792点というずば抜けた得点数を挙げていなければ、優勝をしていても不思議ではない結果だった。

野手陣を見ると、今宮健太が肘痛で序盤から抹消、サブ捕手を務めていた栗原陵矢がキャンプ中に左肩を脱臼、甲斐拓也は侍ジャパン招集後のシーズンとなるなど、西武が開幕から調子を上げていた中で厳しい戦いになった。ただ、柳田悠岐とアルフレッド・デスパイネの打力は健在で、柳田は首位打者を獲得、キャリア最高の100打点も記録した。

柳田に関しては、2015~2017年はポテンシャルや身体能力頼りな部分もあり、（高いレベルで言うならば）粗さもあったが、2018年からはフォームが良くなり、再現性をさらに高めて文句なしの国内トップクラスの選手となった。デスパイネは前年ほどの成績は残せなかったものの、29本塁打を記録。松田宣浩も、前年度に比べて打率は下がったものの32本塁打を記録した。その他の選手成績を見ても、中村晃はキャリア最高の14本塁打、上林誠知もキャリア最高の22本塁打を記録。長打力は西武にも引けを取らないレベルだった。この年から加入したジュリスペル・グラシアルも、柳田やデスパイネのような派手さはなかったものの、54試合の出場で打率・292・9本塁打・30打点・出塁率・347の成績を残した。

投手陣は、序盤から主要投手の離脱が目立った。開幕前に和田毅が離脱し、開幕投手の千賀滉大が右肘痛で登録を抹消、前年最多勝利の東浜巨も右肩の故障により離脱した。さらに、岩嵜翔とデニス・サファテに関しては長期離脱を余儀なくされ、五十嵐亮太も衰えが顕著に現れたため、ブルペン陣の起用法は大きく変わった。さらに、リバン・モイネロも前年より成績を下げた結果になった。

そのような状況で、先発陣は千賀とリック・バンデンハーク、石川柊太が二桁勝利を挙げる。東浜も7勝を挙げて、途中加入のアリエル・ミランダは8試合中6勝を挙げる活躍を見せた。ブルペン陣に関しては、サファテに代わり森唯斗がクローザーに定着。最多セーブにも輝く活躍を見せた。加治屋蓮や嘉弥真新也と言った投手もセットアッパーからワンポイントまで活躍を見せた。

クライマックスシリーズを見ると、ファーストステージの相手・日本ハムには自慢の長打力で勝利。シーズンの鬱憤を晴らすかのように西武にも完全に制圧した野球を展開した。先発ミランダが序盤に大量得点を許した2戦目以外は、すべて打ち勝つ野球を見せた。さらに5戦目には、シーズンではほとんど登板がなかった高橋礼を先発させる奇策も見られた。さらに西武打線を徹底的に抑える。トップバッターの秋山将吾を打率・150、本塁打王の山川穂高を打率・188に抑え、その他を見ても中村晃を打率・158、森友哉を打率・250に抑えた。

さらにこのクライマックスシリーズでは、5戦で44得点と打線が好調さを見せた。特に柳田は、ファーストステージは9打数1安打の打率・111と苦しんだが、ファイナルステージでは打率・450・1本塁打・8打点と大活躍を見せてMVPに輝いた。

前年の無理のある投手運用の影響もあり、リーグ2連覇は逃したソフトバンクだが、クライマックスシリーズで日本ハム・西武に勝利し、日本シリーズ進出を決めた。クライマックスシリーズではリーグトップを記録した長打力を発揮。一発で決まりやすい短期決戦で、日本ハムには一発攻勢で勝利。西武には秋山や山川、森友といったキーマンとなる選手を徹底的に抑え、柳田を中心とする打線の調子が上回り、2004年の雪辱を果たす下剋上返しをした。

ORDER ▶ Pacific League

▶ 野手

打順	守備位置	選手	試合	打席	打率	本塁打	打点	出塁率	長打率	OPS	盗塁
1	二	牧原大成	59	264	.317	3	26	.341	.434	.775	9
2	遊	今宮健太	99	405	.266	11	45	.316	.415	.731	5
3	中	柳田悠岐	130	550	.352	36	102	.431	.661	1.092	21
4	一	内川聖一	71	296	.242	8	30	.270	.367	.637	1
5	指	デスパイネ	116	469	.238	29	74	.333	.494	.826	0
6	左	中村晃	136	580	.292	14	57	.369	.435	.804	1
7	三	松田宣浩	143	580	.248	32	82	.324	.485	.810	3
8	捕	甲斐拓也	133	363	.213	7	37	.274	.328	.602	2
9	右	上林誠知	143	608	.270	22	62	.315	.488	.803	13
主な控え		グラシアル	54	202	.292	9	30	.347	.481	.828	1
		高田知季	74	153	.188	2	15	.265	.286	.551	2
		川島慶三	91	152	.268	3	16	.296	.366	.662	2
		福田秀平	110	128	.263	7	15	.492	.298	.790	6
		本多雄一	33	101	.259	1	5	.376	.313	.689	5
		長谷川勇也	55	112	.287	5	20	.495	.348	.843	0

▶ 先発投手陣

選手	防御率	登板	勝利	敗戦	完投数	セーブ	ホールド	投球回	勝率	奪三振	WHIP
バンデンハーク	4.30	23	10	7	0	0	0	138	.588	127	1.26
千賀滉大	3.51	22	13	7	1	0	0	141	.650	163	1.23
武田翔太	4.48	27	4	9	3	0	0	124.2	.308	87	1.28
東浜巨	3.32	17	7	5	2	0	0	103	.583	83	1.19
石川柊太	3.60	42	13	6	0	0	6	127.1	.684	96	1.24
中田賢一	5.20	23	5	3	0	0	0	91.2	.625	79	1.57
ミランダ	1.89	8	6	1	0	0	0	47.2	.857	40	1.15
大竹耕太郎	3.88	11	3	2	0	0	0	48.2	.600	36	1.19

▶ 救援投手陣

選手	防御率	登板	勝利	敗戦	セーブ	ホールド	投球回	勝率	奪三振	WHIP
森唯斗	2.79	66	2	4	37	6	61.1	.333	61	1.14
加治屋蓮	3.38	72	4	3	0	31	66.2	.571	53	1.38
嘉弥真新也	2.45	67	2	1	0	25	33	.667	28	0.85
モイネロ	4.53	49	5	1	0	13	45.2	.833	57	1.20
二保旭	5.34	35	1	0	1	4	30.1	1.000	17	1.71
五十嵐亮太	4.50	23	0	1	0	2	20	.000	14	1.70
岡本健	3.05	23	1	0	0	0	38.1	1.000	21	1.36

圧倒的な打力でリーグ3連覇を果たした広島

2018年のセ・リーグも広島が制し、3連覇を果たした。前年と同様に投手陣は苦しんだものの、野手陣は健在だった。チーム成績で見ると、打率は3位だが、本塁打はリーグトップの得点を記録した。逆転勝ちに関しても、82勝中41回を記録している。

野手陣は、田中広輔と菊池涼介がなかなか調子が上がらない中で、丸佳浩が中心選手として活躍。怪我で離脱がありながら、キャリアハイとなる打率・306・39本塁打・97打点を記録して、この年のMVPにも選ばれた。

その丸に次ぐ打者だったのが鈴木誠也だ。鈴木誠も自身初となる32本塁打を達成。丸と遜色のない成績でチームを牽引した。主に5番として鈴木誠の後ろを打っていた松山竜平も、打率・302・12本塁打を記録。さらに、松山と併用されていたサビエル・バティスタに関しては打率・242・25本塁打、長打率は・546と、丸と鈴木誠以外からも長打力を生み出す選手として重宝された。このように、切れ目のないクリーンアップを形成しつつ、西川龍馬、會澤翼も下位打線ながら3割を超える成績を残している。

ただ3連覇の中で、主に田中広・菊池の二遊間コンビを過信し続けたため、代替選手を作ろうとせず出場をさせ続けたことが徐々に歪みとなっていき、ゆくゆく田中広の故障及び大不振という形で表出する結果となった。2016年からの3年間は、ほぼ独走状態で優勝していたため、レギュラー選手の疲労の軽減のため若手に経験を積ませる余裕もあった。それ故、彼らを無理に最後まで出す必要はなかったと思われる。試合展開やシーズンの状況を判断すれば、それができたはずだ。

投手陣に関しては、大瀬良大地が15勝を記録して最多勝利（リーグトップタイ）を獲得。ジョンソンも二桁勝利を記録しており、この2人が先発ローテーションの中心となった。その他の先発の岡田明丈や野村祐輔、九里亜蓮といったあたりは、全員防御率4点台以上で打たれてはいたが、打線がカバーするかのように得点し、勝ち星を積み重ねて貯金を作った。ブルペン陣は、フランスアがフル回転の活躍を見せて防御率1・66を記録。リリーフの中﨑翔太やジャクソン、一岡竜司は前年ほどの安定感はなかったが、勝ち試合にしていった。

ただ、連覇をしていた弊害で勝ちパターン級の投手陣の勤続疲労は顕著に現れていた。今村猛は防御率5点台と前年の約2倍に防御率が膨れ上がり、その他の投手も含めリリーフ陣の不調は翌年以降に影響を及ぼした。目先の勝利を優先させ続け、最低限の体調管理を怠ってしまい、過度な疲労蓄積という歪みが生じて、あっという間に焼け野原状態になった。

クライマックスシリーズでは、相性をそのままに巨人を圧倒。ストレートで3連勝をして日本シリーズ出場を決めた。

3連覇を成し遂げた広島はこの年も、打力を活かしたチームビルディングとなった。この年も二桁本塁打が7人（田中広・菊池・丸・鈴木誠・松山・バティスタ・會澤）がいた。さらに規定打席到達の3割打者も、3選手（丸・鈴木・松山）おり、350打席以上立った選手では西川や會澤も3割を超えていた。長打からバットコントロールまで、すべてにおいてリーグで頭抜けていた打線は、2年連続で700得点以上を記録。投手陣は大瀬良とクリス・ジョンソンを中心に先発ローテーションを回した。リリーフ陣は今村が勤続疲労でパフォーマンスが低下したが、アドゥワやジャクソン、フランスア、一岡、中﨑が中心として支えた。

2018

ORDER ▶ Central League

▶ 野手

打順	守備位置	選手	試合	打席	打率	本塁打	打点	出塁率	長打率	OPS	盗塁
1	遊	田中広輔	143	675	.262	10	60	.362	.383	.745	32
2	二	菊池涼介	139	642	.233	13	60	.301	.355	.656	10
3	中	丸佳浩	125	566	.306	39	97	.468	.627	1.096	10
4	右	鈴木誠也	124	520	.320	30	94	.438	.618	1.057	4
5	一	松山竜平	124	446	.302	12	74	.368	.466	.834	2
6	左	野間峻祥	126	447	.286	5	46	.343	.393	.736	17
7	三	西川龍馬	107	361	.309	6	46	.364	.450	.814	5
8	捕	會澤翼	106	377	.305	13	42	.401	.492	.893	0
主な控え		バティスタ	99	302	.242	25	55	.308	.546	.854	0
		安部友裕	72	252	.236	4	24	.306	.377	.683	7
		新井貴浩	63	132	.219	4	24	.295	.368	.664	0
		石原慶幸	58	107	.177	1	7	.223	.219	.442	0

▶ 先発投手陣

選手	防御率	登板	勝利	敗戦	完投数	セーブ	ホールド	投球回	勝率	奪三振	WHIP
大瀬良大地	2.62	27	15	7	2	0	0	182	.682	159	1.01
ジョンソン	3.11	24	11	5	0	0	0	144.2	.688	113	1.28
岡田明丈	5.09	26	8	7	0	0	1	138	.533	114	1.44
九里亜蓮	4.26	24	8	4	1	0	0	120.1	.667	86	1.41
野村祐輔	4.22	20	7	6	0	0	0	119.1	.538	60	1.39
中村祐太	6.04	9	3	4	0	0	0	44.2	.429	31	1.59
薮田和樹	5.74	9	2	1	0	0	0	26.2	.667	18	2.25
高橋昂也	9.43	6	1	2	0	0	0	21	.333	17	2.19

▶ 救援投手陣

選手	防御率	登板	勝利	敗戦	セーブ	ホールド	投球回	勝率	奪三振	WHIP
中﨑翔太	2.71	68	4	2	32	6	66.1	.667	56	1.43
一岡竜司	2.88	59	5	6	2	18	56.1	.455	61	1.21
アドゥワ誠	3.74	53	6	2	0	5	67.1	.750	30	1.46
ジャクソン	2.76	48	3	2	1	25	45.2	.600	48	1.49
フランスア	1.66	47	3	4	1	19	65	.429	81	1.11
今村猛	5.17	43	3	2	1	13	38.1	.600	35	1.51
永川勝浩	4.82	22	2	0	0	5	18.2	1.000	13	1.29
中田廉	13.14	15	0	1	0	3	12.1	.000	12	2.43

山賊打線でパ・リーグを制覇した西武

２０１８年の西武は開幕から一度も首位を譲らず、圧倒的な打力でリーグ制覇を果たした。チーム防御率は４・２４でリーグワーストを記録したものの、リーグ1位のチーム打率・273、球団新記録となる１３５１安打と７９２得点を記録する打線でカバーした。これは、２００１年の大阪近鉄バファローズ以来2度目となるリーグ最低防御率での優勝、さらにプロ野球史上初めて最多失点、最低防御率、最多失策で優勝となった。

野手陣を見ると、6選手（秋山翔吾・浅村栄斗・外崎修汰・中村剛也・森友哉・山川穂高）が二桁本塁打、4選手（秋山・外崎・金子侑司・源田壮亮）が二桁盗塁を記録した。前年首位打者の秋山は3割を残しながら24本塁打を記録。浅村は球団では、アレックス・カブレラ以来の3割30本１００打点越えを記録して、打点王に輝いた。二塁手でありながらここまでの成績を残せた浅村こそ、真のＭＶＰだったのではないかと思われる。

シーズンＭＶＰを獲得した山川は、47本塁打で本塁打王を獲得。浅村と山川だけで２５１打点を記録していた。森友哉と外崎は、センターラインとユーティリティプレイヤーとしては及第点以上の打力を見せた。６・７番を担うことが多くなった中村剛も28本塁打を記録するなど、下位まで油断ならない打線だった。

投手陣に関しては、先発の軸を担っていた野上亮磨のFA行使による巨人移籍、牧田和久のメジャー移籍があったものの、前年タイトルホルダーだった菊池雄星と最多勝利に輝いた多和田真三郎、榎田大樹が二桁勝利を記録。しかし、それ以外の先発投手陣は防御率4点台で、貯金もなかなか作れない状況だった。そのため、いかに勝ち頭の3投手で勝ち星を積み重ねていけるかが重要視されていた。

先発陣を埋める形でリリーフ陣は枚数を厚めに用意され、30試合以上に登板した投手が6投手（平井克典・野田昇吾・デュアンテ・ヒース・増田達至・ワグナー・武隈祥太）いた。途中加入のカイル・マーティンの活躍もあり、先発を早い段階で降ろしてリリーフにつなぐ試合が多く見られた。投手陣に苦しみ、連覇を狙うソフトバンクの追い上げがあった中で、9月15日から17日の天王山では3タテを記録。初戦で千賀滉大を打ち崩して快勝した勢いから、2戦目は今井達也が5回まで試合を作り、以降中継ぎも好投を見せる。3戦目は、初回に打ち込まれたブライアン・ウルフを2回途中という早い段階で下ろして、小刻みな継投策で1点に抑え一気に優勝を手中に収めた。

しかし、クライマックスシリーズでは、投手力の差が顕著に現れた。さらに、エース・菊池がシーズン中は抑えていたが、キャリアを通して見るとソフトバンクとの相性が悪かったのも重なり、1勝しかできずに敗退。クライマックスシリーズ全5試合で44失点と、シーズンと同様に投手陣の崩壊が響いた。シーズンでは防御率の低さをカバーしていた打線も、ソフトバンク投手陣の前に力負け。秋山、山川、中村剛といった中心選手が打率1割台に抑えられたことが響いた。

この年の西武は、球団史上トップクラスの打線でリーグ制覇を果たした。開幕から好調で27年ぶりの開幕8連勝を記録。そのまま一度も首位を譲らないままリーグ優勝した。前年覇者のソフトバンクも82勝を記録していた中で、それを上回る88勝を記録。打線は、浅村が二塁手でありながら打率・310・32本塁打・127打点で打点王を獲得。山川は打率・281・47本塁打・124打点で本塁打王を獲得し、打線の中軸をしっかりと支えた。また秋山や森も80打点台を記録し、ユーティリティプレイヤーの外崎は打率・287・18本塁打・67打点の活躍を見せた。投手陣はエース菊池と最多勝利に輝いた多和田、左利腕の榎田を軸に先発ローテーションを回し、リリーフ陣は増田の調子が上がらない中でヒースをクローザーに起用。平井や野田などの活躍もあり、耐え抜いた。

2018

ORDER ▶ Pacific League

▶ 野手

打順	守備位置	選手	試合	打席	打率	本塁打	打点	出塁率	長打率	OPS	盗塁
1	中	秋山翔吾	143	685	.323	24	82	.403	.534	.937	15
2	遊	源田壮亮	143	666	.278	4	57	.333	.374	.707	34
3	二	浅村栄斗	143	640	.310	32	127	.383	.527	.910	4
4	一	山川穂高	143	647	.281	47	124	.396	.590	.985	0
5	捕	森友哉	136	552	.275	16	80	.366	.457	.823	7
6	右	外崎修汰	119	510	.287	18	67	.357	.472	.830	25
7	左	栗山巧	114	363	.256	8	52	.366	.400	.766	1
8	三	中村剛也	97	392	.265	28	74	.329	.546	.876	1
9	指	メヒア	82	234	.212	9	21	.282	.373	.655	0
主な控え		金子侑司	111	356	.223	1	34	.303	.274	.577	32
		炭谷銀仁朗	47	135	.248	0	9	.265	.310	.575	0
		木村文紀	75	120	.260	3	12	.330	.413	.744	7
		岡田雅利	52	108	.272	3	7	.327	.402	.729	0
		斉藤彰吾	59	104	.241	1	8	.330	.333	.663	4

▶ 先発投手陣

選手	防御率	登板	勝利	敗戦	完投数	セーブ	ホールド	投球回	勝率	奪三振	WHIP
多和田真三郎	3.81	26	16	5	5	0	0	172.2	.762	102	1.27
菊池雄星	3.08	23	14	4	1	0	0	163.2	.778	153	1.03
榎田大樹	3.32	23	11	4	0	0	0	132.2	.733	98	1.30
十亀剣	4.42	22	5	8	0	0	0	124.1	.385	82	1.37
今井達也	4.81	15	5	5	1	0	0	78.2	.500	65	1.39
カスティーヨ	4.48	20	7	4	0	3	1	74.1	.636	51	1.41
ウルフ	4.77	14	4	4	0	0	0	66	.500	40	1.61
髙橋光成	4.50	3	2	1	0	0	0	20	.667	15	1.50

▶ 救援投手陣

選手	防御率	登板	勝利	敗戦	セーブ	ホールド	投球回	勝率	奪三振	WHIP
平井克典	3.40	64	3	1	0	21	53	.750	54	1.11
野田昇吾	3.51	58	1	1	1	19	41	.500	40	1.46
ヒース	2.50	42	4	1	13	9	39.2	.800	53	0.91
増田達至	5.17	41	2	4	14	2	38.1	.333	23	1.38
ワグナー	4.22	36	2	1	1	9	32	.667	24	1.63
武隈祥太	6.37	35	1	2	0	9	29.2	.333	22	1.85
松本直晃	6.75	24	0	0	0	1	24	.000	16	1.71
小石博孝	4.10	22	1	0	0	0	26.1	1.000	10	1.48

Climax Series ▶戦績

▶Central League

ファーストステージ

ヤクルト(0勝) VS 巨人(2勝)

第1戦 ヤ● 1-4 ○巨
第2戦 ヤ● 0-4 ○巨

ファイナルステージ

広島(4勝) VS 巨人(0勝)

第1戦 広○ 6-1 ●巨
第2戦 広○ 4-1 ●巨
第3戦 広○ 5-1 ●巨

▶Pacific League

ファーストステージ

ソフトバンク(2勝) VS 日本ハム(1勝)

第1戦 ソ○ 8-3 ●日
第2戦 ソ● 2-4 ○日
第3戦 ソ○ 5-2 ●日

ファイナルステージ

西武(2勝) VS ソフトバンク(4勝)

第1戦 西● 4-10 ○ソ
第2戦 西○ 13-5 ●ソ
第3戦 西● 4-15 ○ソ
第4戦 西● 2-8 ○ソ
第5戦 西● 5-6 ○ソ

ソフトバンクがシリーズ連覇に輝く！　機動力がカギのシリーズ

この年の日本シリーズは、シーズン2位ながらクライマックスシリーズを勝ち上がりシリーズ連覇を狙うソフトバンクと、セ・リーグ3連覇から34年ぶり悲願の日本一を目指す広島の対戦となった。打撃陣に関しては、両チームほぼ互角の実力と見られており、シリーズ全体における細かいミスが勝敗を分けた結果となった。

マツダスタジアムで始まった1戦目の先発は千賀滉大と大瀬良大地となった。初回、立ち上がり不安定だった千賀から広島は菊池涼介のホームランで先制、さらにその後一死一・二塁で松山竜平がタイムリーを放ち初回に2点を入れる。広島先発の大瀬良は4回までソフトバンク打線を無安打に抑えていたが、5回に中村晃のヒットから二死二・三塁となり、千賀の代打・アルフレド・デスパイネのタイムリー内野安打の際、二塁手菊池の送球を一塁手の松山が捕球ミス、後逸する間に2人目が生還して同点に追いつかれてしまう。6回以降は両チームのリリーフ陣が好投し、9回を終わって2対2の同点。シリーズ初戦から延長戦に突入した。ソフトバンクは11回、12回までに代打ですべての野手を起用し総力戦、チャンスを作るもあと1本が出ず。一方の広島もランナーは出すものの盗塁死などもあり、結局延長12回規定により引き分けに終わった。

2戦目はリック・バンデンハークとクリス・ジョンソンの外国人投手が先発。ソフトバンクは昨日死球を受けた影響で内川聖一がベンチ入りとなり、一塁中村晃、三塁松田宣浩、左翼に守備に難があるといわれていたデスパイネ、右翼にジュリスペル・グラシアルという超攻撃的布陣に出た。しかしこれが初回より裏目に出ることとなる。初回、広島・田中広輔が放った外野フライをデスパイネが捕球し損ねてツーベースとなり、菊池の送りバントで三塁に進む。二死から鈴木誠也のタイムリー内野安打で田中広が生還し、先制。さらに3回にも、無死一塁から菊池の弱いゴロを川島が二塁カバーに入った今宮健太に送球するものの、この送球が悪送球となって走者がそれぞれ進塁。無死二・三塁として続く丸佳浩の、浅めのファウルフライをデスパイネがファウルグラウンドフェンス際で捕球した際に犠牲フライとなり田中広が生還。その後、松山のタイムリーも出てこの回2点を追加した。ジョンソンは味方の援護に恵まれ7回4安打1失点の好投。リリーフ陣も得点を許さず、広島が2戦目を制してタイとした。

舞台を福岡に移しての3戦目は、ミランダと九里亜蓮の先発となった。両先発投手とも3回まで無失点に抑えてきたが、4回にソフトバンクは連続四球による一死一・二塁から、中村晃のタイムリーで先制。さらに今宮のタイムリーでこの回2点を挙げる。広島もすかさず、5回一死から安部友裕のソロホームランで1点を返す。しかしその裏のソフトバンクも、相手のエラーから続いた一死二・三塁から、デスパイネのゴロの間に1点を追加してリードを3点に広げる。白熱するシーソーゲームとなった中盤・6回の広島は、先頭バッターの鈴木誠のソロホームランで1点を返すと、その後、一死一・二塁から會澤翼のタイムリーで1点差に迫るが、その裏、二死一・三塁から柳田悠岐の三塁強襲となるタイムリーでソフトバンクが1点を挙げる。さらに二死一・二塁からデスパイネのスリーランホームランで追加点を挙げ、さらに7回ソフトバンクは二死から髙谷裕亮のソロホームランで1点を追加。点差を6点に広げて勝負はついたかと思われた。しかし諦めない広島は8回、先頭の鈴木誠の2打席連続となるソロホームランに続き、一死満塁から安部の満塁ホームランでこの回5点を挙げて1点差に詰め寄った。しかしソフトバンクは、加治屋に代わった嘉弥真新也と抑え投手の森唯斗が広島打線にこれ以上の点を許さなかった。ソフトバンクの厚く盤石なリリーフ陣が、1点差を守りきって1勝1敗1分けのタイに持ち込んだ。

4戦目は東浜巨と野村祐輔の先発となった。1回に広島は立ち上がり不安定なソフトバンク東浜を攻めたてた。一死一塁から丸がツーベースを放ち、走者菊池が一気に本塁を狙うが、柳田と中継の明石健志の好返球により本塁で刺され先制点のチャンスを逃す。守備で流れを作ったソフトバンクは3回、二死一塁から上林誠知のツーランホームランで先制。4回に広島は、鈴木誠の2試合連続となるソロホームランで1点を返し、5回にもチャンスを作るが二死一塁で二盗を試みた安部を、甲斐拓也の強肩でアウトとする。今シリーズ4度目の盗塁阻止で、ここでも守備で流れを作る。4回、のソフトバンクも、デスパイネの2試合連続となるソロホームランで1点を追加。さらに6回、一死一・三塁から長谷川勇也が放った打球が弾み、菊池と田中広がお見合い状態に。そのままセンターへ抜けるタイムリーで3点差とした。東浜は初回のピンチの後立ち直り、5回1失点に抑えリリーフ陣に託した。その後、4人の継投で広島打線に得点を許さず、2勝1敗1分けとした。

5戦目は千賀と大瀬良が、ともに中4日での先発となった。ソフトバンクは、前日まで2試合連続ホームランのデスパイネが左膝痛で外れ、デスパイネの代わりにグラシアルが指名打者でスタメンに戻った。2回に広島は、二死一・三塁から會澤のタイムリーで先制。負けじと4回ソフトバンクは、無死満塁から中村晃の2点タイムリーで逆転。しかし5回に広島は、二死一塁から早めの継投策で代わったリバン・モイネロに対して、丸のツーランホームランで逆転する。その裏、ソフトバンクも先発大瀬良を攻め立て、ジョニー・ヘルウェグへスイッチ。

しかしグラシアルへの死球もあり、一死満塁から柳田の投ゴロの処理をヘルウェグがもたつきその間にランナーが生還し同点に追いつく。6回に広島が、二死から會澤のソロホームランで勝ち越すも7回裏、ソフトバンクは一死から明石が広島フランスアからソロ本塁打を放ち再び同点に追いつく。その後9回表二死二塁から広島丸のヒット性の当たりをソフトバンク上林がファインプレー。その裏ソフトバンクは一死一・二塁から2人凡退するなど、両チーム得点圏にランナーを進めるもあと1本が出ず、試合はそのまま4対4で9回を終了。このシリーズ2度目の延長戦に突入した。しかし10回にソフトバンク・柳田が、守護神中﨑翔太からバットを折りながらテラスに飛び込むホームランを放ち、主役のサヨナラで試合を決めた。ソフトバンクは福岡で3連勝。対戦成績を3勝1敗1分けとし日本一に王手をかけた。

舞台が再び広島へと移った6戦目、クリス・ジョンソンとバンデンハークのこのシリーズ2戦目と同じ先発投手で始まった。2回に広島は無死一・二塁と攻めるが、その後安部はダブルプレーを免れるのがやっとのファーストゴロ、野間峻祥は空振り三振となり、二死で打席は石原慶幸と回る。二死一・三塁の場面から2016年の日本シリーズではホームスチールも成功しているため、足を使ったプレーが得意な広島再度としてはダブルスチールも考えられる状況であった。しかしノーボールツーストライクから安部だけが盗塁、サードランナーの鈴木誠が自重してしまい、その結果、安部は盗塁死。日本シリーズ史上ワースト記録となる、甲斐の8個目の盗塁阻止をアシストしただけとなってしまい、3回はともに三者凡退となった。その後の4回のソフトバンクは、無死一・二塁からキャプテン内川が送りバントをして一死二・三塁から、ジョンソンの高めに抜けた球を西田がスクイズし、意表をついて1点を先制。勢いに乗ったソフトバンクは5回、二死からグラシアルのソロホームランで1点を追加。しかしその後のソフトバンクは無安打、グラシアルのホームラン以外には合計3安打に終わったが、バンデンハークが2戦目とは打って変わり、6回を無失点、4者連続を含む10奪三振と好投を見せた。7回以降は武田翔太、嘉弥真が抑え、9回は森唯斗が締めて2点差の緊迫した試合を勝利。4連勝でソフトバンクの2年連続日本一が決まった。

日本一に輝いたソフトバンクは、これで日本シリーズ2連覇となった。チーム打率と総本塁打は広島の成績よりも下回り、シリーズを通して3割打者がいない状況で、走塁・バントなど細かなミスをしない野球で勝利。先発陣は打ち込まれる場面があったことや、イニングイーターが不在のなか、高橋礼、武田、嘉弥真、モイネロ、森唯斗といった、ペナントを支えた盤石のリリーフ陣が踏ん張って広島打線を抑えた。

対する広島は、鈴木誠を中心とする打線がソフトバンクを押していた部分もあった。しかし、甲斐のスローイングを考慮せずに盗塁を試み、シリーズ史上ワーストの8度の盗塁死となる。ソフトバンクと同様にリリーフ陣の馬力もあったことから、機動力を抑えて、打ち合いに持ち込めていた場合、シリーズの展開はわからなくなっていただろう。

Nippon Series ▶戦績

第一戦
マツダスタジアム

ソフトバンク	0	0	0	0	2	0	0	0	0	0	0	0	2
広島	2	0	0	0	0	0	0	0	0	0	0	0	2

[本]［広］菊池 1 号（1 回 1 点千賀）

第二戦
マツダスタジアム

ソフトバンク	0	0	0	0	0	0	1	0	0	1
広島	1	0	2	0	2	0	0	0	X	5

[勝] ジョンソン　[負] バンデンハーク

第三戦
ヤフオクドーム

広島	0	0	0	0	1	2	0	5	0	8
ソフトバンク	0	0	0	2	2	4	1	0	X	9

[勝] ミランダ　[負] 九里　[S] 森
[本]［広］安部 1 号（5 回 1 点ミランダ）
2 号（8 回 4 点加治屋）、
鈴木 1 号（6 回 1 点ミランダ）
2 号（8 回 1 点加治屋）
［ソ］デスパイネ 1 号（6 回 3 点岡田）、
高谷 1 号（7 回 1 点中田）

第四戦
ヤフオクドーム

広島	0	0	0	1	0	0	0	0	0	1
ソフトバンク	0	0	2	1	0	1	0	0	x	4

[勝] 東浜　[負] 野村　[S] 森
[本]［広］鈴木 3 号（4 回 1 点東浜）
［ソ］上林 1 号（3 回 2 点野村）、
デスパイネ 2 号（4 回 1 点野村）

第五戦
ヤフオクドーム

広島	0	1	0	0	2	1	0	0	0	0	4
ソフトバンク	0	0	0	2	1	0	1	0	0	1x	5

[勝] 加治屋　[負] 中﨑
[本]［広］丸 1 号（5 回 2 点モイネロ）、
會澤 1 号（6 回 1 点武田）
［ソ］明石 1 号（7 回 1 点フランスア）、
柳田 1 号（10 回 1 点中﨑）

第六戦
マツダスタジアム

ソフトバンク	0	0	0	1	1	0	0	0	0	2
広島	0	0	0	0	0	0	0	0	0	0

[勝] バンデンハーク　[負] ジャクソン　[S] 森
[本]［ソ］グラシアル 1 号（5 回 1 点ジョンソン）

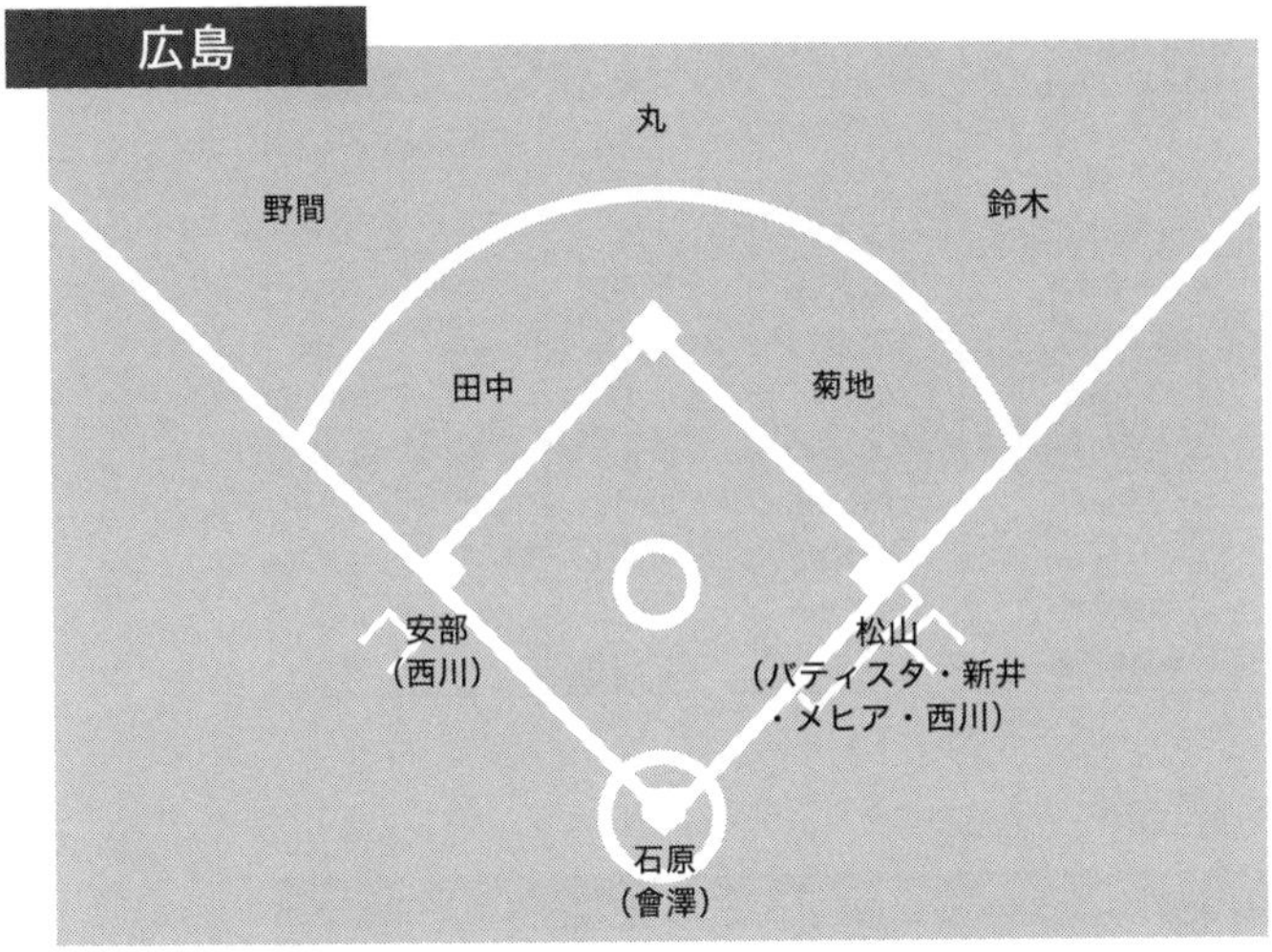

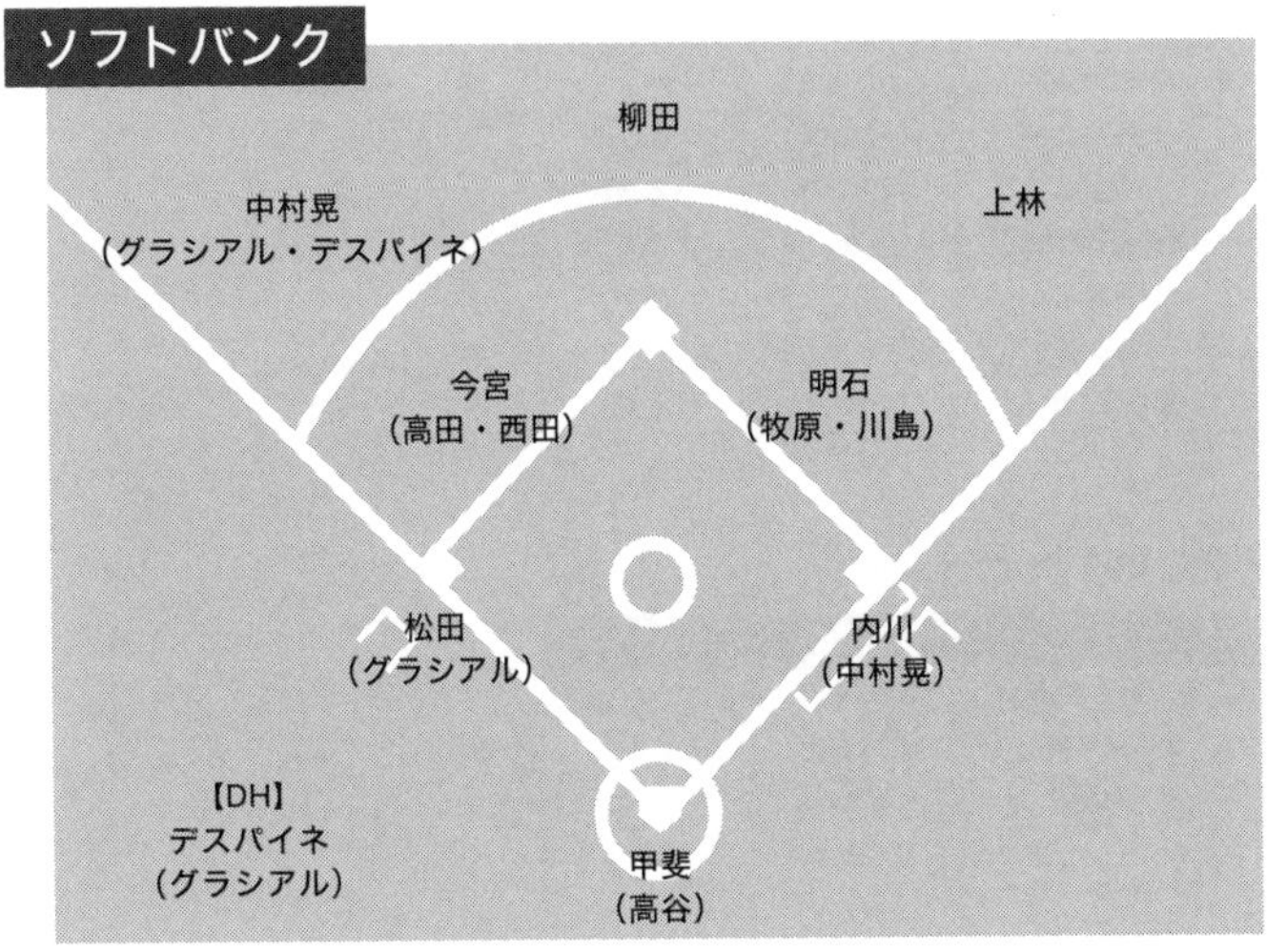

注：オーダーは各ホーム球場の初戦先発に基づく

Awards ▶ タイトル受賞者

▶ Central League

タイトル	選手名	所属チーム	受賞回数	成績
最優秀選手	丸佳浩	広島	2	
最優秀新人	東克樹	横浜		
首位打者	ビシエド	中日	初	.348
最多本塁打	ソト	横浜	初	41
最多打点	バレンティン	ヤクルト	初	131
最多盗塁	山田哲人	ヤクルト	3	33
最優秀防御率	菅野智之	巨人	4	2.14
最多勝利	大瀬良大地	広島	初	15
	菅野智之	巨人	2	15
最高勝率	大瀬良大地	広島	初	.682
最多奪三振	菅野智之	巨人	2	200

▶ Pacific League

タイトル	選手名	所属チーム	受賞回数	成績
最優秀選手	山川穂高	西武	初	
最優秀新人	田中和基	楽天		
首位打者	柳田悠岐	ソフトバンク	2	.352
最多本塁打	山川穂高	西武	初	47
最多打点	浅村栄斗	西武	2	127
最多盗塁	西川遥輝	日本ハム	3	44
最優秀防御率	岸孝之	楽天	初	2.72
最多勝利	多和田真三郎	西武	初	16
最高勝率	ボルシンガー	ロッテ	初	.867
最多奪三振	則本昂大	楽天	5	187

▶ Nippon Series

タイトル	選手名	所属チーム
最高殊勲選手賞(MVP)	甲斐拓也	ソフトバンク
敢闘選手賞	鈴木誠也	広島
優秀選手賞	森唯斗	ソフトバンク
	柳田悠岐	ソフトバンク
	中村晃	ソフトバンク

Pacific League 2019

▶チーム勝敗表

チーム	試合	勝利	敗北	引分	勝率	ゲーム差
西武	143	80	62	1	.563	- -
ソフトバンク	143	76	62	5	.551	2
楽天	143	71	68	4	.511	7.5
ロッテ	143	69	70	4	.496	9.5
日本ハム	143	65	73	5	.471	13
オリックス	143	61	75	7	.449	16

▶チーム投手成績

チーム	防御率	試合	勝利	敗北	セーブ	完投	完封	投球回	奪三振	失点
ソフトバンク	3.63	143	76	62	49	3	13	1278	1160	564
楽天	3.74	143	71	68	38	3	6	1284.1	1084	578
日本ハム	3.76	143	65	73	36	1	11	1265.2	1046	586
ロッテ	3.90	143	69	70	29	4	9	1280.2	1110	611
オリックス	4.05	143	61	75	38	5	8	1283.2	1092	637
西武	4.35	143	80	62	35	3	8	1281.2	875	695

▶チーム打撃成績

チーム	打率	試合	打数	得点	安打	二塁打	三塁打	本塁打	打点	盗塁
西武	.265	143	4898	756	1299	229	23	174	718	134
日本ハム	.2511	143	4778	560	1200	211	28	93	532	48
ソフトバンク	.2510	143	4775	582	1199	172	19	183	559	113
楽天	.2509	143	4766	614	1196	195	22	141	589	48
ロッテ	.249	143	4789	642	1194	214	21	158	613	75
オリックス	.242	143	4774	544	1153	181	22	102	516	122

Central League 2019

▶チーム勝敗表

チーム	試合	勝利	敗北	引分	勝率	ゲーム差
巨人	143	77	64	2	.546	--
横浜	143	71	69	3	.507	5.5
阪神	143	69	68	6	.504	6
広島	143	70	70	3	.500	6.5
中日	143	68	73	2	.482	9
ヤクルト	143	59	82	2	.418	18

▶チーム投手成績

チーム	防御率	試合	勝利	敗北	セーブ	完投	完封	投球回	奪三振	失点
阪神	3.46	143	69	68	36	5	13	1289.2	1135	566
広島	3.68	143	70	70	23	10	14	1280.1	1068	601
中日	3.72	143	68	73	37	3	6	1269	1088	544
巨人	3.77	143	77	64	34	3	5	1279.1	1139	573
横浜	3.93	143	71	69	30	6	12	1274	1172	611
ヤクルト	4.78	143	59	82	28	3	2	1270	1068	739

▶チーム打撃成績

チーム	打率	試合	打数	得点	安打	二塁打	三塁打	本塁打	打点	盗塁
中日	.263	143	4816	563	1265	240	31	90	545	63
巨人	.257	143	4835	663	1242	221	15	183	627	83
広島	.254	143	4852	591	1232	216	17	140	562	81
阪神	.251	143	4835	538	1213	216	20	94	509	100
横浜	.246	143	4778	596	1177	210	14	163	575	40
ヤクルト	.244	143	4833	656	1181	205	19	167	630	62

短期決戦の戦い方を熟知して日本シリーズに出場(ソフトバンク)

2019年も、日本一の座を手にしたのはソフトバンクだった。しかし、前年と同様にペナントレースは西武との優勝争いをシーズン終盤まで繰り広げた。2018・2019年のプロ野球は、この2チームの強さが両リーグで頭一つ抜けていたに違いない。

前年と同様に、先発ではリック・バンデンハークや石川柊太、リリーフでは岩嵜翔など開幕前より怪我人が多かったにもかかわらず、西武との開幕カードで3連勝し、順調な開幕スタートを切った。しかしさらに4月7日、柳田悠岐が左膝に肉離れを起こし長期離脱、打線にも軸となる選手が不在になった。

野手の地力の差でリーグ優勝を譲る形になったが、クライマックスシリーズでは初戦こそ敗れたものの、以降6連勝で最終的に日本シリーズ出場を決めた。

野手陣は柳田の離脱がある中、中軸のアルフレド・デスパイネ、ジュリスベル・グラシアル、松田宣浩が合わせて94本塁打を放っている。柳田や中村晃といった主力が抜けた時期は牧原大成や周東佑京など、このチャンスをものにして出場が増えた選手もいた。

柳田が離脱している間は、福田秀平、釜元豪、牧原が中堅手を守った。さらに、オープン戦から一軍に帯同していた周東が代走の切り札として台頭。甲斐拓也を含めると、野手育成から3選手が一軍に定着したことになる。シーズン途中に離脱はあったものの、今宮翔太や福田などの中堅の選手の活躍もあった。しかし、それでも柳田という軸となる選手の穴は大きく、前年のような打力で勝る部分は小さくなったということは確かだった。中軸3人の働きで、チーム本塁打数はリーグ1位となったが、ソロホームランの確率がソフトバンクは66・1%で西武は59・2%と得点効率に差が出た。打率は・251で3位を記録した中で、チーム得点圏打率はリーグワーストの・256で、決め手に欠ける部分があった。

投手陣は千賀滉大がさらなるレベルアップを遂げる。開幕戦から161キロを記録し、さらに9月のロッテ戦でノーヒットノーランを達成。シーズン全体を見ても、227奪三振で最多奪三振のタイトルに輝き、規定投球回到達者では歴代最高の記録である奪三振率11・33を更新した。前年ポストシーズンから活躍した高橋礼は、2019年はシーズンをフルに戦い、新人王に輝く活躍を見せ二桁勝利をマーク。リーグ全体で6投手のみ二桁勝利を記録していた中で、ソフトバンクから2投手いた形になる。

その他の先発投手を見ると、大竹耕太郎やミランダ、武田翔太、和田毅が主にローテーションとして投げた。先発が長く投げることは少なくなったが、QSからHQSに進む確率が半分以上になり、先発としての実力は決して悪くはなかった。さらに、前年は規定投球回数に達した選手が0人だったが、この年は千賀と高橋礼が1試合を投げ切るなどで改善された。

先発陣をショートイニングで回せたことは、すなわちリリーフ陣の力も大きかったということである。ルーキーの甲斐野央は防御率こそ4点台ながらも、森唯斗の不在時にはクローザーを務めるなどのフル回転をして8セーブ獲得、数字以上の活躍を見せた。さらに、髙橋純平と松田遼馬も才能が開花。回跨ぎも含めて、フルシーズン通して活躍した。この数年安定していた森唯斗やリバン・モイネロ、嘉弥真新也はいずれも登板数50以上ながら安定した成績を残し、盤石な体制を見せた。しかし、短期決戦のような無茶な起用法が仇となり、8月9月のチーム防御率は3・94と疲れが見え始め、最後は力尽きた。

その状況でも、全体的に若手投手陣の出番を増やしたことも運用の特徴として挙げられる。川原弘之や泉圭輔、田浦文丸なども積極的に登板機会を与えた。前年度から投手の怪我が相次ぐ中、今季の戦力になったというだけでなく中・長期的にみても明るい兆しがあるシーズンになったのではないだろうか。

クライマックスシリーズでは、シーズンMVPの森友哉を徹底的に抑えることに成功。打率・143・2安打と抑え込まれたため、西武打線は思うように得点を積み重ねられなかった。さらに前年と同様に投手力の差も顕著に現れた。その結果、ソフトバンクが4連勝で日本シリーズ出場を決めた。

この年もシーズン終盤まで西武との優勝争いを繰り広げ、2年連続でペナントレースは譲る形になったが、柳田が長期離脱をしていた中でチーム本塁打・183はリーグ1位を記録した。千賀を中心とした投手陣は、チーム防御率3・63でリーグ1位を記録し、この自慢の投手陣で、クライマックスシリーズでは西武打線を抑え、日本シリーズ出場を決めた。

ORDER ▶ Pacific League

▶ 野手

打順	守備位置	選手	試合	打席	打率	本塁打	打点	出塁率	長打率	OPS	盗塁
1	中	牧原大成	114	436	.242	3	27	.308	.267	.575	10
2	遊	今宮健太	106	426	.256	14	41	.405	.317	.722	4
3	一	内川聖一	137	535	.256	12	41	.370	.296	.666	3
4	指	デスパイネ	130	519	.259	36	88	.520	.355	.875	0
5	左	グラシアル	103	410	.319	28	68	.595	.365	.960	4
6	三	松田宣浩	143	576	.260	30	76	.483	.305	.788	5
7	二	明石健志	99	315	.248	5	21	.285	.382	.678	6
8	捕	甲斐拓也	137	454	.260	11	43	.387	.346	.733	9
9	右	上林誠知	99	286	.194	11	31	.360	.254	.614	10
主な控え		釜元豪	86	189	.220	4	11	.312	.270	.582	11
		福田秀平	80	183	.259	9	26	.470	.302	.772	9
		中村晃	44	159	.245	3	11	.345	.321	.666	0
		柳田悠岐	38	157	.289	7	23	.516	.420	.936	4

▶ 先発投手陣

選手	防御率	登板	勝利	敗戦	完投数	セーブ	ホールド	投球回	勝率	奪三振	WHIP
千賀滉大	2.79	26	13	8	2	2	0	180.1	.619	227	1.16
高橋礼	3.34	23	12	6	0	0	0	143	.667	73	1.14
ミランダ	4.19	18	7	5	0	0	0	86	.583	58	1.49
大竹耕太郎	3.82	17	5	4	1	0	0	106	.556	72	1.24
武田翔太	4.55	32	5	3	0	1	9	83	.625	70	1.42
和田毅	3.90	12	4	4	0	0	0	57.2	.500	45	1.21
二保旭	3.99	8	4	5	0	0	0	38.1	.444	15	1.46
東浜巨	6.37	7	2	2	0	0	0	35.1	.500	26	1.67

▶ 救援投手陣

選手	防御率	登板	勝利	敗戦	セーブ	ホールド	投球回	勝率	奪三振	WHIP
森唯斗	2.21	54	2	3	35	7	53	.400	59	1.00
甲斐野央	4.14	65	2	5	8	26	58.2	.286	73	1.41
モイネロ	1.52	60	3	1	4	34	59.1	.750	86	1.04
嘉弥真新也	2.61	54	2	2	1	19	31	.500	26	1.10
松田遼馬	3.81	51	2	4	0	5	52	.333	57	1.40
高橋純平	2.65	45	3	2	0	17	51	.600	58	1.04
椎野新	3.13	36	5	2	0	6	46	.714	49	1.48
加治屋蓮	6.00	30	3	1	0	6	36	.750	23	1.78

原辰徳第三政権初年度でリーグ制覇

2019年のシーズンは、巨人が4年ぶりにリーグ優勝を果たした。前年まで2年連続沢村賞を獲得していたエース・菅野智之の故障や不調があったものの、山口俊がそれを埋めるピッチングでキャリアハイの活躍を見せた。

投手陣は、このシーズンでスラット・スプリット型のピッチングを確立した山口が、15勝4敗・181奪三振・防御率2・91の成績を残し、最多勝、最多奪三振、最高勝率に輝いた。また、中盤5~6回まで試合を作る能力のあるC・C・メルセデスをはじめとして、桜井俊貴やルーキーの髙橋優貴も先発ローテーションとして活躍、菅野の不調をカバーした。当の菅野も、5月・7月・9月と3度ローテーションを離脱したものの、チーム2位の11勝を挙げて貯金を作り、優勝に貢献した。

また、高卒ルーキーだった戸郷翔征は、リーグ優勝を決めた9月21日の横浜戦にプロ初登板・初先発し、4回2/3を2失点に抑える投球をして鮮烈なデビューを飾った。彼の特徴は、巨人の先発投手陣の中でも、強く球速の出るストレートと、スプリットなどの速い変化球を活かしたピッチングスタイルである。これによって、2軍だけではなく1軍相手にも高い奪三振率を誇っていた。能力はもちろんのこと、高卒ルーキーながらリーグ優勝というプレッシャーがかかる場面で及第点以上の投球をした精神力は特筆に値するだろう。

ブルペン陣では中川皓太のサイドスロー気味に腕を下げる新しいフォームがはまり、抑えと中継ぎの両役を担いながら開幕より16試合連続無失点を含む自己最多の67試合に登板し、4勝3敗・16セーブ・17ホールド・防御率2・37の成績を残した。また、移籍後不甲斐ない成績だった大竹寛も、シーズン途中から中継ぎの一角として32試合に登板し、4勝0敗・8ホールド・防御率2・77の成績を残して復活を遂げた。

シーズン途中から勝ちパターンに定着したのが、元々先発ローテーションとしての実績もある澤村と田口麗斗であった。澤村は43試合に登板して2勝2敗・1セーブ・13ホールド・防御率2・61の成績を残し、田口も55試合に登板して3勝3敗・1セーブ・14ホールド・防御率4・13の成績を残し、何度もチームのピンチを凌ぎ、復活を遂げる活躍をした。そして、シーズン途中に加入したルビー・デラロサがなかなか固定できなかったクローザーを務めた。

その他の投手では、戸根千明が貴重な左の中継ぎとして、26登板ながらもキャリアハイとなる防御率1・99を記録し、随所でチームのピンチを救った。高木京介もシーズンを通して、ロングリリーフからワンポイントまでを担い、自己最多の55試合に登板した。

投手陣の運用力やマネジメント面を総括すると、元々先発ローテーション級であった大竹、澤村、田口と言った投手を中継ぎに回したことによって、先発の際のように「イニングを稼ぐ」ことを意識せず投げられるようになった。そのことにより全体的に出力が上がり、勝ちパターンを確立できたといえるのではないだろうか。また、夏場に調子が下降気味であった中川や高木京と言った救援陣を彼らがカバーしたことで、リリーフのコマ不足を解消できたシーズンだった。

印象的なのは9月20日の横浜戦。澤村がこの試合の勝利だけではなく、優勝を手繰り寄せる素晴らしい投球をみせたことだ。この試合前まで巨人は3連敗中だったこともあり、リーグ優勝のためには絶対に落とせない試合でもあった。巨人が7回まで7対2とリードをしていたが、その裏横浜が意地を見せ、3点差に詰め寄った。さらにその後、大竹と中川が与えた死球や四球で二死満塁のチャンスを作り、このシーズンで本塁打王と打点王に輝いたネフタリ・ソトに回った。この場面で、巨人は澤村を投入した。澤村はこの場面、150キロ以上のストレートとスプリットを駆使して追い込み、最後はスプリットで三振に切って取った。

野手陣は、シーズンの中盤よりベテランの亀井善行が1番に定着、坂本勇人は遊撃手として史上初の3割以上40本塁打を達成。2018年オフに広島からFA移籍した丸佳浩は安定した成績を残し、主砲の岡本和真も苦しみながらも31本塁打を達成。主軸の活躍で、5年ぶりのリーグ優勝に輝いた。

主に2番を打っていた坂本は、「バレル」（「バレル」とは打球速度が98マイル〈約158キロ〉以上なら26～30度、116マイル〈約187キロ〉以上なら8～50度の角度で飛び出した打球のことで、データ上、長打になる確率が高い）の再現性を高めた上で「パワーフォルム型」として、打率・312・40本・94打点・OPS・971の成績を残し、セ・リーグMVPに輝く活躍を見せた。丸も、坂本や岡本など主軸の選手になかなか長打が出ない時期は、自身が長打を狙いに行く打撃スタイルでチームを牽引した。主に3番として出場し、打率・292・27本・89打点・OPS・884を記録。守備率も・993と貢献し7年連続となるゴールデングラブ賞を獲得した。

4番として出場していた岡本は、春先は調子がなかなか上がらず、苦労をしていたように見受けられた。それでも本格的に暑くなってきた得意の夏場から調子を上げていき、9月も月間成績こそ8月と比較して成績を落としたが、同月10日の横浜との直接対決では今永昇太からの本塁打を含む2ホーマーを放ち、大一番で4番の重責を果たす貢献。結果的には、2年連続

30本塁打を含む、打率・265・31本塁打・94打点・OPS・828の成績を残した。坂本、丸、岡本のコア3人がリーグトップクラスの打撃力を誇ったのは間違いない。

また、亀井は吉川尚輝が腰を痛め離脱した時期から1番打者として起用され、打率・284・13本・55打点・OPS・786の成績を残し、優勝に大きく貢献した。2018年のシーズンでは不甲斐ない結果だったアレックス・ゲレーロは、夏場から調子を上げていき、最終的には20本塁打を記録した。

さらに、捕手3人体制としたことが功を奏したシーズンでもあった。正捕手である小林誠司、一塁手と兼任で左投手を上手くリードできる大城卓三、西武より移籍した炭谷銀仁朗の3人の特性を使い分け、投手との相性で臨機応変に起用することができ、捕手自身の負担も分散されたことにより、極端なパフォーマンスの低下なくシーズンを終えることができた。二塁手も4人体制の中、若手選手の活躍も光ったシーズンであった。

なお先述の吉川尚は、離脱前まではトップバッターとして4割近い打率を残し、山本泰寛は吉川尚の離脱後に好機をものにした。さらに、山本泰の調子が下がり始めると、若林晃弘が台頭し、交流戦ではチーム内トップとなる打率・333を記録する活躍を見せて、田中俊太もシーズン終盤からポストシーズンにかけスタメン出場し、優勝に貢献した。そして、この年でキャリア最終シーズンになった阿部慎之助は、プロ野球史上19人目、球団史上3人目となる通算400本塁打を達成した。シーズン通して代打や5番打者として出場し、打率・297・7本・27打点・OPS・892の成績を残し、引退の花道を優勝で飾った。

クライマックスシリーズでは、阪神に勝利して日本シリーズを決めた。岡本が初戦から好調、4試合で3本塁打7打点の活躍を見せて、阪神はその勢いを止められなかった。また、2戦目には亀井と坂本が意表をつくダブルスチールを決め、4戦目も西純也に序盤抑えられていた中で、クライマックスシリーズでなかなか調子が上がらなかった丸が決勝点となるセーフティスクイズをするなど、巧みな小技も見られた。

開幕当初は苦しみながらも、交流戦で一気に首位の立ち位置を固めた、原辰徳監督第三政権にしてVを奪還。野手陣はなんと言っても、坂本・丸・岡本のコア3選手がリーグトップクラスの活躍を見せた。投手陣は菅野が苦しみながらも、山口がキャリアハイの活躍。田口や大竹をリリーフに回し、中川の台頭によって後ろも安定感が増して、リーグ優勝を果たした。

ORDER ▶ Central League

▶ 野手

打順	守備位置	選手	試合	打席	打率	本塁打	打点	出塁率	長打率	OPS	盗塁
1	右	亀井善行	131	503	.284	13	55	.346	.440	.786	9
2	遊	坂本勇人	143	639	.312	40	94	.396	.575	.971	5
3	中	丸佳浩	143	631	.292	27	89	.388	.495	.884	12
4	三	岡本和真	143	628	.265	31	94	.343	.485	.828	3
5	一	大城卓三	109	329	.265	6	30	.330	.388	.718	0
6	左	ゲレーロ	101	333	.237	21	54	.337	.526	.863	1
7	二	若林晃弘	77	273	.239	5	21	.335	.350	.685	11
8	捕	小林誠司	92	236	.244	2	19	.280	.300	.580	1
主な控え		ビヤヌエバ	73	235	.223	8	24	.325	.386	.711	2
		陽岱鋼	110	231	.274	4	21	.346	.380	.726	0
		山本泰寛	92	212	.232	2	10	.340	.339	.679	2
		阿部慎之助	95	192	.297	7	27	.411	.481	.892	0
		田中俊太	62	176	.224	4	14	.285	.346	.631	2
		重信慎之介	106	174	.266	2	16	.308	.373	.682	14
		炭谷銀仁朗	58	138	.262	6	26	.309	.437	.745	0

▶ 先発投手陣

選手	防御率	登板	勝利	敗戦	完投数	セーブ	ホールド	投球回	勝率	奪三振	WHIP
山口俊	2.91	26	15	4	0	0	0	170	.789	188	1.16
菅野智之	3.89	22	11	6	3	0	0	136.1	.647	120	1.25
メルセデス	3.52	22	8	8	0	0	0	120.1	.500	89	1.37
桜井俊貴	4.32	29	8	6	0	0	0	108.1	.571	82	1.40
高橋優貴	3.19	18	5	7	0	0	0	93	.417	89	1.27
今村信貴	4.08	17	3	2	0	0	0	81.2	.600	54	1.32
ヤングマン	6.09	10	3	4	0	0	0	44.1	.429	28	1.69
畠世周	6.89	5	0	1	0	0	0	15.2	.000	14	1.98

▶ 救援投手陣

選手	防御率	登板	勝利	敗戦	セーブ	ホールド	投球回	勝率	奪三振	WHIP
デラロサ	2.25	26	1	0	8	5	24	1.000	32	0.88
中川皓太	2.37	67	4	3	16	17	64.2	.571	74	1.16
田口麗斗	4.13	55	3	3	1	14	65.1	.500	66	1.18
高木京介	3.83	55	3	1	0	10	54	.750	48	1.19
澤村拓一	2.61	43	2	2	1	13	48.1	.500	55	1.18
大竹寛	2.77	32	4	0	0	8	26	1.000	24	1.31
宮國椋丞	3.94	28	0	2	0	3	29.2	.000	21	1.18
マシソン	4.37	28	2	2	1	8	22.2	.500	19	1.68
鍵谷陽平	3.00	27	0	2	0	6	27	.000	16	1.68

リーグ連覇も再びソフトバンクに喫する西武

2019年、パ・リーグは昨年に続き西武がリーグ優勝を飾った。エースだった菊池雄星のMLB移籍や、センターラインでありながら3番を打っていた浅村栄斗、森友哉と併用してマスクを被っていた炭谷銀仁朗が移籍したこともあり、大幅に戦力ダウンした状態での開幕であった。

前年と同様に、チーム打率はリーグ1位ながらもチーム防御率は最下位を記録。投手力が壊滅的のため、ペナントレースには向いているが、短期決戦には不向きなチームビルディングだったといえよう。

野手陣を見ると、浅村の移籍により秋山翔吾が3番に座ったものの、3番としてはゴールデンウィーク前まで打率・211と苦しみ、開幕直後はチーム全体が沈んでいた形となった。さらに、山川穂高も不振に陥る状況となり、打線は前年ほどの火力が出せない状態だった。しかし、夏場より中村剛也の打順を繰り上げるような形で、テコ入れをしてからは打線全体が復活。最終的には、1〜4番と8・9番の打順はほぼ固定。5〜7番については、外崎修汰・栗山巧・山川の3名を打撃の調子や相手先発投手の左右によって組み替えるという形に収まった。

この年、森友哉が捕手としては100打点超を記録する歴代トップクラスの活躍を見せる。打率・329で首位打者を獲得し、23本塁打、105打点、OPS・959とキャリアハイの成績を残してシーズンMVPを獲得した。5時間を超えるシーソーゲームとなった7月8日のソフトバンク戦、9回に見せた甲斐野央との対戦は、印象に残っている読者も多いのではないか。森友哉が上手く合わせながらレフトスタンドに運んだ。

山川と中村剛も100打点を記録し、100打点トリオを形成。森友哉は首位打者、山川は本塁打、中村剛は打点王を獲得して、主要三部門を独占する形になった。外崎は、浅村の後釜となる二塁手に固定され、自身初のフル出場と前年を上回る打率.274・26本塁打・90打点・22盗塁を記録した。

投手陣は髙橋光成とザック・ニールが二桁勝利を記録。先発ローテーションの顔ぶれも前年とは大きく変わった。ブルペン陣は増田達至が復活を遂げたことが大きかった。81登板をした平井克典を中心に、前年と同様に先発陣をリリーフ陣でカバーする方針で勝ち星を積み重ねていった。

クライマックスシリーズでは、2年連続でソフトバンクと対戦。投手陣の弱さと打線が抑え込まれ、4連敗で終戦した。

前年と同様にソフトバンクとの熾烈な優勝争いを繰り広げて、リーグ2連覇を果たした。この年もリーグ最下位の防御率を記録したが、チーム打率と得点数、盗塁数はリーグ1位を記録。投手陣はニールと髙橋光、今井、十亀剣が先発陣を引っ張った。リリーフ陣はクローザーの増田が復活し、平井や小川龍也、佐野が中心となった。

野手陣は浅村の移籍を埋めるかのように、外崎が二塁手に固定され、キャリアハイを記録。森友哉が捕手でありながらMVPに輝く活躍を見せ、前年と同様に山川が本塁打王を獲得。中村剛も打点王に輝き、秋山は1番に戻ってからは復調し例年通りの活躍を見せて、爆発力のある山賊打線が、他球団を圧倒した。一時はソフトバンクに8・5ゲーム差をつけられたが、8月から一気に調子を上げて142試合目で優勝した。

ORDER ▶ Pacific League

▶ 野手

打順	守備位置	選手	試合	打席	打率	本塁打	打点	出塁率	長打率	OPS	盗塁
1	中	秋山翔吾	143	678	.303	20	62	.392	.471	.864	12
2	遊	源田壮亮	135	609	.274	2	41	.324	.350	.674	30
3	二	外崎修汰	143	621	.274	26	90	.353	.493	.846	22
4	一	山川穂高	143	626	.256	43	120	.372	.540	.912	1
5	捕	森友哉	135	573	.329	23	105	.413	.547	.959	3
6	三	中村剛也	135	557	.286	30	123	.359	.528	.887	2
7	指	栗山巧	123	466	.252	7	54	.333	.355	.687	0
8	右	木村文紀	130	441	.220	10	38	.270	.343	.613	16
9	左	金子侑司	133	524	.251	3	33	.324	.292	.616	41
主な控え		メヒア	75	147	.211	6	31	.286	.422	.708	0
		岡田雅利	36	78	.262	1	7	.393	.375	.768	0

▶ 先発投手陣

選手	防御率	登板	勝利	敗戦	完投数	セーブ	ホールド	投球回	勝率	奪三振	WHIP
今井達也	4.32	23	7	9	1	0	0	135.1	.438	105	1.47
髙橋光成	4.51	21	10	6	1	0	0	123.2	.625	90	1.54
十亀剣	4.50	19	5	6	0	0	0	102	.455	57	1.34
ニール	2.87	17	12	1	0	0	0	100.1	.923	51	1.18
本田圭佑	4.63	16	6	6	0	0	0	91.1	.500	53	1.27
松本航	4.54	16	7	4	0	0	0	85.1	.636	65	1.56
榎田大樹	6.52	13	4	3	0	0	0	69	.571	33	1.55
佐野泰雄	4.39	44	2	2	0	0	2	67.2	.500	39	1.48

▶ 救援投手陣

選手	防御率	登板	勝利	敗戦	セーブ	ホールド	投球回	勝率	奪三振	WHIP
平井克典	3.50	81	5	4	0	36	82.1	.556	66	1.32
増田達至	1.81	65	4	1	30	7	69.2	.800	74	0.88
小川龍也	2.58	55	4	1	1	15	38.1	.800	28	1.23
佐野泰雄	4.39	44	2	2	0	2	67.2	.500	39	1.48
マーティン	3.67	41	2	5	1	10	41.2	.286	36	1.63
ヒース	3.73	34	2	3	2	7	31.1	.400	34	1.28
森脇亮介	4.94	29	2	1	0	2	31	.667	24	1.58
平良海馬	3.38	26	2	1	1	6	24	.667	23	1.58
野田昇吾	3.66	23	2	0	0	2	19.2	1.000	10	1.17

Climax Series ▶戦績

▶Central League

ファーストステージ

横浜(1勝)　VS　阪神(2勝)

第1戦　横● 7-8 ○神
第2戦　横○ 6-4 ●神
第3戦　横● 1-2 ○神

ファイナルステージ

巨人(4勝)　VS　阪神(1勝)

第1戦　巨○ 5-2 ●神
第2戦　巨○ 6-0 ●神
第3戦　巨● 6-7 ○神
第4戦　巨○ 4-1 ●神

▶Pacific League

ファーストステージ

ソフトバンク(2勝)　VS　楽天(1勝)

第1戦　ソ● 3-5 ○楽
第2戦　ソ○ 6-4 ●楽
第3戦　ソ○ 2-1 ●楽

ファイナルステージ

西武(1勝)　VS　ソフトバンク(4勝)

第1戦　西● 4-8 ○ソ
第2戦　西● 6-8 ○ソ
第3戦　西● 0-7 ○ソ
第4戦　西● 3-9 ○ソ

10年代の覇者・ソフトバンクが強さを見せつける

この年の日本シリーズは、シーズン2位ながらもクライマックスシリーズを勝ち上がり日本シリーズ3連覇を狙うソフトバンクホークスと、6年ぶりにリーグ優勝を果たし、7年ぶりの日本一を狙う巨人の対決となった。日本シリーズで両チームがぶつかるのは2000年の「ONシリーズ」以来。その時巨人のヘッドコーチを務めていた原辰徳は巨人の監督。初戦の先発を務めた工藤公康はソフトバンクの監督。そのような因縁もあって、ファンにとっては非常に感慨深い、令和最初の日本シリーズに相応しいカードだった。

福岡から始まった初戦の先発は千賀滉大と山口俊。両チームともにペナントシーズン最多奪三振に輝いた、エース同士の対決になった。両エースともに初回の立ち上がりは上々であったが、先制点を挙げたのは巨人。2回、一死走者なしから5番・指名打者でスタメン出場の阿部慎之助が、千賀から令和の日本シリーズ初本塁打、初打点、初得点となるソロホームランを放った。その裏ソフトバンクは、一死二塁からジュリスペル・グラシアルがレフトスタンドにツーランホームランを放ち逆転。3回に巨人は2つの四球と暴投が絡み二死一・三塁になった場面で4番・岡本和真を迎えるが、自ら招いたピンチを千賀がショートゴロに打ち取る。この後千賀は打線の奮起に応え、カットボールと速球ストレートを軸にした投球で4〜6回を抑える。逆にソフトバンクは6回に四死球が絡み、一死満塁の場面で中村晃が犠牲フライで追加点を挙げた。

2点差が続く7回裏、巨人は、山口からスコット・マシソンへと継投したが、先頭打者の松田宣浩がツーベースを放つと、代走に周東佑京を起用。次打者の内川聖一の送りバントは投手正面であったが、周東の快足が生きバント成功、一死三塁とする。ここでソフトバンクは長谷川勇也を代打で起用すると巨人は田口麗斗に継投した。するとソフトバンクは代打の代打として川島慶三を起用。これはシーズンでもみられた冷静な代打判断で、この後川島は田口の低めのボールを見極め、四球を選んで一死一・三塁とする。次打者の牧原大成の場面で、ソフトバンクは初球に偽装スクイズを行った。牧原がわざとバントを空振り、スクイズと判断した捕手の炭谷銀仁朗が三塁走者・周東の動きをけん制している間に、一塁走者・川島が盗塁成功、一死二・三塁とする。牧原は2球目に2点タイムリーを放ち、今宮健太も安打でつなぎ、一死一・三塁の場面で柳田悠岐がタイムリーを放ち1点を追加。続く福田秀平の併殺崩れの間、更に1点を加え、工藤の着実な試合運びでこの回は4点を挙げ試合を決定付けた。その後、ソフトバンクは8回表に甲斐野央、9回表に森唯斗と継投する。最終的にはソフトバンクが7対2で快勝した。

2戦目の先発は高橋礼とメルセデスという、アンダースローと左腕の戦い。試合は5回の松田宣のヒットまで、両チーム合計で29打席走者が全く出ない投手戦で試合が進んだ。

試合が動いた先制点は7回、ソフトバンクに入る。巨人はこの回、6回まで無失点だったメルセデスから2番手投手の大竹寛を起用するが、先頭打者アルフレド・デスパイネの強烈な三ゴロを、三塁手として守備から途中出場した山本泰寛が失策してしまい出塁。ソフトバンクはデスパイネの代わりに、初戦同様、代走・周東を起用する。大竹は打者グラシアルに1球も投げないうちに、一塁へ3度の牽制球を入れるほど周東の足を警戒。結果、制球が乱れ、カウントが3ボール1ストライクとなったところで周東がスタートを切り、ランエンドヒットとなる。グラシアルの打球が左前にはずむ間に周東は三塁を陥れ、無死一・三塁でソフトバンクが得点のチャンスを作る。ここで松田宣が大竹の甘く入ったシュートを仕留めて、スリーランホームランとなった。8回も柳田のソロホームランや福田のツーランホームランで点を加えて、6対0とリードを広げた。巨人は9回表、ソフトバンクの3番手投手・高橋純平の制球難に乗じ、3つの四球を絡め、守護神森唯斗を引きずり出す。そこから3点を返して二死一・三塁と一発が出れば同点の状況まで追いついたが、及ばなかった。ソフトバンクが6対3で連勝し、2勝0敗。巨人は守備のミスが失点に響き、本拠地東京ドームでの胴上げはなくなった。

戦いの舞台を東京ドームに移した3戦目の先発は、故障明けのリック・バンデンハークと巨人のルーキー・髙橋優貴。初回、巨人・亀井善行がバンデンハークから7球粘った末、先頭打者ホームランを放ち試合を動かす。しかし2回にソフトバンクは、グラシアルがバックスクリーンにソロホームランを放ちすぐさま同点に。さらに3回、二死一・二塁からデスパイネがタイムリーを放って勝ち越すと、その裏巨人は、一死から亀井が2打席連続となるソロホームランを放ち、同点とする。

乱打戦になるかと思われたこの試合は、4回表のソフトバンクの攻撃で大きく動いた。巨人は3番手投手として高卒1年目ルーキーの戸郷翔征を投入。この回2人目の打者である内川が外角低めのボールを左手一本で技ありのヒットを放つ。これで戸郷は精神的にリズムを乱したか、次打者の甲斐に死球を与え、一死一・二塁になる。バンデンハークは投前に送りバントをするが、戸郷は三塁へ悪送球。失策になり一死満塁の場面を作ってしまう。この場面で巨人は戸郷の続投を選択するが、代打で登場した長谷川に勝ち越しになる犠牲フライを許し、直後柳田に押し出し四球を与える。なおも二死満塁の場面でデスパイネに2点タイムリーを浴び、この回ソフトバンクが4点を挙げて6対2となった。その後は、両チームともに得点が入らないまま試合終盤を迎えた。9回に、巨人は先頭打者の阿部慎がクローザー・森唯斗からヒットで出塁すると、増田大輝を代走に起用。森唯斗の暴投の間、チャンスを広げるため三塁を狙うが憤死してしまう。最終的にはソフトバンクが6対2で勝ち、3勝0敗として日本一に王手をかけた。

4戦目の先発は和田毅と、腰痛からの復帰登板となった菅野智之。試合は3回まではスコアレスの展開で進む。菅野も、この時点では1安打無失点に抑える危なげない投球。和田毅も四球を出しつつ、二死からの要所を締めるピッチングで粘る。先制点は4回のソフトバンクだった。一死一・三塁から、グラシアルが7球粘った末に外角のスライダーをとらえ、スリーランホームランを放つ。しかし対する巨人も6回の二死一塁から4番の岡本がスアレスからツーランホームランを放ち、1点差にする。試合が大きく動いたのは7回表だった。一死から福田の三ゴロを岡本が弾き、失策。次打者の松田宣が遊撃への内野安打で一死一・二塁の場面になる。代打・長谷川の打球は二塁手へのゴロになったが、ここで二塁手として途中出場していた山本泰が併殺プレーを焦り、悪送球。ソフトバンクが1点を追加、4対2となる。さらに、次打者・甲斐野の送りバントが内野安打になり、一死満塁の場面で菅野は降板。1イニング2失策の間の失点という、不運のエースに会場からは温かい拍手があった。その後、2番手投手として登板した中川皓太が、代打の内川を二ゴロ併殺に打ち取り、最少失点に抑えた。7回、二死一・二塁からここまで15打席無安打だった丸佳浩がリバン・モイネロから日本シリーズ初安打となるタイムリーツーベースを放ち、再び1点差に迫るが、その後は両チームともに得点が入らず、最終的にはソフトバンクが4対3で逃げ切って4勝0敗で日本一に輝いた。

日本一に輝いたソフトバンクは短期決戦ならではの「試合巧者」ぶりを遺憾なく発揮。エースの千賀、高橋礼は実力通りの投球、さらに先発を早めに降ろした3戦目・4戦目も救援陣が盤石のリレーを果たし、巨人打線は手も足も出ない状態だった。野手に関しては、怪我が相次いだ柳田が本調子ではない中、ビハインドの展開でも揺らぐことなく難なく逆転する「勝者のメンタリティ」を存分に発揮していた。特に第4戦以外は、先発選手の8人が代表選出の経験を持つという質の高さを見せた。加えて、首位打者獲得経験を持つ長谷川や内川、球界屈指のコンタクトヒッターである中村晃といった選手を、代打として要所で出せる層の厚さ。隙のない野球で、ソフトバンクは巨人のキープレイヤーを1戦ごとに攻略していった。

2019

Nippon Series ▶戦績

第一戦
ヤフオクドーム

巨人	0	1	0	0	0	0	0	0	1	2
ソフトバンク	0	2	0	0	0	1	4	0	X	7

勝 千賀　負 山口
本 [巨] 阿部 1 号（2 回 1 点千賀）、
大城 1 号（9 回 1 点森）
[ソ] グラシアル 1 号（2 回 2 点山口）

第二戦
ヤフオクドーム

巨人	0	0	0	0	0	0	0	0	3	3
ソフトバンク	0	0	0	0	0	0	3	3	X	6

勝 高橋礼　負 大竹
本 [ソ] 松田宣 1 号（7 回 3 点大竹）、
柳田 1 号（8 回 1 点桜井）、
福田 1 号（8 回 2 点高木）

第三戦
東京ドーム

ソフトバンク	0	1	1	4	0	0	0	0	0	6
巨人	1	0	1	0	0	0	0	0	0	2

勝 石川　負 戸郷
本 [ソ] グラシアル 2 号（2 回 1 点高橋）
[巨] 亀井 1 号（1 回 1 点バンデンハーク）
2 号（3 回 1 点バンデンハーク）

第四戦
東京ドーム

ソフトバンク	0	0	0	3	0	0	1	0	0	4
巨人	0	0	0	0	0	2	1	0	0	3

勝 和田　負 菅野　S 森
本 [ソ] グラシアル 3 号（4 回 3 点菅野）
[巨] 岡本 1 号（6 回 2 点スアレス）

Nippon Series ▶守備陣形

巨人

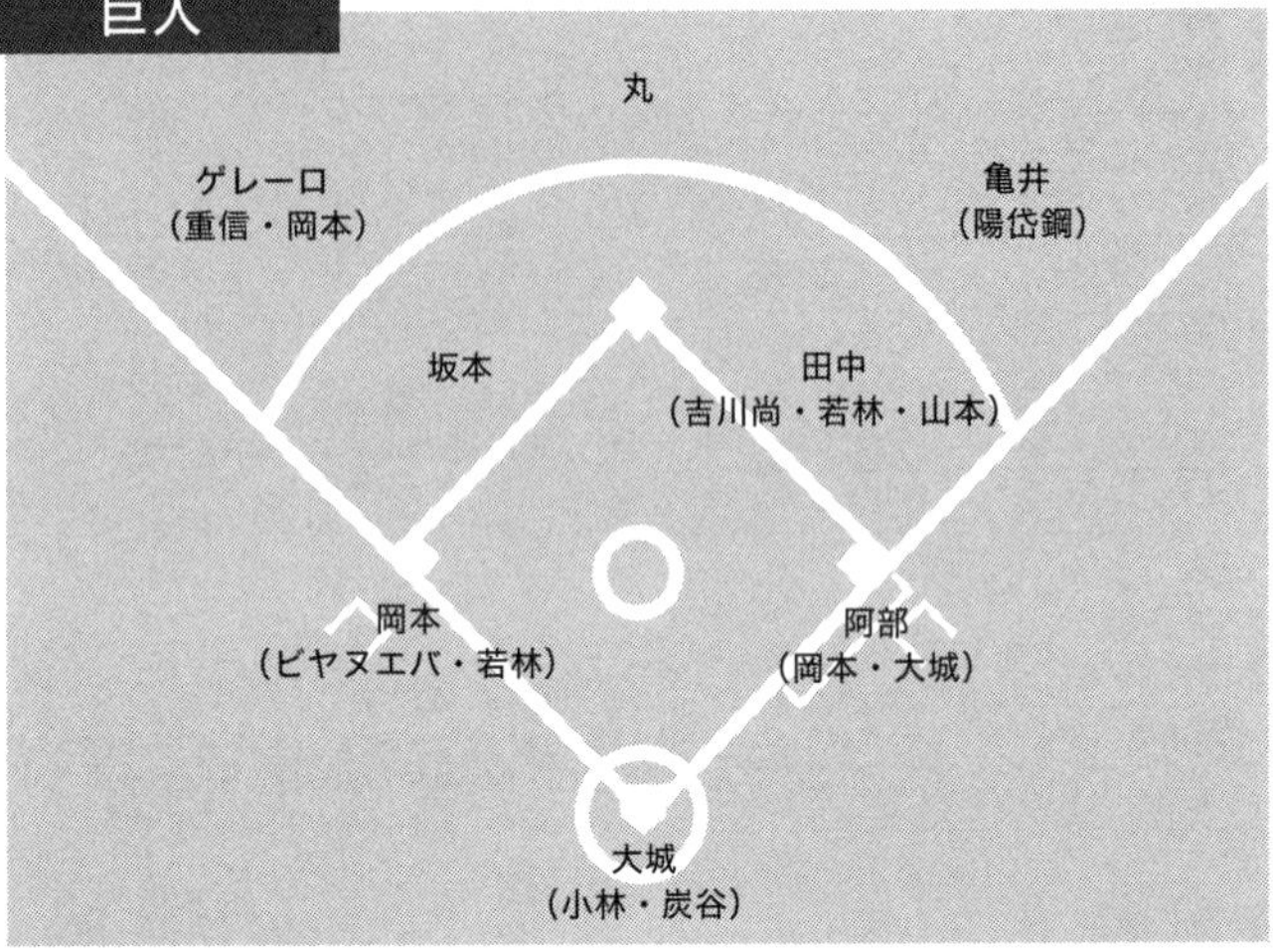

ソフトバンク

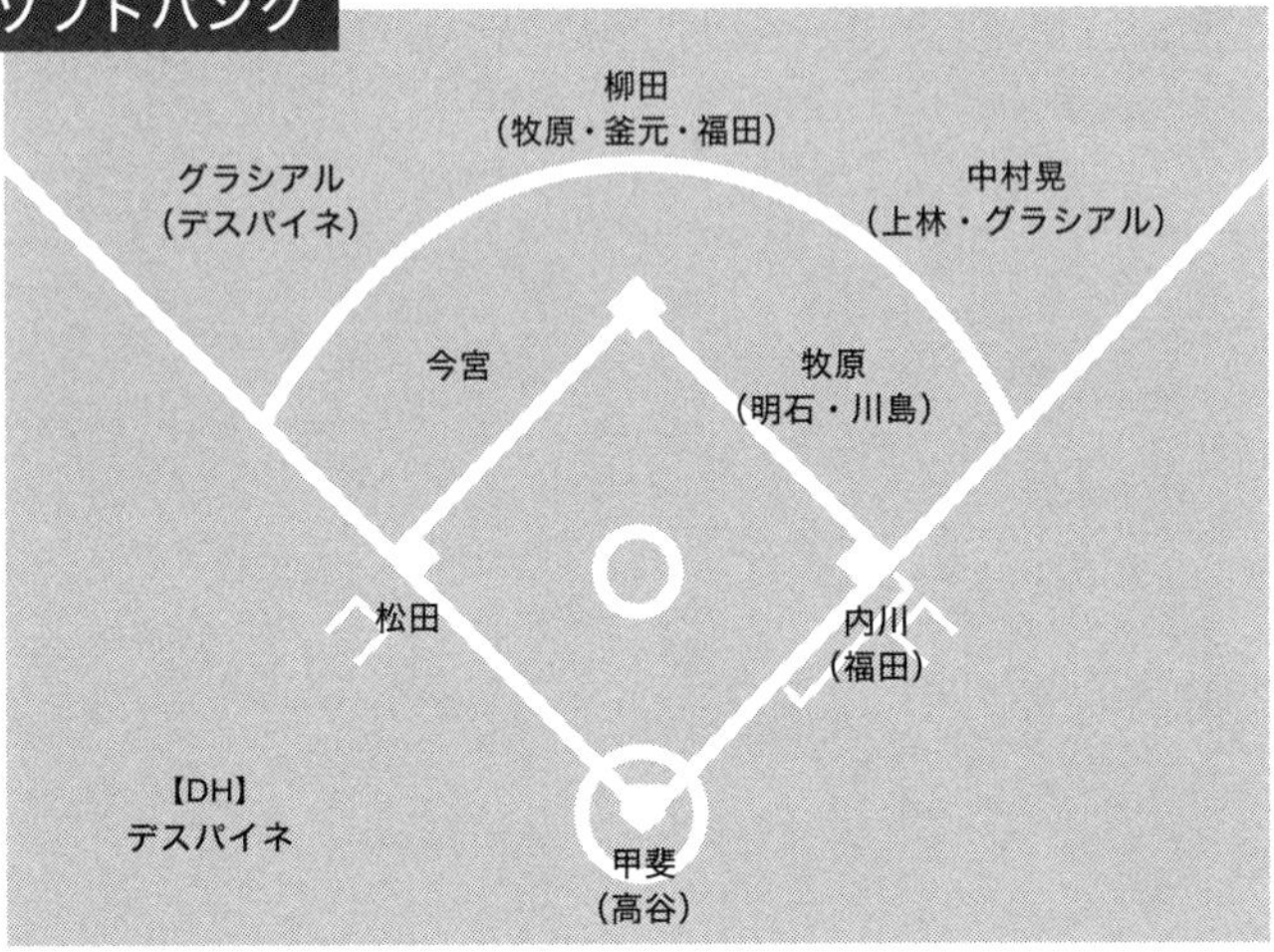

注：オーダーは各ホーム球場の初戦先発に基づく

Awards ▶ タイトル受賞者

▶ Central League

タイトル	選手名	所属チーム	受賞回数	成績
最優秀選手	坂本勇人	巨人	初	
最優秀新人	村上宗隆	ヤクルト		
首位打者	鈴木誠也	広島	初	.335
最多本塁打	ソト	横浜	2	43
最多打点	ソト	横浜	初	108
最多盗塁	近本光司	阪神	初	36
最優秀防御率	大野雄大	中日	初	2.58
最多勝利	山口俊	巨人	初	15
最高勝率	山口俊	巨人	初	.789
最多奪三振	山口俊	巨人	初	188

▶ Pacific League

タイトル	選手名	所属チーム	受賞回数	成績
最優秀選手	森友哉	西武	初	
最優秀新人	高橋礼	ソフトバンク		
首位打者	森友哉	西武	初	.329
最多本塁打	山川穂高	西武	2	43
最多打点	中村剛也	西武	4	123
最多盗塁	金子侑司	西武	2	41
最優秀防御率	山本由伸	オリックス	初	1.95
最多勝利	有原航平	日本ハム	初	15
最高勝率	山岡泰輔	オリックス	初	.765
最多奪三振	千賀滉大	ソフトバンク	初	227

▶ Nippon Series

タイトル	選手名	所属チーム
最高殊勲選手賞(MVP)	グラシアル	ソフトバンク
敢闘選手賞	亀井善行	巨人
優秀選手賞	高橋礼	ソフトバンク
	デスパイネ	ソフトバンク
	松田宣浩	ソフトバンク

Pacific League 2020

▶チーム勝敗表

チーム	試合	勝利	敗北	引分	勝率	ゲーム差
ソフトバンク	120	73	42	5	.635	- -
ロッテ	120	60	57	3	.513	14
西武	120	58	58	4	.500	15.5
楽天	120	55	57	8	.491	16.5
日本ハム	120	53	62	5	.461	20
オリックス	120	45	68	7	.398	27

▶チーム投手成績

チーム	防御率	試合	勝利	敗北	セーブ	完投	完封	投球回	奪三振	失点
ソフトバンク	2.92	120	73	42	33	3	14	1066.1	1035	389
ロッテ	3.81	120	60	57	34	4	6	1055.2	835	479
オリックス	3.97	120	45	68	20	3	10	1054	937	502
日本ハム	4.02	120	53	62	25	5	5	1054.1	930	528
楽天	4.19	120	55	57	28	3	8	1055.2	867	522
西武	4.28	120	58	58	35	1	8	1049	764	543

▶チーム打撃成績

チーム	打率	試合	打数	得点	安打	二塁打	三塁打	本塁打	打点	盗塁
楽天	.258	120	3990	557	1029	190	23	112	534	67
日本ハム	.2494	120	3952	493	986	153	17	89	472	80
ソフトバンク	.2489	120	3933	531	979	165	28	126	500	99
オリックス	.247	120	3947	442	975	166	19	90	422	95
西武	.238	120	3898	479	926	161	24	107	459	85
ロッテ	.235	120	3840	461	902	171	11	90	435	87

Central League 2020

▶チーム勝敗表

チーム	試合	勝利	敗北	引分	勝率	ゲーム差
巨人	120	67	45	8	.598	--
阪神	120	60	53	7	.531	7.5
中日	120	60	55	5	.522	8.5
横浜	120	56	58	6	.491	12
広島	120	52	56	12	.481	13
ヤクルト	120	41	69	10	.373	25

▶チーム投手成績

チーム	防御率	試合	勝利	敗北	セーブ	完投	完封	投球回	奪三振	失点
巨人	3.34	120	67	45	27	4	11	1060.2	886	421
阪神	3.35	120	60	53	30	8	8	1054.1	867	460
横浜	3.76	120	56	58	24	4	10	1045	932	474
中日	3.84	120	60	55	31	11	16	1055	947	489
広島	4.06	120	52	56	21	8	7	1069	913	529
ヤクルト	4.61	120	41	69	21	1	4	1063	884	589

▶チーム打撃成績

チーム	打率	試合	打数	得点	安打	二塁打	三塁打	本塁打	打点	盗塁
横浜	.266	120	4058	516	1078	180	10	135	495	31
広島	.262	120	4082	523	1069	198	21	110	501	64
巨人	.255	120	3994	532	1019	183	16	135	507	80
中日	.252	120	3952	429	997	178	18	70	415	33
阪神	.246	120	3923	494	965	167	17	110	472	80
ヤクルト	.242	120	3994	468	967	163	13	114	449	74

タイトル総なめの千賀を中心にリーグ制覇（ソフトバンク）

この年のソフトバンクの強さも圧倒的だった。チーム防御率は12球団で唯一の2点代を記録。前年までリーグ優勝は逃したものの、日本一は3年連続で成し遂げていることおり、その圧倒的な実力は、ソフトバンクファンはもちろんのこと、他リーグファンも首を縦に振るしかできない強さに達していた。２０１７～２０１９年には毎年怪我による離脱があったものの、それを埋める人材が毎年野手・投手ともにあらわれ、２番手以降も充実していた。

２０１０年代後半で唯一優勝、日本一ともに逃した２０１６年も、チームとしては83勝を記録しており、大谷翔平率いる日本ハムがいなければ優勝してもおかしくない成績だった。現在でも、高いレベルで選手層が流動していく育成力、弱点や不足している箇所をピンポイントで獲得する補強力も抜けている。

野手陣では、新型コロナウイルスの影響で開幕が6月19日となり、短縮シーズン（１２０試合）の状況にも関わらず、前年怪我に泣いた柳田悠岐が打率・３４２・29本塁打・86打点・ＯＰＳを記録して完全復活を果たす。さらに、アルフレド・デスパイネや新加入のウラディミール・バレンティンが不調の中、中村晃やジュリスベル・グラシアルらも打線の軸となり、若手の栗原陵矢や周東佑京がレギュラーに定着するまで成長した。特に周東は、50盗塁を決めて盗塁王にも輝き、13試合連続盗塁の日本新記録も樹立。このシーズンのソフトバンクは、歴代のNPBチームでも屈指の強さだったと言ってもいいだろう。

投手陣は、千賀滉大と石川柊太が120試合制ながらも二桁勝利し、最多勝利タイトルをダブル受賞した。千賀に関しては最優秀防御率と最多奪三振も獲得し、三冠を達成した。軸となる2人だけではなく他の先発陣に関しても、東浜やマット・ムーア、和田毅が控えており、層の厚さは素晴らしく、2005年の斉藤和巳・杉内俊哉・和田毅・新垣渚や2011年の和田・杉内正・攝津・デニス・ホールトンの先発陣に匹敵する強さだったといえる。谷間で登板した若手の投手もローテーションで結果を残すなど、勝ち星を残しつつ、育成の流動化が進んだ。

ブルペン陣に関しては守護神の森唯斗を中心に、50登板にして防御率1・69という驚異の数字をたたき出した最優秀中継ぎ賞のリバン・モイネロ、高橋礼、ワンポイントもこなす左腕・嘉弥真和也、他にも泉圭輔、川原弘之、松本裕樹といった選手がいて、量・質ともに磐石な体制だった。

2019年と比較しても、二桁勝利を挙げていた高橋礼は中継ぎに回り、高橋純平と甲斐野央は怪我で登板がなかったものの、杉山一樹や泉などカバーする若手投手が登場した。育成という観点からもソフトバンクはリーグ随一で、千賀、石川柊、モイネロ、二保旭、大竹耕太郎、甲斐拓也、周東、牧原大成といった一軍出場選手からタイトルホルダー、代表クラスまで育て上げた。第一線で活躍できる戦力をカウントした時に、ソフトバンクは他チームの倍以上の戦力を生み出している。「育成」と「補強」のバランスが絶妙に取れているからこそ、NPBで10年もの間、トップを走っているのである。

クライマックスシリーズでは、ロッテに対してストレートで連勝して日本シリーズ出場を決めた（なおこの年のクライマックスシリーズは、ファイナルステージしか行われていない）。初戦は2回、本塁打も絡んで2点先取されビハインドの展開になったが、柳田のホームランやデスパイネのタイムリーなどで追い上げる。勝負は終盤までもつれこんだが8回、甲斐のタイムリー内野安打で勝ち越して勝利。

2戦目も、東浜が1回から打ち込まれビハインドの展開から始まった。しかし、2回に中村晃のツーランホームランで追い上げて、さらに4回、中村晃が2打席連続となるホームランを放って逆転。続く松田宣浩にも一発が出て追加点が入った。投手陣は、東浜が4回3失点で降板したが、その後は層の厚いリリーフ陣を活かして、6人の投手を小刻みにつなぎ、勝利した。

ペナントレースを見ると、千賀を中心とした豊富な先発陣が圧巻のピッチングを見せた。さらにリリーフ陣も、クローザーの森唯斗やセットアッパーのモイネロを中心とした中で、盤石な体制を見せた。野手陣は、キューバ勢が出遅れていたが、柳田と中村晃が復活を遂げ、栗原がレギュラーに定着した。実績組と若手組の融合が上手くできた形で、圧倒的な実力差でリーグ優勝を果たした。

ORDER ▶ Pacific League

▶ 野手

打順	守備位置	選手	試合	打席	打率	本塁打	打点	出塁率	長打率	OPS	盗塁
1	二	周東佑京	103	346	.270	1	27	.325	.352	.677	50
2	一	中村晃	100	413	.271	6	50	.341	.367	.709	0
3	中	柳田悠岐	119	515	.342	29	86	.449	.623	1.071	7
4	左	グラシアル	69	276	.277	10	35	.326	.441	.767	2
5	右	栗原陵矢	118	500	.243	17	73	.307	.420	.727	5
6	指	バレンティン	60	218	.168	9	22	.261	.346	.607	0
7	三	松田宣浩	116	431	.228	13	46	.285	.382	.668	1
8	捕	甲斐拓也	104	360	.211	11	33	.317	.377	.694	4
9	遊	今宮健太	43	177	.268	6	22	.285	.445	.730	2
主な控え		牧原大成	77	180	.241	1	8	.256	.324	.579	6
		上林誠知	69	178	.181	6	20	.250	.331	.581	8
		川瀬晃	70	164	.191	0	10	.253	.248	.501	2
		明石健志	63	172	.253	2	17	.305	.364	.669	4
		川島慶三	59	162	.263	4	9	.369	.380	.748	0
		デスパイネ	25	97	.224	6	12	.320	.447	.767	0

▶ 先発投手陣

選手	防御率	登板	勝利	敗戦	完投数	セーブ	ホールド	投球回	勝率	奪三振	WHIP
東浜巨	2.34	19	9	2	0	0	0	119	.818	102	1.11
千賀滉大	2.16	18	11	6	1	0	0	121	.647	149	1.21
石川柊太	2.42	18	11	3	2	0	0	111.2	.786	103	0.98
和田毅	2.94	16	8	1	0	0	0	85.2	.889	75	1.13
ムーア	2.65	13	6	3	0	0	0	78	.667	89	1.10
笠谷俊介	2.84	20	4	4	0	0	0	57	.500	67	1.32
二保旭	4.92	12	4	5	0	0	0	56.2	.444	28	1.54
バンデンハーク	6.92	5	2	2	0	0	0	26	.500	20	1.46

▶ 救援投手陣

選手	防御率	登板	勝利	敗戦	セーブ	ホールド	投球回	勝率	奪三振	WHIP
森唯斗	2.28	52	1	1	32	6	51.1	.500	40	1.01
高橋礼	2.65	52	4	2	0	23	51	.667	29	1.29
モイネロ	1.69	50	2	3	1	38	48	.400	77	1.06
嘉弥真新也	2.10	50	3	1	0	18	30	.750	33	0.93
泉圭輔	2.08	40	0	1	0	8	34.2	.000	28	1.30
松本裕樹	3.49	25	0	1	0	6	28.1	.000	27	1.38
川原弘之	2.00	22	0	0	0	4	18	.000	15	1.44
岩嵜翔	7.20	17	0	2	0	10	15	.000	20	1.67

試合巧者な戦い方で3度目の2連覇した原巨人

2020年シーズンは新型コロナウイルスの影響により短縮シーズンとなったのは先ほど述べた通りだが、さらにセ・リーグではクライマックスシリーズの制度も急遽撤廃された。これは万年優勝を義務付けられている巨人には有利に働き、シーズン序盤から「勝者のメンタリティ」で接戦をモノにしていった。

特に前年のシーズン中盤から見られた、試合後半の要所で得点する「終盤力」の高さはずば抜けていた。さらに、2019年終盤からブルペン陣は、シーズン中盤より田口麗斗など先発投手をリリーフに回すことで建て直されて行き、防御率という意味で頭一つ抜けている大竹寛と中川皓太を中心としたリリーフ陣で少ない点差を守り切る力もあった。シーズン序盤は、坂本勇人や丸佳浩といった主軸が不調、守備の要である小林誠司や守護神ルビー・デラロサが怪我で離脱したが、チームの体制を持ち直していく対応力の高さも見せた。さらに、12球団で唯一の失策40台（43）を記録し、ディフェンス力を活かした試合運びの上手さも見られた。

投手陣ではエース・菅野智之が開幕13連勝を飾り、キャリア3度目の最多勝利と2度目の

ＭＶＰを獲得した。この年の菅野は、２０１７〜２０１８年のような圧倒的な投球スタイルではなかったものの、前年までの課題点や試合序盤の課題点を修正した上で試合の流れを作る「ゲームメイク力」は、これまでのキャリアの中でも飛び抜けていた。さらに、本シーズンはスラッターとスライダーを分けた上で球種ごとの配分も変化させており、より一層視座が高い投球ができていることが結果につながっただろう。それに続くように、2年目の戸郷翔征が勝ち星を積み重ねていった。ブルペン陣も正常に機能していて、半ばまでは順調なシーズンを送っていたように見えた。

しかし、9月以降に調子が明らかに下がった。菅野は、明らかに開幕当初から夏場まで見せていたボールの強度はなく、結果的に抑えていても相手打者に芯で捉えられるシーンが目立った。10月は打ち込まれる場面も増えていき、10月13日の広島戦では4失点。月間で2敗を喫して防御率も３・２４となった。新型コロナウイルスの影響で調整が難しいシーズンだったが、その後の日本シリーズに向けてエース菅野の状態が下降していったのは厳しかった。戸郷もフルシーズン勤続した疲労が顕著に現れていた。

開幕から「終盤力」を支えてきた屈指のブルペン陣も崩れ始め、9月下旬の大竹の抹消からはじまり、10月上旬には中川も抹消された。この左右2枚の投手は、ある程度他の枚数が揃った時点で「勝ちパターン」として独立させ無理のない運用をしていく必要があったと思われる。

中川と大竹が離脱したことによって高梨雄平や大江竜聖といった投手に皺寄せが来て、彼らの負担も倍増。数字を見ても調子が下降していたことは明白だ。その後の日本シリーズや翌シーズン以降のことを考えて、投手運用は見直すべき点であったことは間違いないだろう。4連投以上は禁止し、ごく稀に見られた高梨を9回に回す形など、勝ちパターンを複数化するような工夫がなされるべきだったと考える。このような、無計画な投手運用は翌年以降にも大きな影響を及ぼした。

野手陣は、8〜9月は開幕当初や夏場序盤に不調だった坂本、本塁打・打点の二冠に輝いた岡本和真、そして丸が復調を見せて、チームを勢いづかせた。元々、主軸の3選手が不調の前半戦時から12球団トップクラスの得点圏での強さを誇っており、最終的にも得点圏打率は・265でリーグ1位。チーム全体で勝負強さが光っていた。

3割打者は不在だったものの、要所で得点を挙げる試合運びの巧さや力の入れどころに坂本・岡本・丸の復調が融合し、一気に他球団を突き放したと言える。

リーグトップクラスである彼らコア3選手の課題は（巨人打線の全体的な課題でもあるが）、

一定水準以上のエース級投手に対応しきれないところだった。そんな中で、若手・中堅の選手の躍動があった。近年期待されながらも怪我で離脱していた吉川尚輝は、初の規定打席に到達。シーズン後半から調子を上げていった。大城卓三も、出場試合を重ねるごとに打力はもちろんのこと、守備の能力も向上していった。彼らやほかのスタメンの調子が悪い時期は、北村拓巳や松原聖弥ら若手選手が穴を埋めた。

ただ、全体的にみると終盤にかけて、チーム力は下降していたように見えた。そのため、クライマックスシリーズがあれば、捲られていた可能性はあっただろう。

開幕当初は前年と同様に、試合終盤で勝ち越せる力があった。チーム内で3割打者は不在だったものの、2014年のようにリーグトップの投手力とディフェンス力を活かしながら、試合運びの上手さで勝ち星を積み重ねた。しかし、無茶な投手運用が仇となり、9月からはチームの調子が下降した。そのため、シーズン中盤まで積み重ねた貯金で逃げ切って2連覇を果たしたシーズンだった。

2020

ORDER ▶ Central League

▶ 野手

打順	守備位置	選手	試合	打席	打率	本塁打	打点	出塁率	長打率	OPS	盗塁
1	二	吉川尚輝	112	389	.274	8	32	.336	.398	.734	11
2	右	松原聖弥	86	313	.263	3	19	.330	.371	.701	12
3	遊	坂本勇人	115	479	.289	19	65	.379	.500	.879	4
4	三	岡本和真	118	500	.275	31	97	.362	.545	.907	2
5	中	丸佳浩	120	491	.284	27	77	.375	.553	.928	8
6	一	中島宏之	100	312	.297	7	29	.369	.419	.788	0
7	左	ウィーラー	98	288	.247	12	36	.309	.418	.727	3
8	捕	大城卓三	93	308	.270	9	41	.339	.412	.751	1
主な控え		若林晃弘	76	159	.247	2	14	.288	.342	.631	2
		亀井善行	51	156	.255	2	17	.310	.348	.657	0
		パーラ	47	154	.267	4	13	.305	.384	.689	0
		炭谷銀仁朗	56	114	.180	1	7	.252	.230	.482	0

▶ 先発投手陣

選手	防御率	登板	勝利	敗戦	完投数	セーブ	ホールド	投球回	勝率	奪三振	WHIP
菅野智之	1.97	20	14	2	3	0	0	137.1	.875	131	0.89
戸郷翔征	2.76	19	9	6	0	0	0	107.2	.600	106	1.20
田口麗斗	4.63	26	5	7	0	1	2	89.1	.417	58	1.31
サンチェス	3.08	15	8	4	0	0	0	87.2	.667	59	1.23
畠世周	2.88	12	4	4	1	0	0	65.2	.500	49	1.07
桜井俊貴	4.95	24	2	4	0	0	4	63.2	.333	43	1.40
今村信貴	3.16	12	5	2	0	0	0	62.2	.714	55	1.18
メルセデス	3.10	11	4	4	0	0	0	58	.500	45	1.24

▶ 救援投手陣

選手	防御率	登板	勝利	敗戦	セーブ	ホールド	投球回	勝率	奪三振	WHIP
鍵谷陽平	2.89	46	3	1	0	13	37.1	.750	40	1.02
高梨雄平	1.93	44	1	1	2	21	37.1	.500	37	0.80
大江竜聖	3.11	43	3	0	0	9	37.2	1.000	30	1.14
中川皓太	1.00	37	2	1	6	15	36	.667	26	0.94
デラロサ	2.56	35	2	0	17	5	31.2	1.000	28	1.23
田中豊樹	4.88	31	1	1	0	1	27.2	.500	21	1.81
大竹寛	2.59	29	1	2	0	16	24.1	.333	16	1.19
ビエイラ	3.28	27	0	1	0	2	24.2	.000	29	1.78

Climax Series ▶戦績

▶Pacific League

ファイナルステージ

ソフトバンク(3勝)　VS　ロッテ(0勝)

第1戦　ソ○ 4-3 ●ロ

第2戦　ソ○ 6-4 ●ロ

▶Central League

新型コロナウイルス感染症の影響で中止

圧倒的な力の差が露呈した20年代最初のシリーズ

2020年代最初の日本シリーズは、シーズン後半から圧倒的な強さを各球団に見せつけ、4年連続で日本シリーズ進出を決めたソフトバンクと、セ・リーグを2連覇した巨人の戦いとなった。昨年より打倒ソフトバンクに燃え、8年ぶりの日本一を目指した巨人だったが、ソフトバンクの前にあえなく連敗を喫した。

京セラドーム大阪で開幕した初戦、ソフトバンクの先発はパ・リーグ投手三冠を達成した千賀滉大、対する巨人の先発はセ・リーグ最多勝利投手の菅野智之とエース同士の対決に。初回は両投手ともきっちりと抑え、投手戦になるかと思われた2回、ソフトバンク・ジュリスベル・グラシアルがヒットで無死一塁とすると、日本シリーズ初出場の栗原陵矢がツーランホームランを放って先制。対する巨人は3回にチャンスを作り、千賀に29球投げさせるものの二死三塁で松原聖弥が倒れる。さらに4回に連続四球で無死一・二塁とするが、丸佳浩が併殺打になり、亀井善行も倒れて無得点に終わる。

その後、ソフトバンクは6回に、二死一・三塁とすると、またもや栗原の2点タイムリーツーベースで追加点を挙げる。さらに、8回には先頭打者の周東佑京が四球で出塁すると、直後に盗塁を決めて無死二塁。そして、続く中村晃がタイムリーを放ち追加点を挙げた。巨人は9回にソフトバンクのクローザー・森唯斗を攻め立て、一死満塁のチャンスを作るものの、ゼラス・ウィーラーの犠牲フライの1点どまり。初戦はソフトバンクが勝利した。

この試合、ソフトバンクの5番・栗原は3打数3安打4打点を記録。対する巨人の5番・丸はチャンスで併殺打に倒れるなど打点を挙げることができず、両チームの5番打者の結果がこの試合の明暗を分けた。

2戦目、ソフトバンクの先発はパ・リーグ最多勝ならびに最高勝利率投手の石川柊太、対する巨人の先発はこの年5勝を挙げた上がり調子の左腕・今村信貴。ソフトバンクは初回、一死一塁から柳田悠岐がタイムリーツーベースを放ち早速1点を追加。さらに吉川尚輝の悪送球と、アルフレド・デスパイネの内野ゴロの間に1点ずつ取り、この回3点を先制する。続く2回には甲斐拓也のソロホームランで追加点。巨人ベンチもたまらず、昨日に引き続き戸郷翔誠を投入するが、3回にはグラシアルのツーランホームランで追加点を挙げて、6点差とした。さらに、7回にはデスパイネの満塁ホームランで4点を追加。9回には大竹寛の悪送球の間に2点を加えた。巨人打線は先発石川柊太から5回2得点をもぎ取ったものの、後続のリリーフ陣を攻略できず。最終的に15安打・13得点で、ソフトバンクの大勝となった。

戦いの舞台を福岡に移した3戦目の先発は、マット・ムーアとサンチェスの両外国人投手が先発となった。巨人は1回に、先頭打者の吉川尚がエラーで出塁し、無死二塁の好機を作る。しかし、続く松原が犠打を試みたものの、ソフトバンクの捕手・甲斐が三塁へ送球。吉川尚は挟殺を免れるも進塁できず、松原が走塁死してしまう。一死二塁となり、クリーンナップの坂本勇人は空振り三振、岡本和真は遊ゴロに倒れ、無得点に終わった。対するソフトバンクは3回に、二死から周東がヒット、吉川尚の悪送球で二塁へ出塁すると、続く中村晃がツーランホームランを放ち先制点。さらに6回にも一死満塁のチャンスを作る。しかしここはデスパイネが見逃し三振に倒れ、長谷川はセカンドへの強烈な打球を吉川尚がファインプレーで好捕し、得点は阻まれた。

続く7回、ソフトバンクは一死二塁の形を作ると、巨人の2番手・高梨雄平から周東が死球を受け、一死一・二塁となる。続く中村晃がタイムリーを放ち1点を追加すると、さらに二死一・三塁からグラシアルが大竹からタイムリーを放ち、4点目を挙げた。ソフトバンクは、巨人打線を7回まで無安打無得点に抑えていたムーアを代え、8回表に2番手としてリバン・モイネロをマウンドに送る。最終的に、ソフトバンクは巨人打線を9回表二死まで無安打無得点に抑えた。9回二死から丸がヒットを放ったが、最後はウィーラーが倒れ、ソフトバンクが4対0で勝利し、王手をかけた。

4戦目は和田毅と畠が先発。背水の陣となったこの試合、このシリーズ3試合はペナントシーズンでブレイクした吉川尚、松原の一・二番コンビを崩し、若林晃弘を一番に、二番に坂本勇人、三番に丸を据え、五番には日本シリーズ中打撃の状態がいいウィーラーを置いた。この大胆な打順変更が功を奏したか、初回に、若林がツーベースを放つと、続く坂本がタイムリーツーベースを放ち、巨人はシリーズ初の先制点を挙げた。対するソフトバンクはその裏、一死後に中村晃がツーベースを放ちチャンスを作ると、続く柳田がツーランホームランを放ちすぐさま逆転。さらにソフトバンクは2回に、一死から牧原大成がヒットで出塁。二死後に甲斐がツーランホームランを放ち、リードを3点に広げた。

中盤以降は両チームのリリーフ陣の好投で試合は膠着状態となり、そのまま9回表の巨人の攻撃に入る。負けられない巨人は、先頭の岡本が四球を選ぶと、一死後に中島裕之がヒットを放ち、一死一・二塁のチャンスを作る。しかし、田中俊太と代打・亀井が倒れて試合終了。ソフトバンクは4年連続11回目の日本一に輝き、史上初となる2年連続4戦全勝で日本シリーズを制した。シリーズ史上最多となる3回目の全勝で日本一を成し遂げた。

日本一に輝いたソフトバンクは前年と同様に圧倒的な強さを見せた。投打の柱である柳田や千賀はもちろんのこと、日本シリーズMVPの栗原や、初見のボールにも上手く合わせられ、短期決戦に強い中村晃といった様々なタイプの野手の適材適所な活躍が見られた。特に中村晃のコンタクト力と打順ごとに求められる役割への対応力が現役選手の中でも図抜けていた。またグラシアル、周東といった代表クラスのユーティリティプレイヤーが複数人いたことも大きかった。

投手陣は、東浜巨がコンディション不良の中で登板がなかったものの、三冠王のエース千賀、二冠王の石川を軸に、新外国人ムーア、百戦錬磨のベテラン和田毅の4本柱は左右のバランスも良く、ブルペン陣もクローザーの森唯斗や、この年最優秀中継ぎ投手のモイネロを中心に、左のワンポイント嘉弥真和也、アンダースロー高橋礼、泉圭輔、松本祐樹、杉山一樹などが、実力を兼ね備えたリリーフが多く揃い盤石だった。

対する巨人は「スカウティング不足」「打線の火力不足」が顕著に現れた。シリーズ初戦、千賀に対して巨人打線は「ストレートの狙い打ち」という攻め方を打ち出していた。しかし、そのストレートをほとんどとらえられずに7回まで3安打0得点と沈黙。巨人打線は今シーズンを通して、150キロ以上の球、あるいはそれに近い強度のあるボールをとらえることができていなかったが、千賀との対決を筆頭に、このシリーズでもそうした姿が随所で見られた。データ上では他球団と比較して相対的に打てていたものの、感覚値で見ると水準以上のボールに対して手も足も出ずにいた。

このような単純な力不足だけでなく戦略面でも後手に回ったと言える。シリーズ前に、ソフトバンクに対する研究や対策がきちんとできていなかったのではないだろうか。全体的に前年よりも実力差が顕著に現れたシリーズだった。

Nippon Series ▶ 戦績

第一戦
京セラドーム

ソフトバンク	0	2	0	0	0	2	0	1	0	5
巨人	0	0	0	0	0	0	0	0	1	1

勝 千賀　負 菅野
本 [ソ] 栗原 1 号（2 回 2 点菅野）

第二戦
京セラドーム

ソフトバンク	3	1	2	0	1	0	4	0	2	13
巨人	0	0	0	0	2	0	0	0	0	2

勝 石川　負 今村
本 [ソ] 甲斐 1 号（2 回 1 点今村）、
グラシアル 1 号（3 回 2 点戸郷）、
デスパイネ 1 号（7 回 4 点鍵谷）
[巨] ウィーラー 1 号（5 回 2 点石川）

第三戦
Paypay ドーム

巨人	0	0	0	0	0	0	0	0	0	0
ソフトバンク	0	0	2	0	0	0	2	0	X	4

勝 ムーア　負 サンチェス
本 [ソ] 中村晃 1 号（3 回 2 点サンチェス）

第四戦
Paypay ドーム

巨人	1	0	0	0	0	0	0	0	0	1
ソフトバンク	2	2	0	0	0	0	0	0	x	4

勝 松本　負 畠　S 森
本 [ソ] 柳田 1 号（1 回 2 点畠）、
甲斐 2 号（2 回 2 点畠）

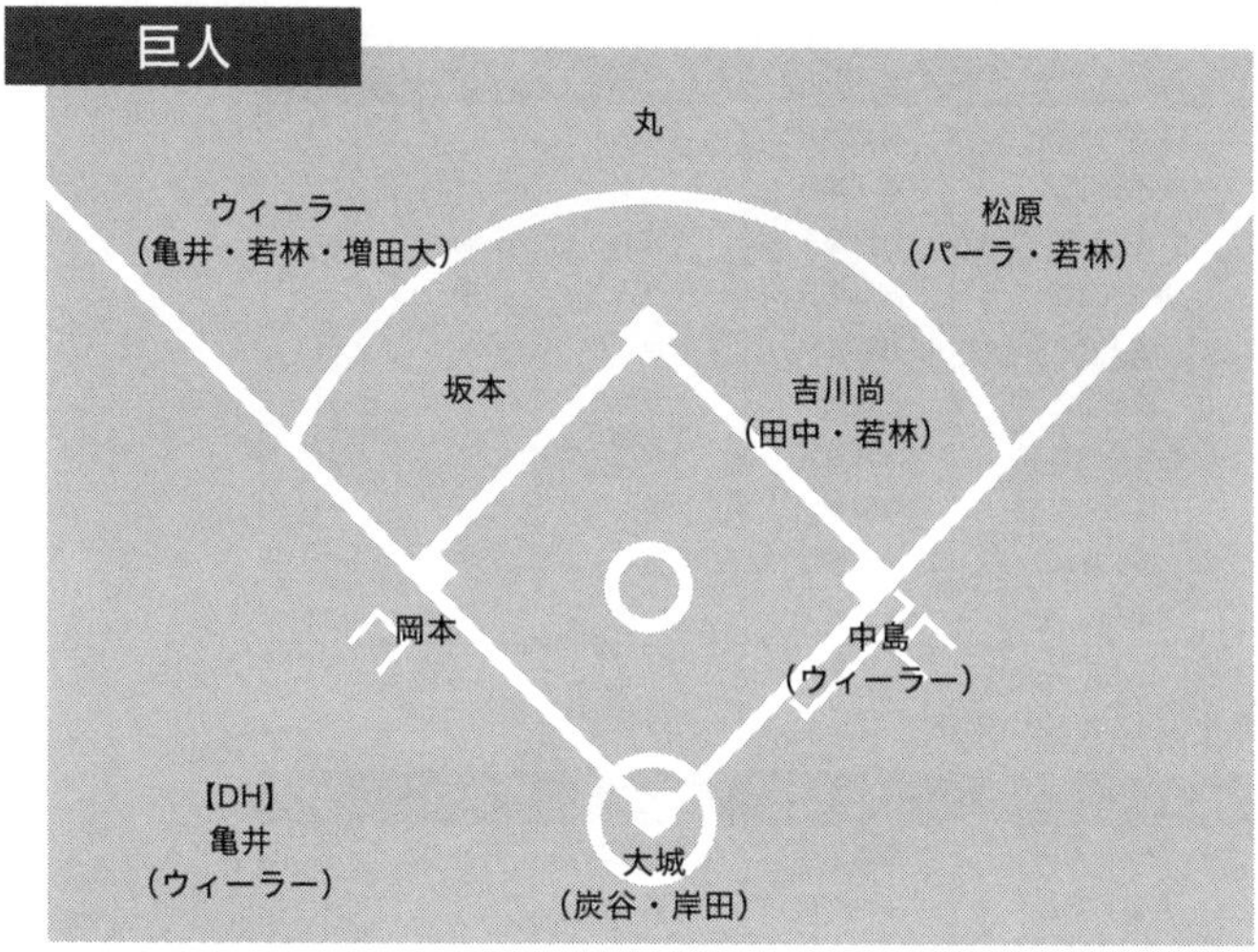

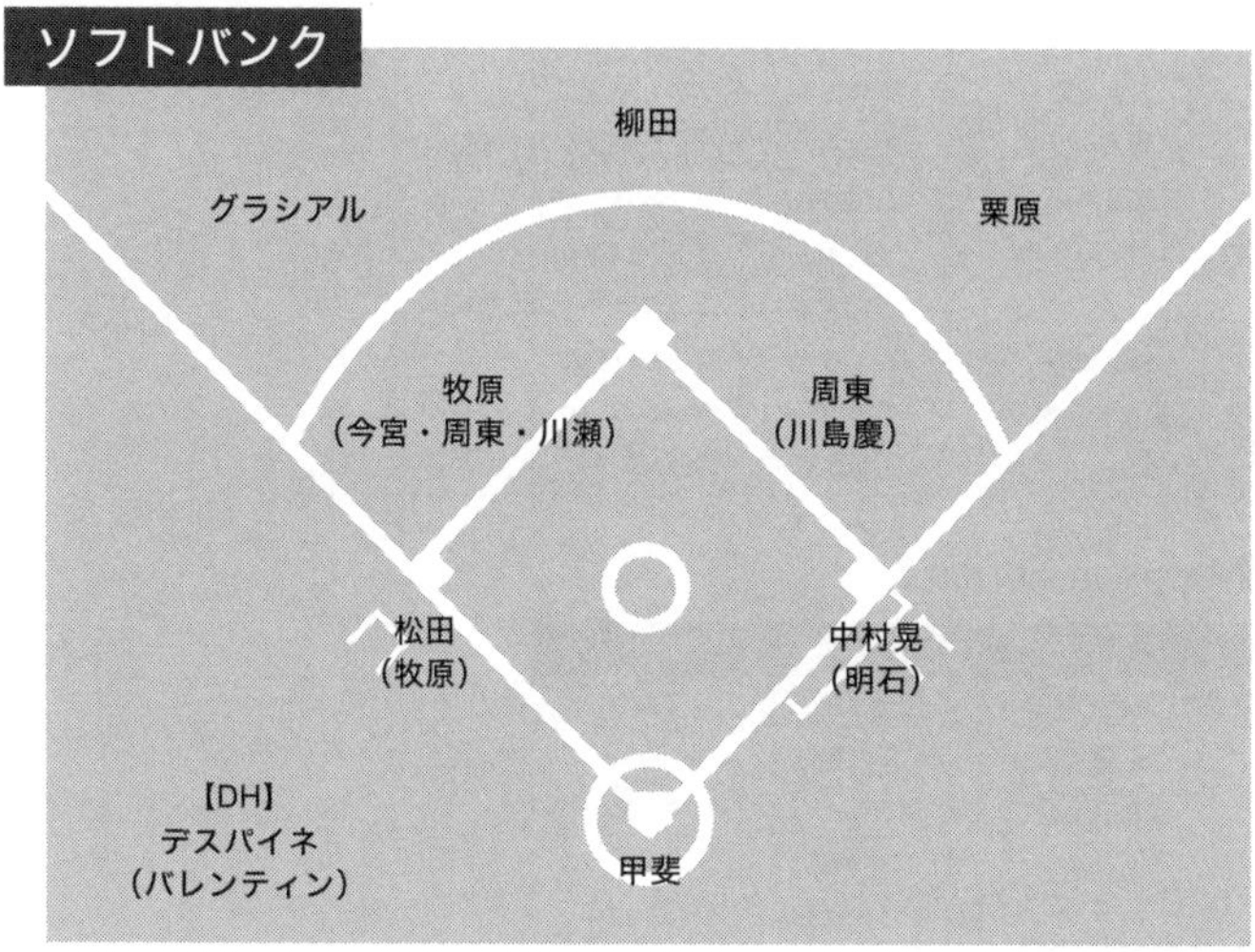

注：オーダーは第1戦の初戦先発に基づく（両DH制）

Awards ▶ タイトル受賞者

▶ Central League

タイトル	選手名	所属チーム	受賞回数	成績
最優秀選手	菅野智之	巨人	2	
最優秀新人	森下暢仁	広島		
首位打者	佐野恵太	横浜	初	.328
最多本塁打	岡本和真	巨人	初	31
最多打点	岡本和真	巨人	初	97
最多盗塁	近本光司	阪神	2	31
最優秀防御率	大野雄大	中日	2	1.82
最多勝利	菅野智之	巨人	3	14
最高勝率	菅野智之	巨人	初	.875
最多奪三振	大野雄大	中日	初	148

▶ Pacific League

タイトル	選手名	所属チーム	受賞回数	成績
最優秀選手	柳田悠岐	ソフトバンク	2	
最優秀新人	平良海馬	西武		
首位打者	吉田正尚	オリックス	初	.350
最多本塁打	浅村栄斗	楽天	初	32
最多打点	中田翔	日本ハム	3	108
最多盗塁	周東佑京	ソフトバンク	初	50
最優秀防御率	千賀滉大	ソフトバンク	初	2.16
最多勝利	石川柊太	ソフトバンク	初	11
	千賀滉大	ソフトバンク	初	11
	涌井秀章	楽天	4	11
最高勝率	石川柊太	ソフトバンク	初	.786
最多奪三振	千賀滉大	ソフトバンク	2	149
	山本由伸	オリックス	初	149

▶ Nippon Series

タイトル	選手名	所属チーム
最高殊勲選手賞(MVP)	栗原陵矢	ソフトバンク
敢闘選手賞	戸郷翔征	巨人
優秀選手賞	ムーア	ソフトバンク
	中村晃	ソフトバンク
	柳田悠岐	ソフトバンク

Pacific League 2021

▶チーム勝敗表

チーム	試合	勝利	敗北	引分	勝率	ゲーム差
オリックス	143	70	55	18	.560	- -
ロッテ	143	67	57	19	.540	2.5
楽天	143	66	62	15	.516	5.5
ソフトバンク	143	60	62	21	.492	8.5
日本ハム	143	55	68	20	.447	14
西武	143	55	70	18	.440	15

▶チーム投手成績

チーム	防御率	試合	勝利	敗北	セーブ	完投	完封	投球回	奪三振	失点
ソフトバンク	3.25	143	60	62	28	2	13	1255.1	1199	493
オリックス	3.31	143	70	55	38	6	19	1254	1055	500
日本ハム	3.32	143	55	68	31	3	8	1255.2	1061	515
楽天	3.40	143	66	62	36	5	13	1260	1098	507
ロッテ	3.67	143	67	57	41	5	6	1264	953	570
西武	3.94	143	55	70	32	4	9	1250.2	947	589

▶チーム打撃成績

チーム	打率	試合	打数	得点	安打	二塁打	三塁打	本塁打	打点	盗塁
オリックス	.2471	143	4694	551	1160	178	19	133	520	50
ソフトバンク	.2468	143	4688	564	1157	201	26	132	542	92
楽天	.243	143	4641	532	1129	178	27	108	508	45
西武	.2394	143	4623	521	1107	195	20	112	496	84
ロッテ	.2393	143	4612	584	1104	233	17	126	558	107
日本ハム	.231	143	4617	454	1067	203	24	78	437	77

Central League 2021

▶ チーム勝敗表

チーム	試合	勝利	敗北	引分	勝率	ゲーム差
ヤクルト	143	73	52	18	.584	--
阪神	143	77	56	10	.579	0
巨人	143	61	62	20	.496	11
広島	143	63	68	12	.481	13
中日	143	55	71	17	.437	18.5
横浜	143	54	73	16	.425	20

▶ チーム投手成績

チーム	防御率	試合	勝利	敗北	セーブ	完投	完封	投球回	奪三振	失点
中日	3.22	143	55	71	36	4	15	1243	1005	478
阪神	3.30	143	77	56	43	6	16	1257	986	508
ヤクルト	3.48	143	73	52	44	3	12	1260.1	1129	531
巨人	3.63	143	61	62	33	4	9	1252.2	1079	541
広島	3.81	143	63	68	37	5	13	1253.2	1034	589
横浜	4.15	143	54	73	27	3	6	1248.1	1057	624

▶ チーム打撃成績

チーム	打率	試合	打数	得点	安打	二塁打	三塁打	本塁打	打点	盗塁
広島	.264	143	4798	557	1265	200	17	123	532	68
横浜	.258	143	4784	559	1233	254	13	136	546	31
ヤクルト	.254	143	4708	625	1196	214	17	142	603	70
阪神	.247	143	4704	541	1164	208	23	121	517	114
巨人	.242	143	4692	552	1137	207	11	169	532	65
中日	.237	143	4595	405	1090	182	21	69	381	60

混セを制して6年ぶりのリーグ制覇を果たしたヤクルト

2021年のセ・リーグは混戦の中、シーズン後半戦から首位争いに加わってきたヤクルトが20年ぶりにリーグ制覇を果たした。チーム打率・チーム防御率はともにリーグ3位だったものの、監督である高津臣吾のマネジメント力が光った。

8月まで巨人・阪神と三つ巴の争いだったが、ヤクルトは終盤に強かった。9月が13勝8敗5分、10月が11勝4敗1分と勢いがさらに加速した。逆に、前半戦（3〜5月）に首位争いをしていた阪神・巨人は、決め手を欠いたままもつれる形になった。

東京五輪（第3章）の決勝でホームランを放った村上宗隆が、その後に続く2021年シーズンも絶好調だったことが非常に大きかった。

前半戦は不調で心配されていたが、五輪を境に一気に洗練された印象だ。シーズンでは本塁打王（リーグトップタイ）を獲得してMVPも受賞した。また、東京五輪でMVPに輝いたチームリーダーである山田哲人も、自身5度目のシーズン30本塁打以上（34本）を達成した。

村上と山田哲が揃っているヤクルト打線の得点力は非常に強みである。さらに、塩見泰隆がトップバッターとして定着。加えて、新外国人のホセ・オスナとドミンゴ・サンタナの両外国人も、相手チームからすれば厄介な選手だったのではないだろうか。シーズン中盤から打線が定着し、この両外国人の間に挟まれていた6番の中村悠平に関しても、真っ直ぐに対応しつつ変化球にも対応する器用さが見られた。代打の切り札の川端慎吾は代打打率・366を記録しており、試合終盤で相手チームにプレッシャーを与える存在にもなった。

野手陣ばかり目立つが、投手陣もこれまでのシーズンと比べると悪くない仕上がりだった。6年目の高橋奎二は登板数こそ少ないものの、奪三振数は80と勢いがありながら安定した投球を見せており、2年目の奥川恭伸は9勝を挙げた。若手だけではなく、ベテランも躍動した。大ベテランの石川雅規は防御率3・07と、安定した投球ぶりを見せた。エースとして優勝を経験している小川泰弘も9勝を挙げ、新外国人のサイスニードは6勝を挙げた。

ただ、若手の奥川の登板間隔を中10日と考慮したことを含めて、多くの先発陣はイニングを稼げなかった。それをカバーするかのようにブルペンの層は厚く、クローザーのスコット・マクガフを中心に、最優秀中継ぎ賞を獲得した清水昇、田口麗斗、石山泰雅、今野龍太、坂本光士郎、大西広樹などのリリーフを上手く運用した。高津は、守護神マクガフとエース中継ぎともいえる清水昇を10月8日の阪神戦で初めて4連投させ、シーズン中は原則的に3日連続登板までとするなど、巧みなマネジメントで6年ぶりのリーグ優勝を達成した。

クライマックスシリーズでは、トップバッターの塩見がキーマンとなった。1戦目、走塁がきっかけで先制した初回から、シリーズそのものが一気にヤクルトペースになった。さらに、奥川が「マダックス」（100球未満での完封を意味する言葉。86〜08年にブレーブスなどで通算355勝を挙げ、殿堂入りしたグレッグ・マダックスが由来。通算35完封のうち13度を100球未満で達成し、「精密機械」と呼ばれた名投手にちなみ、同じ結果を残した投手に対して使われる。）を成し遂げる。98球で6安打9奪三振の完封勝利で一気に勢いをつけた。塩見は2戦目も打撃でチームを引っ張り、高橋圭の好投をアシスト。

シーズンの実力だけでなく、シリーズの勢いでも巨人を上回り、手も足も出ない状況に追い込んでストレートに日本シリーズ進出を決めた。

混戦のセ・リーグを制したヤクルトは、他球団と比較して高津の投打にわたるマネジメント力が頭抜けていた。投手運用に関しては、若手の奥川を中10日で登板させ、リリーフ陣は原則的に3日連続登板までとするなどのマネジメント術を見せた。野手陣に関しても、6月以降は山田哲・村上に加え、塩見をリードオフマンにとして、持ち味の俊足と長打力を発揮させるなどの手腕も見せた。さらに、オスナ・サンタナの両外国人の間に中村悠を置くことによって、打線のバランスもよくなった。その結果、シーズン終盤で巨人・阪神を振り払ってリーグ制覇を果たした。

ORDER ▶ Central League

▶ 野手

打順	守備位置	選手	試合	打席	打率	本塁打	打点	出塁率	長打率	OPS	盗塁
1	中	塩見泰隆	140	534	.278	14	59	.357	.441	.798	21
2	左	青木宣親	122	501	.258	9	56	.335	.383	.719	0
3	二	山田哲人	137	581	.272	34	101	.370	.515	.885	4
4	三	村上宗隆	143	615	.278	39	112	.408	.566	.974	12
5	一	オスナ	120	495	.258	13	60	.293	.401	.694	3
6	捕	中村悠平	123	445	.279	2	36	.360	.358	.718	0
7	右	サンタナ	116	418	.290	19	62	.366	.511	.877	2
8	遊	西浦直亨	92	276	.223	5	24	.298	.322	.620	1
主な控え		山崎晃大朗	114	245	.247	1	12	.311	.335	.646	8
		元山飛優	97	235	.255	3	17	.322	.332	.653	2
		古賀優大	54	125	.224	0	7	.256	.241	.498	0
		川端慎吾	91	86	.372	1	18	.419	.488	.908	0

▶ 先発投手陣

選手	防御率	登板	勝利	敗戦	完投数	セーブ	ホールド	投球回	勝率	奪三振	WHIP
小川泰弘	4.14	23	9	6	2	0	0	128.1	.600	97	1.26
奥川恭伸	3.26	18	9	4	0	0	0	105	.692	91	1.04
田口麗斗	4.02	33	5	9	0	0	4	100.2	.357	81	1.53
石川雅規	3.07	17	4	5	1	0	0	82	.444	54	1.18
高橋奎二	2.87	14	4	1	0	0	0	78.1	.800	80	1.07
スアレス	3.62	24	5	3	0	1	3	77	.625	70	1.48
サイスニード	3.41	13	6	2	0	0	0	68.2	.750	69	1.21
高梨裕稔	3.63	12	4	1	0	0	0	62	.800	56	1.24

▶ 救援投手陣

選手	防御率	登板	勝利	敗戦	セーブ	ホールド	投球回	勝率	奪三振	WHIP
清水昇	2.39	72	3	6	1	50	67.2	.333	74	1.08
マクガフ	2.52	66	3	2	31	14	64.1	.600	76	1.03
今野龍太	2.76	64	7	1	0	28	62	.875	63	1.29
石山泰稚	3.60	58	0	5	10	9	55	.000	64	1.16
坂本光士郎	4.05	36	1	2	0	7	33.1	.333	25	1.38
大西広樹	2.82	33	3	0	0	7	38.1	1.000	24	1.25
大下佑馬	3.72	30	1	0	0	1	38.2	1.000	32	1.09
梅野雄吾	2.49	29	0	0	0	8	25.1	.000	29	1.22

激戦を制して悲願の優勝を飾ったオリックス

2021年のパ・リーグを制したのはオリックスだ。開幕直後は近年の通り調子が上がらず、勝ちパターンの投手陣も痛打された。しかし例年とは異なり、パ・リーグ勢が苦しんだ交流戦の優勝を機に一気に浮上。2010年以来の交流戦優勝を果たし前半戦を首位で折り返したが、後半戦は宮城大弥に疲れが見え始め、山本由伸以外の先発陣が勝てない状況となり、ロッテとの熾烈な優勝争いが繰り広げられた。

9月に吉田正尚が怪我で離脱、一時はロッテに首位を明け渡したもののその時期を耐え抜き、吉田正復帰後のロッテとの直接対決で3連勝を飾り、首位に立った。最終的に、オリックスは全試合を消化し、その段階で3試合を残していたロッテが1試合でも敗れればオリックスの優勝が決まる、という状況に。その中で、2位のロッテが敗れたため、オリックスの優勝が決まった。

チーム打率は1位、チーム防御率は2位を記録。エース・山本由と野手の要・吉田正を軸とした、監督である中嶋聡の巧みな選手起用とチームビルディングが光った。

このシーズンから1軍・2軍コーチのすべての肩書を撤廃。これまでのような、1軍と2軍で分かれていたコーチ陣の区別をなくし、チーム全体で選手を指導することにした。その結果、1軍と2軍の連携がスムーズになり、調子の良い選手を積極的に起用できた。これは中嶋が、前年に二軍監督を務めていたことに大きく起因する。

野手陣を見ると、打線の軸となった吉田正が2年連続の首位打者を獲得。台頭を見せた杉本裕太郎はシーズン序盤より4番に抜てきされ、本塁打王を記録。宗佑磨は外野から三塁手にコンバートされ、レギュラーに定着。さらに福田周平は、出場機会を求めて二塁手からセンターにコンバートを決断した。開幕からわずか2試合で2軍に落ちたものの、交流戦で出塁率5割を記録して、12球団トップの成績をマーク。交流戦優勝に貢献した。T-岡田も復活し、シーズン後半には逆転のホームランを度々打った。

若手では、2年目の紅林弘太郎が台頭。外国人に関してはスティーブン・モヤを下位打線に置き、アダム・ジョーンズを代打起用するという大胆な手法で、ジョーンズは代打打率・429を記録した。捕手に関しても若月健矢と伏見寅威、頓宮裕真がバランスよく併用された。若手から中堅まで新しい選手が台頭し、バランスのいい野手陣を形成したことがわかる。

投手陣に関しては、山本由が軸となり投手四冠と沢村賞・MVPまで獲得するなど、文句なしの成績を残した。山本由の圧倒的なピッチングは、強度のあるストレートに、スプリットとパワーカーブといった球種とコントロールを活かしたスタイルで、どの打者もお手上げ状態だった。2年目の宮城はオープン戦から好調を維持して、二桁勝利。山岡泰輔の怪我による長期離脱があったものの、田嶋大樹や山﨑福也がローテーションを担った。

ブルペン陣に関しては、メジャーから復帰したクローザー・平野佳寿を中心に、タイラー・ヒギンスや富山凌雅、山田修義、K‐鈴木、漆原大晟、比嘉幹貴、能見篤史、吉田凌と言った投手陣で層の厚さを見せた。ヤクルトと同様に、主要先発陣以外をブルペン陣でカバーする運用がはまった。このオリックスもブルペン陣の厚さを活かして、三連投以上は0の投手運用で優勝した。

クライマックスシリーズでは、山本由が初戦から勢いをつけた。初回、T‐岡田のタイムリーで先制した1点を、山本由が守り切ったのだ。5回以降は1人もランナーを出さない圧巻のピッチングで4安打無四球完封勝利を収めた。2戦目も先発の田嶋が6回3安打無失点の好投を見せ、打っては杉本が決勝となるツーランホームランを放った。引き分けでも日本シリーズ出場が決まる3戦目は、先発の山﨑颯一郎が先制されたこともあり、2回途中で降ろしてショートイニングをつなぐ継投策。9回までロッテにリードを許す展開だったものの、最後は小田裕也が同点タイムリーを放って日本シリーズ出場を決めた。

中嶋が二軍時代に見ていた選手が大きく成長し、主力の山本由・吉田凌との融合が上手く合わさったシーズンだった。高津臣吾と同様に投打のマネジメントが、他球団と比較しても頭抜けていた。野手陣は4番に座った杉本や、1・2番の福田・宗といった選手の強みを伸ばす形で台頭した。さらに捕手陣も若月・伏見・頓宮の3選手を運用して、パフォーマンスを最大化。投手陣は、酷使が騒がれているこの時代に、リリーフ陣の三連投以上をゼロにしたことが、リーグ連覇に大きく働いたのだろう。

2021

ORDER ▶ Pacific League

▶ 野手

打順	守備位置	選手	試合	打席	打率	本塁打	打点	出塁率	長打率	OPS	盗塁
1	中	福田周平	107	471	.275	1	21	.354	.321	.675	9
2	三	宗佑磨	139	543	.272	9	42	.335	.393	.728	8
3	左	吉田正尚	110	455	.339	21	72	.429	.563	.992	0
4	右	杉本裕太郎	134	542	.301	32	83	.378	.552	.931	3
5	一	T-岡田	115	407	.241	17	63	.322	.434	.756	2
6	二	安達了一	100	382	.259	0	18	.351	.302	.653	5
7	指	モヤ	106	375	.229	13	47	.261	.373	.634	1
8	捕	伏見寅威	91	262	.218	4	25	.268	.324	.592	0
9	遊	紅林弘太郎	136	473	.228	10	48	.251	.353	.603	2
主な控え		ジョーンズ	72	180	.234	4	23	.339	.338	.677	0
		中川圭太	61	169	.212	1	7	.259	.263	.522	1
		太田椋	53	159	.172	3	9	.194	.245	.439	1
		若月健矢	68	140	.214	5	16	.290	.376	.666	1
		頓宮裕真	46	125	.232	5	14	.298	.402	.700	0

▶ 先発投手陣

選手	防御率	登板	勝利	敗戦	完投数	セーブ	ホールド	投球回	勝率	奪三振	WHIP
山本由伸	1.39	26	18	5	6	0	0	193.2	.783	206	0.85
宮城大弥	2.51	23	13	4	0	0	0	147	.765	131	1.07
田嶋大樹	3.58	24	8	8	0	0	0	143.1	.500	135	1.29
山﨑福也	3.56	22	8	10	0	0	0	116.1	.444	75	1.16
増井浩俊	4.94	15	3	6	0	0	1	71	.333	45	1.49
山岡泰輔	3.89	12	3	4	0	0	0	69.1	.429	74	1.21
竹安大知	4.44	17	3	2	0	0	0	48.2	.600	26	1.38
山﨑颯一郎	3.69	9	2	2	0	0	0	39	.500	29	1.33

▶ 救援投手陣

選手	防御率	登板	勝利	敗戦	セーブ	ホールド	投球回	勝率	奪三振	WHIP
富山凌雅	2.72	51	2	1	0	20	46.1	.667	34	1.17
ヒギンス	2.53	49	1	2	2	28	46.1	.333	36	1.21
平野佳寿	2.30	46	1	3	29	3	43	.250	37	0.91
山田修義	2.27	43	1	0	0	9	43.2	1.000	35	1.31
K－鈴木	3.03	34	1	0	2	2	38.2	1.000	28	1.24
漆原大晟	3.03	34	2	2	2	4	35.2	.500	23	1.23
比嘉幹貴	1.77	32	1	0	0	11	20.1	1.000	15	0.89
能見篤史	4.03	26	0	0	2	5	22.1	.000	19	1.66
吉田凌	2.12	18	1	1	0	4	17	.500	17	0.65

Climax Series ▶戦績

▶Central League

ファーストステージ

阪神(0勝)　VS　巨人(2勝)

第1戦　神● 0-4 ○巨

第2戦　神● 2-4 ○巨

ファイナルステージ

ヤクルト(3勝)　VS　巨人(0勝)　1分け

第1戦　ヤ○ 4-0 ●巨

第2戦　ヤ○ 5-0 ●巨

第3戦　ヤ△ 2-2 △巨

▶Pacific League

ファーストステージ

ロッテ(1勝)　VS　楽天(0勝)

第1戦　ロ○ 5-4 ●楽

第2戦　ロ△ 4-4 △楽

ファイナルステージ

オリックス(3勝)　VS　ロッテ(1勝)　1分け

第1戦　オ○ 1-0 ●ロ

第2戦　オ○ 2-0 ●ロ

第3戦　オ△ 3-3 △ロ

前年最下位からリーグ優勝した同士となった日本シリーズ

この年の日本シリーズは史上初めての両チーム前年最下位の争いとなった。シーズン終盤まで優勝争いをしていた中でリーグ優勝を果たし、クライマックスシリーズを勝ち上がって日本シリーズ出場。さらに両チーム共通して、投手運用が非常に優れていたため、シリーズ全体を通した継投策に注目が集まった。

京セラドーム大阪で始まった1戦目の先発は、クライマックスシリーズでプロ初完投初完封を成し遂げた奥川恭伸と絶対的エース・山本由伸。ヤクルトは2回に二死一・二塁のチャンスや3回には一死一・二塁のチャンスを作るも、山本由の前に無得点に終わる。一方のオリックスは2回に二死一・二塁のチャンスで若月健矢がいい当たりを放つが、宮本丈がフェンスにぶつかりながらも好捕し、得点を阻まれる。5回の二死一・二塁のチャンスは、打の軸である吉田正尚が150キロの直球の前に、中飛に倒れ無得点。序盤から両チームとも一打先制のチャンスを作るもあと1本が出ず膠着状態が続いた。

しかし6回、ヤクルトは山田哲人とサンタナの四球で一死一・二塁とし、中村悠平がセンター前に直球をはじき返して、タイムリーで先制に成功。対するオリックスは7回一死から、代打・モヤのライトへのソロホームランで同点。ここで両先発が降板すると、ヤクルトは直後の8回にヒギンスから無死一塁とし、村上宗隆がツーランホームランを放ち勝ち越しに成功する。そのまま9回を迎え、勝負ありかと思われたオリックスは守護神・マクガフを攻め、先頭の紅林弘太郎が安打、代打・アダム・ジョーンズが粘って四球、さらに続く福田周平は犠打でマクガフのフィルダースチョイスを誘う。無死満塁のチャンスを作ると、続く宗佑磨が二点タイムリーを放って同点とする。オリックスに流れが傾いたと思われたこの場面、無死一・二塁から吉田正がサヨナラのタイムリーツーベースを放ってオリックスが初戦を勝利した。

続く2戦目は、高橋圭二と宮城大弥の両若手左腕の先発となった。宮城はヤクルト打線を相手に6回表一死まで完全試合ペースという好投を見せ、ヤクルト高橋圭も5回まで毎回走者を背負うも得点を許さず、終盤まで投手戦となった。試合が動いたのは8回。ヤクルトは一死から、西浦直亨がこの試合初の四球で出塁。二死後に塩見泰隆の安打で一・二塁とすると、青木宣親が詰まりながらもタイムリーを放って先制。続く二死一・三塁のピンチは宮城から交代した吉田凌が山田哲を三振に取り、凌いだ。9回にヤクルトはバルガスを攻めたて、二死二塁のチャンスを作ると、オスナの打球を杉本裕太郎がファンブルする間に二塁走者の代走元山飛優が本塁に生還して追加点を挙げた。高橋圭は自己最多の133球にして、5安打に抑える完封勝利。ヤクルトはタイにした。

戦いの舞台を神宮に移した3戦目。小川泰弘と田嶋大樹が先発となった。2回、ヤクルトは制球の定まらない田嶋を攻めたて二死満塁のチャンスを作るが、小川が見逃し三振に終わり、先制を逃す。対するオリックスは直後の3回に、西浦のエラーと2つの四球で一死満塁のチャンスを作り、宗のタイムリーで1点を先制。しかし、先発田島から比嘉幹貴に続くオリックスのリリーフ・バルガスが5回、2者連続四球で二死満塁のピンチを招き、中村悠の中前適時打と宗の送球ミスで3点を失い、ヤクルトが逆転に成功する。しかし直後の6回表、無死二塁から杉本の右越ツーランで試合は3対3の振り出しに戻った。ヤクルトの小川は6回3失点で交代。7回はスアレスが登板するものの、2つの四球で一死一・二塁のピンチを招き降板。その後、田口麗斗が宗を三振に打ち取るものの、続く吉田正にタイムリーを浴び、オリックスが勝ち越す。しかしヤクルトは直後の裏に、二死一塁からサンタナがシリーズ初安打となるツーランホームランを放って再び逆転。9回にヤクルトは、初戦でサヨナラ負けを許した守護神・マクガフを投入。先頭の若月に中前打を許し二死一・三塁のピンチを迎えたが、最後は杉本を内角の直球で打ち取り、ヤクルトが勝利した。

東京ドームで迎えた4戦目の先発は、ベテラン石川雅規と日本シリーズ初登板の山﨑颯一郎。ヤクルトは2回にサンタナの2試合連発となるソロホームランで1点を先制。対するオリックスはベテラン石川雅の、決して速くはないものの多彩な変化球に惑わされていたが6回、二死一塁の場面から胸がヒットを打つと、サンタナが打球をファンブル。その間に、エンドランをかけていた一塁走者福田が一気に生還して追いついた。ヤクルトはその裏、四球と中村悠の右前打で二死一・二塁とすると、比嘉からオスナがタイムリーを放って勝ち越した。その後は7回を山泰雅、8回を清水昇、9回をマクガフが締めてヤクルトが2対1で逃げ切り、20年ぶり6回目の日本一に王手をかけた。石川雅は6回3安打1失点の快投で日本シリーズ初勝利。40代の日本シリーズ白星は、71年ぶり2人目の快挙となった。

ヤクルト優勢に見えた5戦目の先発は、原樹理と左腕・山﨑福也。ヤクルトは2回にサンタナが四球を選び、中村悠の左前安打の際サンタナが好走塁をみせる。無死一・三塁のチャンスを作ると、オスナの併殺打の間に1点を先制する。対するオリックスは4回に、二死から吉田正がツーベースで出塁すると、続く杉本がタイムリーを放って追いつく。しかしヤクルトはその裏、先頭の村上がソロホームランを放ち、すぐさま勝ち越しに成功した。

オリックスは6回、二死からオスナの失策と杉本の左前安打で一・二塁とすると、原から替わった田口からT‐岡田がタイムリーを放って同点に、続く7回には石山から一死2塁のチャンスを作り、高卒3年目・シリーズ初出場の太田椋が値千金のタイムリースリーベースを放つ。さらにモヤがタイムリーを放ち、2点を入れて勝ち越しに成功。勢いに乗った8回に伏見寅威のタイムリーツーベースでさらに1点を追加した。それでもヤクルトは8回ヒギンスから2つの四球を奪い、無死一・二塁のチャンスを作ると、山田哲がチェンジアップを狙いすましたようなスリーランホームランを放ち、試合を振り出しに戻す。後のないオリックスは直後の9回、先頭の代打・ジョーンズがヤクルトのマクガフからソロホームランで再び勝ち越しに成功。その裏、最後はメジャー帰りの守護神・平野が締めてオリックスがシーソーゲームに勝利した。

場所を関西に戻し、ほっともっとフィールド神戸で行われた6戦目は、日本シリーズ初登板の高梨裕稔と、中6日のエース・山本由が先発。お互いに無得点のまま迎えた5回、ヤクルトは先頭のオスナがヒットで出塁。宮本の犠打などで二死二塁のチャンスを作ると、塩見が初球のフォークをはじき返し、タイムリーを放って先制する。対するオリックスはその裏、若月が内野安打で出塁すると、太田の犠打で二死二塁として、福田がタイムリーを放ち、前進守備だった青木の本塁への返球が走者若月の腕に当たり逸れてすぐさま同点に追いついた。

ヤクルトの高梨はここで降板し、スアレスが登板。続く二死2塁のピンチは宗を三振に打ち取って勝ち越しを阻止。一方のオリックスの山本由は得意のフォークが決まらず、苦しいピッチングが続き、さらに6回、宗と紅林のエラーで無死一・二塁のピンチを背負うも、サンタナを二併殺打、中村悠を遊ゴロに打ち取る。その後、8回は山田哲、村上、サンタナの主軸を三者連続三振に切り、9回表も三者凡退に抑え、9回141球6安打2四死球1失点11奪三振で降板。エースの働きを見せた。オリックスはその裏、8回から登板していたリリーフエース・清水昇を攻めたて、二死一・二塁とサヨナラのチャンスを作るものの、福田が抑えられた。

試合はこのシリーズ初となる延長戦に。オリックスは12回に、5番手に富山凌雅が登板すると、山崎晃太朗、西浦を打ち取って吉田凌に交代する。しかし、塩見がヒットで出塁。続く代打の神様・川端慎吾の打席で伏見が捕逸し、二死二塁に。そして、川端が詰まりながらレフト前に上手く落とし、二塁から塩見が生還。ヤクルトが勝ち越した。その裏は、マクガフが、山足達也に死球で出塁を許すも、最後は宗をセカンドゴロに抑えて、ヤクルトが20年ぶり6回目の日本一を決めた。

日本一に輝いたヤクルトは、エース・山本由を精密に研究していた場面が多々見られた。山本由に対して、初戦は6回・112球、6戦目は9回・141球を投げさせるなど、速球派ながら初球打ちのような作戦を見せず、粘り強くファウルを打ちながら球数を投げさせて、早い段階でマウンドから降ろさせる意図が見られた。両チームともにこのシリーズでは自慢のリリーフ陣が一部打たれていた中で、ヤクルトはマクガフ、オリックスは吉田凌に拘っていたが、最後は守護神・マクガフが意地を見せた形となった。

データで見ると、打線はヤクルトのチーム打率が・213、オリックスが・240。投手陣はヤクルトのチーム防御率が2・09、オリックスが2・62となった。その中でもヤクルトは奥川や高橋圭いった若い先発投手がチームに勢いをつけて、リリーフ陣も清水昇や田口を中心に回していった。打線は村上や山田哲が抑え込まれた中で、捕手中村悠が7安打3割越えの活躍を見せ、最終戦では代打の切り札・川端が機能して日本一の栄冠を手にした。

対するオリックスは、山本由や宮城が投げた試合で勝ちきれないことはもちろんのこと、リリーフ陣の枚数が磐石だった中で、吉田凌が5登板で2敗の結果を見ると、他の投手にも出番を与えていれば、あるいは比嘉や平野といった成績のいいリリーフ陣を火消しにつかうなど、継投の工夫があれば結果は多少変わっていた可能性はあるだろう。打線は吉田正が怪我で本調子ではなかったのが痛手となった。

Nippon Series ▶ 戦績

第一戦
京セラドーム大阪

ヤクルト	0	0	0	0	0	1	0	2	0	3
オリックス	0	0	0	0	0	0	1	0	3x	4

勝 比嘉　負 マクガフ
本 [ヤ] 村上 1 号 (8 回 2 点ヒギンス)
[オ] モヤ 1 号 (7 回 1 点奥川)

第二戦
京セラドーム大阪

ヤクルト	0	0	0	0	0	0	0	1	1	2
オリックス	0	0	0	0	0	0	0	0	0	0

勝 高橋　負 宮城

第三戦
東京ドーム

オリックス	0	0	1	0	0	2	1	0	0	4
ヤクルト	0	0	0	0	3	0	2	0	X	5

勝 石山　負 吉田凌　S マクガフ
本 [オ] 杉本 1 号 (6 回 2 点小川)
[ヤ] サンタナ 1 号 (7 回 2 点吉田凌)

第四戦
東京ドーム

オリックス	0	0	0	0	0	1	0	0	0	1
ヤクルト	0	1	0	0	0	1	0	0	X	2

勝 石川　負 増井　S マクガフ
本 [ヤ] サンタナ 2 号(2 回 1 点山崎颯)

第五戦
東京ドーム

オリックス	0	0	0	1	0	1	2	1	1	6
ヤクルト	0	1	0	1	0	0	0	3	0	5

勝 山岡　負 マクガフ　S 平野桂
本 [オ] ジョーンズ 1 号 (9 回 1 点マクガフ)
[ヤ] 村上 2 号 (4 回 1 点山﨑福)

第六戦
ほっともっと神戸

ヤクルト	0	0	0	0	1	0	0	0	0	0	0	1	2
オリックス	0	0	0	0	1	0	0	0	0	0	0	0	1

勝 マクガフ　負 吉田凌

Nippon Series ▶守備陣形

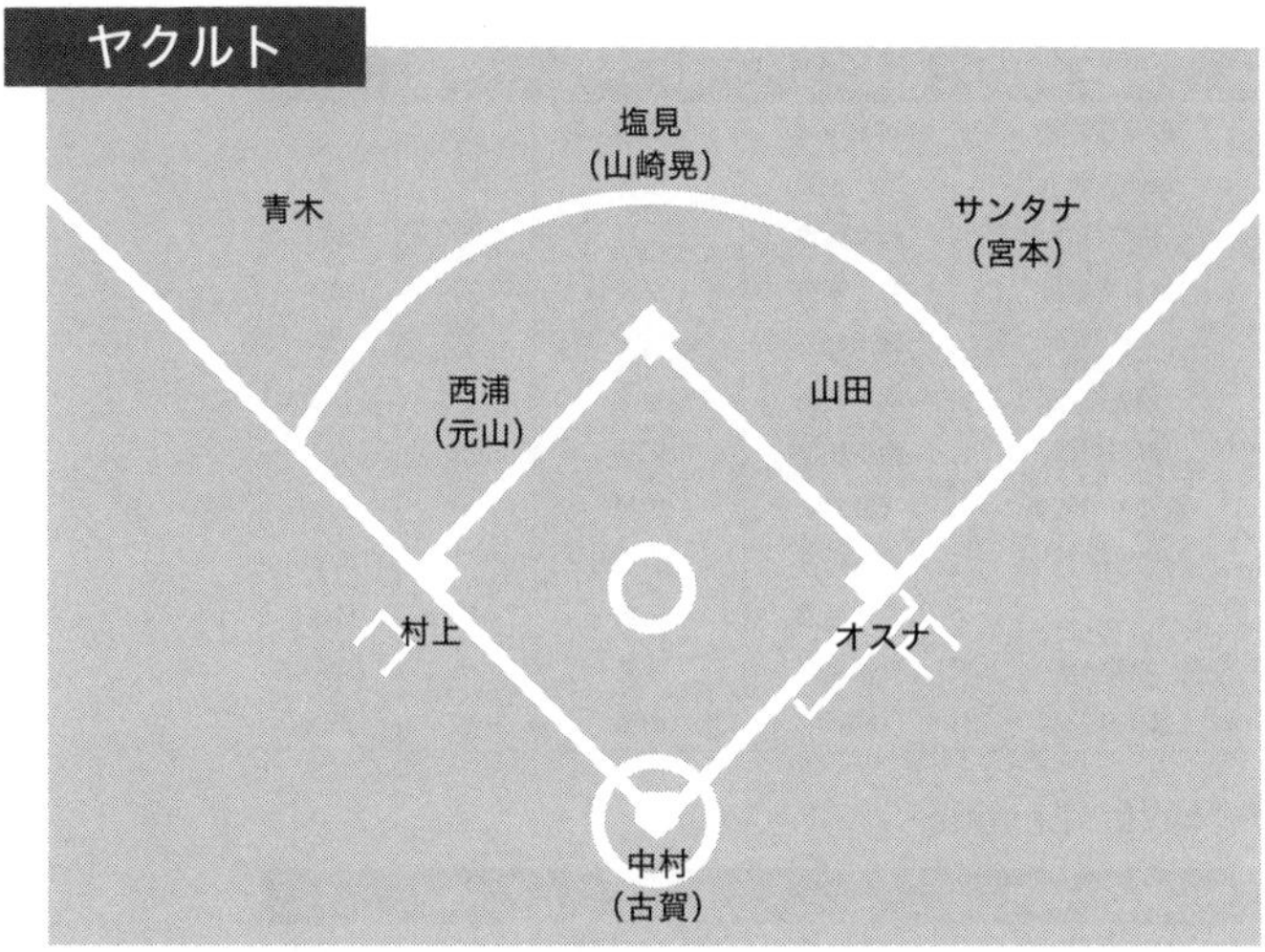

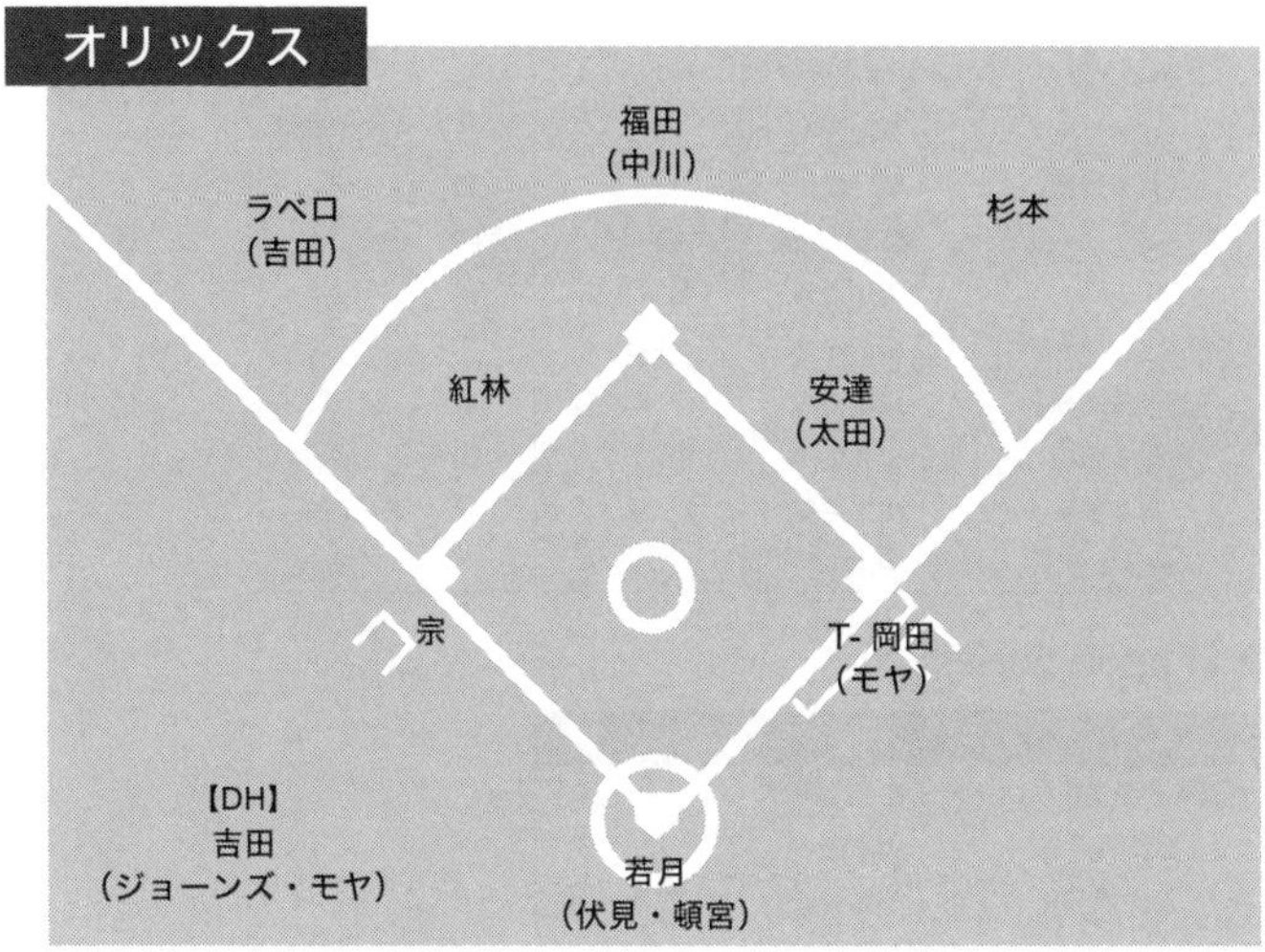

注：オーダーは各ホーム球場の初戦先発に基づく

Awards ▶ タイトル受賞者

▶ Central League

タイトル	選手名	所属チーム	受賞回数	成績
最優秀選手	村上宗隆	ヤクルト	初	
最優秀新人	栗林良吏	広島		
首位打者	鈴木誠也	広島	2	.317
最多本塁打	村上宗隆	ヤクルト	初	39
	岡本和真	巨人	2	39
最多打点	岡本和真	巨人	2	113
最多盗塁	中野拓夢	阪神	初	30
最優秀防御率	柳裕也	中日	初	2.20
最多勝利	青柳晃洋	阪神	初	13
	九里亜蓮	広島	初	13
最高勝率	青柳晃洋	阪神	初	.684
最多奪三振	柳裕也	中日	初	168

▶ Pacific League

タイトル	選手名	所属チーム	受賞回数	成績
最優秀選手	山本由伸	オリックス	初	
最優秀新人	宮城大弥	オリックス		
首位打者	吉田正尚	オリックス	2	.339
最多本塁打	杉本裕太郎	オリックス	初	32
最多打点	島内宏明	楽天	初	96
最多盗塁	荻野貴司	ロッテ	初	24
	和田康士朗	ロッテ	初	24
	西川遥輝	日本ハム	4	24
	源田壮亮	西武	初	24
最優秀防御率	山本由伸	オリックス	2	1.39
最多勝利	山本由伸	オリックス	初	18
最高勝率	山本由伸	オリックス	初	.783
最多奪三振	山本由伸	オリックス	2	206

▶ Nippon Series

タイトル	選手名	所属チーム
最高殊勲選手賞(MVP)	中村悠平	ヤクルト
敢闘選手賞	山本由伸	オリックス
優秀選手賞	高橋奎二	ヤクルト
	サンタナ	ヤクルト
	杉本裕太郎	オリックス

P

Pacific League 2022

▶チーム勝敗表

チーム	試合	勝利	敗北	引分	勝率	ゲーム差
オリックス	143	76	65	2	.539	- -
ソフトバンク	143	76	65	2	.539	0
西武	143	72	68	3	.514	3.5
楽天	143	69	71	3	.493	6.5
ロッテ	143	69	73	1	.486	7.5
日本ハム	143	59	81	3	.421	16.5

▶チーム投手成績

チーム	防御率	試合	勝利	敗北	セーブ	完投	完封	投球回	奪三振	失点
西武	2.75	143	72	68	44	2	20	1273.1	984	448
オリックス	2.84	143	76	65	43	9	22	1281.1	1175	458
ソフトバンク	3.07	143	76	65	35	8	21	1278	1176	471
ロッテ	3.39	143	69	73	38	3	14	1274.2	1022	536
日本ハム	3.46	143	59	81	25	9	15	1266	1014	534
楽天	3.47	143	69	71	35	3	11	1279.2	1018	522

▶チーム打撃成績

チーム	打率	試合	打数	得点	安打	二塁打	三塁打	本塁打	打点	盗塁
ソフトバンク	.255	143	4772	555	1218	189	34	108	529	86
オリックス	.246	143	4723	490	1164	220	26	89	466	62
楽天	.243	143	4738	533	1150	179	29	101	511	97
日本ハム	.234	143	4661	463	1091	214	26	100	441	95
ロッテ	.231	143	4655	501	1075	196	15	97	474	132
西武	.229	143	4633	464	1062	191	25	118	441	60

Central League 2022

▶チーム勝敗表

チーム	試合	勝利	敗北	引分	勝率	ゲーム差
ヤクルト	143	80	59	4	.576	- -
横浜	143	73	68	2	.518	8
阪神	143	68	71	4	.489	12
巨人	143	68	72	3	.486	12.5
広島	143	66	74	3	.471	14.5
中日	143	66	75	2	.468	15

▶チーム投手成績

チーム	防御率	試合	勝利	敗北	セーブ	完投	完封	投球回	奪三振	失点
阪神	2.67	143	68	71	32	15	20	1281	1047	428
中日	3.28	143	66	75	42	7	18	1272	1050	495
横浜	3.48	143	73	68	42	4	20	1274	1045	534
ヤクルト	3.52	143	80	59	41	4	16	1294.2	979	566
広島	3.54	143	66	74	32	7	17	1280.1	1024	544
巨人	3.69	143	68	72	40	4	8	1274	975	589

▶チーム打撃成績

チーム	打率	試合	打数	得点	安打	二塁打	三塁打	本塁打	打点	盗塁
広島	.257	143	4865	552	1248	200	25	91	524	26
横浜	.251	143	4746	497	1190	228	12	117	477	49
ヤクルト	.250	143	4834	619	1209	210	20	174	606	69
中日	.247	143	4750	414	1172	208	27	62	397	66
阪神	.243	143	4767	489	1160	152	21	84	462	110
巨人	.242	143	4788	548	1161	199	14	163	533	64

2年連続で「混パ」の激戦を制したオリックス

　2022年のパ・リーグも最後まで優勝の行方がもつれた結果、オリックスが最大11・5ゲーム差をひっくり返して2連覇を果たした。シーズン中に離脱者が相次いだこともあり、シーズンを通して一度もマジックを点灯させずに優勝したことからもわかるように、その道のりは険しいものだった。さらに、最終戦までもつれ、ソフトバンクと争っていたこともあり、オリックスファンの中では2014年の悪夢が再度思い出されたのではないだろうか。

　野手陣は、主だって活躍した外国人選手がいなかっただけでなく、前年本塁打王の杉本裕太郎が不振に陥り、代打の要としても活躍していたT‐岡田も不調に。そんな中で、吉田正尚は左足の負傷などに途中苦しみ3年連続の首位打者を逃したものの、打率・335・21本塁打・88打点を記録し格の違いを見せつけた。さらに、宗佑磨と紅林弘太郎はチーム最多の130試合に出場。福田周平は不振で二軍落ちも経験したが、終盤復調し貴重な働きを見せた。また、中川圭太は自身初の規定打席に到達し、クリーンアップにも座る活躍を見せた。

　一軍にも先発を張れる捕手が複数いる中で、若月健矢が打率・281と課題とされていた打撃で結果を残して、守備でも捕逸が65試合で1回、守備率・990以上とリーグトップクラスのパフォーマンスを見せた。伏見寅威も75試合でマスクを被り、強肩を発揮。前年に続いて捕手のローテーション化が上手くいった形になった。頓宮裕真も本職の捕手ではなく打力を活かして、一塁手や指名打者として出番を増やした結果、キャリア最多の11本塁打を記録した。

先発投手陣も盤石だった。エース・山本由伸が史上初の2年連続投手4冠を達成して沢村賞を獲得。6月18日の西武戦ではノーヒットノーランを達成するなどの圧倒的な実力を見せる活躍だった。前年、二桁勝利を挙げた宮城大弥も、2年連続で二桁勝利を記録。田嶋大樹は自己最多の9勝を挙げ、山﨑福也も100イニング以上を投げた。また、前年怪我に苦しんだ山岡泰輔は、シーズン中盤まで防御率ランキングのトップに立つ活躍を見せた。

ブルペン陣は、前年と大きく変わる布陣となった。精神的支柱となるベテランのクローザー・平野とリリーフ・比嘉幹貴を中心に、阿部翔太、ジェイコブ・ワゲスパック、山﨑颯一郎、宇田川優希、近藤大亮、黒木優太、本田仁海、ジェシー・ビドルが活躍を見せた。前年と同様に山本由以外の先発陣をカバーするかのように、リリーフ陣を活かした。さらに、前年のリリーフメンバーが軒並みに調子を落とした中で、7月から宇田川が台頭、序盤は先発だったワゲスパック、山﨑颯をリリーフ転換させるなど、他の投手を活かした点は中嶋のマネジメント力が光った。

クライマックスシリーズでは、初戦で山本由がソフトバンクの勢いを止めるかのように、8回を無失点に抑える。さらに吉田正にホームランが出るなど、初戦から投打ともに理想的な形で勝利。2戦目は先制を許すものの、ソフトバンク戦で3勝1敗と相性が良かった宮城が、5回までのらりくらりと粘りのピッチングを見せる。同点で迎えた5回裏、シーズン不調だった杉本が復調し、勝ち越しツーランホームランを放つ。6回以降は宇田川、山﨑颯、ワゲスパック、阿部翔と細かな継投でつないで王手をかけた。4戦目は千賀滉大に打線が抑え込まれて、完封負けを喫するが、仕切り直した5戦目は吉田正のツーランホームランで先制。7回にアルフレド・デスパイネの一発で追いつかれたものの、中川がサヨナラタイムリーを放ち、日本シリーズ出場を決めた。

この年もシーズン終盤まで優勝争いを繰り広げた。野手陣は外国人がいないことや杉本が調子を落とした中で、吉田正を中心にやりくりをした中嶋氏の手腕が光った。投手陣は先発陣は前年と変わらないメンバーで山本由を中心にローテーションの運用をできていたが、リリーフ陣は前年とメンバーが大きく変わった。その状況で、宇田川や山﨑颯と言った若手投手がシーズン終盤に台頭し、優勝と日本シリーズ出場に大きく貢献した。中嶋氏が、戦いながら選手の役割を変に固定せず、適性に合った役割で、能力を最大化させることが上手かった結果、2連覇を飾ったシーズンだった。

ORDER ▶Central League

▶野手

打順	守備位置	選手	試合	打席	打率	本塁打	打点	出塁率	長打率	OPS	盗塁
1	中	福田周平	118	502	.268	0	24	.328	.319	.647	9
2	三	宗佑磨	130	537	.271	5	43	.341	.356	.697	4
3	右	中川圭太	110	468	.283	8	51	.326	.441	.767	11
4	左	吉田正尚	119	508	.338	21	88	.447	.516	.1008	4
5	右	杉本裕太郎	105	433	.235	15	51	.324	.398	.722	4
6	二	西野真弘	43	130	.289	0	8	.339	.351	.690	0
7	一	頓宮裕真	81	271	.226	11	34	.311	.440	.751	0
8	捕	若月健矢	68	193	.281	4	14	.326	.392	.718	3
主な控え	遊	紅林弘太郎	130	495	.224	6	32	.275	.318	.593	2
		伏見寅威	76	262	.229	3	21	.274	.341	.615	2
		太田椋	32	101	.196	1	5	.245	.293	.538	0
		安達了一	65	243	.262	1	18	.346	.329	.669	3
		野口智哉	54	167	.226	1	6	.277	.284	.561	0

▶先発投手陣

選手	防御率	登板	勝利	敗戦	完投数	セーブ	ホールド	投球回	勝率	奪三振	WHIP
山本由伸	1.68	26	15	5	4	0	0	193	.750	205	0.93
宮城大弥	3.16	24	11	8	2	0	0	148.1	.579	127	1.13
田嶋大樹	2.66	20	9	3	1	0	0	125	.750	92	1.22
山﨑福也	3.45	24	5	8	0	0	2	114.2	.385	91	1.21
山岡泰輔	2.60	22	6	8	2	0	1	128	.429	99	1.13

▶救援投手陣

選手	防御率	登板	勝利	敗戦	セーブ	ホールド	投球回	勝率	奪三振	WHIP
平野佳寿	1.57	48	3	2	28	8	46	.600	42	0.80
阿部翔太	0.61	44	1	0	3	22	44	1.000	42	0.73
本田仁海	3.50	42	2	3	2	14	43.2	.400	40	1.26
ビドル	4.02	35	4	5	0	13	40.1	.444	45	1.39
近藤大亮	2.10	32	1	4	2	15	30	.200	27	1.07
ワゲスパック	2.97	32	2	6	5	7	72.2	.250	81	1.27
比嘉幹貴	2.53	30	5	0	1	5	21.1	1.000	24	1.03
黒木優太	2.36	27	2	2	1	5	26.2	.500	21	1.09
宇多川優希	0.81	19	2	1	0	3	22.1	.667	32	0.99
山﨑颯一郎	3.00	15	0	2	1	6	36	.000	29	1.11

圧倒的な運用力とマネジメントで連覇を果たしたヤクルト

2022年のセ・リーグは、ヤクルトが2連覇を果たした。チーム打率は3位でチーム防御率は4位だったが、2位に8ゲーム差をつけるなど前年よりも圧倒的な強さを誇った。さらに交流戦も、18試合制になってからすべての球団に初めて勝ち越して優勝をしており、シーズンの要所を押さえて優勝を勝ち取ったといえよう。怪我や故障した選手が多かった中で、高津臣吾のマネジメント力が光った。

野手陣の要は、やはり村上宗隆だ。中心選手としてチームを優勝に導き、三冠王を獲得。2年連続MVPを果たした。打率こそは歴代の三冠王の中で最も低いが、本塁打数はトップを記録した。さらに、打点に関しては、134打点とトップクラスの数字を記録しており、いかに4番らしい4番打者だったかわかる。6月から8月の3ヶ月で34本塁打77打点を記録している。この3ヶ月間の数字がシーズンを通しての成績と言ってもおかしくないだろう。勝利打点19度は今季12球団最多。球団では15年畠山和洋に並ぶ最多記録だ。19度のうち16度が本塁打とたびたび一発で勝負を決めた。殊勲本塁打25本もリーグ最多で、本塁打をマークした試合は29

勝12敗1分けだった。

塩見泰隆は前年並みの成績を維持して、トップバッターとしてチームを牽引。山田哲人は苦しんだものの23本塁打65打点と、二塁手としては及第点の活躍をみせた。また高卒3年目の長岡秀樹が、遊撃手として定着。パンチ力のある打撃で9本塁打を記録。ゴールデングラブ賞も獲得した。捕手陣に関しては、正捕手・中村悠平以外に内山壮真や古賀優大といった若い選手を、育成しながら起用した。

投手陣は、奥川恭伸が開幕早々から長期離脱。前年の勝ち頭を一人欠いた状態になったため、小川とサイスニードを軸として、石川雅規、高橋圭二、高梨裕稔、原樹理が先発ローテーションを担った。規定投球回数（143回以上）は小川泰弘だけだったが、サイスニードは9勝を挙げて小川と高橋圭と原は8勝を挙げた。前年以上に中6日に縛られることなく運用をしたことから、先発陣はイニングを稼ぐことが難しくなったが、前年と同様にブルペン陣の層が厚かった。

ブルペン陣で30試合登板以上の投手は8選手。その中でも回跨ぎもできる木澤はフル回転の活躍をして、中継ぎながらも9勝をマークした。クローザーは前年と同様にマクガフが務め、2年連続30セーブ以上となる38セーブを記録。エース中継ぎの清水昇や今野、田口麗斗、大西広樹、梅野、石山泰雅、コール、久保拓眞を上手く運用した。先発投手の力量が低い状態で、勝ちパターンを固定せずに、ブルペン陣を上手く運用をした高津の手腕は、令和のセ・リーグ連覇に相応しいものだったと言える。

クライマックスシリーズでは阪神に4連勝し、ストレートで日本シリーズ出場を決めた。初戦はオスナが1回、阪神・先発・西勇輝の出鼻を挫くスリーランホームランで先制。その後、サンタナにもホームランが生まれて追加点を挙げて大差で勝利。2戦目は初回から先制を許すものの、村上が3回に逆転ツーランホームランを放つ。それ以降も、長岡やオスナのホームランで得点を積み重ねて王手に。3戦目も試合後半までは、ビハインドの展開に。しかし7回裏に二死一塁から青木宣親が死球、塩見が8球粘って四球を選び満塁とすると山崎晃太朗の一ゴロをマルテが二塁へ悪送球で2点を入れる。ここで阪神は青柳から浜地へスイッチするが、宮本丈が四球で再び二死満塁となり、村上の一塁線寄りのゴロを浜地がグラブトスで一塁頭上を超える悪送球で、走者一掃で逆転に成功した。そのまま優勢に試合を進めて勝利して、日本シリーズ出場を決めた。

セ・リーグを2連覇したヤクルトは、前年よりも余裕があるシーズンを送った。交流戦あたりの時期からギアを入れ始め、交流戦で優勝をしてからは独走状態だった。野手陣はサンタナが離脱し、山田哲やオスナは不調の期間があったものの、村上が三冠王に輝く文句なしの活躍を見せた。塩見も前年に続く活躍を見せ、長岡や内山、古賀といった若手も台頭した。投手陣は奥川が長期離脱で不在だった中でも、前年と変わらないパフォーマンスを残し、高津の投手運用も冴えわたり、リーグ2連覇を果たした。

ORDER ▶ Pacific League

▶ 野手

打順	守備位置	選手	試合	打席	打率	本塁打	打点	出塁率	長打率	OPS	盗塁
1	中	塩見泰隆	130	567	.276	16	54	.345	.453	.797	24
2	左	山崎晃大朗	118	378	.258	2	37	.309	.334	.643	10
3	二	山田哲人	130	540	.243	23	65	.333	.456	.790	10
4	三	村上宗隆	141	612	.318	56	134	.458	.710	1.168	12
5	一	オスナ	138	529	.272	20	74	.312	.440	.751	2
6	捕	中村悠平	86	307	.263	5	28	.334	.361	.695	0
7	右	サンタナ	60	215	.275	15	35	.353	.550	.904	0
8	遊	長岡秀樹	139	548	.241	9	48	.273	.337	.610	2
9		内山壮真	74	197	.232	4	19	.299	.362	.661	0
主な控え		古賀優大	37	77	.183	0	4	.200	.225	.425	0
		青木宣親	81	256	.248	5	22	.336	.360	.696	3
		濱田太貴	73	148	.206	6	14	.238	.383	.621	0
		宮本丈	66	134	.254	1	8	.331	.333	.664	0
		太田賢吾	37	131	.271	1	8	.323	.356	.679	0

▶ 先発投手陣

選手	防御率	登板	勝利	敗戦	完投数	セーブ	ホールド	投球回	勝率	奪三振	WHIP
小川泰弘	2.82	25	8	8	1	0	0	153.1	.500	91	1.15
石川雅規	4.50	16	6	4	0	0	0	84	.600	39	1.29
高橋奎二	2.63	17	8	2	2	0	0	102.2	.800	113	1.09
サイスニード	3.54	23	9	6	0	0	0	132.1	.600	96	1.25
原樹理	4.85	22	8	7	0	0	0	107.2	.533	52	1.52
高梨裕稔	4.30	20	7	9	0	0	0	102.2	.438	84	1.40

▶ 救援投手陣

選手	防御率	登板	勝利	敗戦	セーブ	ホールド	投球回	勝率	奪三振	WHIP
木澤尚文	2.94	55	9	3	0	8	70.1	.750	52	1.11
マクガフ	2.35	55	2	2	38	4	53.2	.500	59	0.97
今野龍太	3.72	51	1	2	1	16	46	.333	37	1.33
清水昇	1.16	50	5	4	0	28	46.2	.556	43	0.79
田口麗斗	1.25	45	1	1	2	18	36	.500	31	1.06
大西広樹	4.45	43	3	2	0	3	58.2	.600	42	1.52
梅野雄吾	3.00	41	4	3	0	16	39	.571	26	1.33
石山泰稚	1.75	38	2	0	0	16	36	1.000	35	1.14
コール	2.75	34	2	0	0	6	36	1.000	32	1.08
久保拓眞	2.70	29	1	0	0	7	26.2	1.000	19	1.20

Climax Series ▶戦績

▶Central League

ファーストステージ

横浜(1勝)　VS　阪神(2勝)

第1戦　横● 0-2 ○神
第2戦　横○ 1-0 ●神
第3戦　横● 2-3 ○神

ファイナルステージ

ヤクルト(4勝)　VS　阪神(0勝)

第1戦　ヤ○ 7-1 ●神
第2戦　ヤ○ 5-3 ●神
第3戦　ヤ○ 6-3 ●神

▶Pacific League

ファーストステージ

ソフトバンク(2勝)　VS　西武(0勝)

第1戦　ソ○ 5-3 ●西
第2戦　ソ○ 8-2 ●西

ファイナルステージ

オリックス(3勝)　VS　ソフトバンク(1勝)

第1戦　オ○ 5-0 ●ソ
第2戦　オ○ 4-3 ●ソ
第3戦　オ● 0-3 ○ソ
第4戦　オ○ 3-2 ●ソ

26年ぶりの日本一に輝いたオリックス

この年の日本シリーズは前年と同様に、投手運用から野手のマネジメントまで、一気通貫して両者ともに優れているオリックスとヤクルトの対戦カードとなった。オリックスの山本由伸にアクシデントがあったものの、両チームともに自慢のリリーフ陣を活かす対戦となった。

明治神宮で行われた1戦目は、オリックスが山本由、ヤクルトが小川の両エースの先発。注目の立ち上がり、小川泰弘はオリックス打線を三者凡退に仕留めたが、山本由はいきなり先頭の塩見泰隆に初球を左前打されると、山崎晃太朗を三振に取る間に盗塁も決められる。一死二塁で山田哲人は空振り三振に仕留めたが、得点圏に走者を背負った状態で三冠王の村上宗隆を打席に迎え、ストレートの四球。二死一・二塁とピンチが広がり、オスナにカウント1ストライク1ボールからの3球目、真ん中のカーブをとらえられ三塁ベースに打球が当たるタイムリー。初回からヤクルトが2点を先制した。

しかしオリックス打線はすかさず反撃。2回表、2安打1四球で一死満塁のチャンスを作ると林弘太郎のタイムリーで1点、さらに福田周平が押し出し四球を選んでオリックスが同点に追いつく。しかし、エース山本由が踏ん張れない。3回裏、先頭の塩見に内角直球を上手くとらえられ、快音を残した打球はレフトスタンドに入る勝ち越しホームランとなりヤクルトが1点を勝ち越す。さらに4回にも先頭のオスナに真ん中高めのカットボールをレフトスタンドへ運ばれ、山本は今季初の1試合2被弾でまさかの4失点となった。

しかし5回にもオリックスはチャンスを作る。二死から中川圭太が放ったライナーを右翼手のサンタナは照明が目がくらみ、捕球できず。打球が右翼を転々とする間に中川は一気に三塁へ。吉田正尚は四球、杉本裕太郎には死球。二死満塁とピンチは広がり、打席には西野が入った。小川は渾身の内角直球で西野を遊飛に打ち取った。

5回には山本由にアクシデント。代打・キブレハンに対し3球目に投げたフォークをファウルとされた直後に異変を訴えてベンチへ。左脇腹につったような症状があり、そのまま交代が告げられた。逃げるヤクルトはお得意の細かな継投に入る。6回は木澤、7回表は田口麗斗がゼロに抑えるが、8回にマウンドに上がった絶対的リリーフ・清水昇が、二死二塁から代打・T - 岡田にタイムリーを浴びて1点差に。しかしその裏、先頭の村上が平野のフォークを完璧にとらえてホームランを放った。9回は守護神のマクガフが一死一・二塁のピンチを背負ったが、杉本、代打・頓宮裕真を連続三振。ヤクルトが5対3で制した。エース・山本由のまさかの降板で、オリックスにとっては暗雲立ち込める初戦となってしまった。

続く2戦目は山﨑福也とサイスニードの先発。ともに序盤は無失点に抑えるが、3回に一死三塁のチャンスを作る。ここで打席に入ったのは山﨑福だ。投手ながらも打撃には学生時代から定評があった。明治大学野球部時代には通算打率・264を残しており、交流戦では代打に入ることもあった。その山﨑福が見事タイムリーを放ち先制。さらに安達、宗佑磨の安打の間に1点を追加し、2対0とリードを広げた。

山﨑は、ランナーを出しながらも多彩な変化球を駆使して粘りのピッチングを披露。特に1戦目から4打数連続安打のオスナに対して、初球真ん中のチェンジアップで見逃しストライクを奪うと、2球目は内角高めの直球で体を起こして、3球目は外角低めの絶妙なコースにチェンジアップを投げ込み、見逃しストライク。続く4球目は3球目と同じ外角低めへ直球を投じ、ライトフライに打ち取る見事な配球を見せた。

オリックスは5回に二死一・三塁から杉本の内野安打で、さらに1点を挙げ継投に入る。マウンドに上がったのは、シーズン序盤は先発も務めた速球派右腕・山﨑颯太郎。回跨ぎを無失点に抑え、7回は宇田川優希が代打・青木宣親を力のある直球で三振に仕留めた。8回から登板したワゲスパックは満塁のピンチを背負うも、ルーキー長岡を三振に抑え、オリックスリードで9回を迎えた。

9回のマウンドに立ったのは阿部翔太。ここでヤクルト打線が粘りをみせた。先頭の宮本を攻め立て無死一・二塁のチャンスを作ると、打席は代打・内山が送られた。カウント2ボールから低めのスプリットを2球見極めると6球目、真ん中高め直球をフルスイング。打球はレフトスタンドへ吸い込まれた。史上16人目の日本シリーズ初打席本塁打は、起死回生の同点スリーランホームランとなり試合は振り出しに戻った。

延長では両チームチャンスを作るも、投手陣が踏ん張り決着がつかない。お互い譲らないまま、日本シリーズ史上2位（12回制既定後）の5時間3分の死闘の末、3対3の引き分けに終わった。

戦いの舞台を京セラドーム大阪に移した3戦目。先発は宮城大弥と高橋圭二の若き両左腕となった。第3戦はパ・リーグホーム球場となりDH制が採用されるため、両軍ともに打順を入れ替えて試合に臨んだ。5回にヤクルトは先頭の中村悠平とサンタナがヒットで出塁。二死後、第2戦まで9打数無安打5三振と不調の山田哲が、鮮やかな放物線を描きレフトスタンドにスリーランホームランを放ち、3点を先制した。さらに7回にはリリーフ・竹安から村上が押し出し四球を選び、1点を追加。投げては高橋圭が6回を7奪三振、無失点に抑えるピッチングを見せた。その後、9回には一死一・二塁で村上が右中間を真っ二つに破る2点タイムリーツーベース、さらにオスナのタイムリーで7対0とヤクルトが大量リードを奪った。9回のマウンドに上がった小澤が3連打で1点を失ったが、後続を打ち取りヤクルトが7対1で勝利して2勝1分とした。

4戦目は山岡泰輔と石川雅規の先発となった。エラーなどがあったものの両者ともに初回安定した立ち上がりで、投手戦になるかと思われたが、オリックス・杉本が3回、チェンジアップに食らいつき、レフト前に打球が落ちるタイムリーで先制。

しかし山岡は5回一死から塩見にフェンス直撃の三塁打を浴びてしまう。後がないオリックスベンチは、ここで山岡を降板させる決断をし、マウンドに宇田川を送る。狙って三振を奪える重さとキレのある球が持ち味の宇田川は、期待どおりに山崎晃、山田哲をフォークで三振に切って取った。回跨ぎをした宇田川は、6回に一死一・三塁のピンチを背負ったがサンタナをフォークで空振り三振、さらに中村悠を153キロ直球で空振り三振に切って取り、1点を守り切った。対するヤクルトも6回から継投に入り、木澤と今野がオリックス打線を抑えた。9回、オリックスのマウンドにはワゲスパックが上がる。1点を追いかけるヤクルトは先頭の丸山がツーベースを放つがサンタナ、代打・宮本丈が連続空振り三振。代打・内山もキャッチャーフライに倒れ、オリックスが4試合目にしてシリーズ初勝利をつかんだ。

5戦目はオリックス左腕の田嶋大輔と、ヤクルトは1年目山下の先発となった。立ち上がりが課題の田嶋は1回に一死後、青木にヒットを許し、山田哲には四球。一死一・二塁で村上を迎えた。四番に力勝負を挑んだ田嶋は直球を軸に攻め立て、カウント2ストライク2ボールから真ん中高めの直球で三振に打ち取る。しかし、続く5試合連続安打のオスナに初球をセンターに打ち返されて1点を先制されてしまった。さらに2回にも、一死からど真ん中の直球をサンタナにたたき込まれて2点差に。

一方、山下は立ち上がりから直球と多彩な変化球を丁寧に低めに集めた。しかし4回に、紅林・若槻の連続タイムリーで同点に追いつかれる。5回一死から吉田正が甘く入った直球を見逃さずにとらえ、バックスクリーンにたたき込んで勝ち越した。対するヤクルトもすぐさま反撃。6回に近藤大亮から二死二塁のチャンスに長岡が詰まりながらも同点タイムリーを放つ。さらに塩見の内野安打で一・二塁となると青木が勝ち越しとなるタイムリーツーベースを放った。

二転三転するシーソーゲームは、4対3とヤクルトリードのまま9回へ。マウンドには守護神・マクガフが上がる。代打・安達に四球を与え福田が送り、一死二塁に。ここで西野の打球はピッチャーへの強襲ヒットを放ち、マクガフが打球をはじき慌てて捕ったが、一塁への送球が逸れてしまいその間に同点になる。流れを引き寄せたオリックスは二死後、打の軸・吉田正が高めに抜けたスプリットを見逃さずにとらえ、サヨナラホームランで勝利。劇的な一打でオリックスが2勝2敗1分けのタイとした。

戦いの舞台を神宮に戻した6戦目は、山﨑福と小川が先発。両投手が相手打線に得点を与えないまま中盤までゼロ行進が続いた。試合が動いたのは6回だった。小川が先頭の太田にヒットを許し二死一・二塁のピンチの場面、杉本との勝負となった。このシリーズから好調を取り戻した杉本は、甘くなった直球を巧みにコンタクトしてライトへはじき返すタイムリー。これでオリックスが先制した。その後オリックスは宇田川、平野、山﨑颯一郎へとつないで無失点に抑え、1点リードのまま最終回へ。9回、またもマクガフが先頭の安達にヒットを許し、紅林が送った際に一塁へ悪送球、この間に安達が一気にホームを突き追加点を挙げる。さらに一死三塁から西野が犠牲フライを放ち3点差として、オリックスが日本一に王手をかけた。

7戦目の先発は宮城とサイスニード。オリックスは初回に、太田の先頭打者初球本塁打で先制、序盤から主導権を握った。さらに5回には先頭の伏見寅威がヒットの後、宮城が送り前進してきた村上とサイスニードの間を転がり内野安打に。無死一・二塁で太田が三塁側へ犠打を試みると、村上とサイスニードが打球処理をお互いに任せてしまい、無死満塁となった。続く宗佑磨に高め直球を強振されるも、オスナがファインプレーで一塁を踏み、すかさず本塁へ転送し送球を受けた捕手・中村悠が伏見を挟んでタッチアウト。併殺を完成させて二死とした。しかしその後、中川に四球を与えて再び満塁にしてしまうと、吉田正に痛恨の押し出し死球。さらに杉本に左中間へ飛球を運ばれると、塩見が追いつき捕球態勢に入りながらも、後逸。打球が左中間を転々とする間にすべての走者が生還し、ヤクルトはこの回、一気に4失点。オリックスが5対0と大きくリードを広げた。

投げては宮城が、中4日のローテーションをものともせずに5回を3安打5奪三振、無失点の好投を見せた。6回からは宇田川が2回で3三振を奪い得点を許さない。意地を見せたいヤクルトは8回に山﨑颯一郎を攻め立て、村上がタイムリーを放ち1点を返し、一死一・三塁でオスナが真ん中スライダーをレフトスタンドにたたき込んで1点差までに詰め寄った。しかし、最後はワゲスパックが塩見を空振り三振に仕留めてゲームセット。オリックスが1996年以来、26年ぶりの日本一に輝いた。

5戦目の吉田正のサヨナラホームランが、本シリーズの流れを変えたと言っても過言ではない。オリックスからすると、序盤は苦しい戦いだった。初戦と2戦目の神宮球場の試合では1勝もできず、さらにエース・山本由が怪我でシリーズの登板が難しいこと、本拠地京セラドームでの3戦目も大敗し、焦りがあっただろう。

打線自体はチーム打率も両チームほとんど差がない（オリックス・247、ヤクルト・243）ため、なかなか得点を生み出すことができずにいたが、吉田正という唯一無二の選手が勝負を決める一打でタイにしたことで、日本シリーズの流れは大きく変わった。さらに、オリックスは、神宮で打たれた阿部翔や平野の序列を下げて、ペナントレース後半戦から活躍を見せており、シリーズを通して得点を与えなかった宇田川や比嘉幹貴、ワゲスパックを中心にブルペン陣を回す方向転換に出た。その結果、ヤクルト打線の勢いは止まり、シリーズ当初とは別の配置となった平野と阿部翔が失点したのは初戦のみに終わった。ブルペン陣という強みを活かして日本一に輝いた、投手陣のチーム防御率はオリックスは3・05、ヤクルトは2・09。このデータを見ても、まさに監督である中嶋の手腕が光ったのではないだろうか。

対するヤクルトは、シリーズ序盤こそは山本由を攻略するなどで勢いに乗ったものの、オリックスブルペン陣の前に勢いが止まった。さらに奥川恭伸が不在のため、先発枚数が不十分であったこと、また中嶋と対照的に、ペナントではクローザーを務めていたものの日本シリーズでは防御率5・40のマクガフと心中した運用が裏目に出た結果となった。ただ、この状況でもオリックスと熱戦を繰り広げた高津臣吾の采配は、セ・リーグチャンピオンとして相応しいものだったのは間違いない。

Nippon Series ▶戦績

第一戦
神宮球場

オリックス	0	2	0	0	0	0	0	1	0	3
ヤクルト	2	0	1	1	0	0	0	1	X	5

[勝] 小川　[負] 山本　[S] マクガフ
[本] [ヤ] 塩見 1 号（3 回 1 点山本）、
オスナ 1 号（4 回 1 点山本）、
村上 1 号（8 回 1 点平野佳）

第二戦
神宮球場

オリックス	0	0	2	0	1	0	0	0	0	0	0	0	3
ヤクルト	0	0	0	0	0	0	0	0	3	0	0	0	3

[本] [ヤ] 内山壮 1 号（9 回 3 点阿部）

第三戦
京セラドーム大阪

ヤクルト	0	0	0	0	3	0	1	0	3	7
オリックス	0	0	0	0	0	0	0	0	1	1

[勝] 高橋　[負] 宮城
[本] [ヤ] 山田 1 号（5 回 3 点宮城）

第四戦
京セラドーム大阪

ヤクルト	0	0	0	0	0	0	0	0	0	0
オリックス	0	0	1	0	0	0	0	0	X	1

[勝] 宇田川　[負] 石川　[S] ワゲスパック

第五戦
京セラドーム大阪

ヤクルト	1	1	0	0	0	2	0	0	0	4
オリックス	0	0	0	2	1	0	0	0	3x	6

[勝] ワゲスパック　[負] マクガフ
[本] [ヤ] サンタナ 1 号（2 回 1 点田嶋）
[オ] 吉田正 1 号（5 回 1 点山下）
2 号（9 回 2 点マクガフ）

第六戦
神宮球場

オリックス	0	0	0	0	0	1	0	0	2	3
ヤクルト	0	0	0	0	0	0	0	0	0	0

[勝] 山﨑福　[負] 小川　[S] ワゲスパック

第七戦
神宮球場

オリックス	1	0	0	0	4	0	0	0	0	5
ヤクルト	0	0	0	0	0	0	0	4	0	4

[勝] 宮城　[負] サイスニード　[S] ワゲスパック
[本] [オ] 太田 1 号（1 回 1 点サイスニード）
[ヤ] オスナ 2 号（8 回 3 点山﨑颯）

ヤクルト

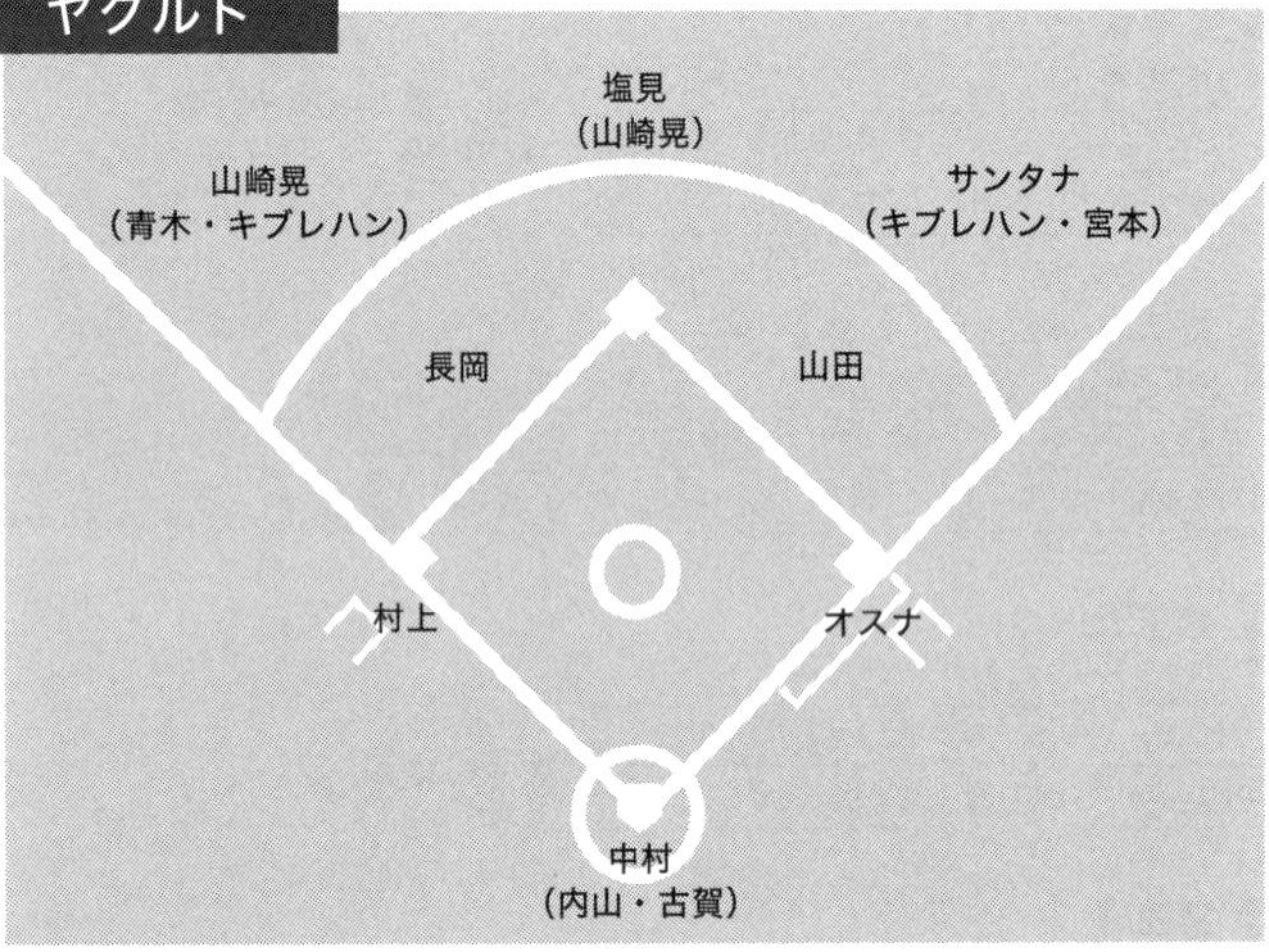

オリックス

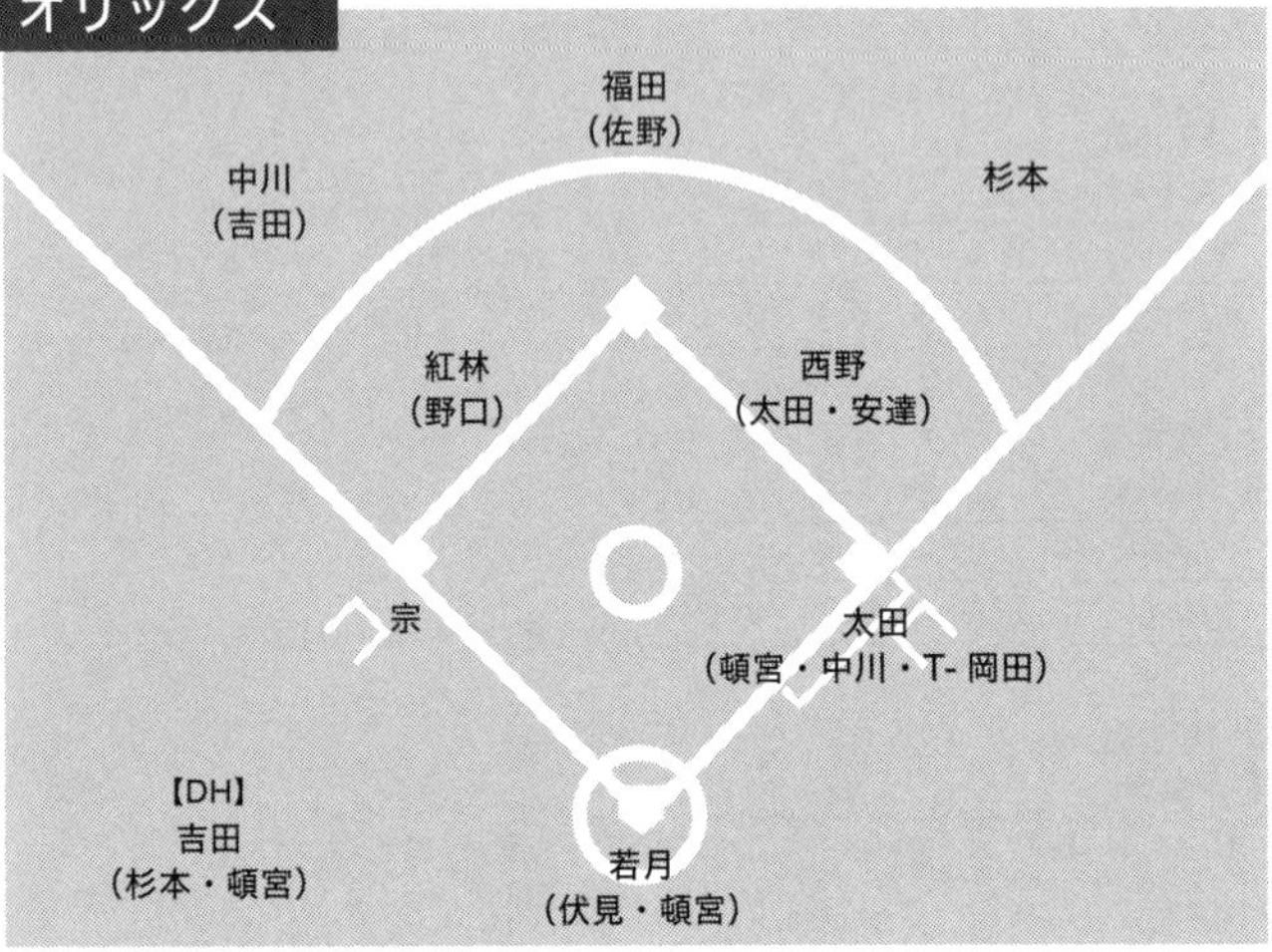

注：オーダーは各ホーム球場の初戦先発に基づく

Awards ▶ タイトル受賞者

▶ Central League

タイトル	選手名	所属チーム	受賞回数	成績
最優秀選手	村上宗隆	ヤクルト	2	
最優秀新人	大勢	巨人		
首位打者	村上宗隆	ヤクルト	初	.318
最多本塁打	村上宗隆	ヤクルト	2	56
最多打点	村上宗隆	ヤクルト	初	134
最多盗塁	近本光司	阪神	3	30
最優秀防御率	青柳晃洋	阪神	初	2.05
最多勝利	青柳晃洋	阪神	2	13
最高勝率	青柳晃洋	阪神	2	.765
最多奪三振	戸郷翔征	巨人	初	154

▶ Pacific League

タイトル	選手名	所属チーム	受賞回数	成績
最優秀選手	山本由伸	オリックス	2	
最優秀新人	水上由伸	西武		
首位打者	松本剛	日本ハム	初	.347
最多本塁打	山川穂高	西武	3	41
最多打点	山川穂高	西武	初	90
最多盗塁	髙部瑛斗	ロッテ	初	44
最優秀防御率	山本由伸	オリックス	3	1.68
最多勝利	山本由伸	オリックス	2	15
最高勝率	山本由伸	オリックス	2	.750
最多奪三振	山本由伸	オリックス	3	205

▶ Nippon Series

タイトル	選手名	所属チーム
最高殊勲選手賞(MVP)	杉本裕太郎	オリックス
敢闘選手賞	オスナ	ヤクルト
優秀選手賞	山﨑福也	オリックス
	吉田正尚	オリックス
	塩見泰隆	ヤクルト

２０１０年以降の強い球団の傾向

２０１０年以降、リーグ連覇したチームは7球団（オリックス・ソフトバンク・西武・ヤクルト・巨人・広島・中日）。２０００年代は巨人と日本ハムのみだったのを鑑みると、3倍以上の結果だ。

２０１０年以降の連覇した球団を見るとチーム打率又はチーム防御率がリーグ1位を記録している確率が高い。しかし２０１０年代後半から令和に入ってからは、この2つの項目でリーグ1位ではなくても本塁打ないし得点数が1位だったため優勝しているチームもあり（２０19年巨人の本塁打数と得点・２０２1年ヤクルトの本塁打数と得点など）、投高の時代にいかに効率よく得点することが必要になってきているかがわかる。

各球団を見ると、２０１０年のソフトバンクのチーム打率は5位だったものの、チーム防御率が2位を記録。まだ２０００年代の傾向を引きずっているため、防御率の高さで攻撃をカバーした形となった。２０１１年はチーム打率・チーム防御率1位を記録して連覇を成し遂げた。２０１０・２０１１年の中日はチーム防御率がいずれもリーグ1位を記録。これだけでも落合流「守り勝つ野球」が見て取れる。２０１2〜２０１4年の巨人は3連覇をした3年間で、チーム打率とチーム防御率いずれかがリーグ1位を記録している（2012年はチーム防御率1位、2013年はチーム打率1位、2014年はチーム防御率1位）。2014年・2015年のソフトバンクは、2014年はチーム打率、2015年はチーム打率とチーム防御率において1位を記録した。

2010年代半ばとなると、投高打低の傾向がさらに強まってくるために、より打力・得点力の高いチームがペナントで有利になってくる。2016年〜2018年の広島は、2016年がチーム打率とチーム防御率がリーグ1位を記録。2017年はチーム打率1位を記録した。2018年はチーム打率とチーム防御率が3位だったものの、得点はリーグで唯一の700点台を記録していることがわかる。2018・2019年の西武はチーム打率1位を記録し、得点も700点台越え。チーム防御率は2年連続で最下位だったものの、こちらも打力でカバーしたことがわかる。

西武のライバルであり、2010年代後半のプロ野球最強チームといっても過言ではなかったソフトバンクは、チーム打率が2018年は2位、2019年は3位だったが、2年ともにリーグ1位の本塁打数を記録。さらに2019年に関してはチーム防御率もリーグ1位だった。2019・2020年の巨人は、2019年はチーム打率が2位、チーム防御率が4位だったものの、前述のように本塁打数と得点数はリーグ1位を記録した。その後投手陣を立て直し、2020年はチーム防御率1位を記録している。

令和の最初のセ・リーグ連覇チームである2021・2022年のヤクルトは、チーム打率、チーム防御率がいずれもリーグ3位。ただ、得点数に関してリーグで唯一の600点台を記録して1位となった。2022年もチーム打率3位、チーム防御率4位だったが、この年はチーム本塁打が1位、得点数も再びリーグ唯一の600点台でリーグ連覇を果たした。そのヤクルトのライバルで、令和最初のパ・リーグ連覇チームである2021年・2022年のオリックスは、2021年チーム打率が1位、チーム防御率は2位だった。2022年はチーム打率、チーム防御率が2位を記録。得点数や本塁打を見ても、2010年以降リーグ連覇した球団のうち、唯一リーグ1位がない状態でリーグ優勝を果たした。

チーム成績以外で見ると、2018~2019年の西武以外はリリーフ陣の層が厚いため、勝ちパターンを単年ではなく複数年確立させていたことも連覇できた要因だったと言えよう。特にリリーフ陣の中で、セットアッパーの力量が優勝争いに関わることもあった。具体的には、2010年代前半なら巨人の山口、2010年代中判から後半ならソフトバンクの五十嵐や森、モイネロ、2020年代ならオリックス宇田川、ヤクルト清水だ。さらに、2010年代は勝ちパターンを固定化していた球団がほとんどだった中で、２０２０年代で連覇を果たしているオリックスとヤクルトは、クローザーのみ固定化しつつ、登板間隔や状況を見ながらフレキシブルにリリーフ陣を運用するスタイルを確立した。この方法論により従来のリリーフ起用よりも選手寿命が伸びる可能性があり、２０２３年シーズン以降の戦術にも注目だ。

またこちらは２０００年代と同様の結果となるが、連覇しているチームは交流戦の結果を見ても２０１０年中日、２０１８年広島、２０２２年オリックス以外は交流戦で勝ち越しをしている。連覇以外ではないが単年で優勝を果たした球団も見てみると、２０１２年日本ハムはチーム打率とチーム防御率は2位を記録。チーム本塁打はリーグ１位だった。さらに交流戦では勝ち越しを決めている。２０１３年楽天もチーム打率とチーム防御率が2位を記録。交流戦では勝ち越しを決めた。得点数と本塁打はリーグ１位ではなかった中で、リーグ優勝を果たしたのを見ると、田中を中心としたチームづくりが勢いをつけたことがわかる。２０００年代と同様に、交流戦に関しては、1つの勝敗が大きくリーグ内での順位を左右することからやはり、勝ち越すことはリーグ優勝への最低条件となっていることがわかるだろう。

２０１５年ヤクルトはチーム打率が1位、チーム防御率が4位だった。交流戦では負け越しをした。２０１６年日本ハムは、チーム打率とチーム防御率がリーグ１位。交流戦でも勝ち越しをしている。２０１７年ソフトバンクはチーム打率2位、チーム防御率1位を記録。交流戦は優勝している。２０２０年ソフトバンクはチーム打率3位、チーム防御率1位で優勝を果たした。

第3章

21世紀
国際大会の傾向

2009年 WBC 決勝 10 回表 イチロー、決勝 2 点タイムリー
写真：AP／アフロ

アテネ五輪：初のオールプロ参加も思わぬ落とし穴で逃した金メダル

結果：銅メダル

予選リーグ
イタリア12-0
オランダ8-3
キューバ6-3
オーストラリア4-9
カナダ9-1
チャイニーズタイペイ4x-3
ギリシャ6-1

準決勝
オーストラリア0-1

3位決定戦
カナダ 11 - 2

初のオールプロで参戦したアテネ五輪では、アジア予選の時点から他国を圧倒する試合が繰り広げられていた。イチローや松井秀喜といった当時のメジャーリーガーは参加できなかったが、当時スター選手だった松坂大輔や上原浩治、松井稼頭央、城島健司、福留孝介など、後にメジャーで活躍する選手や、小笠原道大、中村紀洋など3割30本経験のあるスラッガーたちも出場。極めつけに監督は、「ミスタープロ野球」こと長嶋茂雄。まさにドリームチームだった。

このアジア予選で、中国や台湾を圧倒、接戦を制して韓国にも勝利し、3連勝でアテネ五輪出場を決めた。決勝リーグの投手には、当時二大エースだった松坂と上原を先発として起用。決勝となった韓国戦では、2003年当時ルーキーで新人王に輝いた和田毅を起用。5回1/3を投げて無失点に抑え、五輪出場へ大きな後押しとなるピッチングを見せた。

しかし、アテネ五輪前の春に、アクシデントが起きた。監督の長嶋が3月に脳梗塞で倒れてしまったのだ。その後も監督が代わることなく、長嶋の復帰を信じたが間に合わないまま、ヘッドコーチの中畑清が監督代行として指揮を執ることになる。「監督不在」の国際大会になったのだ。

選出に関しては、各球団2選手の規制や各球団の事情なども考慮して、メンバーが選出された。初のオールプロということもあって、「メダルを獲って当たり前」とハードルが上がっていたこともあるだろう、日の丸を背負うプレッシャーがひしひし伝わってくる大会だった。特に金メダル候補筆頭でアマチュア野球最強だったキューバについては強く意識していて、壮行試合を行うなど徹底分析していた。

アテネ五輪が開幕すると、日本代表は順調に勝ち星を重ねていった。

緊張の初戦はイタリア戦。先発を託されたのは上原だった。アマチュア時代から国際大会無敗の実績はこの試合でも発揮され、6回を無失点に抑えた。打撃陣も中村紀や福留のホームランで上原を援護し、楽な展開に導いていた。最終的には12対0の7回コールド勝ち。幸先のいいスタートを切った。

2戦目はオランダ。先発の岩隈久志は、立ち上がりから苦しむ。これが、オールプロで初の国際大会のプレッシャーだったのか。岩隈は3四球3失点、2回をもたずにマウンドを降りた。その後は石井弘寿が抑え、黒田博樹がロングリリーフで好投を見せた。ビハインドの展開が続いたが、5回に日本の打線が目覚める。キャプテンの宮本慎也がセーフティバントで内野安打。その後、二死一・二塁で中村紀がタイムリーツーベースを放ち同点。さらに谷への四球後、小笠原も四球を選び、押し出しで勝ち越し。8回には伏兵・藤本敦士の一発も飛び出し、結果的には5点差として試合を決めた。

3戦目は金メダル候補のキューバ。過去五輪では勝利したことのない「赤い稲妻」に、日本はエース松坂を先発として当てた。立ち上がりから150キロを越すストレートを投げ込み初回を無失点に抑えて、2回に和田一浩がビショアンドリ・オデリンから先制となるツーランホームランを放つ。さらに4回には、城島と中村紀が2者連続ホームランで追加点を挙げ、一発攻勢でキューバを圧倒。この一発攻勢に目が奪われがちだが、その後リリーフからも藤本のタイムリーを含めて計6点を積み上げ、チーム全体としても12安打を記録している。

松坂は、ユリエスキ・グリエルの打球が当たるアクシデントがありながらも、9回途中までを自責点2に抑えるピッチングを見せた。最後は巨人に所属していたフレデリク・セペダの2点タイムリーツーベースなどで追い上げがあったものの、キューバから大金星の原動力になった。

4戦目はオーストラリア。先発のマウンドには清水直行。この時、オーストラリア側の先発はフィル・ストックマン。事前の情報で、抑えとして認識していた投手が突如先発として現れ、ベンチには動揺が広がった。序盤は両チームともに無得点だったが、中盤以降は打撃戦に。最初の失点は日本。清水直が4回に打ち込まれて、5連打の間に3点を失った。しかしその裏に宮本の四球と高橋由伸のツーベースでチャンスを作り、中村紀の犠牲フライで1点を返す。さらに5回には、福留のスリーランで一時は逆転する。しかし7回に、三浦大輔がオーストラリア打線に捕まり4連打、変わった石井弘が2点タイムリーを浴び、逆転を許す。さらに8回には、元中日のニルソンの一発などで3点を追加され、結果的には4対9で逆転負けを喫した。この敗戦によるオーストラリアへの苦手意識が、大会を通して大きな影響を与える。

5戦目はカナダ。この試合は和田毅が先発となった。1回に高橋由のツーランホームランで先制。2回には谷佳知のホームランで追加点を挙げる。3回には高橋由の犠牲フライ、4回には和田一のツーランホームランで試合を決め、大差8点で危なげなく勝利を収めた。和田毅も7回を無失点のピッチングを見せて快勝した。

続く6戦目はチャイニーズ・タイペイ。予選リーグ以来の、アジア同士の対戦となった。この台湾戦では、後にメジャーでも活躍する先発・王建民が日本打線に立ちはだかった。先発は初戦と同じ上原。しかし先制したのは台湾。陳金鋒がスリーランホームランを放ち先制。その後上原は7回まで踏ん張るものの、打線は王の前に6回まで3安打苦しむ展開だった。しかし、王の疲れが見え始めた7回、日本打線は攻め立てる。藤本と福留のヒットから宮本が送り、チャンスメイク。次打席の高橋由が、同僚・上原を助ける起死回生の同点スリーランホームランを放ち、王をマウンドから引きずり下ろした。その後、日本は、石井弘と黒田が台湾打線を抑えた。延長10回に小笠原のサヨナラ犠牲フライで決着。劇的な幕引きとなり、キューバ戦に続いて激闘となった。

グループリーグ最終戦は開催国のギリシャ。先発は清水直。日本は2回に小笠原のタイムリーツーベースで先制。6回には谷のタイムリー、7回には打線が爆発し福留のツーランホームランと3戦連続となる高橋由のホームランで試合を決めた。オーストラリア戦で打ち込まれた清水直と3番手の三浦はしっかりと抑え、最後は小林雅英が締めてグループリーグ1位通過を決めた。しかしながら、キューバ戦では松坂が打球を受け、チャイニーズ・タイペイ戦では上原が爪を痛めた。さらにこの日、高橋由が右腕に死球、宮本が守備の際に膝を痛め、とこの時点でチームは満身創痍の状態であった。

準決勝はグループリーグで唯一敗戦を喫したオーストラリア。先発のマウンドに松坂が上がった。対するオーストラリアは、五輪後2006年に阪神へ所属することとなるクリス・オクスプリングが先発。互いに譲らず好投を見せる投手戦になった。

この日、松坂は外角高めのストレートと、膝元のスライダーが決め球となっていた。しかし、6回に松坂はボールが浮き始めて合わせられ始める。安打と四球を含む二死一・三塁でブレンダン・キングマンが外角のスライダーを右前に弾き返し、オーストラリアが先制。松坂はこの1点のみで、7回2/3を投げて13奪三振1失点という快投を見せた。

日本打線は先発・オクスプリングに徹底的に抑え込まれた。オクスプリングはアテネ五輪で14回2/3を投げて防御率0・00を記録。日本は、6回まで安打はあるものの後続が続かず無得点に終わっていた。失点直後の7回、相手のエラーで二死一・三塁のチャンスを作る。しかし、ここでオーストラリアは阪神に所属していたオクスプリングから、当時阪神の守護神を務めていたジェフ・ウィリアムスにスイッチ。この場面で藤本はサードフライに終わり、日本打線は手も足も出ないまま敗戦を喫した。

対戦前のスタッフからの情報では「アマチュアチームで臨んだ大会でも敗れたことはない」と強敵とはみなされていなかった。一方ウィリアムスは「ディンゴ（筆者注：デーブ・ニルソンのこと。2000年に中日に在籍）は『五輪で日本戦に勝つために日本野球でプレーしたんだよ』って言ってたよ。それほど日本選手を研究していた」とコメント。相手チームの情報収集が一枚上手だったのだ。当時は今のように、日本代表に力を入れていたわけではない。キューバに意識が行きすぎたが故に、他国へのスカウティング不足が露呈した試合だった。

翌日の3位決定戦では、再びカナダと対戦。先発は和田毅。準決勝の鬱憤を晴らすかのように、かつて近鉄に所属していたマイク・ジョンソンから城島のツーランホームランで先制。その後もカナダ投手陣を攻め立て、合計11得点を挙げて快勝、銅メダルを獲得した。

この大会の金メダルはキューバ。予選リーグ、準決勝、決勝と合わせて日本戦以外は完勝し、頂点に立った。準決勝のカナダ戦では試合終盤の8回に逆転勝ちをして、決勝はオーストラリアに追い上げられる展開だったが、中盤6回に突き放して金メダルを獲得した。

このキューバに関しては、後に日本国内でもプレーすることとなったユリエスキ・グリエル（元・横浜）やフレデリク・セペダ（巨人）はもちろんのこと、2008年からメジャーで活躍をするアレクセイ・ラミレスがいた。セペダは打率・455・2本塁打、グリエルは打率・343の活躍を見せた、また、日本戦で先発をしたオデリンやノルへ・ベラ、ノルベルト・ゴンサレス、ダニー・ベタンコート、アリエル・ペスタノといった主要国際大会に複数回出場した選手も選ばれていた。特にペスタノは打率・514で首位打者、14打点で打点王。ベラは13回を投げて防御率0・69、ゴンザレスは12回を投げて防御率0・75を記録した。チーム打撃・投手成績も文句なしのトップ。投打ともに充実していたことがわかる。

日本の長打力を活かした勝ち方は非常にいいできではあったものの、オーストラリアに2度の敗戦を喫して、最終的にはまさかの銅メダルに終わっている。その要因は、宿敵であるキューバに注力しすぎたこと、そして緻密なプレーに弱さが出たことが一因だろう。

この大会、日本のチーム打率は出場国で2位の・315を記録（1位はキューバの・321）しており、本塁打数14と得点60、そして長打率・516は参加国の中でトップであった。アテネ五輪の野手陣は、世界的に見ても長打力のあるチームであったと言える。そのため、ホームランや複数点のはいるタイムリーなど、力技で勝利する試合が多かった。その中でも特に、福留と高橋由伸は3本塁打で本塁打王になり、福留は10打点を挙げ、宮本も打率・500を残した。

しかし、それでも勝ちきれなかった理由は、接戦時やビハインド時に仕掛ける攻撃のバリエーションが不足していたのではないかと考える。それが顕著に現れた場面は、準決勝のオーストラリア戦の7回だ。相手が、NPBでも当時JFKの一人として左打者を圧倒していたウィリアムスだったにもかかわらず、打席には左打者の藤本が立った。当時遊撃手だった藤本を二塁手として起用したことも含めて、同じ阪神で前年首位打者に輝いており、二塁手で当時全盛期を迎えていた右打者・今岡誠を代打として選ぶのも一つの手だった。

投手成績を見ると、出場国の中で2位となるチーム防御率2・36を記録（1位はキューバの2・22）。先発陣の松坂や上原、和田毅は抜群の安定感を誇った。特に松坂は20奪三振（全出場選手中1位）を記録していた。しかしそれ以外の先発陣の岩隈、清水直が不安定だったことも確かである。その分、慣れない第二先発の役割だった黒田が、9回を無失点に抑える完璧なピッチングを見せてフォローした。シーズン中から中継ぎの役割としては不安定さが目立ち、このアテネ五輪では1登板に終わった安藤優也から、当時左腕としては国内トップクラスで、2003年には沢村賞も獲得していた井川慶を選ぶのも一つの手段だったかもしれない。井川のキャリアを通してみると、環境適応力に不安はあるものの、その後の3Aでの活躍ぶりを鑑みても、メジャーリーガーが不在の五輪レベルであれば十分活躍できた可能性はあっただろう。さらに清水直はアジア予選にいなかったことを考えると、同じロッテから中継ぎとして開花した薮田安彦を選び、岩瀬仁紀とともに中継ぎエースとして接戦を勝ち切る力を強めるのも一つの手として考えられたのではないだろうか。

また、アテネ五輪では各球団2選手までの選出という規定があったことから、選考も難しい判断になったのは間違いない。4年後の北京五輪ではシーズン中にも関わらず、球団ごとの人数制限は設けられなかった。そのため、人数制限がなければアテネ五輪は、真のドリームチームを見られた可能性は高い。打高の時代だった当時を考えると、際立った能力を持つ投手は一握りだったため、投手の選出もここまで難しくはならなかっただろう。人数制限を設けたために、ペナントシーズン中は先発を務めていた黒田や三浦を中継ぎに回した点をみると、人数制限を設けずに中継ぎ専任として五十嵐亮太、三瀬幸司などを選ぶこともできた。野手に関しても、2年後のWBCの活躍を見ると人数制限がなければ岩村明憲や多村仁志を選ぶことができた可能性もある。さらに平成の三冠王を獲得した松中信彦や、メジャーでも活躍をした井口資仁、巨人で復活を遂げた小久保裕紀、前年にブレイクをして小回りが効く川﨑宗則を大技が目立つチームのラストピースとして選ぶことができたならば、隙なしといったところだろうか。

このアテネ五輪は、首脳陣含めて国際大会に慣れていない部分が細かいところで顕著に現れた。日本プロ野球自体がシーズン中に「オールプロ」で挑んだ初の国際大会だったからこそ、選出から規定までの難しさが初めて露呈した大会だった。

アテネ五輪 2004

▶打撃成績

チーム	打率	試合	打数	得点	安打	二塁打	三塁打	本塁打	打点	盗塁	盗塁死	四球	三振	長打率	出塁率
キューバ	.321	9	315	55	101	12	1	8	54	3	8	17	35	.441	.353
日本	.315	9	308	60	97	21	1	14	56	2	2	28	43	.526	.371
オーストラリア	.266	9	301	52	80	6	0	10	51	3	1	31	59	.385	.344
チャイニーズタイペイ	.242	7	231	24	56	13	1	3	23	11	4	14	38	.346	.300
カナダ	.231	9	299	46	69	10	3	8	42	5	4	32	74	.365	.319
イタリア	.205	7	219	19	45	10	0	5	18	0	0	14	49	.320	.254
オランダ	.197	7	223	29	44	7	1	8	28	3	0	22	49	.345	.289
ギリシャ	.197	7	223	24	44	7	3	7	23	3	3	27	53	.350	.289

▶個人成績（打者）

氏名	試合	打数	安打	本塁打	打点	盗塁	打率	OPS
相川亮二	3	0	0	0	0	0	.000	.000
小笠原道大	9	29	7	0	5	0	.241	.659
金子誠	5	2	0	0	0	0	.000	.333
木村拓也	2	5	2	0	2	0	.400	1.000
城島健司	9	37	14	2	7	0	.378	1.101
高橋由伸	9	38	11	3	8	0	.289	.902
谷佳知	8	30	6	1	3	0	.200	.606
中村紀洋	9	30	7	2	8	0	.233	.791
福留孝介	9	38	12	3	10	0	.316	.991
藤本敦士	9	29	8	1	4	1	.276	.792
宮本慎也	9	36	18	0	3	1	.500	1.054
村松有人	3	1	1	0	0	0	1.000	4.000
和田一浩	9	33	11	2	6	0	.333	.989

アテネ五輪 2004

▶投手成績

チーム	防御率	試合	完投	完封	勝利	敗北	セーブ	投球回	安打	本塁打	四球	死球	三振	失点	自責点
キューバ	2.22	9	0	1	8	1	6	81	56	7	26	6	73	24	20
日本	2.36	9	0	1	7	2	1	80	59	4	24	5	95	23	21
オーストラリア	3.35	9	0	2	5	4	2	78	76	10	18	3	55	36	29
チャイニーズタイペイ	3.73	7	0	1	3	4	1	62.2	50	7	23	0	47	28	26
カナダ	3.76	9	0	4	5	4	1	79	73	5	20	5	40	36	33
ギリシャ	6.90	7	0	0	1	6	0	60	74	13	20	4	24	48	46
オランダ	7.17	7	0	1	2	5	0	59	70	9	25	5	34	55	47
イタリア	7.32	7	0	0	1	6	0	59	78	8	29	3	32	58	48

▶個人成績（投手）

氏名	登板	勝利	敗北	セーブ	投球回	奪三振	自責点	防御率	WHIP
安藤優也	1	0	0	0	2	1	3	13.50	3.00
石井弘寿	4	0	0	1	5	6	0	0.00	0.40
岩隈久志	1	0	0	0	1.2	3	2	10.80	3.60
岩瀬仁紀	5	0	0	0	5.2	7	0	0.00	0.18
上原浩治	2	1	0	0	13	10	3	2.08	1.15
黒田博樹	3	2	0	0	9	13	0	0.00	0.67
小林雅英	3	0	0	0	3	5	1	3.00	0.67
清水直行	2	1	0	0	9.2	14	4	0.37	1.24
松坂大輔	2	1	1	0	16	20	3	1.69	1.00
三浦大輔	3	0	1	0	3	3	3	9.00	1.67
和田毅	2	2	0	0	12	13	2	1.50	1.00

アテネ五輪 2004

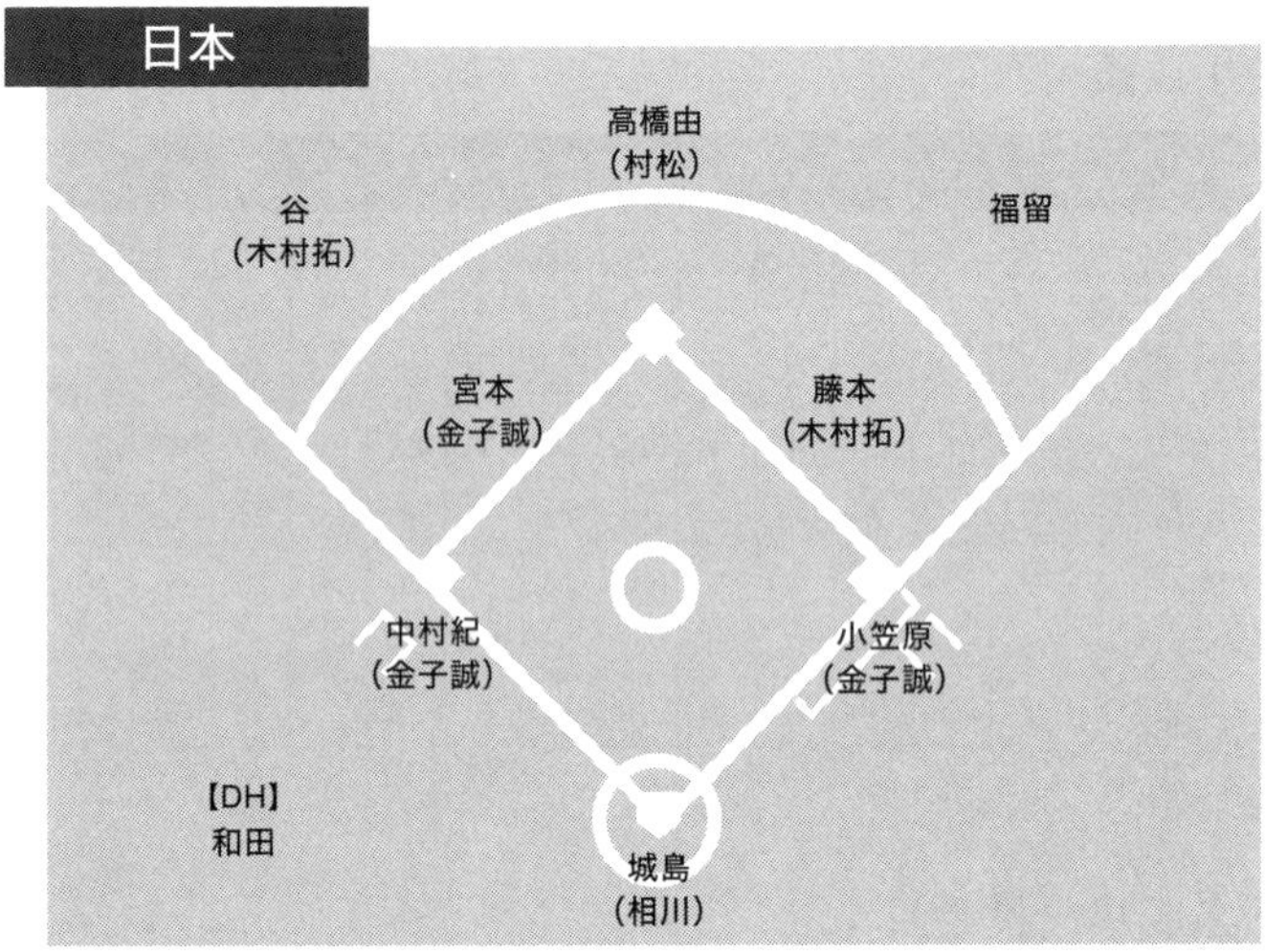

▶準決勝オーストラリア戦

打順	守備位置	選手
1	右	福留孝介
2	遊	宮本慎也
3	中	高橋由伸
4	捕	城島健司
5	三	中村紀洋
6	左	谷佳知
7	一	小笠原道大
8	指	和田一浩
9	二	藤本敦士
	投	松坂大輔

アテネ五輪 2004

キューバ

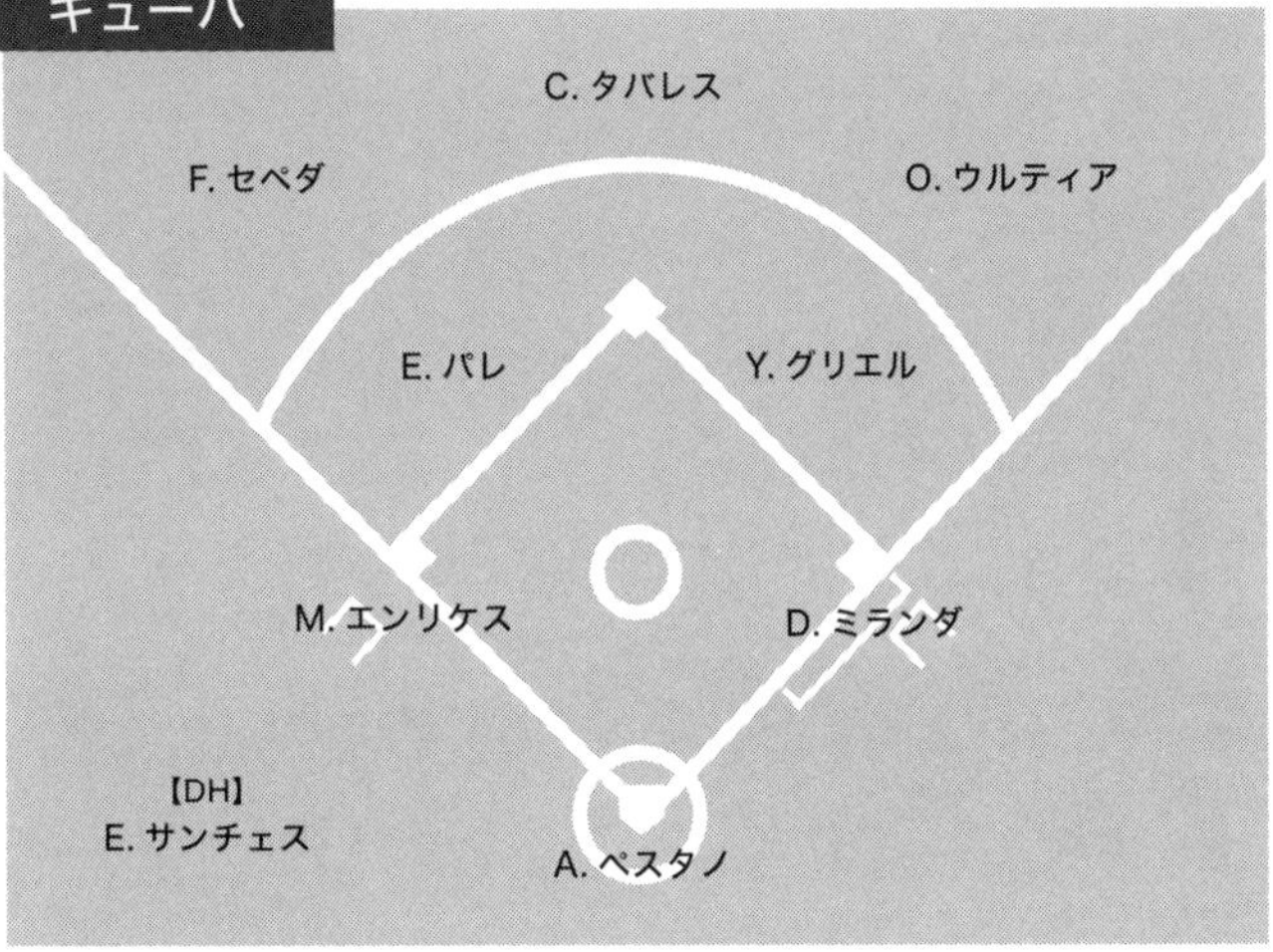

▶決勝オーストラリア戦

打順	守備位置	選手
1	遊	E. パレ
2	三	M. エンリケス
3	二	Y. グリエル
4	右	O. ウルティア
5	左	F. セペダ
6	捕	A. ペスタノ
7	指	E. サンチェス
8	一	D. ミランダ
9	中	C. タバレス
	投	N. ベラ

アテネ五輪 2004

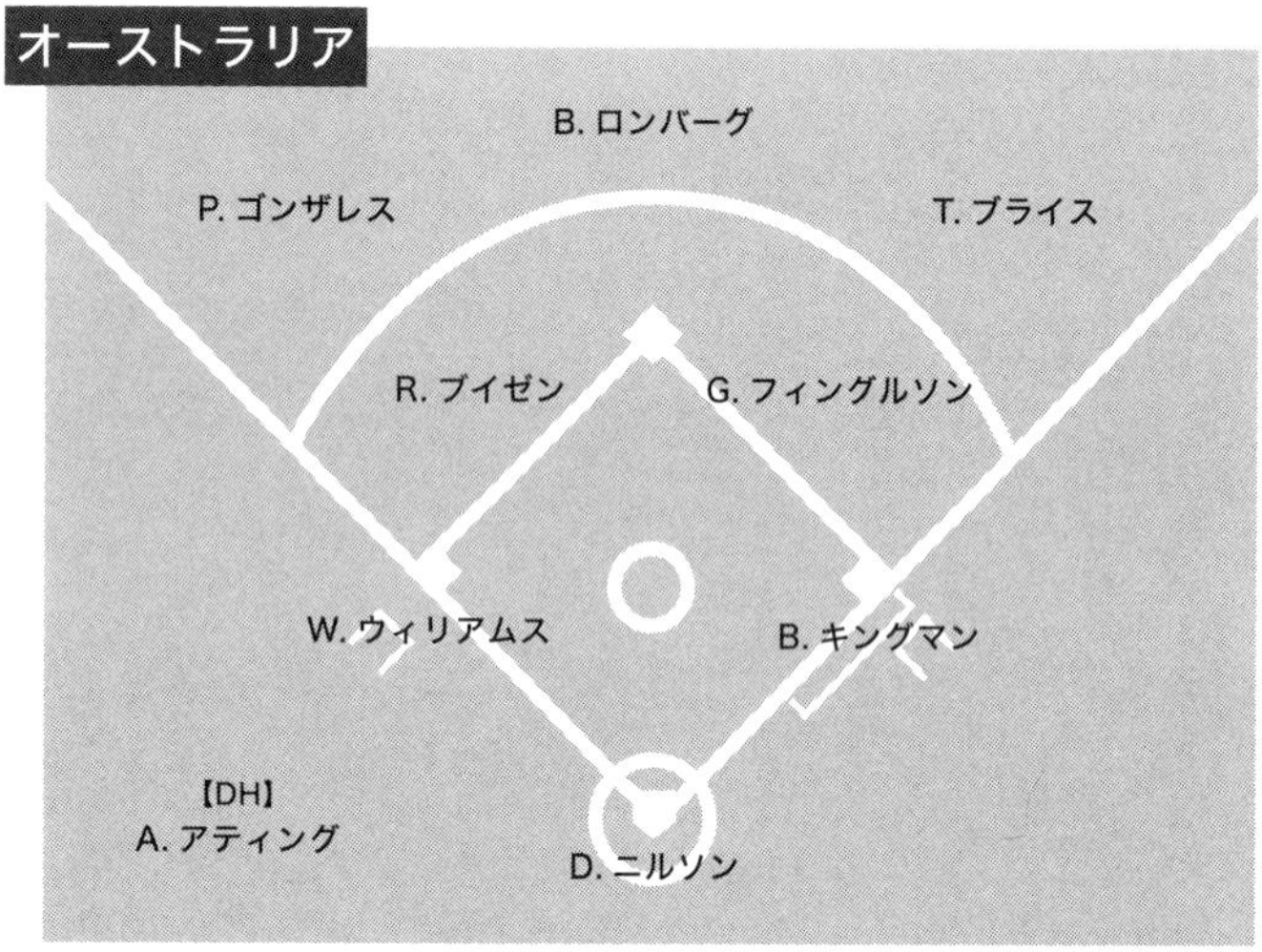

▶ 決勝キューバ戦

打順	守備位置	選手
1	二	G. フィングルソン
2	中	B. ロンバーグ
3	捕	D. ニルソン
4	三	W. ウィリアムス
5	一	B. キングマン
6	指	A. アティング
7	右	T. ブライス
8	左	P. ゴンザレス
9	遊	R. ブイゼン
	投	J. スティーブンス

2006年WBC：「ストロング&スピーディー」で世界を圧倒、初代王者に

結果：優勝

第1ラウンド
中国18-2
台湾14-3
韓国2-3

第2ラウンド
アメリカ3-4
メキシコ6-1
韓国1-2

準決勝
韓国6－0
決勝
キューバ10－6

WBCの開催の発端は、MLBの世界へ向けた事業戦略の一環とされている。背景には1990年代後半から進んだ、MLBに所属する選手の多国籍化があった。日本や韓国などをはじめとする東アジア出身選手や、北中米出身選手が増加したのだ。

選手の多国籍化を受け、2000年に入ってからMLBは精力的に世界へ進出を始める。足がかりとして日本をはじめとする米国以外での開幕戦を行うなど、積極的にアメリカ国外へ進出。こうしたMLBの国際化をきっかけに、MLB機構のバド・セリグコミッショナー（当時）が「野球の世界一決定戦」の開催を提唱したとされている。

第1回大会は2006年ではなく、元々、2005年3月に国際大会スーパーワールドカップ（仮称）として開催される予定だった。しかし、日本野球機構と韓国野球委員会から

「MLB主催ではなく、大会用に運営組織を作るべきでは」といった異議が出たため、MLBはWBCIを組織。1年遅れで開催まで辿り着いた。

開催がペナントシーズン直前ということもあり、今よりも参加に消極的な球団や選手は多かった。当時のメジャーリーガーであった松井秀喜や井口資仁が辞退を表明。その中でイチローは「世界の王選手を世界の王監督にしたかった」とコメントし、参加を表明。その後、後にメジャーで活躍する松坂大輔や上原浩治、松中信彦などのスター選手が参加を表明して、初のメジャーリーガーを含めた（イチロー・大塚昌文）日本代表が集結した。

イチローは代表合宿から率先して声を出すなど、孤高の天才というイメージから脱却し、頼れるチームリーダーとして動いていたのは一目瞭然だった。こうして、初めての「世界大会」が始まることになった。

出場国はMLB機構によって選ばれ、16か国が招待された。方式は現在と同様に、地域ごとに分けられた第1ラウンド（リーグ制）を戦い抜き、上位2か国が第2ラウンド（リーグ制）へ進出する。ここで勝ち上がった4か国が準決勝進出。以降はトーナメント制で争う仕組みだ。

第1ラウンド、初戦は中国との対戦となった。先発は上原。

2回3回に1点ずつ得点を入れたが、上原が4回にツーランホームランを打たれて追いつかれる。しかし直後の5回、日本の打線が爆発。一死一・三塁で打席に立った西岡剛が中国の変則左腕、趙全勝の投じた甘い球を思い切りのいいスイングでとらえると、打球は左中間席に飛び込む勝ち越しスリーランホームランとなり勝ち越す。その後、福留や多村のホームランなどの先発全員安打で中国に18点を積み上げて大勝でいいスタートを切った。

2戦目の相手はチャイニーズ・タイペイ。先発は、国際大会経験の豊富な松坂となった。日本は初回、1戦でも口火を切った西岡がヒットを放ち、二死から三盗に成功。相手投手の動揺を誘いながら、多村の2試合連続となるスリーランホームランで先制。その後も得点を挙げて、5回には西岡の2点タイムリーなど、打順が一巡する猛攻で一挙6点を挙げた。さらに7回には松中のタイムリーツーベースなどで2点を加えて突き放し、14得点とまたもや快勝。先発松坂は本調子ではなく4回3安打1失点だったが、まずまずのピッチングを見せ、5回以降は藪田安彦、小林雅英、藤川球児の継投で2連勝。この連勝で日本は早速二次リーグ進出を決めた。

3戦目は韓国との対戦。先発はアンダーハンドの渡辺俊介となった。日本は1回に二死三塁チャンスで松中の内野安打で先制。2回には川﨑宗則のソロホームランで1点追加した。さらに4回にも二死満塁のチャンスがあり西岡がライト線へ鋭い打球を飛ばしたが、李晋暎のファインプレーに阻まれた。このプレーがきっかけとなり、韓国は勢いを取り戻す。5回に好投を続けてきた先発の渡辺俊が捕まり、安打や死球で一死二・三塁のピンチを招き、犠牲フライで1点を失う。その後日本は藤田宗一、杉内俊哉と継投し、8回に石井弘がマウンドに上がった。しかし一死一塁から、当時の巨人の大砲でもあった李承燁に逆転となるツーランホームランを浴びた。日本打線はファインプレーに阻まれた5回以降沈黙し、無安打のまま逆転できずに敗戦。さらにこの試合で石井弘は肩を痛め、厳しい状況で二次リーグに進む形となった。

二次リーグ1戦目はベースボール発祥の国アメリカ。先発は上原となった。アメリカはデレク・ジーターやケングリフィ・ジュニア、アレックス・ロドリゲスなど、威信をかけたスター軍団揃い。その中で初回、イチローが先頭打者ホームランを放ち、さらに2回には川﨑の2点タイムリーで3点差とする。しかしその裏、チッパー・ジョーンズのソロホームランで1点を返される。6回には代わった清水直行がデレク・リーに同点となるツーランホームランを打たれ、試合は振り出しに戻った。対する日本は、3回と7回にチャンスこそ作るものの、2回以降は無得点に終わる。

お互い譲らないまま終盤に突入。日本は8回に、一死満塁の勝ち越しのチャンスを作る。ここで岩村明憲がレフトへのフライを打ち上げ、三塁走者の西岡がタッチアップからホームを駆け抜けた。アメリカ守備陣は西岡の離塁が早いとアピールしたが、二塁塁審が両手を広げて「セーフ」をコール。しかしこの後球審のボブ・デービットソンはあっさり判定を覆し、アウトに。当時は「世紀の誤審」ともいわれ、話題となった。その後9回二死満塁から藤川がロドリゲスにサヨナラ打を許し、接戦を落とした。試合後、監督である王は「野球がスタートした国でこんなことがあってはいけない」とコメントを残した。

背水の陣で挑んだ2戦目の対戦国はメキシコ。両者ともに絶対に落とせないこの試合、日本の先発はエース・松坂がマウンドに上がった。対するメキシコの先発は、2003年にMLBで21勝を挙げたエステバン・ロアイザ。序盤はお互いに譲らずゼロ行進となった。日本は4回に小笠原道大の2点タイムリーと里崎智也のツーランホームランで4点を先制。さらに5回には多村のタイムリーで5点差とした。松坂は5回を73球1安打2四死球無失点と、圧巻のピッチングを見せ、その後は和田毅、藪田、大塚のリレーで勝利した。

3戦目はリベンジを果たしたい韓国戦。先発は一次ラウンドと同様に渡辺俊となった。韓国の先発は長年メジャーで活躍していた朴賛浩。両先発、立ち上がりには不安があったものの、素晴らしいピッチングを見せて投手戦となった。試合が動いたのは8回。回跨ぎとなった杉内が、四球とヒットで一死二・三塁のピンチで藤川にスイッチ。しかしその藤川が李鍾範にタイムリーツーベースを浴びて、2点を先制される。日本は9回に先頭打者の西岡がソロホームランを放ち1点差にするが、後続を断たれ敗れた。

1戦目と3戦目の負けが大きく影響し、敗退が濃厚だった日本だったが、アメリカがメキシコに敗れる大波乱が起きた。そのため日本、アメリカ、メキシコの3国が1勝2敗で並び、失点率が最も低い日本が2位となり、決勝トーナメント進出となった。

準決勝は3度目となる韓国との対戦。先発は上原となった。序盤から投手戦となり、緊張感のある試合となった。上原・里崎のバッテリーは、韓国打線の裏をかき中盤までフォークを少なめで配球していった。「フォークが多いということは知られていたので、あえてスライダーを多めにということを試合前、（里崎捕手に）お願いした」とコメント。初回、李承燁に対してはスライダーを交ぜて的を絞らせず、最後は高めのボール気味の142キロで空振り三振に打ち取った。上原の快投に野手陣も奮起すし、4回・李鍾範の大飛球を多村がファインプレーする姿も見られた。

それでも徐在応に抑えられていた日本打線は、7回に目覚めた。5番・松中が全炳斗からヘッドスライディングで気合いの入ったツーベースを放つ。ピンチの場面で代わったリリーフエース・金炳賢から、一死後に代打・福留が均衡を破るツーランホームランを放ってついに先制。これまでの6試合19打数2安打と大不振に陥っていた福留に、王は「勝負どころ」を任せたのだ。この場面でアナウンサーが放った「生き返れ福留」という言葉は、今でも名実況として語り継がれている。

勢いの波に乗る日本は、小笠原の死球後に一死二塁にすると、里崎がタイムリーツーベースを放ち追加点を挙げる。二死三塁にすると宮本がレフト前にタイムリーを放ち4点差。さらにライト前ヒットで西岡がつないで、二死一・三塁でイチローがタイムリー。この回だけで5点を挙げた。投げては上原が7回は3つのアウトをすべて三振で取る圧巻の投球。7回を86球3安打無失点、8奪三振の完璧なピッチングを見せた。その後日本は多村のホームランで追加点を挙げ、藪田から大塚につないで6対0の快勝、決勝進出を決めた。

決勝は野球大国・キューバ。最終決戦の大事な先発は、松坂となった。日本は1回に2つの押し出し四死球と、今江年晶の2点タイムリーで一挙4点を先制。対するキューバは、エドゥアルド・パレが先頭打者ホームランで1点を返す。松坂は150キロを超えるストレートを連発し、その後は両チームランナーを背負いながらも凌ぎ合った。5回に日本はイチローのツーベースから、松中のタイムリーを挟んで2点を追加。5回からは渡辺俊がマウンドに上がった。5回は無失点に抑えたが、6回に一死一・二塁でフレデリック・セペダを迎えタイムリーツーベースを打たれて1点を返される。さらにヘンリー・ウルティアにもタイムリーを打たれ3点差に。8回にもセペダが藤田からレフトスタンドにツーランホームランを放ち、いよいよ日本は1点差まで追いつかれてしまった。

しかしここで日本は守護神の大塚をマウンドに上げ、後続2人をしっかりと抑え流れを断ち切った9回に日本打線が奮起する。一死1塁から、西岡が投手と一塁手の間に絶妙なプッシュバントを決める。続くイチローが一・二塁間を破るヒットになり、二塁走者の川崎は一気に本塁へ向かった。捕手が本塁をブロックしていてベースが見えなかったため左手でベースに触れようとしたが、「それでは間に合わない」と瞬時に判断。捕手のひざ下から無理やり右手を突っ込んでセーフとなり、大事な1点をもぎ取った。

川崎はこの「神の右手」と呼ばれたプレーに関して「捕手にタックルするか、スライディングするか、いろんな方法があった中で、あの時はとっさに手でいこうと選びました。左手でタッチにいこうと思ったんですけど、僕が思っている（ベースの）場所を塞がれていたんで、右手でいきました」とコメントを残している。その後も福留のタイムリーや小笠原の犠牲フライで5点差とし、最後は大塚が1点を失うものの、最後の打者をしっかりと三振で締めて日本が初代王者に輝いた。

この大会前、監督の王は「スモールベースボール」から小さくまとまらないようにと「ストロング&スピーディー」にスローガンを変えた。大会が始まれば、打線は打率・３１１・10本塁打・57打点を記録。13盗塁はもちろんのことだが、打撃３部門が出場国１位を記録。長打率・４７８も3位を記録している。

また、打率・４０９・１本塁打・５打点の里崎と打率・３６４・１本塁打・５打点のイチローはベストナインを獲得。野手は松中が打率・４３３を記録し、岩村が打率・３８９、西岡が打率・３５５・2本塁打　8打点・５盗塁の大活躍を見せた。また、打率は高くなかったものの、多村は3本塁打・9打点、福留は2本塁打・6打点を記録した。世界を相手にしても打撃の良さがわかる大会で、西岡や川崎などを中心に、「スピーディー」な小技を織り交ぜる攻撃の質の高さを見せつけた。

投手陣のチーム防御率は2・49を記録。出場国で3位を記録した。3戦3勝、防御率1・38を記録した松坂は大会MVPとベストナインを獲得。その他の選手を見ても、国際大会無敗の上原は3試合を投げて2勝防御率1・59を記録し、守護神の大塚は5試合を投げて1セーブ防御率1・59を記録し、安定感を見せた。

大会を通して小細工に頼らず思い切って振る打者が多かったのも印象深い。しかし、国際大会の難しさも感じられた。韓国に2度敗戦を喫した要因として、多彩で小刻みな継投策に苦しんだことがあげられる。おそらくペナントレースであれば、ボールの軌道に慣れ始めたら打てる投手が多かったが、初見のため苦しんだ。試合序盤は比較的大技に頼っており、ラウンドが進むにつれて本塁打や長打での得点が減り苦しんだ面が見られたのも確かだ。ただ、戦いながらチーム全体が国際大会の勝ち筋を身につけ始め、日本らしい野球も活かしながら勝ち進むことができた。

また、本大会ではイチローの存在感が大きな影響を与えたのもある。普段は冷静なイチローが、闘志剥き出しの姿勢を見た選手は、士気が一気に高まったのだろう。初のメジャー組との融合が見られた国際大会で、初代王者として世界の頂点に立ったことにより、日本の野球のレベルの高さを一気に認知させられたのではないだろうか。

World Baseball Classic 2006

▶打撃成績

チーム	打率	試合	打数	得点	安打	二塁打	三塁打	本塁打	打点	盗塁	盗塁死	四球	三振	長打率	出塁率
日本	.311	8	270	60	84	9	3	10	57	13	2	32	39	.478	.390
アメリカ	.289	6	197	33	57	7	2	9	32	1	1	19	26	.482	.359
プエルトリコ	.286	6	203	32	58	9	0	8	31	7	3	24	34	.448	.365
キューバ	.283	8	279	44	79	12	1	8	41	3	4	24	51	.419	.357
カナダ	.279	3	104	20	29	10	4	2	17	2	2	23	24	.510	.419
チャイニーズタイペイ	.265	3	102	15	27	9	0	1	11	3	1	7	21	.382	.342
オランダ	.265	3	102	15	27	3	0	0	11	0	0	11	22	.294	.342
ドミニカ共和国	.262	7	233	36	61	8	0	9	28	6	4	33	33	.412	.364
南アフリカ	.253	3	87	12	22	3	1	0	11	0	2	7	34	.310	.330
韓国	.243	7	218	26	53	13	1	6	26	2	0	16	51	.394	.305
メキシコ	.233	6	189	23	44	11	1	5	21	2	0	15	36	.381	.292
イタリア	.200	3	95	13	19	8	2	2	13	0	0	11	24	.389	.290
ベネズエラ	.186	6	188	22	35	6	0	7	20	2	1	35	40	.330	.323
中国	.185	3	92	6	17	4	0	2	5	0	2	9	33	.293	.286
パナマ	.165	3	91	7	15	3	0	1	7	0	1	10	16	.231	.276
オーストラリア	.113	3	80	4	9	2	0	0	3	3	2	7	32	.138	.191

▶個人成績（打者）

氏名	試合	打数	安打	本塁打	打点	盗塁	打率	OPS
相川 亮二	1	2	1	0	0	0	.500	1.000
青木 宣親	6	5	1	0	1	0	.200	.533
新井 貴浩	2	3	1	0	0	0	.333	.666
イチロー	8	33	12	1	5	4	.364	.932
今江 敏晃	5	10	2	0	4	0	.200	.400
岩村 明憲	6	18	7	0	3	2	.389	.929
小笠原 道大	8	26	6	0	7	0	.231	.636
川崎 宗則	8	27	7	1	5	2	.259	.740
金城 龍彦	5	5	1	0	0	0	.200	.533
里崎 智也	8	22	9	1	5	0	.409	1.049
谷繁 元信	2	4	0	0	0	0	.000	.000
多村 仁	8	27	7	3	9	0	.259	1.005
西岡 剛	8	31	11	2	8	5	.355	1.060
福留 孝介	8	22	4	2	6	0	.182	.695
松中 信彦	8	30	13	0	2	0	.433	1.095
宮本 慎也	3	3	2	0	2	0	.667	1.667
和田 一浩	2	2	0	0	0	0	.000	.000

World Baseball Classic 2006

▶投手成績

チーム	防御率	試合	完投	完封	勝利	敗北	セーブ	投球回	安打	本塁打	四球	死球	三振	失点	自責点
韓国	2.00	7	0	1	6	1	4	63	45	7	18	4	50	14	14
プエルトリコ	2.08	6	0	0	4	2	1	52	33	3	22	5	28	17	12
日本	2.49	8	0	1	5	3	2	68 .2	52	7	11	8	62	21	19
ドミニカ共和国	2.57	7	0	0	5	2	3	63	56	3	23	4	53	26	18
メキシコ	2.77	6	0	0	3	3	1	52	41	4	17	3	37	16	16
ベネズエラ	3.06	6	0	3	3	3	1	53	39	6	20	0	55	20	18
アメリカ	3.75	6	0	2	3	3	1	48	43	4	17	3	48	20	20
キューバ	4.13	8	0	0	5	3	4	72	66	7	41	6	51	43	33
イタリア	4.30	3	0	1	1	2	0	23	21	4	8	2	16	14	11
パナマ	5.19	3	0	0	0	3	0	26	33	2	13	5	17	20	15
オランダ	6.48	3	1	1	1	2	0	25	30	5	8	3	14	19	18
チャイニーズタイペイ	6.84	3	0	0	1	2	0	25	31	1	14	2	22	19	19
オーストラリア	6.85	3	0	0	0	3	0	23 .2	24	3	26	2	16	18	18
カナダ	7.33	3	0	0	2	1	2	27	32	3	13	3	18	23	22
中国	9.72	3	0	0	0	3	0	25	48	6	10	4	16	40	27
南アフリカ	13.50	3	0	0	0	3	0	22	42	5	22	2	13	38	33

▶個人成績（投手）

氏名	登板	勝利	敗北	セーブ	投球回	奪三振	自責点	防御率	WHIP
石井 弘寿	1	0	1	0	0.2	1	2	27.00	4.50
上原 浩治	3	2	0	0	17	16	3	1.59	1.00
大塚 晶則	5	0	0	1	5.2	8	1	1.59	0.71
小林 宏之	1	0	0	0	1	3	2	18.00	3.00
清水 直行	2	0	0	1	4.1	6	2	4.15	0.92
杉内 俊哉	2	0	1	0	3.1	2	2	5.40	0.90
藤川 球児	4	0	1	0	2.2	3	0	0.00	1.50
藤田 宗一	3	0	0	0	1	1	1	9.00	1.00
松坂 大輔	3	3	0	0	13	10	2	1.38	0.85
薮田 安彦	4	0	0	0	4.1	5	1	2.08	0.46
和田 毅	1	0	0	0	2	1	0	0.00	0.50
渡辺 俊介	3	0	0	0	13.2	6	3	1.98	0.73

World Baseball Classic 2006

日本

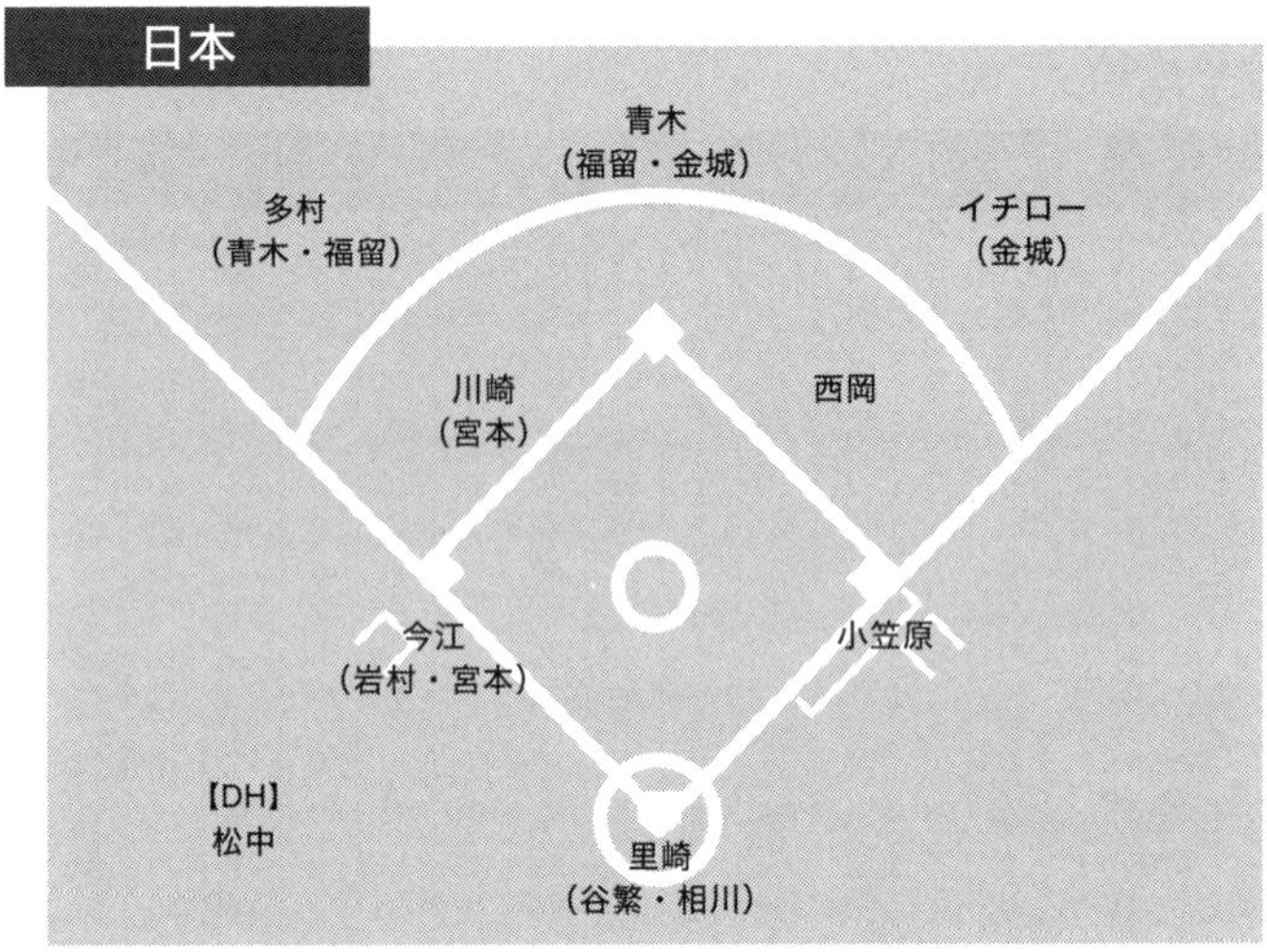

▶決勝キューバ戦 ※大会の前年成績

打順	守備位置	選手	打率	本塁打	打点	出塁率	長打率	OPS
1	遊	川崎宗則	.271	4	36	.326	.346	.672
2	二	西岡剛	.268	4	48	.320	.394	.714
3	右	イチロー	.303	15	68	.350	.436	.786
4	指	松中信彦	.315	46	121	.412	.663	1.075
5	左	多村仁	.304	31	79	.369	.587	.947
6	捕	里崎智也	.303	10	52	.361	.481	.842
7	一	小笠原道大	.282	37	92	.362	.558	.920
8	三	今江敏晃	.310	8	71	.353	.451	.804
9	中	青木宣親	.344	3	28	.387	.417	.803
	守備位置	名前	勝利	敗戦	投球回	奪三振	防御率	WHIP
	投	松坂大輔	14	13	215	226	2.30	1.03

※イチローはMLBの成績
※イチロー以外はNPBの成績

World Baseball Classic 2006

キューバ

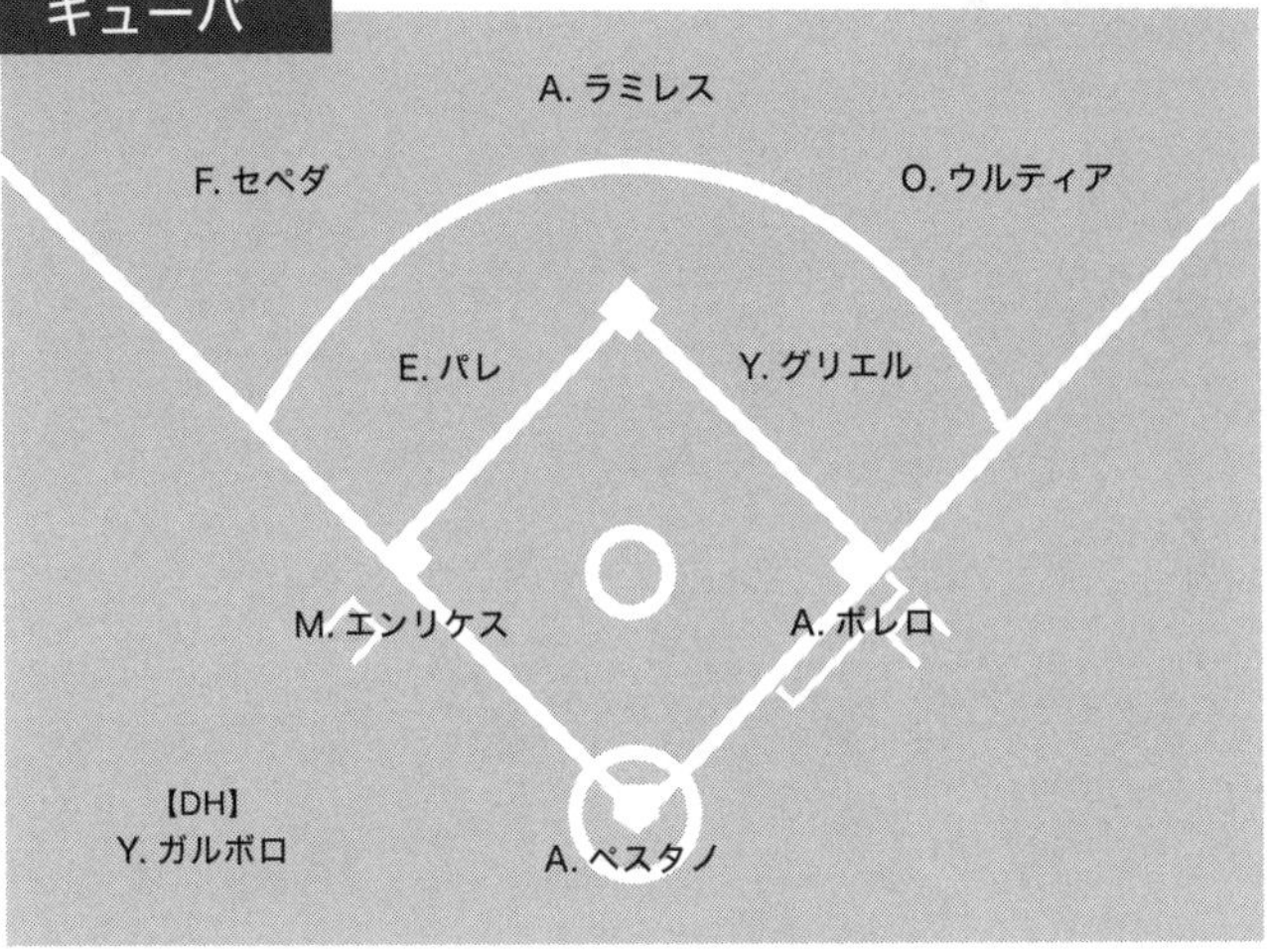

▶ 決勝日本戦　※大会の前年成績

打順	守備位置	選手	打率	本塁打	打点	出塁率	長打率	OPS
1	遊	E. パレ	.330	2	24	.505	.402	.907
2	三	M. エンリケス	.447	12	58	.559	.690	1.250
3	二	Y. グリエル	.327	27	92	.416	.676	1.093
4	一	A. ボレロ	.346	11	61	.514	.431	.945
5	左	F. セペダ	.320	14	58	.512	.559	1.071
6	右	O. ウルティア	.425	13	71	.522	.616	1.139
7	指	Y. ガルロボ	.407	12	49	.548	.619	1.166
8	捕	A. ペスタノ	.277	13	52	.378	.475	.853
9	中	A. ラミレス	.323	12	54	.416	.490	.906
	守備位置	名前	勝利	敗戦	投球回	奪三振	防御率	WHIP
	投	O. ロメロ	8	6	113.2	51	3.33	1.16

※国内リーグの成績

韓国

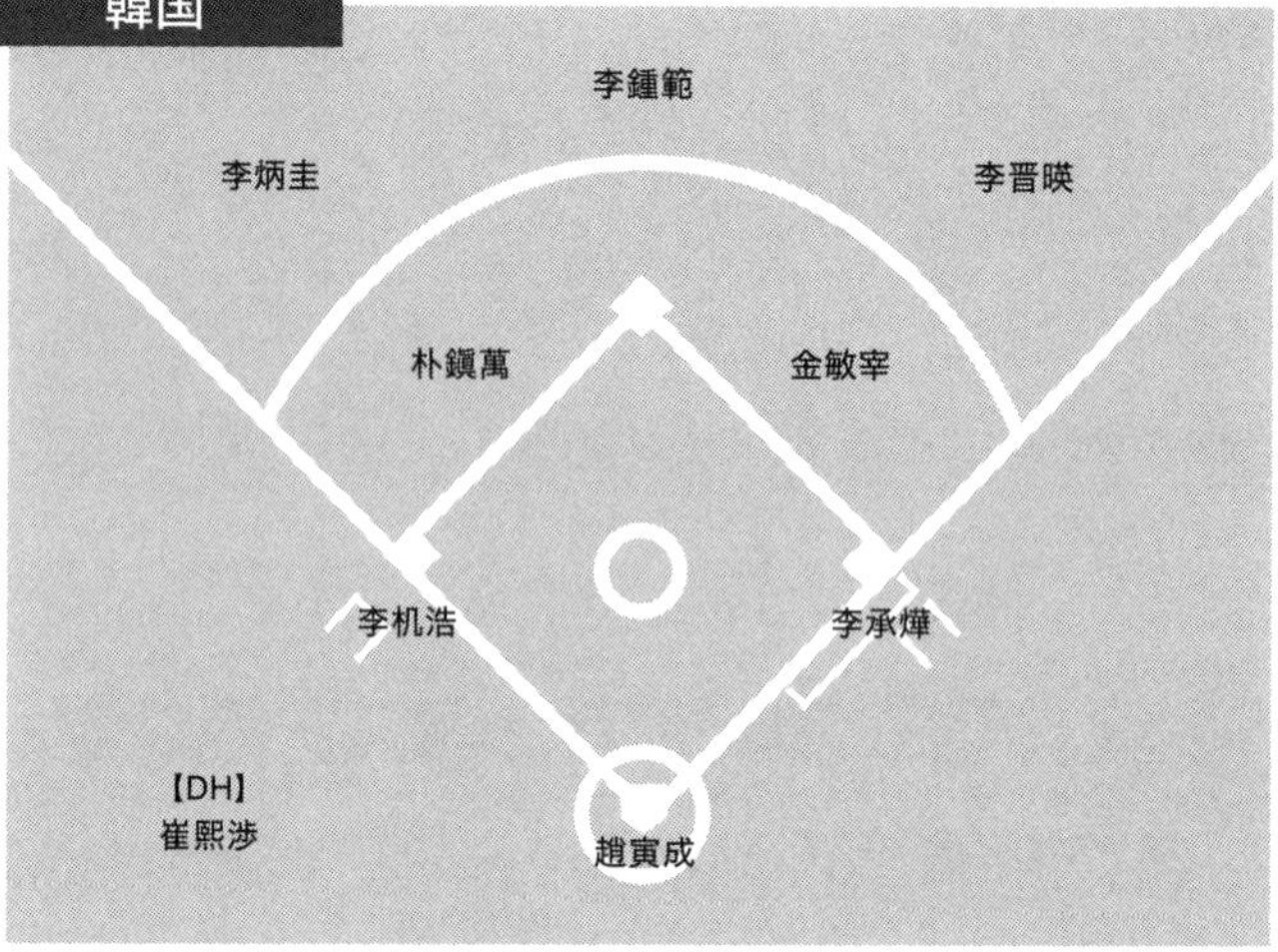

▶ 準決勝日本戦

打順	守備位置	選手	打率	本塁打	打点	出塁率	長打率	OPS
1	左	李炳圭	.337	9	75	.388	.455	.843
2	中	李鍾範	.312	6	36	.393	.421	.814
3	一	李承燁	.260	30	82	.315	.551	.866
4	指	崔熙渉	.253	15	42	.336	.453	.789
5	右	李晋暎	.291	20	74	.470	.372	.842
6	三	李机浩	.273	26	68	.357	.514	.871
7	遊	朴鎭萬	.280	15	71	.344	.432	.776
8	捕	趙寅成	.224	6	34	.285	.368	.653
9	二	金敏宰	.277	2	37	.346	.334	.680
			勝利	敗戦	投球回	奪三振	防御率	WHIP
	投	徐在応	8	2	90.1	59	2.59	1.11

※李承燁はNPB、崔熙渉・徐在応はMLBの成績
※李承燁・崔熙渉・徐在応以外は国内リーグの成績

World Baseball Classic 2006

ドミニカ共和国

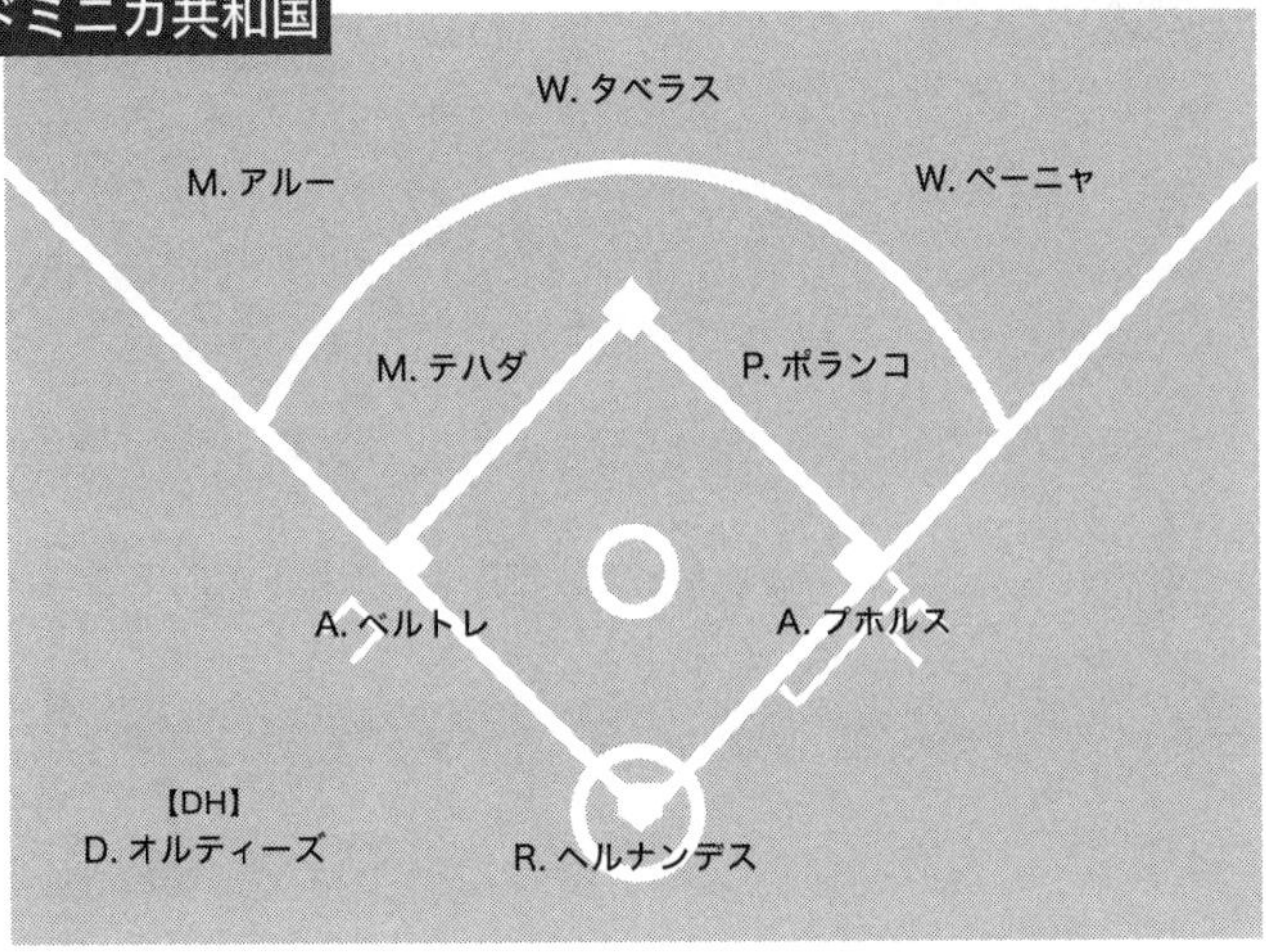

▶ 準決勝キューバ戦 ※大会の前年成績

打順	守備位置	選手	打率	本塁打	打点	出塁率	長打率	OPS
1	二	P. ポランコ	.331	9	56	.383	.447	.830
2	遊	M. テハダ	.304	26	98	.349	.515	.865
3	一	A. プホルス	.330	41	117	.430	.609	1.039
4	指	D. オルティーズ	.300	47	148	.397	.604	1.001
5	三	A. ベルトレ	.255	19	87	.303	.413	.716
6	左	M. アルー	.321	19	63	.400	.518	.918
7	右	W. ペーニャ	.254	19	51	.304	.492	.796
8	捕	A. カスティーヨ	.208	1	14	.289	.307	.596
9	中	W. タベラス	.291	3	29	.325	.341	.666
	守備位置	名前	勝利	敗戦	投球回	奪三振	防御率	WHIP
	投	B. コロン	21	8	222.2	157	3.48	1.16

※全選手MLBの成績

World Baseball Classic 2006

アメリカ

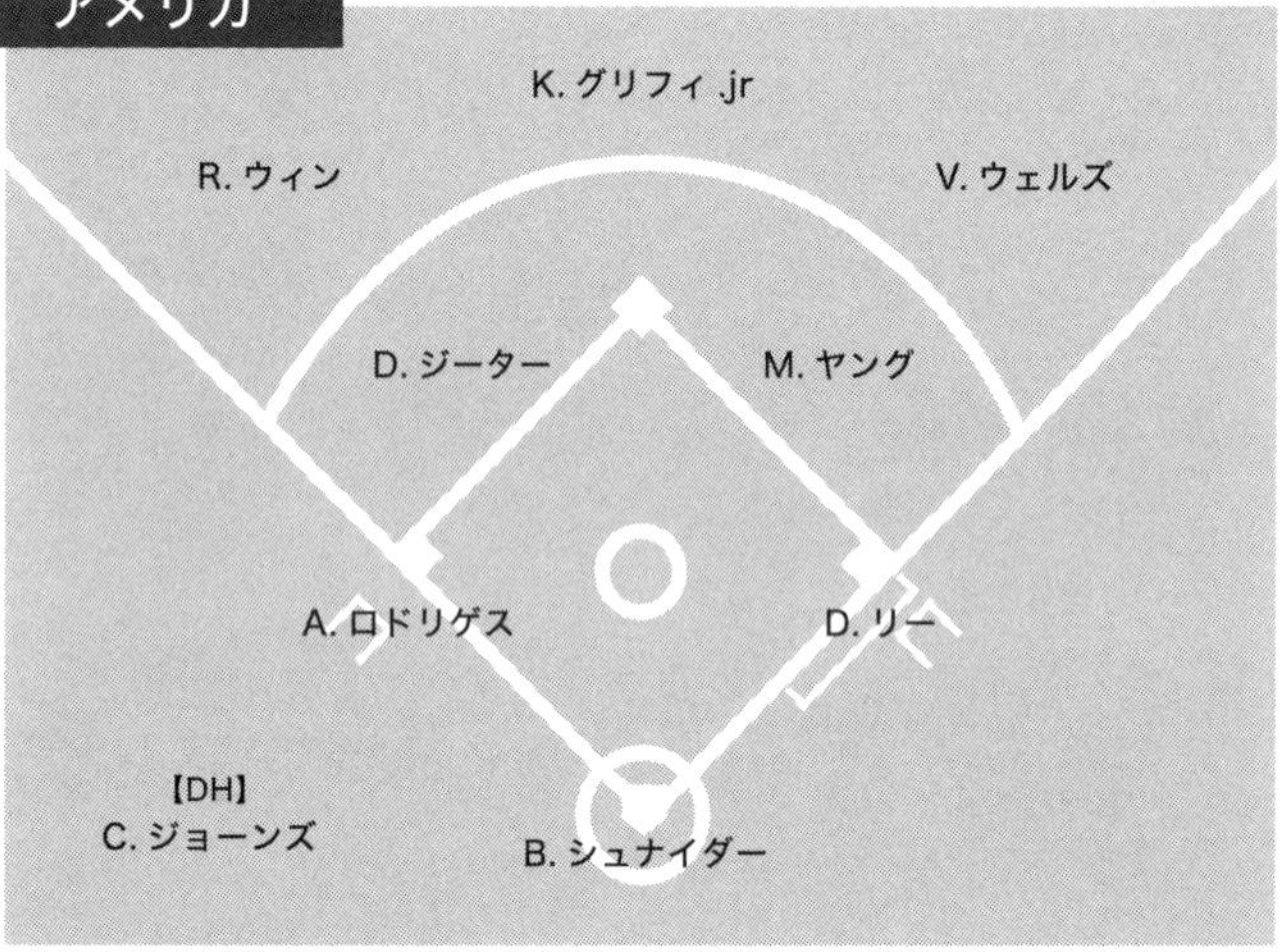

▶二次ラウンド日本戦　※大会の前年成績

打順	守備位置	選手	打率	本塁打	打点	出塁率	長打率	OPS
1	二	M. ヤング	.331	24	91	.385	.513	.899
2	遊	D. ジーター	.309	19	70	.389	.450	.839
3	中	K. グリフィ jr	.301	35	92	.369	.576	.945
4	三	A. ロドリゲス	.321	48	130	.421	.610	1.031
5	指	C. ジョーンズ	.296	21	72	.412	.556	.968
6	一	D. リー	.335	46	107	.418	.662	1.080
7	捕	B. シュナイダー	.268	10	44	.330	.409	.739
8	右	V. ウェルズ	.269	28	97	.320	.463	.783
9	左	R. ウィン	.306	20	63	.360	.499	.859
	守備位置	名前	勝利	敗戦	投球回	奪三振	防御率	WHIP
	投	J. ピービー	13	7	203	216	2.88	1.04

※全選手MLBの成績

World Baseball Classic 2006

ベネズエラ

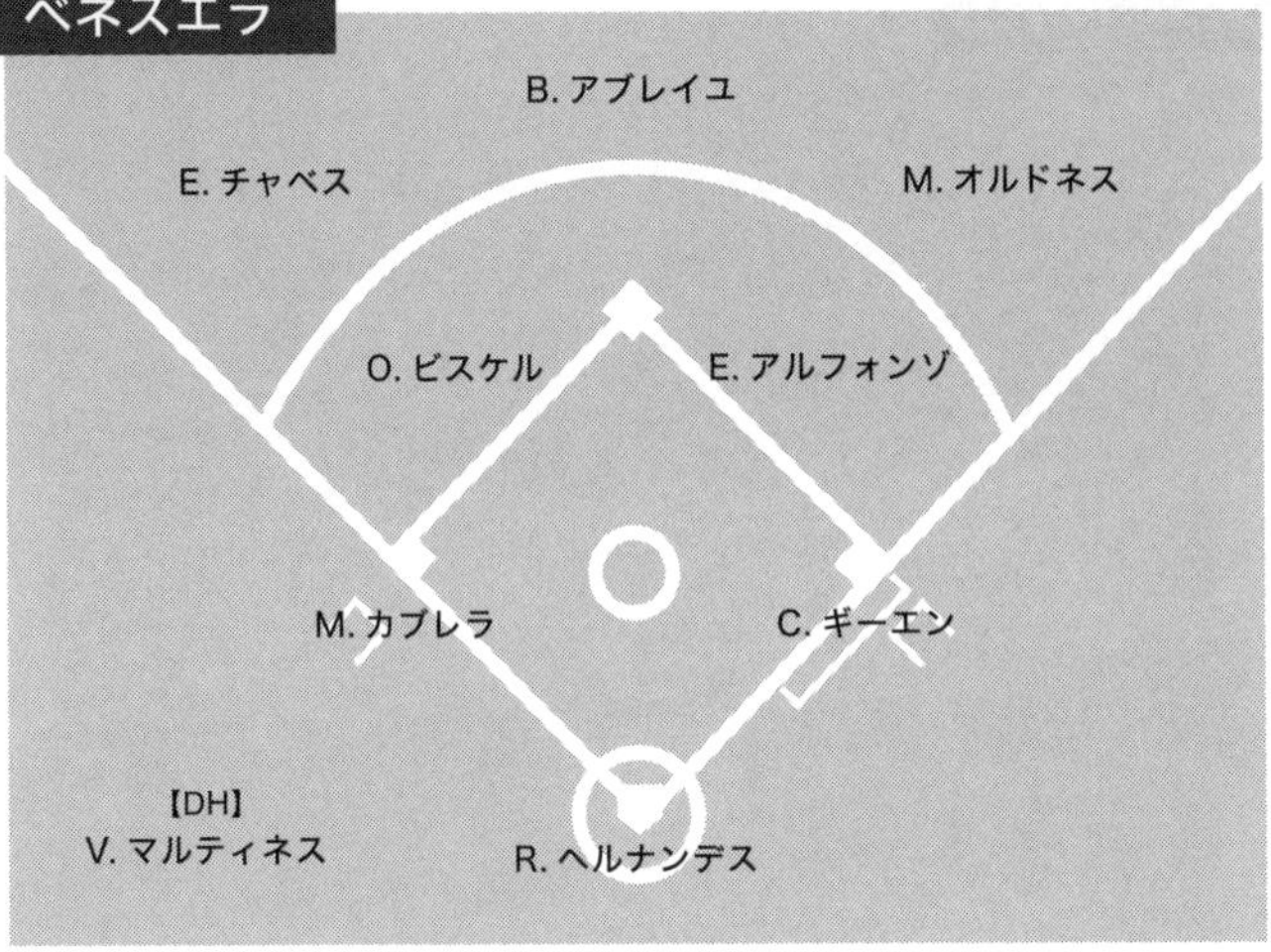

▶二次ラウンドプエルトリコ戦　※大会の前年成績

打順	守備位置	選手	打率	本塁打	打点	出塁率	長打率	OPS
1	左	E. チャベス	.216	0	11	.260	.302	.562
2	遊	O. ビスケル	.271	3	45	.341	.350	.691
3	中	B. アブレイユ	.286	24	102	.405	.474	.879
4	三	M. カブレラ	.323	33	116	.385	.561	.946
5	指	V. マルティネス	.305	20	80	.378	.475	.853
6	捕	R. ヘルナンデス	.290	12	58	.322	.450	.772
7	右	M. オルドネス	.302	8	46	.359	.436	.795
8	二	E. アルフォンゾ	.277	2	43	.327	.345	.672
9	一	C. ギーエン	.320	5	23	.368	.434	.802
	守備位置	名前	勝利	敗戦	投球回	奪三振	防御率	WHIP
	投	C. ザンブラーノ	14	6	223.1	202	3.26	1.15

※全選手MLBの成績

World Baseball Classic 2006

プエルトリコ

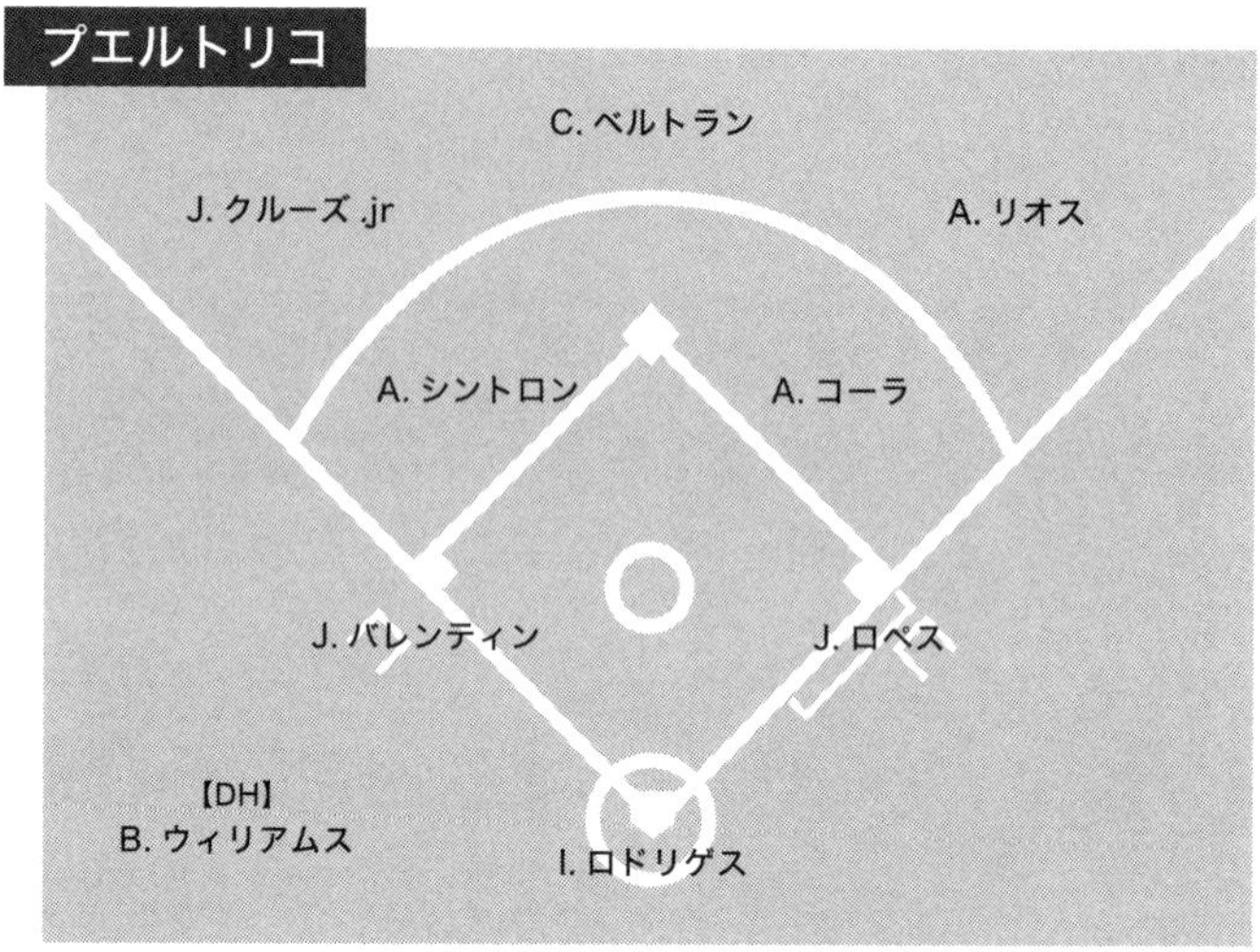

▶決勝キューバ戦 ※大会の前年成績

打順	守備位置	選手	打率	本塁打	打点	出塁率	長打率	OPS
1	指	B. ウイリアムス	.249	12	64	.321	.367	.688
2	捕	I. ロドリゲス	.276	14	50	.290	.444	.734
3	中	C. ベルトラン	.266	16	78	.330	.414	.744
4	一	J. ロペス	.278	15	49	.322	.458	.780
5	左	J. クルーズ jr	.251	18	50	.364	.473	.837
6	右	A. リオス	.262	10	59	.306	.397	.703
7	三	J. バレンティン	.170	2	14	.326	.265	.591
8	遊	A. シントロン	.273	8	48	.298	.415	.723
9	二	A. コーラ	.232	3	24	.275	.332	.607
	守備位置	名前	勝利	敗戦	投球回	奪三振	防御率	WHIP
	投	J. ピネイロ	7	11	189	107	5.62	1.48

※全選手MLBの成績

北京五輪：オールプロ参戦で史上最悪になった国際大会

結果：4位

予選リーグ

キューバ2-4

チャイニーズタイペイ6-1

オランダ6-0

韓国3-5

カナダ1-0

中国10-0

アメリカ2-4

準決勝

韓国2-6

3位決定戦
アメリカ 4 - 8

2度目のオールプロで迎えた北京五輪。アジア予選を突破後、「闘将」として知られる監督の星野仙一は、「金メダルしかいらない」と豪語した。初のオールプロで臨んだアテネ五輪では銅メダルだったが、「次こそは金メダルを取る」、という多くの人々の高い期待を胸に戦いに臨んだ。

アジア予選は、12月から台湾で戦うことになり、3戦全勝で出場権を得た。出場が決まった北京五輪の注目度は、なお高まった。メンバー選出に関しても、選手の選出も一次候補を早々と3月に発表するなど、これまでの国際大会とは打って変わり、気合の入り具合が伝わった。2006年WBCの優勝や星野の露出も多かったことも後押しした。

メンバーも川上憲伸・上原浩治・ダルビッシュ有など、実績のある選手とベテランを織り交ぜた構成だった。しかしこのチームの主将を務めた宮本慎也は、五輪の直前合宿時のチーム状況を「結構、故障者とか、喉が痛いとか色々あった」と記憶する。実際、故障明けの選手が招へいされていたことも確かで、合宿に入ってからは川崎宗則が左足を、西岡剛は首を痛め、村田修一は体調不良で緊急入院するなど、万全なコンディションとは言いにくい状態だった。そんな中、北京五輪が始まった。

1戦目の相手はキューバ。先発はダルビッシュだった。ダルビッシュは国際大会のボールに合わず、初回先頭バッターを四球で歩かせるなど立ち上がりからコントロールに苦しみ5回途中4失点5四死球で降板。代わった成瀬善久もタイムリーを打たれ2点差に。打線はヒットを出すもののその後追いつけず、初戦を落とす結果となった。さらにこの試合で川﨑の足の怪我が酷くなるなど、幸先の悪いスタートとなった。

2戦目のチャイニーズ・タイペイ戦では、先発・涌井秀章がマウンドに上がった。涌井は慎之助4回にヒット・四球を含めて先制を許すものの、すかさず5回に阿部のホームランで追いつき、6回には稲葉篤紀のタイムリーで逆転。9回には一挙4点を追加してこの五輪で初勝利を挙げた。

3戦目の相手はオランダで、杉内俊哉が先発となった。打線は1回に森野翔彦と新井貴浩のタイムリーなどで4点を先制。その援護を貰った杉内が7回を4安打無失点と完璧なピッチングを見せた。8回にはG・G・佐藤のホームランや青木宣親のタイムリーなどで追加点を挙げ、快勝した。

4戦目は宿敵・韓国。先発は、アテネ五輪アジア予選の韓国戦で好投を見せた和田毅がマウンドに上がった。5回まで和田毅と金廣鉉の両左腕の好投で無得点のゲームが続いたが、均衡を破ったのは4番新井だ。6回にレフトスタンドへのツーランホームランで2点を先制。しかし、韓国もすぐさま7回に李大浩のツーランホームランで追いつく。9回には代打・金賢洙が岩瀬から勝ち越しタイムリーを放ち、その後も味方のエラーなどで3点を失う。その裏、新井・稲葉のヒットで無死二・三塁のチャンスを作るも後続が続かず、日本は痛い逆転負けとなった。

5戦目はカナダとの対戦。先発は初戦でリリーフ登板した成瀬が務めた。この試合も投手戦となり、最終的にも日本は5安打、カナダは2安打という結果に。膠着する試合の中で、5回に稲葉が試合を決めるソロホームランを放つ。成瀬は7回を無四球10奪三振の快投を見せ、打線は苦しみながらも勝利を挙げた。

6戦目の相手は中国。中4日で涌井が先発となった。打線は2回にG・G・佐藤や矢野輝大のタイムリーツーベースで3点を先制する。その後も得点を積み重ねて7回コールド勝ちした。涌井は7回2安打で完封勝利を記録。

7戦目の相手はアメリカで、先発はダルビッシュ。この試合は決勝トーナメントの前の試合だったこともあり、ダルビッシュは2回でマウンドを降りる。その後田中将大、川上とつなぐが互いに譲らない投手戦となり、タイブレークにもつれたが岩瀬仁紀が打たれ、2対4で敗戦。4位で決勝トーナメント進出を決めた。


準決勝の相手は、予選リーグで辛酸をなめさせられた韓国。先発は杉内が選ばれた。日本は初回、併殺崩れの間に先制点を挙げ、3回にも青木のヒットで1点を加えた。しかし4回、G・G・佐藤のエラーを皮切りに1点を返される。さらに投手も杉内から川上、成瀬と必勝を期すも7回にも1点を返され、8回には岩瀬が李承燁のツーランホームランで同点に追いつかれる。なお二死一塁に攻め立てられる中、普段は右翼手を務めていながら左翼に入っていたG・G・佐藤の再度のエラーで一気に4点のリードを許し、そのまま力尽きて韓国に2連敗。この大会のチーム状況を象徴するような試合だった。

3位決定戦の相手はアメリカ。どうしても負けられないこの一戦、先発は和田毅となった。1回に荒木雅博のホームランで先制。2回にはマット・ラポータのホームランで同点に。3回に青木のスリーランホームランで勝ち越すも、その裏またもG・G・佐藤のエラーを皮切りにマシュー・ブラウンのホームランで追いつかれる展開となった。5回には川上が二死一・三塁の場面でテイラー・ティーガーデンの2点タイムリーツーベースで勝ち越しを許す。さらにジェイソン・ドナルドのホームランを許した。そのまま日本は敗れ、メダルなしに終わった。

北京五輪で金メダルに輝いたのは韓国。全勝優勝という結果を残した。おそらく歴代的に見ても最高峰のメンバーで、打線は李承燁や李大浩、金賢洙といった左右の好打者が揃って活躍。李大浩に関しては出場選手4位の打率・429、トップとなる3本塁打を記録した。投手陣は呉昇桓が不振だった中で、柳賢振や金廣鉉と言った若手左腕が躍動して、他国を寄せ付けない強さを見せた。

メダルなしという結果の原因は多々ある。まず星野政権にとって、首脳陣をあまりに親密な人選にしたことが、悪い方向に動いたことは間違いないだろう。投手コーチこそアテネ五輪を経験した大野豊が務めたものの、打撃コーチ・田淵幸一と守備走塁コーチは山本浩二と東京六大学時代からの盟友。「仲が良い」ことそれ自体が悪いということではなく、星野の過ちをストップできる人材がいなかったことが大きい。

2つめは戦う姿勢だ。大会前、多くのメディアに取り上げられた星野ジャパンだが、その過剰な持ち上げられ方が驕りになったのではないだろうか。韓国はメダルを獲得すれば兵役免除が約束されており、国内リーグも中断するほどの覚悟を持って臨んでいた。その結果、韓国は全勝で金メダルを獲得した。

そして3つめは、星野の短期決戦における投手運用・起用の悪さだろう。川上や岩瀬に過度に頼った継投で落とした試合は、韓国・アメリカ。重要な局面の継投をミスしたと言っても過言ではない。また、普段回跨ぎをしない岩瀬に何度も回跨ぎさせる場面もあり、投手起用がはまらなかったことは接戦を制することができなかったことに等しい。

これは星野の偏った投手選出や起用法、温情采配であったとはっきり言おう。プロ野球界ではこの頃からパ・リーグの実力がセ・リーグを上回り始めていた。具体的にはアテネ五輪翌年の2005年からこの北京五輪がある2008年まで沢村賞を獲得している投手力や交流戦の結果はもちろんのこと、国際大会やメジャーで活躍する選手は当時を見るとパ・リーグ出身の選手の割合が高かった。しかし、日本代表はセ・リーグの選手が半数を占めていた中で、自ら指揮をとったことのある中日、阪神だけで7名（川上・岩瀬・藤川球児・矢野・新井・森野・荒木）の選手を選出したことも物議を醸した。さらに試合中に鉄拳制裁を加えるといった噂も囁かれるなど、大会中のベンチワークは国際大会史上最悪だったと想像される。初戦から一貫性のない投手起用を続けただけでなく、ブルペン陣には中継ぎや抑えの本職が少なく、エース先発として活躍し続けている川上が常に後ろに回るような状況。投手が役割を果たしにくく、バランスも良くなかった大会だったと見ている。「金メダル以外いらない」と大きな目標を立てた星野ジャパンが、メダルなしという結果に終わったことは多くの野球ファンをはじめ、期待していた人々にとっても非常に遺憾であっただろう。

このようなことを理由に、翌年の２００９年ＷＢＣの監督候補にもその名は上がっていたものの、イチローや松坂大輔が「（ＷＢＣを）北京五輪のリベンジの場にしてほしくない」と発言するなどして、落選。ただ、この北京五輪の失敗例があったからこそ、以後の代表選出や、国際大会に対する戦略設計に反面教師として活かされたことは間違いない。

また、タイトルホルダーの落選による痛手もあった。北京五輪では、このシーズンで最終的に最多勝利、最高勝率、最優秀防御率の投手三冠王を獲得して沢村賞、ＭＶＰも受賞した岩隈久志がまさかの落選。これも大きな敗因だったと見ている。確かに岩隈は、アテネ五輪では不安定な投球により出番が激減し、この年も故障明けの不安があった。

岩隈は国際大会でも、１５０キロを超える水準以上のストレートに加え、制球力が高いこともあり、フォークも高いレベルで操る、先発完投型の投手。また、後のＷＢＣキューバ戦で、特筆すべき適応力の高さを見せた。霧が立ち込めフライが見づらい試合とみた岩隈は、得意のフォークを活かしてゴロを量産させたのだ。国際大会でここまで冷静に試合を展開できる頭脳的な投球能力もあり、当時の投手としての総合力の高さは際立っていた。北京五輪でも欠かせない存在になったに違いない。

また、野手陣の選定にも問題があったように思う。この年、右打者として史上最高の打率・378を残した上、その後の2009年WBCでも活躍した内川聖一や、パ・リーグ盗塁王に輝いた片岡治大が選出されなかったのは、個人的にも驚いた。内川の場合は内外野を守れるかつ、WBCではその後3大会に出場してすべての大会で打率3割以上を記録している。この大会でも低迷する打撃陣に必要不可欠な存在だったのは間違いなく、苦戦を強いられた韓国代表の金廣鉉への対策もできたのではないだろうか。

その他、川﨑と西岡の両選手が、怪我で自慢の足を活かせなかった点が大会を通して痛手だった。怪我の重さを考慮すると、初戦で既に左足の影響で走塁を考慮されていた川﨑の代わりに、片岡を選出するべきだったのではないか。事実、片岡は五輪よりもレベルが上がる2009年WBCの舞台で4盗塁を記録する活躍を見せた。一方、北京五輪でチームトップの盗塁数は、西岡と荒木の2盗塁と中途半端な結果であった。もし片岡を選出していれば、

2019年プレミア12の周東佑京のような活躍を見られた可能性があっただろう。大技小技を兼ね備える人材を揃えられなかったことが悔やまれる。また、前述のようにコンディション不良者が続出し、ベンチワークの管理能力も問われた。つまり、首脳陣のマネジメント力が欠如していたと言える。国際大会は基本的にすべての投手とはじめて対戦するため、シーズン中のように難なく打てるわけではない。メジャーリーガーが参戦しなかったといえどもオールプロで参加した大会で、チーム打率が歴代最低だったことは褒められたものではない。

ちなみにこちらが、メジャーリーガーなしかつオールプロで参加した国際大会のチーム打率である。

・アテネ五輪…・315
・北京五輪…・234
・2015プレミア12…・312
・2019プレミア12…・265
・東京五輪…・287

また、翌年の2009年WBCで監督を務めた原辰徳は、次のようにコメントしている。「選手のコンディションを最優先する。短期決戦だけに、何が起こるかわからない。状況次第では、先発投手が後ろに回る可能性だってある」北京五輪は、コンディショニングの重要性を痛感させられる大会だったということだろう。例えば、上記にも記載した川﨑と西岡は、北京五輪を通して打撃の調子自体はかなり良かったものの、怪我で守備につけないため、指名打者での出場やベンチスタートの試合があった。特に川﨑は合宿の時点で足を骨折しており、武器である足を活かせないまま大会を終えた。西岡も万全で動ける状態ではなかったため、指名打者としての出場がメインとなった。この2人を残した思われる理由は、オールプロで初の世界一を勝ち取った2006年WBCの西岡、川﨑の二遊間の成功体験。これに拘ったのが仇となった形だ。他にも稲葉が臀部の故障、森野が肉離れ、新井が腰痛など、管理能力が問われる結果となった。さらにメンタリティの管理という部分でも、一つのミスで精神的に追い込まれていたG・G・佐藤を、慣れない左翼手として起用し続ける采配が見られるなど、すべてが裏目に出た大会だった。

その結果、上位3か国の韓国、キューバ、アメリカには1勝もできないままメダルなしで終わったのだ。

北京五輪 2008

▶打撃成績

チーム	打率	試合	打数	得点	安打	二塁打	三塁打	本塁打	打点	盗塁	盗塁死	四球	三振	長打率	出塁率
キューバ	.297	9	306	64	91	21	7	13	60	6	2	37	59	.539	.382
韓国	.272	9	305	50	83	9	0	8	44	7	6	30	58	.380	.340
アメリカ	.248	9	306	50	76	27	1	10	48	4	2	34	80	.441	.333
日本	.234	9	286	36	67	12	2	7	35	7	1	24	58	.364	.308
チャイニーズタイペイ	.223	7	238	29	53	13	0	4	28	5	2	30	50	.328	.308
カナダ	.221	7	240	29	53	8	4	6	27	3	0	15	59	.363	.270
中国	.189	7	222	14	42	8	2	1	13	4	2	13	71	.257	.243
オランダ	.167	7	203	9	34	6	0	5	8	2	1	9	60	.271	.214

▶個人成績（打者）

氏名	試合	打数	安打	本塁打	打点	盗塁	打率	OPS
青木宣親	9	34	10	1	7	1	.294	.771
阿部慎之助	8	24	3	1	1	0	.125	.410
新井貴浩	9	35	9	1	7	0	.257	.775
荒木雅博	8	19	5	1	1	2	.263	.785
稲葉篤紀	9	34	7	1	6	1	.206	.587
川崎宗則	3	7	4	0	0	0	.571	1.196
里崎智也	4	14	1	0	0	0	.071	.142
G.G. 佐藤	7	20	4	1	2	0	.200	.754
中島裕之	9	27	8	0	5	1	.296	.868
西岡剛	8	22	10	1	4	2	.455	1.192
宮本慎也	3	4	1	0	0	0	.250	.500
村田修一	8	23	2	0	0	0	.087	.290
森野将彦	8	18	2	0	1	0	.111	.269
矢野輝弘	4	5	1	0	1	0	.200	.733

北京五輪 2008

▶投手成績

チーム	防御率	試合	完投	完封	勝利	敗北	セーブ	投球回	安打	本塁打	四球	死球	三振	失点	自責点
カナダ	2.29	7	0	2	2	5	0	63	42	7	21	1	56	20	16
キューバ	2.51	9	0	1	7	2	4	79	59	7	19	5	57	28	22
韓国	2.52	9	2	3	9	0	4	82	62	5	21	1	73	26	23
日本	2.54	9	1	3	4	5	1	78	54	5	26	1	94	28	22
アメリカ	3.05	9	0	1	6	3	2	82.2	64	10	22	4	72	36	28
チャイニーズタイペイ	3.51	7	0	1	2	5	1	66.2	65	5	22	3	66	33	26
オランダ	6.67	7	0	0	1	6	1	58	77	5	24	5	51	50	43
中国	8.24	7	0	0	1	6	0	59	76	10	37	13	26	60	54

▶個人成績（投手）

氏名	登板	勝利	敗北	セーブ	投球回	奪三振	自責点	防御率	WHIP
岩瀬仁紀	4	0	3	0	4.2	7	6	11.57	2.36
上原浩治	2	0	0	1	2	1	0	0.00	0.00
川上憲伸	5	0	1	0	7.2	6	4	4.70	1.17
杉内俊哉	2	1	0	0	10.2	9	1	0.84	0.94
田中将大	3	0	0	0	7	9	0	0.00	0.86
ダルビッシュ有	3	0	1	0	7	10	4	5.14	1.86
成瀬善久	4	1	0	0	12	19	0	0.00	0.67
藤川球児	4	0	0	0	4	7	1	2.25	0.75
涌井秀章	3	2	0	0	13.2	13	1	0.66	0.59
和田毅	2	0	0	0	9.1	13	5	4.82	1.29

北京五輪 2008

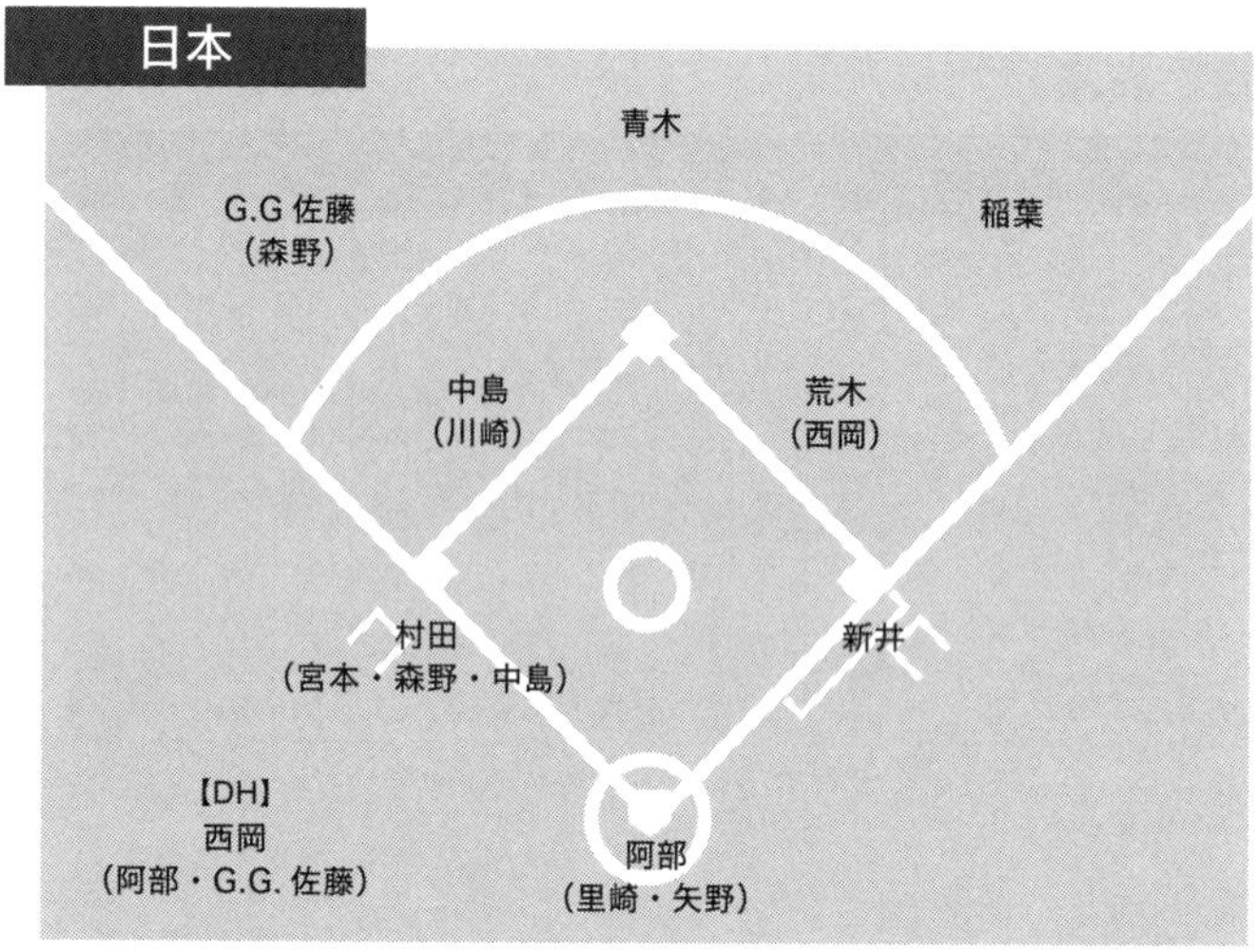

▶3位決定戦アメリカ戦

打順	守備位置	選手
1	指	西岡剛
2	二	荒木雅博
3	中	青木宣親
4	一	新井貴浩
5	右	稲葉篤紀
6	遊	中島裕之
7	捕	阿部慎之助
8	三	村田修一
9	左	G.G. 佐藤
	投	和田毅

北京五輪 2008

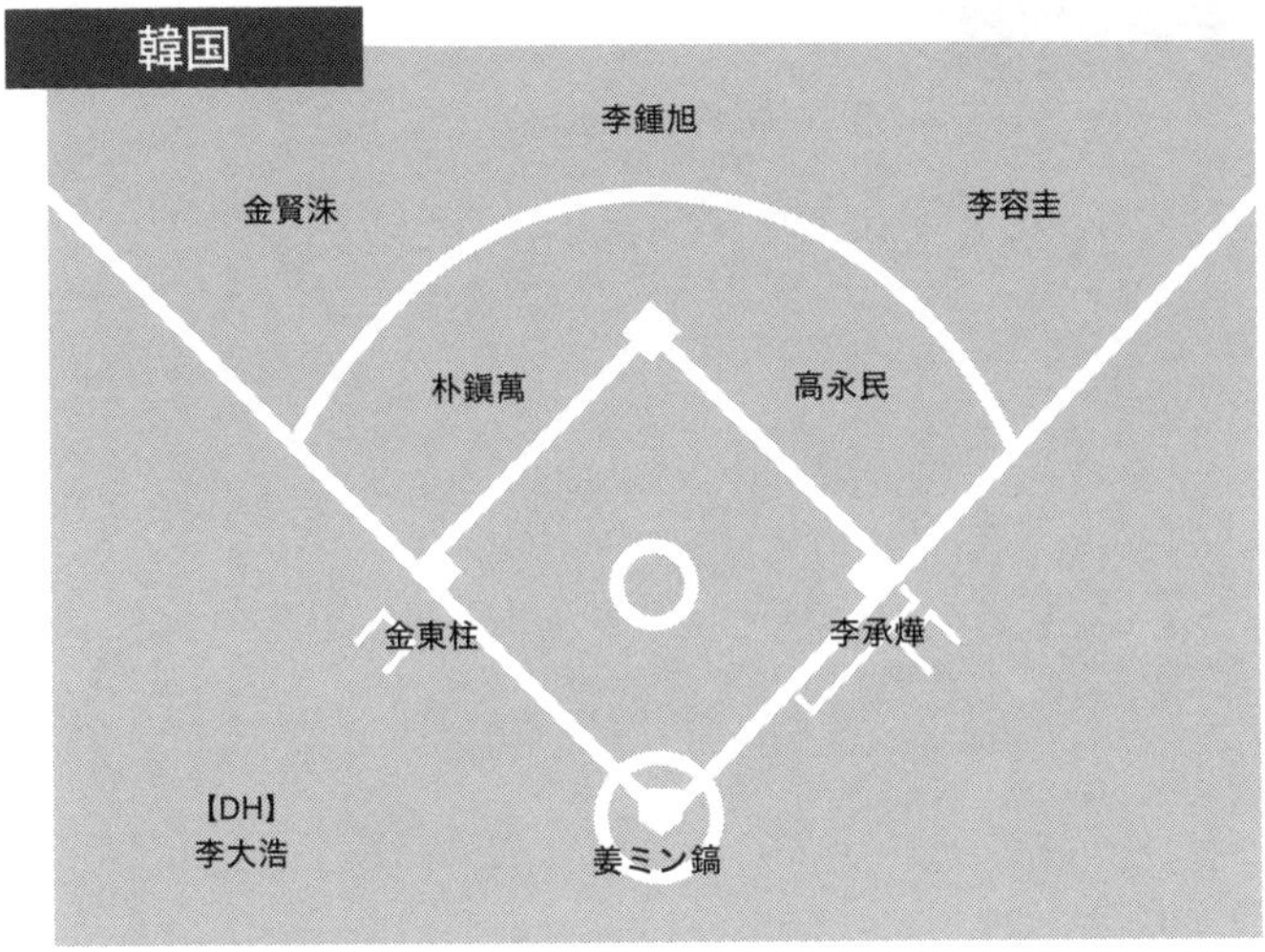

▶決勝キューバ戦

打順	守備位置	選手
1	中	李鍾旭
2	右	李容圭
3	左	金賢洙
4	一	李承燁
5	三	金東柱
6	指	李大浩
7	二	高永民
8	捕	姜ミン鎬
9	遊	朴鎭萬
	投	柳賢振

北京五輪 2008

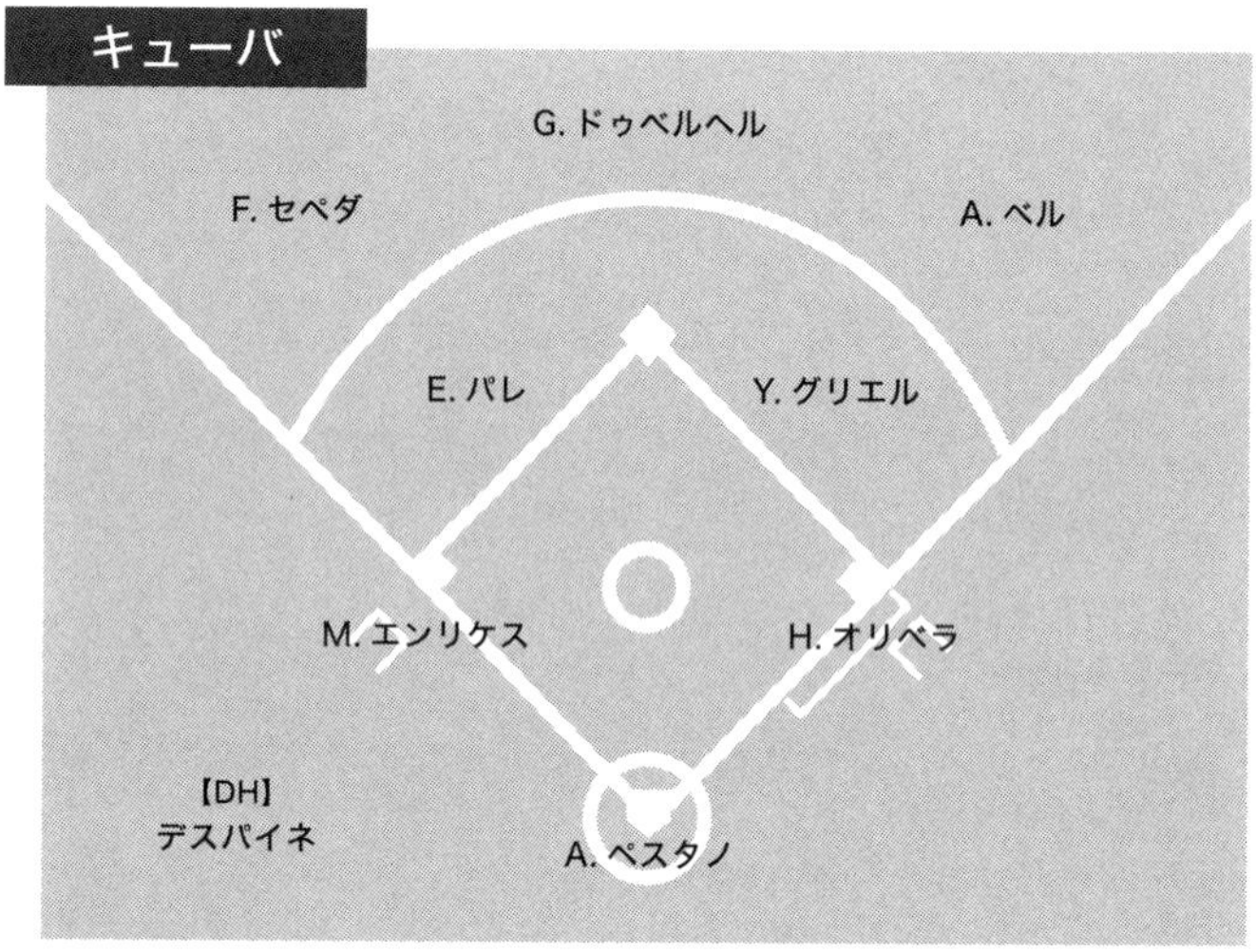

▶ 決勝韓国戦

打順	守備位置	選手
1	中	G. ドゥベルヘル
2	一	H. オリベラ
3	三	M. エンリケス
4	左	F. セペダ
5	右	A. ベル
6	二	Y. グリエル
7	指	A. デスパイネ
8	捕	A. ペスタノ
9	遊	E. パレ
	投	N. ゴンザレス

2009年WBC：国内・メジャー組の融合で北京五輪の雪辱を果たし2連覇

結果：優勝

第1ラウンド
中国 4-0
韓国14-2
韓国0-1

第2ラウンド
キューバ 6-0
韓国1-4
キューバ5-0
韓国6-2

準決勝

アメリカ9－4

決勝

韓国5－3

第2回となったWBCは、開催前から波乱が続いた。

2008年3月にWBC開催が決定したものの、この年に北京五輪が開催されたため、監督の選出についても2008年10月下旬まで決定できなかった。

監督の人選については、北京五輪と同様に星野仙一の名前がまず挙がった。しかし正式に代表選考会が行われた後、チームリーダーとして期待されるイチローは「大切なのは足並みをそろえること。（惨敗の）北京の流れから（WBCを）リベンジの場ととらえている空気があるとしたら、チームが足並みをそろえることなど不可能」とコメント。松坂大輔も「（WBCを）北京五輪のリベンジの場にしてほしくない」とコメントした。投打の軸からのこのようなコメントや、北京五輪の惨敗から世間の批判もあり、10月下旬に星野は辞退。さらに、候補として名前が挙がっており、NPBから正式に依頼を受けていた当時の中日監督・落合も辞退していたことが判明。

最終的には当時現役で監督を務めていた原辰徳（巨人）と渡辺久信（西武）の二択となり、原が就任することとなった。原はそれまで監督の苗字＋ジャパン（長嶋ジャパン、王ジャパン、星野ジャパン等）で呼ばれるのが通常であったチームに関して「若かったし、とんでもありません、と。おこがましいです」と申し出た上で、当時の加藤良三コミッショナーに「何かいい命名をしていただけませんか」と依頼。このWBCから侍ジャパンとして動き始めた。

しかし、北京五輪の惨事が影響したこともあり、中日所属の全選手（和田一浩・岩瀬・森野翔彦・浅尾拓也・髙橋聡文）自ら辞退するという、異例の出来事が起きる。さらに、膝の状態を考慮して松井秀喜も辞退。次いで当時メジャーリーガーだった黒田博樹や斎藤隆も辞退を表明した。

そのような状況の中イチロー、松坂、城島健司、岩村明憲、福留孝介の5人のメジャーリーガーを揃え、打線の軸を作った。その他投手では、国際大会経験豊富な松坂をはじめとして、五輪の雪辱を晴らしたいダルビッシュ有や田中将大、さらに北京五輪では選出されなかった前年沢村賞を獲得した岩隈久志らを招集した。ディフェンディング・チャンピオンとして挑む、2回目のWBCが幕を開けた。

なお、初回のWBCでは第1ラウンド、第2ラウンドが総当たりリーグ戦だったが、本大会よりダブルイリミネーション方式（2敗すると敗退が決まる）に変更。その他予告先発制度や、ビデオ判定など新たなルールが取り入れられた。

第1ラウンド、初戦の相手は中国。先発はダルビッシュとなった。日本は3回に中島裕之が四球で出塁すると、ディレードスチールを決める。その後3回一死二塁から青木がセンター前ヒットを放ち二塁から中島が先制のホームを踏んだ。さらに村田のツーランホームランで2点を追加し、6回にも追加点を挙げて4点差に広げる。先発のダルビッシュは、4回・46球を投げて、ノーヒットピッチングで無失点に抑えた。その後は涌井秀章や山口鉄也、田中将、馬原孝浩、藤川球児の小刻みな継投策で無失点に抑えて完封リレー。初戦を勝利した。

2戦目は、北京五輪金メダルに輝いた韓国が相手。先発は松坂となった。対する韓国は、北京五輪で日本を苦しめた金廣鉉が先発。この日は対左投手ということもあり、内川聖一が先発出場した。1回から金廣鉉を攻め立てる。イチロー、中島が連打でつないで初回に青木のタイムリーで先制。二死後に内川の2点タイムリーツーベースで3点を挙げた。その裏、韓国は、金泰均のツーランホームランで1点差にする。日本は2回も金廣鉉を攻める。城島のヒット、岩村への四球とイチローの内野安打で満塁にし、中島は押し出し四球を選んで1点。さらに4番・村田がスリーランホームランを放ち、ここでも6点を突き放した。その後4回にはエラーで1点、5回には中島のタイムリーと青木の犠牲フライで2点、6回には城島のツーランホームランで13点を挙げ、7回コールドで勝利して、順調に二次ラウンド進出を決めた。

3戦目は再度、敗者復活戦から勝ち上がってきた韓国との対戦。先発は岩隈となった。韓国は奉重根が先発。WBCではこの奉重根に苦しむことになる。両先発立ち上がりは無失点に抑え、序盤は緊迫したムードだったが4回に試合が動いた。3回までパーフェクトに抑えていた岩隈は、李鍾旭に四球を与えてしまう。さらに鄭根宇が詰まりながらもセンター前に運ぶ。金賢洙を三振に打ち取るが、金泰均にシュートを上手く三塁線に運ばれるタイムリーを打たれて先制を許した。その裏日本もチャンスを作る。中島がヒットで出塁し、ボークで二塁に進塁。青木のファーストゴロで一死三塁になる。しかしここで奉重根は冷静なピッチングを見せ、村田は内角高めのつり球で追い込まれ最後はファーストフライ。稲葉篤紀も詰まらせてピッチャーゴロに打ち取られた。その後日本は奉などの韓国投手陣の前に、8回まで毎回ヒットを放ったものの、好機にあと一本が出なかった。最後は林昌勇に抑えられ、一次ラウンドは、前回大会と同様に2位通過となった。

東京からアメリカはサンディエゴに場所を移して始まった第2ラウンド1戦目は、キューバとの戦い。前回大会決勝と同様のカードとなった。その試合の先発は松坂、キューバの先発は160キロ以上を記録する左腕のアロルディス・チャップマン。キューバは1回一死かミチェル・エンリケス、セペダと前回国際大会でも活躍した選手たちの連打で松坂を攻め立てる。松坂は踏ん張り、後続を打ち取りピンチを凌いだ。ただ、この回から城島は異変に気づく。キューバのサイン盗みだ。相手がコースなどを伝達していることに気付くと、2回から「(捕手の)城島さんが構えたところと、わざと逆に投げた」とコメント。

キューバの策略を防ぐ松坂を援護したい打線は、3回にチャップマンを攻め立て、城島の岩村の連打でチャンスを作る。しかしこの後イチローがバントを失敗、一死後、中島の代役の片岡治大がつないで満塁に。ここでチャップマンは降板。左サイドハンドのノルベルト・ゴンサレスは青木に対して、ワイルドピッチにしてしまい、日本が先制。さらに青木のタイムリーで追加点を挙げ、その後村田の犠牲フライで3点差とした。投げては松坂が6回8奪三振無四球無失点、テンポのいい圧巻のピッチングを見せた。その後は岩隈、馬原、藤川につなぎ、強豪国・キューバ相手に完封勝利を挙げた。

続く2戦目は3度目の対戦となる韓国。先発はダルビッシュと奉重根。ダルビッシュの立ち上がりは制球が定まらず、1回に先頭の李容圭から打たれると、次打者の初球の間、いきなり二盗を決められる。続く2番の鄭根宇にも内野安打を打たれてピンチを招いた。その直後、片岡の失策で先取点を許すと、李晋映に左翼前へタイムリーを打たれ、2人が生還。いきなり3点を失った。対する日本は、毎回のようにチャンスがあったものの、活かしきれなかった。前回の対戦で低めの変化球を振ってしまう選手が多かったことから、じっくりと見極め、3四球でチャンスメイクしたものの、今度はチェンジアップにやられたのだ。5回に1点を返したものの、初回の3点が尾を引いて敗れた。

二次ラウンド・敗者復活戦の相手は再びキューバとなった。負ければ敗退となる本試合、先発は岩隈に任された。序盤は両チーム無得点に終わり、試合が動いたのは4回。青木と稲葉の連続長短打などで二死二・三塁とした後、小笠原道大の飛球をセンターのセスペデスが落球し、2点を先制。この日は、試合の1時間ほど前から会場のペトコパークに急速に濃霧が立ちこんでいた。その影響でフライが見えにくく、苦しんだプレーだった。続く5回には、岩村と中島が四球で出塁すると、青木がセンター前のタイムリーでさらに1点を追加。

投げては岩隈が野手に配慮をしたピッチングを見せる。得意球のフォークを活かして、6回を投げて18個のアウトのうち、内野ゴロは15個を記録。「打たせて取る」テンポのいいピッチングで、65球無失点の好成績を残した。7回には、無死から岩村が四球と、イチローがバットをへし折り3試合ぶりのヒットで出塁すると、中島が犠牲フライを放ち4点目。9回にはスリーベースで出塁したイチローを、青木が4安打目となるタイムリーで返して5点目を入れた。岩隈の後を継いだ杉内俊哉は、3回を4奪三振とパーフェクトピッチングを見せて準決勝進出を決めた。

二次ラウンド1位決定戦は韓国との4度目の対戦となった。先発は内海哲也。1回に韓国は先頭打者の鄭根宇が内海からヒットで出塁。一死から金賢洙が低めの球を上手く流し、レフト方向へ。打球はワンバウンドした後、スタンドに入りエンタイトルツーベースで韓国が1点を先制。しかし日本もすぐに反撃を開始。2回に内川が、韓国先発の張洹三からソロホームランを放ち同点にする。さらに二死一・三塁から片岡のライト前ヒットで、2対1と逆転に成功。内海は2回2／3の投球で被安打3、奪三振2で1失点。小松も2回2／3を被安打ゼロで無失点のピッチングを見せた。

終盤までゼロ行進が続いた中で、7回に田中将が、先頭の李机浩に150キロの直球を弾き返され同点ホームランを打たれる。流れが韓国側に行き変えたと思った8回、先頭の青木がセーフティバントで出塁。続く代打稲葉もヒットでつないで、無死一・三塁にする。ここで韓国は日本打線が苦手とする金広鉉にスイッチしたが、さらに代打・小笠原が外角低めのスライダーを上手く拾ってタイムリーにして再度勝ち越しに成功。さらにその後3点差とした。

その後は馬原と藤川が締めて勝利して、二次ラウンド1位通過を決めた。しかし、この試合で村田が肉離れを起こし、離脱。代理として栗原陵矢が緊急招集された。

準決勝は前回大会で悔しい負け方をしているアメリカ。先発は松坂となった。アメリカの先発は前年MLBで17勝を挙げたロイ・オズワルト。1回、ブライアン・ロバーツに先頭打者ホームランで先制を許す。松坂は立ち上がりから制球に苦しみ、2回まで16球のうち9球がボールだった。しかし、城島が「2巡目から直球中心に組み立て、強風のためによく落ちたシンカー系の球も有効に使った」と後に語るように、バッテリーが工夫し試合中に修正し始める。

野手陣も奮起し、すかさず2回には一死一・三塁で城島の犠牲フライで追いつく。しかし3回に二死二塁の場面で、デビッド・ライトに勝ち越しのタイムリーツーベースを許す。しかし日本も、4回に相手の失策もあり、城島が犠牲フライを放って勝ち越し。この勢いで猛攻に出て、さらに岩村のタイムリースリーベース、川﨑宗則のタイムリー、中島のタイムリーツーベースで4点差とする。日本打線は先発・オズワルトへの対策として、高めを捨てて勝負に出ていた。そのためこのタイムリーはすべて低めの球をとらえたもの。さらに、持ち味のテンポの良さに対して、対戦経験のある城島や福留は「差し込まれないように」と、前日から指摘していた。

松坂は苦しみながらも、5回98球を投げて2失点に抑え、続く杉内と田中将がしっかりと抑える。しかし8回に馬原がマーク・デローサに2点タイムリーツーベースを打たれて2点差に迫られた。日本は9回、二死三塁の場面で、デレク・ジーターの送球が逸れてエラーから1点を追加、二死二塁として不調・イチローのタイムリー、続く中島のタイムリーツーベースで3点を追加、5点差とした。

最終回は、なかなか調子の上がらない守護神・藤川の代わりに、急造でリリーフになったダルビッシュがマウンドに。そのダルビッシュがランナーを出しながらも、ライトとダンの中軸を2者連続三振で締めて決勝進出を決めた。

2連覇を狙う決勝は、なんとこの大会5度目の対戦となる宿敵韓国。前回大会優勝国と北京五輪金メダルを獲得したチームの、お互いの意地がぶつかる対戦となった。

先発は岩隈、そして日本が度々苦しめられている奉重根。3回に日本は一死一・三塁のチャンスで小笠原が先制タイムリーを放つ。その後満塁として追加点のチャンスを作るが、栗原が併殺打に倒れた。この試合も岩隈が3回までパーフェクトに抑えるが、5回に韓国・秋信守のホームランで追いつかれた。一方の奉重根は、3四球やファウルで球数を重ねられたこともあり、1失点ではあるものの5回無死で降板した。

日本は韓国に流れを渡したくない。6回は、一死から四球で出塁した李容圭を城島が刺し盗塁を阻止。勢いに乗った日本は、7回に先頭の片岡とイチローがヒットで塁に出ると、中島のタイムリーで再度の勝ち越しに成功。8回にも、韓国の3番手・柳賢振から岩村の犠牲フライで2点差とした。しかし韓国も意地を見せる。その裏に李杋浩がツーベースで出塁、ゴロの間に三塁に進塁すると、代打李大浩の犠牲フライで1点差に追い上げる。

9回は昨日同様、ダルビッシュがマウンドに上がった。しかし、制球が定まらず連続四球でランナーを溜めて、二死一・二塁で李杋浩のタイムリーで追いつかれてしまう。0回、この大会苦しんだチームリーダーが試合を決めた。この回先頭の内川が、林からライト前ヒットで出塁。続く稲葉が送る。岩村がつないで一死一・三塁となる。代打・川﨑はショートフライに倒れて二死一・三塁となったこの場面、イチローが2点タイムリーを放ち、試合を決めたのだ。イチロー自身「僕は持ってますね。神が降りてきたという感じ。日本中のみんなが注目しているだろうと思って、自分の中で実況して、普段は結果が出ないんだけど、それで結果が出て、壁を越えたと思います」とコメントするほど自画自賛のタイムリーだった。その裏の韓国の攻撃をダルビッシュが締め、日本は2連覇を果たした。

2連覇を果たした日本は、前回大会ほどの打力はなかったが、それでも出場国の中で打率と打点は5位を記録。得点に関しては2位、盗塁数は1位を記録した。

投手陣は前回大会よりも強化され、チーム防御率は1・71と驚異的な記録を残した。松坂・岩隈・ダルビッシュの先発3本柱は世界でもトップクラスと言っても良かっただろう。松坂は3戦3勝で2大会連続のMVPとベストナインを獲得。岩隈は20イニングを投げて防御率1.35と安定感抜群のピッチングで、やはりベストナインを獲得。ダルビッシュは13イニングを投げて、20三振防御率2.08を記録した。また、普段は先発の杉内が第二先発やリリーフに回り、5試合を投げて得点を与えなかったのも大きい。

野手陣を見ると、イチローが決勝まで苦しんだことや好調だった村田が準決勝前に離脱した中で、ベストナインを獲得した青木をはじめとした城島、中島、内川、片岡、稲葉が3割以上の打率を残した。片岡に関しては4盗塁を決めるなど、俊足の期待に応える活躍を見せた。また、この大会ではイチロー、青木、内川という球史に残るアベレージヒッターが3選手揃っていたことにより、打線が途切れにくかった点も大きかった。

さらに、城島や福留、岩村を下位打線に置く戦術も効いた。実際に岩村は「実際にメジャーリーガー3人で（福留、城島、岩村）下位打線を打つけど、そこで打線の裏の軸になってくれ、とはっきりと言われ、すごくやりがいを感じました」とコメントしている。特に岩村はつなぎに徹しながら、ここぞとの場面では長打を放つなど柔軟な打撃が目立った。開催前は多くの辞退者がいながら、大会を勝ち進んでいくうちに、国内組とメジャー組の融合の最大化ができた大会だったのではないだろうか。

World Baseball Classic 2009

▶打撃成績

チーム	打率	試合	打数	得点	安打	二塁打	三塁打	本塁打	打点	盗塁	盗塁死	四球	三振	長打率	出塁率
オーストラリア	.340	3	100	22	34	3	0	5	21	2	0	8	28	.520	.417
キューバ	.313	6	201	36	63	10	3	11	34	1	2	17	39	.557	.376
メキシコ	.305	6	203	47	62	13	0	14	43	4	1	28	42	.576	.403
ベネズエラ	.304	8	280	45	85	20	4	13	42	7	2	21	42	.543	.357
日本	.299	9	308	50	92	13	2	4	41	11	4	35	53	.393	.371
アメリカ	.296	8	274	50	81	15	4	12	49	7	3	43	50	.511	.393
プエルトリコ	.286	6	189	31	54	12	2	7	31	6	2	39	40	.481	.409
韓国	.243	9	267	53	65	8	1	11	50	9	2	50	57	.404	.371
イタリア	.235	3	102	7	24	10	0	0	7	1	1	15	23	.333	.342
ドミニカ共和国	.221	3	104	12	23	2	0	4	11	0	1	18	16	.356	.339
カナダ	.215	2	65	7	14	7	0	2	6	0	0	15	16	.415	.370
チャイニーズタイペイ	.203	2	59	1	12	1	0	0	1	0	1	8	12	.220	.299
中国	.190	3	84	4	16	2	0	1	4	3	1	2	17	.250	.207
オランダ	.188	6	197	10	37	5	0	1	7	0	3	9	61	.228	.230
パナマ	.177	2	62	0	11	1	0	0	0	1	1	5	16	.194	.261
南アフリカ	.172	2	64	4	11	1	2	0	4	0	0	3	17	.250	.209

▶個人成績（打者）

氏名	試合	打数	安打	本塁打	打点	盗塁	打率	OPS
青木 宣親	9	37	12	0	7	1	.324	.732
阿部 慎之助	4	6	1	0	0	0	.167	.334
石原 慶幸	1	0	0	0	0	0	.000	.000
イチロー	9	44	12	0	5	1	.273	.637
稲葉 篤紀	8	22	7	0	0	0	.318	.848
岩村 明憲	9	28	8	0	3	1	.286	.774
内川 聖一	6	18	6	1	4	0	.333	.956
小笠原 道大	9	32	8	0	3	0	.250	.564
片岡 易之	7	13	4	0	1	4	.308	.708
亀井 義行	3	1	1	0	0	1	1.000	2.000
川崎 宗則	5	7	3	0	1	1	.429	.858
栗原 健太	2	3	0	0	0	0	.000	.000
城島 健司	9	30	10	1	4	1	.333	.820
中島 裕之	7	22	8	0	6	1	.364	1.061
福留 孝介	7	20	4	0	0	0	.200	.607
村田 修一	7	25	8	2	7	0	.320	.939

World Baseball Classic 2009

▶投手成績

チーム	防御率	試合	完投	完封	勝利	敗北	セーブ	投球回	安打	本塁打	四球	死球	三振	失点	自責点
ドミニカ共和国	0.31	3	0	1	1	2	0	28.2	14	0	4	4	37	5	1
日本	1.71	9	0	3	7	2	1	79	50	4	31	2	75	16	15
プエルトリコ	1.75	6	0	2	4	2	1	51.1	40	2	16	2	43	10	10
韓国	3.00	9	0	3	6	3	2	78	82	4	22	2	60	30	26
オランダ	3.46	6	0	0	2	4	1	52	48	5	41	3	32	23	20
キューバ	3.81	6	0	0	4	2	2	52	42	5	24	8	51	24	22
ベネズエラ	4.13	8	0	2	6	2	3	72	70	7	40	5	54	36	33
カナダ	5.82	2	0	0	0	2	0	17	19	3	14	0	16	12	11
アメリカ	5.99	8	0	0	4	4	1	67.2	87	10	28	2	47	54	45
イタリア	6.12	3	0	0	1	2	1	25	32	6	16	2	17	19	17
中国	6.65	3	0	0	1	2	1	23	22	2	19	3	12	19	17
パナマ	6.75	2	0	0	0	2	0	16	21	6	10	0	11	16	12
チャイニーズタイペイ	7.31	2	0	0	0	2	0	16	19	3	7	1	11	13	13
メキシコ	9.52	6	0	0	2	4	0	46.1	75	11	17	5	40	52	49
オーストラリア	10.57	3	0	0	1	2	0	23	34	7	11	1	20	28	27
南アフリカ	11.12	2	0	0	0	2	0	17	29	10	16	2	3	22	21

▶個人成績（投手）

氏名	登板	勝利	敗北	セーブ	投球回	奪三振	自責点	防御率	WHIP
岩隈 久志	4	1	1	0	20	15	3	1.35	0.90
岩田 稔	2	0	0	0	1	1	0	0.00	3.00
内海 哲也	1	0	0	0	2.2	2	1	3.38	1.50
小松 聖	1	0	0	0	2.2	5	0	0.00	0.38
杉内 俊哉	5	0	0	1	6.1	6	0	0.00	0.32
田中 将大	4	0	0	0	2.1	5	1	3.86	1.29
ダルビッシュ有	5	2	1	0	13	20	3	2.08	1.00
藤川 球児	4	0	0	0	4	3	0	0.00	1.00
松坂 大輔	3	3	0	0	14.2	13	4	2.45	1.30
馬原 孝浩	5	0	0	0	5	2	2	3.60	1.40
山口 鉄也	4	0	0	0	2	0	0	0.00	1.00
涌井 秀章	3	1	0	0	3.1	2	1	2.70	0.90
渡辺 俊介	2	0	0	0	2	1	0	0.00	1.00

World Baseball Classic 2009

日本

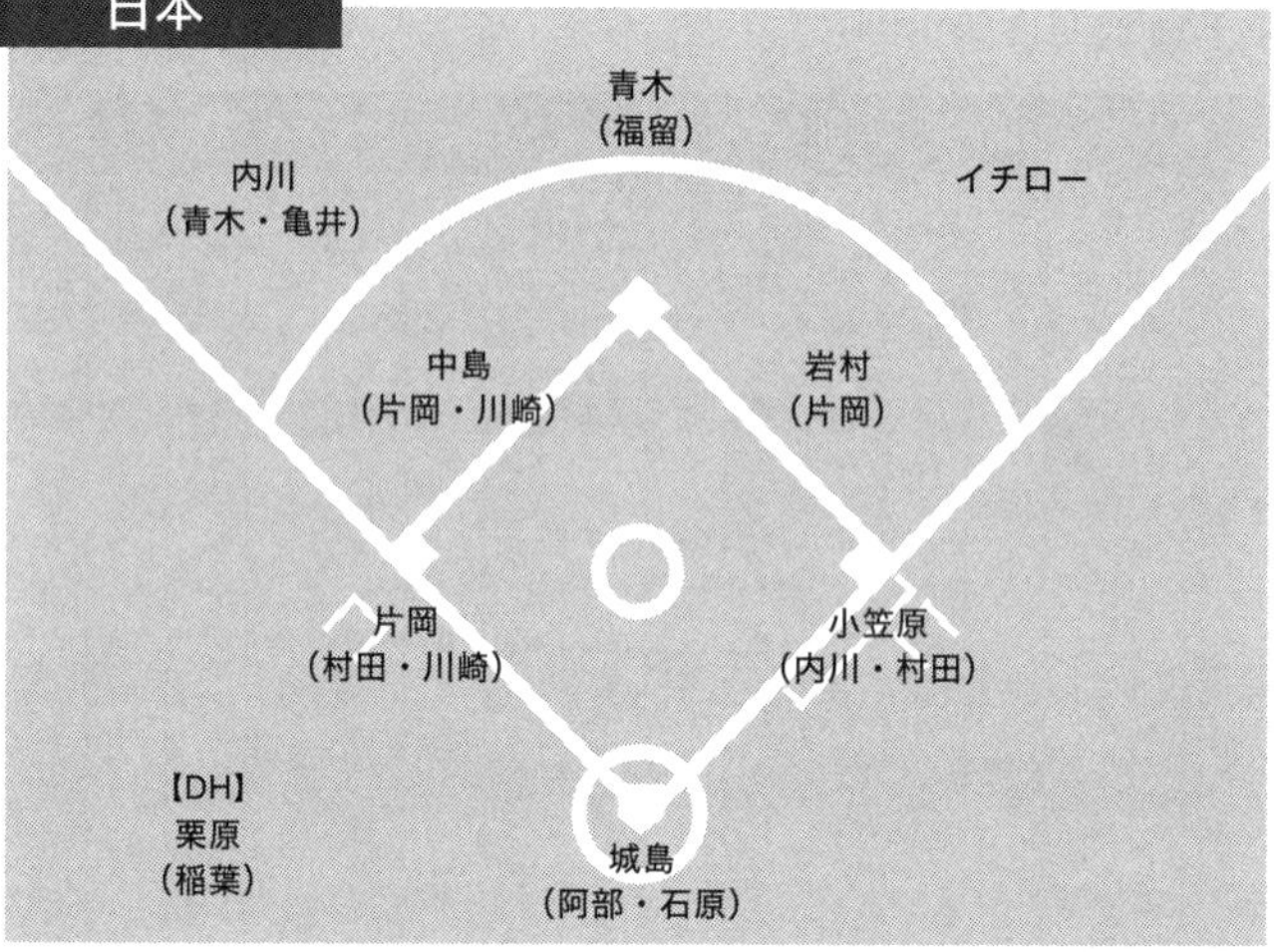

▶決勝韓国戦　※大会の前年成績

打順	守備位置	選手	打率	本塁打	打点	出塁率	長打率	OPS
1	右	イチロー	.310	6	42	.361	.386	.747
2	遊	中島裕之	.331	21	81	.410	.527	.937
3	中	青木宣親	.347	14	64	.413	.529	.942
4	捕	城島健司	.227	7	39	.277	.332	.609
5	一	小笠原道大	.310	36	96	.381	.573	.954
6	左	内川聖一	.378	14	67	.416	.540	.956
7	指	栗原健太	.332	23	103	.389	.515	.904
8	二	岩村明憲	.274	6	48	.349	.380	.729
9	三	片岡易之	.287	4	46	.322	.371	.693
	守備位置	名前	勝利	敗戦	投球回	奪三振	防御率	WHIP
	投	岩隈久志	21	4	201.2	159	1.87	0.98

※イチロー、城島健司、岩村明憲はMLBの成績
※イチロー、城島健司、岩村明憲以外はNPBの成績

World Baseball Classic 2009

韓国

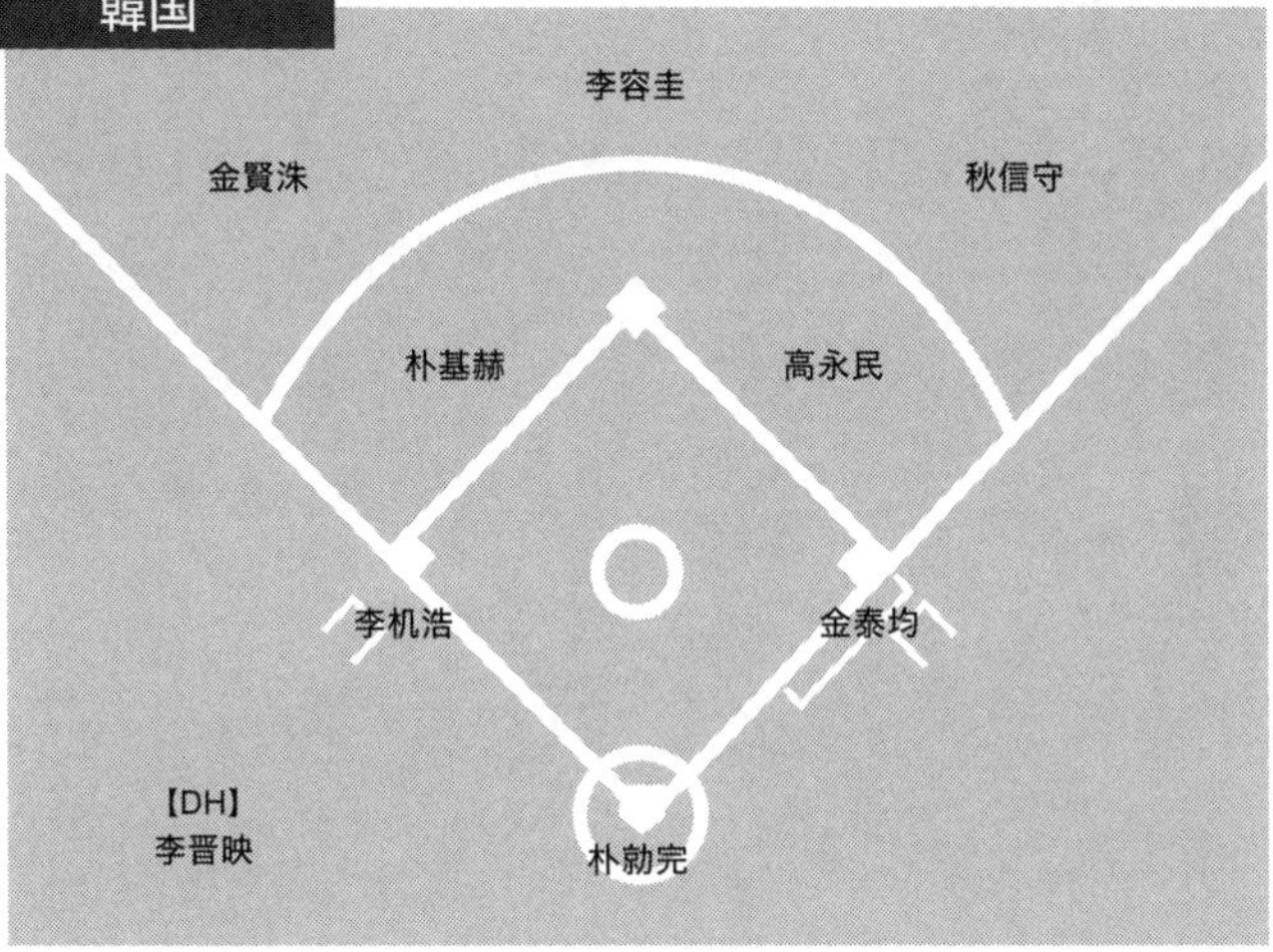

▶ 決勝日本戦 ※大会の前年成績

打順	守備位置	選手	打率	本塁打	打点	出塁率	長打率	OPS
1	中	李容圭	.312	0	38	.340	.353	.692
2	指	李晋映	.315	8	53	.451	.380	.731
3	左	金賢洙	.357	9	89	.454	.509	.963
4	一	金泰均	.324	31	92	.417	.622	1.039
5	右	秋信守	.309	14	66	.397	.549	.946
6	三	李机浩	.276	19	77	.374	.470	.844
7	二	高永民	.267	9	39	.383	.379	.762
8	捕	朴勍完	.273	7	36	.377	.398	.775
9	遊	朴基赫	.291	1	36	.364	.342	.706
	守備位置	名前	勝利	敗戦	投球回	奪三振	防御率	WHIP
	投	奉重根	11	8	186.1	140	2.66	1.19

※秋信守はMLBの成績
※秋信守の選手以外は国内リーグの成績

World Baseball Classic 2009

ベネズエラ

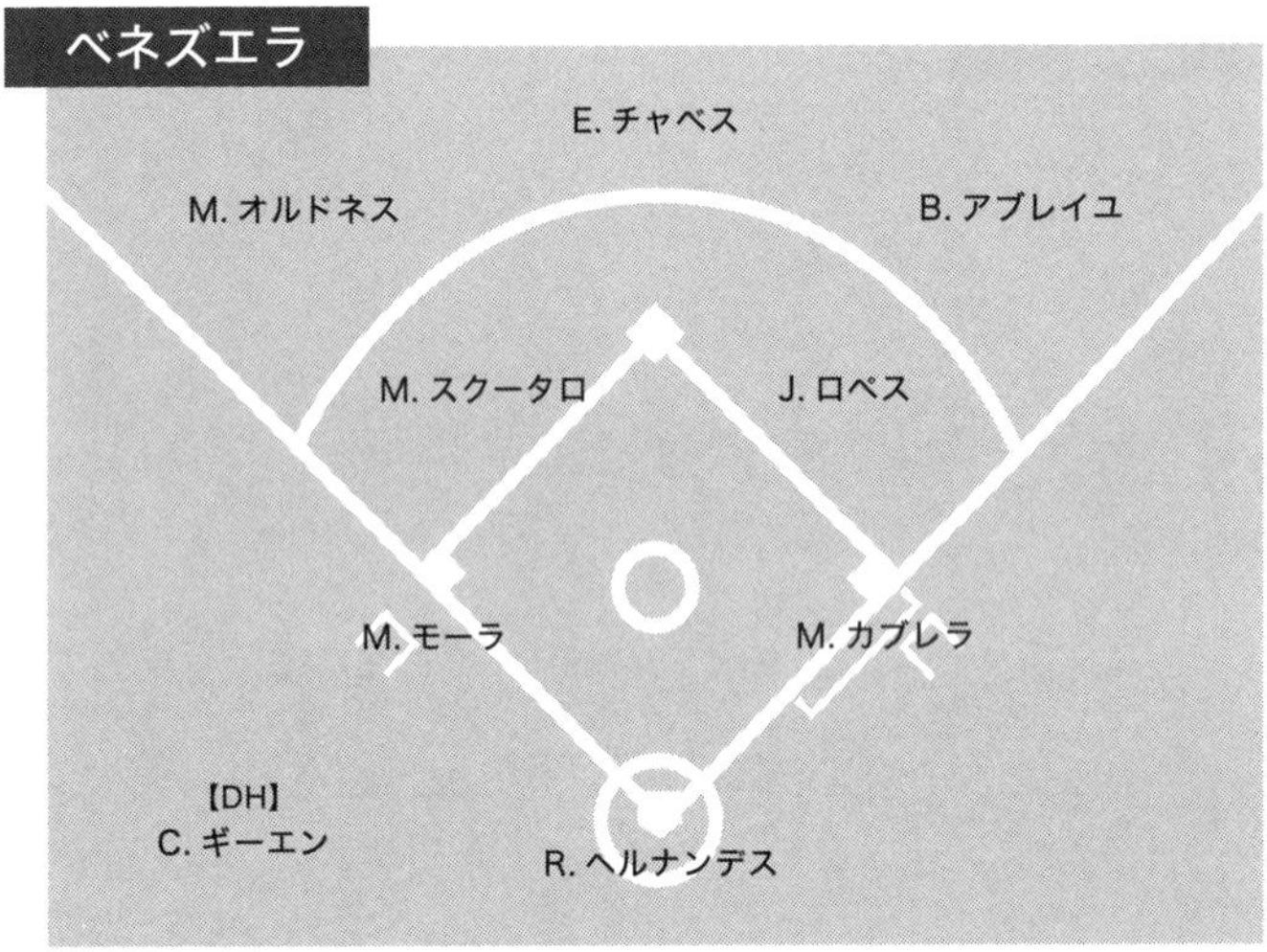

▶ 準決勝韓国戦 ※大会の前年成績

打順	守備位置	選手	打率	本塁打	打点	出塁率	長打率	OPS
1	中	E. チャベス	.267	1	12	.309	.330	.638
2	三	M. モーラ	.285	23	104	.342	.483	.825
3	右	B. アブレイユ	.296	20	100	.371	.471	.843
4	一	M. カブレラ	.292	37	127	.349	.537	.886
5	指	C. ギーエン	.286	10	54	.376	.436	.812
6	左	M. オルドネス	.317	21	103	.376	.494	.870
7	二	J. ロペス	.297	17	89	.322	.443	.765
8	捕	R. ヘルナンデス	.257	15	65	.308	.406	.714
9	遊	M. スクータロ	.267	7	60	.341	.356	.697
	守備位置	名前	勝利	敗戦	投球回	奪三振	防御率	WHIP
	投	C. シルバ	4	15	153.1	69	6.46	1.60

※全選手MLBの成績

World Baseball Classic 2009

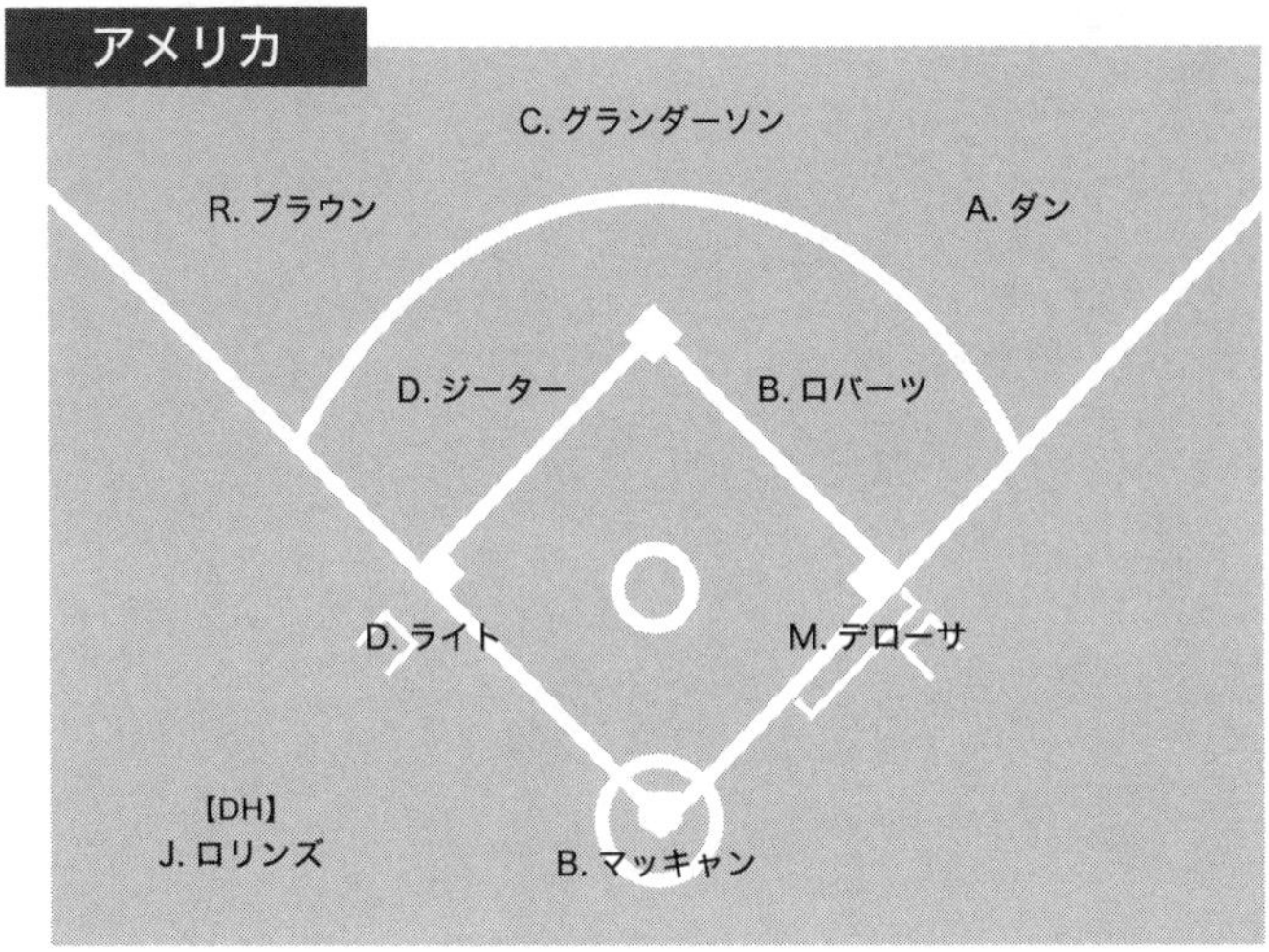

▶ 準決勝日本戦 ※大会の前年成績

打順	守備位置	選手	打率	本塁打	打点	出塁率	長打率	OPS
1	二	B. ロバーツ	.296	9	57	.378	.450	.828
2	遊	D. ジーター	.300	11	69	.363	.408	.771
3	指	J. ロリンズ	.277	11	59	.349	.437	.786
4	三	D. ライト	.302	33	124	.390	.534	.924
5	右	A. ダン	.236	40	100	.386	.513	.899
6	左	R. ブラウン	.285	37	106	.335	.553	.888
7	捕	B. マッキャン	.301	23	87	.373	.523	.896
8	一	M. デローサ	.285	21	87	.376	.481	.857
9	中	C. グランダーソン	.280	22	66	.365	.493	.859
	守備位置	名前	勝利	敗戦	投球回	奪三振	防御率	WHIP
	投	R. オズワルト	17	10	208.2	165	3.54	1.18

※全選手MLBの成績

World Baseball Classic 2009

プエルトリコ

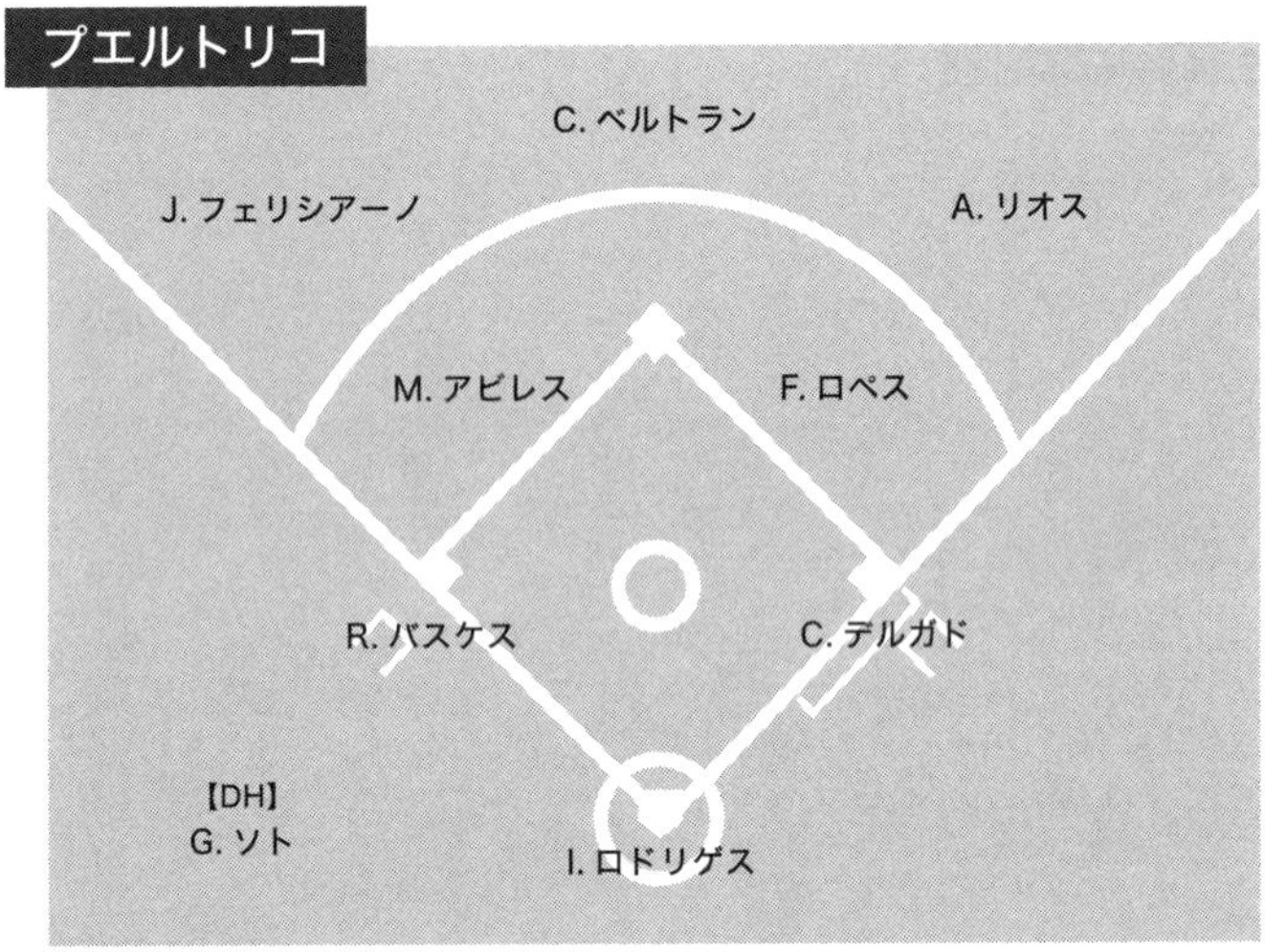

▶二次ラウンドアメリカ戦 ※大会の前年成績

打順	守備位置	選手	打率	本塁打	打点	出塁率	長打率	OPS
1	左	J. フェリシアーノ	.308	3	55	.366	.383	.749
2	三	R. バスケス	.290	6	40	.365	.430	.795
3	中	C. ベルトラン	.284	27	112	.376	.500	.876
4	一	C. デルガド	.271	38	115	.353	.518	.871
5	右	A. リオス	.291	15	79	.337	.461	.798
6	捕	I. ロドリゲス	.276	7	35	.319	.394	.713
7	指	G. ソト	.285	23	86	.364	.504	.868
8	二	F. ロペス	.283	6	46	.343	.387	.730
9	遊	M. アビレス	.325	10	51	.354	.480	.833
	守備位置	名前	勝利	敗戦	投球回	奪三振	防御率	WHIP
	投	J. バスケス	12	16	208.1	200	4.67	1.32

※J.フェリシアーノはAAAの成績
※その他の選手はMLBの成績

World Baseball Classic 2009

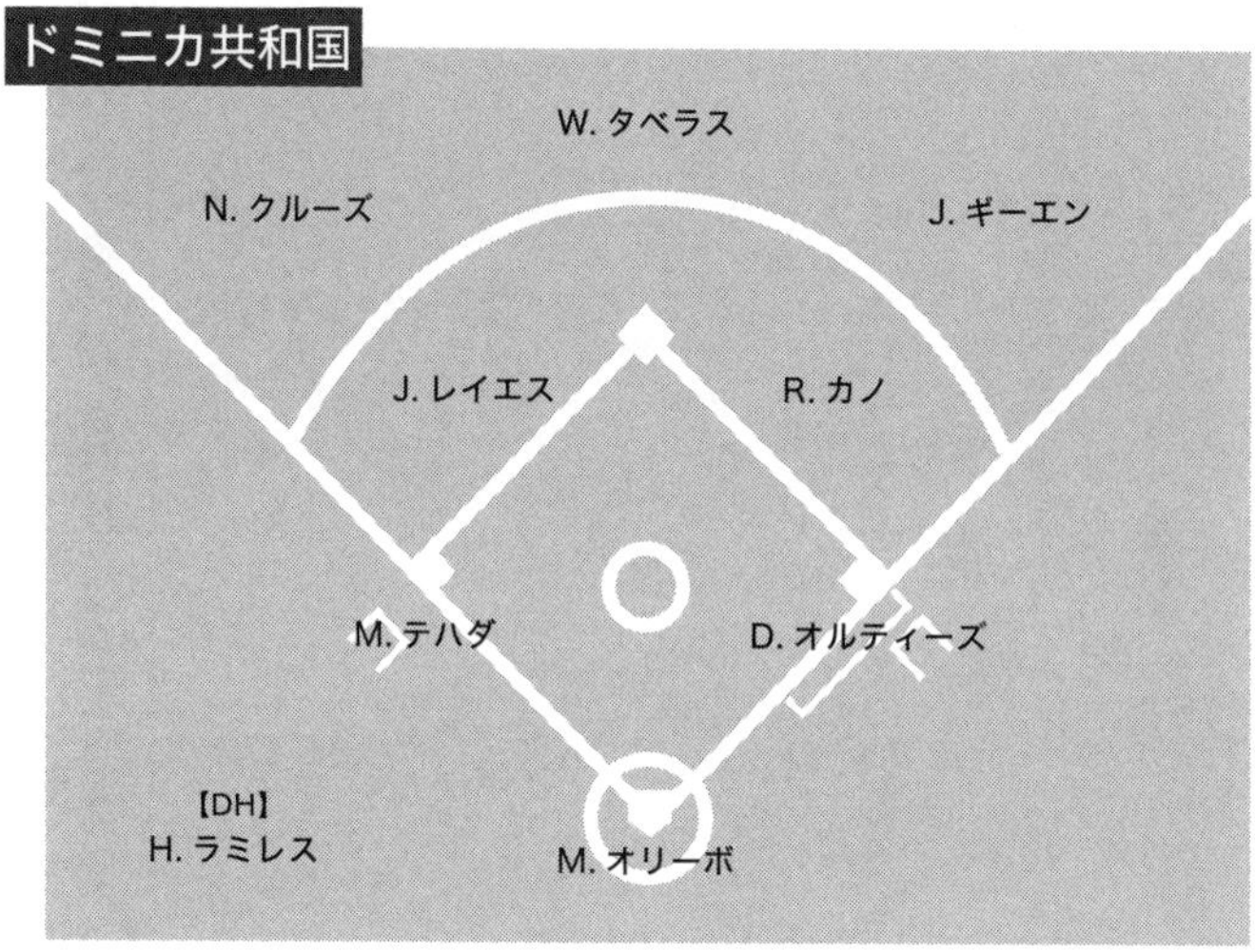

▶一次ラウンドオランダ戦 ※大会の前年成績

打順	守備位置	選手	打率	本塁打	打点	出塁率	長打率	OPS
1	遊	J. レイエス	.297	16	68	.358	.475	.833
2	中	W. タベラス	.251	1	26	.308	.296	.604
3	指	H. ラミレス	.301	33	67	.400	.540	.940
4	一	D. オルティーズ	.264	23	89	.369	.507	.877
5	三	M. テハダ	.283	13	66	.314	.415	.729
6	右	J. ギーエン	.264	20	97	.300	.438	.738
7	二	R. カノ	.271	14	72	.305	.410	.715
8	左	N. クルーズ	.330	7	26	.421	.609	1.030
9	捕	M. オリーボ	.255	12	41	.278	.444	.722
	守備位置	名前	勝利	敗戦	投球回	奪三振	防御率	WHIP
	投	U. ヒメネス	12	12	198.2	172	3.99	1.43

※全選手MLBの成績

アジア勢の健闘が目立った2000年代の国際大会

2000年代のオールプロで参加した国際大会では、2010年以降と比較して足元を救われるような試合が多かったように見受けられる。

第一に考えられるのは、スカウティングと準備不足だ。アテネ五輪は大会前から「アマチュア最強」と呼ばれており、当時の対戦成績が悪かったキューバに意識が行きすぎた。そのため、ノーマークだったオーストラリアに2連敗して金メダルを逃した。そのオーストラリアからは、この五輪前に日本でプレーをしていたニルソン（日本登録名：ディンゴ）やポール・ゴンザレス、ジェフ・ウィリアムスが投打の軸として出場。特にニルソンには丸裸にされており、前述の通り中日時代に日本の選手団が研究されていたことを後に述べている。

この時のオーストラリアは決して楽に勝てる相手ではなく、当時マイナーリーグには15人所属しており、現段階では歴代最高のチームだったと言っても過言ではない。しかしながら当時の日本の実力を見ると、後のメジャーリーガーも多く出場しており、十分キューバと同様に研究さえしっかりすれば勝てていたと思われるだけに、残念な結果となった。

北京五輪は金メダルが約束されていたかのような雰囲気でまさかのメダルなし。その要因はアテネ五輪と同様に、スカウティング不足は少なからず挙げられる。ライバル韓国は2006WBCでも2敗しており、要注意すべきチームだったにも関わらず2敗。さらに韓国はこの大会のために、国内リーグを休止して臨んだことから、この大会に賭ける意欲や事前の調整に関しても差が生まれた結果になった。

キューバに関しては、北京五輪で決勝にまで進んでいる。当時のメンバーは、グリエルやアルフレド・デスパイネ、ベルなど、その後メジャーから日本まで活躍する選手が多く揃っていた。日本は北京五輪で大会前の練習試合で、視察を試みたが中止に。しかし、キューバに関しては野球の世界大会にほとんど出場していた。北京五輪の大会前からではなく、さらに前からキューバリーグの研究はすべきだったのではないだろうか。アメリカに関しても、北京五輪では24人中23人がマイナーリーガー、1人は大学生。メジャーリーガーがいないから楽に勝てると、たかを括っていた可能性は高い。その結果アメリカにも2敗している。

この北京五輪は、前述の通り史上最悪の国際大会だった。アテネ五輪とは異なり各球団2選手の縛りなどがないにも関わらず、実力主義ではない選出も含めて不可解な点が多く、見るに堪えない結果となったのも納得だ。

逆に連覇を成し遂げたのはＷＢＣだ。五輪とは異なり、キャンプの時期に代表合宿を開催するなど、大会前の事前準備期間があったため、結果が出やすかったのはあるだろう。

チームをまとめあげたのは、世界的に活躍しているイチローだ。２００６年ＷＢＣはまだまだ今ほど有名な大会ではなかったが、普段は「孤高」といった印象が強いイチローが、代表を引っ張っている姿は話題にもなった。２００５年11月にＷＢＣ出場の意思を決めてから「王監督を胴上げする」という熱い思いを胸に宿してきたイチロー。彼についていくように代表はまとまりを見せた。

しかし韓国にはまさかの2連敗。この敗戦にしても、韓国投手陣の変則の投手や細かい継投策に苦しむ結果に。リーグ戦方式であれば、日本は圧倒的に勝てていただろうが、一発勝負の試合におけるスカウティング不足が少なからずあったのだろう。ただ、アメリカがメキシコに敗戦して、奇跡的に準決勝進出が決定的に。その準決勝では国際大会無敗の上原浩治が、韓国打線に対して素晴らしいピッチングを見せた。決勝戦ではアテネ五輪でキューバを抑えた松坂大輔が好投を見せ、初代覇者になった。

この２００６年ＷＢＣに関しては初大会で、大会の知名度も低かったため、諸外国ではメジャーリーガーが出場をしてもコンディションやモチベーションが上がりきらないままだった。そのため、熱を入れて準備期間を充分に持てた日本・韓国や、国際大会への意欲が高いキューバが上位に進出する結果となった。また、優勝候補のアメリカやベネズエラ、プエルトリコなどが敗れた中で、ドミニカ共和国は、デビッド・オルティーズやアルバート・プホルス、アルフォンソ・ソリアーノ、バートロ・コロンなどのメジャーで実績がある選手を固めてベスト4になった。

2009年WBCも日韓両国が大会を盛り上げた。WBCに関してはこの大会まで、大会前からの調整から大会中の試合運び、コンディショニングはこの2か国がずぬけていた。日本は前回大会の王者として出場。一次ラウンドでは前回大会と北京五輪で苦しんだ韓国に大勝。順位決定戦では敗れたものの、二次ラウンドに進む。キューバに2戦2勝して韓国には1勝1敗で準決勝に進む。この結果を見ても、2009年WBCから世界野球が徐々に変わりだしたといえよう。

アジアの二強が順当に勝ち上がった中、前回大会で健闘していたキューバはまさかの二次ラウンド敗退。野球大国のキューバの強さに陰りが見え始めた大会だった。日韓が強さを見せた中で、この大会はベネズエラが意地を見せた。メンバーには後に三冠王に輝いたミゲル・カブレラやサイ・ヤング賞に輝くフェリックス・ヘルナンデス、セーブ新記録のフランシスコ・ロドリゲス、ボビー・アブレイユなどの実績組が揃っていた。さらにNPBでも活躍したホセ・ロペスやジェラルド・パーラも選ばれていた。このメンバーを揃えてベスト4になった。

2000年代の国際大会は、WBCに関してはアジア勢の活躍が目立った。日本のWBC連覇はもちろんのこと、韓国は北京五輪で金メダルを獲得し、2009WBCでは準優勝になるなど、歴史的に見ても屈指の強さを見せていた。

日本に関しては、実力的には日本が格上と見られていた試合を取りこぼす試合も多く、五輪・WBCを問わず国際大会における戦い方や方向性定まっていなかったとも言える。具体例を挙げると、選手の選出も辞退者はもちろんのこと、五輪とWBCで選出方法がバラバラで、一貫性が取れていなかったのは否めない。それでもイチローが参加した2回のWBCでは戦いながらチームの方向性を定めて連覇を成し遂げ、世界に日本の野球を轟かせられたのではないだろうか。

2013年WBC：苦戦を強いられながらもベスト4に入った日本

結果：ベスト4

第1ラウンド
ブラジル5-3
中国　5-2
キューバ 3-6
第2ラウンド
台湾　4-3
オランダ16-4
オランダ10-6
準決勝
プエルトリコ1-3

第3回を迎えるWBCの開催が決定すると、日本代表選手の全体的な強化を図るために2011年10月に「侍ジャパン」と名付けて代表チームの常設化が決定した。しかし、日本プロ野球選手会が2012年7月に不参加を表明、日本野球機構と対立してしまう。その後紆余曲折あり、「積極的な事業展開など選手会が要望してきたことがおおむね実現していると判断できる状況が整った」「NPBがしっかりとビジネスを構築することを確約してくれた」、以上を理由にWBC不出場決議の撤回をNPBに通知、WBCに参加することが正式に決定した。

2012年の10月に監督が山本浩二になったと正式に発表された。しかし11月の時点で、出場要請をしていたダルビッシュ有・岩隈久志・青木宣親・川﨑宗則・イチロー・黒田博樹の6名全員から出場辞退があり、この大会はメジャーリーガーが0人となってしまった。そのため、前年日本一に輝いた巨人の選手を中心に、チーム作りが行われた。

またこの年のWBCでは、再度ルール変更が行われた。新たに予選ラウンドが新設されたが、日本は前回大会ベスト12入りしているために予選免除。第1ラウンドはダブルイリミネーション方式から総当たり戦リーグ制に変更された。そのほか球数制限なども見直された。

最終的に決定した日本代表メンバーは、投手・田中将大や内海哲也らWBC経験のある選手を中心に、前田健太や牧田和久など、後に海を渡る選手も招聘。野手は前回の大会と大きくメンバーが変更となって、坂本勇人・阿部慎之助といった巨人の主力を中心に、松井稼頭央らなどが招聘された。

福岡が舞台となった一次ラウンド1戦目はブラジル。先発は田中将となった。下馬評では日本が難なく勝ち進むと思われていたブラジルに、いきなり苦戦する。田中将は1回、先頭打者のパウロ・オルランドにいきなり内野安打を放たれ、無死二塁といきなり得点圏にランナーを背負い、続くフェリペ・ブリンをライトフライに打ち取るも、オルランドがタッチアップして三塁に進塁。一死三塁の場面で、レオナルド・レジナットにレフト前タイムリーヒットを打たれて、先制点を許す。日本は3回に先頭の坂本がヒットを放つと、角中の送りバントや内川聖一の死球で一死一・二塁と一打同点のチャンスを作り、糸井嘉男のライト前タイムリーヒットで同点に追い付く。さらに4回には、相川の四球、松田宣浩のヒットで一・三塁とし坂本の犠飛で逆転に成功。しかし、その裏に3回から後退した日本の2番手・杉内俊哉が一死後にツギオにセンター前タイムリーを打たれ、その後も二死二塁でレジナットに甘く入ったシンカーを狙い打ちされ、逆転タイムリーツーベースを許して逆転される。

小刻みな継投をしても打たれ続け、さらにブラジル投手陣に苦しむ日本。1点を追いかける展開となった8回、先頭の内川がレフト前ヒット、続く糸井が送りバントを決め、一死二塁とする。一打同点の場面で、代打で起用された樋畑弘和は流し打ちができる球に狙いを定め、真ん中低めの速球をライト前に運んで、二塁から内川が生還して同点に追いついた。勢いづいたさらに、長野久義の内野安打、鳥谷敏が四球を選び、一死満塁となったところで、右ひざの違和感で先発を外れていた阿部慎が代打として登場。初球を振り抜き、センターへ抜けそうな当たりをブラジル二塁手ブリンが飛びつき二塁フォースアウトも、三塁走者が生還して日本が再逆転。なおも二死一・三塁で、9番・松田宣がタイムリーを放ち2点差とした。8回は能見篤史、9回は牧田和久が締め、苦しみながらも初戦を勝利した。

続く2戦目は中国。先発は前田健。日本は2回に糸井が四球を選んで出塁すると、二盗に成功。二死二塁で中田翔が三遊間を破るレフト前タイムリーヒットで先制する。しかし追加点がなかなか奪えず苦戦する5回、日本は先頭の松田が内野安打で出塁。その後も松井稼頭央が四球を選び一死一・三塁のチャンスで、内川がファウルで粘った後右前に鋭く抜けるタイムリーヒットで追加点を挙げる、なおも一・三塁で阿部慎の四球で満塁となり、糸井がフェンス直撃のタイムリーツーベースで走者一掃、3点を追加して5対0とリードを拡げた。

投げては前田健が5回・56球・1安打・無失点・6奪三振と、完璧なピッチングを披露。その後内海や涌井秀章、澤村拓一も圧巻のピッチングで好救援を見せた。最後は山口鉄也が不安の残る内容だったものの2連勝した。

3戦目は過去2大会で対戦しているキューバ。日本の先発は大隣となった。大隣憲司は2回まで三者凡退で抑えるものの、3回、先頭打者のヤズマニー・トマスに一発を浴び先制点を許す。4回から2番手で登板した田中将は代わり端の連打で1失点、3番手の澤村も2安打で1失点、8回に登板した今村信貴もアルフレド・デスパイネにスリーランホームランを浴び投手陣が試合を作れなかった。内川を外し、坂本を6番に入れるなどして中国戦から打線を入れ替えた日本は、毎回のようにチャンスを作りながら、キューバの継投の前にあと1本が出ず8回までゼロ行進。9回、3連続四球の一死満塁から長野の内野安打、鳥谷の犠牲フライ、井端のタイムリーで3点を返すものの、反撃もここまでで終わり、敗北。2位で二次ラウンド進出が決まった。

舞台を東京ドームに移した二次ラウンド1戦目は、チャイニーズ・タイペイが相手となった。先発は能見。相手先発はアテネ五輪で日本戦に出場、メジャーでもアジア勢で初の最多勝利の活躍をみせた王建民。初回、日本は一死から井端がヒットで出塁し、盗塁を試みるも失敗。二死後、打線の入れ替えで4番に入った内川がヒットから二盗し、二死二塁と先制のチャンスを作るが、阿部慎がサードゴロに倒れて無得点に終わる。チャイニーズ・タイペイは3回、先頭打者の郭厳文が右中間フェンス直撃のツーベースを放つと、林哲瑄は四球、彭政閔は死球となり、一死満塁と先制のチャンスとなった。4番の林智勝はなんとかファーストフライに抑えたものの、周思斉に押し出し四球を与えてしまい、チャイニーズ・タイペイが先制することに。

反撃したい日本。しかし打線は、王建民得意のシンカーに苦しむ。3回よりマウンドに上がった2番手の攝津正は、5回一死から林哲瑄にツーベースを打たれると、続く彭政閔にタイムリーヒットを浴び、2点目を許してしまう。6回からは田中将が3番手でマウンドにあがり、今までの雪辱を晴らすように圧巻のピッチングを見せて流れを作った。

田中将の好投に応えたい日本は8回に、先頭の井端がセンター前ヒット、続く内川がライト前ヒットを放ち、無死一・三塁とチャンスを作る。ここで阿部慎が台湾4番手・王鏡銘のストレートを振り抜き、タイムリーヒットで1点を返す。その後、一死一・二塁で坂本がショートへの内野安打を放ち、ボールが転がる間に代走で出場していた本多雄一が二塁から生還し、同点に追い付いた。しかしその裏に田中将が3連打を喫し、勝ち越し点を与えてしまい無念の降板。再びチャイニーズ・タイペイにリードされる展開になる。

日本は9回に、一死から鳥谷が四球を選ぶが、長野はセンターフライに倒れて2アウト。絶体絶命の場面になるが、鳥谷が玉砕覚悟の二盗を成功させる。二死二塁で井端が陳鴻文の直球を捉え、左中間前に落ちるセンター前ヒットで、鳥谷がホームインし同点になる。その裏、牧田が二死一・二塁とサヨナラのピンチを背負うが、林智勝を空振り三振に斬り取ってサヨナラ阻止。延長戦に突入した。延長10回、中田が左翼への犠牲フライを放ち、勝ち越し。最後は杉内が踏ん張り、勝利した。

二次ラウンド、第2回戦の相手はオランダ。先発は前田健が務めた。日本は1回に鳥谷が先頭打者ホームランを放ち先制。続く2回、一死から稲葉篤紀がライト前ヒットを放って出塁すると、一死一塁で松田宣がツーランホームランを放って3点差にする。さらにランナー2人を置いたところで、内川がスリーランホームランで6点差の大量リード。日本の勢いは止まらず、3回には稲葉がソロホームランを放ち7点目。4回には一死から内川が相手のエラーで出塁し、阿部慎のライト前ヒットで一・三塁とさらなる追加点のチャンスで糸井がスリーランホームランを放ち、さらに3点追加し、早くも得点が二桁に到達した。

投げては前田健が5回1安打無失点9奪三振と完璧なピッチングを見せた。2番手の内海が四死球を絡めて、ウラディミール・バレンティンに走者一掃のツーベースを放たれて8点差とされるが、またもや7回に井端と阿部慎のヒット、糸井の死球で一死満塁と追加点のチャンスを作り、坂本の満塁ホームランで突き放す。その裏、涌井がランナーを出しながらも抑えてコールドゲーム成立。日本が圧勝し、二次ラウンド2連勝で3大会連続の準決勝進出を決めた。

二次ラウンド1位決定戦は再度オランダとの対戦となった。先発は大隣。初回、アンドレルトン・シモンズに先頭打者ホームランを許すが、その後は3者連続三振で1点に抑える。2回、3回も抑えてこのホームランのみ1失点でマウンドを降りた。1点ビハインドの日本は2回に打線が爆発。先頭の阿部慎が、ライトスタンドへのソロホームランで追いつき、さらに一死満塁の場面で、松田宣がタイムリーヒット、日本が勝ち越した。なおも満塁の場面で、長野が走者一掃のタイムリーツーベースでリードを拡げた。その後、二死一・三塁の場面で阿部がこのイニング2本目のホームランで3点を追加した。この回は打者13人の猛攻で一挙8得点を奪う。

日本は4回から細かな継投に入り、沢村、田中将、今村が1イニングずつ無失点に抑える。7回表に森福允彦が5番手で登板。無死二・三塁のピンチを作り、ザンダー・ボガーツにタイムリー内野安打を打たれて1点を失う。なおも一死1、三塁でランドルフ・オデュベルの犠牲フライでまた1点返され、5点差に。8回もオランダが反撃を見せ、2点差まで詰め寄られた。追加点を奪って突き放したておきたい日本はその裏、角中が盗塁&バッテリーエラーで三塁まで進み、松田宣が四球を得ると二盗も決めて二死二・三塁のチャンスメイク。そこで長野がタイムリーヒットを放ち、4点差に突き放した。9回は牧田が連打を浴びながらも後続を退けて、日本が辛勝。二次ラウンド1位通過を決めた。

アメリカ・サンフランシスコに移動し開催された準決勝は、インテリジェンスな野球をするプエルトリコ。先発はこの大会好調の前田健。しかし、1回制球が定まらず一死からアービング・ファルーとカルロス・ベルトランに連続四球を与え、マイク・アビレスにタイムリーヒットを浴び、先制点を許す。2回以降はランナーを出しながらも踏ん張り、5回1失点で降板した。

1点を返したい日本打線だが、序盤はマリオ・サンティアゴの前に無安打、一人のランナーも出ず。カージナルス所属の名手・モリーナのリードの術中にハマった。4回・5回とチャンスを作るも無得点、さらに6回には二死から内川がスリーベースヒットを放ち、4番阿部慎に回る好機もあったが空振り三振に倒れた。

7回に2番手の能見がプエルトリコのマイク・アビレスにヒットを許すと、アレックス・リオスに手痛いツーランホームランを浴びる。1点を返したい日本は8回に一死から鳥谷がスリーベースで出塁。続く井端がタイムリーヒットを放ち、1点を返す。なおも一死一塁で内川がヒットを打って一・二塁とチャンスを拡げる。しかし、打者が阿部慎の場面で内川が飛び出してしまいアウト。日本にまさかの走塁ミスが生じ、傾きかけた流れが止まってしまった。

9回にも、一死後に糸井が四球を選び一死一塁になるが、後続が続かず最後は松井稼が初球を打ち上げ、センターフライで試合終了。3大会連続の決勝進出を逃した。

プエルトリコは日本人投手よりも約7秒早いモーションで、日本打線を狂わせるなどの戦略をとった。早試合が始まってすぐにそう思い、ストップウオッチで実際に計ってみた。プエルトリコ先発のサンティアゴが捕手からの返球を受け取り、投げたボールがミットに収まるまで約11秒。一方の前田健は約18秒だった。モリーナのリードや試合を動かす支配力に、完全にしてやられた。

さらにプエルトリコの投手陣は、お世辞にも強力とはいえなかった。日本戦の先発のサンティアゴはマイナーリーグ通算で36勝51敗の成績だ。しかし、メジャーで最高峰の頭脳と呼ばれるモリーナのリードによって抑えられた。球速145キロを超える球はほとんどなかったにもかかわらず、味方投手の実力を自らのリードで最大化させたモリーナの統率力や打者の見極め、野球IQの高さなどの凄さが実感できる試合だった。また、この大会の先発陣で唯一安定していた前田健が先発しても打たれ、打者も井端や内川を中軸に据えて攻めた結果、力負けをしたため、ある意味仕方ない敗戦だっただろう。

なおこの大会は、全勝という結果でドミニカ共和国が頂点に立った。前回大会はまさかの一次ラウンド敗退を喫したが、この大会で意地をみせた。MVPには、打率・469で2本塁打を放ったロビンソン・カノが選ばれた。ドミニカ共和国はベストナインに輝いたフェルナンド・ロドニーを中心に、サンティアゴ・カシーヤやケルビン・ヘレーラ、オクタビオ・ドーテル、ペドロ・ストロープなどリリーフ投手で固めた。このブルペン5枚看板はなんと合計28イニングで失点ゼロという驚異的な仕事を果たしてみせた。球数制球が厳しい短期決戦のWBCで、小刻みな投手リレーで相手チームを抑えることができたのだ。チーム防御率は参加国で唯一の1点台となる1・75を記録。チーム単位で7セーブ、11ホールドを記録しており、短期決戦で勝つためのお手本のような投手起用をしていた。打撃陣も強力で、MVPのカノはもちろんのこと、エドウィン・エンカルナシオン、ホセ・レイエス、ネルソン・クルーズがベストナインに選ばれた。

この大会を振り返ると、前年の不参加騒動や、メジャーリーガー0人の中、選出された選手の世代を鑑みると、ベスト4にまで進んだことは及第点だろう。代表合宿で右肩の不安を訴えていた前田健が、大会を通して好調を維持し、防御率1・00でベストナインに輝いた。しかし投手陣全体を見るとチーム防御率が3・84（全チーム中6位）とお世辞にもいい成績ではなかった。そのため、前田健頼りの先発陣なのは否めない状況だった。

また、野手陣で見ると、活躍をした井端は開幕当初はベンチスタートだったが、チームトップの打率・556を記録してベストナインを獲得。内川も打率・348を記録し、前回大会の優勝を知る中心メンバーとして活躍した。打線に関しても、オランダ戦のようにタイミングが合う投手には得点を積み重ねることができたが、一線級の投手や見慣れない軌道に対しては、ほとんど対応ができない状況だった。そのため、2006年や2009年大会のように、攻撃のバリエーションが感じられなかった。

World Baseball Classic 2013

▶打撃成績

チーム	打率	試合	打数	得点	安打	二塁打	三塁打	本塁打	打点	盗塁	盗塁死	四球	三振	長打率	出塁率
キューバ	.343	6	201	45	69	12	1	11	45	5	1	19	25	.577	.414
カナダ	.304	3	102	18	31	8	0	1	18	1	0	12	23	.412	.395
イタリア	.288	5	170	29	49	11	0	3	28	2	0	20	33	.406	.363
ドミニカ共和国	.288	8	264	36	76	16	1	7	35	2	3	29	52	.436	.360
日本	.279	7	233	44	65	8	2	8	44	7	4	31	37	.433	.374
ベネズエラ	.279	3	104	17	29	10	0	2	16	4	0	13	17	.433	.375
アメリカ	.276	6	214	28	59	10	1	1	27	5	1	22	46	.346	.342
メキシコ	.275	3	102	13	28	9	0	1	12	0	1	10	21	.392	.336
チャイニーズタイペイ	.261	5	157	17	41	9	0	2	16	0	1	16	33	.357	.333
オランダ	.256	8	254	36	65	16	0	5	34	4	2	31	59	.378	.345
韓国	.237	3	97	9	23	3	0	1	9	1	1	11	14	.299	.333
プエルトリコ	.216	9	283	23	61	12	1	2	22	6	2	29	49	.286	.295
ブラジル	.212	3	99	7	21	3	0	0	6	1	1	3	23	.242	.250
スペイン	.210	3	100	9	21	1	0	2	8	0	1	7	31	.280	.288
オーストラリア	.198	3	96	2	19	3	0	1	2	1	0	3	23	.260	.238
中国	.146	3	82	7	12	2	0	0	6	2	2	9	32	.171	.239

▶個人成績（打者）

氏名	試合	打数	安打	本塁打	打点	盗塁	打率	OPS
相川 亮二	4	3	1	0	0	0	.333	.933
阿部 慎之助	7	23	6	2	7	0	.261	.857
糸井 嘉男	7	21	6	1	7	2	.286	1.024
稲葉 篤紀	7	21	6	1	1	0	.286	.747
井端 弘和	6	18	10	0	4	0	.556	1.263
内川 聖一	6	23	8	1	4	1	.348	.965
角中 勝也	5	9	1	0	0	1	.111	.311
坂本 勇人	6	25	6	1	6	1	.240	.591
炭谷 銀仁朗	3	3	0	0	0	0	.000	.000
長野 久義	7	18	4	0	6	1	.222	.642
鳥谷 敬	7	15	4	1	2	1	.267	1.067
中田 翔	6	21	6	0	2	0	.286	.671
本多 雄一	4	1	0	0	0	0	.000	.500
松井 稼頭央	6	11	0	0	0	0	.000	.083
松田 宣浩	7	21	7	1	5	0	.333	.962

World Baseball Classic 2013

▶投手成績

チーム	防御率	試合	完投	完封	勝利	敗北	セーブ	投球回	安打	本塁打	四球	死球	三振	失点	自責点
ドミニカ共和国	1.75	8	0	2	8	0	7	72	42	2	31	3	65	14	14
韓国	2.08	3	0	1	2	1	1	26	25	0	9	2	26	7	6
キューバ	2.54	6	0	2	4	2	1	49.2	46	3	19	3	43	18	14
プエルトリコ	2.88	9	0	1	5	4	5	78	73	2	25	6	67	26	25
アメリカ	3.17	6	0	0	3	3	1	54	50	3	14	1	40	19	19
日本	3.84	7	0	0	5	2	2	61	58	4	15	3	74	27	26
イタリア	4.71	5	0	0	2	3	1	42	47	3	19	3	30	24	22
オーストラリア	5.04	3	0	0	0	3	0	25	29	2	12	3	10	14	14
ブラジル	5.19	3	0	0	0	3	0	26	21	0	17	4	19	15	15
チャイニーズタイペイ	5.36	5	0	0	2	3	1	42	39	6	16	4	22	25	25
オランダ	5.51	8	0	1	4	4	1	67	78	12	25	6	30	47	41
メキシコ	6.00	3	0	0	1	2	1	27	35	1	10	3	25	18	18
スペイン	6.48	3	0	0	0	3	0	25	31	3	17	3	18	20	18
ベネズエラ	6.92	3	0	0	1	2	0	26	29	3	12	1	21	21	20
中国	7.04	3	0	0	1	2	0	23	27	2	12	2	11	19	18
カナダ	8.64	3	0	0	1	2	0	25	39	1	12	0	17	26	24

▶個人成績（投手）

氏名	登板	勝利	敗北	セーブ	投球回	奪三振	自責点	防御率	WHIP
今村 猛	2	0	0	0	2	3	3	13.50	2.50
内海 哲也	2	0	0	0	2.1	3	4	15.43	1.29
大隣 憲司	2	1	1	0	6	7	2	3.00	0.67
澤村 拓一	4	0	0	0	3.1	3	1	2.70	0.90
杉内 俊哉	3	0	0	1	3.2	1	1	2.45	1.64
攝津 正	3	1	0	0	6	8	2	3.00	1.00
田中 将大	4	0	0	0	7	12	2	2.57	1.43
能見 篤史	3	0	0	0	4.2	3	3	5.79	1.71
前田 健太	3	2	1	0	15	18	1	0.60	0.60
牧田 和久	3	1	0	1	3	5	0	0.00	1.67
森福 允彦	2	0	0	0	2	2	2	9.00	1.50
山口 鉄也	5	0	0	0	4.1	6	5	10.38	1.39
涌井 秀章	4	0	0	0	1.2	3	0	0.00	3.00

World Baseball Classic 2013

日本

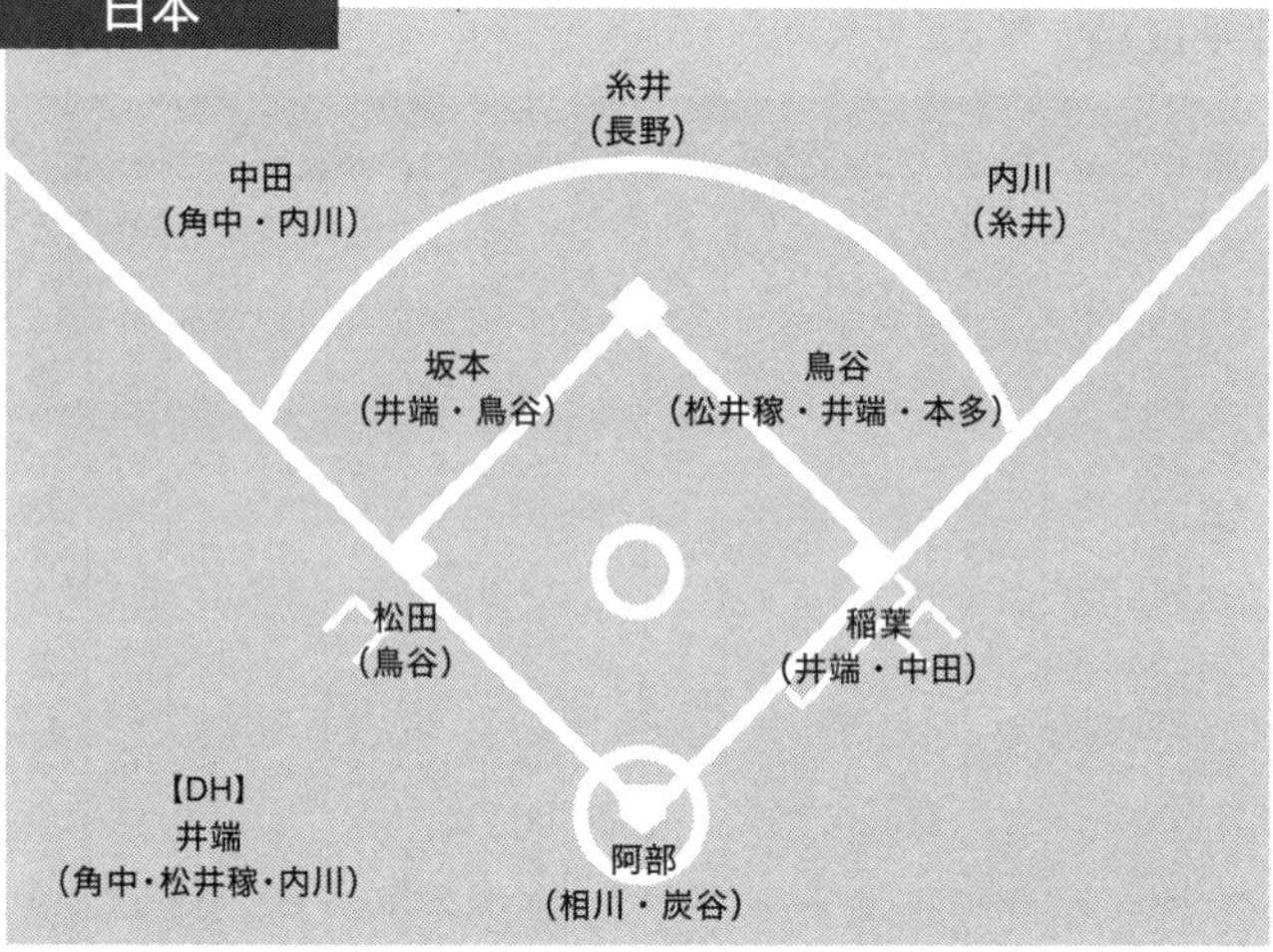

▶準決勝プエルトリコ戦　※大会の前年成績

打順	守備位置	選手	打率	本塁打	打点	出塁率	長打率	OPS
1	二	鳥谷敬	.262	8	59	.373	.375	.748
2	指	井端弘和	.284	2	35	.356	.331	.687
3	右	内川聖一	.300	7	53	.342	.392	.734
4	捕	阿部慎之助	.340	27	104	.429	.565	.994
5	遊	坂本勇人	.311	14	69	.359	.456	.815
6	中	糸井嘉男	.304	9	48	.404	.410	.813
7	左	中田翔	.239	24	77	.307	.420	.727
8	一	稲葉篤紀	.290	10	61	.342	.421	.762
9	三	松田宣浩	.300	9	56	.349	.492	.840
	守備位置	名前	勝利	敗戦	投球回	奪三振	防御率	WHIP
	投	前田健太	14	7	206.1	171	1.53	0.99

※全選手NPBの成績

World Baseball Classic 2013

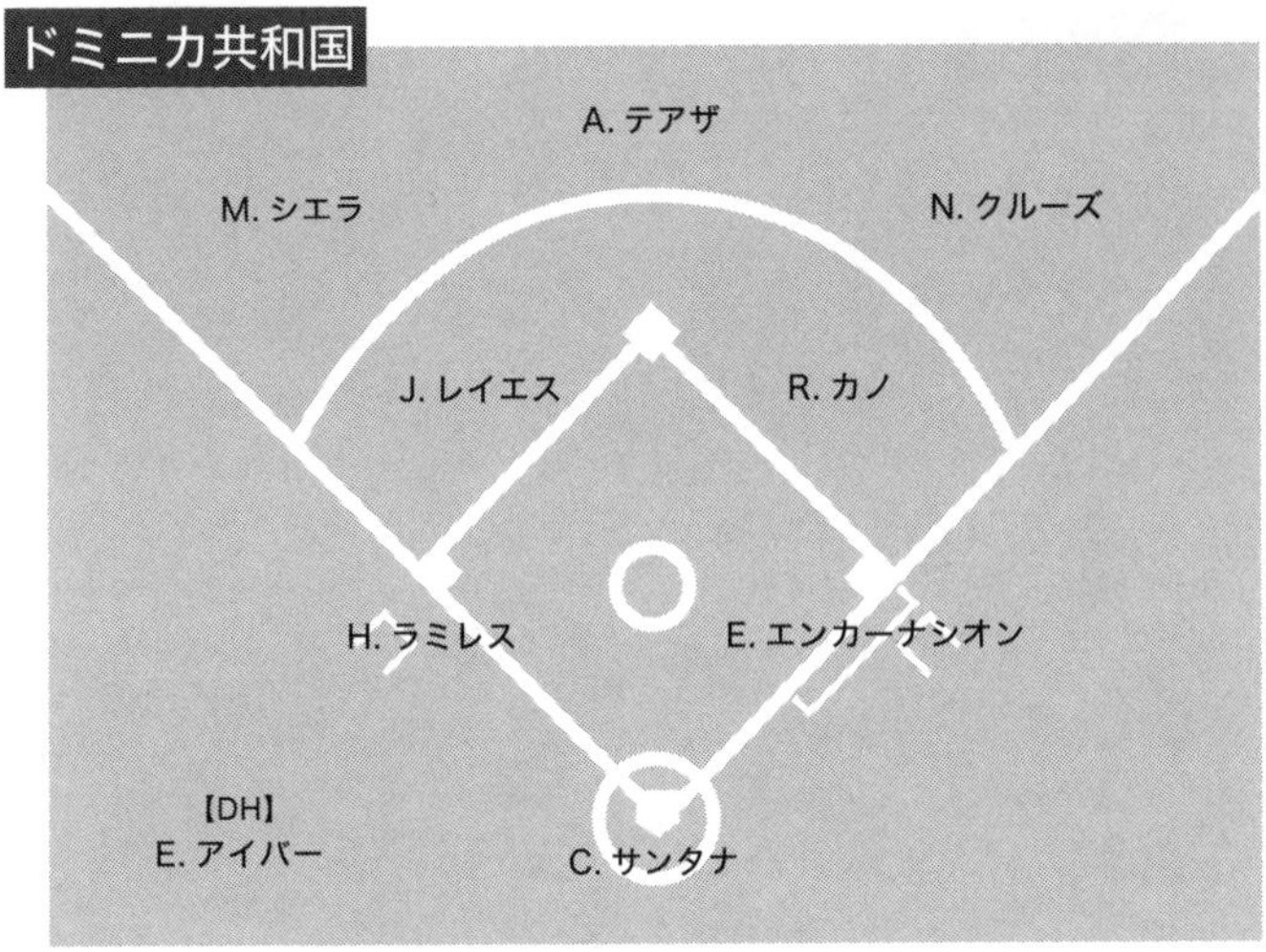

▶ 決勝プエルトリコ戦 ※大会の前年成績

打順	守備位置	選手	打率	本塁打	打点	出塁率	長打率	OPS
1	遊	J. レイエス	.287	11	57	.347	.433	.780
2	指	E. アイバー	.290	8	45	.324	.416	.740
3	二	R. カノ	.313	33	94	.379	.550	.929
4	一	E. エンカーナシオン	.280	42	110	.384	.557	.941
5	三	H. ラミレス	.257	24	92	.322	.437	.789
6	右	N. クルーズ	.260	24	90	.319	.460	.779
7	捕	C. サンタナ	.252	18	76	.365	.420	.785
8	左	M. シエラ	.224	6	15	.274	.374	.648
9	中	A. テアザ	.281	9	50	.349	.410	.760
	守備位置	名前	勝利	敗戦	投球回	奪三振	防御率	WHIP
	投	S. デドゥーノ	6	5	79	57	4.44	1.54

※全選手MLBの成績

プエルトリコ

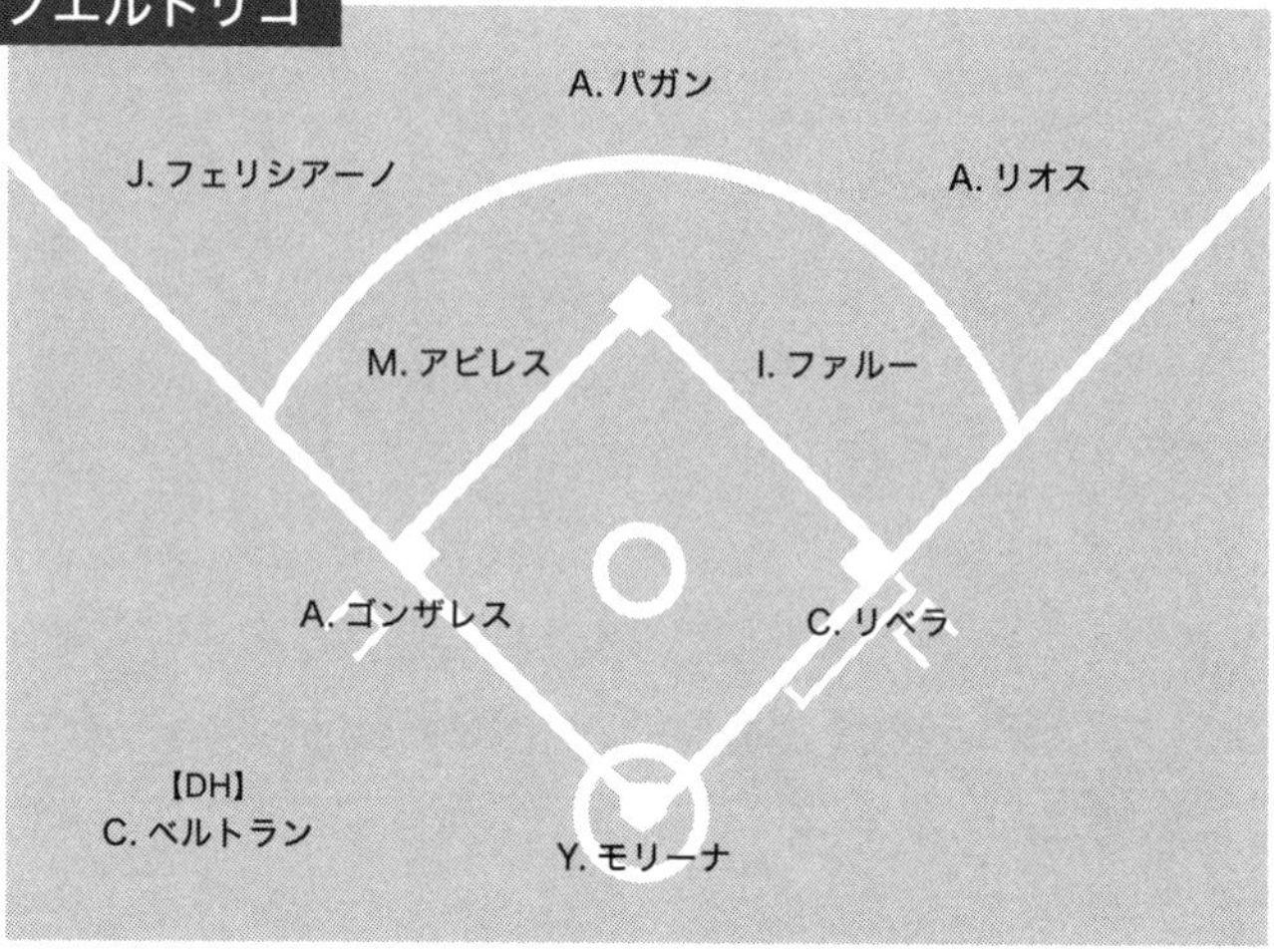

▶ 決勝ドミニカ共和国戦 ※大会の前年成績

打順	守備位置	選手	打率	本塁打	打点	出塁率	長打率	OPS
1	中	A. パガン	.288	8	56	.338	.440	.778
2	二	I. ファルー	.341	0	7	.371	.435	.806
3	指	C. ベルトラン	.269	32	97	.346	.495	.842
4	捕	Y. モリーナ	.315	22	76	.373	.501	.874
5	遊	M. アビレス	.250	13	60	.282	.381	.663
6	右	A. リオス	.304	25	91	.334	.516	.850
7	一	C. リベラ	.342	10	37	.407	.567	.974
8	三	A. ゴンザレス	.221	8	38	.304	.375	.679
9	左	J. フェリシアーノ	.270	1	46	.312	.326	.638
	守備位置	名前	勝利	敗戦	投球回	奪三振	防御率	WHIP
	投	G. アルバラード	1	6	39	42	3.92	1.64

※A.ゴンザレス、J.フェリシアーノはAAAの成績
※C.リベラはメキシコリーグの成績
※G.アルバラードはNPBの成績
※その他の選手はMLBの成績

World Baseball Classic 2013

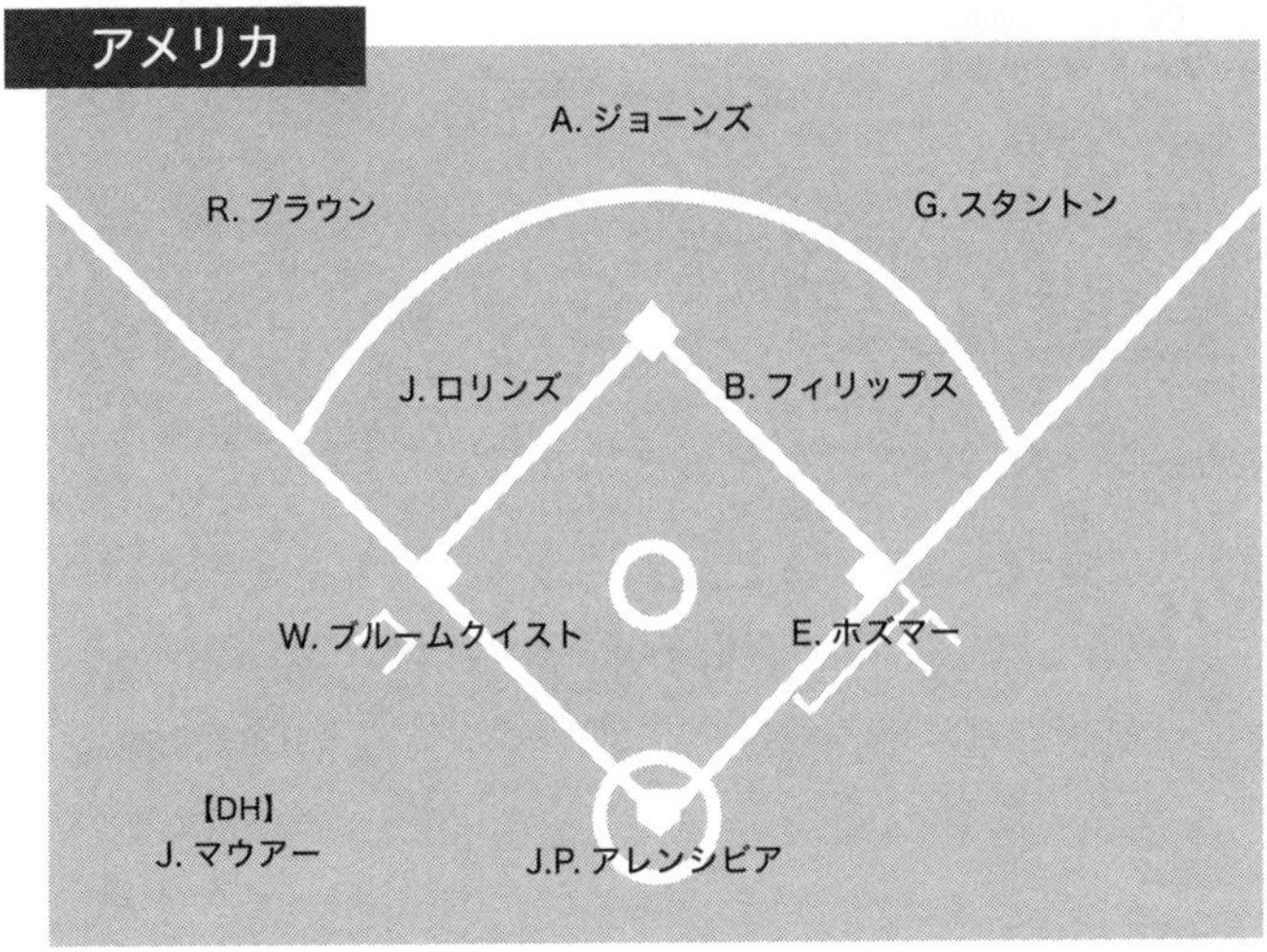

▶ 二次ラウンドドミニカ共和国戦 ※大会の前年成績

打順	守備位置	選手	打率	本塁打	打点	出塁率	長打率	OPS
1	遊	J. ロリンズ	.250	23	68	.316	.427	.743
2	二	B. フィリップス	.281	18	77	.321	.429	.750
3	左	R. ブラウン	.319	41	112	.391	.595	.987
4	指	J. マウアー	.319	10	85	.416	.446	.861
5	右	G. スタントン	.290	37	86	.361	.608	.969
6	一	E. ホズマー	.232	14	60	.304	.359	.663
7	中	A. ジョーンズ	.287	32	82	.334	.505	.839
8	捕	J.P. アレンシビア	.233	18	56	.275	.435	.710
9	三	W. ブルームクイスト	.302	0	23	.325	.398	.724
	守備位置	名前	勝利	敗戦	投球回	奪三振	防御率	WHIP
	投	R.A. ディッキー	20	6	233.2	230	2.73	1.05

※全選手MLBの成績

World Baseball Classic 2013

ベネズエラ

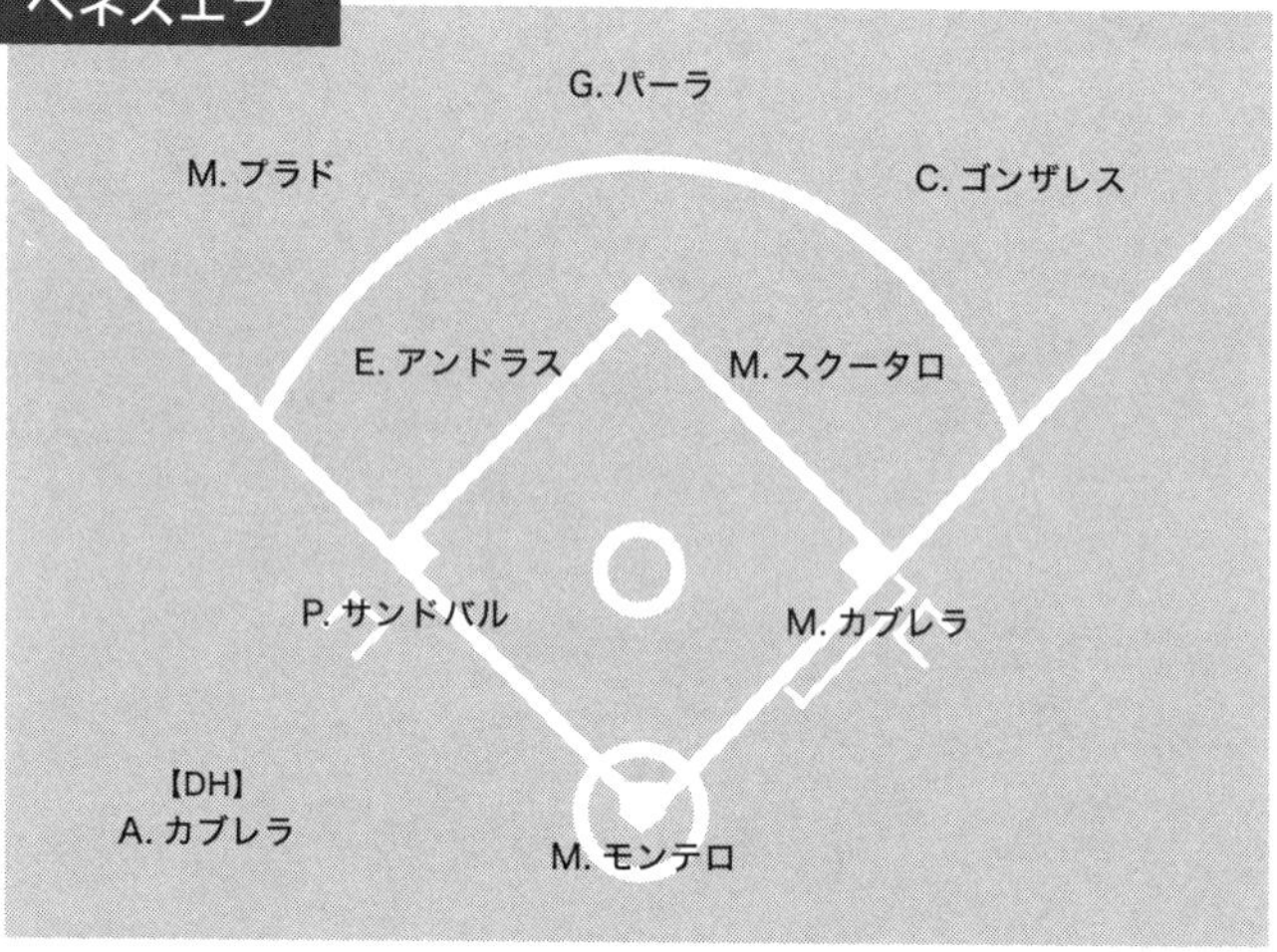

▶一次ラウンドドミニカ共和国戦　※大会の前年成績

打順	守備位置	選手	打率	本塁打	打点	出塁率	長打率	OPS
1	遊	E. アンドラス	.286	3	62	.349	.378	.727
2	指	A. カブレラ	.270	16	68	.338	.423	.762
3	一	M. カブレラ	.330	44	139	.393	.606	.999
4	三	P. サンドバル	.283	12	63	.342	.447	.789
5	右	C. ゴンザレス	.303	22	85	.371	.510	.881
6	捕	M. モンテロ	.286	15	88	.391	.438	.829
7	左	M. プラド	.301	10	70	.359	.438	.796
8	中	G. パーラ	.273	7	36	.335	.392	.727
9	二	M. スクータロ	.306	7	74	.348	.405	.753
	守備位置	名前	勝利	敗戦	投球回	奪三振	防御率	WHIP
	投	A. サンチェス	9	13	195.2	167	3.86	1.27

※全選手MLBの成績

2015年プレミア12：まさかの準決勝の逆転負けで初代優勝を逃す

結果：3位

予選リーグ
韓国 5-0
メキシコ 6-5
ドミニカ共和国 4-2
アメリカ 10-2
ベネズエラ 6-5

準々決勝
プエルトリコ 9-3

準決勝

韓国 3 - 4

3位決定戦

メキシコ 11 - 1

まずは簡単にではあるが、開催までの経緯を説明したい。プレミア12が開かれるまでは、MLBおよびMLB選手会が主催するWBCが、メジャーリーガーも参加した上で「野球の世界一を決める」大会だった。野球の世界団体であり、世界選手権などを運営するIBAF（国際野球連盟）はこれに関与していない。また、2008年の北京五輪を最後に野球競技が廃止された影響を受けて、IOC（国際オリンピック委員会）からの補助金を失い、大会継続のための運営費不足に悩まされていた。その結果、MLBからの援助を受ける代わりにWBCをIBAFの公認選手権として認めるとともに、ワールドカップやインターコンチネンタルカップは廃止された。そこで、WBCとの中間年になる年にWBSC世界野球プレミア12を開催することが決まった。

位置づけとしては、WBCは世界各国のトップチームが出場して「世界一」を決定する大会、プレミア12はWBSC主催大会や認定国際試合の結果によって各国にポイントが積み上げられ、アンダー12からトップまでの全世代の積み上げたポイントで出場チームを12チーム決定し、全世代を代表したトップチームが出場して世界一を決定する大会であるため、「野球国力No・1を決定する大会」として区別されている。

なお、プレミア12にはメジャーリーガーは派遣されない。したがって、大会のレベル感はWBCよりは若干下がる傾向になるが、元メジャーリーガーやNPBの現役外国人選手等も参加するため、五輪と同等レベルの大会といっていいだろう。また、上記の通り世界ランキングの上位12か国が参加するという点でも一定のクオリティが担保されている。加えて、2019年の第2回プレミア12では東京五輪の出場枠中の2枠を各国が争う形となり、さらにインセンティブが働いた。

本大会に向け、2015年7月から候補選手が発表された。最年長・黒田博樹から最年少の松井裕樹まで、歳の差はなんと20歳。監督を務めた小久保裕紀は「正直、各球団から何名という発想は、まったくなかった」と述べ、実力を第一に選出を行なった。何より当時の日本ハムのエースであり、世界のエースに羽ばたこうとする大谷翔平が選出されたのは大きかった。

しかし、このシーズンでリーグトップクラスの打撃成績を残した清田育宏は選ばれなかった。また、柳田悠岐はこの年トリプルスリーを達成した上に首位打者も獲得していたが、シーズン終盤に死球で怪我をした。日本シリーズでも調整不足が露呈したため、辞退。また、内川聖一も骨折のため辞退した。しかしながら国際大会における勝負強さや、精神的支柱としての役割も果たす内川は、必要な戦力だったのではないだろうか。

なお、プレミア12はA・Bグループ6か国に第1ラウンドは分かれ、総当たり戦で上位4チームが準々決勝へ出場。その後はトーナメントとなるシステムだ。球数制限はなし、延長では10回以降がタイブレークとなる。

第1ラウンド、1戦目は因縁の相手の韓国。先発は大谷が選ばれた。1回から韓国の金賢洙に対して、この日の最速161キロで押し、切れ味抜群のフォークで空振り三振に仕留める。その後も後続を寄せ付けないピッチングを見せた。日本は2回に北京五輪で苦しめられた金廣鉉から、平田良介のサードゴロが三塁ベースに当たり、これがタイムリーツーベースとなって先制。6回には坂本勇人のホームランや8回には山田哲人のタイムリーでリードを広げた。投げては大谷が6回を91球2安打無失点、10奪三振の完璧なピッチングを見せた。8回に2番手の則本昂大がピンチを招くも、坂本がダイビングキャッチのファインプレーなどで防ぐ。最後はランナーを出しながらも、松井裕が締めて韓国に5対0の快勝を果たした。

2戦目は戦いの舞台を台湾に移してメキシコと対戦。日本の先発は2015年の沢村賞左腕・前田健太が務めた。2回、前田健が4番ロベルト・ロペスに先制ホームランを許す。しかしその裏、すぐさま中田翔が低めに落ちる変化球をすくい上げ、ツーランホームランで逆転。さらに3回には、先頭の秋山翔吾・坂本の連打の後、筒香嘉智のタイムリーと中田の犠牲フライで追加点をあげる。結果的に前田健は5回2失点ながら7奪三振を記録。5回にも中田のタイムリーが出る。しかし粘るメキシコにじりじりと攻められ6回には西、7回には大野が捕まり1点差に。さらに9回には澤村拓一が代打ロレンゾ・トーレスに同点タイムリーを打たれ、まさかの同点に。しかしその裏に日本は、山田哲が二塁打でチャンスメイク、中田がこの試合5打点目となるタイムリーを放ち、接戦をサヨナラ勝ちした。

3戦目の相手は、13年WBC王者のドミニカ共和国。先発は武田翔太となった。日本は初回に相手のエラーをして先制。4回にも絶好調の中田がタイムリーを放ち追加点を挙げる。投げては武田が、1回に一死満塁のピンチを招いたものの切り抜け、4回まで無失点のピッチングを見せる。しかし右足首を痛めるアクシデントが起き、4回までで降板して小川泰弘がロングリリーフに。5・6回と三者凡退に抑えるが、7回、筒香がテオスカー・エルナンデスの打球を見失いエンタイトルツーベースを許す。さらに一死後、ロニー・ロドリゲスにレフトスタンドへ運ばれ、同点となってしまった。

この展開を救ったのはやはり中田だった。8回、二死一・二塁で打席に立つと、ボークで二・三塁に進塁後、勝ち越しとなるレフト線へのタイムリーツーベースを放った。これで日本は無傷の3連勝とした。

続く4戦目はアメリカだ。先発は菅野智之となった。しかし菅野はまさかの乱調。ボール先行の苦しい投球が続き、初回こそ一死一・三塁のピンチを遊ゴロ併殺で切り抜けたが、2回にマット・マクブライドに先制ソロアーチを許すと、3回にもアダム・フレージャーからの3連打で追加点を献上。そんな嫌な空気を振り払ったのが、筒香の2本のタイムリーだ。まずは4回に二死二塁から、日本打線が打ちあぐねていた外角へ逃げる136キロのツーシームを、ツーベースとして1点差に。さらに相手投手がセス・シモンズやデイナ・イブランドと目まぐるしく代わった6回には、一死一・二塁から、バットを折りながらもしぶとく中前に落として同点にした。その後中田のスリーランホームランと7回には筒香の再度のタイムリーのあと、松田宣浩のグランドスラムで一気に突き放した。投手リレーも則本から山﨑康晃、増井浩俊、澤村が無失点に抑え、4連勝となった。

5戦目はベネズエラとの対戦。先発は西となった。ベネズエラの先発はメジャー通算156勝を記録したフレディ・ガルシアが先発。初回にいきなりレイ・オルメドの先頭打者ホームランで先制を許す。さらに2回にも一死満塁のピンチを招くも併殺打で凌ぎ、その裏に平田のタイムリーで追いついた。しかし4回、ファン・アポダカのツーランホームランでまたもや突き放される。その裏に秋山のタイムリーで1点を返すものの、監督の小久保が「低めに集められてチャンスがなかった」とコメントするようにこのガルシアがマウンドを降りるまでは2点を挙げるのが精一杯だった。

膠着状態となる試合。日本はガルシアがマウンドを降りた8回に反撃を開始。2番手のヘスス・ロドリゲスを攻め立て、一死満塁から中田が2点タイムリーで逆転。しかし9回にクローザー・松井裕が3本のヒットを集められて再逆転を許す。それでも諦めず、9回裏に日本は今宮健太のヒットや2つの四死球、1暴投で同点に追いつき、最後は中村晃のタイムリーでサヨナラ勝ち、第1ラウンドを完勝で制した。日本はグループリーグで苦しんだ試合がありながらも、5戦5勝で準々決勝に進む。

準々決勝はプエルトリコとの対戦。先発は中4日で前田健となった。不詳の中村剛也にかわり筒香が4番・指名打者に、5番には絶好調の中田が据えられた。初回二死からヒットを許すも、ジョイセット・フェリシアーノを渾身の150キロの直球で空振り三振に打ち取る。勢いづけられた打線はその裏に、筒香のタイムリーで先制。3回にも平田のタイムリーツーベースで追加点を挙げる。その後も得点を積み重ねて9得点で快勝。投げては前田健が、7回4安打7奪三振無失点の完璧なピッチングで準決勝進出を決めた。

戦いの舞台を東京ドームに移した準決勝。先発は初戦で圧倒的なピッチングを見せた大谷。韓国は当時ロッテに所属していた李大恩の先発となった。日本は3回まで1安打と苦しむものの、4回に一死一・三塁から平田がレフト前へヒットを放ち先制。さらに韓国のエラーや坂本の犠牲フライで3点を挙げた。投げては大谷が160キロ台を7度も計測するピッチングを見せる。6回まで死球の走者を1人許したのみで、ノーヒットピッチングで韓国を沈黙させ、7回を1安打無失点11奪三振と素晴らしいピッチングを見せた。

しかし、ここから悪夢が始まる。8回から登板した2番手の則本を、またも回跨ぎで起用。それが仇となり9回に3連打で1点を許す。しかしその後、1点差ということもあり、立て直しが効くと判断したベンチは則本を続投。李容圭に死球を与え再び満塁に。その場面で登板した松井裕も押し出しで流れを止めることができず、4番手の増井がマウンドにあがる。無死満塁の場面で相手打者は李大浩。この場面で李大浩が逆転タイムリーを放つ。まさかの展開だった。

2ボール1ストライクと苦しいカウントとしたところで勝負あり。「カウントが悪くなり、厳しいところに投げられなかった」と外角こそ突いたが、ストライクゾーン内に落とさざるを得なかった甘いフォークを、「狙っていた」相手打者に巧みにすくい上げられた。ここまで唯一全勝で勝ち上がってきた侍ジャパンの、初代プレミア12初代王者への道が絶たれた。

この試合の継投策は難しい問題となった。この試合では大谷から則本という本格速球派同士を継投したが、これが韓国打線からすれば打ちやすさにつながったと見て取れる。目線を変えるという意味合いを含め、牧田を間に挟むのも一手だったのではないだろうか。初代優勝できる雰囲気を大谷が作っていたからこそ、勿体ない試合だった。

3位決定戦はメキシコとなった。準決勝の鬱憤を晴らすかのように序盤から山田哲や中田、松田宣のホームランで2回までに8点を奪う。投げては武田と菅野が3イニングずつを投げてメキシコ打線を1点に抑え、最後は秋山のツーランホームランによりコールドゲームでの勝利となった。

初代王者になったのは韓国だ。国際大会の強さを見せて、危なげない試合運びで優勝した。特に打線は、北京五輪や2009WBCの中心選手だった李大浩や金賢洙、姜珉鎬、李容圭を中心とした打線を活かし、決勝ではグループリーグで敗れたアメリカに8点を取って無失点に抑え、頂点に立った。大会を通して実力では日本が圧倒的に上だったが、2006WBC、2009WBCを率いた監督・金寅植は国際大会の戦い方を知っていた。そのため、細かく継投をして、防御率の高い投手を上手く使ったのだ。その結果、チーム防御率は準決勝まで勝ち上がった中でトップとなる1・93を記録した（アメリカ4・13、日本2・83、メキシコ5・83）。

この大会の野手陣を見ると、初見のボールや外国人特有のフォームなど、いわゆる国際大会の環境に対する選手の適応能力の差が大なり小なり見られた。その中で高い適応力や大舞台の強さが見られ素晴らしい働きを見せたのが、中村晃と中田である。中村晃は内川の代役として選出されたが、打率・611を記録し、期待値以上の活躍を見せた。初見のボールにも上手く合わせられ、短期決戦に強い彼の特徴が存分に発揮された。また、中村晃は元々、コンタクト力と打順ごとに求められる役割への対応力が現役選手の中でも図抜けている（第1・2章のソフトバンクの章も参照してほしい）。国際大会で三振0という記録もその証拠だ。場面によっては一発を狙い長打を放つこともでき、守備面を見ても高い水準で内外野を守れるユーティリティ性があった。

中田に関しては、この大会を通じてチームトップの15打点を記録。しかも、4番筒香の次を打つ5番打者としてである。中田の突出した「打点を生み出す能力」は1点を争う短期決戦では頼もしさが際立ち、ベストナインを獲得。打撃成績以上のすごみを感じさせた。さらにセンターラインの軸となった坂本は最優秀守備選手を獲得した。

投手陣は全体的に見ると、国際大会で有効な縦の変化が使えず、球威もあまり感じられない菅野や西は馬力のある外国人選手に打ち込まれた。さらに、フォークやチェンジアップが落ちきらないため、松井裕や澤村は捕まった。逆に国際大会では有効的なフォークやチェンジアップ・チェンジアップが活かされた前田健、大谷、山﨑康は大会を通して好投を見せた。特に前田健が及第点のピッチングを見せ、大谷は最高のパフォーマンスを残した。

メジャー組なしのチーム構成だったが、野手陣は大会を通じてチーム打率・312を記録。これは準決勝まで勝ち進んだチームでトップだ（韓国・286、アメリカ・260、メキシコ・2 3 4)。その結果、柳田や内川の不在は無事に埋まる形となった。準決勝で韓国に敗れて3位には終わったものの、敗戦はこの1試合だけ。逆境の場面でも打ち勝つことができており、総じて2 0 1 7年WBCに向けて弾みをつけた大会だったと言える。プレミア12という、メジャー組なしで戦える大会が開催され始めたことは、代表戦の価値を高めていくことがますます必要になってくる契機となった。

また、このプレミア12で目立ったのは、大谷のすさまじさが故に、チームのバランスが崩れていたことだ。大谷から引き継いだ則本は回跨ぎの影響はもちろんだが、1戦目と準決勝の韓国戦でピンチを招くシーンが見られた。さらに松井裕も、大谷・則本の後のため球威不足が露呈した。それでも、大谷はあまり持ってある活躍をし、大会を通して圧巻のピッチングを披露。先発をした2試合では、優勝した韓国打線を完璧に抑えるなどの活躍を見せて最優秀防御率を獲得した。

大谷はこの年、シーズンで最優秀防御率と最多勝利を取るなどしていたので投手のみの選出だったが、もし大会の開催が1年ずれていたら、野手としての姿も見ることができたはずだ。一ファンとしては当然、二刀流で活躍する姿を見たかった。

2015 WBSC Premier12

▶打撃成績

チーム	打率	試合	打数	得点	安打	二塁打	三塁打	本塁打	打点	盗塁	盗塁死	四球	三振	長打率	出塁率
オランダ	.319	6	210	41	67	10	2	7	39	6	2	19	45	.486	.378
日本	.312	8	269	54	84	14	1	9	50	5	3	44	38	.472	.415
チャイニーズタイペイ	.295	5	183	27	54	10	0	9	24	4	1	18	38	.497	.365
ドミニカ共和国	.291	5	179	20	52	11	1	4	16	3	0	11	36	.430	.333
韓国	.286	8	273	48	78	15	2	6	46	5	1	36	65	.421	.382
ベネズエラ	.281	5	160	26	45	5	0	5	25	6	0	17	32	.406	.359
キューバ	.263	6	198	20	52	11	2	2	19	2	4	15	43	.369	.312
アメリカ	.260	8	269	43	70	17	3	3	40	7	1	32	66	.379	.337
プエルトリコ	.252	6	206	31	52	10	2	5	29	8	2	22	55	.393	.336
メキシコ	.234	8	252	29	59	12	1	4	24	7	4	19	60	.337	.297
カナダ	.200	6	170	18	34	5	0	3	20	1	1	15	46	.282	.283
イタリア	.166	5	145	4	24	4	0	1	4	2	0	7	38	.214	.209

▶個人成績（打者）

氏名	試合	打数	安打	本塁打	打点	盗塁	打率	OPS
秋山翔吾	8	35	9	1	3	1	.257	.676
平田良介	8	26	11	0	6	1	.423	1.115
今宮健太	2	2	1	0	0	0	.500	1.000
川端慎吾	3	7	2	0	0	0	.286	.804
松田宣浩	8	24	6	2	7	0	.250	.887
中村晃	7	18	11	0	3	0	.611	1.317
中村剛也	6	20	3	0	0	0	.150	.377
中村悠平	3	1	0	0	0	0	.000	.500
中島卓也	5	1	0	0	0	0	.000	.000
中田翔	8	28	12	3	15	1	.429	1.349
坂本勇人	8	30	6	1	6	1	.200	.568
嶋基宏	6	19	4	0	1	0	.211	.461
炭谷銀仁朗	3	6	1	0	0	0	.167	.619
筒香嘉智	3	26	10	0	5	0	.385	.966
山田哲人	8	26	8	2	4	1	.308	1.180

2015 WBSC Premier12

▶投手成績

チーム	防御率	試合	完投	完封	勝利	敗北	セーブ	投球回	安打	本塁打	四球	死球	三振	失点	自責点
カナダ	1.83	6	0	0	5	1	3	54	39	3	14	7	44	14	11
韓国	1.93	8	0	0	6	2	2	70	53	2	25	1	79	19	15
日本	2.83	8	0	0	7	1	1	70	59	7	15	4	72	22	22
チャイニーズタイペイ	3.83	5	0	0	2	3	1	47	51	5	11	1	45	25	20
アメリカ	4.13	8	0	0	5	3	1	72	74	7	31	3	64	34	33
オランダ	4.24	6	0	0	3	3	2	51	48	5	13	3	45	27	24
キューバ	4.33	6	0	0	3	3	0	54	60	6	18	4	45	29	26
プエルトリコ	4.94	6	0	0	2	4	0	54.2	59	5	27	3	36	35	30
メキシコ	5.83	8	0	0	3	5	3	66.1	77	8	37	3	35	50	43
ベネズエラ	6.75	5	0	0	2	3	2	41.1	57	4	21	4	29	36	31
イタリア	6.98	5	0	0	0	5	0	40	49	6	24	3	44	36	31
ドミニカ共和国	7.53	5	0	0	0	5	0	43	51	3	22	6	30	42	36

▶個人成績（投手）

氏名	登板	勝利	敗北	セーブ	投球回	奪三振	自責点	防御率	WHIP
前田健太	2	1	0	0	12	14	2	1.50	0.83
牧田和久	2	0	0	0	1.1	1	0	0.00	0.75
増井浩俊	4	0	0	0	4	3	3	6.75	1.25
松井裕樹	4	1	0	1	3	2	2	6.00	3.00
西勇輝	2	0	0	0	5	3	4	7.20	2.00
則本昂大	4	1	1	0	6	8	4	6.00	1.33
小川泰弘	1	1	0	0	3	1	2	6.00	0.67
大野雄大	2	0	0	0	3.2	3	1	2.45	1.09
大谷翔平	2	1	0	0	13	21	0	0.00	0.38
澤村拓一	2	1	0	0	2	0	1	4.50	1.00
菅野智之	2	1	0	0	7	6	3	3.86	1.29
武田翔太	2	0	0	0	7	7	0	0.00	1.29
山﨑康晃	3	0	0	0	3	3	0	0.00	0.00

2015 WBSC Premier12

日本

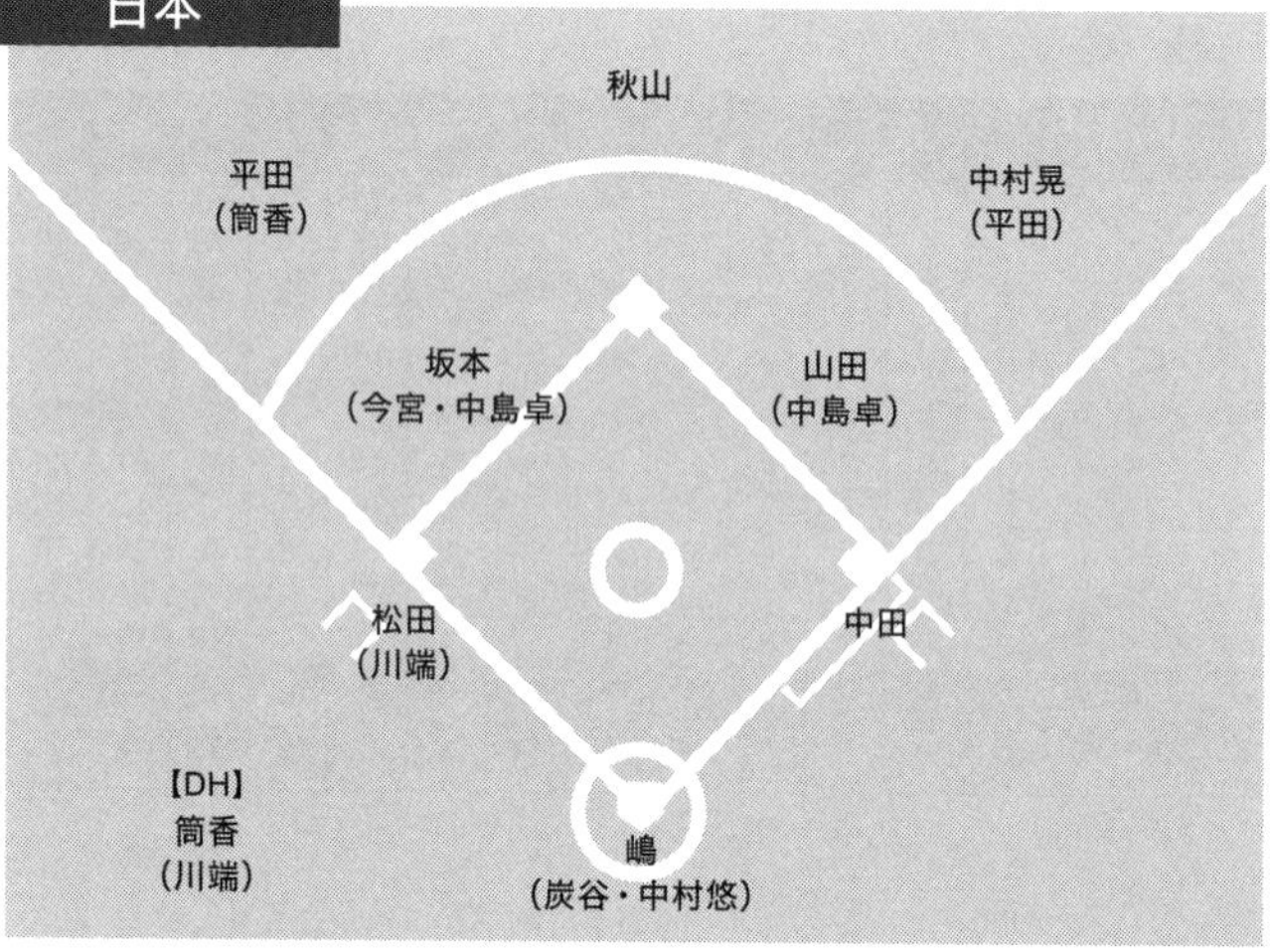

▶ 準決勝韓国戦

打順	守備位置	選手
1	中	秋山翔吾
2	遊	坂本勇人
3	二	山田哲人
4	指	筒香嘉智
5	一	中田翔
6	三	松田宣浩
7	右	中村晃
8	左	平田良介
9	捕	嶋基宏
	投	大谷翔平

2015 WBSC Premier12

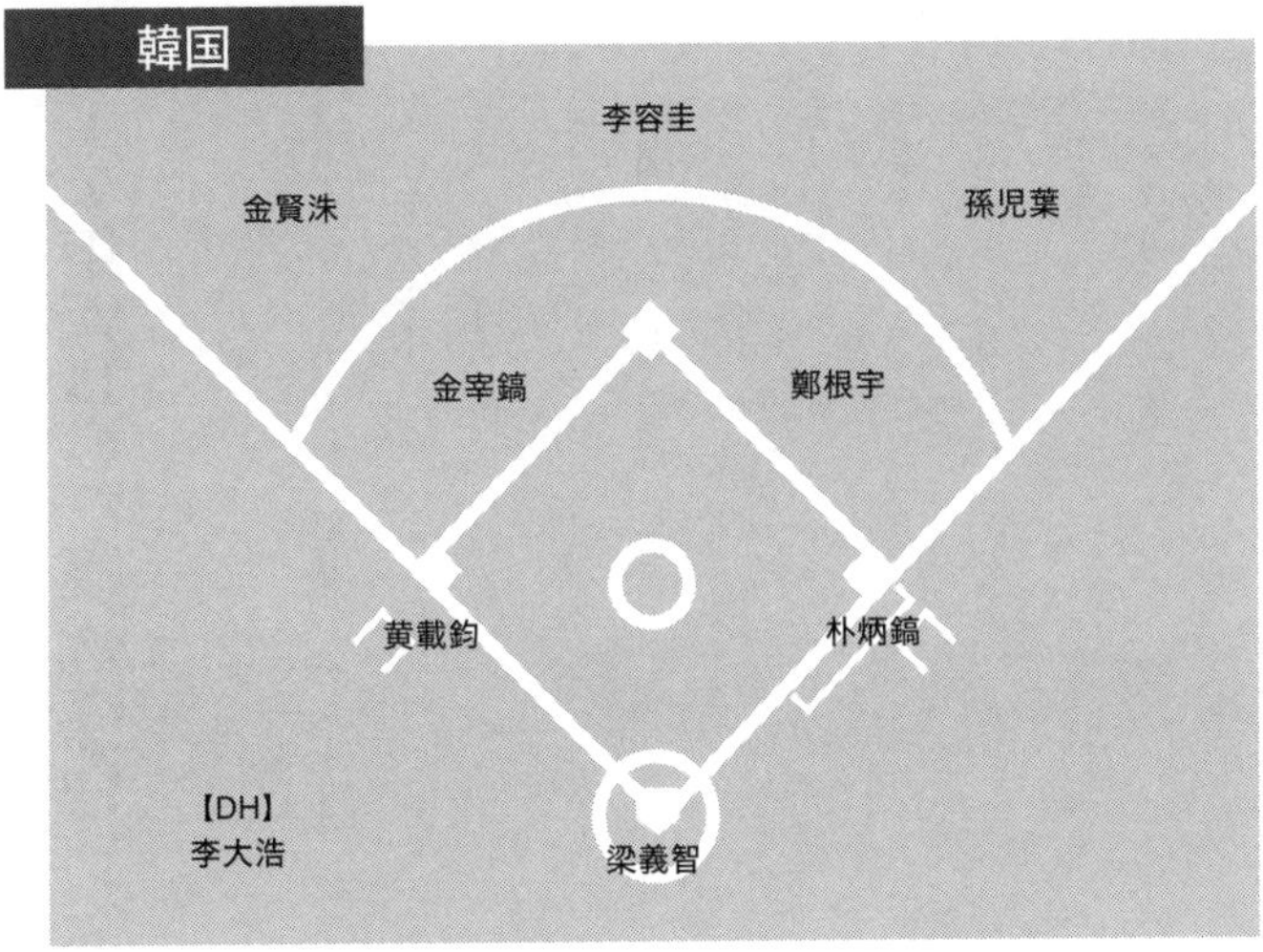

▶決勝アメリカ戦

打順	守備位置	選手
1	二	鄭根宇
2	中	李容圭
3	左	金賢洙
4	指	李大浩
5	一	朴炳鎬
6	右	孫児葉
7	三	黄載鈞
8	捕	梁義智
9	遊	金宰鎬
	投	金廣鉉

２０１７年ＷＢＣ：優勝は逃したもののアメリカを苦しめた日本野球

２０１７年ＷＢＣ　結果：ベスト4

第１ラウンド

キューバ　11－6

オーストラリア４－１

中国　７－１

第２ラウンド

オランダ　８－６

キューバ　８－５

イスラエル８－３

準決勝

アメリカ　１－２

2017年WBCの開催前は、これまでの国際大会の中で、一番徹底した準備ができたのではないだろうか。プレミア12終了後にも侍ジャパンは継続し、小久保裕紀監督が続投。2016年3月にはチャイニーズ・タイペイと強化試合を行った。さらにシーズン終了後の11月には、WBCを見据えてオランダとメキシコと強化試合を開催。結果的に大会前の辞退者も少なかったため、本番を想定したメンバーで強化試合を行うことができた。

唯一想定外だったのは、投打の軸として期待されていた大谷が日本シリーズで痛めた右足首が癒えずに辞退したことだろう。柳田悠岐も肘の手術の影響で辞退した。しかしその辞退者を上手くカバーするかのように、2009WBCの優勝を知り、国際大会経験豊富なメジャーリーガーの青木宣親が選ばれた。

大谷の代わりには、プレミア12のドミニカ共和国選で好投を見せたソフトバンク・武田が加わった。他、プレミア12の経験者では菅野智之、松井裕樹、則本昂大らが選出。国際大会初出場の選手では2016年に最優秀防御率を獲得した石川歩、千賀滉大などが選出された。野手では坂本勇人・山田哲人・中田翔といった、プレミア12の経験者であり精神的支柱の役割も期待される選手はもちろん、国際大会で抜群の成績を誇る内川聖一、先述の青木などベテラン選手も選出された。

対戦相手を見ると、これまで対戦がなかったイスラエルや、前回大会から成長したオランダと当たることになるなど、新しい対戦も見られた。2015年プレミア12の悔しさを晴らすかのように、日本が世界を相手に躍動する大会が始まった。

なお、今回のWBCは2013年大会からの大きな変更点はなかった。

一次ラウンド初戦はキューバ。先発は石川歩だ。1回、石川歩は内野安打と松田宣浩のファンブルでいきなり無死一・二塁のピンチを背負う。しかし直後、フレデリク・セペダの一・二塁間への痛烈な打球を、菊池涼介が素早い反応でグラブに収め、反転して二塁へ送球して併殺打を完成。早速、坂本との二遊間の固さを見せ、流れを渡さなかった。その裏日本は、二死から青木がレフトフェンス直撃のツーベースを放ち、4番・筒香が詰まりながらもライト前に運ぶタイムリーヒットを放って1点を先制した。3回に犠牲フライで同点に追い付かれた日本だったが、4回に松田宣のヒットからチャンスを作り、1番・山田哲がレフトへ大きなアーチを放つ。しかし、観客がフェンスよりも前で捕球したためにこれが二塁打となり、1点を勝ち越した。

勢いに乗り5回には、日本の打線が一気に爆発する。一死から四球で出塁した中田が盗塁すると、続く坂本が三塁線を破るタイムリーツーベースで1点。さらに鈴木誠也が四球を選び一死一・二塁から、松田宣がスタンド中段に飛び込むスリーランホームランで一気に流れを引き寄せた。さらに菊池のタイムリーも飛び出し、この回打者11人の猛攻で一挙5点を取り、リードを6点に広げた。

3点差に詰め寄られた直後の7回にヒットの菊池を一塁に置いて、筒香が右中間スタンドへ叩き込むツーランホームランで突き放す。2番手則本は回跨ぎの7回、アルフレド・デスパイネの一発を含み3点を奪われるが、その後を岡田俊哉、平野、秋吉亮とつないでキューバの反撃を2点に凌ぐ。8回には松田宣がこの日4安打目となるタイムリーと、小林誠司の犠牲フライで2点を追加。最終的に計14安打で11得点を奪うと、最終回は牧田和久が満塁のピンチを背負いながらも最後はデスパイネを見逃し三振に抑えて初戦を勝利した。

2戦目はオーストラリア。先発はこの代表のエース・菅野がマウンドに上がった。1回に日本は、ティム・アサートンの立ち上がりを攻め、山田哲、菊池の連打で無死一・二塁のチャンスを作る。しかし、青木、筒香、中田が活かせず無得点に。一方菅野は、2回に二死走者なしからアラン・デサンミゲルにライトスタンド最前列へ飛び込むソロホームランを許す。打線は2回から3イニング連続の三者凡退。オーストラリアは菅野を積極的に攻めてくる。この嫌な流れを坂本が振り払った。5回に先頭打者としてレフト線に運ぶツーベースで出塁。続く鈴木誠が内野安打で無死一・三塁とチャンスを広げる。前日4安打4打点松田宣が犠牲フライを放ち、追いついた。

しかし、1対1の同点に追い付いた直後のその裏に、日本は大きなピンチを迎える。菅野が死球とヒットで一死一・二塁とされたところで球数制限の65球に到達したために降板。2番手岡田が続くデビッド・カンディテラスにストレートの四球を与えて一死満塁となってしまう。さらにジェイムズ・ベレスフォードに対しても2球連続でボールとなり、あわや押し出しのピンチに、捕手・小林誠がマウンドに駆け寄って岡田を鼓舞した。マウンドへの声援も後押しし、その後、注文通りのセカンドゴロ併殺打でピンチを切り抜けた。

ピンチの後の7回に、中田がレフトポール際のスタンドへ叩き込むソロホームランで勝ち越す。8回には、二死から四球の青木を一塁に置いて、この日3打席無安打だった筒香嘉智が豪快なスイングでライトスタンドへ突き刺すツーランホームランを放ち試合を決めた。投げては、6回からマウンドに上がった千賀が2イニングを無失点に抑え、8回は宮西尚生、9回は牧田が締めて2連勝とした。苦しい試合展開を、リリーフ陣の力と主軸の一発で勝利し、1次ラウンド1位通過を決めた。

3戦目は中国。先発は武田翔太となった。小久保はこの試合大きくスタメンを入れ替え、田中広輔・平田良介を初スタメン起用。その田中広が初回ヒットで出塁し、盗塁と相手の悪送球で一死三塁として、山田哲の犠牲フライで早速1点を先制。続く2回には、二死から今大会絶好調の松田宣がヒットで出塁。すると本大会3試合連続スタメンマスクをかぶった小林誠が、レフトポール際にツーランホームランを放ちリードを3点に広げた。

投げても、武田は3回を47球4安打1失点でまとめ、2番手の藤浪晋太郎は2四死球を与えながらも2回30球で計4奪三振をマーク。中田の2戦連続本塁打もあり、4点リードで5回を終えた。6回からは増井浩俊、松井裕が今大会初登板を果たし、ともに1イニングを無失点。そして7回には先頭の平田が四球で出塁し、相手のミスと田中広の内野安打などで二死二・三塁のチャンスを作ると、菊池のヒットで1点を追加。さらに送球が乱れる間に二塁走者も生還し、2点を追加した。結果的に打線は8安打7得点と効率よく得点を重ね危なげなく勝利して、一次ラウンドは3連勝で終えた。

1次ラウンド同様、東京ドームで行われた2次ラウンド、1戦目の相手は強豪・オランダ。先発は石川歩と、当時ソフトバンクで先発投手を担っていたリック・バンデンハークとなった。オランダは、当時現役のメジャーリーガー（ザンダー・ボガーツ、アンドレルトン・シモンズ、ジュリクソン・プロファー、ディディ・グレゴリウス、ジョナサン・スコープ）を5名、NPBでシーズン本塁打記録を樹立したウラディミール・バレンティンという最強の野手陣を揃え歴代最高のチームを作り上げていた注目カードだった。

日本は1回に青木のフェンス直撃のツーベースでチャンスを作るが、一打先制の場面で4番・筒香が空振り、無得点に終わる。続く2回に中田の二塁打から一・三塁となった後、秋山翔吾がレフトへ犠牲フライを放って1点を先制。しかし日本の石川歩は、2回二死からスコープにレフトスタンドへライナーで飛び込む同点アーチを許す。しかし3回には、日本は菊池、青木の連続内野安打で一死一・二塁とすると、中田がスライダーをすくい上げ、自身初の3試合連続となるスリーランホームランで突き放した。さらに坂本の四球、山田哲のヒットの後に秋山がタイムリーを放ち、この回は打者9人の猛攻で4点を奪った。余裕ができた日本かと思いきや、その裏には石川歩が計4安打を集められ、シモンズにタイムリー、ボガーツに犠牲フライ、バレンティンにはツーランホームランを打たれて追いつかれる。両先発がともに3回で降板し、5対5の同点で序盤戦を終えた。

4回以降は、両チームリリーフをつぎ込む総力戦となった。5回に坂本のヒットから二死三塁とすると、小林誠がしぶとくセンター前に運ぶ勝ち越しタイムリーを放つ。投げては千賀が無死二・三塁のピンチを背負いながらもボガーツ、バレンティンを連続三振に抑えて、グレゴリウスはファーストゴロで無失点。7回には一死一塁からセンター前に抜けるかと思われた打球を、菊池が初戦を思い出させるような横っ飛びからのグラブトスで封殺のファインプレー。リリーフ陣の必死の守りに応えるような守備で、チームを救った。8回にも一死満塁のピンチを背負うが、7番手の増井が無失点に切り抜けた。

しかし9回に8番手で登板した則本が二死一・三塁の場面でスコープに同点タイムリーを許し、延長戦に突入。無死一・二塁から始まるタイブレークとなった11回、途中出場の鈴木誠が送りバントを決めて一死二・三塁とすると、本大会の頼れる男・中田が、内角球をレフト前へ運ぶ2点タイムリーヒットで勝ち越した。投げては牧田が、10回から2イニングをすべて三者凡退、無失点に抑える好投で締め、4時間46分の死闘を制した。監督の小久保は、「勝ちたいという執念、それとやっぱりチームの輪。それしか最後はなかったと思います。一生忘れることのない試合と思います」とコメントを残した。個人的な感想になるが、筆者はこの試合を東京ドームで観戦していた。試合開始から終了まで、時間の長さを感じない濃密な内容だったことが思い返される。

2戦目は、第1ラウンド初戦の相手・キューバとの戦いとなった。先発はエース・菅野となった。日本は初回、ここまで打率・176と低調だった山田哲の、目覚めの先頭打者ホームランで1点を先制する。しかし直後から、強力キューバ打線が菅野に襲い掛かった。2回、菅野がデスパイネに内野安打を許すと、続くジュリスペル・グラシアルに逆転ツーランホームランを許してしまった。日本も3回、山田哲のツーベースから二死三塁として筒香のタイムリーですぐさま同点に追いつくが、菅野が4回に再びつかまり、3本のヒットで満塁とされ、2点タイムリーを浴びてふたたびリードを許す展開に。菅野は粘れず、4回74球を投げて7安打4失点で降板。

しかし打線は諦めない。2点を追う5回、一死二・三塁とすると、青木の内野ゴロの間に1点を返す。さらに筒香がタイムリーを放って同点とした。しかし6回、3番手で登板した増井が、グラシアルのツーベースヒットの後、ヨスバニ・アラルコンに勝ち越しのタイムリーを許す。またもビハインドになった日本は、その裏に松田宣の振り逃げと秋山の四球でチャンスを作り、小林誠がタイムリーを放って3度同点に追いついた。

投げては松井裕と秋吉亮が、6回と7回を無失点で繋ぐ。8回、一死から松田宣が相手エラーで出塁後、秋山がヒットでつないで一死一・三塁。ここで本大会絶好調の小林誠を迎えるが、小久保は勝負をかけ、代打・内川を起用。きっちりと犠牲フライを打ち上げて四度目となる勝ち越しに成功。さらに山田がツーランホームランを放ち、リードを3点に広げた。最後は本大会の守護神・牧田が締めて5連勝とした。

3戦目はイスラエル。勝利もしくは4失点以内（当該チーム間の失点率、9回終了の場合）での敗戦なら、2次ラウンド1位通過が決まる戦いになった。先発は千賀。立ち上がりはランナーを出すものの、直後併殺としピンチを切り抜けた。尻上がりに調子を上げていき、滑りやすいWBC球にもかかわらず精度の高いフォークを駆使。4・5回は3人で完璧に抑え、5回63球を投げて1安打4三振2四死球で無失点の、完璧なピッチングを見せた。イスラエルの先発ジョシュ・ゼイドも粘りの投球を続け、5回まで両チームゼロ行進の投手戦となった。

均衡を破ったのは日本。筒香が投手陣の頑張りに振りで応え、2番手ディラン・アクセルロッドからソロホームランを放ち先制。ここから日本の猛攻が始まり、内川の四球、坂本のヒットから一死一・二塁とチャンスを作り、松田宣がレフトフェンス直撃のタイムリーツーベースを放って1点を追加。さらに小林誠のタイムリー内野安打や菊池のライト前タイムリー、青木の押し出し死球で得点を重ね、この回は打者11人・5安打で一挙5点を奪った。

6回からは小刻みな継投策。平野、宮西、秋吉が無失点に抑える。8回にはさらに2点を追加するとともに先発全員安打を達成。最後は松田宣がダメ押しのタイムリーを放った。最後は牧田が3点を失ったものの、勝利して6連勝で4大会連続となる準決勝進出を決めた。

アメリカ・ロサンゼルスのドジャースタジアムで開催された、準決勝の相手はアメリカ。先発は、日本のエース・菅野、アメリカはタナー・ロアークとなった。この大会立ち上がりに不安のあった菅野は、1回を3人で打ち取る。続く2回もノーラン・アレナドから三振を奪うなど完璧な内容で3者凡退。3回も抑えて3回まで38球1安打無失点の立ち上がりだった。

打線は1回に死球の山田哲を菊池が送って一死二塁。しかし青木がセカンドゴロに倒れると、一死三塁の場面で、筒香の当たりはレフトフライに。その後も2回、3回とヒットで出塁するも、ロアークのツーシームに苦しんで無得点が続いた。試合が動いたのは4回。一死からアメリカのクリスチャン・イエリッチの打球を菊池がエラーし、二塁まで許してしまう。その後、二死一・二塁となった場面で、アンドリュー・マカチェンにスライダーをとらえられて先制タイムリーを許した。

それでも続く5回を3人で切り抜けると、6回には2死走者なしからアレナドを三球三振に打ち取り、最終的には6回81球を投げて3安打6三振1失点（自責0）に抑えた。その裏円陣を組んだ日本は、菊池がアメリカ2番手ジョーンズの158キロのストレートを捉え、同点ソロホームランを放つ。その後日本はこの大会大活躍の千賀をマウンドに上げ、いきなり三者三振のピッチング。しかし、回跨ぎの8回、一死からブランドン・クロフォードにライト前ヒットを許し、続く1番・キンズラーに左中間を破られて二死2、三塁のピンチ。ここでアダム・ジョーンズはボテボテのサードゴロを放つが、松田宣が痛恨のファンブル。本塁には投げられず、勝ち越しを許した。悪天候でありながら、普段プレーをしない球場ということもあってミスが出た。

再びビハインドを背負った日本はその裏、代打・内川のヒットから二死一・二塁のチャンスを作る。ここで迎えるのは頼れる4番・筒香。打球は角度良く放物線を描いたがライトフライに倒れ、9回はランナーを出すことすらできずに試合が終わった。日本は力尽きて敗退した。

この大会で優勝したのは準決勝で日本に勝利したアメリカだ。野手陣はベストナインに輝いたホズマーやイエリッチをはじめとした、イアン・キンズラー、アダム・ジョーンズ、ノーラン・アレナド、パスター・ポージー、ジャンカルロ・スタントン、ダニエル・マーフィー、アンドリュー・マッカチェン、ブランドン・クロフォードを揃えた。投手陣は出場国の中でチーム防御率1位をとなる2・15を記録。この大会のアメリカはイメージするような豪快さはなかったものの、勝ち進むにつれて勝負強さが出た。

一次ラウンド1戦目でホセ・キンタナを擁するコロンビアに苦戦。5回までリードを許す展開だったが、同点に追いついて最後はサヨナラ勝ち。2戦目も前回大会覇者のドミニカ共和国に敗れた。3戦目はカナダに快勝をして二次ラウンドに進出。1戦目のベネズエラには勝利したが、2戦目のプエルトリコには敗れた。崖っぷちの中、ドミニカ共和国には逆転勝ちで準決勝進出を決めた。

準決勝の日本に勝利し、決勝のプエルトリコとの試合は、試合の中でチーム状況を完全に仕上げてきた状態だっただろう。全体的にみても、おそらく調整のために全員を均等に出場させなければならないことや、球団側の制約がある中で、死の組（プール）を勝ち抜いて優勝したのは真の強さを感じた。

日本もこの大会を通して成長を遂げた。ベスト試合はやはりオランダとの死闘と言ってもいい。参加国1位の打率・321と47打点を記録したオランダの現役メジャーリーガーを擁する野手陣と正面からわたり合う。そのオランダに対して、国際大会に強い中田を中心として野手力を選手層で勝った。さらに、バントや守備、継投策など、ミスのない細かい戦術の総合力でわずかに上回って勝ち切った試合だったのは間違いない。

投手陣に関しても、軸としようとしていた先発の石川歩を早い段階で諦め、平野や千賀、増井など150キロ以上の速球にフォークを決め球とする投手を中心に、宮西や秋吉、牧田などを織り交ぜた小刻みな継投策もお見事だった。

キューバやイスラエルに対しては、ビハインドの展開から投手戦までバリエーション豊かに勝利していき、日本野球の強さを感じた大会だった。野手陣は参加国1位の本塁打数（タイ）と、2位プエルトリコ・ドミニカ共和国と大きく差をつけるトップの盗塁数を記録し、得点は3位、打率は5位を記録した。

投手陣はチーム防御率3・05で7位を記録していた中で、ベストナインには先発から中継ぎまでフル回転の活躍で防御率0・82を記録した千賀が選ばれた。投打が噛み合えば、メジャーリーガーがいる国とも対等に戦えることを証明した大会だった。

World Baseball Classic 2017

▶打撃成績

チーム	打率	試合	打数	得点	安打	二塁打	三塁打	本塁打	打点	盗塁	盗塁死	四球	三振	長打率	出塁率
オランダ	.321	7	249	48	80	17	1	10	47	2	1	26	39	.518	.396
メキシコ	.312	3	109	24	34	5	0	4	22	0	0	12	22	.468	.389
プエルトリコ	.310	7	239	49	74	13	3	11	46	5	1	29	46	.527	.384
チャイニーズタイペイ	.302	3	116	20	35	7	0	2	19	1	0	9	26	.414	.357
日本	.298	7	238	47	71	13	0	11	46	11	1	34	41	.492	.384
ドミニカ共和国	.290	6	214	33	62	16	0	9	30	5	2	23	37	.491	.363
韓国	.287	3	108	12	31	6	0	1	12	2	2	11	21	.370	.375
キューバ	.282	6	195	22	55	15	1	4	22	4	1	13	39	.431	.338
イスラエル	.265	6	204	27	54	12	1	3	27	0	2	31	47	.377	.372
オーストラリア	.265	3	102	12	27	6	1	4	15	2	0	15	25	.461	.364
ベネズエラ	.259	7	228	28	59	12	0	5	27	1	1	21	51	.377	.328
アメリカ	.252	8	278	41	70	17	1	8	35	1	1	26	62	.406	.321
イタリア	.243	4	136	23	33	9	0	9	25	0	1	14	39	.507	.313
コロンビア	.202	3	109	9	22	6	1	1	8	1	1	8	28	.303	.275
カナダ	.155	3	97	3	15	2	0	0	2	2	1	4	34	.175	.188
中国	.124	3	89	1	11	0	0	0	1	2	0	6	26	.124	.188

▶個人成績（打者）

氏名	試合	打数	安打	本塁打	打点	盗塁	打率	OPS
秋山翔吾	4	10	3	0	2	1	.300	.685
青木宣親	6	22	4	0	2	0	.182	.697
平田良介	2	3	0	0	0	0	.000	.250
菊池涼介	7	30	8	1	4	1	.267	.713
小林誠司	7	20	9	1	6	0	.450	1.055
松田宣浩	7	24	8	1	7	1	.333	.820
中田翔	6	21	5	3	8	1	.238	1.074
大野奨太	1	2	0	0	0	0	.000	.000
坂本勇人	6	24	10	0	1	1	.417	1.023
鈴木誠也	5	14	3	0	0	1	.214	.527
田中広輔	3	8	2	0	0	2	.250	.583
筒香嘉智	7	25	8	3	8	0	.320	1.113
内川聖一	6	8	3	0	3	0	.375	1.080
山田哲人	7	27	8	2	5	3	.296	1.005

World Baseball Classic 2017

▶投手成績

チーム	防御率	試合	完投	完封	勝利	敗北	セーブ	投球回	安打	本塁打	四球	死球	三振	失点	自責点
アメリカ	2.15	8	0	2	6	2	3	71	48	6	15	4	64	21	17
ドミニカ共和国	2.45	6	0	1	4	2	2	55	42	3	16	5	57	19	15
プエルトリコ	2.71	7	0	1	6	1	1	63	48	6	28	3	63	21	19
コロンビア	2.73	3	0	0	1	2	1	29.2	25	0	11	1	20	14	9
オランダ	2.87	7	0	1	4	3	0	62.2	64	5	24	4	39	24	20
オーストラリア	2.88	3	0	1	1	2	0	25	23	3	9	1	20	8	8
日本	3.05	7	0	0	6	1	2	65	54	5	13	3	71	24	22
イスラエル	4.75	6	0	0	4	2	2	53	57	3	29	6	40	31	28
韓国	4.82	3	0	0	1	2	0	28	32	3	12	1	26	15	15
キューバ	5.88	6	0	1	2	4	1	49	55	9	30	1	40	40	32
カナダ	6.84	3	0	0	0	3	0	25	37	4	11	0	15	21	19
イタリア	7.00	4	0	0	1	3	0	36	45	4	18	5	26	33	28
ベネズエラ	7.39	7	0	0	2	5	2	59.2	79	14	33	1	50	55	49
メキシコ	7.96	3	0	0	1	2	1	26	41	8	11	1	19	28	23
中国	8.25	3	0	0	0	3	0	24	31	4	15	1	13	24	22
チャイニーズタイペイ	10.00	3	0	0	0	3	0	27	51	3	7	7	19	32	30

▶個人成績（投手）

氏名	登板	勝利	敗北	セーブ	投球回	奪三振	自責点	防御率	WHIP
秋吉亮	6	1	0	0	4.1	3	0	0.00	0.46
藤浪晋太郎	1	0	0	0	2	4	0	0.00	0.50
平野佳寿	6	1	0	0	5.1	7	2	3.38	0.56
石川歩	2	1	0	0	7	2	6	7.71	1.29
牧田和久	5	1	0	2	6	6	2	3.00	1.17
増井浩俊	3	0	0	0	2.2	1	1	3.38	1.13
松井裕樹	3	0	0	0	2.2	5	0	0.00	0.38
宮西尚生	4	0	0	0	2	4	0	0.00	2.00
則本昂大	2	0	0	0	3.2	3	4	9.82	2.18
岡田俊哉	2	0	0	0	1	1	0	0.00	1.00
千賀滉大	4	1	1	0	11	16	1	0.82	0.73
菅野智之	3	0	0	0	14.1	16	5	3.14	1.05
武田翔太	1	1	0	0	3	3	1	3.00	1.67

World Baseball Classic 2017

日本

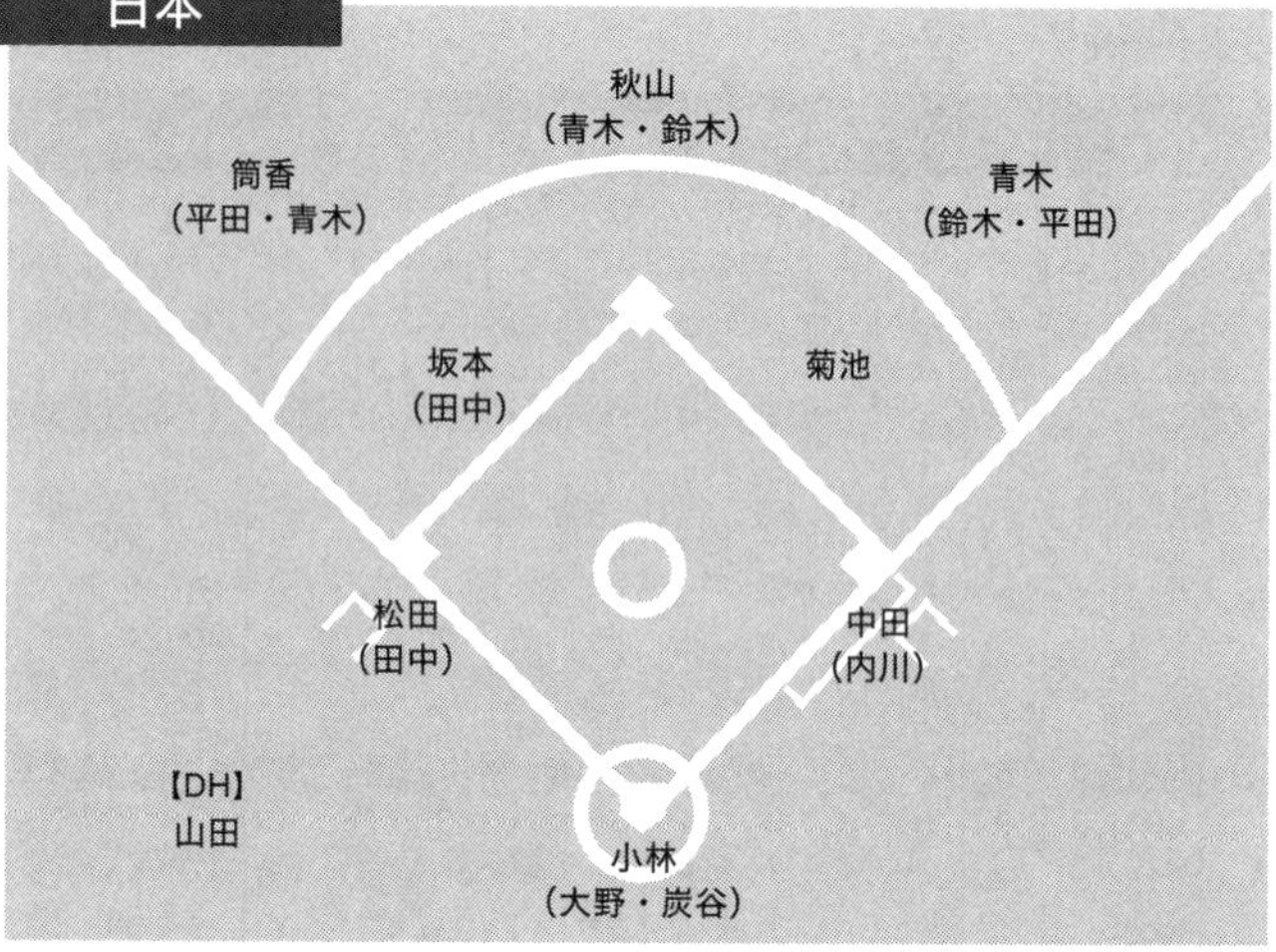

▶準決勝アメリカ戦 ※大会の前年成績

打順	守備位置	選手	打率	本塁打	打点	出塁率	長打率	OPS
1	指	山田哲人	.304	38	102	.425	.607	1.032
2	二	菊池涼介	.315	13	56	.358	.432	.790
3	右	青木宣親	.283	4	28	.349	.388	.738
4	左	筒香嘉智	.322	44	110	.430	.680	1.110
5	一	中田翔	.250	25	110	.308	.431	.738
6	遊	坂本勇人	.344	23	75	.433	.555	.988
7	三	松田宣浩	.259	27	85	.325	.467	.792
8	中	秋山翔吾	.296	11	62	.385	.422	.807
9	捕	小林誠司	.204	4	35	.276	.269	.544
	守備位置	名前	勝利	敗戦	投球回	奪三振	防御率	WHIP
	投	菅野智之	9	6	183.1	189	2.01	0.99

※青木宣親はMLBの成績
※青木宣親以外はNPBの成績

World Baseball Classic 2017

アメリカ

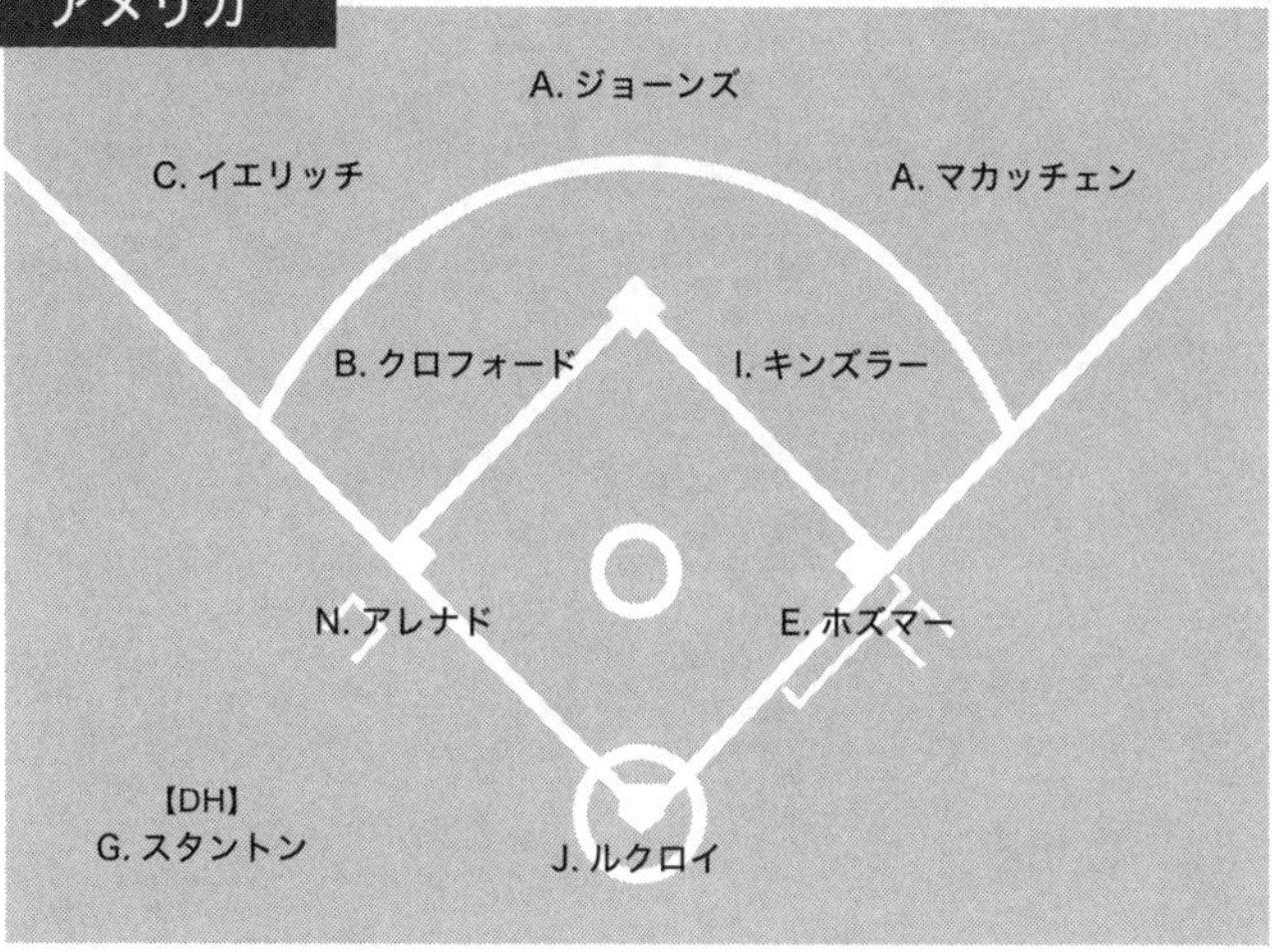

▶決勝プエルトリコ戦 ※大会の前年成績

打順	守備位置	選手	打率	本塁打	打点	出塁率	長打率	OPS
1	二	I. キンズラー	.288	28	83	.348	.484	.831
2	中	A・ジョーンズ	.265	29	83	.310	.436	.746
3	左	C. イエリッチ	.298	21	98	.376	.483	.859
4	三	N. アレナド	.294	41	133	.362	.570	.932
5	一	E. ホズマー	.266	25	104	.328	.433	.761
6	右	A. マカッチェン	.256	24	79	.336	.430	.776
7	遊	B. クロフォード	.275	12	84	.342	.430	.772
8	指	G. スタントン	.240	27	74	.326	.489	.815
9	捕	J. ルクロイ	.292	24	81	.355	.500	.855
	守備位置	名前	勝利	敗戦	投球回	奪三振	防御率	WHIP
	投	M. ストローマン	9	10	204	166	4.37	1.29

※全選手MLBの成績

World Baseball Classic 2017

プエルトリコ

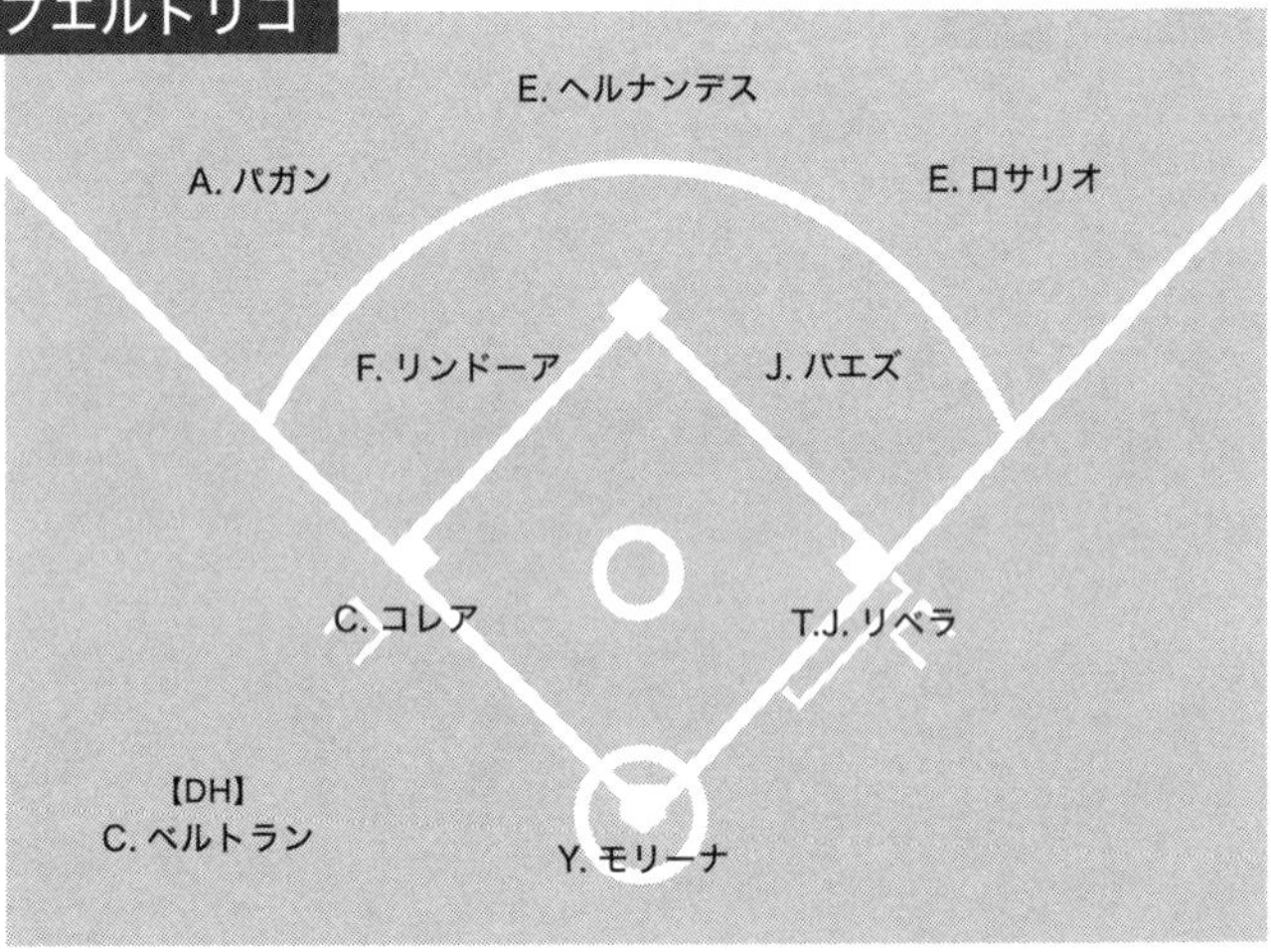

▶ 決勝アメリカ戦　※大会の前年成績

打順	守備位置	選手	打率	本塁打	打点	出塁率	長打率	OPS
1	左	A. パガン	.277	12	55	.331	.418	.750
2	遊	F. リンドーア	.301	15	78	.358	.435	.794
3	三	C. コレア	.274	20	96	.361	.451	.811
4	指	C. ベルトラン	.295	29	93	.337	.513	.850
5	捕	Y. モリーナ	.307	8	58	.360	.427	.787
6	二	J. バエズ	.273	14	59	.314	.423	.737
7	右	E. ロサリオ	.269	10	32	.295	.421	.716
8	一	T.J. リベラ	.333	3	16	.345	.476	.821
9	中	E. ヘルナンデス	.190	7	18	.283	.324	.648
	守備位置	名前	勝利	敗戦	投球回	奪三振	防御率	WHIP
	投	S. ルーゴ	5	2	64	45	2.67	1.09

※全選手MLBの成績

World Baseball Classic 2017

オランダ

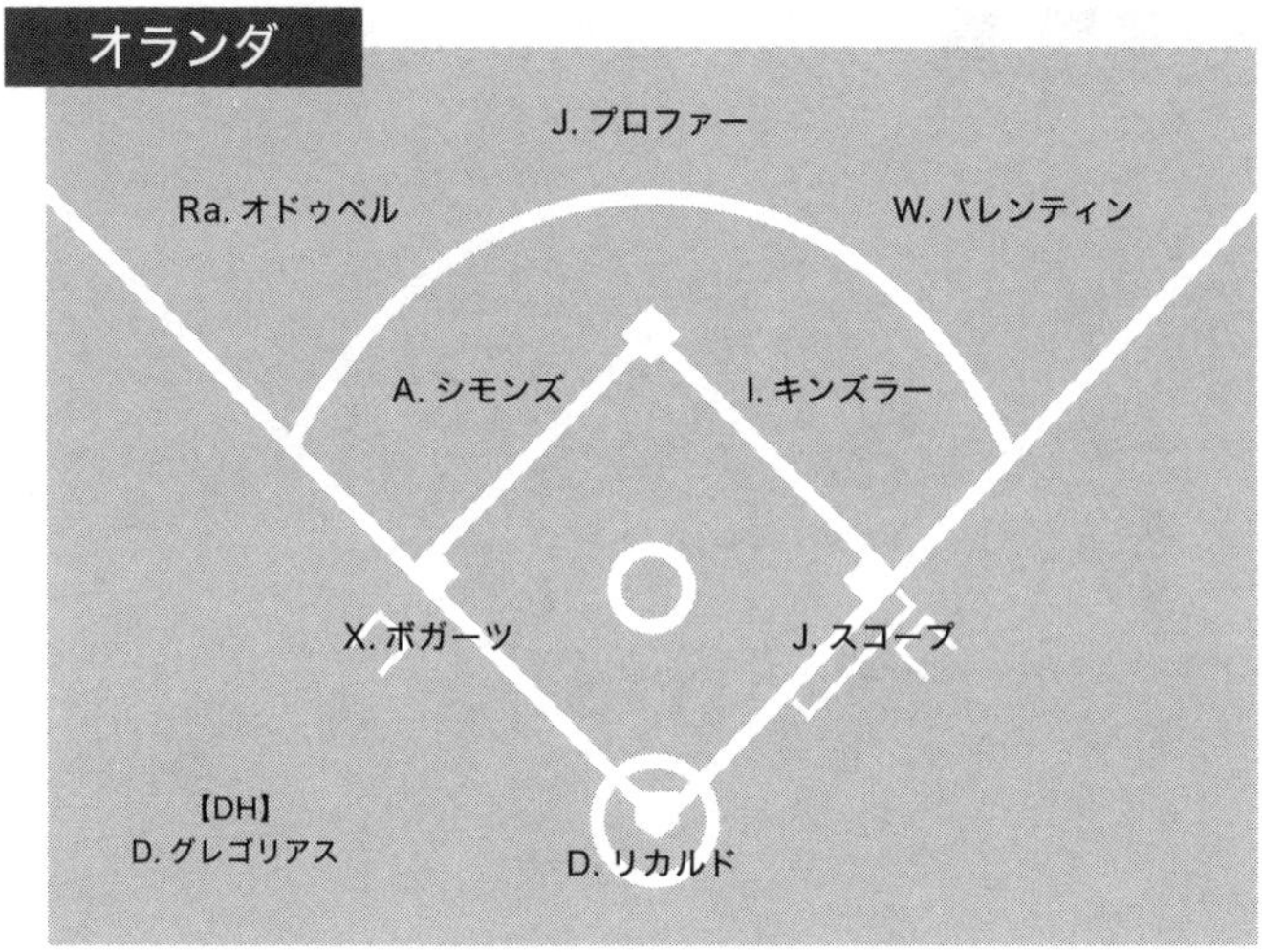

▶ 準決勝プエルトリコ戦 ※大会の前年成績

打順	守備位置	選手	打率	本塁打	打点	出塁率	長打率	OPS
1	遊	A. シモンズ	.281	4	44	.324	.366	.690
2	中	J. プロファー	.235	5	20	.311	.341	.660
3	三	X. ボガーツ	.294	21	89	.356	.446	.802
4	右	W. バレンティン	.269	31	96	.369	.516	.885
5	指	D. グレゴリアス	.276	20	70	.304	.447	.751
6	二	J. スコープ	.267	25	82	.298	.454	.752
7	一	C. スミス	.331	17	60	.403	.548	.951
8	捕	D. リカルド	.404	2	26	.448	.543	.990
9	左	Ra. オドゥベル	.353	0	1	.542	.412	.954
	守備位置	名前	勝利	敗戦	投球回	奪三振	防御率	WHIP
	投	R. バンデンハーク	7	3	82	92	3.84	0.96

※C.スミスはアメリカ独立リーグの成績
※D.リカルド、Ra.オドゥベルはオランダ国内リーグの成績
※その他の選手はMLBの成績
※W.バレンティン、R.バンデンハークはNPBの成績

World Baseball Classic 2017

ドミニカ共和国

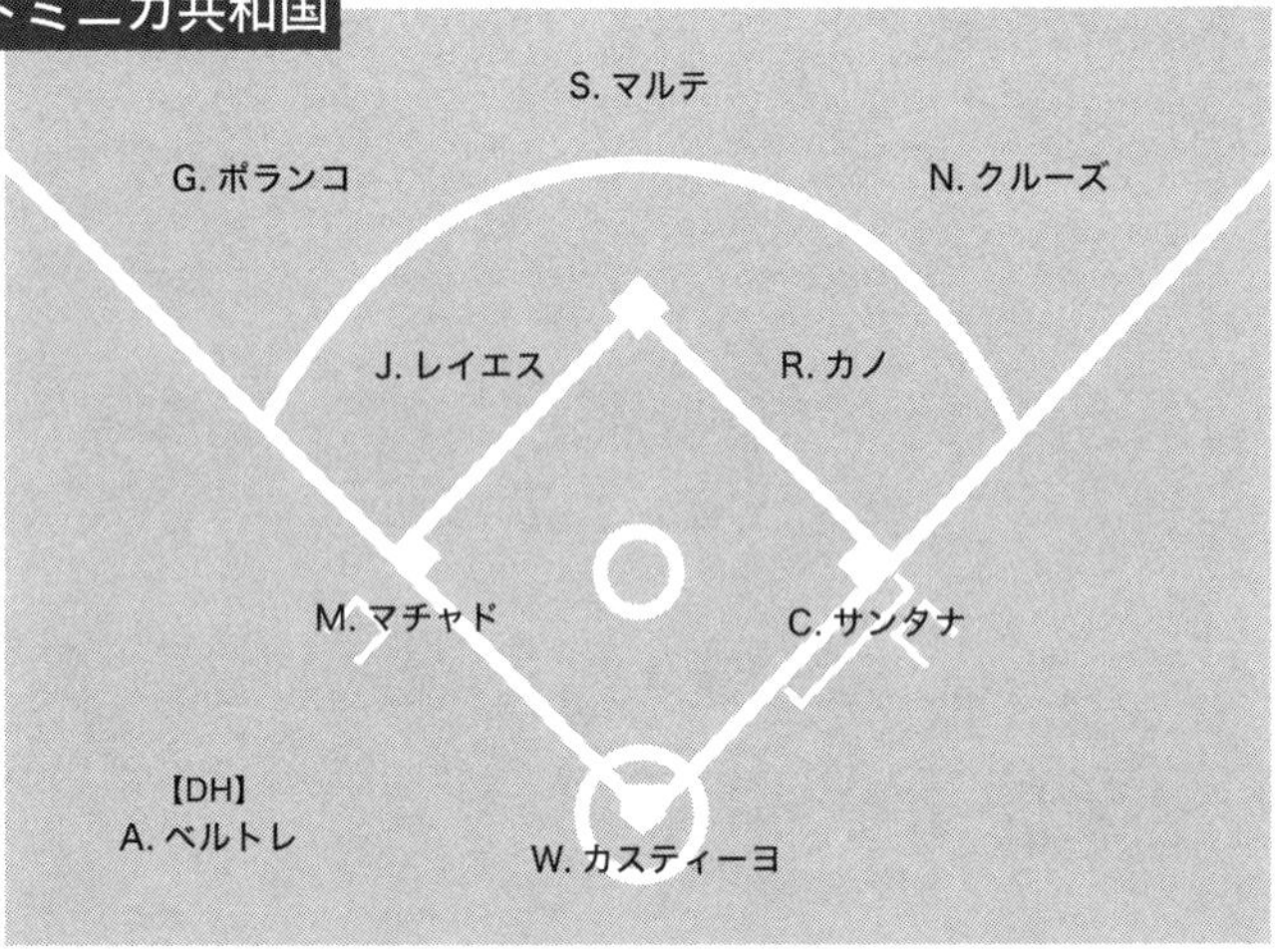

▶ 二次ラウンドアメリカ戦 ※大会の前年成績

打順	守備位置	選手	打率	本塁打	打点	出塁率	長打率	OPS
1	遊	J. レイエス	.267	8	24	.326	.443	.769
2	三	M. マチャド	.294	37	96	.343	.533	.876
3	二	R. カノ	.298	39	103	.350	.533	.882
4	右	N. クルーズ	.287	43	105	.360	.555	.915
5	一	C. サンタナ	.259	34	87	.366	.498	.865
6	中	S. マルテ	.311	9	46	.362	.456	.818
7	指	A. ベルトレ	.300	32	104	.358	.521	.879
8	左	G. ポランコ	.258	22	86	.323	.463	.786
9	捕	W. カスティーヨ	.264	14	68	.322	.423	.745
	守備位置	名前	勝利	敗戦	投球回	奪三振	防御率	WHIP
	投	E. サンタナ	7	11	181.1	149	3.38	1.22

※全選手MLBの成績

World Baseball Classic 2017

ベネズエラ

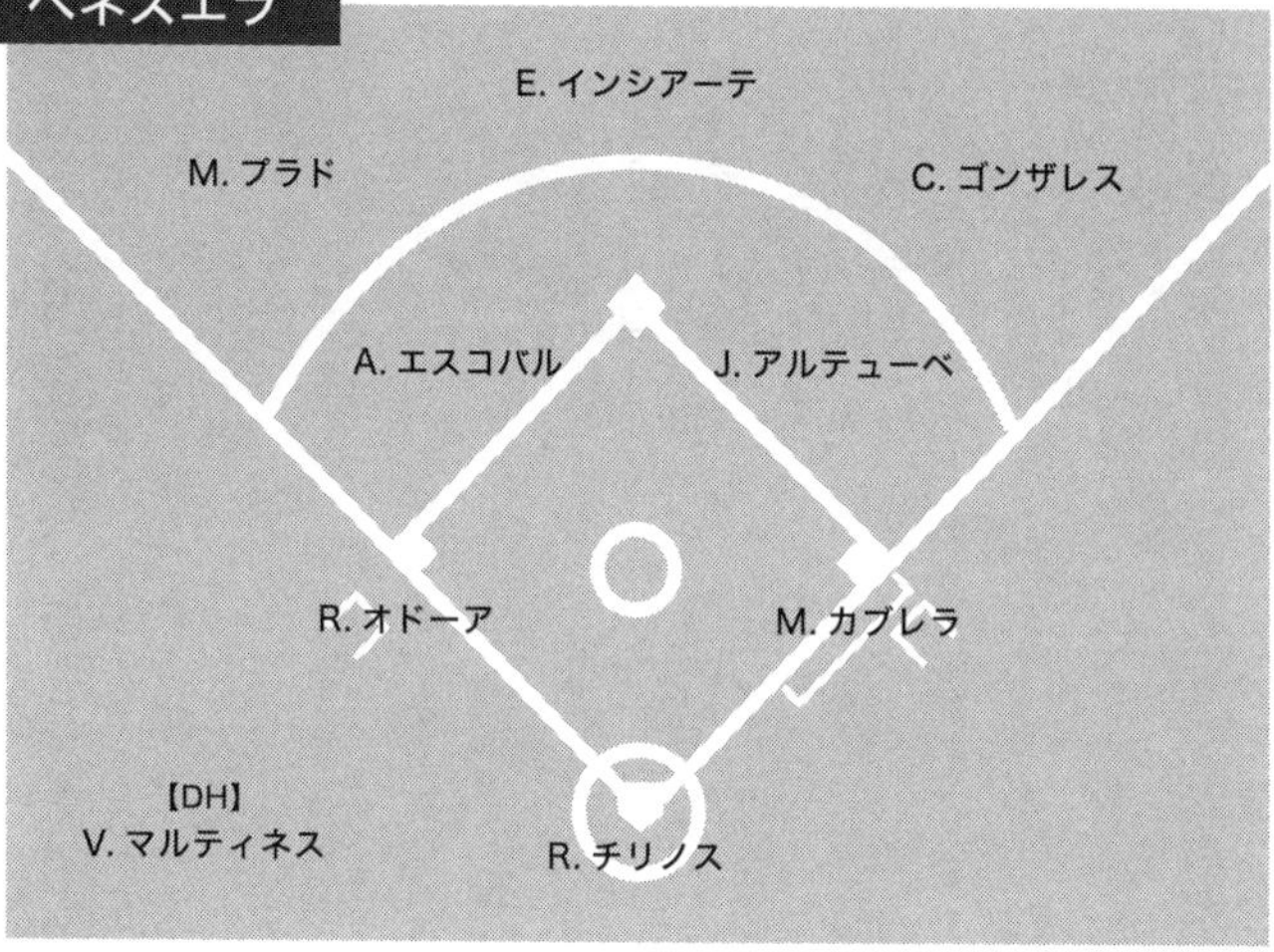

▶二次ラウンドアメリカ戦 ※大会の前年成績

打順	守備位置	選手	打率	本塁打	打点	出塁率	長打率	OPS
1	二	J. アルテューベ	.338	24	96	.396	.531	.928
2	左	M. プラド	.305	8	75	.359	.417	.775
3	一	M. カブレラ	.316	38	108	.393	.563	.956
4	指	V. マルティネス	.289	27	86	.351	.476	.826
5	三	R. オドーア	.271	33	88	.296	.502	.798
6	遊	A. エスコバル	.261	7	55	.292	.350	.642
7	右	C. ゴンザレス	.298	25	100	.350	.505	.855
8	捕	R. チリノス	.224	9	20	.314	.483	.797
9	中	E. インシアーテ	.291	3	29	.351	.381	.732
	守備位置	名前	勝利	敗戦	投球回	奪三振	防御率	WHIP
	投	F. ヘルナンデス	11	8	153.1	122	3.82	1.32

※全選手MLBの成績

2019年プレミア12：東京五輪の前哨戦となった大会

結果：優勝

予選リーグ
ベネズエラ 8‐4
プエルトリコ 4‐0
チャイニーズタイペイ 8‐1
スーパーラウンド
オーストラリア 3‐2
アメリカ 3‐4
メキシコ 3‐1
韓国 10‐8

決勝
韓国 5 - 3

2019年のプレミア12は、東京五輪の前哨戦となった。侍ジャパンは開催国枠ですでに出場資格を得ていたものの、アジア・オセアニア大陸の上位1チームと、アメリカ大陸の上位1チームが東京五輪への出場権を獲得するシステムとなっていたため、重要な大会と位置付けられ、各国との真剣勝負になった。

本大会より大会形式が変更され、3グループ4チームに分かれてオープニングラウンドとして総当たり戦（各3試合）を行い、各グループ上位2チームの6チームがスーパーラウンドに進出し、オープニングラウンドで当たった対戦以外の総当たり戦（各4試合）を行う。そのうえで、スーパーラウンドの上位2チームが決勝、下位2チームが3位決定戦を行う形式に変更された。球数制限がないのは、以前のプレミア12と同様である。

2017年7月、小久保裕紀監督下でコーチを務めていた稲葉篤紀が、正式に侍ジャパンの監督に就任。東京五輪に向け新たなチーム作りが始められ、「危機管理」と「選択肢を増やす」ことを目的に、代表経験の少ないメンバーで多くの強化試合に挑んだ。投手では今永昇太、打者では吉田正尚や浅村栄斗らが招集され、代走要員としては2020年に盗塁王を獲得する周東佑京が選出されるなど、バリエーション豊かな選手たちが選ばれた。

しかし、大会前の強化試合（カナダ戦）で秋山翔吾が死球で骨折し、離脱。丸佳浩が緊急招集されることになる。また千賀滉大も右肩の違和感のため出場を辞退し、代々選手として甲斐野央が追加招集された。主力とされる選手たちの離脱で苦戦を強いられながらも、試合の中でチームが強くなっていき、最終的にはプレミア12初優勝を成し遂げた。


オープニングラウンドの1戦目はベネズエラとの対戦。先発は山口俊。序盤3回まで両チームともに無得点で進んだが、山口がなかなか立て直すことができない。4回、2安打1四球のピンチを招くと、併殺崩れの間にベネズエラが先制。一方、ベネズエラ先発のフェリクス・ドゥブロントは、四球を出しつつも日本打線に対してのらりくらりと抑えていた。

重苦しい展開から日本打線が抜け出したのは5回。一死一・三塁のチャンスを作ると、菊池涼介がタイムリーを放って同点。さらに近藤健介の敬遠で満塁にチャンスを広げて、鈴木誠也がタイムリーを放って逆転に成功した。しかしその直後の6回に山岡泰輔が捕まる。先頭のバルビノ・フエンマヨールにヒットを許すと、次のホセ・ゴドイは三塁へのボテボテのゴロ。しかしこれが三塁線上の内野安打となり、続く元ヤクルトのカルロス・リベロにフェンス直撃のタイムリーツーベースを浴びて3連打で同点に追いつかれた。アンドレス・ブランコを一ゴロに打ち取ったところで、山岡から大竹寛にスイッチ。大竹はディクソン・マチャドをつまらせて二ゴロに打ち取ったが、このゴロの間に三塁走者が生還し、逆転を許す。さらにスイッチした中川皓太も、二塁へのタイムリー内野安打を許して2点差にされた。

初戦から苦しい試合となった日本は、8回に再び試合をひっくり返す。先頭の浅村、続く丸の連続四球でチャンスを作ると、一死後に會澤翼も四球を選んで満塁に。さらに坂本勇人に代わって代打の山田哲人が押し出し四球を選んで1点差。さらに菊池のタイムリーで同点に追いついた。その後は、ベネズエラ投手陣が乱調に陥り、近藤の押し出し四球で逆転に成功。鈴木誠の犠牲フライと源田壮亮のタイムリー内野安打でさらに加点し、この回打者一巡し、一挙に6点を奪い取り、なんとか初戦に勝利した。

2戦目はプエルトリコとの対戦。先発はプロ2年目のアンダースロー・高橋礼。序盤は両チーム無得点に終わるが、3回に試合が動いた。二死から山田哲が四球で出塁すると、菊池がボテボテながらも俊足を飛ばして内野安打でつなぐ。二死一・二塁で近藤のファーストゴロにベースカバーに入った相手投手が捕球できず、ボールが転々としている間に二塁走者の山田哲が生還。なおも一・三塁で鈴木誠がレフトスタンドへ飛び込むスリーランホームランを放ち、一挙4点を奪った。高橋礼はプエルトリコ打線をほんろうし、6回1安打の好投。その後はこの4点を嘉弥真新也や大竹、山本由伸、山﨑康晃が抑えて逃げ切り、2連勝を決めた。

2試合を戦った桃園国際野球場から、台中インターコンチネンタル野球場に場所を移し、3戦目はチャイニーズ・タイペイとのアジア勢対決となった。先発は今永。日本は1回に鈴木誠と吉田正の連続タイムリーで2点を先制。さらに3回には、鈴木誠が2試合連続となるツーランホームランを放つ。9回にも鈴木誠のタイムリーなどで3点を加えた。投手はヒットを出しつつも5回までは今永、大野が粘りのピッチングを魅せ、守備ではピンチをよく凌ぎ、6投手の継投で1点に抑えた。見事、オープニングラウンド3連勝で、侍ジャパンは1位通過を決めた。

スーパーラウンド初戦はオーストラリア。先発はオープニングラウンド初戦と同様に山口俊。日本はこの試合も苦戦する。3回にダリル・ジョージが左中間を破るツーベースで出塁。二死までこぎつけるもティモシー・ケネリーのタイムリーで先制された。さらに4回には、6番ミッチェル・ニルソンがタイムリーツーベースで追加点、2点ビハインドとなった。

しかしその裏、日本は鈴木誠が3試合連続となるホームランで1点差とする。6回に曾澤がヒットで出塁、二死一・二塁として鈴木誠を迎えるがサードゴロに倒れ、そのまま試合は終盤になる。5回から7回は、田口麗斗・岸孝之の継投で日本も1点を許さない。

1点差で迎えた7回に、吉田が低めの球に食らいつきヒットで出塁。ここで日本は切り札の周東を代走で起用。「思い切っていかなければならない場面だったので」と後に語った周東は、すかさず二盗、三盗に成功し二死三塁とする。ここで次打席の源田はセーフティスクイズを試みて、驚きながらも懸命に走り周東がホームインして追いついた。源田は「三塁手が下がっているのが見えました。打って出るのと、バントと、どちらの確率が高いか。後悔はないように」とコメントを残した。流れが一気に変わった8回、二死から近藤が左中間へポトリと落ちるツーベースで出塁。鈴木誠は申告敬遠で一・二塁となり、代打・山田哲も四球で満塁として、浅村が押し出し四球を選び勝ち越しに成功。オーストラリアに勝利した。

東京ドームで行われた2戦目の相手はアメリカ。先発は高橋礼だ。アメリカの先発は前夜に予告されていたタナー・ハウクが「コンディション不良」を理由に、サイドスロー右腕のペン・マーフィーに変更。この事態に対応しきれないまま試合が進む。日本人にはないテークバックが小さいフォームで間合いが取りにくいうえに、150キロに迫るストレートと、球速のあまり変わらない高速シンカー（ツーシーム）に日本は手も足も出なかった。マーフィーが3回で降板するまでに3つの四球を選んだのみ。この間にアメリカは2回にセカンドゴロの間に先制。3回には、一死一・三塁からボビー・ダルベックのタイムリーで2点差とされた。4回に日本は2番手クレイトン・リチャードから鈴木誠がチーム初安打となるスリーベースで出塁。浅村のタイムリーで1点を返す。しかし5回に、アメリカはアレク・ボームがタイムリーを放ちすぐさま突き放す。6回に再び浅村がタイムリーツーベースを放ち1点差にする。7回にアメリカはジョーダン・アデルのホームランで突き放し、8回に浅村がこの試合3度目のタイムリーで再度1点差にするが、最後は、当時オリックスのクローザーとしても活躍していたブランドン・ディクソンの前に追いつけず、本大会初めて黒星を喫した。

3戦目はメキシコ。先発は今永となった。日本は1回に2番坂本がヒットで出塁。その後坂本が二盗に成功し、二死二塁で鈴木誠の中前へのタイムリーで先制。なおも外崎修汰がつないで二死一・二塁、近藤のタイムリーで2点目を挙げた。2回には先頭の會澤が四球で出塁すると、丸の犠打と山田哲の四球で一死一・二塁として、2番手フェリペ・ゴンザレスにスイッチしたところで坂本がタイムリーを放ち3点差とした。

この日の今永には3点で充分だった。6回を毎回の8奪三振、ジョナサン・ジョーンズのホームランによる1安打に抑えるピッチングを見せた。その後は甲斐野から山本由、山﨑康晃とつないで勝利し、スーパーラウンド首位に立った。

4戦目の相手は、宿敵・韓国。先発は岸だったが乱打線となった。2回に先制するも直後に岸が本塁打を被弾し追いつかれた日本は、3回に先頭の坂本が左翼フェンス直撃のツーベースで出塁し、丸が意表を突くセーフティバントを決めて無死一・三塁のチャンスとする。4番・鈴木誠が詰まりながらも中前に落ちる一打で勝ち越すと、続く浅村のタイムリーで2点差。吉田正が右前安打を放ったところで韓国先発の李承浩は降板した。なおも無死満塁で松田宣浩は押し出し四球、會澤が中前へタイムリーを放ち、菊池の遊ゴロの間に三塁走者が生還、山田哲の犠牲フライでリードを6点に広げた。

しかし4回に韓国も反撃を見せて、岸が5点を失い1点差にまで追い上げられる。日本は、5回に先頭の甲斐拓也がヒットで出塁。外崎が送り、山田哲が内角の速球に詰まりながらも左前へポトリ。高く跳ねて韓国左翼手が後逸している間に二塁走者の甲斐は一気に生還してリードを2点に広げた。ここで韓国は3番手にサウスポーの咸徳柱が登板するが、丸が初球をツーベースとして3点差とした。7回に韓国が追い上げを見せるが、日本は追加点を挙げて逃げ切った。

決勝は前回大会優勝国の韓国。先発は山口となった。しかし初回から山口が、金河成と金賢洙にホームランを許して3点ビハインドとなる。その裏の日本は、坂本が四球で出塁。二死後に鈴木誠のフェンス直撃のツーベースで、坂本が一気に生還して1点を返す。

日本ベンチは山口を見切り、早々に2回から高橋礼をマウンドに上げ、細かい継投策に出た。その裏の日本は、二死後に會澤が四球で出塁、そこから二死一・二塁とすると、山田哲が追い込まれながらもファウルで粘り、8球目の甘く入ったストレートを完璧にとらえてレフトスタンドへ飛び込むスリーランホームランで逆転した。

その後7回には、先頭の坂本がフェンス直撃のツーベースで出塁。鈴木誠の二ゴロで三塁に進塁させて、浅村のタイムリーでリードを2点に広げた。投げては、高橋礼から田口、中川、甲斐野、山本由伸と若手投手陣が1点もやらない粘りのピッチングでつないで、最後は山﨑康晃が三者凡退に締めた。日本は宿敵韓国に2勝する形で、プレミア12初優勝を成し遂げた。

大会を通してみると、日本代表投手陣のレベルの高さがよく見て取れるだろう。全13人の投手中、10人が防御率2点台を下回る成績を残した。さらにその内6投手が防御率0・00と、どの場面でも磐石な試合運びができる体制だった。この投手力があったからこそ、試合の状況を先読みしつつ、ポストシーズンと同様に先発投手を早い段階で降ろして、細かい継投策で無失点に抑える逆転勝ちに結びついたのだろう。

シーズン終了直後というタイミングが追い風になった面もあったが、全体的に高水準の成績を残すことができたのは、選出を含めてチームとしてのバランスが良かったからだろう。特に、山本由は2019年、ペナントシーズンでは先発投手として最優秀防御率に輝いたが、プレミア12では中継ぎで起用された。大会序盤こそ高いパフォーマンスを残せなかったが、終盤はリリーフにも適応し優勝に貢献した。また、今永も大会を通して安定した投球を見せた。今永は2017年のアジアプロ野球チャンピオンシップなど、参加する国際大会では常に高いパフォーマンスを残している。

また、この大会はセ・パ優勝チームからの選出メンバーが多かった。投手陣は、巨人とソフトバンクだけで半数以上の7人が選出された。ソフトバンクは、エースの千賀滉大がコンディションを考慮して辞退したが、アンダーハンドの高橋礼や「左殺し」の嘉弥真、ルーキーながらもフル回転の活躍を見せた甲斐野央といった選手を派遣。彼らは代表戦でも難なく結果を残してチームを優勝に導いた。野手陣は代走で大活躍の周東や精神的支柱を果たした松田宣、バックアップに回った甲斐がいた。この姿には2010年代のプロ野球の盟主らしい、ソフトバンクの層の厚さを感じた。

セ・リーグ覇者の巨人から招集された選手を見ると、山口は大会のボールなどに適応できなかったものの、中継ぎとして期待された田口、大竹、中川は大会を通して防御率0・00という活躍で優勝に貢献した。さらに大会終盤にかけて復調した坂本や、守備面でバックアップをしていた小林誠司、緊急召集された丸もいた。2019年プレミア12の優勝は、リーグを制覇したこの2球団が率先して代表招集に協力した点が非常に大きかったのではないだろうか。

この大会では、2015年の前回大会ほど野手全体の打撃成績は高くなかったが、それでも要所で得点を入れることができていたし、ディフェンス面も優れていた。また、僅差や劣勢の場面における試合運びの巧さや、選手の応用力も素晴らしいものがあった。

例えば、スーパーラウンドの初戦、オーストラリア戦では、7回裏までリードを許す展開だったが、周東が代走で出場し、二盗と三盗を難なく決め、源田のセーフティスクイズで同点に追いつく場面があった。これを「スモールベースボール」と評するメディアもあるかもしれないが、本質は異なる。この大会では、鈴木誠や浅村といった主軸がしっかりと安打を放ち、得点を生み出していた。それがあって初めて活きるのが、周東の脚力だったのである。このような攻撃パターンをメインの作戦にするのではなく、一つのオプションとして備えていることが重要なのだ。

なお、前述した鈴木誠だが、この大会では日本の4番として圧倒的な実力を見せつけてチームを優勝に導き、自身も文句なしのMVPを獲得。チームが逆境の中でホームランを放つなどの活躍で、打率・444・3本塁打・13打点・OPS1・566と圧倒的な成績を残した。さらには守備でもファインプレーをいくつか見せるなど、攻守にわたり大きく貢献した。

菊池も、国際大会での勝負強さを見せた。オープニングラウンド初戦のベネズエラ戦では、1点リードされた展開ですぐさま同点タイムリーを放った。守備面でも2017年WBCと同様に高いパフォーマンスを残し、センターラインを牽引する活躍を見せた。その菊池と二遊間を組んだ坂本も、大会序盤は不調で苦しんだものの、徐々に調子を上げていき、最終的には打率・308の活躍を見せて、優勝に貢献した。

この大会では、3人の二塁手の打撃レベルの高さも感じられた。先述の菊池のほか、浅村や山田哲の活躍も見られた。浅村は指名打者として鈴木誠の後ろの5番打者に並んだが、チャンスの場面では軽打に切り替える打撃スタイルを見せた結果、鈴木誠に次ぐ6打点を記録するなどの活躍を見せた。特に、決勝の韓国戦のダメ押しとなるタイムリーは、浅村の特性であるクラッチ力をしっかりと見せつけるシーンとなった。

　山田哲もまた、菊池や浅村と同様に申し分ない実績を持つ選手である。大会序盤は不振だったが、決勝戦では優勝を引き寄せる逆転スリーランを放った。投打の選手層はもちろんのこと、力の入れどころの上手さや勝負強さが他国より優れていた日本が優勝という結果で東京五輪に弾みをつけた大会となった。

2019 WBSC Premier12

▶打撃成績

チーム	打率	試合	打数	得点	安打	二塁打	三塁打	本塁打	打点	盗塁	盗塁死	四球	三振	長打率	出塁率
ドミニカ共和国	.304	3	92	23	28	5	1	4	23	3	1	12	15	.511	.390
ベネズエラ	.292	3	106	11	31	6	0	1	11	0	0	5	26	.377	.319
日本	.265	8	257	44	68	17	3	4	43	9	1	42	50	.401	.370
アメリカ	.259	8	266	32	69	14	0	15	32	3	2	21	70	.481	.315
韓国	.242	8	256	38	62	13	0	4	37	7	1	34	57	.340	.346
メキシコ	.212	8	245	36	52	10	0	10	30	2	3	25	86	.376	.296
チャイニーズタイペイ	.207	7	222	24	46	4	0	4	19	3	1	17	65	.279	.272
オランダ	.198	3	91	6	18	2	0	2	5	1	1	12	20	.286	.291
キューバ	.163	3	98	3	16	0	0	0	3	1	0	4	28	.163	.202
オーストラリア	.147	7	218	10	32	7	2	2	10	3	1	12	78	.225	.194
カナダ	.146	3	89	5	13	4	0	0	5	0	1	18	35	.191	.303
プエルトリコ	.143	3	91	2	13	1	0	0	2	1	0	4	23	.154	.196

▶個人成績（打者）

氏名	試合	打数	安打	本塁打	打点	盗塁	打率	OPS
會澤翼	7	15	5	0	1	0	.333	.874
浅村栄斗	7	25	9	0	6	0	.360	.928
源田壮亮	4	6	2	0	4	0	.333	1.000
甲斐拓也	4	7	1	0	0	0	.143	.286
菊池涼介	7	24	8	0	4	0	.333	.777
小林誠司	3	3	0	0	0	0	.000	.250
近藤健介	8	21	4	0	3	0	.190	.690
丸佳浩	8	28	6	0	3	0	.214	.654
松田宣浩	7	24	3	0	1	0	.125	.285
坂本勇人	7	26	8	0	1	1	.308	.718
周東佑京	7	0	0	0	0	4	.000	.000
鈴木誠也	8	27	12	3	13	2	.444	1.566
外崎修汰	5	11	2	0	0	2	.182	.582
山田哲人	8	20	4	1	6	0	.200	.820
吉田正尚	5	20	4	0	1	0	.200	.438

2019 WBSC Premier12

▶投手成績

チーム	防御率	試合	完投	完封	勝利	敗北	セーブ	投球回	安打	本塁打	四球	死球	三振	失点	自責点
チャイニーズタイペイ	2.07	7	0	0	4	3	1	61	38	4	18	2	68	15	14
カナダ	2.08	3	0	0	1	2	1	26	14	0	7	0	29	6	6
メキシコ	2.25	8	0	0	6	2	2	68	46	3	25	1	62	17	17
オーストラリア	2.87	7	0	0	2	5	2	59.2	42	5	30	4	51	21	19
日本	2.88	8	0	0	7	1	4	72	60	5	13	0	78	23	23
アメリカ	3.28	8	0	0	4	4	3	71.1	52	5	23	7	75	31	26
韓国	3.47	8	0	0	5	3	1	70	63	4	26	4	70	27	27
ベネズエラ	3.81	3	0	0	1	2	0	26	20	0	18	2	23	12	11
キューバ	4.00	3	0	0	1	2	0	27	22	1	17	4	29	12	12
プエルトリコ	4.68	3	0	0	0	3	0	25	26	3	7	0	25	17	13
ドミニカ共和国	7.89	3	0	0	1	2	0	21.2	28	9	9	0	27	20	19
オランダ	9.78	3	0	0	0	3	0	23	37	7	13	1	16	33	25

▶個人成績（投手）

氏名	登板	勝利	敗北	セーブ	投球回	奪三振	自責点	防御率	WHIP
今永昇太	2	1	0	0	9	12	1	1.00	0.67
甲斐野央	5	2	0	0	5	7	0	0.00	0.20
嘉弥真新也	3	0	0	0	1	2	0	0.00	0.00
岸孝之	3	0	0	0	7	8	6	7.71	1.14
中川皓太	3	0	0	0	3.1	4	0	0.00	1.20
大竹寛	3	0	0	0	2	1	0	0.00	0.50
大野雄大	3	2	0	0	5	7	1	1.80	1.60
田口麗斗	3	0	0	1	4	2	0	0.00	1.00
髙橋礼	3	2	1	0	12	5	2	1.50	0.83
山口俊	3	0	0	0	9	10	6	6.00	1.56
山本由伸	5	0	0	0	5	6	1	1.80	1.00
山岡泰輔	4	0	0	0	4.2	7	6	11.57	2.36
山﨑康晃	5	0	0	3	5	7	0	0.00	0.20

2019 WBSC Premier12

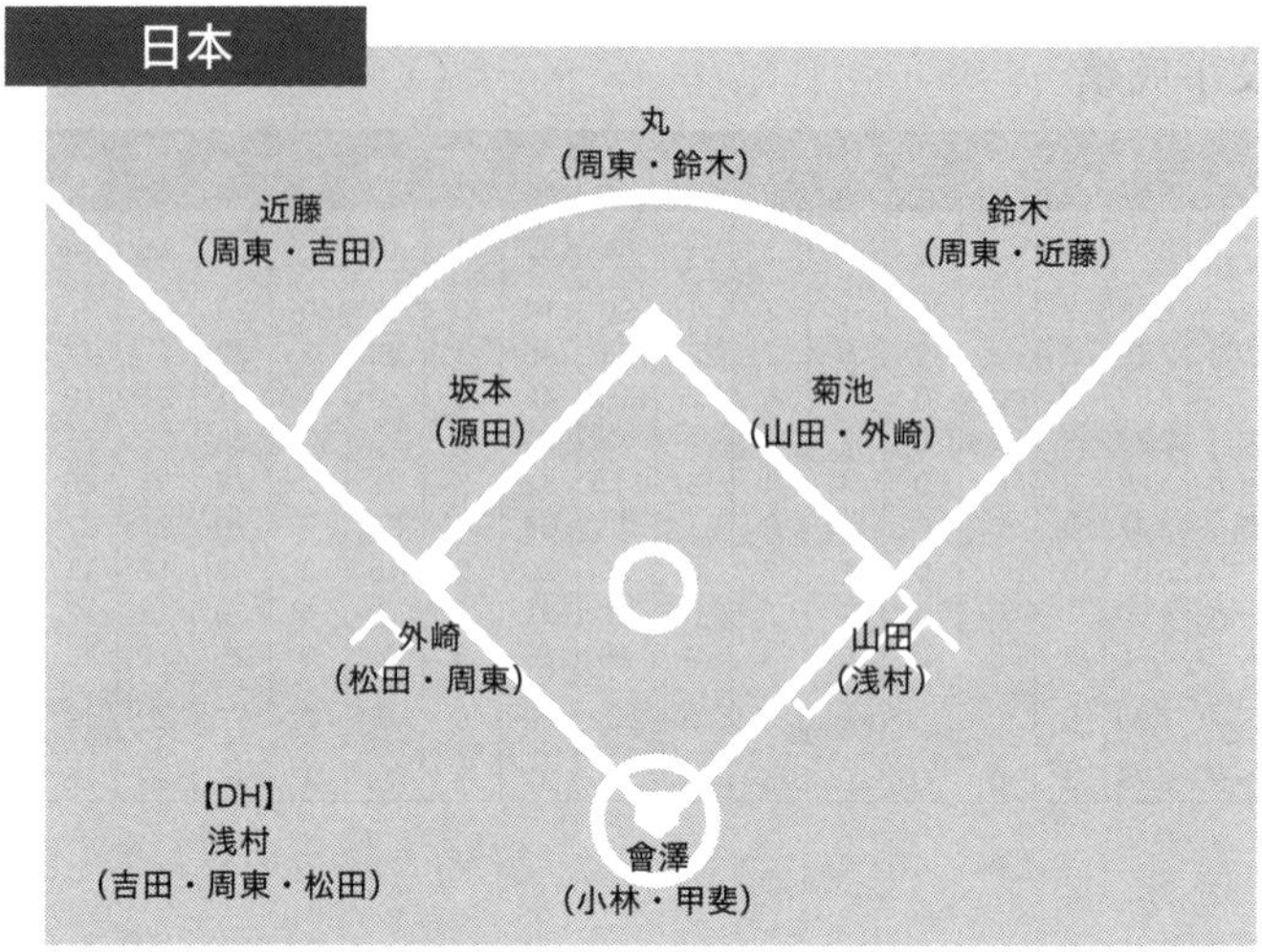

▶ 決勝韓国戦

打順	守備位置	選手
1	一	山田哲人
2	遊	坂本勇人
3	中	丸佳浩
4	右	鈴木誠也
5	指	浅村栄斗
6	三	外崎修太
7	左	近藤健介
8	捕	會澤翼
9	二	菊池涼介
	投	山口俊

2019 WBSC Premier12

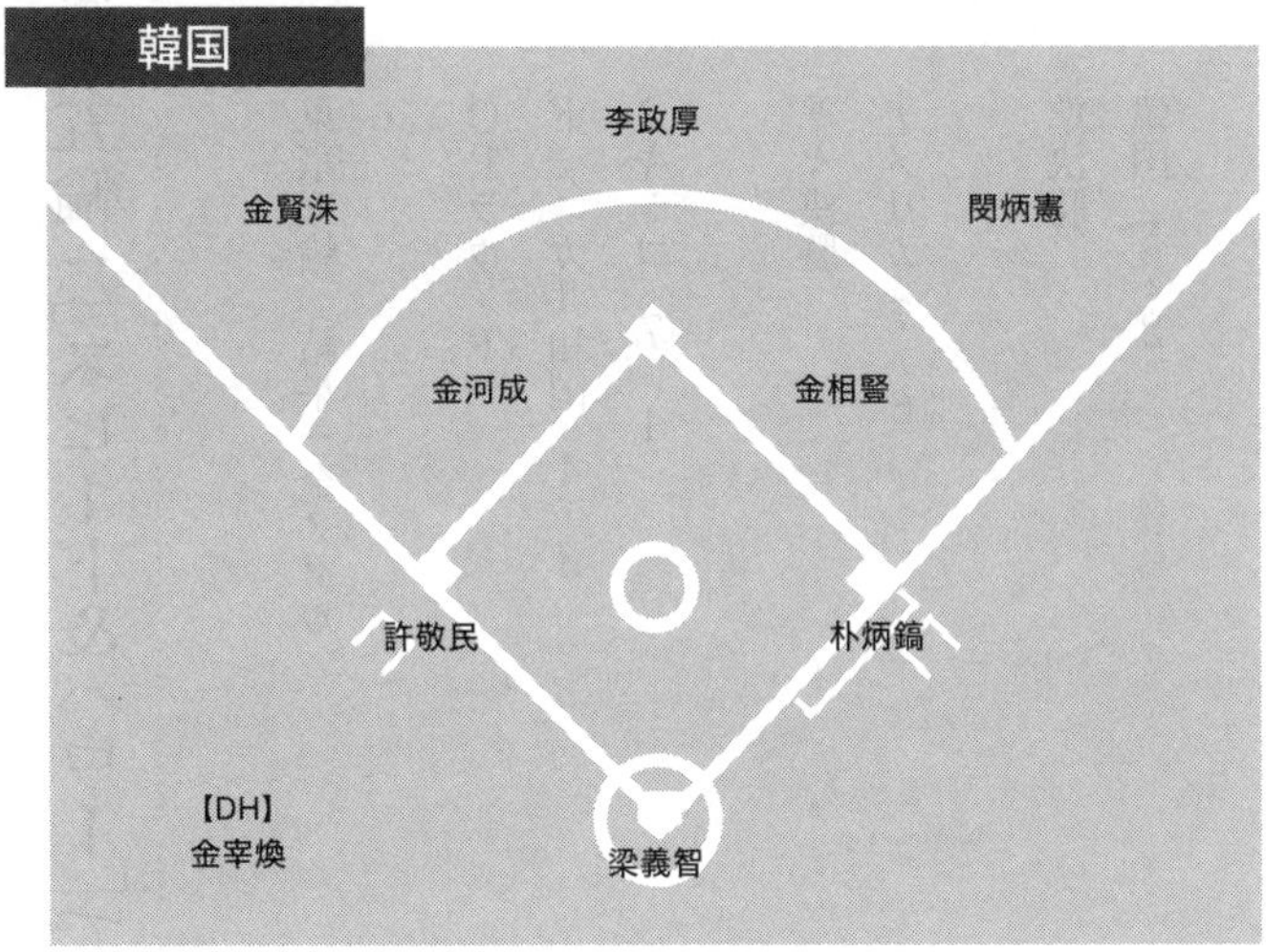

▶ 決勝日本戦

打順	守備位置	選手
1	中	李政厚
2	遊	金河成
3	指	金宰煥
4	一	朴炳鎬
5	左	金賢洙
6	捕	梁義智
7	右	閔炳憲
8	三	許敬民
9	二	金相豎
	投	梁玹種

東京五輪：「スピード&パワー」で実証した「トータルベースボール」

東京五輪　結果：金メダル

OPラウンド
ドミニカ共和国　4-3
メキシコ　7-4

準々決勝
アメリカ　7-6

準決勝
韓国　5-2

決勝

アメリカ 2 - 0

東京五輪のチームで目立ったのは、「トータルベースボール」だ。監督である稲葉篤紀がチームづくりの際に「スピード&パワー」を掲げたのは、2008年北京五輪の屈辱的な敗北と2009年WBCの歴史的な栄冠の経験があったからこそだろう。

北京五輪は、「スモールベースボール」に偏り過ぎたメンバー選出だった。そのため、金メダルを獲得した韓国をはじめ、キューバやアメリカにも力負けを喫した。機動力を活かす野球というのはオプションに過ぎず、やはりメインとすべき戦略はトータルで見た能力値なのだ。北京五輪の代表は長打を打てる選手が、村田主一と新井貴浩しかおらず非常に苦しんだ。

翌年のWBCでは、イチローや青木宣親、内川聖一をはじめとしたコンタクト力が優れている打者のほか長打力が見込める村田がおり、下位打線には、当時メジャーリーガーであり過去にも国際大会の経験があった、福留孝介、城島健司、岩村明憲といった選手が並んでいた。また、中距離打者でありながらバランスよく打てていた(現役時代の)稲葉や小笠原道大、中島裕之は、要所の場面で送りバントや進塁打もあり、細かいプレーまで洗練されたチームだった。

この両パターンの経験があったからこそ、東京五輪で競り勝てるチーム作りができたのではないか。

２０２０年に行われるはずだった東京オリンピックは、新型コロナウイルスの影響で１年延期となった。そのため２０２１年６月に内定選手24名が発表された。

内定選手の中にはプレミア12ではリリーフで活躍した投手のキーマンとも呼べる山本由伸のほか、国際大会経験者である大野が選ばれた。また若手では、２０２０年に22試合連続無失点を記録した栗林良史や、34試合連続無失点をマークした平良海馬も選出。野手では鈴木誠也・山田哲人・坂本勇人の国際大会経験組はもちろん、後に令和の三冠王となる村上宗隆も選出された。

開催方式は、プレミア12で決定した、開催国の日本を含む６か国・地域が出場し、２組に分かれて１次リーグ（総当たり戦）が行われた。さらに決勝トーナメントは敗者復活トーナメントがある、変則的な方式となった。

福島あづま球場で行われた、１次リーグ１戦目はドミニカ共和国が相手。先発は日本のエース・山本由が担い、ドミニカ共和国は当時巨人在籍のC・C・メルセデスが先発となった。ドミニカ共和国は、この東京五輪でホセ・バティスタやメルキー・カブレラなどのメジャーリーガーやフアン・フランシスコのパワーある野手陣を擁していた。

両投手譲らない投手戦となり、6回までゼロ行進。7回にドミニカ共和国は、2番手・青柳から2安打を奪い二死一・二塁のチャンスで、チャルリエ・バレリオが2点タイムリーツーベースを放ち先制。その裏日本も、好投を続けるメルセデスから浅村栄斗がヒットで出塁。さらに柳田がフェンス直撃のツーベースを放ち、無死二・三塁と同点のチャンスを迎えた。ここでドミニカ共和国はルイス・カスティージョにスイッチ。日本は一死後、村上のファーストゴロで1点を返すにとどまった。

9回に日本は栗林をマウンドへ送った。しかしエリク・メヒアにいきなりツーベースを浴びチャンスを作られ、グスタボ・ヌニェスのタイムリーツーベースで2点差とされてしまう。絶対絶滅となった日本は9回の裏、一死から柳田悠岐、代打の近藤健介、村上の3連打で1点を返し、9番・甲斐拓也の意表を突くスクイズで追いついた。その後山田哲がヒットでつなぎ、最後は坂本がサヨナラタイムリーを放ち、劇的な逆転で初戦を制した。

2戦目はメキシコ。先発は高校・大学時代に日本代表選出の経験もある森下となった。初回、元オリックスの3番ジョーイ・メネセスにセンター前に運ばれ、先制点を許すが、4番の元メジャーリーガーのエイドリアン・ゴンサレスを併殺打に仕留める冷静なピッチング。直後の2回に甲斐がタイムリーを放ち同点に追いつくと、3回にも、坂本がツーベースを放つ。その後、一死一・三塁から浅村のピッチャーゴロでファン・パブロ・オラマスが処理をもたつく間を突き、坂本がヘッドスライディングで生還し日本が勝ち越す。さらに4回にメキシコは投手が交代し、村上、甲斐の連打のあと、山田哲がスリーランホームランを放って一気に突き放した。その後森下は併殺の間に1点を失うが、5回5安打無四球2失点と試合を作った。最終回は栗林が締め、3点差で快勝。2連勝でオープニングラウンドを1位で通過した。

決勝ラウンド（ノックアウトステージ）、初回の相手はアメリカ。この試合はまさに総力戦となった。先発はメジャーでの経験も買われ田中将大に。アメリカはソフトバンク在籍だったニック・マルティネスやヤクルトに在籍していたスコット・マクガフなどのNPB球団で活躍する選手から、デビット・ロバートソン、タイラー・オースティンなど元メジャーリーガーまで揃えた。当時AAAで活躍していたアメリカ先発のシェーン・バズは、これまでにはない本格派で苦戦を不安視されていたが、山田哲や坂本、吉田正尚、柳田を中心に打ち崩し、見事ノックアウトした。

打線は1回と2回ともに併殺などでチャンスを活かせなかったが、3回に試合が動いた。日本は二死から坂本がツーベースで出塁し、吉田正のタイムリーで先制。その後、連続四球で満塁とし、柳田のタイムリー内野安打で1点を追加した。しかし、直後の4回に田中将はトリストン・らカサスを四球で歩かせると、その後3本のタイムリーを浴びて逆転を許し降板。その後は岩崎優が1点差に抑えた。その裏日本も、二死後に坂本がフェンス直撃のタイムリーツーベースで同点にする。しかし5回、3番手・青柳が無死から連打を許すと、カサスにスリーランホームランを浴び再び勝ち越された。

しかし日本も負けていない。その裏、今大会無安打だった鈴木誠がソロホームランを放つと、一死二三塁から菊池涼介がタイムリー内野安打を放ち、すぐに1点差に詰め寄った。その後日本は千賀滉大、山﨑康晃、大野が完璧なピッチングを見せて流れを作る。9回にアメリカはヤクルトの守護神・マクガフをマウンドに。浅村がランナー一塁の場面でライト前に放ち、同点への足掛かりとなる一死一・三塁のチャンスを作ると、柳田のセカンドゴロで同点に追いついた。選手の一つ一つのプレーに執念が感じられた。

試合はタイブレークによる延長戦へ。日本のマウンドには栗林が上がり、難なく無失点に抑えた。その裏日本は代打・栗原がきっちりバントで送り、一死二・三塁から甲斐が「内野5人シフト」のはるか上を行く、ライトフェンスにサヨナラタイムリーを放って準決勝進出を決めた。

準決勝はライバル韓国。先発はエース・山本由となった。日本は相手先発のサイドハンド、高永表を攻めたてる。3回に無死一・二塁の場面で山田哲にバントをさせて一死二・三塁にすると、今大会好調をキープする坂本の犠牲フライで先制。5回には山田哲がツーベースを放つと坂本の右飛で山田哲がタッチアップ、その後吉田正がタイムリーを放ち2点差となった。山本由は初回こそピンチを招いたが、多様な変化球を上手く使いながら要所を抑え、5回途中まででしっかりと試合を作った。

だが6回に1点を失うと、ピンチの場面で代わった2番手の岩崎優が金賢洙に同点タイムリーを許して同点に。韓国に流れが傾きつつあった中、光ったのが3番手の伊藤大海だ。走者こそ出したものの2イニングを無失点に抑え、日本に再度流れを引き寄せた。そして、8回には併殺崩れで一塁に残った近藤が暴投で二塁へ。村上は申告敬遠となり、二死一・二塁で甲斐は四球を選ぶ。満塁のチャンスに山田哲が左中間フェンスの上部を直撃する3点タイムリーツーベースを放って勝ち越し、決勝進出を決めた。

決勝戦は、準々決勝で死闘を繰り広げたアメリカとなった。アメリカの先発は当時ソフトバンク在籍のマルティネスで、日本の先発は広島の若きエース森下。この試合は、決勝戦に相応しく息詰まる投手戦となった。

日本は、マルティネスの調子が上がってきた3回に村上のホームランで先制点を奪う。それに応えるかのように森下は飛ばしていき、5回を3安打5奪三振の快投を見せて、アマチュア時代から得意とする国際大会での強さを見せつけた。その後両チームともに得点が入らないまま試合は進んでいったが、日本は準々決勝でアメリカ打線をねじ伏せた千賀、本大会フル回転の伊藤のリレーで、アメリカ打線を抑え込む。さらに、岩崎優もしっかりと抑え、本大会防御率0.00のトリオが期待通りの結果を残した。8回裏にマクガフから山田哲がこの試合2本目のヒットを放ち、坂本が送ってチャンスを広げた。このチャンスで吉田正がセンター前ヒットを放ち、アメリカの守備陣が乱れている間に山田哲がホームインして追加点をもぎ取った。最後は、全試合登板している若き新クローザーの栗林。見事に抑えて、オールプロの参加として初の金メダルを「全勝」という形で達成した。

東京五輪代表の野手陣のバランスはメジャーリーガーなしの国際大会では、屈指の選出だったように思う。五輪代表をみると、2004年アテネ五輪では長距離打者に偏る部分があり、北京五輪では小技が効く選手に偏っていた東京五輪では、鈴木誠や柳田、浅村といった得点力の高い打者から、山田哲と坂本といった、ヒットから足を使ってチャンスメイクもできり打者が基盤となり、細かい野球を上乗せする形で世界を圧倒した。

監督である稲葉も、大会前に「スピード&パワー」を掲げており、次のようにコメントしている。「僕の中ではそれは〝スモールベースボール〟じゃなくて〝スピード&パワー〟。盗塁やエンドランの〝スピード〟に加え、国際大会でここ最近はホームランで点を取ってというのも出てきているので、〝パワー〟も必要」（トリプルスリーを達成したことのある柳田悠岐選手と山田哲選手をはじめ、長打力とスピードの両方を持った選手が揃っていることから）「スピード&パワーを具現化してくれる選手たちだ」。

このコメントから見ても、長打力をメインとしたビッグベースボール、機動力を活かしたスモールベースボールのどちらかに偏るのではなく、「スピード&パワー」を活かしたトータルベースボールとしてのチームのバランスの良さを常に考えていたのだろう。

東京五輪の中で、特に緻密な野球が見られた試合は、準々決勝のアメリカ戦だったと思う。

ビハインドで迎えた展開だったが、9回に鈴木誠が四球で出塁して、浅村が右に流してつないだ。この場面で浅村は2019年プレミア12と同様に、場面に応じた右打ちをしてチャンスを広げた。さらに、柳田が高くバウンドする内野ゴロで、ランナーを返して追いついた。タイブレークの10回では、代打・栗原が一球でバントを決め、甲斐がサヨナラタイムリーを放ち、総力戦を勝利した。

筆者は、この試合で日本が世界に勝てる「トータルベースボール」を見せたと感じた。軸となる選手がしっかりとヒットを放ってチャンスメイクをし、細かい犠飛・バント等のプレーをミスなくこなし、得点に結びつく野球を見せたのだ。これこそが、ビッグベースボールとスモールベースボールを掛け合わせたものであり、理想的な「勝てる野球」だったのではないだろうか。この大会での攻撃パターンのバリエーションの豊富さは、他国と比較しても勝る部分が多かった。

また、ディフェンス面でも他国よりも勝っていた。失策数は参加国最少の一つ。北京五輪では、連携ミスやディフェンス力の粗さから他国に敗れるケースが多く見られたが、今大会での日本のディフェンス力は圧倒的だったと言える。特に、菊池、山田哲と坂本の二遊間は、ランナーを置いた場面で相手が転がせば、高い確率で併殺打にしていた。バッテリーも併殺打で抑えるという選択肢を上手く活用していたのではないか。派手な得点シーンに隠れがちなディフェンス面だが、このような緻密な守備を積み重ねていったことが、金メダルへつながったのだろう。決勝後に坂本は「ミスがほぼなかったのは、日本の強みだと思います。守備から攻撃にといい流れで試合ができました」と振り返っていた。

オールプロで臨んだ3度目の五輪となった今大会。メディアや国民からの期待は非常に大きかった。これまで以上に「勝って当たり前」と見られていただろう。北京五輪で星野仙一が言った「金メダル以外はいらない」、まさにそのぐらいの心構えが必要とされたのだ。その中で期待に応え、全勝で優勝という形で締め括れたことは、この上ない結果だった。また、WBCでもプレミア12でもなく、「五輪」という舞台で、北京五輪覇者の韓国やベースボール発祥の国アメリカに勝って優勝したことで、間違いなく「日本の野球」を世界に発信することができただろう。

精神的支柱として重責を担い、全試合出場した坂本は、決勝の試合後「本当にタフなゲームがずっと続いていて、今日もすごい緊迫したいいゲームだったのでホッとしました」と安堵のコメント。「やっぱり簡単には勝たせてくれないなと思ってましたけど、投手力と守備力で、ミス無く試合を運んでいけたので、こういう結果になったんじゃないかなと思います」と試合を振り返った。最後は優勝を決めるウィニングボールを手に歓喜の輪に飛び込み、「プレッシャーだったり、いろんな重圧のなかでみんなで戦ってきたので。そこは僕たちしかわかりあえないものがたくさんあると思うし、みんなのホッとした顔を見て本当に嬉しかったです」「オリンピックが開催されると決まってから、僕の一つの夢でもあったので、金メダルをとれて感無量です」ともコメントし、喜びを噛み締めた。この重圧やプレッシャーを乗り越えたからこそ、これまでにない勝者としての喜びを、チーム一体で分かち合えたのだ。

東京五輪 2021

▶打撃成績

チーム	打率	試合	打数	得点	安打	二塁打	三塁打	本塁打	打点	盗塁	盗塁死	四球	三振	長打率	出塁率
韓国	.302	7	242	33	73	17	0	6	30	3	2	22	57	.446	.370
日本	.287	5	167	25	48	8	0	4	24	9	1	20	44	.407	.362
ドミニカ共和国	.242	6	198	25	48	12	0	7	22	3	1	23	57	.409	.324
アメリカ	.236	6	199	28	47	11	0	7	28	4	0	11	58	.397	.300
イスラエル	.232	5	164	25	38	9	0	6	25	1	0	13	46	.396	.292
メキシコ	.202	3	94	9	19	5	0	1	7	3	0	7	18	.287	.265

▶個人成績（打者）

氏名	試合	打数	安打	本塁打	打点	盗塁	打率	OPS
浅村栄斗	5	17	5	0	1	0	.294	.841
梅野隆太郎	1	2	0	0	0	0	.000	.000
甲斐拓也	5	13	5	0	3	1	.385	.852
菊池涼介	4	15	2	0	1	1	.133	.266
栗原陵矢	1	0	0	0	0	0	-	-
源田壮亮	3	0	0	0	0	0	-	-
近藤健介	3	6	2	0	0	1	.333	.666
坂本勇人	5	21	7	1	4	0	.333	.937
鈴木誠也	5	18	3	1	1	1	.167	.651
村上宗隆	5	15	5	1	3	1	.333	1.007
柳田悠岐	5	20	5	0	2	0	.250	.586
山田哲人	5	20	7	1	7	3	.350	1.035
吉田正尚	5	20	7	0	2	1	.350	.759

東京五輪 2021

▶投手成績

チーム	防御率	試合	完投	完封	勝利	敗北	セーブ	投球回	安打	本塁打	四球	死球	三振	失点	自責点
アメリカ	2.19	6	0	0	4	2	2	53.1	44	4	15	2	54	15	13
日本	2.93	5	0	0	5	0	3	46	40	2	11	6	57	15	15
ドミニカ共和国	3.98	6	0	0	3	3	2	52	50	4	17	1	35	23	23
韓国	5.34	7	0	0	3	4	0	59	54	10	24	3	75	35	35
メキシコ	6.23	3	0	0	0	3	0	26	28	3	12	0	26	20	18
イスラエル	6.49	5	0	0	1	4	0	43	57	8	17	5	33	37	31

▶個人成績（投手）

氏名	登板	勝利	敗北	セーブ	投球回	奪三振	自責点	防御率	WHIP
青柳晃洋	2	0	0	0	1.2	2	5	27.00	5.40
岩崎優	3	0	0	0	2	3	0	0.00	0.50
森下暢仁	2	2	0	0	10	8	2	1.80	0.80
伊藤大海	3	1	0	0	5	5	0	0.00	1.20
山本由伸	2	0	0	0	11.1	18	2	1.59	0.79
田中将大	1	0	0	0	3.2	6	3	7.36	1.91
山﨑康晃	2	0	0	0	2	0	0	0.00	0.50
栗林良吏	5	2	0	3	5	6	1	1.80	1.00
千賀滉大	2	0	0	0	3	6	0	0.00	1.00
大野雄大	1	0	0	0	1	1	0	0.00	0.00
平良海馬	2	0	0	0	1.1	2	2	13.50	1.50

東京五輪 2021

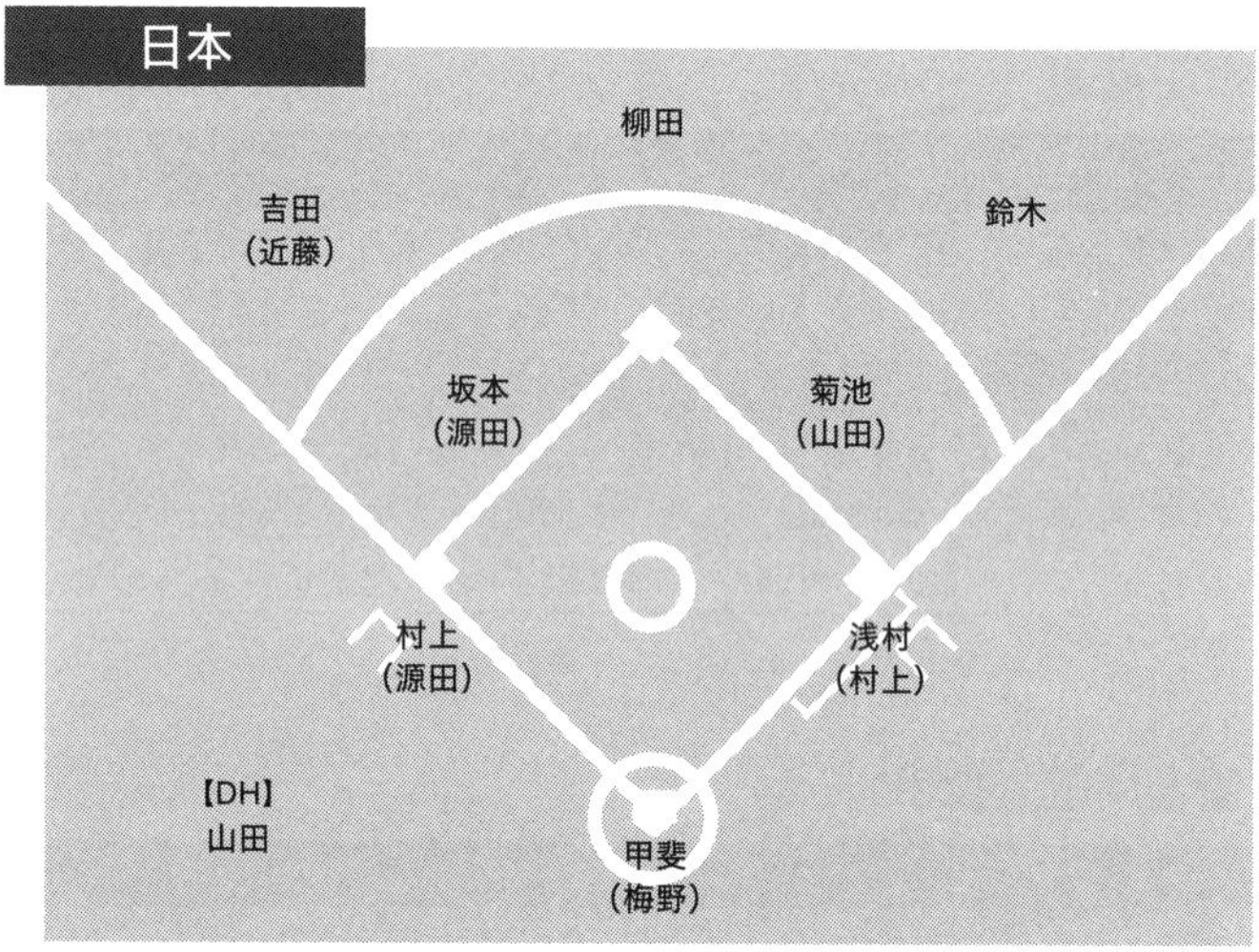

▶決勝アメリカ戦

打順	守備位置	選手
1	指	山田哲人
2	遊	坂本勇人
3	左	吉田正尚
4	右	鈴木誠也
5	一	浅村栄斗
6	中	柳田悠岐
7	二	菊池涼介
8	三	村上宗隆
9	捕	甲斐拓也
	投	森下暢仁

東京五輪 2021

アメリカ

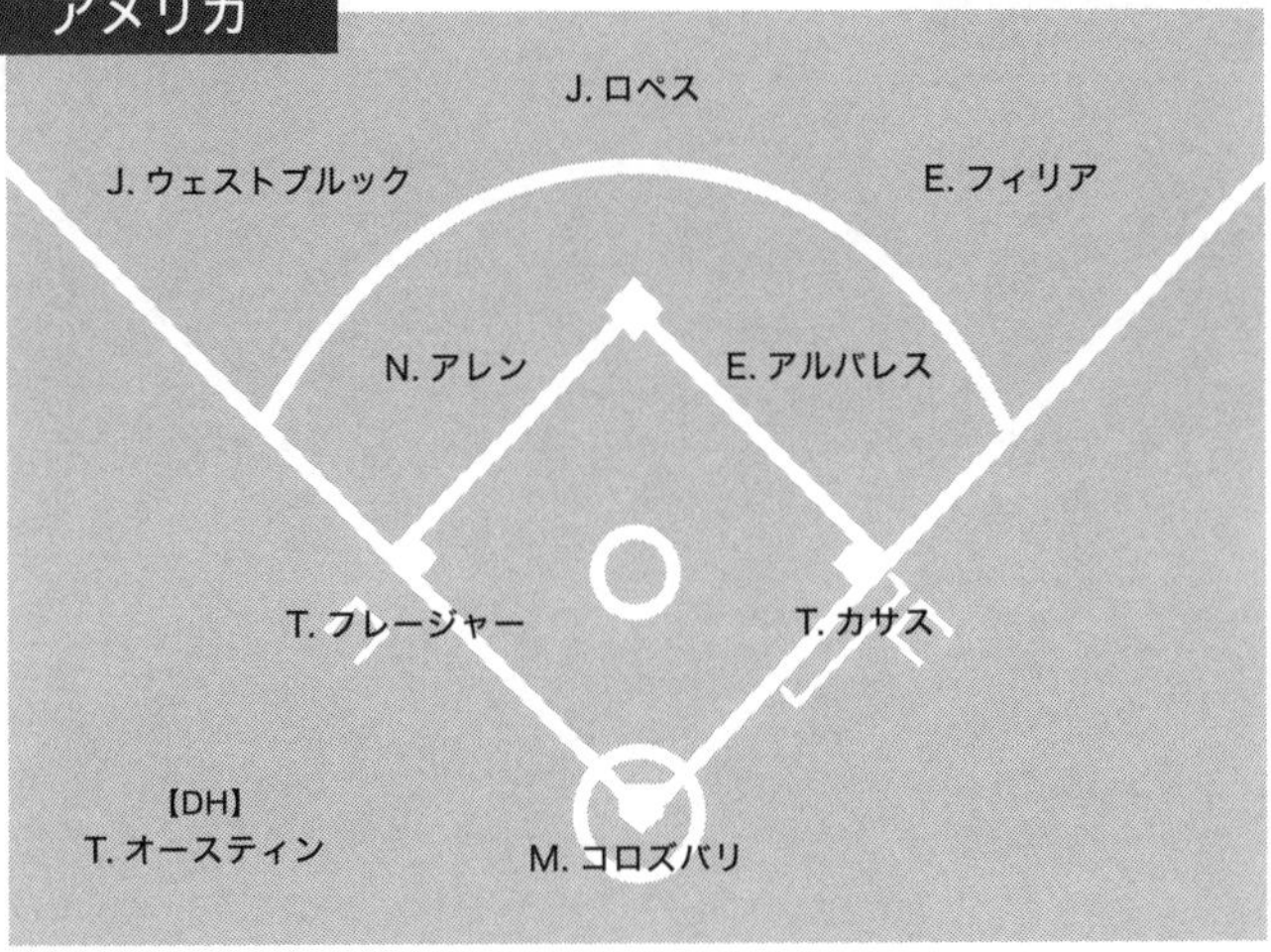

▶ 決勝日本戦

打順	守備位置	選手
1	二	E. アルバレス
2	指	T. オースティン
3	一	T. カサス
4	三	T. フレージャー
5	右	E. フィリア
6	左	J. ウェストブルック
7	捕	M. コロズバリ
8	遊	N. アレン
9	中	J. ロペス
	投	N. マルティネス

東京五輪 2021

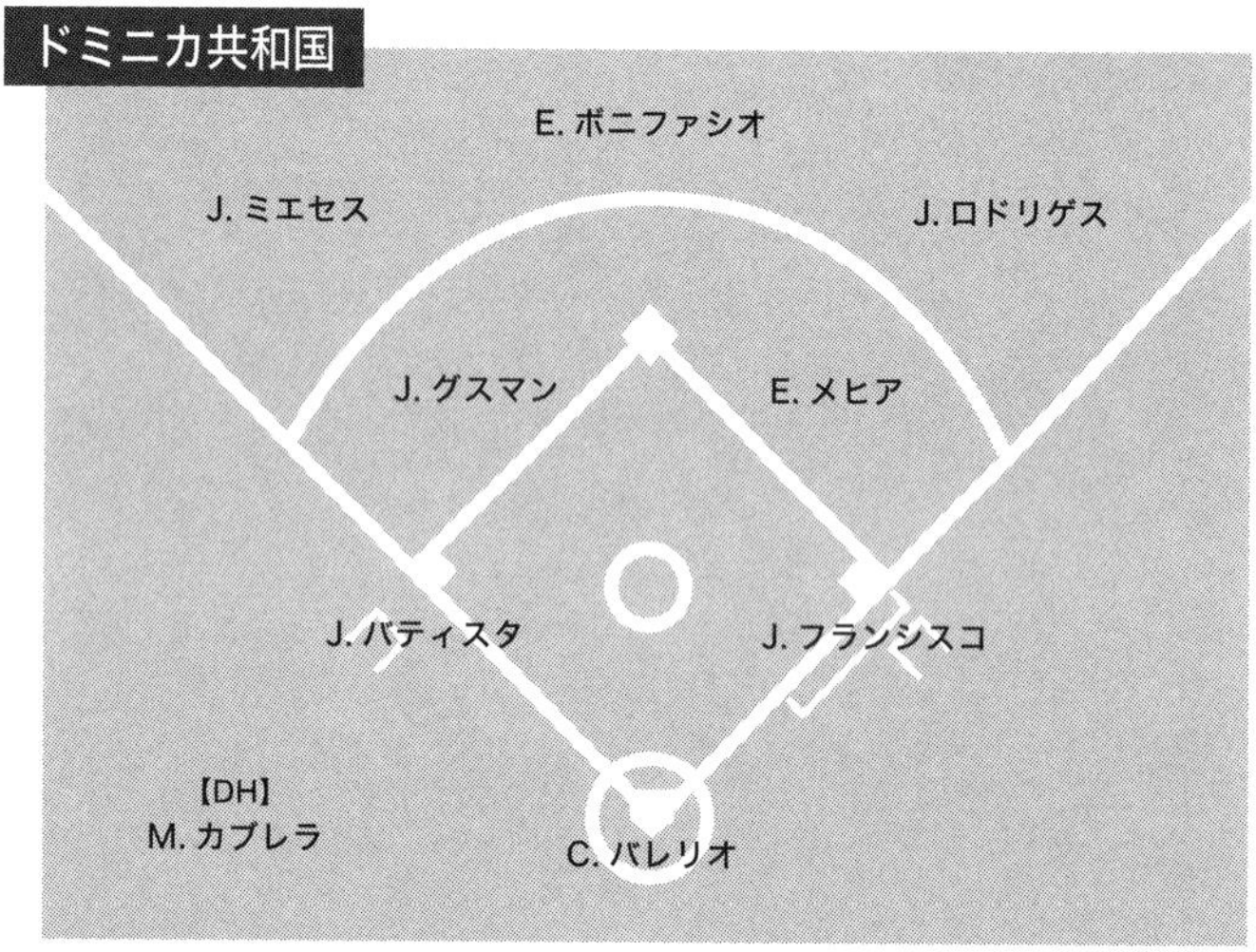

▶3位決定戦韓国戦

打順	守備位置	選手
1	中	E. ボニファシオ
2	二	E. メヒア
3	右	J. ロドリゲス
4	一	J. フランシスコ
5	左	J. ミエセス
6	指	M. カブレラ
7	三	J. バティスタ
8	捕	C. バレリオ
9	遊	J. グスマン
	投	R. バルデス

2023年WBC：世界一の野球選手、大谷翔平中心のチームで世界一を奪還した日本

結果：優勝

第1ラウンド
中国 8－1
韓国 13－4
チェコ 10－2
オーストラリア 7－1

準々決勝
イタリア 9－3

準決勝

メキシコ 6 - 5

決勝

アメリカ 3 - 2

この大会のWBCは、大会前から投打にわたって歴代最強のメンバーと言われていた。大会前から注目度は非常に高く、チケットは即完売となり、これまでの大会と比較しても、期待値が高い大会となった。しかし、東京五輪で代表の中心選手だった坂本勇人や柳田悠岐は辞退。鈴木誠也も合流前に怪我のため、辞退を余儀なくされた。浅村栄斗や菊池涼介といった選手も選ばれなかったため、野手陣はベテラン選手の不在や国際大会の経験不足が不安視されていた。そんな中で、代表キャンプからチーム作りは素晴らしかった。チーム最年長のダルビッシュ有が初日から参加し、自ら率先して若手から中堅の選手にコミュニケーションをする姿などが取り上げられた。3月に大谷翔平、吉田正尚、ラーズ・ヌートバーが招集され、チームの士気も一気に高まった。

この大会の本戦には、20の国・地域が出場した。一次ラウンドは各組5チームによるリーグ戦方式になり、これまで行われてきた二次ラウンドは廃止となる。一次ラウンド後から各組上位2チーム・計8チームによる決勝トーナメントが準々決勝から行われる方式へと変更された。また、ロースター枠が30人になった。試合のルールでは。全試合で指名打者制（DH制）を採用する。同じ選手が先発投手と指名打者が兼任可能な「大谷ルール」が採用された。また、延長10回以降はタイブレーク制を採用し、勝敗が決まるまで延長を続けるため、引き分けはない。タイブレークでは無死ランナー二塁からスタート。打順は9回終了時点から引き継ぎとなり、ランナーはその回の先頭打者の前の打者が走者となった。また、リリーフ投手の最低3打者対戦規定が打者3人と対戦もしくはイニング完了まで交代は不可となった。

初戦の相手は中国。緊張感がある初戦の先発を任されたは大谷となった。初回から中国打線を完璧に抑えるピッチングを見せた。さらに、2回には160キロを記録するなど尻上がりに球速を上げていった。本調子からは程遠く見えたが、圧倒的な実力で抑え込んだ。また、3回にはラーズ・ヌートバーがヒット性の当たりをファインプレーする。それに応えるように大谷は4回を49球、1安打、5奪三振、無失点に抑えた。投手としては実戦登板がないまま、ぶっつけ本番だったが、メジャートップのレベルを見せた結果になった。大谷を援護したい日本は、初回に村上宗隆の押し出しとなる四球で先制点を奪った日本だが、それ以降はチャンスに凡退や走塁ミスなどで追加点を奪えずにいた。重い雰囲気の中で流れを変えたのは打者・大谷だ。先発投手として中国打線を無失点に抑えていたが、4回裏に一死一・三塁のチャンスで低い弾道が伸びていき、左中間フェンス直撃の2点タイムリーツーベースで追加点を挙げた。さらに、8回にもヒットを放ち、大谷はこの試合マルチヒットを記録した。前回大会は、足の怪我が癒えないことから大会前に辞退をしたが、その悔しさを晴らすかのような初戦の活躍ぶりだった。この初戦でヌートバーと近藤健介の1・2番コンビが、チャンスを作る流れがスムーズだった。この大会では大谷はもちろんのこと、この1・2番が大きく機能することになる。

2戦目は韓国との対戦になった。先発を任されたのはダルビッシュ。しかし、3回にヤン・ウィジのツーランホームランで先制を許し、さらにイジョンフのタイムリーで3点のビハインドとなった。大会前の実戦形式の練習で苦しんだダルビッシュは、調子を戻すことができず、苦しいピッチングとなった。ダルビッシュはこれまで参加した国際大会を見ると、ボールへの適応や調子が上がらないことに苦しんでいた。3回に3点を先制された日本は、その裏に金廣鉉を攻め立てる。先頭の源田壮亮が8球を投げさせた上で四球で出塁。続く中村悠平も粘って四球を選んだ。無死一・二塁からヌートバーのタイムリーで1点を返す。さらに、近藤がセンターオーバーのタイムリーで1点差に。大谷が歩かされて、村上が凡退後に吉田正がタイムリーを放ち、逆転に成功した。日本はその後も5回に2点、6回に5点、7回に2点を挙げて13点を記録。2009年大会の対戦以来の大量得点差の試合になった。この試合では、ヌートバー・近藤・大谷の1〜3番が複数安打を放ち、初戦でノーヒットだった吉田正もマルチヒットを記録。日本の得点パターンとして、この4選手から得点を広げることが確立された試合でもあった。投手陣に関しては、今永昇太が一発を許しながらも3イニングを1点に抑える。その後は宇田川優希や松井裕樹、髙橋宏斗とつないだ。しかし勝利はしたものの、守備の要である源田が指を怪我した。そのため、ディフェンス面で今後の試合が不安視された。

3戦目はチェコとの対戦になった。この試合の先発は、佐々木朗希が国際大会デビュー戦となった。多少の力みはあったものの、160キロ以上のボールを連発をして、チェコ打線を力でねじ伏せた。平均球速で見ても、160キロを記録。この数字だけを見ても、日本だけではなくメジャーリーグでもトップクラスである。前年の強化試合ではボールに馴染めずに、シーズンのような圧倒的なピッチングは見られなかったが、この試合では21歳とは思えないマウンドさばきをみせた。打線はこの試合も相手を圧倒。開幕前に心配された打線だが、メジャー組の加入や2番として機能している近藤の活躍により、上位打線は手をつけられない状態になっている。さらに、初戦でタイムリーヒットを放ち、この試合でスタメン出場をした山田哲人は、この試合でもタイムリーを放った。大会前に鈴木誠が離脱したことから、外野手や右打者層の薄さが、懸念材料として挙げられていた中で、国際大会の経験が豊富な山田哲の復調は大きな収穫である。また、この大会で苦しんでいた村上に、ヒットが出たことにより、本人もようやくホッとしただろう。

4戦目は、前年に強化試合をしたオーストラリア。

今大会では、韓国に勝利するなど勢いに乗っていた。日本はオーストラリアの出鼻を挫くように、初回から攻め立てた。先頭のヌートバーが出塁し、近藤がつないで、チャンスで大谷を迎えた。この大会、打線を引っ張る大谷はこの場面でスリーランホームランを放ち、先制。さらに2回にもヌートバー・近藤が連続タイムリーを放ち、オーストラリアを突き放す。4回にも大谷が押し出しとなる四球を選び、試合序盤で6点差とした。投げては山本由伸が、4回を60球1安打8奪三振の完璧なピッチングを見せた。バッテリーを組んだ中村悠平も、相手打者の反応や配球のバランスが素晴らしかった。このこともあり、多少の抜け球もオーストラリア打線は、打ち損じていたのもあるだろう。その中村悠は、バットでも結果を残す。5回に一死一・二塁からタイムリーを放ち、7点差とした。中村悠は3安打猛打賞を記録した。源田の怪我があった中で、8番中野拓夢と9番中村悠の流れでチャンスを作り、上位で返す得点パターンも確立されていった。しかし、日本はここでクローザーとして最有力だった栗林良吏が怪我のため離脱となった。

準々決勝はイタリアとの対戦になった。先発を任されたのは大谷。この準々決勝からは負けられない試合のため、初回から気迫溢れるピッチングを見せた。負けたら終わりということもあり、初回から飛ばしていき、2回には164キロを記録。決め球のフォークも冴えていて、試合序盤はイタリア打線を寄せ付けないピッチングを見せた。打っては3回に近藤が出塁すると、イタリアの極端なシフトに対し、意表を突くセーフティバントでチャンスを広げた。このセーフティバントにより、日本は吉田正のショートゴロの間に先制。その後、岡本和真のスリーランホームランで追加点を挙げるが、この得点の流れは大谷の闘志が他の選手にも、移ったと言っても過言ではない場面だった。さらに、5回には無死一・二塁のチャンスで、村上がセンターオーバーのタイムリーツーベースを放つ。続く岡本も右中間に2点タイムリーツーベースを放ち、一気に突き放した。その後、村上は7回にもツーベースを放ち、初のマルチヒットを記録。大会序盤は不調だった若き主砲が、復調の兆しを見せ始めた。長打力が持ち味のこの2選手に当たりが出たことは大きい。吉田正にもホームランが出たことから、大技と小技のバランスがよくなった。投げる面では大谷が5回途中まで71球5奪三振2失点の内容でマウンドを降りた。この国際大会で、誰よりも注目を浴びている大谷だが、そのプレッシャーを軽々と乗り越えて結果を残した。その後の継投策は、2番手の伊藤大海が、ピンチの場面で難なく抑えて大一番での強さを見せた。東京五輪と同様に、国際大会の雰囲気やピンチの場面での強さを遺憾無く発揮した。3番手の今永は、1イニングをわずか11球で2奪三振を記録する完璧なピッチングを披露した。4番手としてマウンドに上がったダルビッシュは、ボールのスピードや強度が本調子からは程遠かったものの、2イニングを1失点に抑えた。最後は大勢がマウンドに。大勢も本調子ではなかったが、イタリア打線を力でねじ伏せてなんとか無失点に抑えて5大会連続となる準決勝進出を決めた。

戦いの舞台をアメリカに移した準決勝はメキシコとの対戦になった。先発のマウンドには佐々木が上がる。初回から飛ばしていき、2つの三振を奪うなど素晴らしい立ち上がりを見せた。2回はルイス・ウリアスの打球が、直撃というアクシデントもあった中で、無失点に抑えた。その裏の日本は、パトリック・サンドバルから吉田正がヒットで出塁するも、村上は三振に倒れ、岡本は併殺打に倒れてしまう。試合が動いたのは4回。佐々木は、二死から連打を浴び、2回にヒットを放っているウリアスに先制となるホームランを打たれる。佐々木はこの回でマウンドを降りる。2番手の山本由は、メキシコに流れを渡さない内容のピッチングを見せる。それに応えるように、打線は4回からチャンスを作る。4回は一死から近藤がヒットで出塁し、大谷は惜しくもセンターライナー。続く吉田正が、ヒットでつなぐも村上が三振に倒れる。続く5回は岡本がホームラン性の大飛球を放つも、ランディ・アロサレーナがファインプレーを見せる。一死後に山田哲がヒットで出塁し、源田が7球粘った末に四球を選ぶ。メキシコのサンドバルは、この源田の粘りが1番印象に残ったとコメントしている。続く中村悠のところで、代打・牧が打席に立つが、ショートごろに倒れ、ヌートバーが四球を選び、満塁のチャンスを作り、続く近藤はレフトへいい当たりを放つも、アロサレーナの守備範囲となり、またもチャンスを活かしきれなかった。6回にも大谷がヒットで出塁し、吉田正と村上が倒れ二死となる。その後、岡本と山田哲が四球を選び、またも満塁のチャンスを作るものの、源田はレフトフライに倒れる。日本は再三チャンスを作るが、無得点のままイニングは進む。しかし、守り抜いているメキシコは日本がとらえ始めていることに、プレッシャーを感じていただろう。1巡目こそ圧倒的な内容を見せていたサンドバルは、4回から日本打線にとらえ始めていたことや球数の問題もあったため、4回1／3でマウンドを降りた。7回に日本は二死から近藤がヒットを放ち、ホセ・アルキーディをマウンドから降ろす。3番手のジョジョ・ロメロから大谷は四球を選び、吉田正がライトスタンドへのスリーランホームランで追いつく。しかし、8回に疲れが見え始めた山本由が捕まり、甲斐拓也のリードも読まれ始め、2点を勝ち越される。追いついた後に突き放された日本は、その裏にヘスス・クルーズから岡本の死球と山田哲のヒット、源田の送りバントでチャンスを広げ、代打・山川穂高の犠牲フライで1点差にする。その後も同点のチャンスとするも、近藤が見逃し三振であと1本が出ないまま9回になる。その後も同点のチャンスとするも、近藤が見逃し三振であと1本が出ないまま9回になる。9回は大勢と大城卓三がバッテリーを組む。大城は守備の機会が、なかなかなかったことがあったこともあり、捕球ミスが目立ったもののなんとか無失点に抑える。9回裏のメキシコは、メジャーリーグでも活躍しているジオバニー・ガイェゴスをマウンドに上げる。日本は先頭打者の大谷がツーベースを放ち、チャンスを作る。この時に大谷は、走塁際にヘルメットを飛ばし、二塁上では日本のベンチに向けて鼓舞するようなパフォーマンスを見せた。続く吉田正は四球を選び、無死一・二塁に。吉田正に代わり、代走の切り札・周東佑京が一塁ランナーとなる。ここで、この試合で当たりがなかった村上に回る。その村上は期待に応える形で、センターへのフェンス直撃のタイムリーツーベースを放つ。その間に周東は一気にホームインし、逆転サヨナラ勝ちで決勝進出を決めた。このメキシコ戦では、この大会で初めて試合終盤までビハインドの展開になった。さらに、一次ラウンドでは、圧倒的なピッチングを見せていた佐々木や山本由が打たれるなど、想定外な部分もあっただろう。この展開にも動じず、大谷を中心とした打線は、じわじわとプレッシャーをかけながら、得点を積み重ねて勝利した。

決勝は前回王者アメリカ合衆国と今大会全勝で勝ち進んだ日本となった。試合前のミーティングで大谷は「今日1日は憧れるのをやめて勝つことだけ考えていきましょう」とチームの士気を高める。世界中の野球選手が憧れる大谷だからこそ、説得力のある発言だったのだろう。また、この大会の大谷は、数々の場面でチームを鼓舞してきたが、その集大成とも言えた。先制したのは王者アメリカ。2回にトレイ・ターナーが今永から一発を放ち先制。日本はその裏にすぐさま村上のホームランで追いつく。その後も前年メジャーリーグで13勝を挙げたメリル・ケリーを攻め立てる。岡本のヒットから源田が続き、中村悠が粘りに粘り出塁して満塁のチャンスにし、マウンドから引きずり下ろす。2番手・変速左腕のアーロン・ループからラーズ・ヌートバーがファーストゴロを放ち、その間に勝ち越しに成功。この回は、今大会で各国から得点を積み重ねた、下位打線からのチャンスメークも見られた。2番手の戸郷翔征は、メジャーリーガーが揃う打線に対し、ランナーを出しながらも決め球のフォークを活かしながら抑える。捕手の中村悠のリードも四球やワイルドピッチを恐れず、フォークを活かしたリードも素晴らしかった。最終的に2イニングを無失点に抑え、第二先発としてこの上ない結果を残した。それに応えるように、巨人でチームメイトの岡本が今大会2本目となる、ソロホームランで追加点を挙げる。3番手は高い奪三振率を誇る最年少の髙橋宏斗。5回の先頭打者であるムーキー・ベッツに不運な内野安打を許すも、2者連続三振に抑える。その後ヒットを許すもカイル・シュワーバーをセンターフライに抑える。4番手は国際大会に強い伊藤。アメリカ打線に臆することなく淡々と投げた。強心臓の伊藤は、三者凡退に抑えアメリカに流れを与えないピッチングを見せた。5番手は今大会フル回転の活躍を見せた大勢。しかし、本来のピッチングからは程遠い内容に。その中で、フォークを上手く使いながらピンチの場面を併殺打で締めた。このプレーでは、山田哲と源田の二遊間だからこそ、併殺打をスムーズに取れたと言ってもいいだろう。8回はダルビッシュがマウンドに上がる。しかし、シュワーバーに一発浴びて1点差に。今大会本調子から程遠い懸念が当たってしまう。ただ、後続を抑えてなんとかリードして8回を投げ切った。そして、最後を締め括る9回はこの大会で文句なしの活躍を見せた大谷がマウンドに上がる。四球でランナーを出すものの、ベッツを併殺打に打ち取り、二死にする。最後はチームメイトであり、ライバルであるマイク・トラウトを三振に打ち取り世界一を奪還した。まさに激闘だった。準決勝と同様に先制を許す展開だったが、日本らしい大技と小技を上手く組み合わせた野球で、ひっくり返して世界一に輝いた。

大会を振り返ると、一次ラウンドと準々決勝は圧倒的な強さを見せ、準決勝は劇的な逆転サヨナラ勝利。決勝も逆転勝ちして世界一に輝いた。歴代最強と呼ばれていたプレッシャーがあった中で、勝利のパターンがバリエーション豊かな戦いぶりを見せ、全勝優勝で締めくくった。

監督である栗山英樹は、選手を信じ続けていた。特に、不振にあえいだ村上をスタメンで起用。それが最後の活躍に結びついたのだろう。さらに、準々決勝では打順を変更。4番に吉田正を置き、5番村上、6番岡本にする。この打順にしたことにより、スムーズに得点できるようにした。また準決勝は、決勝のことは考えず、投手起用においてスマートさをなくして絶対に勝つための起用をし、佐々木から山本由へのリレーを見せた。その投手陣をリードに定評があり、打撃面ではイヤらしさもある中村悠が正捕手として引っ張った。ここぞという場面では大谷がチームを鼓舞しつつ、最後の最後に代走の切り札・周東を起用し、泥臭く逆転勝利。決勝では、準決勝とは打って変わり、若手投手陣の小刻みな継投でアメリカ打線を抑えて、北海道日本ハムファイターズを日本一に導いた2016年を彷彿させる采配で世界一に導いた。

首脳陣を見ると最強の投手陣をまとめ上げた吉井理人の存在は大きかった。吉井は現役時代に、セ・パ両リーグからメジャーリーグまで経験。晩年にはメジャーリーグで目の当たりにした、ロジャー・クレメンスを参考にするほどだ。さらに、筑波大学大学院人間総合科学研究科博士前期課程体育学専攻野球コーチング論研究室の学生として、野球コーチングを学ぶなどの勉強家だ。コーチとしての実績も優秀で、これまでダルビッシュや大谷、佐々木など球界を代表する投手のマネジメントをしてきた。この3投手に関して吉井氏「佐々木朗希は1年目のルーキーから見ているんですけど、ダルビッシュ、大谷はちょっと仕上がっている3・4年目から見ていて始まりの始まりはわからないんですけど」と前置きした上で「3人ともに言えるのは自分を知る、自分の見つめ方がすごく上手かった。自分がどうなっているのか把握するのが皆、上手かったです。朗希は1年目からそう。言うこともしっかりしているし。客観的に自分の見つめ方が上手いというかできていましたね」と3人の共通点のコメントをしている。吉井氏のマネジメント術は、時代に合った合理主義であり、教えるのではなく自分に頭で考えるように質問するなど、選手たちに自発性を掲げている。また、この大会から設けられた一発勝負の準々決勝では、「アメリカに行くには準々決勝が大事になってくると思っているので、ここでダルビッシュ、大谷がいいんじゃないかと。強いのは韓国、オーストラリア。一つのヤマになる」とコメント。実際の投手運用も、怪我で離脱をした栗林以外の投手陣を一次ラウンドで起用し、好不調を見極めた。その上で、準々決勝以降は調子と実績のバランスを考えながら、投手をマネジメントした。これは一歩先を考えながら、一発勝負のプレッシャーも考えた上での選択だろう。国際大会のリリーフの運用の難しさにも言及しており、準決勝は佐々木と決勝の先発として予想されていた山本由も登板させ、2人で8回途中まで投げ切り、湯浅と大勢が残りのイニングを投げ切った。決勝の先発はこの大会初となる今永を起用。決勝は、今永と戸郷が2イニングを投げ、髙橋宏や伊藤、大勢、ダルビッシュ、大谷は1イニングずつとブルペンデーのような形で総力戦を制した。このように最強投手陣の上に立つ「参謀役」として、吉井氏の状況における最適な起用法をした結果、優勝という最高の結果になったのだろう。

吉井がまとめ上げた投手陣を見ると、世界最強と言っても過言ではなかった。先発陣はメジャーリーグでもトップクラスの大谷とダルビッシュを中心に、2年連続投手4冠の山本由や前年に完全試合を達成した佐々木がいた。大谷は文句なしの活躍でベストナインに選ばれ、佐々木と山本由もNPBトップクラスに相応しいピッチングを見せた。第二先発は国際大会に強い今永や伊藤、タイトルホルダーの戸郷、高い奪三振率を誇る髙橋宏、短期決戦に強い高橋圭二、高卒2年目から2年連続二桁勝利を記録した宮城大弥がいた。第二先発の投手陣に関しては不慣れな起用法ながらも、どの投手も若い年齢だったこともあり、ショートからロングまで投げ切れるほどの適応力の高さが見られた。リリーフ陣は、栗林の離脱があったものの、前年の日本シリーズでMVP級の活躍を見せた宇田川やセ・リーグ新人王の大勢、新人王争いを繰り広げた湯浅京己、代表経験が長い松井裕がいた。このリリーフ陣に関しても、どの展開でも抑えられる投手が揃っていた。この投手陣のチーム防御率（2・29）と奪三振数（80）は、出場国でダントツ1位となる成績を記録した。

野手陣は、大谷を中心に走れることはもちろんのこと、大技から小技までできる選手が揃った。また、中軸として期待されていた鈴木誠の離脱があった中で、内外野を水準以上守れる牧原大成が選ばれる人選と対応力の高さも見られた。打線を振り返ると、トップバッターのヌートバーは期待以上の活躍を見せたのではないだろうか。特に、一次ラウンドでは打率・429をマーク。1番打者として出塁率・579も記録。さらに、円陣や普段のコミュニケーションからチームの雰囲気を盛り上げるなどの数字には現れない部分での貢献度の高さも見受けられた。2番の近藤も、これまで出場した国際大会では苦しんでいたが、この大会ではヌートバーと1、2番を組んで打率・346を記録。決勝のアメリカ戦以外は全試合ヒットを記録した。大谷はMVPに相応しく全試合ヒットを記録し、打率・435、1本塁打、8打点の活躍を見せ、指名打者としてベストナインに輝いた。吉田正も打率・409、2本塁打、大会記録を更新する13打点をマークした。村上は大会序盤に苦しんだものの、準々決勝で、初の長打。準決勝では、サヨナラタイムリー、決勝ではホームランを記録するなど、徐々に調子を上げていった。岡本は打率・333、2本塁打、7打点を記録。準々決勝から調子を上げていき、決勝のアメリカ戦では貴重なホームランを放った。山田哲は大会前の不調はあったものの、要所でタイムリーを放つ活躍を見せた。また、山田哲と二遊間を組んだ源田は怪我があったものの、守備で貢献度の高さを見せ、打撃面では金廣鉉やサンドバルに対し、粘りに粘ってリズムを狂わせた。中村悠もシーズンと同様に嫌らしい打撃とリードを見せ、正真正銘の正捕手として活躍した。その他を見ると、牧は一次ラウンドで2本塁打の活躍。甲斐も大会序盤は投手陣を引っ張った。中野は源田が出場できなかった試合で活躍を見せ、打率・300を記録した。山川はメキシコ戦で貴重な犠牲フライを放った。周東はメキシコ戦で与えられたチャンスを　活かす活躍を見せ、牧原は緊急招集だった中で、持ち前のユーティリティさを活かしつつヒットも記録した。チーム成績を見ても、チーム打率は3割近い成績（・299）を残し、55打点と56得点、10盗塁は1位、9本塁打と66安打は2位を記録した。東京五輪と同様に、大技から小技までトータルベースボールを実践した結果だろう。

また、この大会はMVPに輝いた大谷の大会だったに違いない。大谷が参加して活躍したからこそ、全試合視聴率40％を超えたと言っても過言ではないだろう。また、ベテラン野手の不在が懸念材料だった中で、28歳という若さでチームをまとめ上げた。これは実績や実力はもちろんのこと、カリスマ性や可愛がられる雰囲気、データには現れない部分の貢献度も含め、「大谷翔平」という選手だからできた結果だ。緊張感が溢れる一次ラウンドの初戦では、二刀流としてチームを牽引し、チームを勢いづけた。その結果、一次ラウンドでは文句なしのMVPを獲得。期待値通りの活躍を見せた。これまで、第1回・第2回大会ではイチローが、チームを牽引していたが、基本的に大会中はスロースターターだった。しかし、大谷はこの大会の序盤からピークを合わせ、二刀流として文句なしの活躍を見せた。大会前の実戦は2試合だったが、合流前は貧打で心配された打線。大谷自身はすぐに結果を出せば、雰囲気が変わると思っていたかのように、すぐさま結果を残した。この大谷の活躍により、大会序盤4番に座っていた村上はプレッシャーに感じる部分もあったが、最終的にはこのプレッシャーを乗り越え、大会終盤に生き返って決勝のアメリカ戦でホームランを放った。大谷の発言や、一つ一つのプレーによりチームの士気は変わっていっただろう。この大谷がいることにより、世界各国に与えるプレッシャーは段違いに変わった。最後は「投手・大谷翔平」として有終の美を飾ったが、ＷＢＣという世界一を決める大会で、２０１６年のプロ野球を一人で支配したように、誰もが認める「世界最高の野球選手」である大谷がWBCという野球の世界一を決める大会を支配し、主人公だったのは間違いない。このWBCの優勝により、野球というスポーツがさらに人気向上し、国技として世界に誇る日本をずっと見続けていきたい。

World Baseball Classic 2023

▶打撃成績

チーム	打率	試合	打数	得点	安打	二塁打	三塁打	本塁打	打点	盗塁	盗塁死	四球	三振	長打率	出塁率
韓国	.336	4	131	40	44	6	0	7	37	2	1	18	19	.425	.542
チャイニーズタイペイ	.317	4	139	26	44	7	2	5	25	0	1	14	23	.392	.504
キューバ	.311	6	206	31	64	13	1	2	31	2	1	22	31	.382	.413
アメリカ	.304	7	237	51	72	13	5	12	49	2	0	32	48	.394	.553
カナダ	.300	4	130	27	39	6	1	6	26	4	0	24	39	.417	.500
日本	.299	7	221	56	66	16	1	9	55	10	1	64	58	.459	.502
ドミニカ共和国	.283	4	138	19	39	10	0	4	17	1	0	18	41	.365	.442
プエルトリコ	.280	5	164	34	46	9	2	4	31	2	0	16	38	.351	.433
メキシコ	.280	6	211	37	59	10	0	6	37	7	1	24	48	.368	.412
パナマ	.274	4	135	19	37	7	0	2	18	6	1	18	25	.372	.370
ベネズエラ	.274	5	168	30	46	11	1	7	29	4	0	21	37	.359	.476
イタリア	.273	5	172	23	47	9	2	1	22	3	1	17	34	.347	.366
オーストラリア	.255	5	157	32	40	7	1	7	32	3	0	24	39	.369	.446
イギリス	.229	4	118	18	27	9	1	3	16	7	2	21	41	.352	.398
オランダ	.224	4	125	13	28	1	0	4	12	3	0	15	40	.331	.328
チェコ	.211	4	133	16	28	5	0	2	14	1	0	11	54	.287	.293
コロンビア	.192	4	130	12	25	5	0	2	11	0	2	10	33	.248	.277
ニカラグア	.192	4	125	4	24	6	0	1	4	0	1	7	43	.235	.264
中国	.170	4	106	10	18	4	0	1	9	0	0	12	39	.258	.236
イスラエル	.155	4	110	4	17	2	0	0	4	0	0	7	40	.231	.173

▶個人成績（打者）

氏名	試合	打数	安打	本塁打	打点	盗塁	打率	OPS
甲斐拓也	4	11	1	0	2	0	.091	.468
大城卓三	3	2	0	0	2	0	.000	.000
中村悠平	5	7	3	0	1	0	.429	1.350
山田哲人	6	15	4	0	2	3	.267	.717
源田壮亮	5	12	3	0	2	2	.250	.721
牧秀悟	6	15	3	2	2	0	.200	.850
牧原大成	6	2	1	0	1	0	.500	1.000
中野拓夢	5	10	3	0	0	2	.300	1.000
岡本和真	7	18	6	2	7	0	.333	1.278
山川穂高	3	5	1	0	2	0	.200	.343
村上宗隆	7	26	6	1	6	0	.231	.826
近藤健介	7	26	9	1	5	0	.346	1.115
周東佑京	5	1	0	0	0	0	.000	.000
ラーズ・ヌートバー	7	26	7	0	4	2	.269	.693
吉田正尚	7	22	9	2	13	0	.409	1.258
大谷翔平	7	23	10	1	8	1	.435	1.345

World Baseball Classic 2023

▶投手成績

チーム	防御率	試合	完投	完封	勝利	敗北	セーブ	投球回	安打	本塁打	四球	死球	三振	失点	自責点
日本	2.29	7	0	0	7	0	2	63	44	8	11	5	80	18	16
ドミニカ共和国	2.73	4	0	1	2	2	0	33	23	2	9	1	36	11	10
プエルトリコ	3.35	5	0	1	3	2	1	43	31	5	14	1	47	17	16
ベネズエラ	3.40	5	0	0	4	1	2	45	48	3	14	1	56	18	17
メキシコ	3.83	6	0	0	4	2	2	54	45	7	22	1	58	24	23
アメリカ	4.20	7	0	0	5	2	2	60	59	8	20	2	55	28	28
コロンビア	4.75	4	0	0	1	3	0	36	33	3	18	4	37	19	19
イタリア	4.91	5	0	0	2	3	0	44	46	7	21	6	37	26	24
ニカラグア	4.91	4	0	0	0	4	0	33	37	2	15	5	24	22	18
オーストラリア	4.93	8	0	0	3	2	1	42	37	2	25	5	38	23	23
オランダ	5.03	4	0	0	2	2	2	34	33	1	19	3	19	19	19
キューバ	5.09	6	0	0	3	3	1	53	50	6	24	7	53	32	30
パナマ	5.40	4	0	1	2	2	1	35	47	3	15	1	24	21	21
イスラエル	6.82	4	0	0	1	3	1	31.2	40	3	16	2	36	26	24
チャイニーズタイペイ	7.20	4	0	0	2	2	2	35	44	3	21	3	29	31	28
韓国	7.55	4	0	0	2	2	1	31	33	4	11	5	41	26	26
イギリス	7.84	4	0	0	1	3	1	31	40	4	31	1	22	31	27
チェコ	7.94	4	0	0	1	3	0	34	36	4	23	1	22	30	30
カナダ	8.71	4	0	1	2	2	0	31	33	4	24	4	35	30	30
中国	15.11	4	0	0	0	4	0	28	51	6	42	4	21	50	47

▶個人成績（投手）

氏名	登板	勝利	敗北	セーブ	投球回	奪三振	自責点	防御率	WHIP
ダルビッシュ有	3	1	0	0	6	2	4	6.00	1.17
戸郷翔征	2	0	0	0	5	9	1	1.80	1.00
松井裕樹	1	0	0	0	1	1	0	0.00	0.00
佐々木朗希	2	1	0	0	7.2	11	3	3.52	1.17
大勢	4	1	0	0	4	3	0	0.00	1.25
大谷翔平	3	2	0	0	9.2	11	2	1.86	0.72
伊藤大海	3	0	0	0	2.1	3	0	0.00	0.00
山本由伸	2	1	0	0	7.1	12	2	2.45	0.82
栗林良吏	-	0	0	0	-	-	-	-	-
今永昇太	3	1	0	0	6	7	2	3.00	1.17
湯浅京己	3	0	0	0	2.2	4	0	0.00	1.13
宇田川優希	2	0	0	0	1.1	3	0	0.00	0.00
高橋宏斗	3	0	0	0	3	5	1	3.00	1.00
宮城大弥	1	0	0	1	5	7	1	1.80	0.40
高橋奎二	1	0	0	0	2	2	0	0.00	0.50
山﨑颯一郎	-	0	0	0	-	-	-	-	-

World Baseball Classic 2023

日本

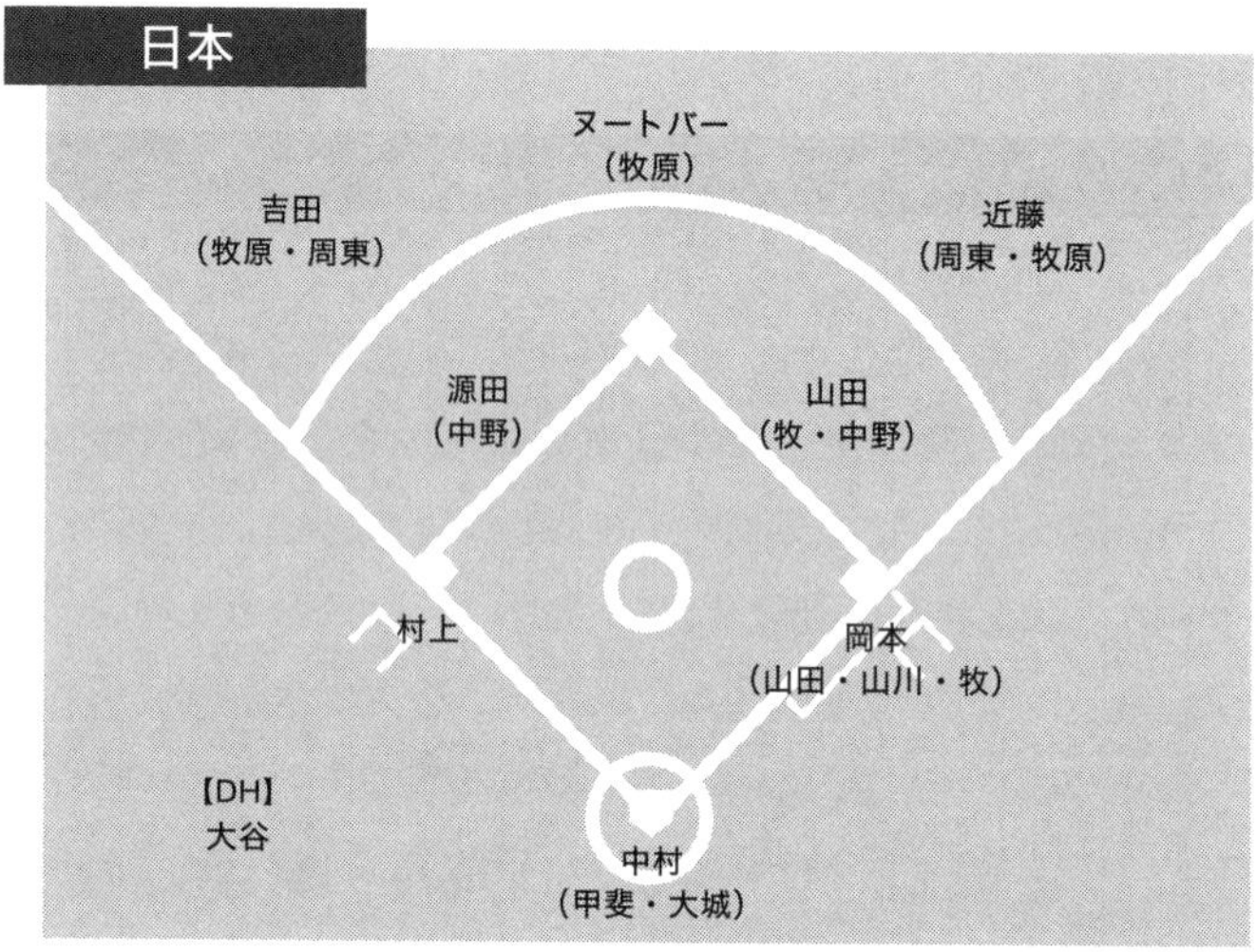

▶ 決勝アメリカ戦 ※大会の前年成績

打順	守備位置	選手	打率	本塁打	打点	出塁率	長打率	OPS
1	中	ラーズ・ヌートバー	.228	14	40	.340	.448	.788
2	右	近藤健介	.302	8	41	.418	.462	.879
3	指	大谷翔平	.273	34	95	.356	.519	.875
4	左	吉田正尚	.335	21	88	.447	.561	1.008
5	三	村上宗隆	.318	56	134	.458	.710	1.168
6	一	岡本和真	.252	30	82	.336	.469	.805
7	二	山田哲人	.243	23	65	.333	.456	.790
8	遊	源田壮亮	.266	2	17	.317	.338	.655
9	捕	中村悠平	.263	5	28	.310	.358	.695
	守備位置	名前	勝利	敗戦	投球回	奪三振	防御率	WHIP
	投	今永昇太	11	4	143.2	132	2.26	0.94

※ラーズ・ヌートバー、大谷翔平はMLBの成績
※ラーズ・ヌートバー、大谷翔平以外はNPBの成績

World Baseball Classic 2023

アメリカ

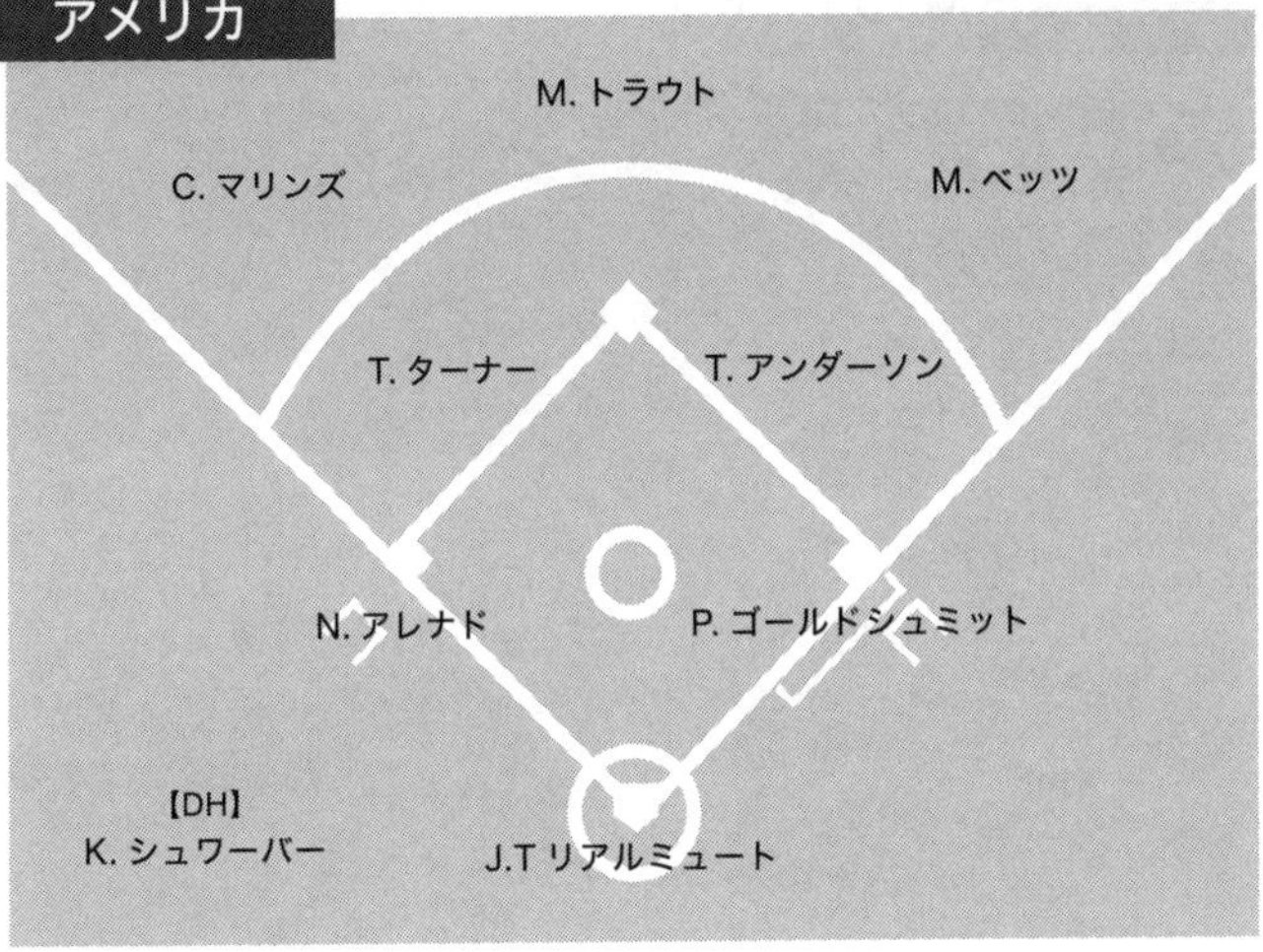

▶ 決勝日本戦　※大会の前年成績

打順	守備位置	選手	打率	本塁打	打点	出塁率	長打率	OPS
1	右	M. ベッツ	.269	35	82	.340	.533	.873
2	中	M・トラウト	.283	40	80	.369	.630	.999
3	一	P. ゴールドシュミット	.317	35	115	.404	.578	.981
4	三	N. アレナド	.293	30	103	.358	.533	.891
5	指	K. シュワーバー	.218	46	94	.323	.504	.827
6	遊	T. ターナー	.298	21	100	.343	.466	.809
7	捕	J.T. リアルミュート	.276	22	84	.342	.478	.820
8	左	C. マリンズ	.258	16	64	.318	.403	.721
9	二	T. アンダーソン	.301	6	25	.338	.395	.734
	守備位置	名前	勝利	敗戦	投球回	奪三振	防御率	WHIP
	投	M. ケリー	13	8	200.1	177	3.37	1.14

※全選手MLBの成績

メキシコ

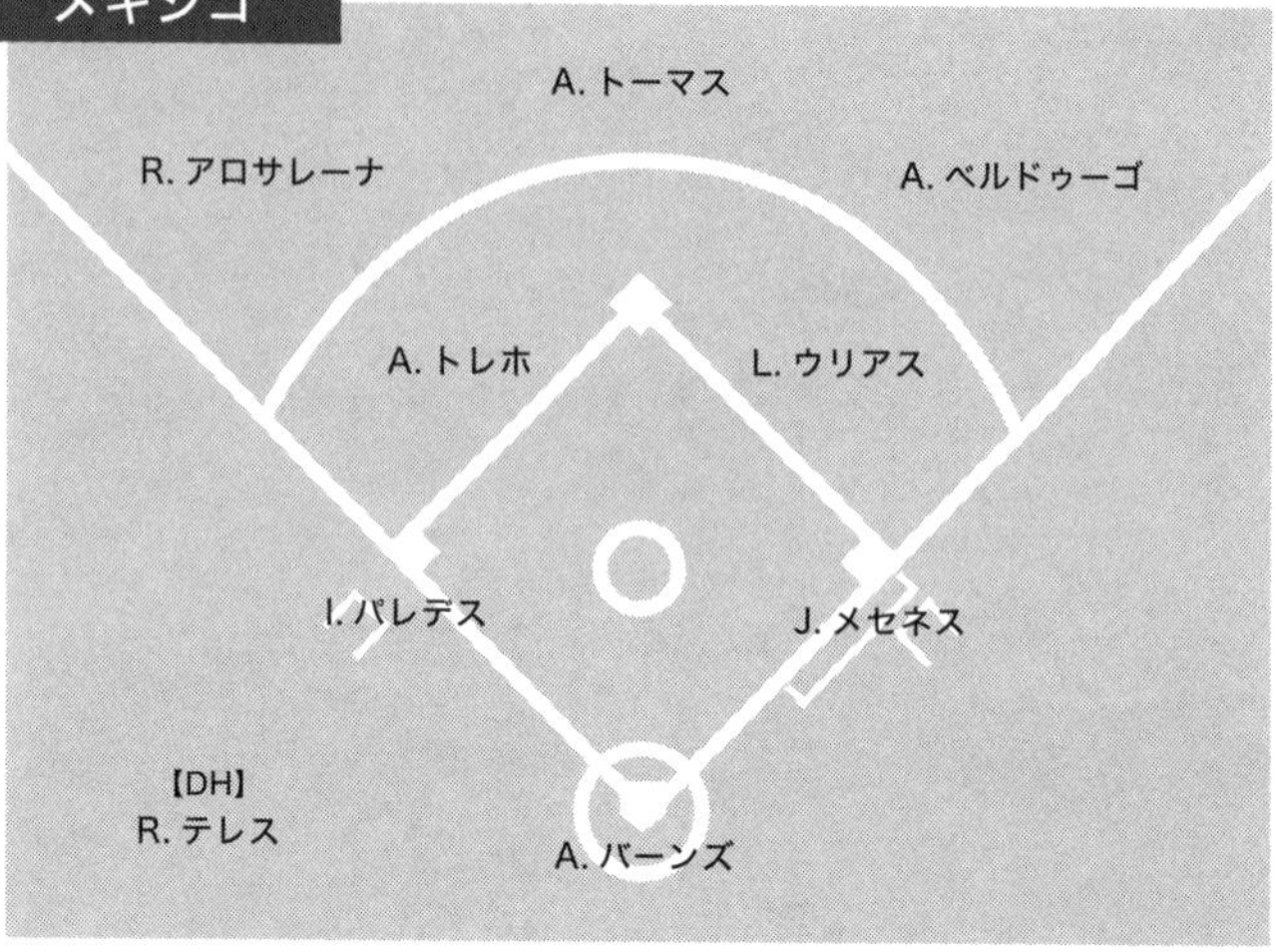

▶ 準決勝日本戦 ※大会の前年成績

打順	守備位置	選手	打率	本塁打	打点	出塁率	長打率	OPS
1	左	R. アロサレーナ	.263	20	89	.327	.445	.773
2	右	A. ベルドゥーゴ	.280	11	74	.328	.405	.733
3	一	J. メネセス	.324	13	34	.367	.563	.930
4	指	R. テレス	.219	35	89	.306	.461	.767
5	三	I. パレデス	.205	20	45	.304	.435	.739
6	二	L. ウリアス	.239	16	47	.335	.404	.739
7	遊	A. トレホ	.271	4	17	.312	.424	.736
8	中	A. トーマス	.231	8	39	.275	.344	.619
9	捕	A. バーンズ	.212	8	26	.324	.380	.704
	守備位置	名前	勝利	敗戦	投球回	奪三振	防御率	WHIP
	投	P. サンドバル	6	9	148.2	151	2.91	1.34

※全選手MLBの成績

World Baseball Classic 2023

キューバ

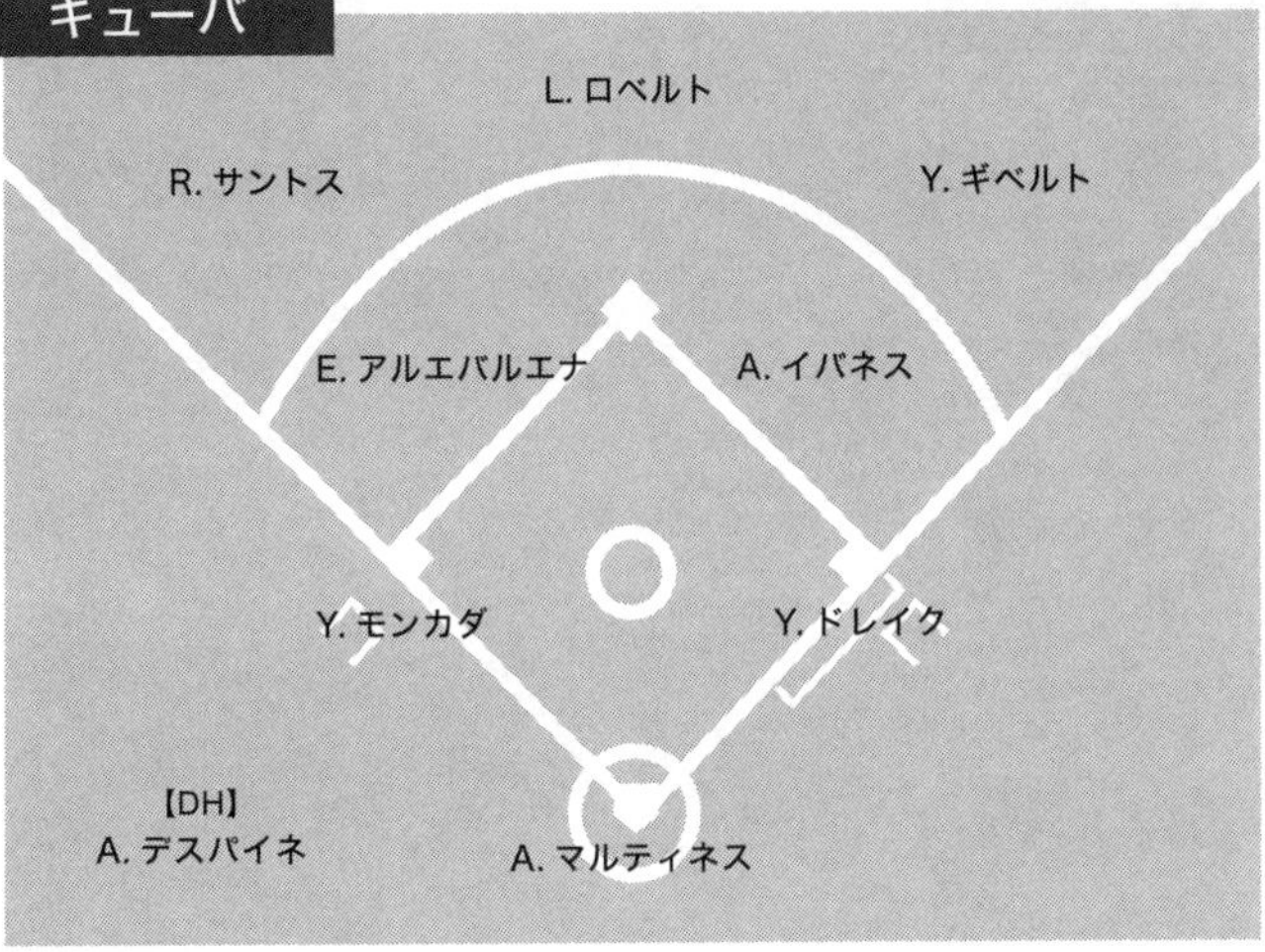

▶準決勝アメリカ戦 ※大会の前年成績

打順	守備位置	選手	打率	本塁打	打点	出塁率	長打率	OPS
1	左	R. サントス	.303	2	18	.362	.420	.782
2	三	Y. モンカダ	.212	12	51	.273	.353	.626
3	中	L. ロベルト	.284	12	56	.319	.426	.746
4	指	A. デスパイネ	.269	14	40	.338	.444	.783
5	遊	E. アルエバルエナ	.315	11	42	.409	.544	.953
6	二	A. イバネス	.218	1	9	.273	.277	.550
7	捕	A. マルティネス	.276	8	24	.350	.437	.787
8	一	Y. ドレイク	.273	6	42	.337	.408	.745
9	右	Y. ギベルト	.225	0	9	.281	.270	.551
	守備位置	名前	勝利	敗戦	投球回	奪三振	防御率	WHIP
	投	R. エリアス	0	0	7.2	6	3.52	1.30

※A.デスパイネ、A.マルティネスはNPBの成績
※R.サントス、Y.ドレイクはメキシコリーグの成績
※Y.ギルベルト、E.アルエバルエナはキューバ国内リーグの成績
※その他の選手はMLBの成績

ベネズエラ

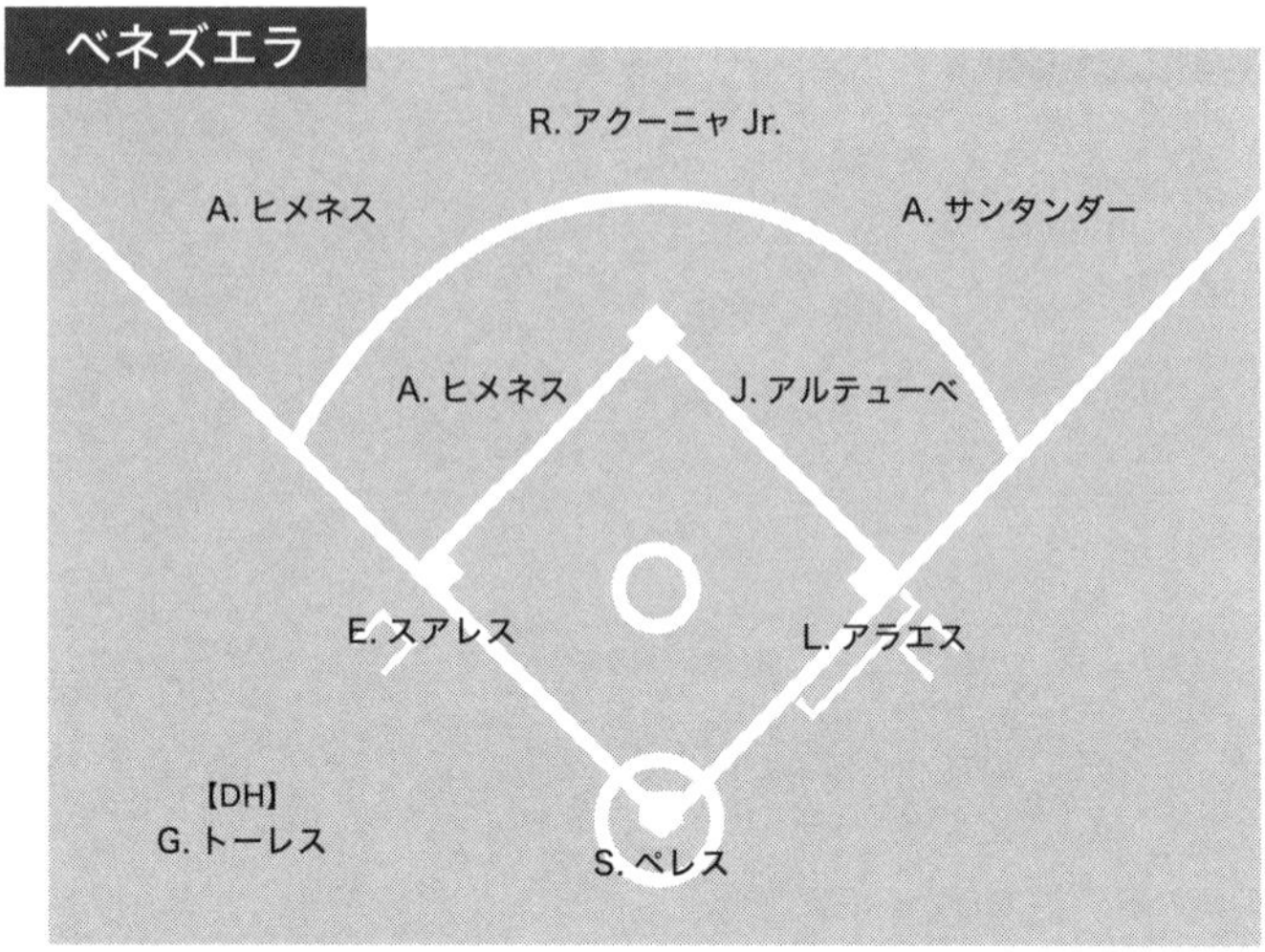

▶準々決勝アメリカ戦 ※大会の前年成績

打順	守備位置	選手	打率	本塁打	打点	出塁率	長打率	OPS
1	二	J. アルテューベ	.300	28	57	.387	.533	.921
2	右	A. サンタンダー	.240	33	89	.318	.455	.773
3	一	L. アラエス	.316	8	49	.375	.420	.795
4	捕	S. ペレス	.254	23	76	.292	.465	.859
5	中	R. アクーニャ Jr.	.266	15	50	.351	.413	.764
6	左	D. ペラルタ	.251	12	59	.316	.415	.731
7	三	E. スアレス	.236	31	87	.332	.459	.791
8	指	G. トーレス	.257	24	76	.310	.451	.761
9	遊	A. ヒメネス	.297	17	69	.371	.466	.837
	守備位置	名前	勝利	敗戦	投球回	奪三振	防御率	WHIP
	投	M. ペレス	12	8	196.1	169	2.89	1.26

※全選手MLBの成績

World Baseball Classic 2023

プエルトリコ

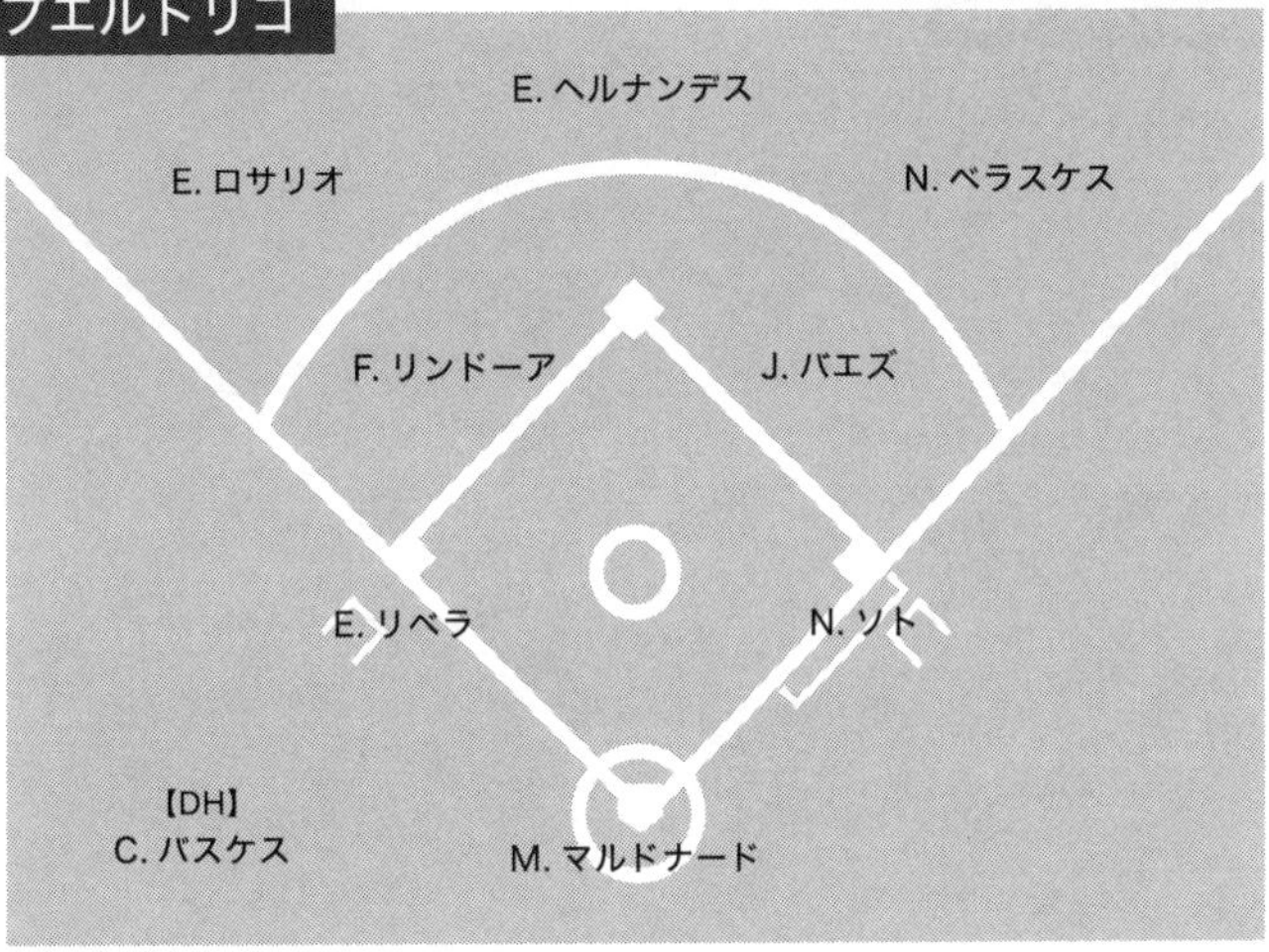

▶準々決勝メキシコ戦 ※大会の前年成績

打順	守備位置	選手	打率	本塁打	打点	出塁率	長打率	OPS
1	遊	F. リンドーア	.270	26	107	.339	.449	.788
2	中	E. ヘルナンデス	.222	6	45	.291	.338	.629
3	右	N. ベラスケス	.205	6	26	.286	.373	.659
4	三	E. リベラ	.233	12	40	.292	.409	.701
5	二	J. バエズ	.238	17	67	.278	.393	.671
6	左	E. ロサリオ	.212	5	24	.259	.328	.587
7	指	C. バスケス	.274	9	52	.315	.399	.714
8	一	N. ソト	.266	17	49	.342	.473	.815
9	捕	M. マルドナード	.186	15	45	.248	.352	.600
	守備位置	名前	勝利	敗戦	投球回	奪三振	防御率	WHIP
	投	M. ストローマン	6	7	138.2	119	3.50	1.15

※全選手MLBの成績

ドミニカ共和国

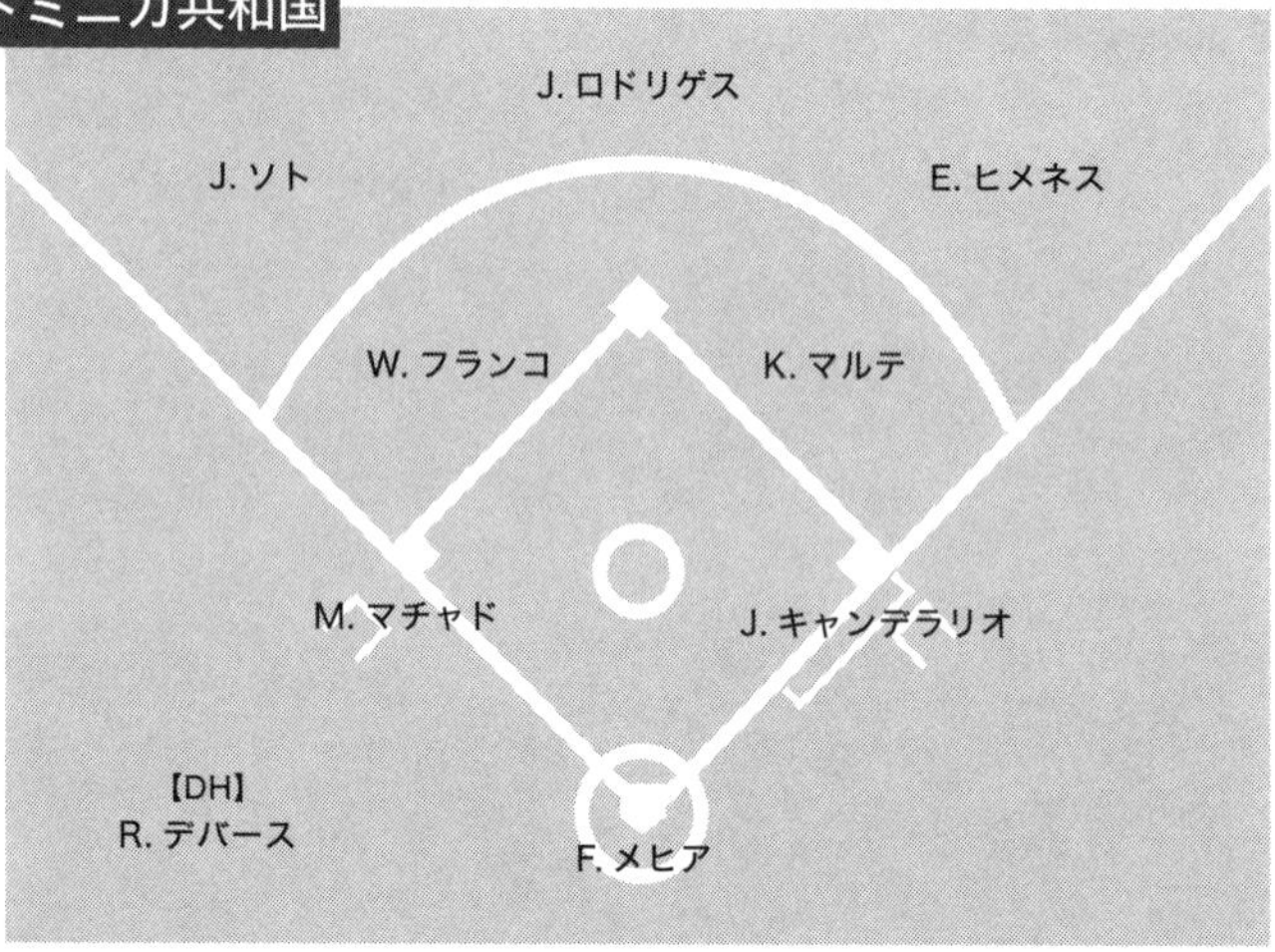

▶ 一次ラウンドプエルトリコ戦 ※大会の前年成績

打順	守備位置	選手	打率	本塁打	打点	出塁率	長打率	OPS
1	左	J. ソト	.242	27	62	.401	.452	.853
2	中	J. ロドリゲス	.284	28	75	.345	.509	.853
3	三	M. マチャド	.298	32	102	.366	.531	.898
4	指	R. デバース	.295	27	88	.358	.521	.879
5	右	E. ヒメネス	.295	16	54	.358	.500	.858
6	遊	W. フランコ	.277	6	33	.328	.417	.746
7	二	K. マルテ	.240	12	52	.321	.407	.727
8	一	J. キャンデラリオ	.217	13	50	.272	.361	.633
9	捕	F. メヒア	.242	6	31	.264	.381	.645
	守備位置	名前	勝利	敗戦	投球回	奪三振	防御率	WHIP
	投	J. クエト	8	10	158.1	102	3.35	1.23

※全選手MLBの成績

2010年代、主要大会のレベルが向上する中で成績を残した日本

2013年WBCでドミニカ共和国、2017年WBCでアメリカが優勝したことにより、2010年代から国際大会に対する各国の価値観が変わったと言って良い。メジャーリーガーを揃える2強が優勝したことにより、WBCの大会の価値が高まったのではないだろうか。

このことは、メジャーリーガーが参加しないプレミア12や五輪にも大きな影響を与えた。これらの大会に関しては、メジャーリーグを目指す若手選手や、一時は一線から退きながらも這いあがろうとする元メジャーリーガーが参加した。さらに、実質4Aのレベルと言われているNPBに在籍している外国人も多く出場している。こういった動きからも、世界全体が野球の国際大会に意欲的になったことがわかる。

そのため、2000年代にWBCや五輪でトップを張っていたキューバや韓国は力負けすることが増え、WBCに関しては2013年、2017年のいずれも決勝トーナメントにすら進出できない状況にまでなっている。一番直近の国際大会である東京五輪に関しても、キューバはアメリカ大陸予選で敗退。韓国はメルセデスやメジャーで本塁打王を獲得したホセ・バティスタ、メルキー・カブレラ、ファン・フランシスコを擁するドミニカ共和国に敗れてメダルを

逃した。
逆にドミニカ共和国は東京五輪で初のメダルを獲得。日本と決勝で対戦したアメリカはNPBで活躍するオースティンやマクガフ、ニック・マルティネスを中心に2017年WBCの優勝メンバーだったデビット・ロバートソン、2015年に43本塁打を記録したトッド・フレイジャーなどを選出していた。メジャーリーガーがいない大会とは言え、ここまで世界の野球に対する意欲が向上していた東京五輪で金メダルを獲得したことは、非常に価値が高いものと感じる。

このように世界的にレベルが上がってきた中で日本は、長年世界で一番安定した勝ち上がりを見せている。2010年代以降を見ても、WBCはいずれもベスト4に入り、プレミア12については2015年に3位、2019年では優勝を果たしている。さらに東京五輪では金メダルに輝いており、世界でもトップクラスの野球大国と言っても過言ではない。

2000年代と異なる点は、スカウティング力が向上し、相手の分析を怠って敗戦する試合が減ったことだ。さらに初見の選手との対決や想定外が多い国際大会において、一歩先のことを考えた代表選出や戦い方ができるようになり、試合運びも熟練された。2010年代の国際大会で敗れた試合は、力負けや油断からくる采配ミスが多かったことから、2000年代のように同じチームに連敗することもなくなった。

例えば対韓国に関しては、2010年代では2015年のプレミア12の準決勝以外は勝利している。唯一敗れた試合は大谷からの継投策で、誰が見ても采配ミスをした試合だ。それ以外の試合は勝利しており、近年は苦手意識も緩和されたのではないだろうか。

また他の例を挙げると、2017年WBCのイスラエル戦も対戦がほとんどない相手だったため、序盤は抑えられていた。しかし中盤、2番手投手以降から攻略して勝利することができた。

世界的に見ても投手力が長年トップクラスの日本だが、他国からすると、ワンクッション置いて球持ちを重視する日本の投球フォームは独特だろう。そのため、国際試合では日本人のフォームそのものが武器になる。これは日本人が2013年WBCのプエルトリコ先発マリオ・サンティアゴのように、外国人のモーションに対して合わないことにもつながる。逆にイチローなどは外国人のモーションに適応しすぎているため、モーションが日本人寄りの投手と対戦するWBCのアジアラウンドあたりまではいつもイマイチだったのもそれが要因だ。

2017年のWBCでメジャーでの経験も豊富な青木宣親が、この外国人のフォームの違いに言及している。全体練習にも近距離で打撃投手に投げさせるなどの練習を取り入れ、4大会連続のベスト4以上という結果につなげた。青木が監督の稲葉篤紀に送ったアドバイスも興味深い。「外国人投手はモーションが速く、球が動く中で、日本人のようにゆっくりタイミングを取っていると、どうしても間に合わない。だったら、近い距離から（投げる球を）自分のタイミングでどうやったら打ったらいいのか、外国人投手を想定しながらやることを取り入れた方がいいんじゃないですか」とコメントをしていた。

また、日本代表のレベルで見ると、投手を実力順に並べたとして見てもレベルに差がほとんどないことが、他国と比較して日本の強みだと思われる。他国は先発やクローザーに力のある投手を起用し、2番手、3番手のレベルはあまり高くないこともあるため、そのイニングに試合が動く場面が多くある。それに比べて、日本はエース水準以上の投手を揃えていることから、多少調子が悪くてもすぐに変えることができるのも強みだろう。

２０１３年のＷＢＣでドミニカ共和国がリリーフ投手を多めに選出して優勝したが、日本の投手も負けていない。２０１７年ＷＢＣは大谷の辞退があった中で、先発から中継ぎまでフル回転した千賀滉大や平野、増井浩俊といった強度のある速球とフォークを武器にした投手を使いつつ、秋吉亮や宮西尚生、牧田和久を中心に試合後半を回したのが非常に効果的だった。２０１９年プレミア12では、甲斐野央や山﨑康晃、大竹寛、嘉弥真新也、田口麗斗、中川が無失点を記録。さらに今では侍ジャパン先発の柱である山本由伸がリリーフ陣にいたため、他国からすれば隙がなかったと言えるだろう。東京五輪も、千賀や大野、岩崎、山﨑康、伊藤大海は無失点で、そこに抑えとしてフル回転した栗林がいた。

直近の2023年WBCに関しても、投手陣はチーム防御率2・29を記録。この大会では、東京五輪で活躍をした伊藤大をはじめとした大勢や湯浅、宇田川が無失点を記録。さらに、この大会ではメジャーリーガーに対し、フォークを駆使する戸郷や高橋宏はWBCの決勝という舞台で素晴らしいピッチングを見せた。ここ近年の国際大会(2019年プレミア12・東京五輪・2023年WBC)を見ても、日本の投手陣は世界一と言っても良いだろう。どの大会も、その時に高いパフォーマンスを見込めるメンバーで、ここまで多種多様に揃えられることからも、世界トップクラスの投手陣の層の厚さがわかる。

また、日本人投手は昔から決め球として、フォークやスプリットを投げることが多い。肘への負担が比較的少ないチェンジアップなどがメジャーリーグでも主流となっているとは言え、スプリットをこれだけ扱えるのは世界で日本のみだろう。落ちるボールを投げられる投手では野茂や佐々木主浩、上原浩治、黒田博樹、岩隈久志、田中将大、大谷、平野がMLBで活躍した。さらに、ダルビッシュ有や前田健太も縦の変化球を渡米後に強化。活躍できているのは、これが効果的なボールだからだ。そのため、今の国内の選手であれば山本由、栗林、佐々木朗希などはメジャーリーガー相手でも対応できる可能性は高いと考えられる。

野手陣も2000年代とは異なり、大谷や坂本勇人、柳田悠岐、山田哲人、菊池涼介、秋山翔吾、鈴木誠也、丸佳浩など「スピード&パワー」を体現した選手が増えた。そのため、スモールベースボールやビッグベースボールに偏りすぎない選出もされている。軸となる選手が土台として存在するため、一芸に秀でたスペシャリストも選びやすくなったのもある。

2019年プレミア12と2023年WBCの周東佑京はまさにその選手だ。足の速さに、ユーティリティ性も兼ね備えており、さまざまなポジションでも活躍を見せた。2009年WBCの片岡治大もこの役割を担ったが、以前までなら代走屋としてしられた鈴木尚広や、守備の人として大和もこの役割を担えたのではないだろうか。

現代のプロ野球は、ユーティリティプレイヤーが増えている。東京五輪や2023年WBCなどに選ばれた近藤健介が第三の捕手として考えられたのもそうだが、2023年WBCに追加召集された牧原大成も内・外野を守れ、投高打低の年に規定打席まで残り2打席ながら3割以上の打率を残している。このような職人気質な選手がいることによって、トータルベースボールにおけるラストピースが埋まるのである。代打や守備固めはあまり人数を割けないため、12人程度一流の選手を選び、残り3人ほどを特化したスペシャリスト系に選べば、ベストバランスになるのではないだろうか。スーパースター揃いの代表戦では、場面で輝ける選手も重宝していくことが、必要なことがわかる。

このように年々プロ野球選手のレベルも上がっており、求められるプレーや結果のレベルも上がっている。そのため、年々野球ファンの期待値も高まっていることだろう。

2010年代以降の国際大会は、2019年プレミア12、2021年東京五輪、2023年WBCといった主要大会で世界一に輝いている。昔はアメリカのベースボールと日本の野球の実力差があると言われていたが、今では国際大会における短期決戦の試合運びから大会全体のプランニングは、日本の野球が世界一と言っても過言ではない。国際大会で見受けられる短期決戦における勝負強さや勝負勘、感性の源泉は、高校野球から磨かれたものと言ってもいいだろう。長年世界のトップを走る日本の野球は、引き続きトップを走り続け、イチローや大谷に次ぐ世界に誇れる選手とともに、5年後、10年後も世界一に輝いてほしいと思っている。

第4章

21世紀のプロ野球戦術とは何なのか

落合中日・原巨人・緒方広島の連覇を成し遂げた戦術の移り変わり

２００４年から２０１１年まで、セ・リーグのトップを走っていたのは、なんと言っても落合博満が率いる中日だったに違いない。２００４年にいきなり5年ぶりのリーグ優勝を果たすと、２００６年もリーグ優勝、２００７年には日本一。２０１０・２０１１年はリーグ2連覇を果たした。この落合政権において、シーズンでBクラスに落ちた経験は一度もなく、球団の歴史を見てもリーグ優勝の回数は落合氏が監督していた期間が一番多い。ナゴヤドームの規格を活かし、ディフェンス力のあるチームで黄金期を築いた。

投手に関して言えば、２００５年以外は防御率2点台から3点台を記録しており、投手力を中心とする野球を徹底した。この期間においてクローザーは、落合政権に入った２００４年からほぼ岩瀬仁紀が担っており、２０１１年に不調に陥った際も浅尾拓也がシーズンＭＶＰに輝く大車輪の活躍でさまざま修羅場を抑えた。

先発エースについても、川上憲伸から吉見一起へとスムーズに行きわたり、その他も山本昌やチェン・ウェインといったシーズンを通して計算できる投手や、中田賢一、朝倉健太のよう

▶ 落合中日　チーム成績表

年度	順位	試合	勝利	敗戦	引分	勝率
2004	1位	138	79	56	3	.585
2005	2位	146	79	66	1	.545
2006	1位	146	87	54	5	.617
2007	2位	144	78	64	2	.549
2008	3位	144	71	68	5	.511
2009	2位	144	81	62	1	.566
2010	1位	144	79	62	3	.560
2011	1位	144	75	59	10	.560

な好調時にはイニングイーターを務めつつ二桁勝利を計算できる投手がいた。さらに、いわゆる1・5軍級の先発陣も、山井大介や川井雄太、佐藤充など毎年複数人おり、先発枚数がつねに多く、毎年調子がいい投手を回していくことができた。

ディフェンス面においても、正捕手・谷繁元信や「アライバ」こと荒木雅博と井端弘和の二遊間を中心としたセンターラインは鉄壁だった。2022年現在時点の中日監督・立浪和義も「振り返れば、強い時代はバッテリーを中心としたセンターラインがしっかりしていました」と、後年振り返っている。打撃面でも1・2番の荒木と井端は阿吽の呼吸で、各々の役割を自覚しており、どちらかが必ず出塁してクリーンアップにいい形につなげるという成績以上の嫌らしさがあり、首位打者を2回、最高出塁率を3回獲得した3番福留孝介、長打力のある4番タイロン・ウッズの並びはバランスの良さもピカイチだった。特に、ウッズは巨人戦に関しては非常に強く、打たれたくない場面でほとんどホームランを打たれていたのではないだろうか。

福留とウッズが移籍・対談したのちも、森野翔彦を3番に置き、4番に和田一浩を置いて、長打力のあるトニ・ブランコも中軸に起用する臨機応変さも見受けられた。和田一に関しては、西武時代からの天性的な打撃センスを誇り、2010年のシーズンは幾度なくチームを救う活躍を見せた。

落合自身、「7割は打ち取られる」や「50敗はする」という考え方を持っていたことから、ペナントレース通しての「大局観」に基づいて采配を行なった。そのため、夏場以降に勝負強く、失速した年もあったものの2005年や2010年の8月以降の追い上げは、他球団には脅威だったことだろう。

特に、落合中日のラストシーズンだった2011年に大逆転されたヤクルトは、8月時点での10ゲーム差をひっくり返されている。9月22日からの天王山までに4・5ゲーム差まで詰め寄られたこと、そのプレッシャーもあってこの直接対決は3勝1敗で中日が勝利している。ポストシーズンでも、対巨人戦では必ず初戦に勝利していた。また2007年に関しては、まだ予告先発制度がなく、初戦は山井や朝倉といったあたりが予想されていた中、小笠原孝が先発して出鼻を挫かせた。
使える制度やルールを順手逆手にとりながら上手く活用しており、監督としてのバランス感覚はずば抜けていた。ペナントシーズンはもちろんのこと、3年後・5年後を見ながら、幅広い視点を持ってトータルなチーム作りをしていた落合中日の、長期的な強さは驚異だったに違いない。

この落合中日が一時代を築いた中で、球界の盟主を指揮したのが原辰徳だ。2002年にいきなりリーグ優勝・日本一にまで輝き、2007〜2009・2012〜2014年は2度のリーグ3連覇、そのうち日本一が1回。2020〜2021年にもリーグ連覇を記録した。

現役引退後、解説者の経験を経てヘッドコーチという立場から指導者のキャリアを開始し、長嶋茂雄氏の後を引き継いで監督就任。長嶋の感覚的な采配を継承するかのように、原も「若大将」と称された就任1年目から大胆な采配を見せた。
対左投手の際はスタメンの機会が少なかった清水崇行を、シーズン序盤より1番に抜擢して固定。かつて1番に座っていた仁志敏久の8番降格や流し打ちが上手い二岡智宏の2番抜擢、

▶原巨人　チーム成績表

年度	順位	試合	勝利	敗戦	引分	勝率
2002	1位	140	86	52	2	.623
2003	3位	140	71	66	3	.518
2006	4位	146	65	79	2	.451
2007	1位	144	80	63	1	.559
2008	1位	144	84	57	3	.596
2009	1位	144	89	46	9	.659
2010	3位	144	79	64	1	.552
2011	3位	144	71	62	11	.534
2012	1位	144	86	43	15	.667
2013	1位	144	84	53	7	.613
2014	1位	144	82	61	1	.573
2015	2位	143	75	67	1	.528
2019	1位	143	77	64	2	.546
2020	1位	120	67	45	8	.598
2021	3位	143	61	62	20	.496
2022	4位	143	68	72	3	.486

燻っていた河原純一のクローザーへの配置転換などがあった。さらに、高橋由伸が怪我で離脱した後は、当時2年目の阿部慎之助を3番に起用し、清原和博が怪我で離脱した後は斉藤宣之をスタメンに抜擢するなど、見事に采配を的中させ、リーグ優勝と日本一に輝いた。

阿部慎に関しては、長嶋が監督キャリアの最後の置き土産として、ルーキーイヤーながらも出場させ続けて育て、引き継いだ原が前述の通り積極的にクリーンアップで起用した結果、2年目の飛躍につながったといえよう。原は若手選手のモチベーションコントロールが上手く、主力を基盤に若手を育成する方法論を確立しつつあった。特に、二軍に埋もれていた斉藤宜や福井敬治、鈴木尚広などの若手選手にアピールの機会が与えられやすかったため、モチベーションも高く維持されていたと考えられる。

その後、第二次政権初期の2007年は、高橋由と谷の1・2番に新加入の小笠原道大を3番に置いたことで打撃陣のコアを確立し、怪我で出遅れていたエースの上原浩治を思い切って抑えに回す起用法で優勝した。また、この頃には内海哲也がエースとして独り立ちできたことも大きかった。2008年は、アレックス・ラミレス、マーク・クルーン、セス・グライシンガーといった実績のある外国人選手が加わり、軸となる選手がさらに確立されていった。2年目の坂本勇人を一番に起用し続け、台頭したのもこのシーズンである。続く2009年は若手と主軸の融合がさらに進み日本一に輝いた。

3年後の2012年からは阿部慎、内海、山口鉄也、坂本、長野久義らの生え抜きを主軸として、補強した杉内俊哉や村田修一の活躍もあり3連覇を成し遂げた。この3連覇も、圧倒的な強さを見せた2012年や2013年もそうだが、2014年は試合巧者の部分も見せた。

2022年現在まで続く第三次政権でも「原イズム」が浸透し、2019~2020年とリーグ2連覇を果たした。2019年はチームリーダーである坂本が、遊撃手としては異例の40本塁打を記録。遊撃手による40本塁打は宇野勝（1985年）以来で、この2人以外成し遂げていない偉業だ。新加入の丸佳浩の安定感や山口俊の活躍もあり、シーズン中盤からリードを支配した。第三政権で象徴的なのは、2番に坂本や丸を置くオーダーである。これは2015年のヤクルトが2番に川端慎吾を置き、3番山田哲人・4番畠山和洋の並びを作って優勝したことも影響しているだろう。通常であれば2番打者はバントや犠飛など、小技に優れた選手を置くところ、強打者を置くことでクリーンアップに形よくつなげるという策である。同様に坂本、丸、岡本は崩さず、あの年のヤクルトでは比屋根渉や上田剛史だった1番が吉川尚輝や亀井善行になるわけで、上出来な打順の組み方だろう。

原が復帰する前の2018年の巨人は、怪我で離脱した期間を除き坂本を1番で起用していたが、その前後に座る選手を含め悪手だった。貧打の8番小林誠司、9番の投手と、小回りが効くイメージの2番打者として置かれていた若手の吉川尚や田中俊太に挟まれていたのだ。この結果、シーズン中坂本の申告敬遠はリーグトップの10個だった。例えば、下位打線が稀に出塁し、投手の送りバントで二死二塁や三塁となって1番の坂本に回ってくるシーン。この時、後ろに控える2番はまだ若く経験不足の打者である。しかも打順による不要な制約を背負っているため、選手本人の良さが消えてしまい、投手にも思い切りよく打つことはないだろうと判断される。その結果坂本は勝負を避けられ、ここで2番に代打を出すまでが当時のお約束だった。自分で出塁もできれば走者を返すこともできるオールラウンダーの坂本は、多くの打席が回ってきて走者が出ている確率も高い2番か3番に置いて、後ろは成長著しい岡本が坂本をプロテクトするのが、理想だっただろう。

一方、原政権では、選手の調子が悪い時期や施策の効果を見る時期でも、坂本もしくうは丸を2番打者から外さなかった。また、2019年から2020年前半は固いディフェンス力とリリーフ陣の厚さで、試合終盤における逆転劇が多く、「終盤力」の高さを見せた。

▶緒方広島　チーム成績表

年度	順位	試合	勝利	敗戦	引分	勝率
2015	4位	143	69	71	3	.493
2016	1位	143	89	52	2	.631
2017	1位	143	88	51	4	.633
2018	1位	143	82	59	2	.582
2019	4位	143	70	70	3	.500

落合が退任し、原が監督として不在だった期間に覇権を握っていたのは、緒方孝一率いる広島だ。2016~2018年にセ・リーグ3連覇に輝いている。これはセ・リーグの巨人以外の球団では、史上初となった。3連覇した前年（2015年）に関して

も、日本一に輝いたソフトバンクに、交流戦ではセ・リーグで唯一勝ち越していたことから、常勝軍団へのポテンシャルは秘められていたといえよう。

この3連覇で特に目立ったのは圧倒的なチーム打力だ。その打力に田中広輔や菊池涼介、丸、鈴木誠也の機動力が合わさり得点力がさらに強化され、他のチームは3年間まったくかなわない状態となっていた。特に1，2番の田中や菊池が塁に出た際には、ランナーの機動力を意識させ、クイックで球威が落ちた半速球や、盗塁を意識しすぎるが故にストレート勝負にきたところを狙い打ちするかのような野球ができていた。そのため、丸や鈴木誠、新井貴浩などの中軸選手がストレートを狙い打ちし、リーグトップの成績を残す活躍を見せた。

さらにこの3年間は、多くの選手が平均以上の守備力と高い走塁能力も兼ね備えており、ハイブリッド型の野手が多かった。そのため、2016～2018年は40試合以上の逆転勝ちがあった。また2016年の優勝に貢献した新井やブラッド・エルドレッドの衰えがあった中で、丸と鈴木誠はこの3年、常にリーグトップクラスの成績を残して、主軸に相応しい活躍を見せた。投手陣も前田健太がメジャーへ移籍があった中で、先発は毎年軸となる投手が変わったものの、ジョンソンや黒田博樹、野村祐輔、薮田、岡田明丈、大瀬良大地などリーグトップクラスの勝ち頭を揃えられた。リリーフ陣も起用法が粗かったが、勝ち試合を取り切れる投手を揃えて、勝ちパターンに相応しい結果を残した。12球団トップクラスの機動力を絡めた打力をベースに、投手陣を荒削りながら運用したことで、3連覇を成し遂げた。

短期決戦の工藤公康と時代に応じたペナントで勝てるチーム作りをした辻発彦

2018・2019年のパ・リーグは、まさにソフトバンクと西武の頂上決戦だった。セ・リーグを含む12球団を見て、日本シリーズでのソフトバンクの快進撃を鑑みても、2強時代といって過言ではなかっただろう。ペナントレースからクライマックスシリーズにおけるこの両球団の対戦は、21世紀野球史の中でも非常にレベルが高く、見応えがあった。

工藤公康率いるソフトバンクは、2015年にリーグ優勝と日本一に輝き、2017年〜2020年までは日本一を4年連続で獲得している。この日本一のうち、2018・2019年に関してはクライマックスシリーズでいずれも勝ち上がったうえで、日本シリーズを制覇した。リーグ優勝は3度に対して、日本一は5度を記録。この成績を見ても、短期決戦に関しては歴史的に見ても最上位クラスの強さを見せた。

豊富な資金力を活かした補強が特色であり、李大浩の移籍で打線の火力不足が影響し、優勝を逃した2016年オフに、新外国人を加入させるのではなくロッテからアルフレド・デス

▶工藤ソフトバンク　チーム成績表

年度	順位	試合	勝利	敗戦	引分	勝率
2015	1位	143	90	49	4	.647
2016	2位	143	83	54	6	.606
2017	1位	143	94	49	0	.657
2018	2位	143	82	60	1	.577
2019	2位	143	76	62	5	.551
2020	1位	120	73	42	5	.635
2021	4位	143	60	62	21	.492

パイネを獲得して、すぐに4番の穴を埋めた。さらに2017～2020年にかけて毎年離脱者がおり、怪我人が多かった中でも、それを埋めるだけの選手層と若手の育成の力も抜けていた。一部の主軸を除くと熾烈な競走だったのは間違いない。

ペナントレースの戦い方に特化してみれば投手継投や打順の組み合わせに難があったのは否めないが、この手法は短期決戦には向いていたものであった。2018年のようにシーズン中盤から終盤にかけての競り合いになった際は、勝ちきれないまま優勝を逃していたが、これは短期決戦のような戦い方をしていたがゆえにシーズン終盤に選手が疲弊したからだ。

具体的に言うと、リリーフ投手起用において比較的序列が高い投手を、大差や不要な場面で起用することが目立った。これは先発が崩れてもすぐにスイッチで切るような対策ではあるが、序盤からこのような継投と起用法を続けていたことが、シーズン中盤から終盤にかけて、多大なる影響を及ぼした。ただこの傾向は、2015年の采配には見られなかった。2016年に大谷を擁する日本ハムに逆転優勝されたトラウマが、その後の策に響いたということもあったのだろう。その結果、試合の流れを鑑みず、いい投手を満遍なく注ぎ込む采配がクセとなったのではないか。

しかし先述の通り、この小刻みな継投が目立つ采配は、短期決戦では最大限に生きた。2018年は先発が早い段階で打たれたケースでも、武田翔太や石川太、加治屋など回跨ぎができる投手を第二先発として起用。さらに軸となるリバン・モイネロや森唯斗、嘉弥真新也をセットアッパーの中心に組み立てた。2019年、2020年は巨人を投打で圧倒し、危なげなく日本一に輝いた。

このソフトバンクが君臨していた時期にリーグ2連覇を飾った、辻発彦率いる西武は、ソフトバンクとは対照的にペナントレースの戦い方が上手かった。特に政権序盤、投手力に不安がある中で、長打力とディフェンス力を重視すれば、ペナントレース優勝を勝ち取れることを具現化するようなチーム作りを見せた。リーグ連覇を決めた2018・2019年の打線は、1番秋山翔吾を筆頭に源田壮亮・浅村栄斗・山川穂高・森友哉・外崎修汰・中村剛也・栗山巧と続く圧倒的な打力から「山賊打線」と呼ばれていた。

▶辻西武　チーム成績表

年度	順位	試合	勝利	敗戦	引分	勝率
2017	2位	143	79	61	3	.564
2018	1位	143	88	53	2	.624
2019	1位	143	80	62	1	.562
2020	3位	120	58	58	4	.500
2021	6位	143	55	70	18	.440
2022	3位	143	72	68	3	.514

西武在籍時（2018年まで）センターラインを担っていた浅村は、2018年に3割30本塁打100打点（打率を記録。さらに秋山は同年3割20本塁打以上（打率・324・24本塁打）を記録した。また、圧倒的な打撃成績ではなかったものの、怪我に強くフル出場が見込めた遊撃手・源田は、派手な打力が目立つ打線の中で辻直伝の走塁技術を駆使、小技が上手く調和し、打撃・走塁のつなぎ役を果たした。また、2018年には遊撃手の最多捕殺（526捕殺）記録を更新しており、今なお球界トップクラスの守備力を誇る。源田を中心に外崎や浅村など、走塁面でもレベルの高さを見せており、圧倒的な戦力を誇っていたソフトバンクと渡り合えたのは西武だけだったのは自明だ。

浅村が抜けた2019年も、ユーティリティプレイヤーの外崎が穴を埋める形で、二塁手として26本塁打を記録した。さらに、森友哉が首位打者に輝く活躍を見せて、捕手としては異例の

１００打点超（１０５打点）を記録し、リーグＭＶＰに輝いた。このような形で、浅村の穴を投打・守備ともにしっかりと埋める形でリーグ連覇を成し遂げた。

投手陣も、エース菊池雄星が２０１９年からメジャーに移籍したが、今井達也、髙橋光成といった甲子園優勝投手であり、「勝利の味」を知る若手先発投手が躍動してカバーした。

このようなチームビルディングはペナントレースには向いているが、やはり野手・投手枚数の多さではソフトバンクには叶わず、固定された打線の調子の良し悪しが懸念材料となって、クライマックスシリーズでソフトバンクに勝利することができなかった。仮に、このソフトバンクではなく当時の西武が日本シリーズに出場していたとしても、巨人に勝っていた可能性が高いと思われる。

２０２０年からはリーグ全体に投高打低が顕著に現れたため仕切り直し、打力のチームから投手王国へと変えた。リーグ優勝を果たしたオリックスを上回るチーム防御率２．７５を記録し、さらに平良や水上を中心としたリリーフ陣の防御率は、２・３１を記録、こちらもリーグトップだった。投高打低の時代に上手く合わせながら、投手王国を築いていき、球団史上屈指と言われていた山賊打線が目立っていた２０１８・２０１９年には想像できないほどの強力な投手陣を形成したことも、大きな財産だろう。

また、この両チームのレベルの高さがわかる試合がある。それは、2019年の7月8日に東京ドームで行われた試合だ。結果的にはソフトバンクが栗原陵矢のサヨナラ犠牲フライによって勝利した試合だったが、5時間21分の耐久戦になった。

試合展開は、序盤ソフトバンク優勢で進んだ。好調のデスパイネや30代後半になってもさらなる打撃の進化を見せる松田宣浩の一発で、着実に得点を積み重ねるソフトバンク。その後も、上林誠知もレフトスタンドへホームランを放ち、5回時点で西武は無得点、ソフトバンクが5点リードと大勝ムードが漂い始めた。ソフトバンクの先発、アリエル・ミランダもチェンジアップを効果的に使った投球で好投。ただ、5点リードでわずかに気の緩みがあったか、交流戦でスランプに陥っていたホームランキング・山川に甘い変化球を打たれ、28打席ぶりとなる安打をレフトスタンドに運ばれる。この打席が、山川を目覚めさせることになってしまった。疲れの出たミランダはマウンドを5回途中で降り、その回は左のワンポイントリリーフ・嘉弥真が抑えるも、6回には武田翔太や髙橋純平が、外崎、山川、中村剛にタイムリーを放たれ一挙4得点、1点差に追い上げられる。

実はソフトバンクは、この試合の前日にオリックスに敗れるまで9連勝しており、その間、勝ちパターンのリリーフ陣に相当の負担がかかっていた。武田は外崎を引っ掛けさせたが、送球がわずかに間に合わず内野安打となってしまう不運もあった。

5対4とソフトバンク1点リードで迎えた9回表に伝説の名場面が訪れる。守護神・森唯斗の故障でクローザーに抜擢されているルーキーの甲斐野央が、二死三塁のピンチで5番の森友哉を打席に迎えた。初球はインローへの、140キロのバックフットスプリット。これを森が見極めボール。続く2球目、3球目は155キロのストレートが高めに外れた。ノースリーから、ど真ん中に投げ込まれた155キロのストレートを森友哉はフルスイングで空振り。続く156キロのストレートのタイミングこそ合っていたがバックネットへのファール。

なんとかフルカウントへ持ち込んだ甲斐野が選択したのは140キロのスプリットだった。これを森友哉は反対方向へ合わせ、レフトスタンドに打球を伸ばし西武が勝ち越し。この打席の森友哉の集中力はとてつもないものだった。

細かいデータを抜きにして根本的にこの場面を見ても、2019年の日本一を果たしたソフトバンクとリーグ優勝を果たした西武が図抜けていたことは、間違いないことがわかる。

最終的には、ソフトバンクが勝利をした試合だが、この試合は令和最初の名試合・名場面と言っても過言ではない。この試合を見てわかるように、高いレベルの試合になればなるほど、選手のプレーのクオリティが高くなる。そのため、試合内容も魅せるような野球を繰り広げる。この2球団のレベルの高さを実感できるような試合だったのではないだろうか。

中嶋オリックス・高津ヤクルトから見る令和の野球の戦術

令和のプロ野球は、中嶋聡監督率いるオリックスと、高津臣吾監督率いるヤクルトがリーグ連覇を果たしている。

中嶋が率いるオリックスは、2021・2022年のパ・リーグ連覇と悲願の日本一に輝いた。2021年は、前年最下位からの逆襲。ただ、2020年の代行監督就任時点で、先手の継投策や、4番選手交代などで特色を出し、二軍監督を務めていたこともあってベンチの雰囲気もよくなり、低迷機から抜け出す兆候は見られていた。その中で、エース・山本由伸と主軸の吉田正尚を中心としたチームビルディングを行い、パ・リーグの覇権を握った。

まず大きな点では、中軸を担う一員として杉本裕太郎の長打力を見抜いて抜擢し、遅咲きながらもブレイクさせた。宗佑磨に関しても肩の強さや守備力の高さを評価して、監督代行の時の2020年からは外野手からコンバートし三塁手として起用するなど、二軍監督時代の経験を上手く活かした。福田周平に関しては宗とは逆で、当初は内野手だったが、出場機会を求めて外野手へコンバートを決断。その結果、負担が重い二塁手時代よりも打率は平均して一分ほ

▶中嶋オリックス　チーム成績表

年度	順位	試合	勝利	敗戦	引分	勝率
2020	6位	67	29	35	3	.453
2021	1位	143	70	55	18	.560
2022	1位	143	76	65	2	.539

※ 2020年は、西村徳文監督が辞任した後、8月21日からシーズン終了まで監督代行。

▶高津ヤクルト　チーム成績表

年度	順位	試合	勝利	敗戦	引分	勝率
2020	6位	120	41	69	10	.373
2021	1位	143	73	52	18	.584
2022	1位	143	80	59	4	.576

ど上がった。

さらに、福田がコンバートをしたことにより、内野手の起用法に幅が出た。紅林弘太郎や太田が出場する機会が増え、遊撃手として起用されていた大城滉二や安達らは二塁手として起用される機会が増えた。実は安達に関しても、年齢的な部分も考慮されて2021年に遊撃手からコンバートされている。

捕手に関しても投手との相性で若月健矢と伏見寅威を併用し、頓宮裕真は打撃状態を見つつ、2022年からは一塁や指名打者で起用するようになった。打線に関しては、シーズンを通して計算が見込める吉田を中心に組み立てた。基本的に3番を務め、杉本の不調もあって4番に置く時もあった。2022年に関しては野手先発に外国人がいなかった中で、ここまでやりくりできる手腕はさすがとしか言いようがない。このように、主力とも呼べる野手陣は、コンバートを通じて良いところを伸ばすようにやりくりしながら、底上げを図られていた。2022年は外国人野手の不在や杉本の不調、途中離脱の野手もいる中、現有戦力の力を最大限に活かすかのように、レギュラーシーズン143試合で打順は141通り、日本シリーズでも7試合で6通りというバリエーション豊富な打線を築いた。

投手陣では、2021年と2022年ではリリーフ陣で活躍した投手が異なるも、上手くやりくりした。その状況で一貫していたのは、基本的には3連投をさせない方針だ。投手運用で騒がれている今だからこそ、このマネジメントが活きた。2021年のリリーフ陣はクローザーの平野を中心に、ヒギンスや富山凌雅、山田大輝、K-鈴木、漆原大晟、比嘉幹貴、能見篤史、吉田凌と言った投手陣をまとめ、2022年はベテランの平野と比嘉を中心に、阿部翔太、ワゲスパック、山﨑颯一郎、宇田川優希、近藤大亮、黒木、本田、ビドルと2シーズンで異なるメンバーをまとめ、2連覇に輝いた。

この中嶋のマネジメントは、山本由や吉田正に依存しすぎないという点でも優れていた。その結果、2022年の日本シリーズでは初戦から山本由が怪我で離脱していた中、日本一に輝くことができたのだ。

また、最近ではリリーフ陣に「ワンポイント不要」を指令した。危機管理として、延長12回を踏まえた投手起用を想定。右の強打者に変則右腕・比嘉を投入する可能性はあるが「ちゃんと1イニングを投げてくれる投手が必要」とコメントした。今後の投手運用にも注目していきたい。

高津が率いるヤクルトも2021・2022年でセ・リーグ2連覇を果たした。2021年は日本一にも輝いている。

この高津のマネジメントも「勝つために休ませる」という方針が大きかった。キャンプ序盤から序盤は3勤1休を設定。さらに当日のメニューに加えて厳しい練習を付加することも禁じ、怪我を防ぎシーズンを通して戦力を落とさないという方針を選んだ。さらに2021年はオリンピックの期間明治神宮が使用できず、シーズン中2ヶ月、本拠地を離れる際も練習をしすぎないマネジメントを徹底して、選手の離脱を防いだ。

野手陣を見ると、2021年はチームリーダーである山田哲人が、自身5度目のシーズン30本塁打越えを達成。村上宗隆と山田哲が揃って、中軸としてシーズンフルに機能しているということがまず強みだった。さらに、2021年の5月から塩見泰隆がトップバッターとして定着。加えて、オスナとサンタナの両新外国人も、長打率４割以上と相手チームからすれば厄介な選手だったのではないだろうか。

２０２２年は三冠王の村上が目立っていた中で、中村悠平に依存しすぎない捕手運用を行い、古賀や内山も起用し始めて戦力の底上げを図った。さらに長岡を下位打線で起用し、伸び伸びを打たせる意図も見受けられた。その結果、長岡は高卒３年目ながらもゴールデングラブ賞を獲得。打撃面でも９本塁打を記録した。また、ルーキーの丸山和郁も71試合に出場し、プロ野球史上初となる新人で優勝を決めるサヨナラタイムリーも放った。

投手陣を見ると、２０２１年は高橋圭二・奥川恭伸といった勢いのある若手に、石川雅規や小川泰弘、サイスニードを中心に先発を運用。しかし若手の奥川は登板間隔を中10日にするなど、この点でも怪我をさせず、シーズンフルで活躍を期待する起用法が見受けられた。また、オリックスと同様にブルペン陣を分厚くし、クローザーのマクガフを中心に清水昇、田口麗斗、今野、石山泰雅、坂本光士郎、大西広樹などのブルペン陣を上手く運用。シーズン中は原則的に３日連続登板までとするなど、巧みなマネジメントを見せた。さらに、２０１９年オフにトライアウトで獲得した今野を再生し、リリーフ陣の一角として活躍した。

２０２２年は早々に奥川を欠いたなかで、小川とサイスニード、石川雅、高橋奎、高梨裕稔、原樹理が先発として回していったが、規定投球回数は小川のみ。先発は、前年と異なり中6日に縛られることなく運用をしたことから、イニングを稼げないことも多くなったが前年と同様にブルペン陣の層が厚かった。さらにシーズンで3連投したのは、6月3~5日のマクガフと、7月29~31日の久保拓眞の2人のみで、クライマックスシリーズを含めても清水昇を含めて3人だった。リリーフ投手を高いクオリティで整備し、誰を使っても抑えられる状態にした上で、適切なタイミングでの継投が光った。高津が徹底した「怪我をさせない」マネジメントには今後も注目だ。

21世紀の日本代表の監督を含めた首脳陣と戦術を振り返る

オールプロで国際大会に参戦してからは、2004年のアテネ五輪から2023年のWBCまで数々の大会に参加した。国際大会で優勝をするためには、国際大会と短期決戦に適した戦略や戦術は重要だ。その戦略から戦術を作り上げる首脳陣の存在は非常に大きい。

アテネ五輪は、2003年のアジア予選では長嶋茂雄氏が指揮を執ったが、2004年の3月に脳梗塞で倒れ、中畑清が監督代理を務めた。首脳陣を見ると大野豊氏、高木豊氏がベンチ入りをした。やはり、直近の日本代表と比較すると、中畑氏と高木氏、大野氏は当時1年から2年コーチ経験があるとは言え、経験値から見ても参謀役としての力が弱かったのは否めない。まだこの頃の代表は、寄せ集めの色が強かったため、首脳陣が完璧にまとめあげるのも難しかっただろう。この時の日本の采配は、現在のようにシステマティックな戦略や戦術はほとんどない状態だった。そのため、野手陣の中心は、キャプテン宮本慎也こそ小技を使える選手だったが、城島健司や高橋由伸、福留孝介、中村紀洋、和田一浩といった長距離打者の打撃に頼り切りだった。投手陣の中心は松坂大輔や上原浩治、黒田博樹、岩瀬仁紀、石井弘寿だった。対策をしていたキューバには勝利したものの、無策だったオーストラリアには2連敗を喫した。ただ、初のオールプロでの参加や、大会前に長嶋氏が倒れるというアクシデントがあった中で、メダル獲得をしたことは、今後の国際大会を戦う上で大きな価値となった。

２００６年ＷＢＣでは、長嶋氏と同等のスター選手だった王貞治氏が指揮を執った。ＷＢＣは3月開催ということや、初のメジャーリーガーが参戦する世界大会だったこともあり、日本はアテネ五輪の経験も上手く活かし切れた大会だった。アテネ五輪では、ほとんど同じオーダーで挑んだが、２００６年のＷＢＣでは好不調を見極め、オーダーを大きく変えるなどをした。また、首脳陣を見ると、プロ野球で監督経験がある大島康徳氏や、監督を経験する辻発彦氏がいた。また、長い経歴でコーチとしての実績がある弘田澄男氏や鹿取義隆氏もいた。中心選手を見ると野手陣は、イチローや松中信彦、小笠原道大、西岡剛、川崎宗則、里崎智也、多村仁といったベテランから若手までが上手く融合された。投手陣は、松坂大輔や上原浩治、大塚晶則、渡辺俊介、藪田安彦だった。このＷＢＣでは、東京五輪や２０２３年ＷＢＣのチームのように、大技から小技で得点を生み出せるチームづくりができていた。現在のブルペンデーのような投手起用はなかったものの、先発は松坂や上原、リリーフは大塚を軸にして、失点を最小限にするために、投手陣を組み立てた大会だったのは間違いない。その結果、初代王者に輝いた。

北京五輪は、歴代最悪の人選だった。監督を務めた星野仙一氏は、同世代で仲が良かったヘッド兼打撃コーチとして田淵幸一氏、守備走塁コーチとして山本浩二氏を選び、アテネ五輪と同様に投手コーチは大野氏が選ばれた。当時、江夏豊氏は「コーチの顔ぶれを見たとき、なんだ、また仲良しグループかと、そんな印象を持ったね。別の人選はなかったのかな、協力してくれる人がいなかったのかね。『機動力』を掲げながら、山本が守備走塁コーチって、これは違うんじゃないの?現役時代、守備は悪くなかったけど、走塁を任すのは酷じゃろう。専門家に頼むよりも、身内で固めたほうが星野仙にとってやりやすいということかな」とコメントを残した。その通りで、監督経験しかなかった山本氏が守備走塁コーチをしたことで、守り慣れていないポジションを守らせるなどがあり、重要な場面で守備のミスが乱立した。さらに、監督である星野氏は当時日本一の経験はなかった。長嶋氏や王氏のように勝利への嗅覚は特別よかったわけでもなかった。また、投手起用に関しては大野氏が一番年下で、イエスマンだったのか継投の一貫性のなさが見受けられた。実際のところ、最終戦の朝時間帯に川上憲伸氏は大野氏から「ゆっくり休んでベンチから応援してくれ」と伝えられた。しかし、星野氏は試合中に投げる準備を命じたと言う。これだけでも、首脳陣の間で連携が取れず、場当たり的な継投策だったことがわかる。中心選手を見ると野手陣は、青木宣親や中島裕之、新井貴浩、稲葉篤紀、阿部慎之助、森野将彦だったが青木と中島以外は軒並みに不調に陥る。投手陣は、川上憲伸や岩瀬仁紀、藤川球児を中心に起用するものの、場当たり的な起用法やマネジメント不足で打ち込まれた。北京五輪は、戦術など以前の問題があり、それがメダルなしの大きな要因だったに違いない。

翌年の2009年のWBCは、原辰徳氏が監督を務めた。首脳陣は、監督経験がある伊東勤氏が総合コーチに。投手コーチは山田久志と与田剛。内野守備走塁コーチは、打球判断に定評があり、参謀役としても優秀な高代延博氏。打撃コーチの篠塚和典氏と外野守備走塁コーチの緒方耕一氏は、巨人で馴染みのあるコーチを選出した。首脳陣は申し分がない人選になった。中心選手を見ると野手陣は、イチローや城島健司、岩村明憲、福留孝介といったメジャーリーガーと青木宣親や小笠原道大、稲葉篤紀、内川聖一の国内組との融合が見られた。投手陣は、松坂大輔や岩隈久志、ダルビッシュ有と最強の先発陣を形成した。原氏は投手陣に関しては山田氏に任せていたと言う。その信頼関係が、杉内のリリーフ起用やダルビッシュをクローザーに回すなどに活かされた。また、選手選考にあたり原氏は、「短期決戦で日本代表メンバーを選ぶということで、最初に決めたのはサブプレーヤーでした」とコメントを残した。さらに、身体の強さやスピードの重要さも語っていた。そして、不調のイチローに対しても、「その考えはまったくなかった。誰よりグラウンドに早く来て、誰より（仲間に）声をかけ、誰よりチームを引っ張る。イチローの必死さというのかな。彼の野球に対するスタンスなんでしょうね。だから、イチローをベンチへ引っ込めることはこのチームを否定することだと思いました」とコメントを 残し、信じることを徹底した。その結果イチローが決勝のタイムリーを放ち、2度目の世界一に輝いた。これは、前年の北京五輪はもちろんのこと、2006年大会のWBCも見た上でのチームづくりだっただろう。

2013年のWBCは、非常に難しい大会になった。前年の国際大会に関するドタバタ劇があった中で、NPBの選手のみで参加することになった。首脳陣を見ると、北京五輪の経験がある山本浩二氏が監督を務める。前回大会の経験者として与田氏と高代氏、緒方氏を召集。そこに東尾修氏と梨田昌孝氏と言った監督経験者や、高い分析力で巨人を日本一に導いた橋上秀樹氏が選ばれた。この大会も、直前まで整備することが難しい状況だった中で、経験値がある首脳陣が上手くカバーしていた大会だったと思われる。これまでのWBCを振り返ると、決してチーム成績はよくなかった。中心選手を見ると野手陣は、阿部慎之助や内川聖一といった前回大会経験者と井端和弘、鳥谷敬、坂本勇人が中心となった。投手陣は、全体的に不安定だった中で、前田健太が孤軍奮闘する活躍を見せた。野手の運用はよかった面もあり、井端や鳥谷を大会中に慣れないポジションながらも運用する面は、首脳陣全体の経験が活かされたからだろ。特に、要所の走塁に関する判断力の高さは高代・緒方のコンビが上手く機能した結果だ。チーム自体はベスト4まで勝ち進んだが、首脳陣の経験が活かされた大会だったと見ている。

２０１５年のプレミア12と２０１７年のＷＢＣは、これまでの国際大会とは打って変わり、比較的若いメンバーが首脳陣になった。また、このあたりから監督は長期政権となり、小久保裕紀氏は、プレミア12とＷＢＣの監督を務めた。プレミア12とＷＢＣの２大会に参加した首脳陣は、小久保氏、ヘッドコーチの奈良原浩氏、打撃コーチの稲葉篤紀氏、内野守備走塁コーチの仁志敏久氏、外野守備走塁コーチの大西崇之氏だった。プレミア12のみは投手コーチの鹿取義隆氏、バッテリーコーチの矢野燿大氏、ＷＢＣのみは投手コーチの権藤博氏、バッテリーコーチの村田善則氏となった。基本的にはほとんどの首脳陣が、経験値が朝かかったため、初期は運用からマネジメントまで経験値のなさが露呈していた。しかし、長期政権で戦いながら首脳陣と選手が伴奏するように成長し、ＷＢＣでは集大成として迎えることができた。長いプロ野球の歴史で、国際大会の監督をはじめとした首脳陣が長期政権を担うのは、初めてだったが、チームの方向性と軸となる選手は明確だった。小久保氏が率いるチームを振り返ると、野手陣は中田翔や筒香嘉智、坂本勇人、菊池涼介、山田哲人、松田宣浩と言った選手を中心にした。投手陣は、総合力がある菅野智之や前田健太、スピードボールと落ちるボールを武器にする大谷翔平や千賀滉大、平野佳寿と言った投手を中心に起用した。全体的に好不調の激しさなどはあったものの、日本代表の強みを活かした野球でプレミア12は3位、WBCはベスト4になった。しかし、経験値が低いところはカバーできないままで、試合中での対応力の低さやワンランク上の相手には敗れてしまうことも含め、一定以上の実力のあるチームには苦しい戦いをした。そのため、主要の国際大会では、準決勝の壁が高かったチームでもあった。

2019年プレミア12と東京五輪は、稲葉篤紀氏が監督を務めた。監督経験はなかったものの、小久保政権の時に打撃コーチを務めており、代表戦の戦い方や試合運びなどは理解した上で就任となった。稲葉政権の首脳陣も、比較的若い人選となり、現役時代に同僚だった金子誠氏がヘッド兼打撃コーチ、建山義紀氏が投手コーチを務めた。バッテリーコーチは小久保政権と同様に村田善則氏が担った。内野守備コーチは井端和弘氏、外野守備走塁コーチは最年長の清水雅治氏が務めた。日本ハムの同僚や、空いたポストには実績がある清水氏を入れたのを見ると、原氏のように、チームづくりがしやすい編成にしたのがわかる。小久保政権と同様に、チームづくりにおける中心選手もいた。野手陣は、坂本勇人や鈴木誠也や浅村栄斗、菊池涼介、山田哲人、吉田正尚、柳田悠岐だ。投手陣は、山本由伸や山崎康晃、栗林良吏、千賀滉大、森下暢仁、伊藤大海。このあたりから、野手に関しては、走れて長打力がある選手が選ばれている。プレミア12では、ラストピースとして選ばれた周東佑京が4盗塁を決める活躍を見せた。投手起用も、実績頼りではなく調子を見た上での起用が目立ち、プレミア12ではルーキーの甲斐野央をチーム最多登板となる5試合起用し、東京五輪でもルーキーの栗林と伊藤をフル回転の起用をした。プレミア12から東京五輪までイレギュラーの2年ブランクがあり、選手のピークが変わっていった中で、臨機応変に対応して世界一に輝いた手腕は素晴らしかった。大会の規定人数や開催時期、選手のコンディショニング含め、最適な選択を選べていたと思われる。プレミア12と東京五輪は、メジャーリーガーが出場しない大会だったため、「勝手当たり前」と思われていたプレッシャーがある中で、世界一に輝いた日本の野球が、改めて世界トップクラスと認識されたのではないだろうか。

２０２３年のＷＢＣは、監督経験者である栗山英樹氏が就任。小久保氏や稲葉氏とは異なり、ＷＢＣのみの監督就任となった。首脳陣は、２０１６年の日本ハム時代のメンバーを中心に選出した。ヘッドコーチは白井一幸氏、内野守備走塁兼作戦コーチは城石憲之氏、ブルペン担当コーチは厚澤和幸氏が選ばれる。また、投手コーチはこれまで数々のエースを育て上げた吉井理人氏。稲葉政権からは外野守備走塁コーチとして清水氏、バッテリーコーチに村田氏が選ばれた。新しく打撃コーチとして吉村禎章氏が選ばれた。これを見るだけでも栗山氏の野球を知るメンバーと経験値が高い首脳陣が選出された。また、栗山氏はメジャーリーグで活躍をする大谷翔平やダルビッシュ有、吉田正尚、鈴木誠也、日本代表の資格があるラーズ・ヌートバーの招集も発表。メンバー発表の時から「史上最強」と言われていた。この招集は、栗山氏だからこそできたと言っても過言ではないだろう。中心選手を見ると、野手陣は大谷や吉田正尚、ヌートバーといったメジャー組に、村上宗隆や岡本和真が中心となった。投手陣は大谷やダルビッシュ、山本由伸、佐々木朗希の歴代最強の先発陣を形成し、第二先発は今永昇太や伊藤大海、リリーフ陣も大勢などを中心に最強投手陣を作り上げた。さらに、大会が開幕する直前に鈴木が辞退した際も、ユーティリティプレイヤーとして優秀な牧原大成を招集した。2016年の日本一を飾った首脳陣を中心としたメンバーは冴え渡る。参謀役としても優秀な吉井氏は、リリーフの重要さを発言しており、強化試合から大会序盤までベンチ入りメンバーをほぼ全員試す起用を見せた。その結果、準決勝は佐々木朗希と山本由伸を惜しみなく起用し、決勝はリリーフ陣とダルビッシュ、大谷を満遍なく起用するブルペンデーに繋がったのだろう。野手陣は、栗山氏が不調の村上宗隆を信じ続けた。若き主砲はプレッシャーもあり、14打席ノーヒットを記録。ただ、栗山氏は村上を外すことなく使い続けた。準決勝のメキシコ戦もバントのサインも頭をよぎったと言う。ただ、栗山氏は「もうムネに任せた。思い切って行ってこい」との言葉で、村上は「腹をくくった」ということだ。その結果、準決勝の逆転サヨナラタイムリーや決勝のホームランに繋がった。また、野手陣も投手陣と同様に多くの出場機会を与えた。このチームは、なんといっても大谷のチームだったが、栗山氏は日本ハム時代に大谷の二刀流も信じ続けた。多くの野球ファンから野球の関係者に反対された二刀流だが、栗山氏が信じ続けた結果、二刀流として日本一に導いた。栗山氏は、「二刀流はチームを勝たせるためにあるんだ」と伝えていたそうだ。戦いの舞台が世界に変わっても、期待に応えるように大谷は二刀流としてチームを勝たせた。時にはチームを鼓舞するなど、普段は見せないパッションも見せた。戦略や戦術としては、投打ともに大谷を中心としたチームづくりだった。さらに、最強の投手陣は、吉井氏のマネジメントや哲学と伴奏をするかのように、各投手が自分の役割を理解し、各国の打者を抑えた。最終的には、栗山氏の「信じる力」がチームに浸透していたのがわかる。このＷＢＣでは、日本人のみならず世界中の野球ファンが、栗山氏が率いる日本代表の野球に夢中になっただろう。今後の日本代表も、この大会のように最高の監督と最高の選手で、ベースボールを超える「世界一の野球」を見せてくれることに期待していきたい。

おわりに

本書を執筆することになったきっかけは、担当編集者の方が私のデビュー作である『巨人軍解体新書』の読者だったことだ。その後、正式に本書の出版が決まった。本書を作成する際には、多くの軌道修正があった中で、ボリュームがある大作にしていただいた、編集やアドバイス等をしていただいたことを含めて、尽力いただいた出版社の方々には頭が上がらない。

また、本書の推薦帯のご協力をいただいた、元・埼玉西武ライオンズ監督の辻発彦さんにも、感謝しかない。その他にも、本書を完成させるにあたり、お世話になった多くの方々に感謝を申し上げたい。

プロ野球の魅力はやはり、長い時を経てシーズンから短期決戦までの戦い方が変わっていくことだ。国際大会も年々盛り上がりを見せており、多くの野球ファンに感動を与えていくだろう。さらに、年々選手のレベルも向上していることから、大谷翔平のように100年に1人の世界的なスター選手も生まれた。また、21世紀だけでも、イチロー・松井秀喜、松坂大輔から始まり、2010年代からはダルビッシュ有や大谷、佐々木朗希などがいるなど、今後も多くのファンを魅了するスター選手が出てくることに期待したい。
世界的に見ても、現在の日本の野球はトップクラスだ。2019年プレミア12や東京五輪、2023年WBCまで主要の大会で三冠を成し遂げ、今では追われる立場になりつつある。日本の野球人気も復活の兆しが見え始めている。東京五輪では全種目で視聴率1位、2023年視聴率も日本戦全試合が40％超えを記録した。まさに「国技」と言っても過言ではない。今後も、日本国内で人気スポーツとして君臨していてほしい。

2023年4月

ゴジキ（@godziki_55）

参考資料

巨人軍解体新書（光文社新書）／ゴジキ（@godziki_55）
東京五輪2020「侍ジャパン」で振り返る奇跡の大会（インプレスICE新書）／ゴジキ（@godziki_55）
坂本勇人論（インプレスICE新書）／ゴジキ（@godziki_55）
アンチデータベースボール（カンゼン）／ゴジキ（@godziki_55）
セイバーメトリクスの落とし穴（光文社新書）／お股ニキ（@omatacom）
なぜ日本人メジャーリーガーにはパ出身者が多いのか（宝島社新書）／お股ニキ（@omatacom）
ピッチングデザイン 2020年代を勝ち抜く一流投手の条件（集英社）／お股ニキ（@omatacom）
データ全分析　ダルビッシュ最強投手論（宝島社）／お股ニキ（@omatacom）
2000～2023ベースボール・レコードブック
日本野球機構
1.02 - Essence of Baseball | DELTA Inc.
お股ニキ（@omatacom）の野球批評「今週この一戦」
ゴジキの巨人軍解体新書（光文社新書note）
WANI BOOKS NewsCrunch『ゴジキの新野球論』
お股塾
スポーツナビープロ野球
日本プロ野球RCAA＆PitchingRunまとめblog
my favorite giants
Baseball-Reference
aozoraさんnote
Number Web
Number（雑誌）
プロ野球データFreak
- nf3 - Baseball Data House Phase1.0

日本野球道

週刊ベースボールON LINE

パリーグ.com

Full-Count

ベースボールチャンネル

Yahooニュース

MLB.com

スポーツ報知

WBSC

Olympic

SPAIA

exciteニュース

web Sportiva

テレ朝POST

日本経済新聞

日刊スポーツ

スポニチアネックス

ベースボールキング

Slugger

読売新聞オンライン

NIPPON EXPRESS

Baseball LAB

2017 WORLD BASEBALL CLASSIC™

2023 WORLD BASEBALL CLASSIC™

野球日本代表侍ジャパンオフィシャルサイト

Fun!J:COM

福岡ソフトバンクホークス公式サイト

ゴジキ（@godziki_55）

プロ野球選手、スカウトやコーチにもフォローされるTwitterで話題の野球著作家。 2021年3月に『巨人軍解体新書』(光文社新書)を出版、その他近著に『アンチデータベースボール』(カンゼン、2022年)、『東京五輪2020「侍ジャパン」で振り返る奇跡の大会』『坂本勇人論』(ICE新書、2021年)がある。「集英社新書プラス」「REAL SPORTS」「THE DIGEST(Slugger)」「本がすき。」「文春野球」等で、プロ野球や国際大会、高校野球の内容を中心にコラムを執筆。週刊プレイボーイやスポーツ報知などメディア取材多数。 Yahoo!ニュース公式コメンテーターも担当。最新著作は『戦略で読む高校野球』(集英社新書)。

21世《せい》紀《き》プロ野《や》球《きゅう》戦《せん》術《じゅつ》大《たい》全《ぜん》

2023年7月21日　第1刷発行

著　者　　ゴジキ（@godziki_55）

ブックデザイン　　梶原七恵（株式会社cycledesign）

発行人　　永田和泉

発行所　　株式会社イースト・プレス
〒101-0051
東京都千代田区神田神保町2-4-7 久月神田ビル
TEL：03-5213-4700　FAX：03-5213-4701
https://www.eastpress.co.jp

印刷所　　中央精版印刷株式会社

ISBN 978-4-7816-2172-2